关务水平测试教材

进出口商品编码查询手册

JINCHUKOU SHANGPIN
BIANMA CHAXUN SHOUCE

中国报关协会◎编

2025年版

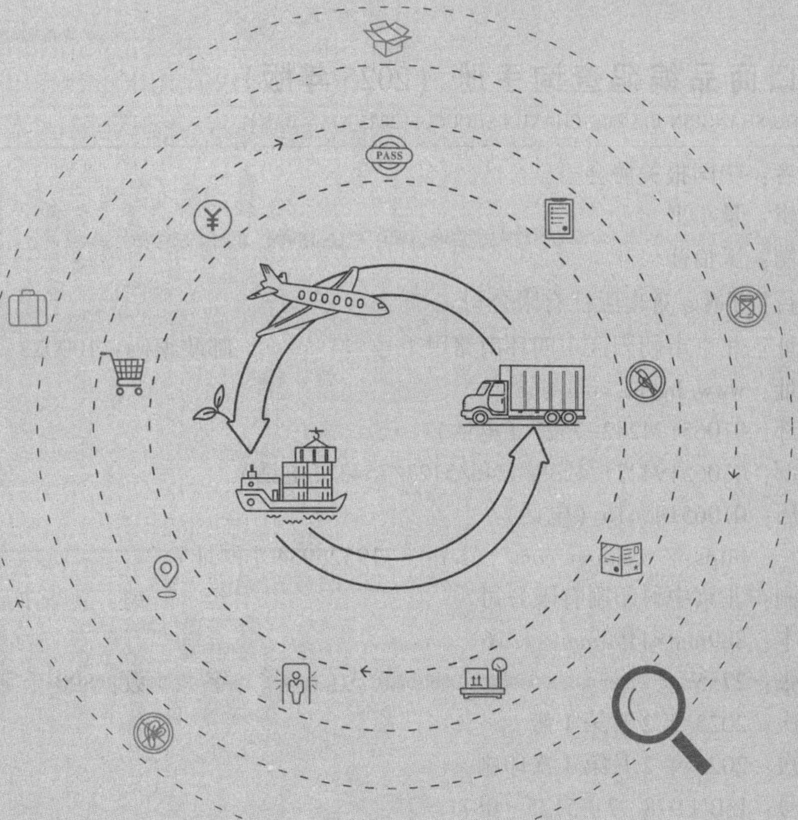

中国海关出版社有限公司
·北京·

图书在版编目（CIP）数据

进出口商品编码查询手册：2025 年版 / 中国报关协会编. -- 北京：中国海关出版社有限公司，2025.
ISBN 978-7-5175-0871-7
Ⅰ. F752. 65-62
中国国家版本馆 CIP 数据核字第 2025UX4496 号

进出口商品编码查询手册（2025 年版）
JINCHUKOU SHANGPIN BIANMA CHAXUN SHOUCE（2025 NIAN BAN）

编　　者：中国报关协会
责任编辑：景小卫
责任印制：王怡莎
出版发行：中国海关出版社有限公司
社　　址：北京市朝阳区东四环南路甲 1 号　　邮政编码：100023
网　　址：www. hgcbs. com. cn
编 辑 部：01065194242-7527（电话）
发 行 部：01065194221/4238/4246/5127/7543（电话）
社办书店：01065195616（电话）
https：//weidian. com/？userid＝319526934（网址）
印　　刷：北京中科印刷有限公司　　经　　销：新华书店
开　　本：889mm×1194mm　1/16
印　　张：27. 5　　字　　数：890 千字
版　　次：2025 年 2 月第 1 版
印　　次：2025 年 2 月第 1 次印刷
书　　号：ISBN 978－7－5175－0871－7
定　　价：68. 00 元

前　言

《进出口商品编码查询手册（2025年版）》是以2025年《中华人民共和国进出口税则》为基础，根据关务水平测试要求专门编写的工具用书。本书编写的基本原则是根据《2025年关税调整方案》中税则税目的调整进行全面修订，同时根据2022年《进出口税则商品及品目注释》修订情况对本书涉及的内容进行更新，增加了归类总规则“编者注”内容。

为了配合关务水平评价的开展和教学学习，本书部分编排如下：

一、在相关的归类总规则、类注释、章注释、本国子目注释项下增加了“编者注”，对进出口商品归类的重点、难点知识进行了一定的梳理和分析。增强了本书的实用性。此部分内容供读者学习参考，不作为商品归类的法律依据。页下注内容根据关务水平测试大纲和《进出口税则商品及品目注释》选择常见商品和归类重点知识进行摘编，因其部分内容适用于解释三级、四级子目，为方便理解，将部分注释内容标注在三级、四级子目处。

二、提供了20个通关参数代码表，供读者学习和参加测试时查阅使用。

本书是关务水平测试的必备工具书，可以作为从事关务工作人员的参考用书，还可以作为职业院校国际关务管理、关务与外贸服务及相关专业的课程教材。本书的编写得到了海关系统及关务业界等有关领导和专业人士的大力支持，在此一并表示感谢。对于书中错漏之处，敬请批评指正。

中国报关协会副秘书长　徐　晨

2025年1月

本书配有增值资源，请扫描封底二维码获取。如有疑问，请拨打版权页编辑部或发行部电话咨询。

目 录

归类总规则

货品在本税则目录中的归类，应遵循以下规则：

规则一 类、章及分章的标题，仅为查找方便而设；具有法律效力的归类，应按品目条文和有关类注或章注确定，如品目、类注或章注无其他规定，则按以下规则确定。

【编者注①】

一、协调制度系统地列出了国际贸易的货品，将这些货品分为类、章及分章，每类、章或分章都有标题，尽可能确切地列明所包括货品种类的范围。但在许多情况下，归入某类或某章的货品种类繁多，类、章标题不可能将其一一列出，全都包括进去。

二、因此，本规则一开始就说明，标题"仅为查找方便而设"。据此，标题对商品归类不具有法律效力。

三、本规则第二部分规定，商品归类应按以下原则确定：

（一）按照品目条文及任何相关的类、章注释确定；

（二）如品目、类注或章注无其他规定，则按规则二、三、四及五的规定确定。

四、以上三（一）所规定的已很明确，许多货品无须借助归类总规则的其他条款即可归入协调制度中［例如，活马（品目01.01）、第三十章注释四所述的医药用品（品目30.06）］。

五、以上三（二）中：

（一）所称"如品目、类注或章注无其他规定"，旨在明确品目条文及任何相关的类、章注释是最重要的，换言之，它们是在确定归类时应首先考虑的规定。例如，第三十一章的注释规定该章某些品目仅包括特定的货品，因此，这些品目就不能够扩大为包括根据规则二（二）的规定可归入这些品目的货品。

（二）所称"按规则二、三、四及五的规定确定"中提及的规则二是指：

1. 货品报验时为不完整品或未制成品（例如，未装有鞍座和轮胎的自行车），以及

2. 货品报验时为未组装件或拆散件（例如，所有部件一同报验的自行车未组装件或拆散件），其部件可按其自身属性单独归类（例如，外胎、内胎）或者作为这些货品的"零件"归类。

只要符合规则二（一）的规定，并且品目条文或类、章注释无其他专门规定，上述货品应按完整品或制成品归类。

规则二 （一）品目所列货品，应视为包括该项货品的不完整品或未制成品，只要在报验时该项不完整品或未制成品具有完整品或制成品的基本特征。还应视为包括该项货品的完整品或制成品（或按本款规则可作为完整品或制成品归类的货品）在报验时的未组装件或拆散件。

（二）品目中所列材料或物质，应视为包括该种材料或物质与其他材料或物质混合或组合的物品。品目所列某种材料或物质构成的货品，应视为包括全部或部分由该种材料或物质构成的货品。由一种以上材料或物质构成的货品，应按规则三归类。

【编者注】

规则二（一）（不完整品或未制成品）

一、规则二（一）第一部分将所有列出某些物品的品目范围扩大为不仅包括完整的物品，而且还包括该物品的不完整品或未制成品，只要报验时它们具有完整品或制成品的基本特征。

二、本款规则的规定也适用于毛坯，除非该毛坯已在某一品目具体列名。所称"毛坯"，是指已具有

---

① 编者在本书中相关的归类总规则、类注释、章注释、本国子目注释项下增加"编者注"，对进出口商品归类的重点和难点知识进行一定的梳理和分析。此部分内容仅供学习参考，不作为商品归类的法律依据。

制成品或零件的大概形状或轮廓，但还不能直接使用的物品。除极个别的情况外，它们仅可用于加工成制成品或零件（例如，初制成型的塑料瓶，为管状的中间产品，其一端封闭而另一端为带螺纹的瓶口，瓶口可用带螺纹的盖子封闭，螺纹瓶口下面的部分准备膨胀成所需尺寸和形状）。

尚未具有制成品基本形状的半制成品（例如，常见的杆、盘、管等）不应视为“毛坯”。

三、鉴于第一类至第六类各品目的商品范围，本款规则这一部分的规定一般不适用于这六类所包括的货品。

四、运用本款规则的几个实例，参见有关类、章（例如，第十六类和第六十一章、第六十二章、第八十六章、第八十七章及第九十章）的总注释。

规则二（一）（物品的未组装件或拆散件）

五、规则二（一）的第二部分规定，完整品或制成品的未组装件或拆散件应归入已组装物品的同一品目。货品以未组装或拆散形式报验，通常是由于包装、装卸或运输上的需要，或是为了便于包装、装卸或运输。

六、本款规则也适用于以未组装或拆散形式报验的不完整品或未制成品，只要按照本规则第一部分的规定，它们可作为完整品或制成品看待。

七、本款规则所称“报验时的未组装件或拆散件”，是指其各种部件仅仅通过紧固件（螺钉、螺母、螺栓等），或通过铆接、焊接等组装方法即可装配起来的物品。

组装方法的复杂性可不予考虑，但其各种部件无须进一步加工成制成品。

某一物品的未组装部件如超出组装成品所需数量的，超出部分应单独归类。

八、运用本款规则的实例，参见有关类、章（例如，第十六类和第四十四章、第八十六章、第八十七章及第八十九章）的总注释。

九、鉴于第一类至第六类各品目的商品范围，本款规则这一部分的规定一般不适用于这六类所包括的货品。

规则二（二）（不同材料或物质的混合品或组合品）

十、规则二（二）是关于材料或物质的混合品或组合品，以及由两种或多种材料或物质构成的货品。它所适用的品目是列出某种材料或物质的品目（例如，品目05.07列出“象牙”）和列出某种材料或物质制成的货品的品目（例如，品目45.03列出“天然软木制品”）。应注意到，只有在品目条文和类、章注释无其他规定的情况下才能运用本款规则（例如，品目15.03列出“液体猪油，未经混合”，这就不能运用本款规则）。

在类、章注释或品目条文中列为调制品的混合物，应按规则一的规定进行归类。

十一、本款规则旨在将列出某种材料或物质的任何品目扩大为包括该种材料或物质与其他材料或物质的混合品或组合品，同时旨在将列出某种材料或物质构成的货品的任何品目扩大为包括部分由该种材料或物质构成的货品。

十二、但是，不应将这些品目扩大到包括按规则一的规定不符合品目条文要求的货品；当添加了另外一种材料或物质，使货品丧失了原品目所列货品特征时，就会出现这种情况。

十三、本规则最后规定，不同材料或物质的混合品或组合品，以及由一种以上材料或物质构成的货品，如果看起来可归入两个或两个以上品目的，必须按规则三的原则进行归类。

规则三 当货品按规则二（二）或由于其他原因看起来可归入两个或两个以上品目时，应按以下规则归类：

（一）列名比较具体的品目，优先于列名一般的品目。但是，如果两个或两个以上品目都仅述及混合或组合货品所含的某部分材料或物质，或零售的成套货品中的部分货品，即使其中某个品目对该货品描述得更为全面、详细，这些货品在有关品目的列名应视为同样具体。

（二）混合物、不同材料构成或不同部件组成的组合物以及零售的成套货品，如果不能按照规则三（一）归类时，在本款可适用的条件下，应按构成货品基本特征的材料或部件归类。

（三）货品不能按照规则三（一）或（二）归类时，应按号列顺序归入其可归入的最末一个品目。

【编者注】

一、对于根据规则二（二）或由于其他原因看起来可归入两个或两个以上品目的货品，本规则规定了三种归类方法。这三种方法应按其在本规则的先后次序加以运用。据此，只有在不能按照规则三（一）归类时，才能运用规则三（二）；不能按照规则三（一）和（二）归类时，才能运用规则三（三）。因此，它们的优先次序为：(1) 具体列名；(2) 基本特征；(3) 从后归类。

二、只有在品目条文和类、章注释无其他规定的情况下，才能运用本规则。例如，第九十七章章注五（二）规定，根据品目条文既可归入品目 97.01 至 97.05 中的一个品目，又可归入品目 97.06 的货品，应归入品目 97.01 至 97.05 中的一个品目。这些货品应按第九十七章注释五（二）的规定归类，而不应根据本规则进行归类。

规则三（一）

三、规则三（一）规定了第一种归类方法，它规定列名比较具体的品目优先于列名一般的品目。

四、通过制定几条一刀切的规则来确定哪个品目比其他品目列名更为具体是行不通的，但作为一般原则可以这样说：

（一）列出品名比列出类名更为具体（例如，电动剃须刀及电动理发推子应归入品目 85.10，而不应作为本身装有电动机的手提式工具归入品目 84.67 或作为家用电动机械器具归入品目 85.09）。

（二）如果某一品目所列名称更为明确地述及某一货品，则该品目要比所列名称不那么明确述及该货品的其他品目更为具体。

后一类货品举例如下：

1. 确定为用于小汽车的簇绒地毯，不应作为小汽车附件归入品目 87.08，而应归入品目 57.03，因品目 57.03 所列地毯更为具体。

2. 钢化或层压玻璃制的未镶框安全玻璃，确定用于飞机上，但未制成特定形状。不应作为品目 88.01、88.02 或 88.06 所列货品的零件归入品目 88.07，而应归入品目 70.07，因品目 70.07 所列安全玻璃更为具体。

五、但是，如果两个或两个以上品目都仅述及混合或组合货品所含的某部分材料或物质，或零售成套货品中的部分货品，即使其中某个品目比其他品目描述得更为全面、详细，这些货品在有关品目的列名应视为同样具体。在这种情况下，货品的归类应按规则三（二）或（三）的规定加以确定。

规则三（二）

六、第二种归类方法仅涉及：

（一）混合物；

（二）不同材料的组合货品；

（三）不同部件的组合货品；

（四）零售的成套货品。

只有在不能按照规则三（一）归类时，才能运用本款规则。

七、无论如何，在本款可适用的条件下，这些货品应按构成货品基本特征的材料或部件归类。

八、对于不同的货品，确定其基本特征的因素会有所不同。例如，可根据其所含材料或部件的性质、体积、数量、重量或价值来确定货品的基本特征，也可根据所含材料对货品用途的作用来确定货品的基本特征。

九、本款规则所称“不同部件组成的组合物”，不仅包括各部件相互固定组合在一起，构成了实际不可分离整体的货品，还包括其部件可相互分离的货品，但这些部件必须是相互补足，配合使用，构成一体并且通常不单独销售的。

后一类货品举例如下：

（一）由一个带活动烟灰盘的架子构成的烟灰盅；

（二）由一个特制的架子（通常为木制的）及几个形状、规格相配的装调味料的空瓶子组成的家用调味架。

这类组合货品的各部件一般都装于同一包装内。

十、本款规则所称“零售的成套货品”，是指同时符合以下三个条件的货品：

（一）由至少两种看起来可归入不同品目的不同物品构成的。因此，例如，六把乳酪叉不能视为本款规则所称的成套货品；

（二）为了迎合某项需求或开展某项专门活动而将几件产品或物品包装在一起的；以及

（三）其包装形式适于直接销售给用户而无须重新包装的（例如，装于盒、箱内或固定于板上）。

据此，它包括由不同食品搭配而成，配在一起调制后可成为即食菜或即食饭的成套食品。

可按规则三（二）的规定进行归类的成套货品举例如下：

（一）1. 由一个夹牛肉（不论是否夹奶酪）的小圆面包构成的三明治（品目 16.02）和法式炸土豆片（品目 20.04）包装在一起的成套货品。

该货品应归入品目 16.02。

2. 配制一餐面条的成套货品，由装于一纸盒内的一包未煮的面条（品目 19.02）、一小袋乳酪粉（品目 04.06）及一小罐番茄酱（品目 21.03）组成。

该货品应归入品目 19.02。

但本规则不适用于将可选择的不同产品包装在一起组成的货品。例如：

——一罐小虾（品目 16.05）、一罐肝酱（品目 16.02）、一罐乳酪（品目 04.06）、一罐火腿肉片（品目 16.02）及一罐开胃香肠（品目 16.01）；

——一瓶品目 22.08 的烈性酒及一瓶品目 22.04 的葡萄酒。

对于以上两例所列及类似货品，应将每种产品分别归入其相应品目。还适用于，例如：包装在同一纸盒中供零售用的玻璃瓶装速溶咖啡（品目 21.01），陶瓷杯（品目 69.12）及陶瓷杯托（品目 69.12）。

（二）由一个电动理发推子（品目 85.10）、一把梳子（品目 96.15）、一把剪子（品目 82.13）、一把刷子（品目 96.03）及一条毛巾（品目 63.02）装在一个皮匣子（品目 42.02）内所组成的成套理发工具。

该货品应归入品目 85.10。

（三）由一把尺子（品目 90.17）、一个圆盘计算器（品目 90.17）、一个绘图圆规（品目 90.17）、一支铅笔（品目 96.09）及一个卷笔刀（品目 82.14）装在一个塑料制的盒子（品目 42.02）内所组成的成套绘图器具。

该货品应归入品目 90.17。

以上成套货品应按其构成整套货品基本特征的部件进行归类。

十一、本款规则不适用于按规定比例将分别包装的各种组分包装在一起，供生产饮料等用的货品，不论其是否装在一个共同包装内。

规则三（三）

十二、货品如果不能按照规则三（一）或（二）归类时，应按号列顺序归入其可归入的最后一个品目。

规则四 根据上述规则无法归类的货品，应归入与其最相类似的货品的品目。

【编者注】

一、本规则适用于不能按照规则一至三归类的货品。其规定，这些货品应归入与其最相类似的货品的品目中。

二、在按照规则四归类时，有必要将报验货品与类似货品加以比较，以确定其与哪种货品最相类似。所报验的货品应归入与其最相类似的货品的同一品目。

三、所谓“类似”取决于许多因素，例如，货品名称、特征、用途。

规则五 除上述规则外，本规则适用于下列货品的归类：

（一）制成特殊形状，适用于盛装某一或某套物品并适合长期使用的照相机套、乐器盒、枪套、绘图仪器盒、项链盒及类似容器，如果与所装物品同时报验，并通常与所装物品一同出售的，应与所装物品一并归类。但本款不适用于本身构成整个货品基本特征的容器。

（二）除规则五（一）规定的以外，与所装货品同时报验的包装材料或包装容器，如果通常是用来包装这类货品的，应与所装货品一并归类。但明显可重复使用的包装材料和包装容器不受本款限制。

【编者注】

规则五（一）（箱、盒及类似容器）

一、本款规则仅适用于同时符合以下各条规定的容器：

（一）制成特定形状或适用于盛装某一或某套物品的，即按所要盛装的物品专门设计的。有些容器还制成所装物品的特殊形状。

（二）适合长期使用的，即在设计上容器的使用期限与所盛装的物品相称。在物品不使用期间（例如，运输或储藏期间），这些容器还起到保护物品的作用。本条标准使其与简单包装区别开来。

（三）与所装物品一同报验的，不论其是否为了运输方便而与所装物品分开包装。单独报验的容器应归入其相应品目。

（四）通常与所装物品一同出售的。以及

（五）本身并不构成整个货品基本特征的。

二、与所装物品一同报验并可按照本规则进行归类的容器的举例如下：

（一）首饰盒及箱（品目 71.13）；

（二）电动剃须刀套（品目 85.10）；

（三）望远镜盒（品目 90.05）；

（四）乐器盒、箱及袋（例如，品目 92.02）；

（五）枪套（例如，品目 93.03）。

三、本款规则不包括某些容器，例如，装有茶叶的银质茶叶罐或装有糖果的装饰性瓷碗。

规则五（二）（包装材料及包装容器）

四、本款规则对通常用于包装有关货品的包装材料及包装容器的归类作了规定。但明显可重复使用的包装材料和包装容器，例如，某些金属桶及装压缩或液化气体的钢铁容器，不受本款限制。

五、规则五（一）优先于本款规则，因此，规则五（一）所述的箱、盒及类似容器的归类，应按该款规定确定。

规则六　货品在某一品目项下各子目的法定归类，应按子目条文或有关的子目注释以及以上各条规则（在必要的地方稍加修改后）来确定，但子目的比较只能在同一数级上进行。除本税则目录条文另有规定的以外，有关的类注、章注也适用于本规则。

【编者注】

一、以上规则一至五在必要的地方稍加修改后，可适用于同一品目项下的各级子目。

二、规则六所用有关词语解释如下：

（一）“同一数级”子目，是指五位数级子目（一级子目）或六位数级子目（二级子目）。

据此，当按照规则三（一）规定考虑某一物品在同一品目项下的两个或两个以上五位数级子目的归类时，只能依据对应的五位数级子目条文来确定哪个五位数级子目所列名称更为具体或更为类似。选定了哪个五位数级子目列名更为具体后，该子目本身又再细分了六位数级子目，只有在这种情况下，才能根据有关的六位数级子目条文考虑物品应归入这些六位数级子目中的哪个子目。

（二）“除条文另有规定的以外”，是指“除类、章注释与子目条文或子目注释不相一致的以外”。

例如，第七十一章注释四（二）所规定“铂”的范围与子目注释二所规定“铂”的范围不同，因此，在解释子目 7110.11 及 7110.19 范围时，应采用子目注释二，而不应考虑该章注释四（二）。

三、六位数级子目的范围不得超出其所属的五位数级子目的范围；同样，五位数级子目的范围也不得超出其所属品目的范围。

第一类　活动物；动物产品

注释：

一、本类所称的各属种动物，除条文另有规定的以外，均包括其幼仔在内。

二、除条文另有规定的以外，本目录所称干的产品，均包括经脱水、蒸发或冷冻干燥的产品。

【编者注】

本类的动物产品仅指未经加工或做了有限简单加工的产品。动物产品归入本类还是其他类，主要取决于其加工程度。因此，对动物产品归类时，应特别注意各章注释对其加工程度的描述。

第一章　活动物

注释：

本章包括所有活动物，但下列各项除外：

一、品目 03.01、03.06、03.07 或 03.08 的鱼、甲壳动物、软体动物及其他水生无脊椎动物；

二、品目 30.02 的培养微生物及其他产品；以及

三、品目 95.08 的动物。

【编者注】

运输途中死亡的动物，包括昆虫，如果是适合供人食用的，归入品目 02.01 至 02.05、02.07、02.08 或 04.10，其余的归入品目 05.11。

商品编码	商品名称	商品编码	商品名称
01.01	**马、驴、骡：**		-水牛：
	-马：	0102.3100	--改良种用
0101.2100①	--改良种用	0102.3900	--其他
0101.2900	--其他		-其他：
	-驴：	0102.9010	---改良种用
0101.3010	---改良种用	0102.9090	---其他
0101.3090	---其他	**01.03**	**猪：**
0101.9000	-其他	0103.1000	-改良种用
01.02	**牛：**		-其他：
	-家牛：		--重量②在 50 千克以下：
0102.2100	--改良种用	0103.9110	---重量在 10 千克以下
0102.2900	--其他		

① 改良种用动物，仅包括由本国主管部门认定为“纯种”的种用动物。

② 本品目所列重量是指每一头猪的重量。

商品编码	商品名称	商品编码	商品名称
0103. 9120	---重量在 10 千克及以上，但在 50 千克以下		-哺乳动物：
			--灵长目：
0103. 9200	--重量在 50 千克及以上	0106. 1110	---改良种用
01. 04	**绵羊、山羊：**	0106. 1190	---其他
	-绵羊：		--鲸、海豚及鼠海豚（鲸目哺乳动物）；海牛及儒艮（海牛目哺乳动物）；海豹、海狮及海象（鳍足亚目哺乳动物）：
0104. 1010	---改良种用		
0104. 1090	---其他		
	-山羊：		
0104. 2010	---改良种用		---鲸、海豚及鼠海豚（鲸目哺乳动物）；海牛及儒艮（海牛目哺乳动物）：
0104. 2090	---其他		
01. 05[①]	**家禽，即鸡、鸭、鹅、火鸡及珍珠鸡：**		
		0106. 1211	----改良种用
	-重量不超过 185 克：	0106. 1219	----其他
	--鸡：		---海豹、海狮及海象（鳍足亚目哺乳动物）：
0105. 1110	---改良种用		
0105. 1190	---其他	0106. 1221	----改良种用
	--火鸡：	0106. 1229	----其他
0105. 1210	---改良种用		--骆驼及其他骆驼科动物：
0105. 1290	---其他	0106. 1310	---改良种用
	--鸭：	0106. 1390	---其他
0105. 1310	---改良种用		--家兔及野兔：
0105. 1390	---其他	0106. 1410	---改良种用
	--鹅：	0106. 1490	---其他
0105. 1410	---改良种用		--其他：
0105. 1490	---其他	0106. 1910	---改良种用
	--珍珠鸡：	0106. 1990	---其他
0105. 1510	---改良种用		-爬行动物（包括蛇及龟鳖）：
0105. 1590	---其他		---改良种用：
	-其他：	0106. 2011	----鳄鱼苗
	--鸡：	0106. 2019	----其他
0105. 9410	---改良种用	0106. 2020	---食用
0105. 9490	---其他	0106. 2090	---其他
	--其他：		-鸟：
0105. 9910	---改良种用		--猛禽：
	---其他：	0106. 3110	---改良种用
0105. 9991	----鸭	0106. 3190	---其他
0105. 9992	----鹅		--鹦形目（包括普通鹦鹉、长尾鹦鹉、金刚鹦鹉及美冠鹦鹉）：
0105. 9993	----珍珠鸡		
0105. 9994	----火鸡	0106. 3210	---改良种用
01. 06	**其他活动物：**	0106. 3290	---其他

① 本品目仅包括所列的各种活家禽，其他活禽，例如，鹧鸪、野鸡、鸽、野鸭、大雁，归入品目 01.06。

商品编码	商品名称	商品编码	商品名称
	--鸵鸟；鸸鹋：		--蜂①：
0106.3310	---改良种用	0106.4110	---改良种用
0106.3390	---其他	0106.4190	---其他
	--其他：		--其他：
0106.3910	---改良种用	0106.4910	---改良种用
	---食用：	0106.4990	---其他
0106.3921	----乳鸽		-其他：
0106.3923	----野鸭		---改良种用：
0106.3929	----其他	0106.9011	----蛙苗
0106.3990	---其他	0106.9019	----其他
	-昆虫：	0106.9090	---其他

① 不论是否在流动蜂箱、蜂笼或蜂房内。

第二章　肉及食用杂碎

注释：

本章不包括：

一、品目 02. 01 至 02. 08 或 02. 10 的不适合供人食用的产品；

二、可食用的死昆虫（品目 04. 10）；

三、动物的肠、膀胱、胃（品目 05. 04）或动物血（品目 05. 11、30. 02）；或

四、品目 02. 09 所列产品以外的动物脂肪（第十五章）。

本国子目注释：

本国子目 0208. 9010 所称"鲜、冷、冻的乳鸽肉及食用杂碎"，是指 28 日龄（含）以内用于食用的雏鸽的鲜、冷、冻肉及食用杂碎。

【编者注】

本章仅包括下列状态的肉及食用杂碎（不论其是否烫洗或作类似处理，但未经烹煮的）：

一、鲜的（包括运输途中用盐临时保藏的肉及食用杂碎）。

二、冷的，即产品温度一般降至 0℃左右，但未冻结的。

三、冻的，即冷却到产品的冰点以下，使产品全部冻结的。

四、盐腌、盐渍、干制或熏制的。

五、面上撒糖或糖水的肉及食用杂碎。

商品编码	商品名称
02. 01	**鲜、冷牛肉：**
0201. 1000	-整头及半头
0201. 2000[①]	-带骨肉
0201. 3000	-去骨肉
02. 02	**冻牛肉：**
0202. 1000	-整头及半头
0202. 2000	-带骨肉
0202. 3000	-去骨肉
02. 03	**鲜、冷、冻猪肉：**
	-鲜或冷的：
	--整头及半头：
0203. 1110	---乳猪
0203. 1190	---其他
0203. 1200	--带骨的前腿、后腿及其肉块
0203. 1900	--其他
	-冻的：
	--整头及半头：
0203. 2110	---乳猪
0203. 2190	---其他
0203. 2200	--带骨的前腿、后腿及其肉块
0203. 2900	--其他
02. 04	**鲜、冷、冻绵羊肉或山羊肉：**
0204. 1000	-鲜或冷的整头及半头羔羊
	-其他鲜或冷的绵羊肉：
0204. 2100	--整头及半头
0204. 2200	--带骨肉
0204. 2300	--去骨肉
0204. 3000	-冻的整头及半头羔羊
	-其他冻的绵羊肉：
0204. 4100	--整头及半头
0204. 4200	--带骨肉
0204. 4300	--去骨肉

①　带骨肉既指带整块骨头的肉，也指已剔除一些或部分骨头的肉，但不包括骨头被剔除后又被重新插入，骨与肉组织不再相连的产品。

商品编码	商品名称	商品编码	商品名称
0204.5000	-山羊肉		---杂碎：
02.05	**鲜、冷、冻马、驴、骡肉：**	0207.1421	----翼（不包括翼尖）
0205.0000	鲜、冷、冻马、驴、骡肉	0207.1422	----鸡爪
02.06①	**鲜、冷、冻牛、猪、绵羊、山羊、马、驴、骡的食用杂碎：**	0207.1429	----其他
			-火鸡：
0206.1000	-鲜、冷牛杂碎	0207.2400	--整只，鲜或冷的
	-冻牛杂碎：	0207.2500	--整只，冻的
0206.2100	--舌	0207.2600	--块及杂碎，鲜或冷的
0206.2200	--肝	0207.2700	--块及杂碎，冻的
0206.2900	--其他		-鸭：
0206.3000	-鲜、冷猪杂碎	0207.4100	--整只，鲜或冷的
	-冻猪杂碎：	0207.4200	--整只，冻的
0206.4100	--肝	0207.4300②	--肥肝，鲜或冷的
0206.4900	--其他	0207.4400	--其他，鲜或冷的
0206.8000	-其他鲜或冷杂碎	0207.4500	--其他，冻的
0206.9000	-其他冻杂碎		-鹅：
02.07	**品目01.05所列家禽的鲜、冷、冻肉及食用杂碎：**	0207.5100	--整只，鲜或冷的
		0207.5200	--整只，冻的
	-鸡：	0207.5300	--肥肝，鲜或冷的
0207.1100	--整只，鲜或冷的	0207.5400	--其他，鲜或冷的
0207.1200	--整只，冻的	0207.5500	--其他，冻的
	--块及杂碎，鲜或冷的：	0207.6000	-珍珠鸡
	---块：	**02.08**	**其他鲜、冷、冻肉及食用杂碎：**
0207.1311	----带骨的		-家兔或野兔的：
0207.1319	----其他	0208.1010	---鲜、冷兔肉，兔头除外
	---杂碎：	0208.1020	---冻兔肉，兔头除外
0207.1321	----翼（不包括翼尖）	0208.1090	---其他
0207.1329	----其他	0208.3000	-灵长目的
	--块及杂碎，冻的：	0208.4000	-鲸、海豚及鼠海豚（鲸目哺乳动物）的；海牛及儒艮（海牛目哺乳动物）的；海豹、海狮及海象（鳍足亚目哺乳动物）的
	---块：		
0207.1411	----带骨的		
0207.1419	----其他		

① 杂碎通常可以分为以下四类：

Ⅰ. 主要供人食用的杂碎［例如，头及头块（包括耳）、脚、尾、心、舌、厚横膈膜、薄横膈膜、胎膜、咽喉、胸腺］。

Ⅱ. 专供制药用的杂碎（例如，胆囊、肾上腺、胎盘）。

Ⅲ. 既可供人食用，又可供制药用的杂碎（例如，肝、肾、肺、脑、胰腺、脾、脊髓、卵巢、子宫、睾丸、乳房、甲状腺、脑下腺）。

Ⅳ. 可供人食用或有其他用途的杂碎（例如，皮张，供制革用）。

以上第Ⅰ款所述的鲜、冷、冻、干、熏、盐腌或盐渍的杂碎，除不适合供人食用的应归入品目05.11以外，其余均归入本章。

② 国际贸易中最重要的家禽杂碎是鸡、鹅或鸭的肝，包括鹅或鸭的“肥肝”。肥肝与其他肝的区别在于它个大、量重、结实、脂肪多，其颜色从米白色至淡栗色不等，而其他肝通常是深红色或淡红色。

商品编码	商品名称	商品编码	商品名称
0208. 5000	-爬行动物（包括蛇及龟鳖）的	0210. 1110	---带骨的腿
0208. 6000	-骆驼及其他骆驼科动物的	0210. 1190	---其他
	-其他：	0210. 1200	--腹肉（五花肉）
0208. 9010	---乳鸽的	0210. 1900	--其他
0208. 9090	---其他	0210. 2000	-牛肉
02. 09	**未炼制或用其他方法提取的不带瘦肉的肥猪肉、猪脂肪及家禽脂肪，鲜、冷、冻、干、熏、盐腌或盐渍的：**		-其他，包括可供食用的肉或杂碎的细粉、粗粉：
		0210. 9100	--灵长目的
0209. 1000	-猪的	0210. 9200	--鲸、海豚及鼠海豚（鲸目哺乳动物）的；海牛及儒艮（海牛目哺乳动物）的；海豹、海狮及海象（鳍足亚目哺乳动物）的
0209. 9000	-其他		
02. 10	**肉及食用杂碎，干、熏、盐腌或盐渍的；可供食用的肉或杂碎的细粉、粗粉：**	0210. 9300	--爬行动物（包括蛇及龟鳖）的
	-猪肉：	0210. 9900	--其他
	--带骨的前腿、后腿及其肉块：		

第三章　鱼、甲壳动物、软体动物及其他水生无脊椎动物

注释：

一、本章不包括：

（一）品目 01.06 的哺乳动物；

（二）品目 01.06 的哺乳动物的肉（品目 02.08 或 02.10）；

（三）因品种或鲜度不适合供人食用的死鱼（包括鱼肝、鱼卵及鱼精等）、死甲壳动物、死软体动物及其他死水生无脊椎动物（第五章）；不适合供人食用的鱼、甲壳动物、软体动物、其他水生无脊椎动物的粉、粒（品目 23.01）；或

（四）鲟鱼子酱及用鱼卵制成的鲟鱼子酱代用品（品目 16.04）。

二、本章所称“团粒”，是指直接挤压或加入少量黏合剂制成的粒状产品。

三、品目 03.05 至 03.08 不包括适合供人食用的细粉、粗粉及团粒（品目 03.09）。

【编者注】

一、本章产品允许的加工程度在第二章所述情况的基础上有扩大，主要表现在熏制前或熏制过程中烹煮了的熏鱼及蒸过或用水煮过的带壳的甲壳动物，无论是否冷冻仍归入本章。

经过熏制加工的甲壳动物、软体动物及其他水生无脊椎动物也归入本章。最常见的水生无脊椎动物是海参、海蜇、海胆。

海龙、海马均属于鱼类动物，即便干制后供作中药用，也归入本章。

二、本章的鱼、甲壳动物、软体动物及其他水生无脊椎动物，经过改性空气包装（MAP）加工方法包装的，仍归入本章（例如，鲜或冷藏的鱼）。

但是，密封包装的产品，如果用本章各品目所列加工范围以外的方法制作或保藏时，应归入第十六章。

商品编码	商品名称
03.01	活鱼：
	-观赏鱼①：
0301.1100	--淡水鱼
0301.1900	--其他
	-其他活鱼：
	--鳟鱼（河鳟、虹鳟、克拉克大麻哈鱼、阿瓜大麻哈鱼、吉雨大麻哈鱼、亚利桑那大麻哈鱼、金腹大麻哈鱼）：
0301.9110	---鱼苗
0301.9190	---其他
	--鳗鱼（鳗鲡属）：
0301.9210	---鱼苗
0301.9290	---其他
	--鲤科鱼（鲤属、鲫属、草鱼、鲢属、鲮属、青鱼、卡特拉鲃、野鲮属、哈氏纹唇鱼、何氏细须鲃、鲂属）：
0301.9310	---鱼苗
0301.9390	---其他
	--大西洋及太平洋蓝鳍金枪鱼：
0301.9410	---鱼苗
	---其他：
0301.9491	----大西洋蓝鳍金枪鱼
0301.9492	----太平洋蓝鳍金枪鱼
	--南方蓝鳍金枪鱼：

① 观赏鱼，是指因其色彩或形态特殊而通常养于水族箱中以供观赏的活鱼。

商品编码	商品名称
0301.9510	---鱼苗
0301.9590	---其他
	--其他：
	---鱼苗：
0301.9911	----鲈鱼
0301.9912	----鲟鱼
0301.9919	----其他
	---其他：
0301.9991	----罗非鱼
0301.9992	----鲀
0301.9993	----其他鲤科鱼
0301.9999	----其他
03.02	**鲜、冷鱼，但品目03.04的鱼片及其他鱼肉除外：**
	-鲑科鱼，但子目0302.91至0302.99的可食用鱼杂碎除外：
0302.1100	--鳟鱼（河鳟、虹鳟、克拉克大麻哈鱼、阿瓜大麻哈鱼、吉雨大麻哈鱼、亚利桑那大麻哈鱼、金腹大麻哈鱼）
0302.1300	--大麻哈鱼［红大麻哈鱼、细鳞大麻哈鱼、大麻哈鱼（种）、大鳞大麻哈鱼、银大麻哈鱼、马苏大麻哈鱼、玫瑰大麻哈鱼］
	--大西洋鲑鱼及多瑙哲罗鱼：
0302.1410	---大西洋鲑鱼
0302.1420	---多瑙哲罗鱼
0302.1900	--其他
	-比目鱼（鲽科、鲆科、舌鳎科、鳎科、菱鲆科、刺鲆科），但子目0302.91至0302.99的可食用鱼杂碎除外：
0302.2100	--庸鲽鱼（马舌鲽、庸鲽、狭鳞庸鲽）
0302.2200	--鲽鱼（鲽）
0302.2300	--鳎鱼（鳎属）
0302.2400	--大菱鲆（瘤棘鲆）
0302.2900	--其他
	-金枪鱼（金枪鱼属）、鲣，但子目0302.91至0302.99的可食用鱼杂碎除外：
0302.3100	--长鳍金枪鱼
0302.3200	--黄鳍金枪鱼
0302.3300	--鲣
0302.3400	--大眼金枪鱼
	--大西洋及太平洋蓝鳍金枪鱼：
0302.3510	---大西洋蓝鳍金枪鱼
0302.3520	---太平洋蓝鳍金枪鱼
0302.3600	--南方蓝鳍金枪鱼
0302.3900	--其他
	-鲱鱼（大西洋鲱鱼、太平洋鲱鱼）、鳀鱼（鳀属）、沙丁鱼（沙丁鱼、沙瑙鱼属）、小沙丁鱼属、黍鲱或西鲱、鲭鱼［大西洋鲭、澳洲鲭（鲐）、日本鲭（鲐）］、印度鲭（羽鳃鲐属）、马鲛鱼（马鲛属）、对称竹荚鱼、新西兰竹荚鱼及竹荚鱼（竹荚鱼属）、鲹鱼（鲹属）、军曹鱼、银鲳（鲳属）、秋刀鱼、圆鲹（圆鲹属）、多春鱼（毛鳞鱼）、剑鱼、鲔鱼、狐鲣（狐鲣属）、枪鱼、旗鱼、四鳍旗鱼（旗鱼科），但子目0302.91至0302.99的可食用鱼杂碎除外：
0302.4100	--鲱鱼（大西洋鲱鱼、太平洋鲱鱼）
0302.4200	--鳀鱼（鳀属）
0302.4300	--沙丁鱼（沙丁鱼、沙瑙鱼属）、小沙丁鱼属、黍鲱或西鲱
0302.4400	--鲭鱼［大西洋鲭、澳洲鲭（鲐）、日本鲭（鲐）］
0302.4500	--对称竹荚鱼、新西兰竹荚鱼及竹荚鱼（竹荚鱼属）
0302.4600	--军曹鱼
0302.4700	--剑鱼
	--其他：
0302.4910	---银鲳（鲳属）
0302.4990	---其他
	-犀鳕科、多丝真鳕科、鳕科、长尾鳕科、黑鳕科、无须鳕科、深海鳕科及南极鳕科鱼，但子目0302.91至0302.99的可食用鱼杂碎除外：
0302.5100	--鳕鱼（大西洋鳕鱼、格陵兰鳕鱼、太平洋鳕鱼）
0302.5200	--黑线鳕鱼（黑线鳕）

商品编码	商品名称
0302.5300	--绿青鳕鱼
0302.5400	--狗鳕鱼（无须鳕属、长鳍鳕属）
0302.5500	--阿拉斯加狭鳕鱼
0302.5600	--蓝鳕鱼（小鳍鳕、南蓝鳕）
0302.5900	--其他
	-罗非鱼（口孵非鲫属）、鲶鱼（鲑鲶属、鲶属、胡鲶属、真鮰属）、鲤科鱼（鲤属、鲫属、草鱼、鲢属、鲮属、青鱼、卡特拉鲃、野鲮属、哈氏纹唇鱼、何氏细须鲃、鲂属）、鳗鱼（鳗鲡属）、尼罗河鲈鱼（尼罗尖吻鲈）及黑鱼（鳢属），但子目0302.91至0302.99的可食用鱼杂碎除外：
0302.7100	--罗非鱼（口孵非鲫属）
0302.7200	--鲶鱼（鲑鲶属、鲶属、胡鲶属、真鮰属）
0302.7300	--鲤科鱼（鲤属、鲫属、草鱼、鲢属、鲮属、青鱼、卡特拉鲃、野鲮属、哈氏纹唇鱼、何氏细须鲃、鲂属）
0302.7400	--鳗鱼（鳗鲡属）
0302.7900	--其他
	-其他鱼，但子目0302.91至0302.99的可食用鱼杂碎除外：
0302.8100	--角鲨及其他鲨鱼
0302.8200	--魟鱼及鳐鱼（鳐科）
0302.8300	--南极犬牙鱼（南极犬牙鱼属）
0302.8400	--尖吻鲈鱼（舌齿鲈属）
0302.8500	--菱羊鲷（鲷科）
	--其他：
0302.8910	---带鱼
0302.8920	---黄鱼
0302.8930	---鲳鱼（银鲳除外）
0302.8940	---鲀
0302.8990	---其他
	-鱼肝、鱼卵、鱼精、鱼鳍、鱼头、鱼尾、鱼鳔及其他可食用鱼杂碎：
0302.9100	--鱼肝、鱼卵及鱼精
0302.9200	--鲨鱼翅
0302.9900	--其他
03.03	**冻鱼，但品目03.04的鱼片及其他鱼肉除外：**
	-鲑科鱼，但子目0303.91至0303.99的可食用鱼杂碎除外：
0303.1100	--红大麻哈鱼
0303.1200	--其他大麻哈鱼［细鳞大麻哈鱼、大麻哈鱼（种）、大鳞大麻哈鱼、银大麻哈鱼、马苏大麻哈鱼、玫瑰大麻哈鱼］
	--大西洋鲑鱼及多瑙哲罗鱼：
0303.1310	---大西洋鲑鱼
0303.1320	---多瑙哲罗鱼
0303.1400	--鳟鱼（河鳟、虹鳟、克拉克大麻哈鱼、阿瓜大麻哈鱼、吉雨大麻哈鱼、亚利桑那大麻哈鱼、金腹大麻哈鱼）
0303.1900	--其他
	-罗非鱼（口孵非鲫属）、鲶鱼（鲑鲶属、鲶属、胡鲶属、真鮰属）、鲤科鱼（鲤属、鲫属、草鱼、鲢属、鲮属、青鱼、卡特拉鲃、野鲮属、哈氏纹唇鱼、何氏细须鲃、鲂属）、鳗鱼（鳗鲡属）、尼罗河鲈鱼（尼罗尖吻鲈）及黑鱼（鳢属），但子目0303.91至0303.99的可食用鱼杂碎除外：
0303.2300	--罗非鱼（口孵非鲫属）
0303.2400	--鲶鱼（鲑鲶属、鲶属、胡鲶属、真鮰属）
0303.2500	--鲤科鱼（鲤属、鲫属、草鱼、鲢属、鲮属、青鱼、卡特拉鲃、野鲮属、哈氏纹唇鱼、何氏细须鲃、鲂属）
0303.2600	--鳗鱼（鳗鲡属）
0303.2900	--其他
	-比目鱼（鲽科、鲆科、舌鳎科、鳎科、菱鲆科、刺鲆科），但子目0303.91至0303.99的可食用鱼杂碎除外：
	--庸鲽鱼（马舌鲽、庸鲽、狭鳞庸鲽）：
0303.3110	---马舌鲽（格陵兰庸鲽鱼）

商品编码	商品名称
0303.3190	---其他
0303.3200	--鲽鱼（鲽）
0303.3300	--鳎鱼（鳎属）
0303.3400	--大菱鲆（瘤棘鲆）
0303.3900	--其他
	-金枪鱼（金枪鱼属）、鲣，但子目0303.91至0303.99的可食用鱼杂碎除外：
0303.4100	--长鳍金枪鱼
0303.4200	--黄鳍金枪鱼
0303.4300	--鲣
0303.4400	--大眼金枪鱼
	--大西洋及太平洋蓝鳍金枪鱼：
0303.4510	---大西洋蓝鳍金枪鱼
0303.4520	---太平洋蓝鳍金枪鱼
0303.4600	--南方蓝鳍金枪鱼
0303.4900	--其他
	-鲱鱼（大西洋鲱鱼、太平洋鲱鱼）、鳀鱼（鳀属）、沙丁鱼（沙丁鱼、沙瑙鱼属）、小沙丁鱼属、黍鲱或西鲱、鲭鱼［大西洋鲭、澳洲鲭（鲐）、日本鲭（鲐）］、印度鲭（羽鳃鲐属）、马鲛鱼（马鲛属）、对称竹荚鱼、新西兰竹荚鱼及竹荚鱼（竹荚鱼属）、鲹鱼（鲹属）、军曹鱼、银鲳（鲳属）、秋刀鱼、圆鲹（圆鲹属）、多春鱼（毛鳞鱼）、剑鱼、鲔鱼、狐鲣（狐鲣属）、枪鱼、旗鱼、四鳍旗鱼（旗鱼科），但子目0303.91至0303.99的可食用鱼杂碎除外：
0303.5100	--鲱鱼（大西洋鲱鱼、太平洋鲱鱼）
0303.5300	--沙丁鱼（沙丁鱼、沙瑙鱼属）、小沙丁鱼属、黍鲱或西鲱
0303.5400	--鲭鱼［大西洋鲭、澳洲鲭（鲐）、日本鲭（鲐）］
0303.5500	--对称竹荚鱼、新西兰竹荚鱼及竹荚鱼（竹荚鱼属）
0303.5600	--军曹鱼
0303.5700	--剑鱼
	--其他：
0303.5910	---银鲳（鲳属）
0303.5990	---其他
	-犀鳕科、多丝真鳕科、鳕科、长尾鳕科、黑鳕科、无须鳕科、深海鳕科及南极鳕科鱼，但子目0303.91至0303.99的可食用鱼杂碎除外：
0303.6300	--鳕鱼（大西洋鳕鱼、格陵兰鳕鱼、太平洋鳕鱼）
0303.6400	--黑线鳕鱼（黑线鳕）
0303.6500	--绿青鳕鱼
0303.6600	--狗鳕鱼（无须鳕属、长鳍鳕属）
0303.6700	--阿拉斯加狭鳕鱼
0303.6800	--蓝鳕鱼（小鳍鳕、南蓝鳕）
0303.6900	--其他
	-其他鱼，但子目0303.91至0303.99的可食用鱼杂碎除外：
0303.8100	--角鲨及其他鲨鱼
0303.8200	--魟鱼及鳐鱼（鳐科）
0303.8300	--南极犬牙鱼（南极犬牙鱼属）
0303.8400	--尖吻鲈鱼（舌齿鲈属）
	--其他：
0303.8910	---带鱼
0303.8920	---黄鱼
0303.8930	---鲳鱼（银鲳除外）
0303.8990	---其他
	-鱼肝、鱼卵、鱼精、鱼鳍、鱼头、鱼尾、鱼鳔及其他可食用杂碎：
0303.9100	--鱼肝、鱼卵及鱼精
0303.9200	--鲨鱼翅
0303.9900	--其他
03.04[①]	**鲜、冷、冻鱼片及其他鱼肉（不论是否绞碎）：**

① 本品目所称“鱼片”，是指顺鱼脊骨平切的长条肉片。它们构成鱼的左边或右边，但鱼头、鱼肠、鱼鳍（脊鳍、臀鳍、尾鳍、腹鳍、胸鳍）和鱼骨（脊骨、胸骨或肋骨、鳃骨或镫骨等）已去除，两边也不连接（例如，在背部或腹部连接）。有时为了使肉成片或便于随后切成薄片，鱼片会带有鱼皮，这不影响它的商品归类。同样，由于清理不彻底而残存的细刺骨或其他细鱼骨也不影响它的商品归类。

商品编码	商品名称
	-鲜或冷的罗非鱼（口孵非鲫属）、鲶鱼（𩷶鲶属、鲶属、胡鲶属、真鮰属）、鲤科鱼（鲤属、鲫属、草鱼、鲢属、鲮属、青鱼、卡特拉鲃、野鲮属、哈氏纹唇鱼、何氏细须鲃、鲂属）、鳗鱼（鳗鲡属）、尼罗河鲈鱼（尼罗尖吻鲈）及黑鱼（鳢属）的鱼片：
0304.3100	--罗非鱼（口孵非鲫属）
0304.3200	--鲶鱼（𩷶鲶属、鲶属、胡鲶属、真鮰属）
0304.3300	--尼罗河鲈鱼（尼罗尖吻鲈）
0304.3900	--其他
	-鲜或冷的其他鱼片：
0304.4100	--大麻哈鱼［红大麻哈鱼、细鳞大麻哈鱼、大麻哈鱼（种）、大鳞大麻哈鱼、银大麻哈鱼、马苏大麻哈鱼、玫瑰大麻哈鱼］、大西洋鲑鱼及多瑙哲罗鱼
0304.4200	--鳟鱼（河鳟、虹鳟、克拉克大麻哈鱼、阿瓜大麻哈鱼、吉雨大麻哈鱼、亚利桑那大麻哈鱼、金腹大麻哈鱼）
0304.4300	--比目鱼（鲽科、鲆科、舌鳎科、鳎科、菱鲆科、刺鲆科）
0304.4400	--犀鳕科、多丝真鳕科、鳕科、长尾鳕科、黑鳕科、无须鳕科、深海鳕科及南极鳕科鱼
0304.4500	--剑鱼
0304.4600	--南极犬牙鱼（南极犬牙鱼属）
0304.4700	--角鲨及其他鲨鱼
0304.4800	--魟鱼及鳐鱼（鳐科）
0304.4900	--其他
	-其他，鲜或冷的：
0304.5100	--罗非鱼（口孵非鲫属）、鲶鱼（𩷶鲶属、鲶属、胡鲶属、真鮰属）、鲤科鱼（鲤属、鲫属、草鱼、鲢属、鲮属、青鱼、卡特拉鲃、野鲮属、哈氏纹唇鱼、何氏细须鲃、鲂属）、鳗鱼（鳗鲡属）、尼罗河鲈鱼（尼罗尖吻鲈）及黑鱼（鳢属）
0304.5200	--鲑科鱼
0304.5300	--犀鳕科、多丝真鳕科、鳕科、长尾鳕科、黑鳕科、无须鳕科、深海鳕科及南极鳕科鱼
0304.5400	--剑鱼
0304.5500	--南极犬牙鱼（南极犬牙鱼属）
0304.5600	--角鲨及其他鲨鱼
0304.5700	--魟鱼及鳐鱼（鳐科）
0304.5900	--其他
	-冻的罗非鱼（口孵非鲫属）、鲶鱼（𩷶鲶属、鲶属、胡鲶属、真鮰属）、鲤科鱼（鲤属、鲫属、草鱼、鲢属、鲮属、青鱼、卡特拉鲃、野鲮属、哈氏纹唇鱼、何氏细须鲃、鲂属）、鳗鱼（鳗鲡属）、尼罗河鲈鱼（尼罗尖吻鲈）及黑鱼（鳢属）的鱼片：
0304.6100	--罗非鱼（口孵非鲫属）
	--鲶鱼（𩷶鲶属、鲶属、胡鲶属、真鮰属）：
	---叉尾鮰鱼（真鮰属）：
0304.6211	----斑点叉尾鮰鱼
0304.6219	----其他
0304.6290	---其他
0304.6300	--尼罗河鲈鱼（尼罗尖吻鲈）
0304.6900	--其他
	-冻的犀鳕科、多丝真鳕科、鳕科、长尾鳕科、黑鳕科、无须鳕科、深海鳕科及南极鳕科鱼的鱼片：
0304.7100	--鳕鱼（大西洋鳕鱼、格陵兰鳕鱼、太平洋鳕鱼）
0304.7200	--黑线鳕鱼（黑线鳕）
0304.7300	--绿青鳕鱼
0304.7400	--狗鳕鱼（无须鳕属、长鳍鳕属）
0304.7500	--阿拉斯加狭鳕鱼
0304.7900	--其他
	-其他冻鱼片：
0304.8100	--大麻哈鱼［红大麻哈鱼、细鳞大麻哈鱼、大麻哈鱼（种）、大鳞大麻哈鱼、银大麻哈鱼、马苏大麻哈鱼、玫瑰大麻哈鱼］、大西洋鲑鱼及多瑙哲罗鱼

商品编码	商品名称
0304.8200	--鳟鱼（河鳟、虹鳟、克拉克大麻哈鱼、阿瓜大麻哈鱼、吉雨大麻哈鱼、亚利桑那大麻哈鱼、金腹大麻哈鱼）
0304.8300	--比目鱼（鲽科、鲆科、舌鳎科、鳎科、菱鲆科、刺鲆科）
0304.8400	--剑鱼
0304.8500	--南极犬牙鱼（南极犬牙鱼属）
0304.8600	--鲱鱼（大西洋鲱鱼、太平洋鲱鱼）
0304.8700	--金枪鱼（金枪鱼属）、鲣
0304.8800	--角鲨、其他鲨鱼、魟鱼及鳐鱼（鳐科）
0304.8900	--其他
	-其他，冻的：
0304.9100	--剑鱼
0304.9200	--南极犬牙鱼（南极犬牙鱼属）
0304.9300	--罗非鱼（口孵非鲫属）、鲶鱼（𩷶鲶属、鲶属、胡鲶属、真鮰属）、鲤科鱼（鲤属、鲫属、草鱼、鲢属、鲮属、青鱼、卡特拉鲃、野鲮属、哈氏纹唇鱼、何氏细须鲃、鲂属）、鳗鱼（鳗鲡属）、尼罗河鲈鱼（尼罗尖吻鲈）及黑鱼（鳢属）
0304.9400	--阿拉斯加狭鳕鱼
0304.9500	--犀鳕科、多丝真鳕科、鳕科、长尾鳕科、黑鳕科、无须鳕科、深海鳕科及南极鳕科鱼，阿拉斯加狭鳕鱼除外
0304.9600	--角鲨及其他鲨鱼
0304.9700	--魟鱼及鳐鱼（鳐科）
0304.9900	--其他
03.05	**干、盐腌或盐渍的鱼；熏鱼，不论在熏制前或熏制过程中是否烹煮：**
0305.2000	-干、熏、盐腌或盐渍的鱼肝、鱼卵及鱼精
	-干、盐腌或盐渍的鱼片，但熏制的除外：
0305.3100	--罗非鱼（口孵非鲫属）、鲶鱼（𩷶鲶属、鲶属、胡鲶属、真鮰属）、鲤科鱼（鲤属、鲫属、草鱼、鲢属、鲮属、青鱼、卡特拉鲃、野鲮属、哈氏纹唇鱼、何氏细须鲃、鲂属）、鳗鱼（鳗鲡属）、尼罗河鲈鱼（尼罗尖吻鲈）及黑鱼（鳢属）
0305.3200	--犀鳕科、多丝真鳕科、鳕科、长尾鳕科、黑鳕科、无须鳕科、深海鳕科及南极鳕科鱼
0305.3900	--其他
	-熏鱼，包括鱼片，但食用杂碎除外：
	--大麻哈鱼［红大麻哈鱼、细鳞大麻哈鱼、大麻哈鱼（种）、大鳞大麻哈鱼、银大麻哈鱼、马苏大麻哈鱼、玫瑰大麻哈鱼］、大西洋鲑鱼及多瑙哲罗鱼：
0305.4110	---大西洋鲑鱼
0305.4120	---大麻哈鱼及多瑙哲罗鱼
0305.4200	--鲱鱼（大西洋鲱鱼、太平洋鲱鱼）
0305.4300	--鳟鱼（河鳟、虹鳟、克拉克大麻哈鱼、阿瓜大麻哈鱼、吉雨大麻哈鱼、亚利桑那大麻哈鱼、金腹大麻哈鱼）
0305.4400	--罗非鱼（口孵非鲫属）、鲶鱼（𩷶鲶属、鲶属、胡鲶属、真鮰属）、鲤科鱼（鲤属、鲫属、草鱼、鲢属、鲮属、青鱼、卡特拉鲃、野鲮属、哈氏纹唇鱼、何氏细须鲃、鲂属）、鳗鱼（鳗鲡属）、尼罗河鲈鱼（尼罗尖吻鲈）及黑鱼（鳢属）
0305.4900	--其他
	-干鱼（不包括食用杂碎），不论是否盐腌，但熏制的除外：
0305.5100	--鳕鱼（大西洋鳕鱼、格陵兰鳕鱼、太平洋鳕鱼）
0305.5200	--罗非鱼（口孵非鲫属）、鲶鱼（𩷶鲶属、鲶属、胡鲶属、真鮰属）、鲤科鱼（鲤属、鲫属、草鱼、鲢属、鲮属、青鱼、卡特拉鲃、野鲮属、哈氏纹唇鱼、何氏细须鲃、鲂属）、鳗鱼（鳗鲡属）、尼罗河鲈鱼（尼罗尖吻鲈）及黑鱼（鳢属）

商品编码	商品名称
0305.5300	--犀鳕科、多丝真鳕科、鳕科、长尾鳕科、黑鳕科、无须鳕科、深海鳕科及南极鳕科鱼，鳕鱼（大西洋鳕鱼、格陵兰鳕鱼、太平洋鳕鱼）除外
	--鲱鱼（大西洋鲱鱼、太平洋鲱鱼）、鳀鱼（鳀属）、沙丁鱼（沙丁鱼、沙瑙鱼属）、小沙丁鱼属、黍鲱或西鲱、鲭鱼［大西洋鲭、澳洲鲭（鲐）、日本鲭（鲐）］、印度鲭（羽鳃鲐属）、马鲛鱼（马鲛属）、对称竹荚鱼、新西兰竹荚鱼及竹荚鱼（竹荚鱼属）、鲹鱼（鲹属）、军曹鱼、银鲳（鲳属）、秋刀鱼、圆鲹（圆鲹属）、多春鱼（毛鳞鱼）、剑鱼、鲔鱼、狐鲣（狐鲣属）、枪鱼 、旗鱼、四鳍旗鱼（旗鱼科）：
0305.5410	---银鲳（鲳属）
0305.5490	---其他
	--其他：
0305.5910	---海龙、海马
0305.5990	---其他
	-盐腌及盐渍的鱼（不包括食用杂碎），但干或熏制的除外：
0305.6100	--鲱鱼（大西洋鲱鱼、太平洋鲱鱼）
0305.6200	--鳕鱼（大西洋鳕鱼、格陵兰鳕鱼、太平洋鳕鱼）
0305.6300	--鳀鱼（鳀属）
0305.6400	--罗非鱼（口孵非鲫属）、鲶鱼（鲑鲶属、鲶属、胡鲶属、真鮰属）、鲤科鱼（鲤属、鲫属、草鱼、鲢属、鲮属、青鱼、卡特拉鲃、野鲮属、哈氏纹唇鱼、何氏细须鲃、鲂属）、鳗鱼（鳗鲡属）、尼罗河鲈鱼（尼罗尖吻鲈）及黑鱼（鳢属）
	--其他：
0305.6910	---带鱼
0305.6920	---黄鱼
0305.6930	---鲳鱼（银鲳除外）
0305.6990	---其他

商品编码	商品名称
	-鱼鳍、鱼头、鱼尾、鱼鳔及其他可食用杂碎：
0305.7100	--鲨鱼翅
0305.7200	--鱼头、鱼尾、鱼鳔
0305.7900	--其他
03.06	**带壳或去壳的甲壳动物，活、鲜、冷、冻、干、盐腌或盐渍的；熏制的带壳或去壳甲壳动物，不论在熏制前或熏制过程中是否烹煮；蒸过或用水煮过的带壳甲壳动物，不论是否冷、冻、干、盐腌或盐渍的：**
	-冻的：
0306.1100	--岩礁虾和其他龙虾（真龙虾属、龙虾属、岩龙虾属）
0306.1200	--螯龙虾（螯龙虾属）
	--蟹：
0306.1410	---梭子蟹
0306.1490	---其他
0306.1500	--挪威海螯虾
	--冷水小虾及对虾（长额虾属、褐虾）：
0306.1630	---虾仁
0306.1640	---其他，北方长额虾
0306.1690	---其他
	--其他小虾及对虾：
0306.1730	---虾仁
0306.1790	---其他
	--其他：
	---淡水小龙虾：
0306.1911	----虾仁
0306.1919	----其他
0306.1990	---其他
	-活、鲜或冷的：
	--岩礁虾及其他龙虾（真龙虾属、龙虾属、岩龙虾属）：
0306.3110	---种苗
0306.3190	---其他
	--螯龙虾（螯龙虾属）：
0306.3210	---种苗
0306.3290	---其他
	--蟹：

商品编码	商品名称
0306.3310	---种苗
	---其他:
0306.3391	----中华绒螯蟹
0306.3392	----梭子蟹
0306.3399	----其他
	--挪威海螯虾:
0306.3410	---种苗
0306.3490	---其他
	--冷水小虾及对虾(长额虾属、褐虾):
0306.3510	---种苗
0306.3590	---其他
	--其他小虾及对虾:
0306.3610	---种苗
0306.3690	---其他
	--其他:
0306.3910	---种苗
0306.3990	---其他
	-其他:
0306.9100	--岩礁虾及其他龙虾(真龙虾属、龙虾属、岩龙虾属)
0306.9200	--螯龙虾(螯龙虾属)
	--蟹:
0306.9310	---中华绒螯蟹
0306.9320	---梭子蟹
0306.9390	---其他
0306.9400	--挪威海螯虾
	--小虾及对虾:
0306.9510	---冷水小虾及对虾(长额虾属、褐虾)
0306.9590	---其他小虾及对虾
0306.9900	--其他
03.07	**带壳或去壳的软体动物,活、鲜、冷、冻、干、盐腌或盐渍的;熏制的带壳或去壳软体动物,不论在熏制前或熏制过程中是否烹煮:**
	-牡蛎(蚝):
	--活、鲜或冷的:
0307.1110	---种苗
0307.1190	---其他
0307.1200	--冻的
0307.1900	--其他
	-扇贝及其他扇贝科的软体动物:
	--活、鲜或冷的:
0307.2110	---种苗
	---其他:
0307.2191	----扇贝(扇贝属、栉孔扇贝属、巨扇贝属)
0307.2199	----其他
	--冻的:
0307.2210	---扇贝(扇贝属、栉孔扇贝属、巨扇贝属)
0307.2290	---其他
	--其他:
0307.2910	---扇贝(扇贝属、栉孔扇贝属、巨扇贝属)
0307.2990	---其他
	-贻贝:
	--活、鲜或冷的:
0307.3110	---种苗
0307.3190	---其他
0307.3200	--冻的
0307.3900	--其他
	-墨鱼及鱿鱼:
	--活、鲜或冷的:
0307.4210	---种苗
	---其他:
0307.4291	----墨鱼(乌贼属、巨粒僧头乌贼、耳乌贼属)及鱿鱼(柔鱼属、枪乌贼属、双柔鱼属、拟乌贼属)
0307.4299	----其他
	--冻的:
0307.4310	---墨鱼(乌贼属、巨粒僧头乌贼、耳乌贼属)及鱿鱼(柔鱼属、枪乌贼属、双柔鱼属、拟乌贼属)
0307.4390	---其他
	--其他:
0307.4910	---墨鱼(乌贼属、巨粒僧头乌贼、耳乌贼属)及鱿鱼(柔鱼属、枪乌贼属、双柔鱼属、拟乌贼属)
0307.4990	---其他
	-章鱼:
0307.5100	--活、鲜或冷的
0307.5200	--冻的

商品编码	商品名称	商品编码	商品名称
0307.5900	--其他	**03.08**	**不属于甲壳动物及软体动物的水生无脊椎动物，活、鲜、冷、冻、干、盐腌或盐渍的；熏制的不属于甲壳动物及软体动物的水生无脊椎动物，不论在熏制前或熏制过程中是否烹煮：**
	-蜗牛及螺，海螺除外：		-海参（仿刺参、海参纲）：
0307.6010	---种苗		--活、鲜或冷的：
0307.6090	---其他	0308.1110	---种苗
	-蛤、鸟蛤及舟贝（蚶科、北极蛤科、鸟蛤科、斧蛤科、缝栖蛤科、蛤蜊科、中带蛤科、海螂科、双带蛤科、截蛏科、竹蛏科、砗磲科、帘蛤科）：	0308.1190	---其他
	--活、鲜或冷的：	0308.1200	--冻的
0307.7110	---种苗	0308.1900	--其他
	---其他：		-海胆（球海胆属、拟球海胆、智利海胆、食用正海胆）：
0307.7191	----蛤		--活、鲜或冷的：
0307.7199	----其他	0308.2110	---种苗
0307.7200	--冻的	0308.2190	---其他
0307.7900	--其他	0308.2200	--冻的
	-鲍鱼（鲍属）及凤螺（凤螺属）：	0308.2900	--其他
	--活、鲜或冷的鲍鱼（鲍属）：		-海蜇（海蜇属）：
0307.8110	---种苗		---活、鲜或冷的：
0307.8190	---其他	0308.3011	----种苗
	--活、鲜或冷的凤螺（凤螺属）：	0308.3019	----其他
0307.8210	---种苗	0308.3090	---其他
0307.8290	---其他		-其他：
0307.8300	--冻的鲍鱼（鲍属）		---活、鲜或冷的：
0307.8400	--冻的凤螺（凤螺属）	0308.9011	----种苗
0307.8700	--其他鲍鱼（鲍属）	0308.9012	----沙蚕，种苗除外
0307.8800	--其他凤螺（凤螺属）	0308.9019	----其他
	-其他：	0308.9090	---其他
	--活、鲜或冷的：	**03.09**	**适合供人食用的鱼、甲壳动物、软体动物和其他水生无脊椎动物的细粉、粗粉及团粒：**
0307.9110	---种苗	0309.1000	-鱼的
0307.9190	---其他	0309.9000	-其他
0307.9200	--冻的		
0307.9900	--其他		

第四章　乳品；蛋品；天然蜂蜜；其他食用动物产品

注释：

一、所称“乳”，是指全脂乳及半脱脂或全脱脂的乳。

二、品目04.03所称“酸乳”可以浓缩或调味，可以含糖或其他甜味物质、水果、坚果、可可、巧克力、调味香料、咖啡或咖啡提取物、其他植物或植物的部分、谷物或面包制品，但添加的任何物质不能用于全部或部分取代任何乳成分，而且产品需保留酸乳的基本特征。

三、品目04.05所称：

（一）“黄油”，仅指从乳中提取的天然黄油、乳清黄油及调制黄油（新鲜、加盐或酸败的，包括罐装黄油），按重量计乳脂含量在80%及以上，但不超过95%，乳的无脂固形物最大含量不超过2%，以及水的最大含量不超过16%。黄油中不含添加的乳化剂，但可含有氯化钠、食用色素、中和盐及无害乳酸菌的培养物。

（二）“乳酱”是一种油包水型可涂抹的乳状物，乳脂是该制品所含的唯一脂肪，按重量计其含量在39%及以上，但小于80%。

四、乳清经浓缩并加入乳或乳脂制成的产品，若同时具有下列三种特性，则视为乳酪归入品目04.06：

（一）按干重计乳脂含量在5%及以上的；

（二）按重量计干质成分至少为70%，但不超过85%的；以及

（三）已成型或可以成型的。

五、本章不包括：

（一）不适合供人食用的死昆虫（品目05.11）；

（二）按重量计乳糖含量（以干燥无水乳糖计）超过95%的乳清制品（品目17.02）；

（三）以一种物质（例如，油酸酯）代替乳中一种或多种天然成分（例如，丁酸酯）而制得的产品（品目19.01或21.06）；或

（四）白蛋白（包括按重量计干质成分的乳清蛋白含量超过80%的两种或两种以上的乳清蛋白浓缩物）（品目35.02）及球蛋白（品目35.04）。

六、品目04.10所称“昆虫”是指全部或部分食用的死昆虫，新鲜的、冷藏的、冷冻的、干燥的、烟熏的、盐腌或盐渍的，以及适合供人食用的昆虫的细粉和粗粉。但本品目不包括用其他方法制作或保藏的食用的死昆虫（第四类）。

子目注释：

一、子目0404.10所称“改性乳清”，是指由乳清成分构成的制品，即全部或部分去除乳糖、蛋白或矿物质的乳清、加入天然乳清成分的乳清及由混入天然乳清成分制成的产品。

二、子目0405.10所称“黄油”，不包括脱水黄油及印度酥油（子目0405.90）。

商品编码	商品名称
04.01	**未浓缩及未加糖或其他甜物质的乳及稀奶油：**
0401.1000	-按重量计脂肪含量不超过1%
0401.2000	-按重量计脂肪含量超过1%，但不超过6%
0401.4000	-按重量计脂肪含量超过6%，但不超过10%
0401.5000	-按重量计脂肪含量超过10%
04.02	**浓缩、加糖或其他甜物质的乳及稀奶油：**
0402.1000	-粉状、粒状或其他固体形状，按重量计脂肪含量不超过1.5%
	-粉状、粒状或其他固体形状，按重量计脂肪含量超过1.5%：
0402.2100	--未加糖或其他甜物质
0402.2900	--其他
	-其他：
0402.9100	--未加糖或其他甜物质
0402.9900	--其他
04.03	**酸乳；酪乳、结块的乳及稀奶油、酸乳酒及其他发酵或酸化的乳和稀奶油，不论是否浓缩、加糖、加其他甜物质、加香料、加水果、加坚果或加可可：**
	-酸乳：
0403.2010	---不论是否浓缩，除允许添加的添加剂外，仅可含糖或其他甜味物质、香料、水果、坚果、可可
0403.2090	---其他
0403.9000	-其他
04.04	**乳清，不论是否浓缩、加糖或其他甜物质；其他品目未列名的含天然乳的产品，不论是否加糖或其他甜物质：**
0404.1000	-乳清及改性乳清，不论是否浓缩、加糖或其他甜物质
0404.9000	-其他
04.05	**黄油及其他从乳中提取的脂和油；乳酱：**
0405.1000	-黄油
0405.2000	-乳酱
0405.9000	-其他
04.06	**乳酪及凝乳：**
0406.1000	-鲜乳酪（未熟化或未固化的），包括乳清乳酪；凝乳
0406.2000	-各种磨碎或粉化的乳酪
0406.3000	-经加工的乳酪，但磨碎或粉化的除外
0406.4000	-蓝纹乳酪和娄地青霉生产的带有纹理的其他乳酪
0406.9000	-其他乳酪
04.07	**带壳禽蛋，鲜、腌制或煮过的：**
	-孵化用受精禽蛋：
0407.1100	--鸡的
0407.1900	--其他
	-其他鲜蛋：
0407.2100	--鸡的
0407.2900	--其他
	-其他：
0407.9010	---咸蛋
0407.9020	---皮蛋
0407.9090	---其他
04.08	**去壳禽蛋及蛋黄，鲜、干、冻、蒸过或水煮、制成型或用其他方法保藏的，不论是否加糖或其他甜物质：**
	-蛋黄：
0408.1100	--干的
0408.1900	--其他
	-其他：
0408.9100	--干的
0408.9900	--其他
04.09	**天然蜂蜜：**
0409.0000	天然蜂蜜
04.10	**其他品目未列名的昆虫及其他食用动物产品：**
0410.1000	-昆虫
	-其他：
0410.9010	---燕窝
	---蜂产品：
0410.9021	----鲜蜂王浆
0410.9022	----鲜蜂王浆粉
0410.9023	----蜂花粉
0410.9029	----其他
0410.9090	---其他

第五章　其他动物产品

注释：

一、本章不包括：

（一）食用产品（整个或切块的动物肠、膀胱和胃以及液态或干制的动物血除外）；

（二）生皮或毛皮（第四十一章、第四十三章），但品目 05.05 的货品及品目 05.11 的生皮或毛皮的边角废料仍归入本章；

（三）马毛及废马毛以外的动物纺织原料（第十一类）；或

（四）供制帚、制刷用的成束、成簇的材料（品目 96.03）。

二、仅按长度而未按发根和发梢整理的人发，视为未加工品，归入品目 05.01。

三、本目录所称“兽牙”，是指象、河马、海象、一角鲸和野猪的长牙、犀角及其他动物的牙齿。

四、本目录所称“马毛”，是指马科、牛科动物的鬃毛和尾毛。品目 05.11 主要包括马毛及废马毛，不论是否制成带衬垫或不带衬垫的毛片。

【编者注】

一、归入本章的动物毛，不包括作纺织材料的动物毛。鬃毛已扎成小束，预备制帚、刷用的，应视为制品，不归入本章（品目 96.03）。

二、肠，主要用于制作肠衣，如用于制外科手术羊肠线、网球拍的弦、乐器用的弦，则不能归入本章。

商品编码	商品名称
05.01	**未经加工的人发，不论是否洗涤；废人发：**
0501.0000	未经加工的人发，不论是否洗涤；废人发
05.02①	**猪鬃、猪毛；獾毛及其他制刷用兽毛；上述鬃毛的废料：**
	-猪鬃、猪毛及其废料：
0502.1010	---猪鬃
0502.1020	---猪毛
0502.1030	---废料
	-其他②：
	---獾毛及其他制刷用兽毛：
0502.9011	----山羊毛
0502.9012	----黄鼠狼尾毛
0502.9019	----其他
0502.9020	---废料
05.04	**整个或切块的动物（鱼除外）的肠、膀胱及胃，鲜、冷、冻、干、熏、盐腌或盐渍的：**
	---肠衣③：
0504.0011	----盐渍猪肠衣（猪大肠头除外）
0504.0012	----盐渍绵羊肠衣
0504.0013	----盐渍山羊肠衣
0504.0014	----盐渍猪大肠头
0504.0019	----其他
	---胃：

① 本品目不包括成束或成簇的鬃毛（制成不需分开或仅经简单加工即可直接装于帚或刷上的鬃毛束）。它们归入品目 96.03。

② 其他制刷用兽毛包括黄鼬、松鼠及貂的毛。

③ 肠主要用于制作香肠肠衣，也可用于制作无菌外科肠线（品目 30.06）、网球拍弦（品目 42.06）或乐器弦（品目 92.09）。本品目也不包括将皮纤维浆挤出后，用甲醛和苯酚溶液硬化的“人造肠”（品目 39.17）及将破裂天然肠胶合在一起的“人造肠”（品目 42.06）。

商品编码	商品名称
0504.0021	----冷、冻的鸡胗
0504.0029	----其他
0504.0090	---其他
05.05	**带有羽毛或羽绒的鸟皮及鸟体其他部分；羽毛及不完整羽毛（不论是否修边）、羽绒，仅经洗涤、消毒或为了保藏而作过处理，但未经进一步加工；羽毛或不完整羽毛的粉末及废料：**
0505.1000①	-填充用羽毛；羽绒
	-其他：
0505.9010	---羽毛或不完整羽毛的粉末及废料
0505.9090	---其他
05.06	**骨及角柱，未经加工或经脱脂、简单整理（但未切割成形）、酸处理或脱胶；上述产品的粉末及废料：**
0506.1000	-经酸处理的骨胶原及骨
	-其他：
	---骨粉、骨废料：
0506.9011	----含牛羊成分的
0506.9019	----其他
0506.9090	---其他
05.07②	**兽牙、龟壳、鲸须、鲸须毛、角、鹿角、蹄、甲、爪及喙，未经加工或仅简单整理但未切割成形；上述产品的粉末及废料：**
0507.1000	-兽牙；兽牙粉末及废料
	-其他：
0507.9010	---羚羊角及其粉末和废料
0507.9020	---鹿茸及其粉末
0507.9090	---其他
05.08	**珊瑚及类似品，未经加工或仅简单整理但未经进一步加工；软体动物壳、甲壳动物壳、棘皮动物壳、墨鱼骨，未经加工或仅简单整理但未切割成形，上述壳、骨的粉末及废料：**
0508.0010	---粉末及废料
0508.0090	---其他
05.10	**龙涎香、海狸香、灵猫香及麝香；斑蝥；胆汁，不论是否干制；供配制药用的腺体及其他动物产品，鲜、冷、冻或用其他方法暂时保藏的：**
0510.0010	---黄药
0510.0020	---龙涎香、海狸香、灵猫香
0510.0030	---麝香
0510.0040	---斑蝥
0510.0090	---其他
05.11	**其他品目未列名的动物产品；不适合供人食用的第一章或第三章的死动物：**
0511.1000	-牛的精液
	-其他：
	--鱼、甲壳动物、软体动物、其他水生无脊椎动物的产品；第三章的死动物：
	---鱼的：
0511.9111	----受精鱼卵
0511.9119	----其他
0511.9190	---其他
	--其他：
0511.9910	---动物精液（牛的精液除外）
0511.9920	---动物胚胎
0511.9930	---蚕种
0511.9940	---马毛及废马毛，不论是否制成有或无衬垫的毛片
0511.9990	---其他

① “填充用羽毛”，是指家禽（特别是鹅或鸭）、鸽子、鹧鸪或类似禽类的羽毛，但粗大的翼毛或尾毛及分级时摒弃的粗大的羽毛除外。所称“羽绒”，主要指鹅毛或鸭毛中最为细小、柔软的绒毛，它与羽毛的区别在于没有硬羽轴。

② 本品目包括未经加工或虽经简单整理但未切割成形（除锉磨、刮削、洗净、除去多余部分、整饰、劈开、非成形切割、粗刨、拉直及平整工序外，未进一步加工）的产品。本品目不包括已切割成矩形（包括正方形）或为杆、管或其他半制成形状的产品，以及模制产品（品目 96.01 或其他更为具体列名的品目）。

第二类　植物产品

注释：

本类所称“团粒”，是指直接挤压或加入按重量计比例不超过3%的黏合剂制成的粒状产品。

【编者注】

一、本类包括绝大多数活植物及未经加工，或仅经过有限的简单加工的植物产品。与第一类的情况类似，归入本类的植物产品与归入其他类的植物产品，主要也是根据加工程度来区分的。

二、必须注意的是，同动物产品一样，作为例外，有些未经过加工或仅经过有限的简单加工的植物产品是按商品用途归入其他类的。归入其他类的植物产品通常作为某些行业原材料使用。

第六章　活树及其他活植物；鳞茎、根及类似品；插花及装饰用簇叶

注释：

一、除品目06.01的菊苣植物及其根以外，本章只包括通常由苗圃或花店供应为种植或装饰用的活树及其他货品（包括植物秧苗）；但不包括马铃薯、洋葱、青葱、大蒜及其他第七章的产品。

二、品目06.03、06.04的各种货品，包括全部或部分用这些货品制成的花束、花篮、花圈及类似品，不论是否有其他材料制成的附件。但这些货品不包括品目97.01的拼贴画或类似的装饰板。

商品编码	商品名称
06.01①	**鳞茎、块茎、块根、球茎、根颈及根茎，休眠、生长或开花的；菊苣植物及其根，但品目12.12的根除外：**
	-休眠的鳞茎、块茎、块根、球茎、根颈及根茎：
0601.1010	---番红花球茎
	---百合球茎：
0601.1021	----种用
0601.1029	----其他
	---其他：
0601.1091	----种用
0601.1099	----其他
0601.2000	-生长或开花的鳞茎、块茎、块根、球茎、根颈及根茎；菊苣植物及其根
06.02②	**其他活植物（包括其根）、插枝及接穗；蘑菇菌丝：**
0602.1000	-无根插枝及接穗
	-食用水果或食用坚果的树、灌木，不论是否嫁接③：
0602.2010	---种用苗木
0602.2090	---其他
	-杜鹃，不论是否嫁接：
0602.3010	---种用
0602.3090	---其他

① 本品目不包括第七章的某些鳞茎、块茎、块根、球茎、根颈及根茎（例如，洋葱、青葱、大蒜、马铃薯、洋蓟）和生姜（品目09.10）。

② 本品目的树木、灌木及其他植物报验时，其根部可以裸露或用泥包成球形，也可以栽在盆、桶、盒或类似品中。

③ 子目0602.20、0602.30、0602.40及0602.90的活根应按植物归入其相应的子目。

商品编码	商品名称	商品编码	商品名称
	-玫瑰，不论是否嫁接：	0603.1200	--康乃馨
0602.4010	---种用	0603.1300	--兰花
0602.4090	---其他	0603.1400	--菊花
	-其他：	0603.1500	--百合花（百合属）
0602.9010	---蘑菇菌丝	0603.1900	--其他
	---其他：	0603.9000	-其他
0602.9091	----种用苗木	**06.04**[②]	**制花束或装饰用的不带花及花蕾的植物枝、叶或其他部分、草、苔藓及地衣，鲜、干、染色、漂白、浸渍或用其他方法处理的：**
0602.9092	----兰花		-鲜的：
0602.9093	----菊花	0604.2010	---苔藓及地衣
0602.9094	----百合	0604.2090	---其他
0602.9095	----康乃馨		-其他：
0602.9099	----其他	0604.9010	---苔藓及地衣
06.03[①]	**制花束或装饰用的插花及花蕾，鲜、干、染色、漂白、浸渍或用其他方法处理的：**	0604.9090	---其他
	-鲜的：		
0603.1100	--玫瑰		

① 本品目不仅包括插花及花蕾本身，而且还包括用花或花蕾制成的花束、花圈、花篮及类似品（例如，小花束及纽扣、胸花）。这些花束等如果具有花卉商品的基本特征，即使带有其他材料制成的配件（丝带、纸饰物等），仍归入本品目。带有花或花蕾（例如，木兰花及某种蔷薇花）的树枝、灌木枝可视同插花或花蕾归入本品目。主要用作香料、药料、杀虫、杀菌或类似用途的花、花瓣及花蕾，如果其报验时的状态已不适合制花束或作装饰用，不能归入本品目（品目12.11）。

② 本品目包括明显不适合再栽种（例如，根被锯除或根被沸水灼死）的天然圣诞树。

第七章　食用蔬菜、根及块茎

注释：

一、本章不包括品目 12.14 的草料。

二、品目 07.09、07.10、07.11 及 07.12 所称“蔬菜”，包括食用的蘑菇、块菌、油橄榄、刺山柑、菜葫芦、南瓜、茄子、甜玉米、辣椒、茴香菜、欧芹、细叶芹、龙蒿、水芹、甜茉乔栾那。

三、品目 07.12 包括干制的归入品目 07.01 至 07.11 的各种蔬菜，但下列各项除外：

（一）作蔬菜用的脱荚干豆（品目 07.13）；

（二）品目 11.02 至 11.04 所列形状的甜玉米；

（三）马铃薯细粉、粗粉、粉末、粉片、颗粒及团粒（品目 11.05）；

（四）用品目 07.13 的干豆制成的细粉、粗粉及粉末（品目 11.06）。

四、本章不包括辣椒干及辣椒粉（品目 09.04）。

五、品目 07.11 适用于使用前在运输或贮存时仅为暂时保藏而进行处理（例如，使用二氧化硫气体、盐水、亚硫酸水或其他防腐液）的蔬菜，但不适于直接食用的。

本国子目注释：

本国子目 0704.9010 所涉及的“卷心菜”，学名结球甘蓝，又名圆白菜、洋白菜，属十字花科芸薹属甘蓝的变种。外观近圆形，结球紧实，个头大，层层包裹成球状体，颜色绿，芯白或淡黄色，叶球可供食用。

【编者注】

一、本章的蔬菜，包括本章注释二所列各种蔬菜，不论是否鲜、冷、冻（未烹煮、蒸过或水煮）、干（包括脱水、蒸干或冻干）或经临时保藏处理的。

二、经均化的产品不能作为本章产品归类，而应归入第二十章的制品。

三、本章的蔬菜即使用密封容器包装（例如，听装洋葱粉），仍应归入本章。此类包装的产品如经超出本章各品目所列加工方法制作或保藏，应归入第二十章。

商品编码	商品名称	商品编码	商品名称
07.01	**鲜或冷藏的马铃薯：**		-大蒜：
0701.1000	-种用	0703.2010	---蒜头
0701.9000	-其他	0703.2020	---蒜薹及蒜苗（青蒜）
07.02	**鲜或冷藏的番茄：**	0703.2090	---其他
0702.0000	鲜或冷藏的番茄		
07.03	**鲜或冷藏的洋葱、青葱、大蒜、韭葱及其他葱属蔬菜：**		-韭葱及其他葱属蔬菜：
	-洋葱及青葱：	0703.9010	---韭葱
0703.1010	---洋葱	0703.9020	---大葱
0703.1020	---青葱	0703.9090	---其他

商品编码	商品名称	商品编码	商品名称
07.04①	**鲜或冷藏的卷心菜、菜花、球茎甘蓝、羽衣甘蓝及类似的食用芥菜类蔬菜:**		-蘑菇及块菌:
		0709.5100	--伞菌属蘑菇
	-菜花及西兰花:	0709.5200	--牛肝菌属蘑菇
0704.1010	---菜花	0709.5300	--鸡油菌属蘑菇
0704.1090	---其他	0709.5400	--香菇
0704.2000	-抱子甘蓝	0709.5500	--松茸（松口蘑、美洲松口蘑、雪松口蘑、甜味松口蘑、欧洲松口蘑）
	-其他:		
0704.9010	---卷心菜	0709.5600	--块菌（松露属）
0704.9090	---其他		--其他:
07.05	**鲜或冷藏的莴苣及菊苣:**	0709.5910	---其他松茸
	-莴苣:	0709.5930	---金针菇
0705.1100	--结球莴苣（包心生菜）	0709.5940	---草菇
0705.1900	--其他	0709.5950	---口蘑
	-菊苣:	0709.5960	---其他块菌
0705.2100	--维特罗夫菊苣	0709.5990	---其他
0705.2900	--其他	0709.6000	-辣椒属及多香果属的果实
07.06②	**鲜或冷藏的胡萝卜、芜菁、色拉甜菜根、婆罗门参、块根芹、萝卜及类似的食用根茎:**	0709.7000	-菠菜
			-其他:
		0709.9100	--洋蓟
0706.1000	-胡萝卜及芜菁	0709.9200	--油橄榄
0706.9000	-其他	0709.9300	--南瓜、笋瓜及瓠瓜（南瓜属）
07.07	**鲜或冷藏的黄瓜及小黄瓜:**		--其他:
0707.0000	鲜或冷藏的黄瓜及小黄瓜	0709.9910	---竹笋
07.08③	**鲜或冷藏的豆类蔬菜，不论是否脱荚:**	0709.9990	---其他
		07.10④	**冷冻蔬菜（不论是否蒸煮）:**
0708.1000	-豌豆	0710.1000	-马铃薯
0708.2000	-豇豆属及菜豆属		-豆类蔬菜，不论是否脱荚:
0708.9000	-其他豆类蔬菜	0710.2100	--豌豆
07.09	**鲜或冷藏的其他蔬菜:**		--豇豆属及菜豆属:
0709.2000	-芦笋	0710.2210	---红小豆（赤豆）
0709.3000	-茄子	0710.2290	---其他
0709.4000	-芹菜，但块根芹除外	0710.2900	--其他

① 本品目鲜或冷藏的产品包括下列品种：Ⅰ. 菜花及西兰花（例如，*Brassica oleracea* var. *botrytis* 和 *Brassica oleracea* var. *italica*）；Ⅱ. 抱子甘蓝；Ⅲ. 其他硬花芥属蔬菜（例如，白卷心菜、皱叶卷心菜、红卷心菜、大白菜）、羽衣甘蓝和其他阔叶芥属蔬菜，以及发芽芥属蔬菜及球茎甘蓝。本品目不包括其他根状芥属蔬菜（例如，品目07.06的芜菁、品目12.14的芜菁甘蓝）。

② 本品目鲜或冷藏的根茎不论其叶是否已去除，均归入本品目。

③ 本品目的豆类蔬菜包括：Ⅰ. 豌豆，包括青豌豆及饲料豌豆；Ⅱ. 豇豆、菜豆，包括利马豆、绿豆、可连荚食用的豆（亦称肾形菜豆、法国菜豆、红花菜豆、豆角、蜡豆或嘣啪豆）及牛豆（包括黑眼豆）；Ⅲ. 蚕豆、马蚕豆及扁豆；Ⅳ. 鹰嘴豆（格巴恩韶豆）；Ⅴ. 兵豆；Ⅵ. 瓜尔豆。本品目不包括：Ⅰ. 大豆（品目12.01）；Ⅱ. 稻子豆（品目12.12）。

④ 本品目的冷冻蔬菜通常是以工业速冻法制得。采用速冻法是为了将蔬菜快速通过最大结晶度所需的温幅，使其细胞组织免遭破坏，从而使蔬菜在解冻后仍能保持其鲜度。冻前加有盐或糖的蔬菜和冻前蒸过或用水煮过的蔬菜仍归入本品目。但本品目不包括以其他方法烹煮过的蔬菜（第二十章）或与其他物料一起制作的蔬菜，例如，“配餐”（第四类）。

商品编码	商品名称	商品编码	商品名称
0710. 3000	-菠菜	0712. 3400	--香菇
0710. 4000	-甜玉米		--其他:
	-其他蔬菜:	0712. 3920	---金针菇
0710. 8010	---松茸	0712. 3950	---牛肝菌
0710. 8020	---蒜薹及蒜苗（青蒜）		---其他:
0710. 8030	---蒜头	0712. 3991	----羊肚菌
0710. 8040	---牛肝菌	0712. 3999	----其他
0710. 8090	---其他		-其他蔬菜；什锦蔬菜:
0710. 9000	-什锦蔬菜	0712. 9010	---笋干丝
07. 11[①]	**暂时保藏的蔬菜，但不适于直接食用的:**	0712. 9020	---紫萁（薇菜干）
		0712. 9030	---金针菜（黄花菜）
0711. 2000	-油橄榄	0712. 9040	---蕨菜
0711. 4000	-黄瓜及小黄瓜	0712. 9050	---大蒜
	-蘑菇及块菌:		---其他:
	--伞菌属蘑菇:	0712. 9091	----辣根
	---盐水的:	0712. 9099	----其他
0711. 5112	----白蘑菇	**07. 13**	**脱荚的干豆，不论是否去皮或分瓣:**
0711. 5119	----其他		-豌豆:
0711. 5190	---其他	0713. 1010	---种用
	--其他:	0713. 1090	---其他
	---盐水的:		-鹰嘴豆:
0711. 5911	----松茸	0713. 2010	---种用
0711. 5919	----其他	0713. 2090	---其他
0711. 5990	---其他		-豇豆属及菜豆属:
	-其他蔬菜；什锦蔬菜:		--绿豆:
	---盐水的:	0713. 3110	---种用
0711. 9031	----竹笋	0713. 3190	---其他
0711. 9034	----大蒜		--红小豆（赤豆）:
0711. 9039	----其他	0713. 3210	---种用
0711. 9090	---其他	0713. 3290	---其他
07. 12[②]	**干蔬菜，整个、切块、切片、破碎或制成粉状，但未经进一步加工的:**		--芸豆:
		0713. 3310	---种用
0712. 2000	-洋葱	0713. 3390	---其他
	-蘑菇、木耳、银耳及块菌:	0713. 3400	--巴姆巴拉豆
0712. 3100	--伞菌属蘑菇	0713. 3500	--牛豆（豇豆）
0712. 3200	--木耳	0713. 3900	--其他
0712. 3300	--银耳		-扁豆:

① 本品目适用于使用前在运输或贮存时仅为暂时保藏而进行处理（例如，使用二氧化硫气体、盐水、亚硫酸水或其他防腐液）的蔬菜，但不适于直接食用的蔬菜。本品目的蔬菜通常是以木桶或琵琶桶包装，主要用作食品工业的原材料。

② 本品目不包括：Ⅰ. 脱荚的干豆（品目 07. 13）；Ⅱ. 辣椒干、辣椒粉（品目 09. 04），马铃薯细粉、粗粉、粉末、粉片、颗粒及团粒（品目 11. 05），用品目 07. 13 的干豆磨成的细粉、粗粉及粉末（品目 11. 06）；Ⅲ. 混合调味品（品目 21. 03）；Ⅳ. 以干菜为基料的汤料（品目 21. 04）。

商品编码	商品名称	商品编码	商品名称
0713.4010	---种用	0714.1020	---干的
0713.4090	---其他	0714.1030	---冷或冻的
	-蚕豆：		-甘薯：
0713.5010	---种用		---鲜的：
0713.5090	---其他	0714.2011	----种用
	-木豆（木豆属）：	0714.2019	----其他
0713.6010	---种用	0714.2020	---干的
0713.6090	---其他	0714.2030	---冷或冻的
	-其他：	0714.3000	-山药
0713.9010	---种用干豆	0714.4000	-芋头（芋属）
0713.9090	---其他	0714.5000	-箭叶黄体芋（黄肉芋属）
07.14①	**鲜、冷、冻或干的木薯、竹芋、兰科植物块茎、菊芋、甘薯及含有高淀粉或菊粉的类似根茎，不论是否切片或制成团粒；西谷茎髓：**		-其他：
		0714.9010	---荸荠
			---藕：
		0714.9021	----种用
	-木薯：	0714.9029	----其他
0714.1010	---鲜的	0714.9090	---其他

① 本品目还包括荸荠属植物的可食用球茎（通称为荸荠）。经其他加工的本品目产品应归入其他章内，例如，细粉、粗粉及粉末（品目11.06）、淀粉（品目11.08）及珍粉（品目19.03）。

第八章　食用水果及坚果；柑橘属水果或甜瓜的果皮

注释：

一、本章不包括非供食用的坚果或水果。

二、冷藏的水果和坚果应按相应的鲜果品目归类。

三、本章的干果可以部分复水或为下列目的进行其他处理：

（一）为保藏或保持其稳定性（例如，经适度热处理或硫化处理、添加山梨酸或山梨酸钾）；

（二）为改进或保持其外观（例如，添加植物油或少量葡萄糖浆）。

但必须保持干果的特征。

四、品目 08.12 适用于使用前在运输或贮存时仅为暂时保藏而进行处理（例如，使用二氧化硫气体、盐水、亚硫酸水或其他防腐液）的水果及坚果，但不适于直接食用的。

【编者注】

一、本章的产品加工成粉状的不归入本章，而应归入第十一章。

二、本章的果实若仅加入少量的糖，不影响其商品归类。本章还包括干果（例如，椰枣及梅脯），干果外部覆有一层干的天然糖粉，其外表看上去与品目 20.06 的裹糖果实有些相似。

商品编码	商品名称	商品编码	商品名称
08.01[①]	**鲜或干的椰子、巴西果及腰果，不论是否去壳或去皮：**	0802.1100	--未去壳
		0802.1200	--去壳
	-椰子：		-榛子：
0801.1100	--干的	0802.2100	--未去壳
0801.1200	--未去内壳（内果皮）	0802.2200	--去壳
	--其他：		-核桃：
0801.1910	---种用	0802.3100	--未去壳
0801.1990	---其他	0802.3200	--去壳
	-巴西果：		-栗子：
0801.2100	--未去壳		--未去壳：
0801.2200	--去壳	0802.4110	---板栗
	-腰果：	0802.4190	---其他
0801.3100	--未去壳		--去壳：
0801.3200	--去壳	0802.4210	---板栗
08.02[②]	**鲜或干的其他坚果，不论是否去壳或去皮：**	0802.4290	---其他
			-阿月浑子果（开心果）：
	-扁桃核及仁：	0802.5100	--未去壳

① 本品目包括干椰子肉，即干制并且切成丝条状的椰肉，但不包括用于榨取椰子油而不适合供人食用的干椰肉（品目 12.03）。

② 本品目还包括主要供咀嚼用的槟榔果，既可供咀嚼用，又可作饮料基料用的可乐果，以及菱属植物的一种坚果状带尖角的可食用果实（人们有时称之为菱角）。

商品编码	商品名称
0802.5200	--去壳
	-马卡达姆坚果（夏威夷果）：
	--未去壳：
0802.6110	---种用
0802.6190	---其他
0802.6200	--去壳
0802.7000	-可乐果（可乐果属）
0802.8000	-槟榔果
	-其他：
0802.9100	--未去壳松子
0802.9200	--去壳松子
	--其他：
0802.9910	---白果
0802.9990	---其他
08.03	**鲜或干的香蕉，包括芭蕉：**
0803.1000	-芭蕉
0803.9000	-其他
08.04①	**鲜或干的椰枣、无花果、菠萝、鳄梨、番石榴、芒果及山竹果：**
0804.1000	-椰枣
0804.2000	-无花果
0804.3000	-菠萝
0804.4000	-鳄梨
	-番石榴、芒果及山竹果：
0804.5010	---番石榴
0804.5020	---芒果
0804.5030	---山竹果
08.05②	**鲜或干的柑橘属水果：**
0805.1000	-橙
	-柑橘（包括小蜜橘及萨摩蜜柑橘）；克里曼丁橘、韦尔金橘及类似的杂交柑橘：
	--柑橘（包括小蜜橘及萨摩蜜柑橘）：
0805.2110	---蕉柑
0805.2190	---其他
0805.2200	--克里曼丁橘
0805.2900	--其他
0805.4000	-葡萄柚及柚
0805.5000	-柠檬及酸橙
0805.9000	-其他
08.06	**鲜或干的葡萄：**
0806.1000	-鲜的
0806.2000	-干的
08.07	**鲜的甜瓜（包括西瓜）及番木瓜：**
	-甜瓜，包括西瓜：
0807.1100	--西瓜
	--其他：
0807.1910	---哈密瓜
0807.1920	---罗马甜瓜及加勒比甜瓜
0807.1990	---其他
0807.2000	-番木瓜
08.08	**鲜的苹果、梨及榅桲：**
0808.1000	-苹果
	-梨：
0808.3010	---鸭梨及雪梨
0808.3020	---香梨
0808.3090	---其他
0808.4000	-榅桲
08.09	**鲜的杏、樱桃、桃（包括油桃）、李及黑刺李：**
0809.1000	-杏
	-樱桃：
0809.2100	--欧洲酸樱桃
0809.2900	--其他
0809.3000	-桃，包括油桃
0809.4000	-李及黑刺李
08.10	**其他鲜果：**
0810.1000	-草莓
0810.2000	-木莓、黑莓、桑葚及罗甘莓
0810.3000	-黑、白或红的穗醋栗（加仑子）及醋栗
0810.4000	-蔓越橘、越橘及其他越橘属植物果实
0810.5000	-猕猴桃

① 本品目所称“无花果”，仅指无花果树的果实，不论是否供蒸馏用，因此，本品目不包括归入品目 08.10 的梨果仙人掌（霸王树）的果实。

② 本品目不包括“橘豆”，即橘树开花后不久即坠落，但尚未成熟不能食用的果实。这些果实干后收集起来主要用于提取精油（品目 12.11）。

商品编码	商品名称	商品编码	商品名称
0810.6000	-榴莲	0812.1000	-樱桃
0810.7000	-柿子	0812.9000	-其他
	-其他：	**08.13**	**品目 08.01 至 08.06 以外的干果；本章的什锦坚果或干果：**
0810.9010	---荔枝	0813.1000	-杏
0810.9030	---龙眼	0813.2000	-梅及李
0810.9040	---红毛丹	0813.3000	-苹果
0810.9050	---番荔枝		-其他水果：
0810.9060	---杨桃	0813.4010	---龙眼干、肉
0810.9070	---莲雾	0813.4020	---柿饼
0810.9080	---火龙果	0813.4030	---红枣
0810.9090	---其他	0813.4040	---荔枝干
08.11①	**冷冻水果及坚果，不论是否蒸煮、加糖或其他甜物质：**	0813.4090	---其他
0811.1000	-草莓	0813.5000②	-本章的什锦坚果或干果
0811.2000	-木莓，黑莓，桑葚，罗甘莓，黑、白或红的穗醋栗（加仑子）及醋栗	**08.14**	**柑橘属水果或甜瓜（包括西瓜）的果皮，鲜、冻、干或用盐水、亚硫酸水或其他防腐液暂时保藏的：**
	-其他：		
0811.9010	---栗子，未去壳	0814.0000	柑橘属水果或甜瓜（包括西瓜）的果皮，鲜、冻、干或用盐水、亚硫酸水或其他防腐液暂时保藏的
0811.9090	---其他		
08.12	**暂时保藏的水果及坚果，但不适于直接食用的：**		

① 冻前蒸过或用水煮过的水果及坚果仍归入本品目，但冻前用其他方法烹煮的冻水果及坚果除外（第二十章）。为了抑制氧化，防止解冻时变色而加有糖或其他甜物质的冷冻水果及坚果也归入本品目。本品目的产品还可以加盐。

② 本品目也包括本章各种坚果或干果的混合品（包括归入同一品目的坚果或干果的混合品）。因而它包括鲜或干的什锦坚果、什锦干果（坚果除外），以及鲜或干的坚果与干果混合品。这些什锦果品报验时常采用盒子、纤维袋等包装。本品目的某些干果或什锦干果可包装（例如，用小香袋包装）为草本植物浸泡剂或草本植物“茶”。这些产品仍归入本品目。

第九章　咖啡、茶、马黛茶及调味香料

注释：

一、品目 09.04 至 09.10 所列产品的混合物，应按下列规定归类：

（一）同一品目的两种或两种以上产品的混合物仍应归入该品目；

（二）不同品目的两种或两种以上产品的混合物应归入品目 09.10。

品目 09.04 至 09.10 的产品［或上述（一）或（二）项的混合物］如添加了其他物质，只要所得的混合物保持了原产品的基本特性，其归类应不受影响。基本特性已经改变的，则不应归入本章；构成混合调味品的，应归入品目 21.03。

二、本章不包括荜澄茄椒或品目 12.11 的其他产品。

【编者注】

某些货品虽名为“茶”，但不是用茶属植物的叶制得的产品，如“马黛茶”（品目 09.03）、人参茶（品目 21.06）。

商品编码	商品名称	商品编码	商品名称
09.01	**咖啡，不论是否焙炒或浸除咖啡碱；咖啡豆荚及咖啡豆皮；含咖啡的咖啡代用品：**	0902.1090	---其他
	-未焙炒的咖啡：		-其他绿茶（未发酵）：
0901.1100	--未浸除咖啡碱		---花茶：
0901.1200	--已浸除咖啡碱	0902.2011	----茉莉花茶
	-已焙炒的咖啡：	0902.2019	----其他
0901.2100	--未浸除咖啡碱	0902.2020	---白茶
0901.2200	--已浸除咖啡碱	0902.2090	---其他
	-其他：		-红茶（已发酵）及部分发酵茶，内包装每件净重不超过 3 千克：
0901.9010	---咖啡豆荚及咖啡豆皮	0902.3010	---乌龙茶
0901.9020	---含咖啡的咖啡代用品		---黑茶：
09.02[①]	**茶，不论是否加香料：**	0902.3031	----普洱茶（熟茶）
	-绿茶（未发酵），内包装每件净重不超过 3 千克：	0902.3039	----其他
	---花茶：	0902.3090	---其他
0902.1011	----茉莉花茶		-其他红茶（已发酵）及部分发酵茶：
0902.1019	----其他	0902.4010	---乌龙茶
0902.1020	---白茶		---黑茶：
		0902.4031	----普洱茶（熟茶）
		0902.4039	----其他

① 本品目包括从茶属（山茶属）植物获得的各种不同的茶。

绿茶主要是鲜茶叶经加热、揉捻、干燥等工序制得，而红茶则是先将茶叶揉捻、发酵，然后再烘焙或干燥制得。

本品目也包括半发酵的茶（例如，乌龙茶）。

本品目包括茶花、茶芽、茶渣、结成小球或小片的茶末（叶、花、芽的碎末），以及压制成各种形状和尺寸的茶。

在蒸制过程（例如，发酵过程）加入精油（例如，柠檬油或佛手柑油）、人造香精（可呈晶体状或粉末状）、各种芳香植物的某部分或果实（例如，茉莉花、干橙皮或干丁香）的茶，也应归入本品目。

商品编码	商品名称	商品编码	商品名称
0902.4090	---其他	0908.3200	--已磨
09.03	**马黛茶：**	**09.09**①	**茴芹子、八角茴香、小茴香子、芫荽子、枯茗子及贳蒿子；杜松果：**
0903.0000	马黛茶		-芫荽子：
09.04	**胡椒；辣椒干及辣椒粉：**	0909.2100	--未磨
	-胡椒：	0909.2200	--已磨
0904.1100	--未磨		-枯茗子：
0904.1200	--已磨	0909.3100	--未磨
	-辣椒：	0909.3200	--已磨
0904.2100	--干，未磨		-茴芹子或八角茴香、贳蒿子或小茴香子；杜松果：
0904.2200	--已磨		--未磨：
09.05	**香子兰豆：**	0909.6110	---八角茴香
0905.1000	-未磨	0909.6190	---其他
0905.2000	-已磨		--已磨：
09.06	**肉桂及肉桂花：**	0909.6210	---八角茴香
	-未磨：	0909.6290	---其他
0906.1100	--锡兰肉桂	**09.10**②	**姜、番红花、姜黄、麝香草、月桂叶、咖喱及其他调味香料：**
0906.1900	--其他		-姜：
0906.2000	-已磨	0910.1100	--未磨
09.07	**丁香（母丁香、公丁香及丁香梗）：**	0910.1200	--已磨
0907.1000	-未磨	0910.2000	-番红花
0907.2000	-已磨	0910.3000	-姜黄
09.08	**肉豆蔻、肉豆蔻衣及豆蔻：**		-其他调味香料：
	-肉豆蔻：	0910.9100	--本章注释一（二）所述的混合物
0908.1100	--未磨		--其他：
0908.1200	--已磨	0910.9910	---花椒、竹叶花椒和青花椒
	-肉豆蔻衣：	0910.9990	---其他
0908.2100	--未磨		
0908.2200	--已磨		
	-豆蔻：		
0908.3100	--未磨		

① 这些果实或子仁用作香料或供工业（例如，酒厂）及医药用途。它们（特别是茴芹子）即使另行包装（例如，装成小袋），供制成草本植物浸泡剂或草本植物“茶”，也仍应归入本品目。

② 包括不宜即供食用的鲜姜、暂时盐渍的姜；用糖浆腌制的姜除外（品目20.08）。

第十章　谷　物

注释：

一、

（一）本章各品目所列产品必须带有谷粒，不论是否成穗或带秆。

（二）本章不包括已去壳或经其他加工的谷物。但去壳、碾磨、磨光、上光、半熟或破碎的稻米仍应归入品目10.06。同样，已全部或部分去皮以分离皂苷，但没有经过任何其他加工的昆诺阿藜仍应归入品目10.08。

二、品目10.05不包括甜玉米（第七章）。

本国子目注释：

一、本国子目1006.1021、1006.1081、1006.2020、1006.3020、1006.4020所涉及的“长粒米”，粒长应大于6.0毫米，或者长宽比大于等于2.0。

二、本国子目1006.1029、1006.1089、1006.2080、1006.3080、1006.4080所涉及的“其他米”，即中短粒米，粒长应小于等于6.0毫米，同时长宽比小于2.0。

子目注释：

所称“硬粒小麦”，是指硬粒小麦属的小麦及以该属具有相同染色体数目（28）的小麦种间杂交所得的小麦。

商品编码	商品名称
10.01	**小麦及混合麦：**
	-硬粒小麦：
1001.1100	--种用
1001.1900	--其他
	-其他：
1001.9100	--种用
1001.9900	--其他
10.02	**黑麦：**
1002.1000	-种用
1002.9000	-其他
10.03①	**大麦：**
1003.1000	-种用
1003.9000	-其他
10.04	**燕麦：**
1004.1000	-种用
1004.9000	-其他
10.05	**玉米：**
1005.1000	-种用
1005.9000	-其他
10.06	**稻谷、大米：**
	-稻谷②：
	---种用：
1006.1021	----长粒米
1006.1029	----其他
	---其他：
1006.1081	----长粒米
1006.1089	----其他
	-糙米③：
1006.2020	---长粒米
1006.2080	---其他

① 青稞与大多数谷物不同，其稃与麦粒在生长过程中紧密相连，一般脱粒或扬簸不能使其分开。青稞为草黄色，两端较尖，只有在报验时仍未脱壳，才归入本品目；如果已脱壳，则归入品目11.04。

② 稻谷，即未脱壳的大米。

③ 糙米，虽经机械脱壳，但仍包有一层米皮。糙米几乎总有少量的稻谷混杂在内。

商品编码	商品名称	商品编码	商品名称
	-精米[①]，不论是否磨光或上光：	1008. 2900	--其他
1006. 3020	---长粒米	1008. 3000	-加那利草子
1006. 3080	---其他		-直长马唐（马唐属）：
	-碎米[②]：	1008. 4010	---种用
1006. 4020	---长粒米	1008. 4090	---其他
1006. 4080	---其他		-昆诺阿藜：
10. 07	**食用高粱：**	1008. 5010	---种用
1007. 1000	-种用	1008. 5090	---其他
1007. 9000	-其他		-黑小麦：
10. 08	**荞麦、谷子及加那利草子；其他谷物：**	1008. 6010	---种用
		1008. 6090	---其他
1008. 1000	-荞麦		-其他谷物：
	-谷子：	1008. 9010	---种用
1008. 2100	--种用	1008. 9090	---其他

① 半精米，即部分去皮的大米；全精米（白米），即通过特殊的锥形滚筒已全部去皮的大米。

② 碎米，即在加工过程中弄碎了的大米。

第十一章　制粉工业产品；麦芽；淀粉；菊粉；面筋

注释：

一、本章不包括：

（一）作为咖啡代用品的焙制麦芽（品目09.01或21.01）；

（二）品目19.01的经制作的细粉、粗粒、粗粉或淀粉；

（三）品目19.04的玉米片及其他产品；

（四）品目20.01、20.04或20.05的经制作或保藏的蔬菜；

（五）药品（第三十章）；或

（六）具有芳香料制品或化妆盥洗品性质的淀粉（第三十三章）。

二、

（一）下表所列谷物碾磨产品按干制品重量计如果同时符合以下两个条件，应归入本章；但是，整粒、滚压、制片或磨碎的谷物胚芽均归入品目11.04：

1. 淀粉含量（按修订的尤艾斯旋光法测定）超过表列第（2）栏的比例；以及

2. 灰分含量（除去任何添加的矿物质）不超过表列第（3）栏的比例。

否则，应归入品目23.02。

（二）符合上述规定归入本章的产品，如果用表列第（4）栏或第（5）栏规定孔径的金属丝网筛过筛，其通过率按重量计不低于表列比例的，应归入品目11.01或11.02。

否则，应归入品目11.03或11.04。

谷　　物 （1）	淀粉含量 （2）	灰分含量 （3）	通过下列孔径筛子的比率	
			315微米 （4）	500微米 （5）
小麦及黑麦	45%	2.5%	80%	—
大麦	45%	3%	80%	—
燕麦	45%	5%	80%	—
玉米及高粱	45%	2%	—	90%
大米	45%	1.6%	80%	—
荞麦	45%	4%	80%	—

三、品目11.03所称“粗粒”及“粗粉”，是指谷物经碾碎所得的下列产品：

（一）玉米产品，用2毫米孔径的金属丝网筛过筛，通过率按重量计不低于95%的；

（二）其他谷物产品，用1.25毫米孔径的金属丝网筛过筛，通过率按重量计不低于95%的。

本国子目注释：

一、本国子目1102.9021、1103.1931所涉及的“长粒米”，粒长应大于6.0毫米，或者长宽比大于等于2.0。

二、本国子目1102.9029、1103.1939所涉及的“其他米”，即中短粒米，粒长应小于等于6.0毫米，同时长宽比小于2.0。

【编者注】

本章包括：

一、碾磨第十章的谷物及第七章的甜玉米所得的产品，但品目23.02的制粉工业残渣除外。归入本章的小麦、黑麦、大麦、燕麦、玉米（包括带或不带籽粒皮连芯碾磨的）、食用高粱、大米及荞麦的碾磨产品，应按照本章注释二（一）规定的淀粉及灰分含量标准与品目23.02的残渣区别开来。

对于本章内以上列名的谷物，品目11.01或11.02的细粉与品目11.03或11.04所列产品的区别，应按照本章注释二（二）规定过筛率指标来确定。同时，品目11.03的所有谷物粗粒及粗粉必须符合本章注释三规定的过筛率指标。

二、将第十章的谷物按本章各品目所列方法（例如，麦粒发芽、提取淀粉或面筋等）加工的产品。

三、其他各章的原材料（干豆类、马铃薯、果实等）经过类似以上一款或二款所述方法加工的产品。

商品编码	商品名称
11.01①	**小麦或混合麦的细粉：**
1101.0000	小麦或混合麦的细粉
11.02②	**其他谷物细粉，但小麦或混合麦的细粉除外：**
1102.2000	-玉米细粉
	-其他：
	---大米细粉：
1102.9021	----长粒米的
1102.9029	----其他
1102.9090	---其他
11.03	**谷物的粗粒、粗粉及团粒：**
	-粗粒及粗粉：
1103.1100	--小麦的
1103.1300	--玉米的
	--其他：
1103.1910	---燕麦的
	---大米的：
1103.1931	----长粒米的
1103.1939	----其他
1103.1990	---其他
	-团粒：
1103.2010	---小麦的
1103.2090	---其他
11.04	**经其他加工的谷物（例如，去壳、滚压、制片、制成粒状、切片或粗磨），但品目10.06的稻谷、大米除外；谷物胚芽，整粒、滚压、制片或磨碎的：**
	-滚压或制片的谷物：
1104.1200	--燕麦的
	--其他：
1104.1910	---大麦的
1104.1990	---其他
	-经其他加工的谷物（例如，去壳、制成粒状、切片或粗磨）：
1104.2200	--燕麦的
1104.2300	--玉米的
	--其他：
1104.2910	---大麦的
1104.2990	---其他
1104.3000	-谷物胚芽，整粒、滚压、制片或磨碎的
11.05	**马铃薯的细粉、粗粉、粉末、粉片、颗粒及团粒：**
1105.1000	-细粉、粗粉及粉末
1105.2000	-粉片、颗粒及团粒
11.06	**用品目07.13的干豆或品目07.14的西谷茎髓及植物根茎、块茎制成的细粉、粗粉及粉末；用第八章的产品制成的细粉、粗粉及粉末：**
1106.1000	-用品目07.13的干豆制成的
1106.2000	-用品目07.14的西谷茎髓及植物根茎、块茎制成的
1106.3000	-用第八章的产品制成的
11.07③	**麦芽，不论是否焙制：**
1107.1000	-未焙制

① 本品目的细粉可加有改良用的很少量的矿物磷酸盐、抗氧剂、乳化剂、维生素或发酵粉。面粉还可加有一般不超过10%的面筋以进一步提高其营养价值。

② 本品目包括除小麦或混合麦细粉以外的其他谷物细粉，即碾磨第十章的谷物所得的细粉末。

③ 麦芽是发芽的麦粒（通常为大麦粒），发芽后在热气窑（麦芽窑）内加以烘干制得。本品目包括完整的麦芽、粗磨麦芽及麦芽细粉，还包括焙制麦芽（例如，啤酒着色用的麦芽），但不包括进一步加工的麦芽，例如，品目19.01的麦精及其食品和作为咖啡代用品的焙制麦芽（品目21.01）。

商品编码	商品名称	商品编码	商品名称
1107.2000	-已焙制	1108.1400	--木薯淀粉
11.08	**淀粉；菊粉：**	1108.1900	--其他
	-淀粉：	1108.2000	-菊粉
1108.1100	--小麦淀粉	**11.09**[①]	**面筋，不论是否干制：**
1108.1200	--玉米淀粉	1109.0000	面筋，不论是否干制
1108.1300	--马铃薯淀粉		

① 面筋是用面粉通过简单水分法使其与其他成分（淀粉等）分离制得。面筋形成时为一种白色的黏性液体或糨糊（湿面筋）或乳白色粉末（干面筋）。

第十二章　含油子仁及果实；杂项子仁及果实；工业用或药用植物；稻草、秸秆及饲料

注释：

一、品目 12. 07 主要包括棕榈果及棕榈仁、棉子、蓖麻子、芝麻、芥子、红花子、罂粟子、牛油树果，但不包括品目 08. 01 或 08. 02 的产品及油橄榄（第七章或第二十章）。

二、品目 12. 08 不仅包括未脱脂的细粉和粗粉，而且包括部分或全部脱脂以及用其本身的油料全部或部分复脂的细粉和粗粉。但不包括品目 23. 04 至 23. 06 的残渣。

三、甜菜子、草子及其他草本植物种子、观赏用花的种子、蔬菜种子、林木种子、果树种子、巢菜子（蚕豆除外）、羽扇豆属植物种子，可一律视为种植用种子，归入品目 12. 09。

但下列各项即使作种子用，也不归入品目 12. 09：

（一）豆类蔬菜或甜玉米（第七章）；

（二）第九章的调味香料及其他产品；

（三）谷物（第十章）；或

（四）品目 12. 01 至 12. 07 或 12. 11 的产品。

四、品目 12. 11 主要包括下列植物或这些植物的某部分：

罗勒、琉璃苣、人参、海索草、甘草、薄荷、迷迭香、芸香、鼠尾草及苦艾。

但品目 12. 11 不包括：

（一）第三十章的药品；

（二）第三十三章的芳香料制品及化妆盥洗品；或

（三）品目 38. 08 的杀虫剂、杀菌剂、除草剂、消毒剂及类似产品。

五、品目 12. 12 的“海草及其他藻类”不包括：

（一）品目 21. 02 的已死的单细胞微生物；

（二）品目 30. 02 的培养微生物；或

（三）品目 31. 01 或 31. 05 的肥料。

子目注释：

子目 1205. 10 所称“低芥子酸油菜子”，是指所榨取的固定油中芥子酸含量按重量计低于 2%，以及所得的固体成分每克葡萄糖苷酸（酯）含量低于 30 微摩尔的油菜子。

本国子目注释：

一、本国子目 1211. 9027 所称“槐米”，是指经干燥的豆科槐属植物槐（拉丁学名：*Styphnolobium japonicum*）的未开放花蕾，不包括已开放的槐花。

二、本国子目 1211. 9039 所称“其他主要用作药料的植物及其某部分”，可以是完整的植物、苔藓或地衣，可以是部分品，例如，木、皮、根、梗、叶、花朵、花瓣、果实及子仁，可以是机械处理后所剩的废料，也可以是某些单一品种植物或植物的某部分包装成的草本植物浸泡剂或草本植物“茶”，例如薄荷茶、如意博士茶（线叶金雀花）等。

三、本国子目 1212. 2141 所称“干的紫菜”，是以红毛菜科紫菜属藻类为原料，经拣选、清洗、去杂、切割或切碎、干燥等工序得到的非即食干紫菜产品，不包括经烘烤、调味等工序加工制成的紫菜产品。

商品编码	商品名称	商品编码	商品名称
12. 01	**大豆，不论是否破碎：**	1207. 3090	---其他
1201. 1000	-种用		-芝麻：
	-其他：	1207. 4010	---种用
	---黄大豆：	1207. 4090	---其他
1201. 9011	----非转基因		-芥子：
1201. 9019	----其他	1207. 5010	---种用
1201. 9020	---黑大豆	1207. 5090	---其他
1201. 9030	---青大豆		-红花子：
1201. 9090	---其他	1207. 6010	---种用
12. 02①	**未焙炒或未烹煮的花生，不论是否去壳或破碎：**	1207. 6090	---其他
			-甜瓜的子：
1202. 3000	-种用	1207. 7010	---种用
	-其他：		---其他：
1202. 4100	--未去壳	1207. 7091	----黑瓜子
1202. 4200	--去壳，不论是否破碎	1207. 7092	----红瓜子
12. 03②	**干椰子肉：**	1207. 7099	----其他
1203. 0000	干椰子肉		-其他：
12. 04	**亚麻子，不论是否破碎：**	1207. 9100	--罂粟子
1204. 0000	亚麻子，不论是否破碎		--其他：
12. 05	**油菜子，不论是否破碎：**	1207. 9910	---种用
	-低芥子酸油菜子：		---其他：
1205. 1010	---种用	1207. 9991	----牛油树果
1205. 1090	---其他	1207. 9999	----其他
	-其他：	**12. 08**	**含油子仁或果实的细粉及粗粉，但芥子粉除外：**
1205. 9010	---种用		
1205. 9090	---其他	1208. 1000	-大豆粉
12. 06	**葵花子，不论是否破碎：**	1208. 9000	-其他
1206. 0010	---种用	**12. 09**	**种植用的种子、果实及孢子：**
1206. 0090	---其他	1209. 1000	-糖甜菜子
12. 07	**其他含油子仁及果实，不论是否破碎：**		-饲料植物种子：
		1209. 2100	--紫苜蓿子
	-棕榈果及棕榈仁：	1209. 2200	--三叶草子
1207. 1010	---种用	1209. 2300	--羊茅子
1207. 1090	---其他	1209. 2400	--草地早熟禾子
	-棉子：	1209. 2500	--黑麦草种子
1207. 2100	--种用		--其他：
1207. 2900	--其他	1209. 2910	---甜菜子，糖甜菜子除外
	-蓖麻子：	1209. 2990	---其他
1207. 3010	---种用	1209. 3000	-草本花卉植物种子

① 已焙炒或已烹煮的花生归入第二十章。

② 干椰子肉是用于榨取椰子油而不适合供人食用的干制椰子肉。

商品编码	商品名称	商品编码	商品名称
	-其他：		---主要用作药料的植物及其某部分：
	--蔬菜种子：	1211.9011	----当归
1209.9110	---胡萝卜种子	1211.9012	----三七（田七）
1209.9120	---西兰花种子	1211.9013	----党参
1209.9130	---番茄种子	1211.9014	----黄连
1209.9140	---洋葱种子	1211.9015	----菊花
1209.9150	---菠菜种子	1211.9016	----冬虫夏草
1209.9190	---其他	1211.9017	----贝母
1209.9900	--其他	1211.9018	----川芎
12.10	**鲜或干的啤酒花，不论是否研磨或制**	1211.9019	----半夏
	成团粒；蛇麻腺：	1211.9021	----白芍
1210.1000	-啤酒花，未经研磨也未制成团粒	1211.9022	----天麻
1210.2000	-啤酒花，经研磨或制成团粒；蛇麻腺	1211.9023	----黄芪
12.11	**主要用作香料、药料、杀虫、杀菌或类**	1211.9024	----大黄、籽黄
	似用途的植物或这些植物的某部分（包	1211.9025	----白术
	括子仁及果实），鲜、冷、冻或干的，	1211.9026	----地黄
	不论是否切割、压碎或研磨成粉：	1211.9027	----槐米
	-人参：	1211.9028	----杜仲
	---西洋参：	1211.9029	----茯苓
1211.2011	----鲜的或干的	1211.9031	----枸杞
1211.2019	----其他	1211.9032	----大海子
	---野山参（西洋参除外）：	1211.9033	----沉香
1211.2021	----鲜的或干的	1211.9034	----沙参
1211.2029	----其他	1211.9035	----青蒿
	---其他：	1211.9036	----甘草
1211.2091	----鲜的	1211.9037	----黄芩
1211.2092	----干的	1211.9038	----椴树（欧椴）花及叶
1211.2099	----其他	1211.9039	----其他
1211.3000	-古柯叶	1211.9050	---主要用作香料的植物及其某部分
1211.4000	-罂粟秆		---其他：
1211.5000	-麻黄	1211.9091	----鱼藤根、除虫菊
1211.6000	-非洲李的树皮	1211.9099	----其他
	-其他：		

商品编码	商品名称
12. 12①	**鲜、冷、冻或干的刺槐豆、海草及其他藻类、甜菜及甘蔗，不论是否碾磨；主要供人食用的其他品目未列名的果核、果仁及植物产品（包括未焙制的菊苣根）：**
	-海草及其他藻类：
	--适合供人食用的：
1212. 2110	---海带
1212. 2120	---发菜
	---裙带菜：
1212. 2131	----干的
1212. 2132	----鲜的
1212. 2139	----其他
	---紫菜：
1212. 2141	----干的
1212. 2142	----鲜的
1212. 2149	----其他
	---麒麟菜：
1212. 2161	----干的
1212. 2169	----其他
	---江蓠：
1212. 2171	----干的
1212. 2179	----其他
1212. 2190	---其他
	--其他：
1212. 2910	---马尾藻
1212. 2990	---其他
	-其他：
1212. 9100	--甜菜
1212. 9200	--刺槐豆
1212. 9300	--甘蔗
1212. 9400	--菊苣根
	--其他：
	---杏、桃（包括油桃）、梅或李的核及核仁：
1212. 9911	----苦杏仁
1212. 9912	----甜杏仁
1212. 9919	----其他
	---其他：
1212. 9993	----白瓜子
1212. 9994	----莲子
1212. 9996	----甜叶菊叶
1212. 9999	----其他
12. 13	**未经处理的谷类植物的茎、秆及谷壳，不论是否切碎、碾磨、挤压或制成团粒：**
1213. 0000	未经处理的谷类植物的茎、秆及谷壳，不论是否切碎、碾磨、挤压或制成团粒
12. 14	**芜菁甘蓝、饲料甜菜、饲料用根、干草、紫苜蓿、三叶草、驴喜豆、饲料羽衣甘蓝、羽扇豆、巢菜及类似饲料，不论是否制成团粒：**
1214. 1000	-紫苜蓿粗粉及团粒
1214. 9000	-其他

① Ⅰ. 下列产品应酌情归入品目30. 03、30. 04、33. 03至33. 07或38. 08：

Ⅰ）本品目的产品，虽未混合但已制成一定剂量或作为零售包装的，不论是否治疗或预防疾病用，或零售包装作为香料产品、杀虫药、杀菌剂或类似产品出售的；

Ⅱ）供以上Ⅰ）项所述用途的混合产品。

有些植物产品因主要用于制药而归入本品目，但这并不意味着当这些植物产品混合后或虽未混合但已制成一定剂量或作为零售包装后，就可作为药品归入品目30. 03或30. 04。品目30. 03或30. 04所称“药品”，仅指具有治疗或预防疾病作用的产品，而广义的“药品”含义较广，既包括药品，又包括无治疗或预防疾病作用的产品（例如，滋补饮料、营养食品、血型试剂）。

Ⅱ. 本品目也不包括直接用作饮料香精或用于制造饮料的调制精汁的下列产品：

Ⅰ）由本品目的不同种类植物或植物某部分构成的混合物（品目21. 06）；

Ⅱ）由本品目的植物或植物某部分与其他章（例如，第七章、第九章、第十一章）的植物产品构成的混合物（第九章或品目21. 06）。

第十三章　虫胶；树胶、树脂及其他植物液、汁

注释：

品目 13.02 主要包括甘草、除虫菊、啤酒花、芦荟的浸膏及鸦片，但不包括：

一、按重量计蔗糖含量在 10%以上或制成糖食的甘草浸膏（品目 17.04）；

二、麦芽膏（品目 19.01）；

三、咖啡精、茶精、马黛茶精（品目 21.01）；

四、构成含酒精饮料的植物汁、液（第二十二章）；

五、樟脑、甘草甜及品目 29.14 或 29.38 的其他产品；

六、罂粟秆浓缩物，按重量计生物碱含量不低于 50%（品目 29.39）；

七、品目 30.03 或 30.04 的药品及品目 38.22 的血型试剂；

八、鞣料或染料的浸膏（品目 32.01 或 32.03）；

九、精油、浸膏、净油、香膏、提取的油树脂或精油的水馏液及水溶液；饮料制造业用的以芳香物质为基料的制剂（第三十三章）；或

十、天然橡胶、巴拉塔胶、古塔波胶、银胶菊胶、糖胶树胶或类似的天然树胶（品目 40.01）。

本国子目注释：

子目 1302.1100 的鸦片，我国禁止进口。

【编者注】

以某种工业的材料作为主要用途的天然树脂不归入本章。橡胶、巴拉塔胶、杜仲胶或类似天然树胶，应归入品目 40.01。

商品编码	商品名称	商品编码	商品名称
13.01	**虫胶；天然树胶、树脂、树胶脂及油树脂（例如，香树脂）：**	1302.1100	--鸦片
1301.2000	-阿拉伯胶	1302.1200	--甘草的
	-其他：	1302.1300	--啤酒花的
1301.9010	---胶黄耆树胶（卡喇杆胶）	1302.1400	--麻黄的
1301.9020	---乳香、没药及血竭	.	--其他：
1301.9030	---阿魏	1302.1910	---生漆
1301.9040	---松脂	1302.1920	---印楝素
1301.9090	---其他	1302.1930	---除虫菊的或含鱼藤酮植物根茎的
13.02	**植物液汁及浸膏；果胶、果胶酸盐及果胶酸酯；从植物产品制得的琼脂、其他胶液及增稠剂，不论是否改性：**	1302.1940	---银杏的
	-植物液汁及浸膏①：	1302.1990	---其他
		1302.2000	-果胶、果胶酸盐及果胶酸酯
			-从植物产品制得的胶液及增稠剂，不论是否改性：

① 本品目包括目录其他品目未列名的植物液汁（通常为自然渗出、从切口流出或用溶剂提取的植物产品）。例如，日本（或中国）漆（天然漆），是从生长于亚洲东部名为漆树的某些灌木切口处所得的树液，用于涂布或装饰各种物品（盘、箱等）。

商品编码	商品名称	商品编码	商品名称
1302.3100	--琼脂	1302.3911	----卡拉胶
1302.3200	--从刺槐豆、刺槐豆子或瓜尔豆制得的胶液及增稠剂，不论是否改性	1302.3912	----褐藻胶
	--其他：	1302.3919	----其他
	---海草及其他藻类制品：	1302.3990	---其他

第十四章 编结用植物材料；其他植物产品

注释：

一、本章不包括归入第十一类的下列产品：

主要供纺织用的植物材料或植物纤维，不论其加工程度如何；或经过处理使其只能作为纺织原料用的其他植物材料。

二、品目 14.01 主要包括竹（不论是否劈开、纵锯、切段、圆端、漂白、磨光、染色或进行不燃处理）、劈开的柳条、芦苇及类似品和藤心、藤丝、藤片。但不包括木片条（品目 44.04）。

三、品目 14.04 不包括木丝（品目 44.05）及供制帚、制刷用成束、成簇的材料（品目 96.03）。

商品编码	商品名称	商品编码	商品名称
14.01	**主要作编结用的植物材料（例如，竹、藤、芦苇、灯芯草、柳条、酒椰叶，已净、漂白或染色的谷类植物的茎秆，椴树皮）：**		---灯芯草属：
		1401.9031	----蔺草
		1401.9039	----其他
		1401.9090	---其他
1401.1000	-竹	**14.04**	**其他品目未列名的植物产品：**
1401.2000	-藤	1404.2000	-棉短绒
	-其他：		-其他：
1401.9010	---谷类植物的茎秆（麦秸除外）	1404.9010	---主要供染料、鞣料用的植物原料
1401.9020	---芦苇	1404.9090	---其他

第三类　动、植物或微生物油、脂及其分解产品；精制的食用油脂；动、植物蜡

第十五章　动、植物或微生物油、脂及其分解产品；精制的食用油脂；动、植物蜡

注释：

一、本章不包括：

（一）品目 02.09 的猪脂肪及家禽脂肪；

（二）可可脂、可可油（品目 18.04）；

（三）按重量计品目 04.05 所列产品的含量超过 15%的食品（通常归入第二十一章）；

（四）品目 23.01 的油渣或品目 23.04 至 23.06 的残渣；

（五）第六类的脂肪酸、精制蜡、药品、油漆、清漆、肥皂、芳香料制品、化妆盥洗品、磺化油及其他货品；或

（六）从油类提取的油膏（品目 40.02）。

二、品目 15.09 不包括用溶剂提取的橄榄油（品目 15.10）。

三、品目 15.18 不包括变性的油、脂及其分离品，这些货品应归入其相应的未变性油、脂及其分离品的品目。

四、皂料、油脚、硬脂沥青、甘油沥青及羊毛脂残渣，归入品目 15.22。

子目注释：

一、子目 1509.30 所称“初榨油橄榄油”，游离酸度（以油酸计）不超过 2.0 克/100 克，可根据《食品法典标准》（33-1981）与其他初榨油橄榄油类别加以区分。

二、子目 1514.11 及 1514.19 所称“低芥子酸菜子油”，是指按重量计芥子酸含量低于 2%的固定油。

本国子目注释：

本国子目 1517.9010 所称“起酥油”，是指食用动、植物油脂及其氢化、分提、酯交换油酯中的一种或上述几种油脂的混合物，经过急冷捏合或不经急冷捏合，添加或不添加食品添加剂和营养强化剂制成的固状、半固体状或流动状的具有良好起酥性能的油脂制品。

【编者注】

本章不包括：

一、品目 02.09 的未炼制或用其他方法提取的不带瘦肉的肥猪肉、猪脂肪及家禽脂肪。

二、黄油及其他从乳提取的蜡和油（品目 04.05）；品目 04.05 的乳酱。

三、可可油及可可脂（品目 18.04）。

四、油渣（品目 23.01）；提取植物或微生物油脂所剩的油渣饼、橄榄渣及其他残渣（油脚除外）（品目 23.04 至 23.06）。

五、脂肪酸、精炼所得的酸性油、脂肪醇、甘油（粗甘油除外）、调制蜡、药品、涂料、清漆、肥皂、芳香料制品、化妆盥洗品、磺化油、其他第六类的货品。

六、从油类提取的油膏。

商品编码	商品名称
15.01	**猪脂肪（包括已炼制的猪油）及家禽脂肪，但品目02.09及15.03的货品除外：**
1501.1000	-猪油
1501.2000	-其他猪脂肪
1501.9000	-其他
15.02	**牛、羊脂肪，但品目15.03的货品除外：**
1502.1000	-牛、羊油脂
1502.9000	-其他
15.03	**猪油硬脂、液体猪油、油硬脂、食用或非食用脂油，未经乳化、混合或其他方法制作：**
1503.0000	猪油硬脂、液体猪油、油硬脂、食用或非食用脂油，未经乳化、混合或其他方法制作
15.04	**鱼或海生哺乳动物的油、脂及其分离品，不论是否精制，但未经化学改性：**
1504.1000	-鱼肝油及其分离品
1504.2000	-除鱼肝油以外的鱼油、脂及其分离品
1504.3000	-海生哺乳动物的油、脂及其分离品
15.05	**羊毛脂及从羊毛脂制得的脂肪物质（包括纯净的羊毛脂）：**
1505.0000	羊毛脂及从羊毛脂制得的脂肪物质（包括纯净的羊毛脂）
15.06	**其他动物油、脂及其分离品，不论是否精制，但未经化学改性：**
1506.0000	其他动物油、脂及其分离品，不论是否精制，但未经化学改性
15.07	**豆油及其分离品，不论是否精制，但未经化学改性：**
1507.1000[①]	-初榨的，不论是否脱胶
1507.9000	-其他
15.08	**花生油及其分离品，不论是否精制，但未经化学改性：**
1508.1000	-初榨的
1508.9000	-其他
15.09	**油橄榄油及其分离品，不论是否精制，但未经化学改性：**
1509.2000	-特级初榨油橄榄油
1509.3000	-初榨油橄榄油
1509.4000	-其他初榨油橄榄油
1509.9000	-其他
15.10	**其他橄榄油及其分离品，不论是否精制，但未经化学改性，包括掺有品目15.09的油或分离品的混合物：**
1510.1000	-粗提油橄榄果渣油
1510.9000	-其他
15.11	**棕榈油及其分离品，不论是否精制，但未经化学改性：**
1511.1000	-初榨的
	-其他：
1511.9010	---棕榈液油（熔点19℃~24℃）
1511.9020	---棕榈硬脂（熔点44℃~56℃）
1511.9090	---其他
15.12	**葵花油、红花油或棉子油及其分离品，不论是否精制，但未经化学改性：**
	-葵花油或红花油及其分离品：
1512.1100	--初榨的
1512.1900	--其他
	-棉子油及其分离品：
1512.2100	--初榨的，不论是否去除棉子酚
1512.2900	--其他
15.13	**椰子油、棕榈仁油或巴巴苏棕榈果油及其分离品，不论是否精制，但未经化学改性：**
	-椰子油及其分离品：
1513.1100	--初榨的
1513.1900	--其他
	-棕榈仁油或巴巴苏棕榈果油及其分离品：
1513.2100	--初榨的
1513.2900	--其他
15.14	**菜子油或芥子油及其分离品，不论是否精制，但未经化学改性：**

① 初榨油是只使用重力、压力、离心力等的机械力将油和固体物质分离而得的油，不包括使用吸收过滤法、分馏法及任何其他物理或化学方法制取的油。

商品编码	商品名称	商品编码	商品名称
	-低芥子酸菜子油及其分离品：	**15.17**	**人造黄油；本章各种动、植物或微生物油、脂及其分离品混合制成的食用油、脂或制品，但品目15.16的食用油、脂及其分离品除外：**
1514.1100	--初榨的	1517.1000	-人造黄油，但不包括液态的
1514.1900	--其他		-其他：
	-其他：	1517.9010	---起酥油
	--初榨的：	1517.9090	---其他
1514.9110	---菜子油	**15.18**	**动、植物或微生物油、脂及其分离品，经过熟炼、氧化、脱水、硫化、吹制或在真空、惰性气体中加热聚合及用其他化学方法改性的，但品目15.16的产品除外；本章各种油、脂及其分离品混合制成的其他品目未列名的非食用油、脂或制品：**
1514.9190	---芥子油	1518.0000	动、植物或微生物油、脂及其分离品，经过熟炼、氧化、脱水、硫化、吹制或在真空、惰性气体中加热聚合及用其他化学方法改性的，但品目15.16的产品除外；本章各种油、脂及其分离品混合制成的其他品目未列名的非食用油、脂或制品
1514.9900	--其他	**15.20**	**粗甘油；甘油水及甘油碱液：**
15.15	**其他固定植物或微生物油、脂（包括希蒙得木油）及其分离品，不论是否精制，但未经化学改性：**	1520.0000①	粗甘油；甘油水及甘油碱液
	-亚麻子油及其分离品：	**15.21**	**植物蜡（甘油三酯除外）、蜂蜡、其他虫蜡及鲸蜡，不论是否精制或着色：**
1515.1100	--初榨的	1521.1000	-植物蜡
1515.1900	--其他		-其他：
	-玉米油及其分离品：	1521.9010	---蜂蜡
1515.2100	--初榨的	1521.9090	---其他
1515.2900	--其他	**15.22**	**油鞣回收脂；加工处理油脂物质及动、植物蜡所剩的残渣：**
1515.3000	-蓖麻油及其分离品	1522.0000	油鞣回收脂；加工处理油脂物质及动、植物蜡所剩的残渣
1515.5000	-芝麻油及其分离品		
1515.6000	-微生物油、脂及其分离品		
	-其他：		
1515.9010	---希蒙得木油及其分离品		
1515.9020	---印楝油及其分离品		
1515.9030	---桐油及其分离品		
1515.9040	---茶籽油及其分离品		
1515.9090	---其他		
15.16	**动、植物或微生物油、脂及其分离品，全部或部分氢化、相互酯化、再酯化或反油酸化，不论是否精制，但未经进一步加工：**		
1516.1000	-动物油、脂及其分离品		
1516.2000	-植物油、脂及其分离品		
1516.3000	-微生物油、脂及其分离品		

① 粗甘油是一种纯度在95%以下（以干燥产品的重量计）的产品。纯度在95%及以上（以干燥产品的重量计）的甘油归入品目29.05。

第四类　食品；饮料、酒及醋；烟草、烟草及烟草代用品的制品；非经燃烧吸用的产品，不论是否含有尼古丁；其他供人体摄入尼古丁的含尼古丁的产品

注释：

本类所称“团粒”，是指直接挤压或加入按重量计比例不超过3%的黏合剂制成的粒状产品。

【编者注】

一、根据加工程度来区分货品归入第一类、第二类还是归入第四类。

二、第一类至第四类各章中食品之间的相互关联如下：

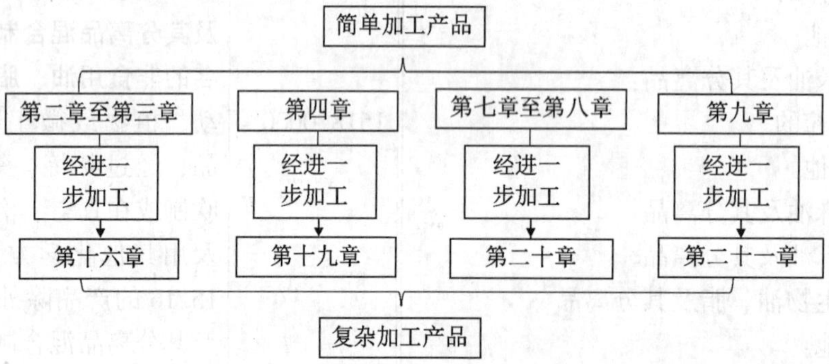

第十六章　肉、鱼、甲壳动物、软体动物及其他水生无脊椎动物、以及昆虫的制品

注释：

一、本章不包括用第二章、第三章、第四章注释六及品目05.04所列方法制作或保藏的肉、食用杂碎、鱼、甲壳动物、软体动物或其他水生无脊椎动物及昆虫。

二、本章的食品按重量计必须含有20%以上的香肠、肉、食用杂碎、动物血、昆虫、鱼、甲壳动物、软体动物或其他水生无脊椎动物及其混合物。对于含有两种或两种以上前述产品的食品，则应按其中重量最大的产品归入第十六章的相应品目。但本条规定不适用于品目19.02的包馅食品和品目21.03及21.04的食品。

子目注释：

一、子目1602.10的“均化食品”，是指用肉、食用杂碎、动物血或昆虫经精细均化制成适合供婴幼儿食用或营养用的零售包装食品（每件净重不超过250克）。为了调味、保藏或其他目的，均化食品中可以加入少量其他配料，还可以含有少量可见的肉粒、食用杂碎粒或昆虫碎粒。归类时该子目优先于品目16.02的其他子目。

二、品目16.04或16.05项下各子目所列的是鱼、甲壳动物、软体动物及其他水生无脊椎动物的俗名，它们与第三章中相同名称的鱼、甲壳动物、软体动物及其他水生无脊椎动物种类范围相同。

【编者注】

下列肉及食用杂碎应归入本章：

（一）香肠及类似产品，不论是否烹煮（品目16.01）。

（二）用任何方法烹煮（煮、蒸、烤、炸、炒）及用本章所列加工方法制作或保藏的肉或食用杂碎，包括仅用面糊或面包屑包裹、加香草或用胡椒和盐等调味的肉及食用杂碎，以及肝酱（品目16.02）。

商品编码	商品名称
16.01①	**肉、食用杂碎、动物血或昆虫制成的香肠及类似产品；用香肠制成的食品：**
1601.0010	---用天然肠衣做外包装的香肠及类似产品
1601.0020	---其他香肠及类似产品
1601.0030	---用香肠制成的食品
16.02	**其他方法制作或保藏的肉、食用杂碎、动物血或昆虫：**
1602.1000	-均化食品
1602.2000	-动物肝
	-品目01.05的家禽的：
1602.3100	--火鸡的
	--鸡的：
1602.3210	---罐头
	---其他：
1602.3291	----鸡胸肉
1602.3292	----鸡腿肉
1602.3299	----其他
	--其他：
1602.3910	---罐头
	---其他：
1602.3991	----鸭的
1602.3999	----其他
	-猪的：
1602.4100	--后腿及其肉块
1602.4200	--前腿及其肉块
	--其他，包括混合的肉：
1602.4910	---罐头
1602.4990	---其他
	-牛的：
1602.5010	---罐头
1602.5090	---其他
	-其他，包括动物血的食品：
1602.9010	---罐头
1602.9090	---其他
16.03	**肉、鱼、甲壳动物、软体动物或其他水生无脊椎动物的精及汁：**
1603.0000	肉、鱼、甲壳动物、软体动物或其他水生无脊椎动物的精及汁
16.04	**制作或保藏的鱼；鲟鱼子酱及鱼卵制的鲟鱼子酱代用品：**
	-鱼，整条或切块，但未绞碎：
	--鲑鱼：
1604.1110	---大西洋鲑鱼
1604.1190	---其他
1604.1200	--鲱鱼
1604.1300	--沙丁鱼、小沙丁鱼属、黍鲱或西鲱
1604.1400	--金枪鱼、鲣及狐鲣（狐鲣属）
1604.1500	--鲭鱼
1604.1600	--鳀鱼
1604.1700	--鳗鱼
1604.1800	--鲨鱼翅
	--其他：
1604.1920	---罗非鱼
	---叉尾鮰鱼：
1604.1931	----斑点叉尾鮰鱼
1604.1939	----其他
1604.1990	---其他
	-其他制作或保藏的鱼：
	--罐头：
1604.2011	----鲨鱼翅
1604.2019	----其他
	---其他：

① 本品目包括香肠及类似品，即将血或剁碎、绞碎的肉、食用杂碎（包括肠及胃）或昆虫灌入肠子、胃、膀胱、皮或类似肠衣（天然或人造）内制成的食品。有的并无肠衣，仅压成香肠特有的形状，即圆条状或类似形状，其截面为圆的、椭圆的或矩形的（边角多少有点圆）。

商品编码	商品名称	商品编码	商品名称
1604.2091	----鲨鱼翅		-软体动物：
1604.2099	----其他	1605.5100	--牡蛎（蚝）
	-鲟鱼子酱及鲟鱼子酱代用品：	1605.5200	--扇贝，包括海扇
1604.3100	--鲟鱼子酱	1605.5300	--贻贝
1604.3200	--鲟鱼子酱代用品	1605.5400	--墨鱼及鱿鱼
16.05	**制作或保藏的甲壳动物、软体动物及其他水生无脊椎动物：**	1605.5500	--章鱼
			--蛤、鸟蛤及舟贝：
1605.1000	-蟹	1605.5610	---蛤
	-小虾及对虾：	1605.5620	---鸟蛤及舟贝
1605.2100	--非密封包装	1605.5700	--鲍鱼
1605.2900	--其他	1605.5800	--蜗牛及螺，海螺除外
1605.3000	-龙虾	1605.5900	--其他
	-其他甲壳动物：		-其他水生无脊椎动物：
	---淡水小龙虾：	1605.6100	--海参
1605.4011	----虾仁	1605.6200	--海胆
1605.4019	----其他	1605.6300	--海蜇
1605.4090	---其他	1605.6900	--其他

第十七章　糖及糖食

注释：

本章不包括：

一、含有可可的糖食（品目 18. 06）；

二、品目 29. 40 的化学纯糖（蔗糖、乳糖、麦芽糖、葡萄糖及果糖除外）及其他产品；或

三、第三十章的药品及其他产品。

子目注释：

一、子目 1701. 12、1701. 13 及 1701. 14 所称“原糖”，是指按重量计干燥状态的蔗糖含量对应的旋光读数低于 99. 5 度的糖。

二、子目 1701. 13 仅包括非离心甘蔗糖，其按重量计干燥状态的蔗糖含量对应的旋光读数不低于 69 度但低于 93 度。该产品仅含肉眼不可见的不规则形状天然他形微晶，外被糖蜜残余及其他甘蔗成分。

本国子目注释：

本国子目 1702. 9012 所称“蔗糖含量超过 50%的甘蔗糖、甜菜糖与其他糖的简单固体混合物”，是指蔗糖含量超过 50%的甘蔗糖、甜菜糖与其他糖进行简单混合形成的预混粉类产品。本子目可以加入少量其他食品原料，只要保持糖的原有特征。

【编者注】

化学纯的蔗糖、乳糖、麦芽糖、葡萄糖及果糖归入本章，其他化学纯糖则归入第二十九章。本章的固体糖和糖蜜可加香料和着色剂。但加香料或着色剂的糖浆归入品目 21. 06。

我们日常生活中所吃的糖果等，在目录中被称为“糖食”。

品目 17. 04 包括大部分通常可供直接食用的糖制食品。该类食品商业上为固体或半固体形状，统称为糖食或糖果。

品目 17. 04 主要包括：

一、含糖胶（包括甜味口香糖及类似品）。

二、硬糖（包括含麦精的在内）。

三、硬糖果、口香片、砂糖糖果、果仁糖、软糖，糖衣杏仁、拌砂软糖。

四、蛋白杏仁糖果。

五、喉片或止咳糖，主要含糖（不论是否加有明胶、淀粉或细粉等其他食物）及香料（包括具有药性的物质，例如，苯甲基醇、薄荷、桉树脑及吐鲁香脂）。但如果喉片或止咳糖所含具有药性的物质并非香料，而且其含量比例足以起到预防或治疗疾病作用的，应归入第三十章。

六、白巧克力，由糖、可可脂、奶粉及香料组成，绝不含可可（可可脂不应视为可可）。

七、含蔗糖重量在 10%以上的甘草精（饼状、块状、条状、锭状等）。如果制成糖食，不论是否加香料，也不论其含糖量多少，均归入本品目。

八、糖果包装的果子冻及果子膏。

九、以糖为基料但不含（或稍含）脂肪的糖膏，不仅可直接制作本品目的糖果，而且还可作本品目或其他品目产品的糖馅，例如：

（一）用蔗糖、蔗糖浆、葡萄糖浆或转化糖浆制得的软糖膏，不论是否加香料，用于制软糖，或糖果及巧克力等的糖馅。

（二）果仁糖膏，即糖、水及胶状物（例如，蛋清）的充气混合物，有时也加有少量脂肪，不论是否加有果仁、水果或其他适当的植物产品，用于制果仁糖或做巧克力的夹心馅等。

（三）杏仁糖膏，主要用杏仁及糖制得，基本上用于制蛋白杏仁糖果。

十、以天然蜂蜜为基料制成的糖食。

商品编码	商品名称
17.01	**固体甘蔗糖、甜菜糖及化学纯蔗糖：**
	-未加香料或着色剂的原糖：
1701.1200	--甜菜糖
1701.1300	--本章子目注释二所述的甘蔗糖
1701.1400	--其他甘蔗糖
	-其他：
1701.9100	--加有香料或着色剂
	--其他：
1701.9910	---砂糖
1701.9920	---绵白糖
1701.9990	---其他
17.02	**其他固体糖，包括化学纯乳糖、麦芽糖、葡萄糖及果糖；未加香料或着色剂的糖浆；人造蜜，不论是否掺有天然蜂蜜；焦糖：**
	-乳糖及乳糖浆：
1702.1100	--按重量计干燥无水乳糖含量在99%及以上
1702.1900	--其他
1702.2000	-槭糖及槭糖浆
1702.3000	-葡萄糖及葡萄糖浆，不含果糖或按重量计干燥状态的果糖含量在20%以下
1702.4000	-葡萄糖及葡萄糖浆，按重量计干燥状态的果糖含量在20%及以上，但在50%以下，转化糖除外
1702.5000	-化学纯果糖
1702.6000	-其他果糖及果糖浆，按重量计干燥状态的果糖含量在50%以上，转化糖除外
	-其他，包括转化糖及其他按重量计干燥状态的果糖含量为50%的糖及糖浆混合物：
	---甘蔗糖或甜菜糖水溶液；蔗糖含量超过50%的甘蔗糖、甜菜糖与其他糖的简单固体混合物：
1702.9011	----甘蔗糖或甜菜糖水溶液
1702.9012	----蔗糖含量超过50%的甘蔗糖、甜菜糖与其他糖的简单固体混合物
1702.9090	---其他
17.03	**制糖后所剩的糖蜜：**
1703.1000	-甘蔗糖蜜
1703.9000	-其他
17.04	**不含可可的糖食（包括白巧克力）：**
1704.1000	-口香糖，不论是否裹糖
1704.9000	-其他

第十八章 可可及可可制品

注释：

一、本章不包括：

（一）按重量计含香肠、肉、食用杂碎、动物血、昆虫、鱼、甲壳动物、软体动物或其他水生无脊椎动物及其混合物超过20%的食品（第十六章）；

（二）品目04.03、19.01、19.02、19.04、19.05、21.05、22.02、22.08、30.03、30.04的制品。

二、品目18.06包括含有可可的糖食及注释一以外的其他含可可的食品。

【编者注】

一、由可可脂、糖及奶粉组成的白巧克力，不含可可，故归入品目17.04。

二、含可可的糕饼点心、饼干及类似烘焙品归入品目19.05。

三、含可可的冰淇淋及其他冰制食品归入品目21.05。

四、从可可提取的可可碱归入品目29.39。

商品编码	商品名称	商品编码	商品名称
18.01	**整颗或破碎的可可豆，生的或焙炒的：**	**18.06**①	**巧克力及其他含可可的食品：**
1801.0000	整颗或破碎的可可豆，生的或焙炒的	1806.1000	-加糖或其他甜物质的可可粉
18.02	**可可荚、壳、皮及废料：**	1806.2000	-其他重量超过2千克的块状或条状含可可食品，或液状、膏状、粉状、粒状或其他散装形状的含可可食品，容器包装或内包装每件净重超过2千克的
1802.0000	可可荚、壳、皮及废料		-其他块状或条状的含可可食品：
18.03	**可可膏，不论是否脱脂：**	1806.3100②	--夹心
1803.1000	-未脱脂	1806.3200	--不夹心
1803.2000	-全脱脂或部分脱脂	1806.9000	-其他
18.04	**可可脂、可可油：**		
1804.0000	可可脂、可可油		
18.05	**未加糖或其他甜物质的可可粉：**		
1805.0000	未加糖或其他甜物质的可可粉		

① 巧克力主要由可可膏及糖或其他甜物质组成，通常加有香料及可可脂，也有用可可粉及植物油替代可可膏的，有时还加入乳、咖啡、榛子、杏仁、橘皮等。本品目不包括：Ⅰ.白巧克力（由可可脂、糖及奶粉组成）（品目17.04）；Ⅱ.裹巧克力的饼干及其他烘焙糕饼（品目19.05）。

② 所称“夹心”，包括用巧克力包裹，中心有馅（例如，用奶油、糖壳、干椰子肉、水果、果子膏、酒、蛋白杏仁糖果、坚果、牛轧糖、焦糖或上述产品的混合物做馅）的粒、块、条状食品。谷物、水果或坚果（不论是否成块）嵌于整个巧克力当中的实心块状或条状巧克力，不视为“夹心”。

第十九章　谷物、粮食粉、淀粉或乳的制品；糕饼点心

注释：

一、本章不包括：

（一）按重量计含香肠、肉、食用杂碎、动物血、昆虫、鱼、甲壳动物、软体动物、其他水生无脊椎动物及其混合物超过20%的食品（第十六章），但品目19.02的包馅食品除外；

（二）用粮食粉或淀粉制的专作动物饲料用的饼干及其他制品（品目23.09）；或

（三）第三十章的药品及其他产品。

二、品目19.01所称：

（一）"粗粒"是指第十一章的谷物粗粒；

（二）"细粉"及"粗粉"，是指：

1. 第十一章的谷物细粉及粗粉；以及

2. 其他章植物的细粉、粗粉及粉末，但不包括干蔬菜、马铃薯和干豆类的细粉、粗粉及粉末（应分别归入品目07.12、11.05和11.06）。

三、品目19.04不包括按重量计全脱脂可可含量超过6%或用巧克力完全包裹的食品以及其他含可可食品（品目18.06）。

四、品目19.04所称"其他方法制作的"，是指制作或加工程度超过第十章或第十一章各品目或注释所规定范围的。

【编者注】

对于本章注释三及品目19.01，产品的可可含量一般可通过将可可碱和咖啡因含量相加后乘以因数31而计算出来。

商品编码	商品名称	商品编码	商品名称
19.01	**麦精；细粉、粗粒、粗粉、淀粉或麦精制的其他品目未列名的食品，不含可可或按重量计全脱脂可可含量低于40%；品目04.01至04.04所列货品制的其他品目未列名的食品，不含可可或按重量计全脱脂可可含量低于5%：**	**19.02**②	**面食，不论是否煮熟、包馅（肉馅或其他馅）或其他方法制作，例如，通心粉、面条、汤团、馄饨、饺子、奶油面卷；古斯古斯面食，不论是否制作：**
			-生的面食，未包馅或未经其他方法制作：
	-适合供婴幼儿食用的零售包装食品：	1902.1100	--含蛋
1901.1010	---配方奶粉	1902.1900	--其他
1901.1090	---其他	1902.2000③	-包馅面食，不论是否烹煮或经其他方法制作
1901.2000①	-供烘焙品目19.05所列面包糕饼用的调制品及面团		-其他面食：
1901.9000	-其他	1902.3010	---米粉干

① 本品目包括在比萨饼基料（面团）的表面放上奶酪、西红柿、油、肉、鳀鱼等其他各种配料制成的未烘烤比萨饼。但预烘烤或已烘烤的比萨饼应归入品目19.05。

② 本品目的面食是用硬麦粗粉或用面粉、玉米粉、米粉、土豆粉等制成的未发酵产品。

③ 包馅面食可完全包裹（例如，饺子）、尾端张开（例如，锥形奶油面卷）或层叠（例如，千层饼）。

商品编码	商品名称
1902.3020	---粉丝
1902.3030	---即食或快熟面条
1902.3090	---其他
1902.4000	-古斯古斯面食
19.03	**珍粉及淀粉制成的珍粉代用品，片、粒、珠、粉或类似形状的：**
1903.0000	珍粉及淀粉制成的珍粉代用品，片、粒、珠、粉或类似形状的
19.04	**谷物或谷物产品经膨化或烘炒制成的食品（例如，玉米片）；其他品目未列名的预煮或经其他方法制作的谷粒（玉米除外）、谷物片或经其他加工的谷粒（细粉、粗粒及粗粉除外）：**
1904.1000	-谷物或谷物产品经膨化或烘炒制成的食品
1904.2000	-未烘炒谷物片制成的食品及未烘炒的谷物片与烘炒的谷物片或膨化的谷物混合制成的食品
1904.3000	-碾碎的干小麦
1904.9000	-其他
19.05	**面包、糕点、饼干及其他烘焙糕饼，不论是否含可可；圣餐饼、装药空囊、封缄、糯米纸及类似制品：**
1905.1000	-黑麦脆面包片
1905.2000	-姜饼及类似品
	-甜饼干；华夫饼及圣餐饼：
1905.3100	--甜饼干
1905.3200	--华夫饼及圣餐饼
1905.4000	-面包干、吐司及类似的烤面包
1905.9000	-其他

第二十章　蔬菜、水果、坚果或植物其他部分的制品

注释：

一、本章不包括：

（一）用第七章、第八章或第十一章所列方法制作或保藏的蔬菜、水果或坚果；

（二）植物油、脂（第十五章）；

（三）按重量计含香肠、肉、食用杂碎、动物血、昆虫、鱼、甲壳动物、软体动物、其他水生无脊椎动物及其混合物超过20%的食品（第十六章）；

（四）品目19.05的烘焙糕饼及其他制品；或

（五）品目21.04的均化混合食品。

二、品目20.07及20.08不包括制成糖食的果冻、果膏、糖衣杏仁或类似品（品目17.04）及巧克力糖食（品目18.06）。

三、品目20.01、20.04及20.05仅酌情包括用本章注释一（一）以外的方法制作或保藏的第七章或品目11.05、11.06的产品（第八章产品的细粉、粗粉除外）。

四、干重量在7%及以上的番茄汁归入品目20.02。

五、品目20.07所称“烹煮制成的”，是指在常压或减压状态下，通过减少产品中的水分或其他方法增加产品黏稠度的热处理制得的。

六、品目20.09所称“未发酵及未加酒精的水果汁”，是指按容量计酒精浓度（标准见第二十二章注释二）不超过0.5%的水果汁。

子目注释：

一、子目2005.10所称“均化蔬菜”，是指蔬菜经精细均化制成适合供婴幼儿食用或营养用的零售包装食品（每件净重不超过250克）。为了调味、保藏或其他目的，均化蔬菜中可以加入少量其他配料，还可以含有少量可见的蔬菜粒。归类时，子目2005.10优先于品目20.05的其他子目。

二、子目2007.10所称“均化食品”，是指果实经精细均化制成适合供婴幼儿食用或营养用的零售包装食品（每件净重不超过250克）。为了调味、保藏或其他目的，均化食品中可以加入少量其他配料，还可以含有少量可见的果粒。归类时，子目2007.10优先于品目20.07的其他子目。

三、子目2009.12、2009.21、2009.31、2009.41、2009.61及2009.71所称“白利糖度值”，是指直接从白利糖度计读取的度数或在20摄氏度时从折射计读取的以蔗糖百分比含量计的折射率，在其他温度下读取的数值应折算为20摄氏度时的折射率。

本国子目注释：

本国子目2008.9934所称“烤紫菜”，是指以干紫菜为主要原料，未加调味料经烘烤而制成的可直接食用的食品。理化指标为：水分含量小于等于5.0%。感官要求为：色泽呈绿色，具有品种固有的香脆滋味，无正常视力可见的不可食用的外来异物。

商品编码	商品名称
20.01	**蔬菜、水果、坚果及植物的其他食用部分，用醋或醋酸制作或保藏的：**
2001.1000	-黄瓜及小黄瓜
	-其他：
2001.9010	---大蒜
2001.9090	---其他
20.02	**番茄，用醋或醋酸以外的其他方法制作或保藏的：**
	-番茄，整个或切片：
2002.1010	---罐头
2002.1090	---其他
	-其他：
	---番茄酱罐头：
2002.9011	----重量不超过5千克的
2002.9019	----重量超过5千克的
2002.9090	---其他
20.03	**蘑菇及块菌，用醋或醋酸以外的其他方法制作或保藏的：**
	-伞菌属蘑菇：
	---罐头：
2003.1011	----小白蘑菇
2003.1019	----其他
2003.1090	---其他
	-其他：
	---罐头：
2003.9011	----杏鲍菇
2003.9019	----其他
2003.9090	---其他
20.04①	**其他冷冻蔬菜，用醋或醋酸以外的其他方法制作或保藏的，但品目20.06的产品除外：**
2004.1000	-马铃薯
2004.9000	-其他蔬菜及什锦蔬菜
20.05②	**其他未冷冻蔬菜，用醋或醋酸以外的其他方法制作或保藏的，但品目20.06的产品除外：**
2005.1000	-均化蔬菜
2005.2000	-马铃薯
2005.4000	-豌豆
	-豇豆属及菜豆属：
	--脱荚的：
	---罐头：
2005.5111	----赤豆馅
2005.5119	----其他
	---其他：
2005.5191	----赤豆馅
2005.5199	----其他
	--其他：
2005.5910	---罐头
2005.5990	---其他
	-芦笋：
2005.6010	---罐头
2005.6090	---其他
2005.7000	-油橄榄
2005.8000	-甜玉米
	-其他蔬菜及什锦蔬菜：
	--竹笋：
2005.9110	---竹笋罐头
2005.9190	---其他
	--其他：
2005.9920	---蚕豆罐头
2005.9940	---榨菜
2005.9950	---咸蕨菜
2005.9960	---咸藠头
2005.9970	---蒜制品
	---其他：
2005.9991	----罐头
2005.9999	----其他
20.06③	**糖渍蔬菜、水果、坚果、果皮及植物的其他部分（沥干、糖渍或裹糖的）：**
2006.0010	---蜜枣
2006.0020	---橄榄
2006.0090	---其他

① 本品目的冷冻蔬菜是指未冷冻时归入品目20.05的蔬菜。

② 本品目所称“蔬菜”，仅限于本章注释三所列产品。这些产品（不包括品目20.01用醋或醋酸制作或保藏的蔬菜、品目20.04的冷冻蔬菜及品目20.06的糖渍蔬菜）如果制作或保藏程度超过第七章或第十一章所列范围的，应归入本品目。

③ 沥干品，用暴露于空气中不结晶的糖浆（例如，转化糖或葡萄糖与一定比例蔗糖混合的糖浆）浸渍，浸糖后将多余的糖浆沥掉即得，产品黏手。糖渍品，将沥干品浸入蔗糖浆，干后表面有一层薄薄晶亮的糖衣。饯糖品，让蔗糖浆渗入产品，干后糖在产品表面或整个产品中结晶。

商品编码	商品名称
20.07	**烹煮制得的果酱、果冻、柑橘酱、果泥及果膏，不论是否加糖或其他甜物质：**
2007.1000	-均化食品
	-其他：
2007.9100	--柑橘属水果的
	--其他：
2007.9910	---罐头
2007.9990	---其他
20.08	**用其他方法制作或保藏的其他品目未列名水果、坚果及植物的其他食用部分，不论是否加酒、加糖或其他甜物质：**
	-坚果、花生及其他子仁，不论是否混合：
	--花生：
2008.1110	---花生米罐头
2008.1120	---烘焙花生
2008.1130	---花生酱
2008.1190	---其他
	--其他，包括什锦坚果及其他子仁：
2008.1910	---核桃仁罐头
2008.1920	---其他果仁罐头
	---其他：
2008.1991	----栗仁
2008.1992	----芝麻
2008.1999	----其他
	-菠萝：
2008.2010	---罐头
2008.2090	---其他
	-柑橘属水果：
2008.3010	---罐头
2008.3090	---其他
	-梨：
2008.4010	---罐头
2008.4090	---其他
2008.5000	-杏
	-樱桃：
2008.6010	---罐头
2008.6090	---其他
	-桃，包括油桃：
2008.7010	---罐头
2008.7090	---其他
2008.8000	-草莓
	-其他，包括子目2008.19以外的什锦果实：
2008.9100	--棕榈芯
2008.9300	--蔓越橘（大果蔓越橘、小果蔓越橘）、越橘
2008.9700	--什锦果实
	--其他：
2008.9910	---荔枝罐头
2008.9920	---龙眼罐头
	---海草及其他藻类制品：
2008.9931	----调味紫菜
2008.9932	----盐腌海带
2008.9933	----盐腌裙带菜
2008.9934	----烤紫菜
2008.9939	----其他
2008.9940	---清水荸荠（马蹄）罐头
2008.9950	---姜制品
2008.9990	---其他
20.09①	**未发酵及未加酒精的水果汁或坚果汁（包括酿酒葡萄汁及椰子水）、蔬菜汁，不论是否加糖或其他甜物质：**
	-橙汁：
2009.1100	--冷冻的
2009.1200	--非冷冻的，白利糖度值不超过20的
2009.1900	--其他
	-葡萄柚汁；柚汁：
2009.2100	--白利糖度值不超过20的
2009.2900	--其他
	-其他未混合的柑橘属水果汁：
	--白利糖度值不超过20的：
2009.3110	---柠檬汁

① 本品目的水果汁及蔬菜汁一般通过压榨熟的且质量好的新鲜水果或蔬菜制得。所得的液汁通常经以下方法加工：Ⅰ.澄清；Ⅱ.过滤；Ⅲ.除气；Ⅳ.均化；Ⅴ.消毒。通过上述各种不同的处理后，水果汁、坚果汁或蔬菜汁成为清澈透明未发酵的液体。在正常的水果汁、坚果汁或蔬菜汁中加入的水，或在浓缩汁中加入的水超出复制原天然汁所需的量，其稀释品即具有品目22.02所列饮料的特征。二氧化碳含量超过处理时所需正常含量的水果汁、坚果汁（充气水果汁、坚果汁）或蔬菜汁、柠檬水和加入水果汁、坚果汁调味的汽水都不归入本品目（品目22.02）。

商品编码	商品名称	商品编码	商品名称
2009.3190	---其他	2009.8100	--蔓越橘汁（大果蔓越橘、小果蔓越橘）、越橘汁
	--其他：		--其他：
2009.3910	---柠檬汁		---水果汁或坚果汁：
2009.3990	---其他	2009.8912	----芒果汁
	-菠萝汁：	2009.8913	----西番莲果汁
2009.4100	--白利糖度值不超过20的	2009.8914	----番石榴果汁
2009.4900	--其他	2009.8915	----梨汁
2009.5000	-番茄汁	2009.8916	----沙棘汁
	-葡萄汁，包括酿酒葡萄汁：	2009.8919	----其他
2009.6100	--白利糖度值不超过30的	2009.8920	---蔬菜汁
2009.6900	--其他		-混合汁：
	-苹果汁：	2009.9010	---水果汁
2009.7100	--白利糖度值不超过20的	2009.9090	---其他
2009.7900	--其他		
	-其他未混合的水果汁、坚果汁或蔬菜汁：		

第二十一章　杂项食品

注释：

一、本章不包括：

（一）品目 07.12 的什锦蔬菜；

（二）含咖啡的焙炒咖啡代用品（品目 09.01）；

（三）加香料的茶（品目 09.02）；

（四）品目 09.04 至 09.10 的调味香料或其他产品；

（五）按重量计含香肠、肉、食用杂碎、动物血、昆虫、鱼、甲壳动物、软体动物、其他水生无脊椎动物及其混合物超过 20%的食品（第十六章），但品目 21.03 或 21.04 的产品除外；

（六）品目 24.04 的产品；

（七）品目 30.03 或 30.04 的药用酵母及其他产品；或

（八）品目 35.07 的酶制品。

二、上述注释一（二）所述咖啡代用品的精汁归入品目 21.01。

三、品目 21.04 所称"均化混合食品"，是指两种或两种以上的基本配料，例如，肉、鱼、蔬菜或果实等，经精细均化制成适合供婴幼儿食用或营养用的零售包装食品（每件净重不超过 250 克）。为了调味、保藏或其他目的，可以加入少量其他配料，还可以含有少量可见的小块配料。

本国子目注释：

一、本国子目 2106.9040 所称"椰浆"，是以椰肉为原料，经压榨、过滤、均质、灭菌等工艺制成的白色乳液。该产品适用于烹饪菜肴、小吃和制作各种甜品，非饮料，不适宜直接饮用。

二、本国子目 2106.9061 所称"含香料或着色剂的甘蔗糖或甜菜糖水溶液"，包括添加香料或着色剂的甘蔗糖水溶液或甜菜糖水溶液，以及上述水溶液的混合物。同时，本子目可以含有少量其他糖或其他物质，只要保持添加香料或着色剂的甘蔗糖或甜菜糖水溶液的原有特征。

三、本国子目 2106.9062 所称"蔗糖含量超过 50%的甘蔗糖、甜菜糖与其他食品原料的简单固体混合物"，是指蔗糖含量超过 50%的甘蔗糖、甜菜糖与其他食品原料（可可除外）进行简单混合形成的预混粉类产品。

商品编码	商品名称	商品编码	商品名称
21.01	**咖啡、茶、马黛茶的浓缩精汁及以其为基本成分或以咖啡、茶、马黛茶为基本成分的制品；烘焙菊苣和其他烘焙咖啡代用品及其浓缩精汁：**	2101.2000	-茶、马黛茶浓缩精汁及以其为基本成分或以茶、马黛茶为基本成分的制品
	-咖啡浓缩精汁及以其为基本成分或以咖啡为基本成分的制品①：	2101.3000②	-烘焙菊苣和其他烘焙咖啡代用品及其浓缩精汁
2101.1100	--浓缩精汁	**21.02**	**酵母（活性或非活性）；已死的其他单细胞微生物（不包括品目 30.02 的疫苗）；发酵粉：**
2101.1200	--以浓缩精汁或咖啡为基本成分的制品	2102.1000	-活性酵母

① 这类产品还包括名为速溶咖啡的产品，即经浸提并脱水或经浸提后冷冻及真空干燥的咖啡。

② 这类产品是用于替代、仿制咖啡（用热水冲开）或用于掺入咖啡内的各种烘炒产品，有时人们把它们称为"咖啡"，但在"咖啡"两字之前加上其基本物料的名称（例如，大麦"咖啡"、麦芽"咖啡"、橡果"咖啡"）。

商品编码	商品名称
2102.2000	-非活性酵母；已死的其他单细胞微生物
2102.3000	-发酵粉
21.03	**调味汁及其制品；混合调味品；芥子粉及其调制品：**
2103.1000	-酱油
2103.2000	-番茄沙司及其他番茄调味汁
2103.3000	-芥子粉及其调制品
	-其他：
2103.9010	---味精
2103.9020	---别特酒（Aromatic bitters），按体积计酒精含量44.2%~49.2%，按重量计含1.5%~6%的香料、各种配料及4%~10%的糖
2103.9090	---其他
21.04	**汤料及其制品；均化混合食品：**
2104.1000	-汤料及其制品
2104.2000	-均化混合食品
21.05	**冰淇淋及其他冰制食品，不论是否含可可：**
2105.0000①	冰淇淋及其他冰制食品，不论是否含可可
21.06	**其他品目未列名的食品：**
2106.1000	-浓缩蛋白质及组织化蛋白质
	-其他：
2106.9010	---制造碳酸饮料的浓缩物
2106.9020	---制造饮料用的复合酒精制品
2106.9030	---蜂王浆制剂
2106.9040	---椰浆
2106.9050	---海豹油胶囊
	---含香料或着色剂的甘蔗糖或甜菜糖水溶液；蔗糖含量超过50%的甘蔗糖、甜菜糖与其他食品原料的简单固体混合物：
2106.9061	----含香料或着色剂的甘蔗糖或甜菜糖水溶液
2106.9062	----蔗糖含量超过50%的甘蔗糖、甜菜糖与其他食品原料的简单固体混合物
2106.9090	---其他

① 本品目包括通常用乳或奶油做基料的冰淇淋及其他冰制食品（例如，冰糕、冰棍），不论是否含任何比例的可可。但本品目不包括制冰淇淋用的混合物及基料，它们应按其基本材料归类（例如，归入品目18.06、19.01或21.06）。

第二十二章　饮料、酒及醋

注释：

一、本章不包括：

（一）本章的产品（品目 22.09 的货品除外）经配制后，用于烹饪而不适于作为饮料的制品（通常归入品目 21.03）；

（二）海水（品目 25.01）；

（三）蒸馏水、导电水及类似的纯净水（品目 28.53）；

（四）按重量计浓度超过 10%的醋酸（品目 29.15）；

（五）品目 30.03 或 30.04 的药品；或

（六）芳香料制品及盥洗品（第三十三章）。

二、本章及第二十章和第二十一章所称“按容量计酒精浓度”，应是温度在 20 摄氏度时测得的浓度。

三、品目 22.02 所称“无酒精饮料”，是指按容量计酒精浓度不超过 0.5%的饮料。含酒精饮料应分别归入品目 22.03 至 22.06 或品目 22.08。

子目注释：

子目 2204.10 所称“汽酒”，是指温度在 20 摄氏度时装在密封容器中超过大气压力 3 巴及以上的酒。

本国子目注释：

一、本国子目 2206.0010 所称“黄酒”，是指以稻米、黍米、小米、玉米、小麦、水等为主要原料，经加曲和/或部分酶制剂、酵母等糖化发酵剂酿制而成的发酵酒。

二、本国子目 2208.9020 所称“白酒”，是指以高粱等谷物为主要原料，以大曲、小曲或麸曲及酒母等为糖化发酵剂，经蒸煮、糖化、发酵、蒸馏、陈酿、勾调而制成的蒸馏酒。

【编者注】

本章所包括的产品与目录本章以前各章的食品种类完全不同。

它们分为四大类：

一、水、其他无酒精饮料及冰；

二、经发酵的酒精饮料（啤酒、葡萄酒、苹果酒等）；

三、经蒸馏的酒和酒精饮料（利口酒、烈性酒等）及乙醇；

四、醋及其代用品。

商品编码	商品名称	商品编码	商品名称
22.01①	**未加糖或其他甜物质及未加味的水，包括天然或人造矿泉水及汽水；冰及雪：** -矿泉水及汽水：	2201.1010② 2201.1020	---矿泉水 ---汽水 -其他：

① 本品目包括各种普通天然水（海水除外，参见品目 25.01）。这些水不论是否澄清或纯净，均归入本品目，然而蒸馏水或导电水及类似的纯净水归入品目 28.53。

② 人造矿泉水，即用普通饮用水加入天然矿泉水中含有的有效成分（天然盐类或气体）生产出与天然矿泉水性质相同的水。

商品编码	商品名称
	---天然水：
2201.9011	----已包装
2201.9019	----其他
2201.9090	---其他
22.02	**加味、加糖或其他甜物质的水，包括矿泉水及汽水，其他无酒精饮料，但不包括品目20.09的水果汁、坚果汁或蔬菜汁：**
2202.1000	-加味、加糖或其他甜物质的水，包括矿泉水及汽水
	-其他：
2202.9100	--无醇啤酒
2202.9900	--其他
22.03	**麦芽酿造的啤酒：**
2203.0000	麦芽酿造的啤酒
22.04	**鲜葡萄酿造的酒，包括加酒精的；品目20.09以外的酿酒葡萄汁：**
2204.1000	-汽酒
	-其他酒；加酒精抑制发酵的酿酒葡萄汁：
2204.2100	--装入2升及以下容器的
2204.2200	--装入2升以上但不超过10升容器的
2204.2900	--其他
2204.3000	-其他酿酒葡萄汁
22.05	**味美思酒及其他加植物或香料的用鲜葡萄酿造的酒：**
2205.1000	-装入2升及以下容器的
2205.9000	-其他
22.06	**其他发酵饮料（例如，苹果酒、梨酒、蜂蜜酒、清酒）；其他品目未列名的发酵饮料的混合物及发酵饮料与无酒精饮料的混合物：**
2206.0010	---黄酒
2206.0090	---其他
22.07	**未改性乙醇，按容量计酒精浓度在80%及以上；任何浓度的改性乙醇及其他酒精：**
2207.1000	-未改性乙醇，按容量计酒精浓度在80%及以上
2207.2000	-任何浓度的改性乙醇及其他酒精
22.08	**未改性乙醇，按容量计酒精浓度在80%以下；蒸馏酒、利口酒及其他酒精饮料：**
2208.2000	-蒸馏葡萄酒制得的烈性酒
2208.3000	-威士忌酒
2208.4000	-朗姆酒及蒸馏已发酵甘蔗产品制得的其他烈性酒
2208.5000	-杜松子酒
2208.6000	-伏特加酒
2208.7000	-利口酒及柯迪尔酒
	-其他：
2208.9010	---龙舌兰酒
2208.9020	---白酒
2208.9090	---其他
22.09	**醋及用醋酸制得的醋代用品：**
2209.0000	醋及用醋酸制得的醋代用品

第二十三章　食品工业的残渣及废料；配制的动物饲料

注释：

品目 23. 09 包括其他品目未列名的配制动物饲料，这些饲料是由动、植物原料加工而成的，并且已改变了原料的基本特性，但加工过程中的植物废料、植物残渣及副产品除外。

子目注释：

子目 2306. 41 所称的“低芥子酸油菜子”，是指第十二章子目注释一所定义的油菜子。

本国子目注释：

本国子目 2309. 9010 所称“添加剂预混合饲料”，是指由两种（类）或者两种（类）以上营养性饲料添加剂为主，与载体或者稀释剂按照一定比例配制的饲料，包括复合预混合饲料、微量元素预混合饲料、维生素预混合饲料。

商品编码	商品名称
23. 01	**不适于供人食用的肉、杂碎、鱼、甲壳动物、软体动物或其他水生无脊椎动物的渣粉及团粒；油渣：**
	-肉、杂碎的渣粉及团粒；油渣：
	---肉骨粉：
2301. 1011	----含牛羊成分的
2301. 1019	----其他
2301. 1020	---油渣
2301. 1090	---其他
	-鱼、甲壳动物、软体动物或其他水生无脊椎动物的渣粉及团粒：
2301. 2010	---饲料用鱼粉
2301. 2090	---其他
23. 02	**谷物或豆类植物在筛、碾或其他加工过程中所产生的糠、麸及其他残渣，不论是否制成团粒：**
2302. 1000	-玉米的
2302. 3000	-小麦的
2302. 4000	-其他谷物的
2302. 5000	-豆类植物的
23. 03	**制造淀粉过程中的残渣及类似的残渣，甜菜渣、甘蔗渣及制糖过程中的其他残渣，酿造及蒸馏过程中的糟粕及残渣，不论是否制成团粒：**
2303. 1000	-制造淀粉过程中的残渣及类似的残渣
2303. 2000	-甜菜渣、甘蔗渣及制糖过程中的其他残渣
2303. 3000	-酿造及蒸馏过程中的糟粕及残渣
23. 04	**提炼豆油所得的油渣饼及其他固体残渣，不论是否碾磨或制成团粒：**
2304. 0010	---油渣饼
2304. 0090	---其他
23. 05	**提炼花生油所得的油渣饼及其他固体残渣，不论是否碾磨或制成团粒：**
2305. 0000	提炼花生油所得的油渣饼及其他固体残渣，不论是否碾磨或制成团粒
23. 06	**品目 23. 04 或 23. 05 以外的提炼植物或微生物油脂所得的油渣饼及其他固体残渣，不论是否碾磨或制成团粒：**
2306. 1000	-棉子的
2306. 2000	-亚麻子的
2306. 3000	-葵花子的
	-油菜子的：
2306. 4100	--低芥子酸的
2306. 4900	--其他
2306. 5000	-椰子或干椰肉的
2306. 6000	-棕榈果或棕榈仁的
2306. 9000	-其他

商品编码	商品名称	商品编码	商品名称
23.07	**葡萄酒渣；粗酒石：**	**23.09**	**配制的动物饲料：**
2307.0000	葡萄酒渣；粗酒石		-零售包装的狗食或猫食：
23.08	**动物饲料用的其他品目未列名的植物原料、废料、残渣及副产品，不论是否制成团粒：**	2309.1010	---罐头
		2309.1090	---其他
			-其他：
2308.0000	动物饲料用的其他品目未列名的植物原料、废料、残渣及副产品，不论是否制成团粒	2309.9010	---添加剂预混合饲料
		2309.9090	---其他

第二十四章　烟草、烟草及烟草代用品的制品；非经燃烧吸用的产品，不论是否含有尼古丁；其他供人体摄入尼古丁的含尼古丁的产品

注释：

一、本章不包括药用卷烟（第三十章）。

二、既可归入品目 24.04 又可归入本章其他品目的产品，应归入品目 24.04。

三、品目 24.04 所称“非经燃烧吸用”，是指不通过燃烧，而是通过加热或其他方式吸用。

子目注释：

子目 2403.11 所称“水烟料”，是指由烟草和甘油混合而成用水烟筒吸用的烟草，不论是否含有芳香油及提取物、糖蜜或糖，也不论是否用水果调味，但供在水烟筒中吸用的非烟草产品除外。

【编者注】

一、本章包括不含烟草的烟草代用品的制品。

二、用专门配制的某些不具药物性质的产品制成的戒烟用卷烟，应归入本章。

商品编码	商品名称
24.01	**烟草；烟草废料：**
	-未去梗的烟草：
2401.1010	---烤烟
2401.1090	---其他
	-部分或全部去梗的烟草：
2401.2010	---烤烟
2401.2090	---其他
2401.3000	-烟草废料
24.02	**烟草或烟草代用品制成的雪茄烟及卷烟：**
2402.1000	-烟草制的雪茄烟
2402.2000	-烟草制的卷烟
2402.9000	-其他
24.03	**其他烟草及烟草代用品的制品；“均化”或“再造”烟草；烟草精汁：**
	-供吸用的烟草，不论是否含有任何比例的烟草代用品：
2403.1100	--本章子目注释所述的水烟料
2403.1900	--其他
	-其他：
2403.9100	--“均化”或“再造”烟草
2403.9900	--其他
24.04	**含烟草、再造烟草、尼古丁、或烟草或尼古丁代用品，非经燃烧吸用的产品；其他供人体摄入尼古丁的含尼古丁的产品：**
	-非经燃烧吸用的产品：
2404.1100	--含烟草或再造烟草的
2404.1200	--其他，含尼古丁的
	--其他：
2404.1910	---其他，含烟草代用品的
2404.1990	---其他
	-其他：
2404.9100	--经口腔摄入的
2404.9200	--经皮肤摄入的
2404.9900	--其他

第五类　矿产品

【编者注】

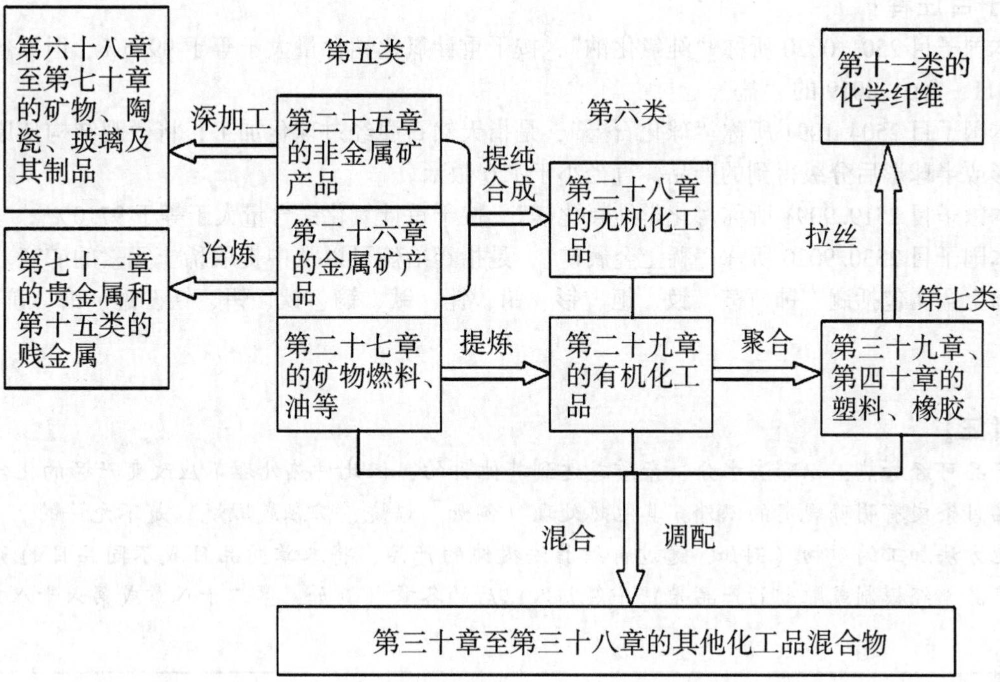

第二十五章　盐；硫磺；泥土及石料；石膏料、石灰及水泥

注释：

一、除条文及注释四另有规定的以外，本章各品目只包括原产状态的矿产品，或只经过洗涤（包括用化学物质清除杂质而未改变产品结构的）、破碎、磨碎、研粉、淘洗、筛分以及用浮选、磁选和其他机械物理方法（不包括结晶法）精选过的货品，但不得经过焙烧、煅烧、混合或超过品目所列的加工范围。

本章产品可含有添加的抗尘剂，但所加剂料并不使原产品改变其一般用途而适合于某些特殊用途。

二、本章不包括：

（一）升华硫磺、沉淀硫磺及胶态硫磺（品目 28. 02）；

（二）土色料，按重量计三氧化二铁含量在 70%及以上（品目 28. 21）；

（三）第三十章的药品及其他产品；

（四）芳香料制品及化妆盥洗品（第三十三章）；

（五）夯混白云石（品目 38. 16）；

（六）长方砌石、路缘石、扁平石（品目 68. 01）、镶嵌石或类似石料（品目 68. 02）及铺屋顶、饰墙面或防潮用的板岩（品目 68. 03）；

（七）宝石或半宝石（品目 71. 02 或 71. 03）；

（八）每颗重量不低于2.5克的氯化钠或氧化镁培养晶体（光学元件除外）（品目38.24）；氯化钠或氧化镁制的光学元件（品目90.01）；

（九）台球用粉块（品目95.04）；或

（十）书写或绘画用粉笔及裁缝划粉（品目96.09）。

三、既可归入品目25.17又可归入本章其他品目的产品，应归入品目25.17。

四、品目25.30主要包括：未膨胀的蛭石、珍珠岩及绿泥石；不论是否煅烧或混合的土色料；天然云母氧化铁；海泡石（不论是否磨光成块）；琥珀；模制后未经进一步加工的片、条、杆或类似形状的黏聚海泡石及黏聚琥珀；黑玉；菱锶矿（不论是否煅烧），但不包括氧化锶；陶器、砖或混凝土的碎块。

本国子目注释：

一、本国子目2501.0020所称"纯氯化钠"，按干重计氯化钠含量大于等于99.5%，但不包括本国子目2501.0011、2501.0019的"盐"。

二、本国子目2504.1091所称"球化石墨"，是指天然石墨经过球化加工，将微观结构从原来的鳞片状变为球形或半球形后分级得到的产品，直径小于120微米。

三、本国子目2519.9091所称"化学纯氧化镁"，按干重计氧化镁含量大于等于97.0%。

四、本国子目2530.9020所称"稀土金属矿"，是指经冶炼可以从中提取稀土元素的矿产。该本国子目涉及的稀土金属包括镧、铈、镨、钕、钷、钐、铕、钆、铽、镝、钬、铒、铥、镱、镥、钪、钇17种元素。

【编者注】

本章产品可经加热，以除去水分、杂质或达到其他目的，但此种热处理不应改变产品的化学或晶形结构。除了品目条文有明确规定的以外，其他热处理（例如，焙烧、熔融或煅烧）是不允许的。

经其他方法加工的矿物（例如，通过再结晶法提纯的产品、将本章同品目或不同品目的矿物加以混合获得的产品、经模制或雕刻的产品等）一般归入以后的各章（例如，第二十八章或第六十八章）。

商品编码	商品名称	商品编码	商品名称
25.01①	**盐（包括精制盐及变性盐）及纯氯化钠，不论是否为水溶液，也不论是否添加抗结块剂或松散剂；海水：**	**25.03**	**各种硫磺，但升华硫磺、沉淀硫磺及胶态硫磺除外：**
	---盐：	2503.0000	各种硫磺，但升华硫磺、沉淀硫磺及胶态硫磺除外
2501.0011	----食用盐	**25.04**②	**天然石墨：**
2501.0019	----其他		-粉末或粉片：
2501.0020	---纯氯化钠	2504.1010	---粉片
2501.0030	---海水		---其他：
25.02	**未焙烧的黄铁矿：**	2504.1091	----球化石墨
2502.0000	未焙烧的黄铁矿	2504.1099	----其他

① 本品目所称的氯化钠，俗名为盐，包括：Ⅰ.从地下提取的盐；Ⅱ.蒸发盐；Ⅲ.海水、盐水及其他含盐溶液。本品目不包括加调味的盐，例如，芹盐（品目21.03）；也不包括装于安瓿的氯化钠溶液，包括海水、其他制成药品的氯化钠（第三十章），以及制成零售包装的卫生用氯化钠溶液（医药用的除外），无论是否经过消毒（品目33.07）。

② 本品目不包括人造石墨（与天然石墨极为相似，但纯度较高而表观比重较低）、胶态或半胶态石墨及以石墨为基料的膏状、块状、板状材料及其他形状的半成品（品目38.01），也不包括天然石墨制品（通常归入品目68.15、69.02、69.03或85.45）。

商品编码	商品名称
2504.9000	-其他
25.05	**各种天然砂，不论是否着色，但第二十六章的含金属矿砂除外：**
2505.1000	-硅砂及石英砂
2505.9000	-其他
25.06	**石英（天然砂除外）；石英岩，不论是否粗加修整或仅用锯或其他方法切割成矩形（包括正方形）的板、块：**
2506.1000	-石英
2506.2000	-石英岩
25.07	**高岭土及类似土，不论是否煅烧：**
2507.0010	---高岭土
2507.0090	---其他
25.08	**其他黏土（不包括品目68.06的膨胀黏土）、红柱石、蓝晶石及硅线石，不论是否煅烧；富铝红柱石；火泥及第纳斯土：**
2508.1000	-膨润土
2508.3000	-耐火黏土
2508.4000	-其他黏土
2508.5000	-红柱石、蓝晶石及硅线石
2508.6000	-富铝红柱石
2508.7000	-火泥及第纳斯土
25.09	**白垩：**
2509.0000	白垩
25.10	**天然磷酸钙、天然磷酸铝钙及磷酸盐白垩：**
	-未碾磨：
2510.1010	---磷灰石
2510.1090	---其他
	-已碾磨：
2510.2010	---磷灰石
2510.2090	---其他
25.11	**天然硫酸钡（重晶石）；天然碳酸钡（毒重石），不论是否煅烧，但品目28.16的氧化钡除外：**
2511.1000	-天然硫酸钡（重晶石）
2511.2000	-大然碳酸钡（毒重石）
25.12	**硅质化石粗粉（例如，各种硅藻土）及类似的硅质土，不论是否煅烧，其表观比重不超过1：**
2512.0010	---硅藻土
2512.0090	---其他
25.13	**浮石；刚玉岩；天然刚玉砂；天然石榴石及其他天然磨料，不论是否热处理：**
2513.1000	-浮石
2513.2000	-刚玉岩、天然刚玉砂、天然石榴石及其他天然磨料
25.14	**板岩，不论是否粗加修整或仅用锯或其他方法切割成矩形（包括正方形）的板、块：**
2514.0000	板岩，不论是否粗加修整或仅用锯或其他方法切割成矩形（包括正方形）的板、块
25.15①	**大理石、石灰华及其他石灰质碑用或建筑用石，表观比重为2.5及以上，蜡石，不论是否粗加修整或仅用锯或其他方法切割成矩形（包括正方形）的板、块：**
	-大理石及石灰华：
2515.1100	--原状或粗加修整
2515.1200	--用锯或其他方法切割成矩形（包括正方形）的板、块
2515.2000	-其他石灰质碑用或建筑用石；蜡石
25.16	**花岗岩、斑岩、玄武岩、砂岩以及其他碑用或建筑用石，不论是否粗加修整或仅用锯或其他方法切割成矩形（包括正方形）的板、块：**
	-花岗岩：
2516.1100	--原状或粗加修整
2516.1200	--仅用锯或其他方法切割成矩形（包括正方形）的板、块
2516.2000	-砂岩
2516.9000	-其他碑用或建筑用石

① 本品目仅限于列名的石料，报验时为原状、粗加修整或仅切、锯或用其他方法加工成矩形（包括正方形）的块状、板状。粒状、碎片状或粉状的则归入品目25.17。石块等如果经进一步加工，即经浮雕、用镐、锤、凿等修琢、砂光、磨光、抛光、切角等，归入品目68.02。制品的坯件亦应按此归类。

商品编码	商品名称
25.17	**通常作混凝土粒料、铺路、铁道路基或其他路基用的卵石、砾石及碎石，圆石子及燧石，不论是否热处理；矿渣、浮渣及类似的工业残渣，不论是否混有本品目第一部分所列的材料；沥青碎石；品目25.15、25.16所列各种石料的碎粒、碎屑及粉末，不论是否热处理：**
2517.1000	-通常作混凝土粒料、铺路、铁道路基或其他路基用的卵石、砾石及碎石，圆石子及燧石，不论是否热处理
2517.2000	-矿渣、浮渣及类似的工业残渣，不论是否混有子目2517.10所列的材料
2517.3000	-沥青碎石
	-品目25.15及25.16所列各种石料的碎粒、碎屑及粉末，不论是否热处理：
2517.4100	--大理石的
2517.4900	--其他
25.18	**白云石，不论是否煅烧或烧结、粗加修整或仅用锯或其他方法切割成矩形（包括正方形）的板、块：**
2518.1000	-未煅烧或烧结的白云石
2518.2000	-已煅烧或烧结的白云石
25.19	**天然碳酸镁（菱镁矿）；熔凝镁氧矿；烧结镁氧矿，不论烧结前是否加入少量其他氧化物；其他氧化镁，不论是否纯净：**
2519.1000	-天然碳酸镁（菱镁矿）
	-其他：
2519.9010	---熔凝镁氧矿
2519.9020	---烧结镁氧矿（重烧镁）
2519.9030	---碱烧镁（轻烧镁）
	---其他：
2519.9091	----化学纯氧化镁
2519.9099	----其他
25.20	**生石膏；硬石膏；熟石膏（由煅烧的生石膏或硫酸钙构成），不论是否着色，也不论是否带有少量促凝剂或缓凝剂：**
2520.1000	-生石膏；硬石膏
	-熟石膏：
2520.2010	---牙科用
2520.2090	---其他
25.21	**石灰石助熔剂；通常用于制造石灰或水泥的石灰石及其他石灰质石：**
2521.0000	石灰石助熔剂；通常用于制造石灰或水泥的石灰石及其他石灰质石
25.22	**生石灰、熟石灰及水硬石灰，但品目28.25的氧化钙及氢氧化钙除外：**
2522.1000	-生石灰
2522.2000	-熟石灰
2522.3000	-水硬石灰
25.23	**硅酸盐水泥、矾土水泥、矿渣水泥、富硫酸盐水泥及类似的水凝水泥，不论是否着色，包括水泥熟料：**
2523.1000	-水泥熟料
	-硅酸盐水泥：
2523.2100	--白水泥，不论是否人工着色
2523.2900	--其他
2523.3000	-矾土水泥
2523.9000	-其他水凝水泥
25.24	**石棉：**
2524.1000	-青石棉
	-其他：
2524.9010	---长纤维的
2524.9090	---其他
25.25	**云母，包括云母片；云母废料：**
2525.1000	-原状云母及劈开的云母片
2525.2000	-云母粉
2525.3000	-云母废料
25.26①	**天然冻石，不论是否粗加修整或仅用锯或其他方法切割成矩形（包括正方形）的板、块；滑石：**
	-未破碎及未研粉：
2526.1010	---天然冻石
2526.1020	---天然滑石
	-已破碎或已研粉：
2526.2010	---天然冻石
2526.2020	---滑石

① 本品目不包括冻石制的“裁缝划粉”（品目96.09）。

商品编码	商品名称
25.28	**天然硼酸盐及其精矿（不论是否煅烧），但不包括从天然盐水析离的硼酸盐；天然粗硼酸，含硼酸干重不超过85%：**
2528.0010	---天然硼砂及其精矿（不论是否煅烧）
2528.0090	---其他
25.29	**长石；白榴石；霞石及霞石正长岩；萤石（氟石）：**
2529.1000	-长石
	-萤石：
2529.2100	--按重量计氟化钙含量在97%及以下
2529.2200	--按重量计氟化钙含量在97%以上
2529.3000	-白榴石；霞石及霞石正长岩
25.30	**其他品目未列名的矿产品：**
	-未膨胀的蛭石、珍珠岩及绿泥石：
2530.1010	---绿泥石
2530.1020	---未膨胀的蛭石和珍珠岩
2530.2000	-硫镁矾矿及泻盐矿（天然硫酸镁）
	-其他：
2530.9010	---矿物性药材
2530.9020	---稀土金属矿
	---其他：
2530.9091	----硅灰石
2530.9092	----锂辉石
2530.9099	----其他

第二十六章　矿砂、矿渣及矿灰

注释：

一、本章不包括：

（一）供铺路用的矿渣及类似的工业废渣（品目 25.17）；

（二）天然碳酸镁（菱镁矿），不论是否煅烧（品目 25.19）；

（三）主要含有石油的石油储罐的淤渣（品目 27.10）；

（四）第三十一章的碱性熔渣；

（五）矿物棉（品目 68.06）；

（六）贵金属或包贵金属的废碎料；主要用于回收贵金属的含贵金属或贵金属化合物的其他废碎料（品目 71.12 或 85.49）；或

（七）通过熔炼所产生的铜锍、镍锍或钴锍（第十五类）。

二、品目 26.01 至 26.17 所称“矿砂”，是指冶金工业中提炼汞、品目 28.44 的金属以及第十四类、第十五类金属的矿物，即使这些矿物不用于冶金工业，也包括在内。但品目 26.01 至 26.17 不包括不是以冶金工业正常加工方法处理的各种矿物。

三、品目 26.20 仅适用于：

（一）在工业上提炼金属或作为生产金属化合物基本原料的矿渣、矿灰及残渣，但焚化城市垃圾所产生的灰、渣除外（品目 26.21）；以及

（二）含有砷的矿渣、矿灰及残渣，不论其是否含有金属，用于提取或生产砷或金属及其化合物。

子目注释：

一、子目 2620.21 所称“含铅汽油的淤渣及含铅抗震化合物的淤渣”，是指含铅汽油及含铅抗震化合物（例如，四乙基铅）储罐的淤渣，主要含有铅、铅化合物以及铁的氧化物。

二、含有砷、汞、铊及其混合物的矿渣、矿灰及残渣，用于提取或生产砷、汞、铊及其化合物，归入子目 2620.60。

商品编码	商品名称
26.01	**铁矿砂及其精矿，包括焙烧黄铁矿：**
	-铁矿砂及其精矿，但焙烧黄铁矿除外：
	--未烧结：
2601.1110	---平均粒度小于 0.8 毫米的
2601.1120	---平均粒度不小于 0.8 毫米，但不大于 6.3 毫米的
2601.1190	---其他
2601.1200	--已烧结
2601.2000	-焙烧黄铁矿
26.02	**锰矿砂及其精矿，包括以干重计含锰量在 20%及以上的锰铁矿及其精矿：**
2602.0000	锰矿砂及其精矿，包括以干重计含锰量在 20%及以上的锰铁矿及其精矿
26.03	**铜矿砂及其精矿：**
2603.0000	铜矿砂及其精矿
26.04	**镍矿砂及其精矿：**
2604.0000	镍矿砂及其精矿
26.05	**钴矿砂及其精矿：**
2605.0000	钴矿砂及其精矿
26.06	**铝矿砂及其精矿：**
2606.0000	铝矿砂及其精矿
26.07	**铅矿砂及其精矿：**
2607.0000	铅矿砂及其精矿
26.08	**锌矿砂及其精矿：**
2608.0000	锌矿砂及其精矿
26.09	**锡矿砂及其精矿：**
2609.0000	锡矿砂及其精矿

商品编码	商品名称
26.10	**铬矿砂及其精矿：**
2610.0000	铬矿砂及其精矿
26.11	**钨矿砂及其精矿：**
2611.0000	钨矿砂及其精矿
26.12	**铀或钍矿砂及其精矿：**
2612.1000	-铀矿砂及其精矿
2612.2000	-钍矿砂及其精矿
26.13	**钼矿砂及其精矿：**
2613.1000	-已焙烧
2613.9000	-其他
26.14	**钛矿砂及其精矿：**
2614.0000	钛矿砂及其精矿
26.15	**铌、钽、钒或锆矿砂及其精矿：**
2615.1000	-锆矿砂及其精矿
	-其他：
2615.9010	---水合钽铌原料（钽铌矿富集物）
2615.9090	---其他
26.16	**贵金属矿砂及其精矿：**
2616.1000	-银矿砂及其精矿
2616.9000	-其他
26.17	**其他矿砂及其精矿：**
	-锑矿砂及其精矿：
2617.1010	---生锑（锑精矿，选矿产品）
2617.1090	---其他
	-其他：
2617.9010	---朱砂（辰砂）
2617.9090	---其他
26.18	**冶炼钢铁所产生的粒状熔渣（熔渣砂）：**
2618.0010	---主要含锰
2618.0090	---其他
26.19	**冶炼钢铁所产生的熔渣、浮渣（粒状熔渣除外）、氧化皮及其他废料：**
2619.0000	冶炼钢铁所产生的熔渣、浮渣（粒状熔渣除外）、氧化皮及其他废料
26.20	**含有金属、砷及其化合物的矿渣、矿灰及残渣（冶炼钢铁所产生的灰、渣除外）：**
	-主要含锌：
2620.1100	--含硬锌
2620.1900	--其他
	-主要含铅：
2620.2100	--含铅汽油的淤渣及含铅抗震化合物的淤渣
2620.2900	--其他
2620.3000	-主要含铜
2620.4000	-主要含铝
2620.6000	-含砷、汞、铊及其混合物，用于提取或生产砷、汞、铊及其化合物
	-其他：
2620.9100	--含有锑、铍、镉、铬或其混合物
	--其他：
2620.9910	---主要含钨
2620.9990	---其他
26.21	**其他矿渣及矿灰，包括海藻灰（海草灰）；焚化城市垃圾所产生的灰、渣：**
2621.1000	-焚化城市垃圾所产生的灰、渣
2621.9000	-其他

第二十七章　矿物燃料、矿物油及其蒸馏产品；沥青物质；矿物蜡

注释：

一、本章不包括：

（一）单独的已有化学定义的有机化合物，但纯甲烷及纯丙烷应归入品目 27.11；

（二）品目 30.03 及 30.04 的药品；或

（三）品目 33.01、33.02 及 38.05 的不饱和烃混合物。

二、品目 27.10 所称“石油及从沥青矿物提取的油类”，不仅包括石油、从沥青矿物提取的油及类似油，还包括那些用任何方法提取的主要含有不饱和烃混合物的油，但其非芳族成分的重量必须超过芳族成分。

然而，它不包括温度在 300 摄氏度时，压力转为 1013 毫巴后减压蒸馏出的液体合成聚烯烃以体积计小于 6%的货品（第三十九章）。

三、品目 27.10 所称“废油”，是指主要含石油及从沥青矿物提取的油类（参见本章注释二）的废油，不论其是否与水混合。它们包括：

（一）不再适于作为原产品使用的废油（例如，用过的润滑油、液压油及变压器油）；

（二）石油储罐的淤渣油，主要含废油及高浓度的在生产原产品时使用的添加剂（例如，化学品）；以及

（三）水乳浊液状的或与水混合的废油，例如，浮油、清洗油罐所得的油或机械加工中已用过的切削油。

子目注释：

一、子目 2701.11 所称“无烟煤”，是指含挥发物（以干燥、无矿物质计）不超过 14%的煤。

二、子目 2701.12 所称“烟煤”，是指含挥发物（以干燥、无矿物质计）超过 14%，并且热值（以潮湿、无矿物质计）等于或大于 5833 大卡/千克的煤。

三、子目 2707.10、2707.20、2707.30 及 2707.40 所称“粗苯”“粗甲苯”“粗二甲苯”及“萘”，是分别指按重量计苯、甲苯、二甲苯或萘的含量在 50%以上的产品。

四、子目 2710.12 所称“轻油及其制品”，是指根据 ISO 3405 方法（等同于 ASTM D 86 方法），温度在 210 摄氏度时以体积计馏出量（包括损耗）在 90%及以上的产品。

五、品目 27.10 的子目所称“生物柴油”，是指从动植物油脂或微生物油脂（不论是否使用过）得到的用作燃料的脂肪酸单烷基酯。

本国子目注释：

一、本国子目 2710.1220 所称“石脑油”，为一部分石油轻馏分的泛称。石脑油馏程由初馏点至 220℃，烷烃和环烷烃含量大于等于 70%，芳烃含量小于等于 12%。

二、本国子目 2710.1230 所称“橡胶溶剂油、油漆溶剂油、抽提溶剂油”，其商品范围分别如下：橡胶溶剂油馏程为 80℃～120℃，对橡胶有很强的溶解能力，可用作橡胶工业溶剂。油漆溶剂油馏程为 140℃～200℃，可用作油漆工业溶剂和稀释剂。抽提溶剂油馏程为 61℃～76℃，对大豆油、花生油等植物油具有很强的溶解能力，可用作植物油脂萃取过程中的抽提溶剂，苯含量小于等于 0.1%。

三、本国子目 2710.1923 所称“柴油”，是指一种碳原子数约 10～22 的烃类混合物。它的倾点或凝点为-50℃～30℃；馏程为：50%回收温度小于等于 300℃，90%回收温度小于等于 355℃，95%回收温度小于等于 365℃。

四、本国子目 2710.1924 所称“燃料油”，不包括煤油馏分及柴油，具体技术指标参考《炉用燃料油》（GB 25989—2010）、《船用燃料油》（GB 17411—2015）、《燃气轮机液体燃料》（GB/T 29114—

2012）中的运动黏度和闪点（闭口）。

【编者注】

本章包括煤及其他天然矿物燃料、石油及从沥青矿物提取的油、这些油的蒸馏产品，以及用任何其他方法获得的类似产品，也包括矿物蜡及天然沥青物质。本章的货品可以是天然的，也可以是精制的；除甲烷及丙烷以外，其余的如果是单独的已有化学定义的有机化合物或处于商业纯状态的，应归入第二十九章。对于某些这类化合物（例如，乙烷、苯、酚、吡啶），品目29.01、29.07及29.33的注释列有其具体纯度标准。甲烷及丙烷，即使是纯净的，也归入品目27.11。

商品编码	商品名称
27.01	**煤；煤砖、煤球及用煤制成的类似固体燃料：**
	-煤，不论是否粉化，但未制成型：
2701.1100	--无烟煤
	--烟煤：
2701.1210	---炼焦煤
2701.1290	---其他
2701.1900	--其他煤
2701.2000	-煤砖、煤球及用煤制成的类似固体燃料
27.02	**褐煤，不论是否制成型，但不包括黑玉：**
2702.1000	-褐煤，不论是否粉化，但未制成型
2702.2000	-制成型的褐煤
27.03	**泥煤（包括肥料用泥煤），不论是否制成型：**
2703.0000	泥煤（包括肥料用泥煤），不论是否制成型
27.04	**煤、褐煤或泥煤制成的焦炭及半焦炭，不论是否制成型；甑炭：**
2704.0010	---焦炭及半焦炭
2704.0090	---其他
27.05	**煤气、水煤气、炉煤气及类似气体，但石油气及其他烃类气除外：**
2705.0000	煤气、水煤气、炉煤气及类似气体，但石油气及其他烃类气除外
27.06	**从煤、褐煤或泥煤蒸馏所得的焦油及其他矿物焦油，不论是否脱水或部分蒸馏，包括再造焦油：**
2706.0000	从煤、褐煤或泥煤蒸馏所得的焦油及其他矿物焦油，不论是否脱水或部分蒸馏，包括再造焦油
27.07	**蒸馏高温煤焦油所得的油类及其他产品；芳族成分重量超过非芳族成分的类似产品：**
2707.1000	-粗苯
2707.2000	-粗甲苯
2707.3000	-粗二甲苯
2707.4000	-萘
2707.5000	-其他芳烃混合物，根据ISO 3405方法（等同于ASTM D 86方法），温度在250℃时的馏出量以体积计（包括损耗）在65%及以上
	-其他：
2707.9100	--杂酚油
	--其他：
2707.9910	---酚
2707.9990	---其他
27.08	**从煤焦油或其他矿物焦油所得的沥青及沥青焦：**
2708.1000	-沥青
2708.2000	-沥青焦
27.09	**石油原油及从沥青矿物提取的原油：**
2709.0000	石油原油及从沥青矿物提取的原油
27.10	**石油及从沥青矿物提取的油类，但原油除外；以上述油为基本成分（按重量计不低于70%）的其他品目未列名制品；废油：**
	-石油及从沥青矿物提取的油类（但原油除外）以及以上述油为基本成分（按重量计不低于70%）的其他品目未列名制品，不含有生物柴油，但废油除外：

商品编码	商品名称
	--轻油及其制品：
2710.1210	---车用汽油及航空汽油
2710.1220	---石脑油
2710.1230	---橡胶溶剂油、油漆溶剂油、抽提溶剂油
	---其他：
2710.1291	----壬烯
2710.1299	----其他
	--其他：
	---煤油馏分：
2710.1911	----航空煤油
2710.1912	----灯用煤油
2710.1919	----其他
	---柴油及燃料油：
2710.1923	----柴油
2710.1924	----燃料油
	---其他：
2710.1991	----润滑油
2710.1992	----润滑脂
2710.1993	----润滑油基础油
2710.1994	----液体石蜡和重质液体石蜡
2710.1999	----其他
2710.2000	-石油及从沥青矿物提取的油类（但原油除外）以及以上述油为基本成分（按重量计不低于 70%）的其他品目未列名制品，含有生物柴油，但废油除外
	-废油：
2710.9100	--含多氯联苯（PCBs）、多氯三联苯（PCTs）或多溴联苯（PBBs）的
2710.9900	--其他
27.11	**石油气及其他烃类气：**
	-液化的：
2711.1100	--天然气
2711.1200	--丙烷
	--丁烷：
2711.1310	---直接灌注香烟打火机及类似打火器用，其包装容器的容积超过 300 立方厘米
2711.1390	---其他
2711.1400	--乙烯、丙烯、丁烯及丁二烯
	--其他：
2711.1910	---直接灌注香烟打火机及类似打火器用的燃料，其包装容器的容积超过 300 立方厘米
2711.1990	---其他
	-气态的：
2711.2100	--天然气
2711.2900	--其他
27.12	**凡士林；石蜡、微晶石蜡、疏松石蜡、地蜡、褐煤蜡、泥煤蜡、其他矿物蜡及用合成或其他方法制得的类似产品，不论是否着色：**
2712.1000[1]	-凡士林
2712.2000	-石蜡，按重量计含油量小于 0.75%
	-其他：
2712.9010	---微晶石蜡
2712.9090	---其他
27.13	**石油焦、石油沥青及其他石油或从沥青矿物提取的油类的残渣：**
	-石油焦：
	--未煅烧：
2713.1110	---硫的重量百分比小于 3%的
2713.1190	---其他
	--已煅烧：
2713.1210	---硫的重量百分比小于 0.8%的
2713.1290	---其他
2713.2000	-石油沥青
2713.9000	-其他石油或从沥青矿物提取的油类的残渣
27.14	**天然沥青（地沥青）；沥青页岩、油页岩及焦油砂；沥青岩：**

① 凡士林手感油滑，为白色、淡黄色或深棕色，从某些石油原油的蒸馏残渣制得，也有用上述残渣与高黏度石油或用充分精制的矿物油与石蜡或地蜡混合制得。本品目包括粗制凡士林（有时称为“矿脂”）和脱色或精制凡士林，也包括通过合成制得的凡士林。但本品目不包括零售包装的适于作护肤用的凡士林（品目 33.04）。

商品编码	商品名称	商品编码	商品名称
2714.1000	-沥青页岩、油页岩及焦油砂	2715.0000	以天然沥青（地沥青）、石油沥青、矿物焦油或矿物焦油沥青为基本成分的沥青混合物（例如，沥青胶粘剂、稀释沥青）
	-其他：		
2714.9010	---天然沥青（地沥青）		
2714.9020	---乳化沥青		
2714.9090	---其他	**27.16**	**电力：**
27.15	**以天然沥青（地沥青）、石油沥青、矿物焦油或矿物焦油沥青为基本成分的沥青混合物（例如，沥青胶粘剂、稀释沥青）：**	2716.0000	电力

第六类 化学工业及其相关工业的产品

注释：

一、

（一）凡符合品目28.44或28.45规定的货品（放射性矿砂除外），应分别归入这两个品目而不归入本目录的其他品目。

（二）除上述（一）款另有规定的以外，凡符合品目28.43、28.46或28.52规定的货品，应分别归入以上品目而不归入本类的其他品目。

二、除上述注释一另有规定的以外，凡由于按一定剂量或作为零售包装而可归入品目30.04、30.05、30.06、32.12、33.03、33.04、33.05、33.06、33.07、35.06、37.07或38.08的货品，应分别归入以上品目，而不归入本目录的其他品目。

三、由两种或两种以上单独成分配套的货品，其部分或全部成分属于本类范围以内，混合后则构成第六类或第七类的货品，应按混合后产品归入相应的品目，但其组成成分必须同时符合下列条件：

（一）其包装形式足以表明这些成分不需经过改装就可一起使用的；

（二）一起进口或出口的；

（三）这些成分的属性及相互比例足以表明是相互配用的。

四、其列名或功能既符合第六类中一个或多个品目的规定，又符合品目38.27的规定的产品，应按列名或功能归入相应品目，而不归入品目38.27。

【编者注】

本类所包括的化工品绝大多数是由人工合成的（尤其是基本化学原料部分），如无机化合物、有机化合物、化肥等。少数产品是以天然的动植物或矿物为原料，经过一系列复杂加工处理制得的，例如，精油（品目33.01）为天然植物产品、明胶（品目35.03）为动物产品。

一、本类货品归类时，应注意优先归类原则（见本类注释一、二）。其中，本类注释的应用顺序为：类注一（一）—类注一（二）—类注二。

二、本类货品归类时，还应特别注意货品的包装形式。

三、两种以上单独成分组成的配套化工品的归类，应遵循本类注释三。

准备混合使用的配套化工品（报检时还未混合），应按混合产品归入相应品目。但本条规定仅限于混合后构成第六类或第七类所列产品的配套化工品。

例如，由金属氧化物、氯化锌、塑料组成的配套牙科黏固剂（尚未混合），应按混合后的牙科黏固剂归入品目30.06。同时由单独组分构成的未混合油漆、清漆及品目32.14的胶产品，均应按混合后的产品分别归入品目32.08~32.10及32.14。应注意：如果各种成分不是混合后使用而是逐个连续使用的，则不属于本规定的范围。这些货品，如果已制成零售包装，一般按照归类总规则三（二）“基本特征”的原则归类；如果未制成零售包装，则应分别归类。

第二十八章 无机化学品；贵金属、稀土金属、放射性元素及其同位素的有机及无机化合物

注释：

一、除条文另有规定的以外，本章各品目只适用于：

（一）单独的化学元素及单独的已有化学定义的化合物，不论是否含有杂质；

（二）上述（一）款产品的水溶液；

（三）溶于其他溶剂的上述（一）款产品，但该产品处于溶液状态只是为了安全或运输所采取的正常必要方法，其所用溶剂并不使该产品改变其一般用途而适合于某些特殊用途；

（四）为了保存或运输需要，加入稳定剂（包括抗结块剂）的上述（一）、（二）、（三）款产品；

（五）为了便于识别或安全起见，加入抗尘剂或着色剂的上述（一）、（二）、（三）、（四）款产品，但所加剂料并不使原产品改变其一般用途而适合于某些特殊用途。

二、除以有机物质稳定的连二亚硫酸盐及次硫酸盐（品目28.31），无机碱的碳酸盐及过碳酸盐（品目28.36），无机碱的氰化物、氧氰化物及氰络合物（品目28.37），无机碱的雷酸盐、氰酸盐及硫氰酸盐（品目28.42），品目28.43至28.46及28.52的有机产品，以及碳化物（品目28.49）之外，本章仅包括下列碳化合物：

（一）碳的氧化物，氰化氢及雷酸、异氰酸、硫氰酸及其他简单或络合氰酸（品目28.11）；

（二）碳的卤氧化物（品目28.12）；

（三）二硫化碳（品目28.13）；

（四）硫代碳酸盐、硒代碳酸盐、碲代碳酸盐、硒代氰酸盐、碲代氰酸盐、四氰硫基二氨基络酸盐及其他无机碱络合氰酸盐（品目28.42）；

（五）用尿素固化的过氧化氢（品目28.47）、氧硫化碳、硫代羰基卤化物、氰、卤化氰、氨基氰及其金属衍生物（品目28.53），不论是否纯净，但氰氨化钙除外（第三十一章）。

三、除第六类注释一另有规定的以外，本章不包括：

（一）氯化钠或氧化镁（不论是否纯净）及第五类的其他产品；

（二）上述注释二所述以外的有机-无机化合物；

（三）第三十一章注释二、三、四或五所述的产品；

（四）品目32.06的用作发光剂的无机产品；品目32.07的搪瓷玻璃料及其他玻璃，呈粉、粒或粉片状的；

（五）人造石墨（品目38.01）；品目38.13的灭火器的装配药及已装药的灭火弹；品目38.24的零售包装的除墨剂；品目38.24的每颗重量不少于2.5克的碱金属或碱土金属卤化物的培养晶体（光学元件除外）；

（六）宝石或半宝石（天然、合成或再造）及这些宝石、半宝石的粉末（品目71.02至71.05），第七十一章的贵金属及贵金属合金；

（七）第十五类的金属（不论是否纯净）、金属合金或金属陶瓷，包括硬质合金（与金属烧结的金属碳化物）；或

（八）光学元件，例如，用碱金属或碱土金属卤化物制成的（品目90.01）。

四、由本章第二分章的非金属酸和第四分章的金属酸所构成的已有化学定义的络酸，应归入品目28.11。

五、品目28.26至28.42只适用于金属盐、铵盐及过氧酸盐。

除条文另有规定的以外，复盐及络盐应归入品目28.42。

六、品目28.44只适用于：

（一）锝（原子序数43）、钷（原子序数61）、钋（原子序数84）及原子序数大于84的所有化学元素；

（二）天然或人造放射性同位素（包括第十四类及第十五类的贵金属和贱金属的放射性同位素），不论是否混合；

（三）上述元素或同位素的无机或有机化合物，不论是否已有化学定义或是否混合；

（四）含有上述元素或同位素及其无机或有机化合物并且具有某种放射性强度超过74贝克勒尔/克

(0.002 微居里/克) 的合金、分散体 (包括金属陶瓷)、陶瓷产品及混合物;

(五) 核反应堆已耗尽 (已辐照) 的燃料元件 (释热元件);

(六) 放射性的残渣, 不论是否有用。

品目 28.44、28.45 及本注释所称"同位素", 是指:

1. 单独的核素, 但不包括自然界中以单一同位素状态存在的核素;

2. 同一元素的同位素混合物, 其中一种或几种同位素已被浓缩, 即人工地改变了该元素同位素的自然构成。

七、品目 28.53 包括按重量计含磷量超过 15%的磷化铜 (磷铜)。

八、经掺杂用于电子工业的化学元素 (例如, 硅、硒), 如果拉制后未经加工或呈圆筒形、棒形, 应归入本章; 如果已切成圆片、薄片或类似形状, 则归入品目 38.18。

子目注释:

子目 2852.10 所称"已有化学定义"是指符合第二十八章注释一 (一) 至 (五) 或第二十九章注释一 (一) 至 (八) 规定的汞的无机或有机化合物。

本国子目注释:

一、本国子目 2809.2011 所称"食品级磷酸", 其具体技术指标参考《食品添加剂 磷酸》(GB 1886.15—2015)。

二、本国子目 2826.1210 所称"无水氟化铝", 是指无水氟化氢气体与氢氧化铝经气固反应生产的氟化铝产品, 其主要技术指标为: 氟质量分数大于等于 61%, 铝质量分数大于等于 31.5%, 二氧化硅质量分数小于等于 0.05%, 五氧化二磷质量分数小于等于 0.01%, 烧减量小于等于 0.5%, 松装密度大于等于 1.5 克/立方厘米。

三、本国子目 2835.2510 所称"饲料级的正磷酸氢钙 (磷酸二钙)", 是指技术要求符合《饲料添加剂 磷酸氢钙》(GB/T 22549—2017) 中 I 型饲料级磷酸氢钙的正磷酸氢钙。

【编者注】

本章注释一所述"除条文另有规定的以外"的含义, 是指若一种化工品不符合本章注释一的规定, 但某一品目或有关的法定注释已明确这种化工品归入本章的某一品目时, 那么此种化工品不受本章注释一的限制而仍归入本章相应品目。

商品编码	商品名称	商品编码	商品名称
	第一分章 化学元素	2803.0000	碳 (炭黑及其他品目未列名的其他形态的碳)
28.01	**氟、氯、溴及碘:**	**28.04**	**氢、稀有气体及其他非金属:**
2801.1000	-氯	2804.1000	-氢
2801.2000	-碘		-稀有气体:
	-氟; 溴:	2804.2100	--氩
2801.3010	---氟	2804.2900	--其他
2801.3020	---溴	2804.3000	-氮
28.02	**升华硫磺、沉淀硫磺; 胶态硫磺:**	2804.4000	-氧
2802.0000	升华硫磺、沉淀硫磺; 胶态硫磺	2804.5000	-硼; 碲
28.03	**碳 (炭黑及其他品目未列名的其他形态的碳):**		-硅:

商品编码	商品名称
	--按重量计含硅量不少于99.99%：
	---经掺杂用于电子工业的直径在7.5厘米及以上的单晶硅棒：
2804.6117	----直径在30厘米及以上的
2804.6119	----其他
2804.6120	---经掺杂用于电子工业的其他单晶硅棒
2804.6190	---其他
2804.6900	--其他
	-磷：
2804.7010	---黄磷（白磷）
2804.7090	---其他
2804.8000	-砷
	-硒：
2804.9010	---经掺杂用于电子工业的晶体棒
2804.9090	---其他
28.05	**碱金属、碱土金属；稀土金属、钪及钇，不论是否相互混合或相互熔合；汞：**
	-碱金属及碱土金属：
2805.1100	--钠
2805.1200	--钙
	--其他：
2805.1910	---锂
2805.1990	---其他
	-稀土金属、钪及钇，不论是否相互混合或相互熔合：
	---稀土金属、钪及钇，未相互混合或相互熔合：
2805.3011	----钕
2805.3012	----镝
2805.3013	----铽
2805.3014	----镧
2805.3015	----铈
2805.3016	----镨
2805.3017	----钇
2805.3018	----钪
2805.3019	----其他
	---稀土金属、钪及钇，相互混合或相互熔合：
2805.3021	----电池级
2805.3029	----其他
2805.4000	-汞
	第二分章　无机酸及非金属无机氧化物
28.06	**氯化氢（盐酸）；氯磺酸：**
2806.1000	-氯化氢（盐酸）
2806.2000	-氯磺酸
28.07	**硫酸；发烟硫酸：**
2807.0000	硫酸；发烟硫酸
28.08	**硝酸；磺硝酸：**
2808.0000	硝酸；磺硝酸
28.09	**五氧化二磷；磷酸；多磷酸，不论是否已有化学定义：**
2809.1000	-五氧化二磷
	-磷酸及多磷酸：
	---磷酸及偏磷酸、焦磷酸：
2809.2011	----食品级磷酸
2809.2019	----其他
2809.2090	---其他
28.10	**硼的氧化物；硼酸：**
2810.0010	---硼的氧化物
2810.0020	---硼酸
28.11	**其他无机酸及非金属无机氧化物：**
	-其他无机酸：
	--氟化氢（氢氟酸）：
2811.1110	---电子级氢氟酸
2811.1190	---其他
2811.1200	--氰化氢（氢氰酸）
	--其他：
2811.1920	---硒化氢
2811.1990	---其他
	-其他非金属无机氧化物：
2811.2100	--二氧化碳
	--二氧化硅：
2811.2210	---硅胶
2811.2290	---其他
2811.2900	--其他
	第三分章　非金属卤化物及硫化物
28.12	**非金属卤化物及卤氧化物：**
	-氯化物及氯氧化物：
2812.1100	--碳酰二氯（光气）
2812.1200	--氧氯化磷
2812.1300	--三氯化磷

商品编码	商品名称	商品编码	商品名称
2812.1400	--五氯化磷	2818.3000	-氢氧化铝
2812.1500	--一氯化硫	**28.19**	**铬的氧化物及氢氧化物：**
2812.1600	--二氯化硫	2819.1000	-三氧化铬
2812.1700	--亚硫酰氯	2819.9000	-其他
	--其他：	**28.20**	**锰的氧化物：**
2812.1910	---氯化物	2820.1000	-二氧化锰
2812.1990	---其他	2820.9000	-其他
	-其他：	**28.21**	**铁的氧化物及氢氧化物；土色料，按重量计三氧化二铁含量在 70% 及以上：**
	---氟化物及氟氧化物：		
2812.9011	----三氟化氮		
2812.9012	----六氟化硫	2821.1000	-铁的氧化物及氢氧化物
2812.9019	----其他	2821.2000	-土色料
2812.9090	---其他	**28.22**	**钴的氧化物及氢氧化物；商品氧化钴：**
28.13	**非金属硫化物；商品三硫化二磷：**		
2813.1000	-二硫化碳	2822.0010	---四氧化三钴
2813.9000	-其他	2822.0090	---其他
	第四分章　无机碱和金属氧化物、氢氧化物及过氧化物	**28.23**	**钛的氧化物：**
		2823.0000	钛的氧化物
28.14	**氨及氨水：**	**28.24**	**铅的氧化物；铅丹及铅橙：**
2814.1000	-氨	2824.1000	-一氧化铅（铅黄、黄丹）
2814.2000	-氨水		-其他：
28.15	**氢氧化钠（烧碱）；氢氧化钾（苛性钾）；过氧化钠及过氧化钾：**	2824.9010	---铅丹及铅橙
		2824.9090	---其他
	-氢氧化钠（烧碱）：	**28.25**	**肼（联氨）、胲（羟胺）及其无机盐；其他无机碱；其他金属氧化物、氢氧化物及过氧化物：**
2815.1100	--固体		
2815.1200	--水溶液（氢氧化钠浓溶液及液体烧碱）		
2815.2000	-氢氧化钾（苛性钾）		-肼（联氨）、胲（羟胺）及其无机盐：
2815.3000	-过氧化钠及过氧化钾		
28.16	**氢氧化镁及过氧化镁；锶或钡的氧化物、氢氧化物及过氧化物：**	2825.1010	---水合肼
		2825.1020	---硫酸羟胺
2816.1000	-氢氧化镁及过氧化镁	2825.1090	---其他
2816.4000	-锶或钡的氧化物、氢氧化物及过氧化物		-锂的氧化物及氢氧化物：
		2825.2010	---氢氧化锂
28.17	**氧化锌及过氧化锌：**	2825.2090	---其他
2817.0010	---氧化锌		-钒的氧化物及氢氧化物：
2817.0090	---过氧化锌	2825.3010	---五氧化二钒
28.18	**人造刚玉，不论是否已有化学定义；氧化铝；氢氧化铝：**	2825.3090	---其他
		2825.4000	-镍的氧化物及氢氧化物
	-人造刚玉，不论是否已有化学定义：	2825.5000	-铜的氧化物及氢氧化物
2818.1010	---棕刚玉	2825.6000	-锗的氧化物及二氧化锆
2818.1090	---其他	2825.7000	-钼的氧化物及氢氧化物
2818.2000	-氧化铝，但人造刚玉除外	2825.8000	-锑的氧化物

商品编码	商品名称
	-其他：
	---钨的氧化物及氢氧化物：
2825.9011	----钨酸
2825.9012	----三氧化钨
2825.9019	----其他
	---铋的氧化物及氢氧化物：
2825.9021	----三氧化二铋
2825.9029	----其他
	---锡的氧化物及氢氧化物：
2825.9031	----二氧化锡
2825.9039	----其他
	---铌的氧化物及氢氧化物：
2825.9041	----一氧化铌
2825.9049	----其他
2825.9090	---其他
	第五分章 无机酸盐、无机过氧酸盐及金属酸盐、金属过氧酸盐
28.26	**氟化物；氟硅酸盐、氟铝酸盐及其他氟络盐：**
	-氟化物：
	--氟化铝：
2826.1210	---无水氟化铝
2826.1290	---其他
	--其他：
2826.1910	---铵的氟化物
2826.1920	---钠的氟化物
2826.1930	---六氟化钨
2826.1990	---其他
2826.3000	-六氟铝酸钠（人造冰晶石）
	-其他：
2826.9010	---氟硅酸盐
2826.9020	---六氟磷酸锂
2826.9090	---其他
28.27	**氯化物、氯氧化物及氢氧基氯化物；溴化物及溴氧化物；碘化物及碘氧化物：**
	-氯化铵：
2827.1010	---肥料用
2827.1090	---其他
2827.2000	-氯化钙
	-其他氯化物：
2827.3100	--氯化镁

商品编码	商品名称
2827.3200	--氯化铝
2827.3500	--氯化镍
	--其他：
2827.3910	---氯化锂
2827.3920	---氯化钡
2827.3930	---氯化钴
2827.3990	---其他
	-氯氧化物及氢氧基氯化物：
2827.4100	--铜的氯氧化物及氢氧基氯化物
	--其他：
2827.4910	---锆的氯氧化物及氢氧基氯化物
2827.4990	---其他
	-溴化物及溴氧化物：
2827.5100	--溴化钠及溴化钾
2827.5900	--其他
2827.6000	-碘化物及碘氧化物
28.28	**次氯酸盐；商品次氯酸钙；亚氯酸盐；次溴酸盐：**
2828.1000	-商品次氯酸钙及其他钙的次氯酸盐
2828.9000	-其他
28.29	**氯酸盐及高氯酸盐；溴酸盐及过溴酸盐；碘酸盐及高碘酸盐：**
	-氯酸盐：
2829.1100	--氯酸钠
	--其他：
2829.1910	---氯酸钾（洋硝）
2829.1990	---其他
2829.9000	-其他
28.30	**硫化物；多硫化物，不论是否已有化学定义：**
	-钠的硫化物：
2830.1010	---硫化钠
2830.1090	---其他
	-其他：
2830.9020	---硫化锑
2830.9030	---硫化钴
2830.9090	---其他
28.31	**连二亚硫酸盐及次硫酸盐：**
	-钠的连二亚硫酸盐及次硫酸盐：
2831.1010	---钠的连二亚硫酸盐
2831.1020	---钠的次硫酸盐
2831.9000	-其他

商品编码	商品名称	商品编码	商品名称
28.32	**亚硫酸盐；硫代硫酸盐：**	2835.2600	--其他磷酸钙
2832.1000	-钠的亚硫酸盐		--其他：
2832.2000	-其他亚硫酸盐	2835.2910	---磷酸三钠
2832.3000	-硫代硫酸盐	2835.2990	---其他
28.33	**硫酸盐；矾；过硫酸盐：**		-多磷酸盐：
	-钠的硫酸盐：		--三磷酸钠（三聚磷酸钠）：
2833.1100	--硫酸钠	2835.3110	---食品级的
2833.1900	--其他	2835.3190	---其他
	-其他硫酸盐：		--其他：
2833.2100	--硫酸镁		---六偏磷酸钠：
2833.2200	--硫酸铝	2835.3911	----食品级的
2833.2400	--镍的硫酸盐	2835.3919	----其他
2833.2500	--铜的硫酸盐	2835.3990	---其他
2833.2700	--硫酸钡	**28.36**	**碳酸盐；过碳酸盐；含氨基甲酸铵的商品碳酸铵：**
	--其他：		
2833.2910	---硫酸亚铁	2836.2000	-碳酸钠（纯碱）
2833.2920	---铬的硫酸盐	2836.3000	-碳酸氢钠（小苏打）
2833.2930	---硫酸锌	2836.4000	-钾的碳酸盐
2833.2990	---其他	2836.5000	-碳酸钙
	-矾：	2836.6000	-碳酸钡
2833.3010	---钾铝矾		-其他：
2833.3090	---其他	2836.9100	--锂的碳酸盐
2833.4000	-过硫酸盐	2836.9200	--锶的碳酸盐
28.34	**亚硝酸盐；硝酸盐：**		--其他：
2834.1000	-亚硝酸盐	2836.9910	---碳酸镁
	-硝酸盐：	2836.9930	---碳酸钴
	--硝酸钾：	2836.9940	---商品碳酸铵及其他铵的碳酸盐
2834.2110	---肥料用	2836.9950	---碳酸锆
2834.2190	---其他	2836.9990	---其他
	--其他：	**28.37**	**氰化物、氧氰化物及氰络合物：**
2834.2910	---硝酸钴		-氰化物及氧氰化物：
2834.2990	---其他		--氰化钠及氧氰化钠：
28.35	**次磷酸盐、亚磷酸盐及磷酸盐；多磷酸盐，无论是否已有化学定义：**	2837.1110	---氰化钠
		2837.1120	---氧氰化钠
2835.1000	-次磷酸盐及亚磷酸盐		--其他：
	-磷酸盐：	2837.1910	---氰化钾
2835.2200	--磷酸一钠及磷酸二钠	2837.1990	---其他
2835.2400	--钾的磷酸盐	2837.2000	-氰络合物
	--正磷酸氢钙（磷酸二钙）：	**28.39**	**硅酸盐；商品碱金属硅酸盐：**
2835.2510	---饲料级的		-钠盐：
2835.2520	---食品级的	2839.1100	--偏硅酸钠
2835.2590	---其他		--其他：

商品编码	商品名称
2839.1910	---硅酸钠
2839.1990	---其他
2839.9000	-其他
28.40	**硼酸盐及过硼酸盐：**
	-四硼酸钠（精炼硼砂）：
2840.1100	--无水四硼酸钠
2840.1900	--其他
2840.2000	-其他硼酸盐
2840.3000	-过硼酸盐
28.41	**金属酸盐及过金属酸盐：**
2841.3000	-重铬酸钠
2841.5000	-其他铬酸盐及重铬酸盐；过铬酸盐
	-亚锰酸盐、锰酸盐及高锰酸盐：
2841.6100	--高锰酸钾
	--其他：
2841.6910	---锰酸锂
2841.6990	---其他
	-钼酸盐：
2841.7010	---钼酸铵
2841.7090	---其他
	-钨酸盐：
2841.8010	---仲钨酸铵
2841.8020	---钨酸钠
2841.8030	---钨酸钙
2841.8040	---偏钨酸铵
2841.8090	---其他
2841.9000	-其他
28.42	**其他无机酸盐或过氧酸盐（包括不论是否已有化学定义的硅铝酸盐），但叠氮化物除外：**
2842.1000	-硅酸复盐或硅酸络盐，包括不论是否已有化学定义的硅铝酸盐
	-其他：
	---雷酸盐、氰酸盐及硫氰酸盐：
2842.9011	----硫氰酸钠
2842.9019	----其他
2842.9020	---碲化镉
2842.9030	---锂镍钴锰氧化物
2842.9040	---磷酸铁锂
2842.9050	---硒酸盐及亚硒酸盐
2842.9060	---锂镍钴铝氧化物
2842.9090	---其他
	第六分章 杂项产品
28.43	**胶态贵金属；贵金属的无机或有机化合物，不论是否已有化学定义；贵金属汞齐：**
2843.1000	-胶态贵金属
	-银化合物：
2843.2100	--硝酸银
2843.2900	--其他
2843.3000	-金化合物
2843.9000	-其他贵金属化合物；贵金属汞齐
28.44	**放射性化学元素及放射性同位素（包括可裂变或可转换的化学元素及同位素）及其化合物；含上述产品的混合物及残渣：**
2844.1000	-天然铀及其化合物；含天然铀或天然铀化合物的合金、分散体（包括金属陶瓷）、陶瓷产品及混合物
2844.2000	-铀-235浓缩铀及其化合物；钚及其化合物；含铀-235浓缩铀、钚或它们的化合物的合金、分散体（包括金属陶瓷）、陶瓷产品及混合物
2844.3000	-铀-235贫化铀及其化合物；钍及其化合物；含铀-235贫化铀、钍或它们的化合物的合金、分散体（包括金属陶瓷）、陶瓷产品及混合物
	-除子目2844.10、2844.20及2844.30以外的放射性元素、同位素及其化合物；含这些元素、同位素及其化合物的合金、分散体（包括金属陶瓷）、陶瓷产品及混合物；放射性残渣：
2844.4100	--氚及其化合物；含氚及其化合物的合金、分散体（包括金属陶瓷）、陶瓷产品及混合物
	--锕-225、锕-227、锎-253、锔-240、锔-241、锔-242、锔-243、锔-244、锿-253、锿-254、钆-148、钋-208、钋-209、钋-210、镭-223、铀-230或铀-232及其化合物；含这些元素及其化合物的合金、分散体（包括金属陶瓷）、陶瓷产品及混合物：
2844.4210	---镭-223及镭-223盐

商品编码	商品名称
2844.4290	---其他
	--其他放射性元素、同位素及其化合物；其他含这些元素、同位素及其化合物的合金、分散体（包括金属陶瓷）、陶瓷产品及混合物：
2844.4310	---除镭-223 及镭-223 盐外的镭及镭盐
2844.4320	---钴及钴盐
2844.4390	---其他
2844.4400	--放射性残渣
2844.5000	-核反应堆已耗尽（已辐照）的燃料元件（释热元件）
28.45	**品目 28.44 以外的同位素；这些同位素的无机或有机化合物，不论是否已有化学定义：**
2845.1000	-重水（氧化氘）
2845.2000	-硼-10 浓缩硼及其化合物
2845.3000	-锂-6 浓缩锂及其化合物
2845.4000	-氦-3
2845.9000	-其他
28.46	**稀土金属、钇、钪及其混合物的无机或有机化合物：**
	-铈的化合物：
2846.1010	---氧化铈
2846.1020	---氢氧化铈
2846.1030	---碳酸铈
2846.1090	---其他
	-其他：
	---氧化稀土（氧化铈除外）：
2846.9011	----氧化钇
2846.9012	----氧化镧
2846.9013	----氧化钕
2846.9014	----氧化铕
2846.9015	----氧化镝
2846.9016	----氧化铽
2846.9017	----氧化镨
2846.9018	----氧化镥
2846.9019	----其他
	---氯化稀土：
2846.9021	----氯化铽
2846.9022	----氯化镝
2846.9023	----氯化镧
2846.9024	----氯化钕
2846.9025	----氯化镨
2846.9026	----氯化钇
2846.9028	----混合氯化稀土
2846.9029	----其他
	---氟化稀土：
2846.9031	----氟化铽
2846.9032	----氟化镝
2846.9033	----氟化镧
2846.9034	----氟化钕
2846.9035	----氟化镨
2846.9036	----氟化钇
2846.9039	----其他
	---碳酸稀土：
2846.9041	----碳酸镧
2846.9042	----碳酸铽
2846.9043	----碳酸镝
2846.9044	----碳酸钕
2846.9045	----碳酸镨
2846.9046	----碳酸钇
2846.9048	----混合碳酸稀土
2846.9049	----其他
	---其他：
2846.9091	----镧的其他化合物
2846.9092	----钕的其他化合物
2846.9093	----铽的其他化合物
2846.9094	----镝的其他化合物
2846.9095	----镨的其他化合物
2846.9096	----钇的其他化合物
2846.9099	----其他
28.47	**过氧化氢，不论是否用尿素固化：**
2847.0000	过氧化氢，不论是否用尿素固化
28.49	**碳化物，不论是否已有化学定义：**
2849.1000	-碳化钙
2849.2000	-碳化硅
	-其他：
2849.9010	---碳化硼
2849.9020	---碳化钨
2849.9090	---其他
28.50	**氢化物、氮化物、叠氮化物、硅化物及硼化物，不论是否已有化学定义，但可归入品目 28.49 的碳化物除外：**

商品编码	商品名称	商品编码	商品名称
	---氮化物：	2853.1000	-氯化氰
2850.0011	----氮化锰		-其他：
2850.0012	----氮化硼	2853.9010	---饮用蒸馏水
2850.0019	----其他	2853.9030	---镍钴锰氢氧化物
2850.0090	---其他	2853.9040	---磷化物，不论是否已有化学定义，但不包括磷铁
28.52	**汞的无机或有机化合物，不论是否已有化学定义，汞齐除外：**	2853.9050	---镍钴铝氢氧化物
2852.1000	-已有化学定义的	2853.9090	---其他
2852.9000	-其他		
28.53	**磷化物，不论是否已有化学定义，但磷铁除外；其他无机化合物（包括蒸馏水、导电水及类似的纯净水）；液态空气（不论是否除去稀有气体）；压缩空气；汞齐，但贵金属汞齐除外：**		

第二十九章　有机化学品

注释：

一、除条文另有规定的以外，本章各品目只适用于：

（一）单独的已有化学定义的有机化合物，不论是否含有杂质；

（二）同一有机化合物的两种或两种以上异构体的混合物（不论是否含有杂质），但无环烃异构体的混合物（立体异构体除外），不论是否饱和，应归入第二十七章；

（三）品目 29.36 至 29.39 的产品，品目 29.40 的糖醚、糖缩醛、糖酯及其盐类和品目 29.41 的产品，不论是否已有化学定义；

（四）上述（一）、（二）、（三）款产品的水溶液；

（五）溶于其他溶剂的上述（一）、（二）、（三）款的产品，但该产品处于溶液状态只是为了安全或运输所采取的正常必要方法，其所用溶剂并不使该产品改变其一般用途而适合于某些特殊用途；

（六）为了保存或运输的需要，加入稳定剂（包括抗结块剂）的上述（一）、（二）、（三）、（四）、（五）各款产品；

（七）为了便于识别或安全起见，加入抗尘剂、着色剂、气味剂或催吐剂的上述（一）、（二）、（三）、（四）、（五）、（六）各款产品，但所加剂料并不使原产品改变其一般用途而适合于某些特殊用途；

（八）为生产偶氮染料而稀释至标准浓度的下列产品：重氮盐，用于重氮盐、可重氮化的胺及其盐类的耦合剂。

二、本章不包括：

（一）品目 15.04 的货品及品目 15.20 的粗甘油；

（二）乙醇（品目 22.07 或 22.08）；

（三）甲烷及丙烷（品目 27.11）；

（四）第二十八章注释二所述的碳化合物；

（五）品目 30.02 的免疫制品；

（六）尿素（品目 31.02 或 31.05）；

（七）植物性或动物性着色料（品目 32.03）、合成有机着色料、用作荧光增白剂或发光体的合成有机产品（品目 32.04）及零售包装的染料或其他着色料（品目 32.12）；

（八）酶（品目 35.07）；

（九）聚乙醛、六亚甲基四胺（乌洛托品）及类似物质，制成片、条或类似形状作为燃料用的，以及包装容器的容积不超过 300 立方厘米的直接灌注香烟打火机及类似打火器用的液体燃料或液化气体燃料（品目 36.06）；

（十）灭火器的装配药及已装药的灭火弹（品目 38.13）；零售包装的除墨剂（品目 38.24）；或

（十一）光学元件，例如，用酒石酸乙二胺制成的（品目 90.01）。

三、可以归入本章两个或两个以上品目的货品，应归入有关品目中的最后一个品目。

四、品目 29.04 至 29.06、29.08 至 29.11 及 29.13 至 29.20 的卤化、磺化、硝化或亚硝化衍生物均包括复合衍生物，例如，卤磺化、卤硝化、磺硝化及卤磺硝化衍生物。

硝基及亚硝基不作为品目 29.29 的含氮基官能团。

品目 29.11、29.12、29.14、29.18 及 29.22 所称“含氧基”，仅限于品目 29.05 至 29.20 的各种含氧基（其特征为有机含氧基）。

五、

（一）本章第一分章至第七分章的酸基有机化合物与这些分章的有机化合物构成的酯，应归入有关分章的最后一个品目。

（二）乙醇与本章第一分章至第七分章的酸基有机化合物所构成的酯，应按有关酸基化合物归类。

（三）除第六类注释一及第二十八章注释二另有规定的以外：

1. 第一分章至第十分章及品目29.42的有机化合物的无机盐，例如，含酸基、酚基或烯醇基的化合物及有机碱的无机盐，应归入相应的有机化合物的品目；

2. 第一分章至第十分章及品目29.42的有机化合物之间生成的盐，应按生成该盐的碱或酸（包括酚基或烯醇基化合物）归入本章有关品目中的最后一个品目；以及

3. 除第十一分章或品目29.41的产品外，配位化合物应按该化合物所有金属键（金属-碳键除外）“断开”所形成的片段归入第二十九章有关品目中的最后一个品目。

（四）除乙醇外，金属醇化物应按相应的醇归类（品目29.05）。

（五）羧酸酰卤化物应按相应的酸归类。

六、品目29.30及29.31的化合物是指有机化合物，其分子中除含氢、氧或氮原子外，还含有与碳原子直接连接的其他非金属或金属原子（例如，硫、砷或铅）。品目29.30（有机硫化合物）及品目29.31（其他有机-无机化合物）不包括某些磺化或卤化衍生物（含复合衍生物）。这些衍生物分子中除氢、氧、氮之外，只有具有磺化或卤化衍生物（或复合衍生物）性质的硫原子或卤素原子与碳原子直接连接。

七、品目29.32、29.33及29.34不包括三节环环氧化物、过氧化酮、醛或硫醛的环聚合物、多元羧酸酐、多元醇或酚与多元酸构成的环酯及多元酸酰亚胺。

本条规定只适用于由本条所列环化功能形成环内杂原子的化合物。

八、品目29.37所称：

（一）“激素”，包括激素释放因子、激素刺激和释放因子、激素抑制剂以及激素抗体；

（二）“主要用作激素的”，不仅适用于主要起激素作用的激素衍生物及结构类似物，也适用于在本品目所列产品合成过程中主要用作中间体的激素衍生物及结构类似物。

子目注释：

一、属于本章任一品目项下的一种（组）化合物的衍生物，如果该品目其他子目未明确将其包括在内，而且有关的子目中又无列名为“其他”的子目，则应与该种（组）化合物归入同一子目。

二、第二十九章注释三不适用于本章的子目。

本国子目注释：

本国子目2917.3611所称“精对苯二甲酸”，是白色针状结晶或粉末，密度约为1.510克/立方厘米，约在300℃升华。该产品能溶于碱溶液，稍溶于热乙醇，不溶于乙醚、冰醋酸和氯仿（三氯甲烷），用于制造合成树脂、合成纤维和增塑剂等。主要技术指标为：4-羧基苯甲醛（4-CBA）小于等于25ppm。

【编者注】

一、不归入本章的单独已有化学定义的有机化合物见下表：

序号	商品描述	归类
1	纯蔗糖	17.01
2	纯乳糖、麦芽糖、葡萄糖及果糖	17.02
3	乙醇	22.07或22.08
4	纯甲烷及丙烷	27.11
5	纯尿素（10千克以上包装的）	31.02

序号	商品描述	归类
6	纯尿素（10千克以下包装的）	31.05
7	纯的有机合成色料（包括颜料）及用荧光增白剂的合成有机产品	32.04
8	制成零售包装的单独的已有化学定义的化合物	按本类注释二归类

二、本章的某些有机化工品作为生产医药的原料药，必须是未配定剂量，未构成零售包装的形式；若已配定剂量或构成零售包装，则归入品目30.04。

三、维生素原和维生素，无论是单一成分，还是混合物，均归入品目29.36项下。

四、本章具体列名的制药的原料有：子目2918.2210的阿司匹林、子目2924.2920的扑热息痛、品目29.36的维生素、品目29.37的激素、子目2933.1920的安乃近、品目29.41的抗菌素。常见的抗菌素包括：青霉素、链霉素、四环素、氯霉素、红霉素、庆大霉素、先锋霉素（主要为头孢类）、麦迪霉素、乙酰螺旋霉素等。

商品编码	商品名称
	第一分章 烃类及其卤化、磺化、硝化或亚硝化衍生物
29.01	无环烃：
	-饱和：
2901.1010	---乙烷
2901.1090	---其他
	-不饱和：
2901.2100	--乙烯
2901.2200	--丙烯
	--丁烯及其异构体：
2901.2310	---1-丁烯
2901.2320	---2-丁烯
2901.2330	---2-甲基丙烯
	--1,3-丁二烯及异戊二烯：
2901.2410	---1,3-丁二烯
2901.2420	---异戊二烯
	--其他：
2901.2910	---异戊烯
2901.2920	---乙炔
2901.2990	---其他
29.02	环烃：
	-环烷烃、环烯及环萜烯：
2902.1100	--环已烷
	--其他：
2902.1910	---蒎烯
2902.1920	---4-烷基-4'-烷基双环已烷
2902.1990	---其他
2902.2000	-苯
2902.3000	-甲苯
	-二甲苯：
2902.4100	--邻二甲苯
2902.4200	--间二甲苯
2902.4300	--对二甲苯
2902.4400	--混合二甲苯异构体
2902.5000	-苯乙烯
2902.6000	-乙苯
2902.7000	-异丙基苯
	-其他：
2902.9010	---四氢萘
2902.9020	---精萘
2902.9030	---十二烷基苯
2902.9040	---4-（4'-烷基环已基）环已基乙烯
2902.9050	---1-烷基-4-（4-烷烯基-1,1'-双环已基）苯
2902.9090	---其他
29.03	烃的卤化衍生物：
	-无环烃的饱和氯化衍生物：
2903.1100	--一氯甲烷及氯乙烷
2903.1200	--二氯甲烷
2903.1300	--氯仿（三氯甲烷）
2903.1400	--四氯化碳
2903.1500	--1,2-二氯乙烷（ISO）

商品编码	商品名称	商品编码	商品名称
	--其他：		-无环烃的溴化或碘化衍生物：
2903.1910	---1,1,1-三氯乙烷（甲基氯仿）	2903.6100	--甲基溴（溴甲烷）
2903.1990	---其他	2903.6200	--二溴乙烷（ISO）（1,2-二溴乙烷）
	-无环烃的不饱和氯化衍生物：	2903.6900	--其他
2903.2100	--氯乙烯		-含有两种或两种以上不同卤素的无环烃卤化衍生物：
2903.2200	--三氯乙烯	2903.7100	--一氯二氟甲烷（HCFC-22）
2903.2300	--四氯乙烯（全氯乙烯）	2903.7200	--二氯三氟乙烷（HCFC-123）
	--其他：	2903.7300	--二氯一氟乙烷（HCFC-141,141b）
2903.2910	---3-氯-1-丙烯（氯丙烯）	2903.7400	--一氯二氟乙烷（HCFC-142,142b）
2903.2990	---其他	2903.7500	--二氯五氟丙烷（HCFC-225,225ca,225cb）
	-无环烃的饱和氟化衍生物：	2903.7600	--溴氯二氟甲烷（Halon-1211）、一溴三氟甲烷（Halon-1301）及二溴四氟乙烷（Halon-2402）
2903.4100	--三氟甲烷（HFC-23）		--其他，仅含氟和氯的全卤化物：
2903.4200	--二氟甲烷（HFC-32）	2903.7710	---三氯氟甲烷
2903.4300	--一氟甲烷（HFC-41）、1,2-二氟乙烷（HFC-152）及1,1-二氟乙烷（HFC-152a）	2903.7720	---其他仅含氟和氯的甲烷、乙烷及丙烷的全卤化物
2903.4400	--五氟乙烷（HFC-125）、1,1,1-三氟乙烷（HFC-143a）及1,1,2-三氟乙烷（HFC-143）	2903.7790	---其他
2903.4500	--1,1,1,2-四氟乙烷（HFC-134a）及1,1,2,2-四氟乙烷（HFC-134）	2903.7800	--其他全卤化衍生物
2903.4600	--1,1,1,2,3,3,3-七氟丙烷（HFC-227ea）、1,1,1,2,2,3-六氟丙烷（HFC-236cb）、1,1,1,2,3,3-六氟丙烷（HFC-236ea）、1,1,1,3,3,3-六氟丙烷（HFC-236fa）		--其他：
		2903.7910	---其他仅含氟和氯的甲烷、乙烷及丙烷的卤化衍生物
		2903.7990	---其他
2903.4700	--1,1,1,3,3-五氟丙烷（HFC-245fa）及1,1,2,2,3-五氟丙烷（HFC-245ca）		-环烷烃、环烯烃或环萜烯烃的卤化衍生物：
		2903.8100	--1,2,3,4,5,6-六氯环己烷［六六六（ISO）］，包括林丹（ISO，INN）
2903.4800	--1,1,1,3,3-五氟丁烷（HFC-365mfc）及1,1,1,2,2,3,4,5,5,5-十氟戊烷（HFC-43-10mee）	2903.8200	--艾氏剂（ISO）、氯丹（ISO）及七氯（ISO）
		2903.8300	--灭蚁灵（ISO）
2903.4900	--其他	2903.8900	--其他
	-无环烃的不饱和氟化衍生物：		-芳烃卤化衍生物：
2903.5100	--2,3,3,3-四氟丙烯（HFO-1234yf）、1,3,3,3-四氟丙烯（HFO-1234ze）及（Z）-1,1,1,4,4,4-六氟-2-丁烯（HFO-1336mzz）		--氯苯、邻二氯苯及对二氯苯：
		2903.9110	---邻二氯苯
		2903.9190	---其他
	--其他：	2903.9200	--六氯苯（ISO）及滴滴涕（ISO，INN）［1,1,1-三氯-2,2-双（4-氯苯基）乙烷］
2903.5910	---1,1,3,3,3-五氟-2-三氟甲基-1-丙烯（全氟异丁烯；八氟异丁烯）	2903.9300	--五氯苯（ISO）
2903.5990	---其他	2903.9400	--六溴联苯

商品编码	商品名称	商品编码	商品名称
	--其他：	2905.1690	---其他
2903.9910	---对氯甲苯	2905.1700	--十二醇、十六醇及十八醇
2903.9920	---3,4-二氯三氟甲苯		--其他：
2903.9930	---4-（4'-烷基苯基）-1-（4'-烷基苯基）-2-氟苯	2905.1910	---3,3-二甲基丁-2-醇（频哪基醇）
2903.9990	---其他	2905.1990	---其他
29.04	**烃的磺化、硝化或亚硝化衍生物，不论是否卤化：**		-不饱和一元醇：
2904.1000	-仅含磺基的衍生物及其盐和乙酯		--无环萜烯醇：
	-仅含硝基或亚硝基的衍生物：	2905.2210	---香叶醇、橙花醇（3,7-二甲基-2,6-辛二烯-1-醇）
2904.2010	---硝基苯	2905.2220	---香茅醇（3,7-二甲基-6-辛烯-1-醇）
2904.2020	---硝基甲苯	2905.2230	---芳樟醇
2904.2030	---二硝基甲苯	2905.2290	---其他
2904.2040	---三硝基甲苯（TNT）	2905.2900	--其他
2904.2090	---其他		-二元醇：
	-全氟辛基磺酸及其盐和全氟辛基磺酰氟：	2905.3100	--1,2-乙二醇
2904.3100	--全氟辛基磺酸	2905.3200	--1,2-丙二醇
2904.3200	--全氟辛基磺酸铵		--其他：
2904.3300	--全氟辛基磺酸锂	2905.3910	---2,5-二甲基己二醇
2904.3400	--全氟辛基磺酸钾	2905.3990	---其他
2904.3500	--其他全氟辛基磺酸盐		-其他多元醇：
2904.3600	--全氟辛基磺酰氟	2905.4100	--2-乙基-2-（羟甲基）丙烷-1,3-二醇（三羟甲基丙烷）
	-其他：	2905.4200	--季戊四醇
2904.9100	--三氯硝基甲烷（氯化苦）	2905.4300	--甘露糖醇
2904.9900	--其他	2905.4400	--山梨醇
	第二分章　醇类及其卤化、磺化、硝化或亚硝化衍生物	2905.4500	--丙三醇（甘油）
29.05	**无环醇及其卤化、磺化、硝化或亚硝化衍生物：**		--其他：
	-饱和一元醇：	2905.4910	---木糖醇
2905.1100	--甲醇	2905.4990	---其他
	--丙醇及异丙醇：		-无环醇的卤化、磺化、硝化或亚硝化衍生物：
2905.1210	---丙醇	2905.5100	--乙氯维诺（INN）
2905.1220	---异丙醇	2905.5900	--其他
2905.1300	--正丁醇	**29.06**	**环醇及其卤化、磺化、硝化或亚硝化衍生物：**
	--其他丁醇：		-环烷醇、环烯醇及环萜烯醇：
2905.1410	---异丁醇	2906.1100	--薄荷醇
2905.1420	---仲丁醇	2906.1200	--环己醇、甲基环己醇及二甲基环己醇
2905.1430	---叔丁醇		--固醇及肌醇：
	--辛醇及其异构体：	2906.1310	---固醇
2905.1610	---正辛醇		

商品编码	商品名称
2906.1320	---肌醇
	--其他：
2906.1910	---萜品醇
2906.1990	---其他
	-芳香醇：
2906.2100	--苄醇
	--其他：
2906.2910	---2-苯基乙醇
2906.2990	---其他
	第三分章　酚、酚醇及其卤化、磺化、硝化或亚硝化衍生物
29.07	**酚；酚醇：**
	-一元酚：
	--苯酚及其盐：
2907.1110	---苯酚
2907.1190	---其他
	--甲酚及其盐：
	---甲酚：
2907.1211	----间甲酚
2907.1212	----邻甲酚
2907.1219	----其他
2907.1290	---其他
	--辛基酚、壬基酚及其异构体以及它们的盐：
2907.1310	---壬基酚
2907.1390	---其他
	--萘酚及其盐：
2907.1510	---2-萘酚（β-萘酚）
2907.1590	---其他
	--其他：
2907.1910	---邻仲丁基酚、邻异丙基酚
2907.1990	---其他
	-多元酚；酚醇：
2907.2100	--间苯二酚及其盐
	--对苯二酚及其盐：
2907.2210	---对苯二酚
2907.2290	---其他
2907.2300	--4,4'-异亚丙基联苯酚（双酚A，二苯基酚丙烷）及其盐
	--其他：
2907.2910	---邻苯二酚
2907.2990	---其他
29.08	**酚及酚醇的卤化、磺化、硝化或亚硝化衍生物：**
	-仅含卤素取代基的衍生物及其盐：
2908.1100	--五氯苯酚（ISO）
	--其他：
2908.1910	---对氯苯酚
2908.1990	---其他
	-其他：
2908.9100	--地乐酚（ISO）及其盐
2908.9200	--4,6-二硝基邻甲酚［二硝酚（ISO）］及其盐
	--其他：
2908.9910	---对硝基酚、对硝基酚钠
2908.9990	---其他
	第四分章　醚、过氧化醇、过氧化醚、缩醛及半缩醛过氧化物、过氧化酮、三节环环氧化物、缩醛及半缩醛及其卤化、磺化、硝化或亚硝化衍生物
29.09	**醚、醚醇、醚酚、醚醇酚、过氧化醇、过氧化醚、缩醛及半缩醛过氧化物、过氧化酮（不论是否已有化学定义）及其卤化、磺化、硝化或亚硝化衍生物：**
	-无环醚及其卤化、磺化、硝化或亚硝化衍生物：
2909.1100	--乙醚
	--其他：
2909.1910	---甲醚
2909.1990	---其他
2909.2000	-环烷醚、环烯醚或环萜烯醚及其卤化、磺化、硝化或亚硝化衍生物
	-芳香醚及其卤化、磺化、硝化或亚硝化衍生物：
2909.3010	---1-烷氧基-4-（4-乙烯基环己基）-2,3-二氟苯
2909.3020	---4-（4-烷氧基苯基）-4'-烷烯基-1,1'-双环己烷及其氟代衍生物
2909.3090	---其他
	-醚醇及其卤化、磺化、硝化或亚硝化衍生物：
2909.4100	--2,2'-氧联二乙醇（二甘醇）

商品编码	商品名称
2909.4300	--乙二醇或二甘醇的单丁醚
2909.4400	--乙二醇或二甘醇的其他单烷基醚
	--其他：
2909.4910	---间苯氧基苄醇
2909.4990	---其他
2909.5000	-醚酚、醚醇酚及其卤化、磺化、硝化或亚硝化衍生物
	-过氧化醇、过氧化醚、缩醛及半缩醛过氧化物、过氧化酮及其卤化、磺化、硝化或亚硝化衍生物：
2909.6010	---缩醛及半缩醛过氧化物，及其卤化、磺化、硝化或亚硝化衍生物
2909.6090	---其他
29.10	**三节环环氧化物、环氧醇、环氧酚、环氧醚及其卤化、磺化、硝化或亚硝化衍生物：**
2910.1000	-环氧乙烷（氧化乙烯）
2910.2000	-甲基环氧乙烷（氧化丙烯）
2910.3000	-1-氯-2,3-环氧丙烷（表氯醇）
2910.4000	-狄氏剂（ISO，INN）
2910.5000	-异狄氏剂（ISO）
2910.9000	-其他
29.11	**缩醛及半缩醛，不论是否含有其他含氧基，及其卤化、磺化、硝化或亚硝化衍生物：**
2911.0000	缩醛及半缩醛，不论是否含有其他含氧基，及其卤化、磺化、硝化或亚硝化衍生物
	第五分章　醛基化合物
29.12	**醛，不论是否含有其他含氧基；环聚醛；多聚甲醛：**
	-不含其他含氧基的无环醛：
2912.1100	--甲醛
2912.1200	--乙醛
2912.1900	--其他
	-不含其他含氧基的环醛：
2912.2100	--苯甲醛
	--其他：
2912.2910	---铃兰醛（对叔丁基-α-甲基-氧化肉桂醛）
2912.2990	---其他

商品编码	商品名称
	-醛醇、醛醚、醛酚及含其他含氧基的醛：
2912.4100	--香草醛（3-甲氧基-4-羟基苯甲醛）
2912.4200	--乙基香草醛（3-乙氧基-4-羟基苯甲醛）
	--其他：
2912.4910	---醛醇
2912.4990	---其他
2912.5000	-环聚醛
2912.6000	-多聚甲醛
29.13	**品目 29.12 所列产品的卤化、磺化、硝化或亚硝化衍生物：**
2913.0000	品目 29.12 所列产品的卤化、磺化、硝化或亚硝化衍生物
	第六分章　酮基化合物及醌基化合物
29.14	**酮及醌，不论是否含有其他含氧基，及其卤化、磺化、硝化或亚硝化衍生物：**
	-不含其他含氧基的无环酮：
2914.1100	--丙酮
2914.1200	--丁酮［甲基乙基（甲）酮］
2914.1300	--4-甲基-2-戊酮［甲基异丁基（甲）酮］
2914.1900	--其他
	-不含其他含氧基的环烷酮、环烯酮或环萜烯酮：
2914.2200	--环己酮及甲基环己酮
2914.2300	--芷香酮及甲基芷香酮
	--其他：
2914.2910	---樟脑
2914.2990	---其他
	-不含其他含氧基的芳香酮：
2914.3100	--苯丙酮（苯基丙-2-酮）
	--其他：
2914.3910	---苯乙酮
2914.3990	---其他
2914.4000	-酮醇及酮醛
	-酮酚及含有其他含氧基的酮：
	---酮酚：
2914.5011	----覆盆子酮
2914.5019	----其他

商品编码	商品名称	商品编码	商品名称
2914.5020	---2-羟基-4-甲氧基二苯甲酮	2915.7010	---硬脂酸
2914.5090	---其他	2915.7090	---其他
	-醌：	2915.9000	-其他
2914.6100	--蒽醌	**29.16**	**不饱和无环一元羧酸、环一元羧酸及其酸酐、酰卤化物、过氧化物和过氧酸以及它们的卤化、磺化、硝化或亚硝化衍生物：**
2914.6200	--辅酶Q10［癸烯醌（INN）］		-不饱和无环一元羧酸及其酸酐、酰卤化物、过氧化物和过氧酸以及它们的衍生物：
2914.6900	--其他	2916.1100	--丙烯酸及其盐
	-卤化、磺化、硝化或亚硝化衍生物：		--丙烯酸酯：
2914.7100	--十氯酮（ISO）	2916.1210	---丙烯酸甲酯
2914.7900	--其他	2916.1220	---丙烯酸乙酯
	第七分章 羧酸及其酸酐、酰卤化物、过氧化物和过氧酸以及它们的卤化、磺化、硝化或亚硝化衍生物	2916.1230	---丙烯酸丁酯
29.15	**饱和无环一元羧酸及其酸酐、酰卤化物、过氧化物和过氧酸以及它们的卤化、磺化、硝化或亚硝化衍生物：**	2916.1240	---丙烯酸异辛酯
	-甲酸及其盐和酯：	2916.1290	---其他
2915.1100	--甲酸	2916.1300	--甲基丙烯酸及其盐
2915.1200	--甲酸盐	2916.1400	--甲基丙烯酸酯
2915.1300	--甲酸酯	2916.1500	--油酸、亚油酸或亚麻酸及其盐和酯
	-乙酸及其盐；乙酸酐：	2916.1600	--乐杀螨（ISO）
	--乙酸：	2916.1900	--其他
	---冰乙酸：		-环烷一元羧酸、环烯一元羧酸或环萜烯一元羧酸及其酸酐、酰卤化物、过氧化物和过氧酸以及它们的衍生物：
2915.2111	----食品级的	2916.2010	---二溴菊酸、DV菊酸甲酯
2915.2119	----其他	2916.2090	---其他
2915.2190	---其他		-芳香一元羧酸及其酸酐、酰卤化物、过氧化物和过氧酸以及它们的衍生物：
2915.2400	--乙酸酐	2916.3100	--苯甲酸及其盐和酯
	--其他：	2916.3200	--过氧化苯甲酰及苯甲酰氯
2915.2910	---乙酸钠	2916.3400	--苯乙酸及其盐
2915.2990	---其他		--其他：
	-乙酸酯：	2916.3910	---邻甲基苯甲酸
2915.3100	--乙酸乙酯	2916.3920	---布洛芬
2915.3200	--乙酸乙烯酯	2916.3930	---2-（3-碘-4-乙基苯基）-2-甲基丙酸
2915.3300	--乙酸（正）丁酯	2916.3990	---其他
2915.3600	--地乐酚（ISO）乙酸酯	**29.17**	**多元羧酸及其酸酐、酰卤化物、过氧化物和过氧酸以及它们的卤化、磺化、硝化或亚硝化衍生物：**
2915.3900	--其他		
2915.4000	-一氯代乙酸、二氯乙酸或三氯乙酸及其盐和酯		
	-丙酸及其盐和酯：		
2915.5010	---丙酸		
2915.5090	---其他		
2915.6000	-丁酸、戊酸及其盐和酯		
	-棕榈酸、硬脂酸及其盐和酯：		

商品编码	商品名称
	-无环多元羧酸及其酸酐、酰卤化物、过氧化物和过氧酸以及它们的衍生物：
	--草酸及其盐和酯：
2917.1110	---草酸
2917.1120	---草酸钴
2917.1190	---其他
2917.1200	--己二酸及其盐和酯
	--壬二酸、癸二酸及其盐和酯：
2917.1310	---癸二酸及其盐和酯
2917.1390	---其他
2917.1400	--马来酐
2917.1900	--其他
	-环烷多元羧酸、环烯多元羧酸、环萜烯多元羧酸及其酸酐、酰卤化物、过氧化物和过氧酸以及它们的衍生物：
2917.2010	---四氢苯酐
2917.2090	---其他
	-芳香多元羧酸及其酸酐、酰卤化物、过氧化物和过氧酸以及它们的衍生物：
2917.3200	--邻苯二甲酸二辛酯
2917.3300	--邻苯二甲酸二壬酯及邻苯二甲酸二癸酯
	--其他邻苯二甲酸酯：
2917.3410	---邻苯二甲酸二丁酯
2917.3490	---其他
2917.3500	--邻苯二甲酸酐
	--对苯二甲酸及其盐：
	---对苯二甲酸：
2917.3611	----精对苯二甲酸
2917.3619	----其他
2917.3690	---其他
2917.3700	--对苯二甲酸二甲酯
	--其他：
2917.3910	---间苯二甲酸
2917.3990	---其他
29.18	含附加含氧基的羧酸及其酸酐、酰卤化物、过氧化物和过氧酸以及它们的卤化、磺化、硝化或亚硝化衍生物：
	-含醇基但不含其他含氧基的羧酸及其酸酐、酰卤化物、过氧化物和过氧酸以及它们的衍生物：
2918.1100	--乳酸及其盐和酯
2918.1200	--酒石酸
2918.1300	--酒石酸盐及酒石酸酯
2918.1400	--柠檬酸
2918.1500	--柠檬酸盐及柠檬酸酯
2918.1600	--葡糖酸及其盐和酯
2918.1700	--2,2-二苯基-2-羟基乙酸（二苯基乙醇酸）
2918.1800	--乙酯杀螨醇（ISO）
2918.1900	--其他
	-含酚基但不含其他含氧基的羧酸及其酸酐、酰卤化物、过氧化物和过氧酸以及它们的衍生物：
	--水杨酸及其盐：
2918.2110	---水杨酸、水杨酸钠
2918.2190	---其他
	--邻乙酰水杨酸及其盐和酯：
2918.2210	---邻乙酰水杨酸（阿司匹林）
2918.2290	---其他
2918.2300	--水杨酸的其他酯及其盐
2918.2900	--其他
2918.3000	-含醛基或酮基但不含其他含氧基的羧酸及其酸酐、酰卤化物、过氧化物和过氧酸以及它们的衍生物
	-其他：
2918.9100	--2,4,5-涕（ISO）（2,4,5-三氯苯氧基乙酸）及其盐和酯
2918.9900	--其他
	第八分章　非金属无机酸酯及其盐以及它们的卤化、磺化、硝化或亚硝化衍生物
29.19	**磷酸酯及其盐，包括乳磷酸盐，以及它们的卤化、磺化、硝化或亚硝化衍生物：**
2919.1000	-三（2,3-二溴丙基）磷酸酯
2919.9000	-其他
29.20	**其他非金属无机酸酯（不包括卤化氢的酯）及其盐以及它们的卤化、磺化、硝化或亚硝化衍生物：**

商品编码	商品名称
	-硫代磷酸酯及其盐以及它们的卤化、磺化、硝化或亚硝化衍生物：
2920.1100	--对硫磷（ISO）及甲基对硫磷（ISO）
2920.1900	--其他
	-亚磷酸酯及其盐以及它们的卤化、磺化、硝化或亚硝化衍生物：
2920.2100	--亚磷酸二甲酯
2920.2200	--亚磷酸二乙酯
2920.2300	--亚磷酸三甲酯
2920.2400	--亚磷酸三乙酯
	--其他：
2920.2910	---其他亚磷酸酯
2920.2990	---其他
2920.3000	-硫丹（ISO）
2920.9000	-其他
	第九分章 含氮基化合物
29.21	**氨基化合物：**
	-无环单胺及其衍生物以及它们的盐：
2921.1100	--甲胺、二甲胺或三甲胺及其盐
2921.1200	--2-（N,N-二甲基氨基）氯乙烷盐酸盐
2921.1300	--2-（N,N-二乙基氨基）氯乙烷盐酸盐
2921.1400	--2-（N,N-二异丙基氨基）氯乙烷盐酸盐
	--其他：
2921.1910	---二正丙胺
2921.1920	---异丙胺
2921.1930	---N,N-二（2-氯乙基）乙胺
2921.1940	---N,N-二（2-氯乙基）甲胺
2921.1950	---三（2-氯乙基）胺
2921.1960	---二烷（甲、乙、正丙或异丙）氨基乙基-2-氯及其质子化盐
2921.1990	---其他
	-无环多胺及其衍生物以及它们的盐：
	--乙二胺及其盐：
2921.2110	---乙二胺
2921.2190	---其他
	--六亚甲基二胺及其盐：
2921.2210	---己二酸己二胺盐（尼龙-6,6盐）
2921.2290	---其他
2921.2900	--其他
2921.3000	-环烷单胺或多胺、环烯单胺或多胺、环萜烯单胺或多胺及其衍生物以及它们的盐
	-芳香单胺及其衍生物以及它们的盐：
	--苯胺及其盐：
2921.4110	---苯胺
2921.4190	---其他
2921.4200	--苯胺衍生物及其盐
2921.4300	--甲苯胺及其衍生物以及它们的盐
2921.4400	--二苯胺及其衍生物以及它们的盐
2921.4500	--1-萘胺（α-萘胺）、2-萘胺（β-萘胺）及其衍生物以及它们的盐
2921.4600	--安非他明（INN）、苄非他明（INN）、右苯丙胺（INN）、乙非他明（INN）、芬坎法明（INN）、利非他明（INN）、左苯丙胺（INN）、美芬雷司（INN）、苯丁胺（INN）以及它们的盐
	--其他：
2921.4910	---对异丙基苯胺
2921.4920	---二甲基苯胺
2921.4930	---2,6-甲基乙基苯胺
2921.4940	---2,6-二乙基苯胺
2921.4990	---其他
	-芳香多胺及其衍生物以及它们的盐：
	--邻-、间-、对-苯二胺、二氨基甲苯及其衍生物以及它们的盐：
2921.5110	---邻苯二胺
2921.5190	---其他
2921.5900	--其他
29.22	**含氧基氨基化合物：**
	-氨基醇（但含有一种以上含氧基的除外）及其醚和酯，以及它们的盐：
2922.1100	--单乙醇胺及其盐
2922.1200	--二乙醇胺及其盐
2922.1400	--右丙氧吩（INN）及其盐
2922.1500	--三乙醇胺
2922.1600	--全氟辛基磺酸二乙醇铵
2922.1700	--甲基二乙醇胺和乙基二乙醇胺
2922.1800	--2-（N,N-二异丙基氨基）乙醇
	--其他：

商品编码	商品名称
2922.1910	---乙胺丁醇
	---二烷（甲、乙、正丙或异丙）氨基乙-2-醇及其质子化盐：
2922.1921	----二甲氨基乙醇及其质子化盐
2922.1922	----二乙氨基乙醇及其质子化盐
2922.1929	----其他
2922.1930	---乙基二乙醇胺的盐
2922.1940	---甲基二乙醇胺的盐
2922.1950	---本芴醇
2922.1990	---其他
	-氨基萘酚和其他氨基酚（但含有一种以上含氧基的除外）及其醚和酯，以及它们的盐：
2922.2100	--氨基羟基萘磺酸及其盐
	--其他：
2922.2910	---茴香胺、二茴香胺、氨基苯乙醚及其盐
2922.2990	---其他
	-氨基醛、氨基酮和氨基醌，但含有一种以上含氧基的除外，以及它们的盐：
2922.3100	--安非拉酮（INN）、美沙酮（INN）和去甲美沙酮（INN）以及它们的盐
	--其他：
2922.3910	---4-甲基甲卡西酮
2922.3920	---安非他酮及其盐
2922.3990	---其他
	-氨基酸（但含有一种以上含氧基的除外）及其酯以及它们的盐：
	--赖氨酸及其酯以及它们的盐：
2922.4110	---赖氨酸
2922.4190	---其他
	--谷氨酸及其盐：
2922.4210	---谷氨酸
2922.4220	---谷氨酸钠
2922.4290	---其他
	--邻氨基苯甲酸（氨茴酸）及其盐：
2922.4310	---邻氨基苯甲酸（氨茴酸）
2922.4390	---其他
2922.4400	--替利定（INN）及其盐
	--其他：
	---其他氨基酸：
2922.4911	----氨甲环酸
2922.4919	----其他
	---其他：
2922.4991	----普鲁卡因及其盐
2922.4999	----其他
	-氨基醇酚、氨基酸酚及其他含氧基氨基化合物：
2922.5010	---对羟基苯甘氨酸及其邓钾盐
2922.5020	---莱克多巴胺和盐酸莱克多巴胺
2922.5090	---其他
29.23	**季铵盐及季铵碱；卵磷脂及其他磷氨基类脂，不论是否已有化学定义：**
2923.1000	-胆碱及其盐
2923.2000	-卵磷脂及其他磷氨基类脂
2923.3000	-全氟辛基磺酸四乙基铵
2923.4000	-全氟辛基磺酸二癸基二甲基铵
2923.9000	-其他
29.24	**羧基酰胺基化合物；碳酸酰胺基化合物：**
	-无环酰胺（包括无环氨基甲酸酯）及其衍生物以及它们的盐：
2924.1100	--甲丙氨酯（INN）
2924.1200	--氟乙酰胺（ISO）、久效磷（ISO）及磷胺（ISO）
	--其他：
2924.1910	---二甲基甲酰胺
2924.1990	---其他
	-环酰胺（包括环氨基甲酸酯）及其衍生物以及它们的盐：
2924.2100	--烷基脲及其衍生物以及它们的盐
2924.2300	--2-乙酰氨基苯甲酸（N-乙酰邻氨基苯甲酸）及其盐
2924.2400	--炔己蚁胺（INN）
2924.2500	--甲草胺（ISO）
	--其他：
2924.2910	---对乙酰氨基苯乙醚（非那西丁）
2924.2920	---对乙酰氨基酚（扑热息痛）
2924.2930	---阿斯巴甜
2924.2990	---其他
29.25	**羧基酰亚胺化合物（包括糖精及其盐）及亚胺基化合物：**
	-酰亚胺及其衍生物以及它们的盐：

商品编码	商品名称
2925.1100	--糖精及其盐
2925.1200	--格鲁米特（INN）
2925.1900	--其他
	-亚胺及其衍生物以及它们的盐：
2925.2100	--杀虫脒（ISO）
2925.2900	--其他
29.26	**腈基化合物：**
2926.1000	-丙烯腈
2926.2000	-1-氰基胍（双氰胺）
2926.3000	-芬普雷司（INN）及其盐；美沙酮（INN）中间体（4-氰基-2-二甲氨基-4,4-二苯基丁烷）
2926.4000	-α-苯基乙酰基乙腈
	-其他：
2926.9010	---对氯氰苄
2926.9020	---间苯二甲腈
2926.9090	---其他
29.27	**重氮化合物、偶氮化合物及氧化偶氮化合物：**
2927.0000	重氮化合物、偶氮化合物及氧化偶氮化合物
29.28	**肼（联氨）及胲（羟胺）的有机衍生物：**
2928.0000	肼（联氨）及胲（羟胺）的有机衍生物
29.29	**其他含氮基化合物：**
	-异氰酸酯：
2929.1010	---2,4-和2,6-甲苯二异氰酸酯混合物（甲苯二异氰酸酯TDI）
2929.1020	---二甲苯二异氰酸酯（TODI）
2929.1030	---二苯基甲烷二异氰酸酯（纯MDI）
2929.1040	---六亚甲基二异氰酸酯
2929.1090	---其他
	-其他：
2929.9010	---环己基氨基磺酸钠（甜蜜素）
2929.9020	---二烷（甲、乙、正丙或异丙）氨基膦酰二卤
2929.9030	---二烷（甲、乙、正丙或异丙）氨基膦酸二烷（甲、乙、正丙或异丙）酯
2929.9090	---其他
	第十分章　有机-无机化合物、杂环化合物、核酸及其盐以及磺（酰）胺
29.30	**有机硫化合物：**
2930.1000	-2-（N,N-二甲基氨基）乙硫醇
2930.2000	-硫代氨基甲酸盐（或酯）及二硫代氨基甲酸盐
2930.3000	-一硫化二烃氨基硫羰、二硫化二烃氨基硫羰及四硫化二烃氨基硫羰
2930.4000	-甲硫氨酸（蛋氨酸）
2930.6000	-2-（N,N-二乙基氨基）乙硫醇
2930.7000	-二（2-羟乙基）硫醚［硫二甘醇（INN）］
2930.8000	-涕灭威（ISO）、敌菌丹（ISO）及甲胺磷（ISO）
	-其他：
2930.9010	---双巯丙氨酸（胱氨酸）
2930.9020	---二硫代碳酸酯（或盐）［黄原酸酯（或盐）］
2930.9030	---乙酰甲胺磷
2930.9090	---其他
29.31	**其他有机-无机化合物：**
2931.1000	-四甲基铅及四乙基铅
2931.2000	-三丁基锡化合物
	-非卤化有机磷衍生物：
2931.4100	--甲基膦酸二甲酯
2931.4200	--丙基膦酸二甲酯
2931.4300	--乙基膦酸二乙酯
2931.4400	--甲基膦酸
2931.4500	--甲基膦酸和脒基尿素（1:1）生成的盐
2931.4600	--1-丙基磷酸环酐
2931.4700	--(5-乙基-2-甲基-2-氧代-1,3,2-二氧磷杂环己-5-基）甲基膦酸二甲酯
2931.4800	--3,9-二甲基-2,4,8,10-四氧杂-3,9-二磷杂螺［5,5］十一烷-3,9二氧化物
	--其他：
2931.4910	---双甘膦
2931.4990	---其他
	-卤化有机磷衍生物：
2931.5100	--甲基膦酰二氯
2931.5200	--丙基膦酰二氯
2931.5300	--O-（3-氯丙基）O-［4-硝基-3-（三氟甲基）苯基］甲基硫代膦酸酯

商品编码	商品名称
2931.5400	--敌百虫（ISO）
2931.5900	--其他
2931.9000	-其他
29.32	**仅含有氧杂原子的杂环化合物：**
	-结构上含有一个非稠合呋喃环（不论是否氢化）的化合物：
2932.1100	--四氢呋喃
2932.1200	--2-糠醛
2932.1300	--糠醇及四氢糠醇
2932.1400	--三氯蔗糖
2932.1900	--其他
	-内酯：
2932.2010	---香豆素、甲基香豆素及乙基香豆素
2932.2090	---其他内酯
	-其他：
2932.9100	--4-丙烯基-1,2-亚甲二氧基苯（异黄樟脑）
2932.9200	--1-（1,3-苯并二噁茂-5-基）丙烷-2-酮
2932.9300	--3,4-亚甲二氧基苯甲醛（胡椒醛）
2932.9400	--4-烯丙基-1,2-亚甲二氧基苯（黄樟脑）
2932.9500	--四氢大麻酚（所有的异构体）
2932.9600	--克百威（ISO）
	--其他：
2932.9910	---7-羟基苯并呋喃（呋喃酚）
2932.9920	---2,2’-双甲氧羰基-4,4’-双甲氧基-5,5’,6,6’-双亚甲二氧基联苯（联苯双酯）
2932.9930	---蒿甲醚
2932.9990	---其他
29.33	**仅含有氮杂原子的杂环化合物：**
	-结构上含有一个非稠合吡唑环（不论是否氢化）的化合物：
2933.1100	--二甲基苯基吡唑酮（安替比林）及其衍生物
	--其他：
2933.1920	---安乃近
2933.1990	---其他
	-结构上含有一个非稠合咪唑环（不论是否氢化）的化合物：
2933.2100	--乙内酰脲及其衍生物
2933.2900	--其他
	-结构上含有一个非稠合吡啶环（不论是否氢化）的化合物：
2933.3100	--吡啶及其盐
	--六氢吡啶（哌啶）及其盐：
2933.3210	---六氢吡啶（哌啶）
2933.3220	---六氢吡啶（哌啶）盐
2933.3300	--阿芬太尼（INN）、阿尼利定（INN）、苯氰米特（INN）、溴西泮（INN）、卡芬太尼（INN）、地芬诺新（INN）、地芬诺酯（INN）、地匹哌酮（INN）、芬太尼（INN）、凯托米酮（INN）、哌醋甲酯（INN）、喷他左辛（INN）、哌替啶（INN）、哌替啶中间体 A（INN）、苯环利定（INN）、苯哌利定（INN）、哌苯甲醇（INN）、哌氰米特（INN）、哌丙吡胺（INN）、瑞芬太尼（INN）和三甲利定（INN）以及它们的盐
2933.3400	--其他芬太尼及它们的衍生物
2933.3500	--奎宁环-3-醇（3-奎宁醇）
2933.3600	--4-苯氨基-N-苯乙基哌啶（ANPP）
2933.3700	--N-苯乙基-4-哌啶酮（NPP）
	--其他：
2933.3910	---二苯乙醇酸-3-奎宁环酯
2933.3990	---其他
	-结构上含有一个喹啉或异喹啉环系（不论是否氢化）的化合物，但未经进一步稠合的：
2933.4100	--左非诺（INN）及其盐
2933.4900	--其他
	-结构上含有一个嘧啶环（不论是否氢化）或哌嗪环的化合物：
2933.5200	--丙二酰脲（巴比土酸）及其盐
2933.5300	--阿洛巴比妥（INN）、异戊巴比妥（INN）、巴比妥（INN）、布他比妥（INN）、正丁巴比妥（INN）、环己巴比妥（INN）、甲苯巴比妥（INN）、戊巴比妥（INN）、苯巴比妥（INN）、仲丁巴比妥（INN）、司可巴比妥（INN）和乙烯比妥（INN）以及它们的盐

商品编码	商品名称
2933.5400	--其他丙二酰脲（巴比土酸）的衍生物以及它们的盐
2933.5500	--氯普唑仑（INN）、甲氯喹酮（INN）、甲喹酮（INN）和齐培丙醇（INN）以及它们的盐
	--其他：
2933.5910	---胞嘧啶
2933.5920	---环丙氟哌酸
2933.5990	---其他
	-结构上含有一个非稠合三嗪环（不论是否氢化）的化合物：
2933.6100	--三聚氰胺（蜜胺）
	--其他：
2933.6910	---三聚氰氯
	---异氰脲酸氯化衍生物：
2933.6921	----二氯异氰脲酸
2933.6922	----三氯异氰脲酸
2933.6929	----其他
2933.6990	---其他
	-内酰胺：
2933.7100	--6-己内酰胺
2933.7200	--氯巴占（INN）及甲乙哌酮（INN）
2933.7900	--其他内酰胺
	-其他：
2933.9100	--阿普唑仑（INN）、卡马西泮（INN）、氯氮卓（INN）、氯硝西泮（INN）、氯拉卓酸、地洛西泮（INN）、地西泮（INN）、艾司唑仑（INN）、氯氟卓乙酯（INN）、氟地西泮（INN）、氟硝西泮（INN）、氟西泮（INN）、哈拉西泮（INN）、劳拉西泮（INN）、氯甲西泮（INN）、马吲哚（INN）、美达西泮（INN）、咪达唑仑（INN）、硝甲西泮（INN）、硝西泮（INN）、去甲西泮（INN）、奥沙西泮（INN）、匹那西泮（INN）、普拉西泮（INN）、吡咯戊酮（INN）、替马西泮（INN）、四氢西泮（INN）和三唑仑（INN）以及它们的盐
2933.9200	--甲基谷硫磷（ISO）
2933.9900	--其他

商品编码	商品名称
29.34	**核酸及其盐，不论是否已有化学定义；其他杂环化合物：**
	-结构上含有一个非稠合噻唑环（不论是否氢化）的化合物：
2934.1010	---三苯甲基氨噻肟酸
2934.1090	---其他
2934.2000	-结构上含有一个苯并噻唑环系（不论是否氢化）的化合物，但未经进一步稠合的
2934.3000	-结构上含有一个吩噻嗪环系（不论是否氢化）的化合物，但未经进一步稠合的
	-其他：
2934.9100	--阿米雷司（INN）、溴替唑仑（INN）、氯噻西泮（INN）、氯噁唑仑（INN）、右吗拉胺（INN）、卤噁唑仑（INN）、凯他唑仑（INN）、美索卡（INN）、噁唑仑（INN）、匹莫林（INN）、苯巴曲嗪（INN）、芬美曲嗪（INN）和舒芬太尼（INN）以及它们的盐
2934.9200	--其他芬太尼以及它们的衍生物
	--其他：
2934.9910	---磺内酯及磺内酰胺
2934.9920	---呋喃唑酮
2934.9930	---核酸及其盐
2934.9940	---奈韦拉平、依发韦仑、利托那韦及它们的盐
2934.9950	---克拉维酸及其盐
2934.9960	---7-苯乙酰氨基-3-氯甲基-4-头孢烷酸对甲氧基苄酯、7-氨基头孢烷酸、7-氨基脱乙酰氧基头孢烷酸
2934.9970	---6-氨基青霉烷酸（6-APA）
2934.9990	---其他
29.35	**磺（酰）胺：**
2935.1000	-N-甲基全氟辛基磺酰胺
2935.2000	-N-乙基全氟辛基磺酰胺
2935.3000	-N-乙基-N-（2-羟乙基）全氟辛基磺酰胺
2935.4000	-N-（2-羟乙基）-N-甲基全氟辛基磺酰胺
2935.5000	-其他全氟辛基磺酰胺
2935.9000	-其他

商品编码	商品名称
	第十一分章 维生素原、维生素及激素
29. 36	**天然或合成再制的维生素原和维生素（包括天然浓缩物）及其主要用作维生素的衍生物，上述产品的混合物，不论是否溶于溶剂：**
	-未混合的维生素及其衍生物：
2936. 2100	--维生素 A 及其衍生物
2936. 2200	--维生素 B_1 及其衍生物
2936. 2300	--维生素 B_2 及其衍生物
2936. 2400	--D 或 DL-泛酸（维生素 B_5）及其衍生物
2936. 2500	--维生素 B_6 及其衍生物
2936. 2600	--维生素 B_{12} 及其衍生物
2936. 2700	--维生素 C 及其衍生物
2936. 2800	--维生素 E 及其衍生物
2936. 2900	--其他维生素及其衍生物
	-其他，包括天然浓缩物：
2936. 9010	---维生素 AD_3
2936. 9090	---其他
29. 37	**天然或合成再制的激素、前列腺素、血栓烷、血细胞三烯及其衍生物和结构类似物，包括主要用作激素的改性链多肽：**
	-多肽激素、蛋白激素和糖蛋白激素及其衍生物和结构类似物：
2937. 1100	--生长激素及其衍生物和结构类似物
	--胰岛素及其盐：
2937. 1210	---重组人胰岛素及其盐
2937. 1290	---其他
2937. 1900	--其他
	-甾族激素及其衍生物及结构类似物：
2937. 2100	--可的松、氢化可的松、脱氢可的松及脱氢皮质醇
	--皮质甾类激素的卤化衍生物：
2937. 2210	---地塞米松
2937. 2290	---其他
	--雌（甾）激素和孕激素：
	---动物源的：
2937. 2311	----孕马结合雌激素
2937. 2319	----其他
2937. 2390	---其他
2937. 2900	--其他
2937. 5000	-前列腺素、血栓烷和白细胞三烯及其衍生物和结构类似物
2937. 9000	-其他
	第十二分章 天然或合成再制的苷（配糖物）、生物碱及其盐、醚、酯和其他衍生物
29. 38	**天然或合成再制的苷（配糖物）及其盐、醚、酯和其他衍生物：**
2938. 1000	-芸香苷（芦丁）及其衍生物
	-其他：
2938. 9010	---齐多夫定、拉米夫定、司他夫定、地达诺新及它们的盐
2938. 9090	---其他
29. 39	**天然或合成再制的生物碱及其盐、醚、酯和其他衍生物：**
	-鸦片碱及其衍生物，以及它们的盐：
2939. 1100	--罂粟秆浓缩物、丁丙诺啡（INN）、可待因、双氢可待因（INN）、乙基吗啡、埃托啡（INN）、海洛因、氢可酮（INN）、氢吗啡酮（INN）、吗啡、尼可吗啡（INN）、羟考酮（INN）、羟吗啡酮（INN）、福尔可定（INN）、醋氢可酮（INN）和蒂巴因，以及它们的盐
2939. 1900	--其他
2939. 2000	-金鸡纳生物碱及其衍生物，以及它们的盐
2939. 3000	-咖啡因及其盐
	-麻黄生物碱及其衍生物，以及它们的盐：
2939. 4100	--麻黄碱及其盐
2939. 4200	--假麻黄碱（INN）及其盐
2939. 4300	--d-去甲假麻黄碱（INN）及其盐
2939. 4400	--去甲麻黄碱及其盐
2939. 4500	--左甲苯丙胺、去氧麻黄碱（INN）、去氧麻黄碱外消旋体以及它们的盐
2939. 4900	--其他
	-茶碱和氨茶碱及其衍生物，以及它们的盐：
2939. 5100	--芬乙茶碱（INN）及其盐
2939. 5900	--其他

商品编码	商品名称	商品编码	商品名称
	-麦角生物碱及其衍生物，以及它们的盐：	2941.1092	----羟氨苄青霉素三水酸
		2941.1094	----青霉素V
2939.6100	--麦角新碱（INN）及其盐	2941.1095	----磺苄青霉素
2939.6200	--麦角胺（INN）及其盐	2941.1096	----邻氯青霉素
2939.6300	--麦角酸及其盐	2941.1099	----其他
2939.6900	--其他	2941.2000	-链霉素及其衍生物以及它们的盐
	-其他，植物来源的：		-四环素及其衍生物以及它们的盐：
	--可卡因、芽子碱，它们的盐、酯及其他衍生物：		---四环素及其盐：
		2941.3011	----四环素
2939.7210	---可卡因及其盐	2941.3012	----四环素盐
2939.7290	---其他	2941.3020	---四环素衍生物及其盐
	--其他：	2941.4000	-氯霉素及其衍生物以及它们的盐
2939.7910	---烟碱及其盐	2941.5000	-红霉素及其衍生物以及它们的盐
2939.7920	---番木鳖碱（士的年）及其盐		-其他：
2939.7990	---其他	2941.9010	---庆大霉素及其衍生物以及它们的盐
	-其他：	2941.9020	---卡那霉素及其衍生物以及它们的盐
2939.8010	---石房蛤毒素	2941.9030	---利福平及其衍生物以及它们的盐
2939.8090	---其他	2941.9040	---林可霉素及其衍生物以及它们的盐
	第十三分章　其他有机化合物		---头孢菌素及其衍生物以及它们的盐：
29.40	**化学纯糖，但蔗糖、乳糖、麦芽糖、葡萄糖及果糖除外；糖醚、糖缩醛和糖酯及其盐，但不包括品目29.37、29.38及29.39的产品：**	2941.9052	----头孢氨苄及其盐
		2941.9053	----头孢唑啉及其盐
		2941.9054	----头孢拉啶及其盐
2940.0010	---木糖	2941.9055	----头孢三嗪（头孢曲松）及其盐
2940.0090	---其他	2941.9056	----头孢哌酮及其盐
29.41	**抗菌素：**	2941.9057	----头孢噻肟及其盐
	-青霉素和具有青霉烷酸结构的青霉素衍生物及其盐：	2941.9058	----头孢克罗及其盐
		2941.9059	----其他
	---氨苄青霉素及其盐：	2941.9060	---麦迪霉素及其衍生物以及它们的盐
2941.1011	----氨苄青霉素	2941.9070	---乙酰螺旋霉素及其衍生物以及它们的盐
2941.1012	----氨苄青霉素三水酸		
2941.1019	----其他	2941.9090	---其他
	---其他：	**29.42**	**其他有机化合物：**
2941.1091	----羟氨苄青霉素	2942.0000	其他有机化合物

第三十章　药　品

注释：

一、本章不包括：

（一）食品及饮料（例如，营养品、糖尿病食品、强化食品、保健食品、滋补饮料及矿泉水），但不包括供静脉摄入用的滋养品（第四类）；

（二）含尼古丁并用于帮助吸烟者戒烟的产品，例如，片剂、咀嚼胶或透皮贴片（品目 24.04）；

（三）经特殊煅烧或精细研磨的牙科用熟石膏（品目 25.20）；

（四）适合医药用的精油水馏液及水溶液（品目 33.01）；

（五）品目 33.03 至 33.07 的制品，不论是否具有治疗及预防疾病的作用；

（六）加有药料的肥皂及品目 34.01 的其他产品；

（七）以熟石膏为基本成分的牙科用制品（品目 34.07）；

（八）不作治疗及预防疾病用的血清蛋白（品目 35.02）；或

（九）品目 38.22 的诊断试剂。

二、品目 30.02 所称的"免疫制品"是指直接参与免疫过程调节的多肽及蛋白质（品目 29.37 的货品除外），例如，单克隆抗体（MAB）、抗体片段、抗体偶联物及抗体片段偶联物、白介素、干扰素（IFN）、趋化因子及特定的肿瘤坏死因子（TNF）、生长因子（GF）、促红细胞生成素及集落刺激因子（CSF）。

三、品目 30.03 及 30.04 以及本章注释四（四）所述的非混合产品及混合产品，按下列规定处理：

（一）非混合产品：

1. 溶于水的非混合产品；

2. 第二十八章及第二十九章的所有货品；以及

3. 品目 13.02 的单一植物浸膏，只经标定或溶于溶剂的。

（二）混合产品：

1. 胶体溶液及悬浮液（胶态硫磺除外）；

2. 从植物性混合物加工所得的植物浸膏；以及

3. 蒸发天然矿质水所得的盐及浓缩物。

四、品目 30.06 仅适用于下列物品（这些物品只能归入品目 30.06 而不得归入本目录其他品目）：

（一）无菌外科肠线、类似的无菌缝合材料（包括外科或牙科用无菌可吸收缝线）及外伤创口闭合用的无菌黏合胶布；

（二）无菌昆布及无菌昆布塞条；

（三）外科或牙科用无菌吸收性止血材料；外科或牙科用无菌抗粘连阻隔材料，不论是否可吸收；

（四）用于病人的 X 光检查造影剂及其他诊断试剂，这些药剂是由单一产品配定剂量或由两种以上成分混合而成的；

（五）安慰剂和盲法（或双盲法）临床试验试剂盒，用于经许可的临床试验，已配定剂量，即使它们可能含有活性药物；

（六）牙科粘固剂及其他牙科填料；骨骼粘固剂；

（七）急救药箱、药包；

（八）以激素、品目 29.37 的其他产品或杀精子剂为基本成分的化学避孕药物；

（九）专用于人类或作兽药用的凝胶制品，作为外科手术或体检时躯体部位的润滑剂，或者作为躯体和医疗器械之间的耦合剂；

（十）废药物，即因超过有效保存期等原因而不适合作原用途的药品；以及

（十一）可确定用于造口术的用具，即裁切成型的结肠造口术、回肠造口术、尿道造口术用袋及其具有黏性的片或底盘。

子目注释：

一、子目 3002.13 及 3002.14 所述的非混合产品、纯物质及混合产品，按下列规定处理：

（一）非混合产品或纯物质，不论是否含有杂质；

（二）混合产品：

1. 上述（一）款所述的产品溶于水或其他溶剂的；

2. 为保存或运输需要，上述（一）款及（二）1. 项所述的产品加入稳定剂的；以及

3. 上述（一）款、（二）1. 项及（二）2. 项所述的产品添加其他添加剂的。

二、子目 3003.60 和 3004.60 包括的药品含有与其他药用活性成分配伍的口服用青蒿素（INN），或者含有下列任何一种活性成分，不论是否与其他药用活性成分配伍：阿莫地喹（INN）、蒿醚林酸及其盐（INN）、双氢青蒿素（INN）、蒿乙醚（INN）、蒿甲醚（INN）、青蒿琥酯（INN）、氯喹（INN）、二氢青蒿素（INN）、苯芴醇（INN）、甲氟喹（INN）、哌喹（INN）、乙胺嘧啶（INN）或磺胺多辛（INN）。

【编者注】

1. 品目 30.03，必须是由两种及以上成分混合而成的未配定剂量或未制成零售包装的药品。

2. 品目 30.04，必须是已配定剂量或制成零售包装的药品，可以是单一的成分，也可以是多种成分。

商品编码	商品名称
30.01	**已干燥的器官疗法用腺体及其他器官，不论是否制成粉末；器官疗法用腺体、其他器官及其分泌物的提取物；肝素及其盐；其他供治疗或预防疾病用的其他品目未列名的人体或动物制品：**
3001.2000	-腺体、其他器官及其分泌物的提取物
	-其他：
3001.9010	---肝素及其盐
3001.9090	---其他
30.02	**人血；治病、防病或诊断用的动物血制品；抗血清、其他血份及免疫制品，不论是否修饰或通过生物工艺加工制得；疫苗、毒素、培养微生物（不包括酵母）及类似产品；细胞培养物，不论是否修饰：**
	-抗血清、其他血份及免疫制品，不论是否修饰或通过生物工艺加工制得：
3002.1200	--抗血清及其他血份
3002.1300	--非混合的免疫制品，未配定剂量或制成零售包装
3002.1400	--混合的免疫制品，未配定剂量或制成零售包装
3002.1500	--免疫制品，已配定剂量或制成零售包装
	-疫苗、毒素、培养微生物（不包括酵母）及类似产品：
3002.4100	--人用疫苗
3002.4200	--兽用疫苗
	--其他：
3002.4920	---蓖麻毒素
3002.4930	---细菌及病毒
3002.4990	---其他
	-细胞培养物，不论是否修饰：
3002.5100	--细胞治疗产品
3002.5900	--其他
	-其他：
3002.9040	---遗传物质和基因修饰生物体
3002.9090	---其他

商品编码	商品名称
30.03	**两种或两种以上成分混合而成的治病或防病用药品（不包括品目30.02、30.05或30.06的货品），未配定剂量或制成零售包装：**
	-含有青霉素及具有青霉烷酸结构的青霉素衍生物或链霉素及其衍生物：
	---青霉素：
3003.1011	----氨苄青霉素
3003.1012	----羟氨苄青霉素
3003.1013	----青霉素V
3003.1019	----其他
3003.1090	---其他
	-其他，含有抗菌素：
	---头孢菌素：
3003.2011	----头孢噻肟
3003.2012	----头孢他啶
3003.2013	----头孢西丁
3003.2014	----头孢替唑
3003.2015	----头孢克罗
3003.2016	----头孢呋辛
3003.2017	----头孢三嗪（头孢曲松）
3003.2018	----头孢哌酮
3003.2019	----其他
3003.2090	---其他
	-其他，含有激素或品目29.37的其他产品：
3003.3100	--含有胰岛素
3003.3900	--其他
	-其他，含有生物碱及其衍生物：
3003.4100	--含有麻黄碱及其盐
3003.4200	--含有伪麻黄碱（INN）及其盐
3003.4300	--含有去甲麻黄碱及其盐
3003.4900	--其他
	-其他，含有本章子目注释二所列抗疟疾活性成分的：
3003.6010	---含有青蒿素及其衍生物
3003.6090	---其他
3003.9000	-其他
30.04[1]	**由混合或非混合产品构成的治病或防病用药品（不包括品目30.02、30.05或30.06的货品），已配定剂量（包括制成皮肤摄入形式的）或制成零售包装：**
	-含有青霉素及具有青霉烷酸结构的青霉素衍生物或链霉素及其衍生物：
	---青霉素：
3004.1011	----氨苄青霉素制剂
3004.1012	----羟氨苄青霉素制剂
3004.1013	----青霉素V制剂
3004.1019	----其他
3004.1090	---其他
	-其他，含有抗菌素：
	---头孢菌素：
3004.2011	----头孢噻肟制剂
3004.2012	----头孢他啶制剂
3004.2013	----头孢西丁制剂
3004.2014	----头孢替唑制剂
3004.2015	----头孢克罗制剂
3004.2016	----头孢呋辛制剂
3004.2017	----头孢三嗪（头孢曲松）制剂
3004.2018	----头孢哌酮制剂
3004.2019	----其他
3004.2090	---其他
	-其他，含有激素或品目29.37的其他产品：
	--含有胰岛素：
3004.3110	---含有重组人胰岛素的
3004.3190	---其他
3004.3200	--含有皮质甾类激素及其衍生物或结构类似物
3004.3900	--其他
	-其他，含有生物碱及其衍生物：
3004.4100	--含有麻黄碱及其盐

① 本品目也包括已配成一定剂量的通过皮肤摄入的药品。这些药品通常制成自粘贴片形状（一般为长方形或圆形），直接施敷于患者皮肤上。装有活性物质的药囊由一多孔膜包覆，包覆面与皮肤接触。药囊释放出的活性物质通过分子扩散经皮肤而被吸收并进入血液当中。这些货品不应与品目30.05的医疗用橡皮膏相混淆。同时，本品目也包括仅适于作药用的锭剂、片剂、滴剂等。

商品编码	商品名称
3004.4200	--含有伪麻黄碱（INN）及其盐
3004.4300	--含有去甲麻黄碱及其盐
3004.4900	--其他
3004.5000	-其他，含有维生素或品目29.36所列产品
	-其他，含有本章子目注释二所列抗疟疾活性成分的：
3004.6010	---含有青蒿素及其衍生物
3004.6090	---其他
	-其他：
3004.9010	---含有磺胺类
3004.9020	---含有联苯双酯
	---中式成药：
3004.9051	----中药酒
3004.9052	----片仔癀
3004.9053	----白药
3004.9054	----清凉油
3004.9055	----安宫牛黄丸
3004.9059	----其他
3004.9090	---其他
30.05	**软填料、纱布、绷带及类似物品（例如，敷料、橡皮膏、泥罨剂），经过药物浸涂或制成零售包装供医疗、外科、牙科或兽医用：**
	-胶粘敷料及有胶粘涂层的其他物品：
3005.1010	---橡皮膏
3005.1090	---其他
	-其他：
3005.9010	---药棉、纱布、绷带
3005.9090	---其他
30.06①	**本章注释四所规定的医药用品：**
3006.1000	-无菌外科肠线、类似的无菌缝合材料（包括外科或牙科用无菌可吸收缝线）及外伤创口闭合用的无菌黏合胶布；无菌昆布及无菌昆布塞条；外科或牙科用无菌吸收性止血材料；外科或牙科用无菌抗粘连阻隔材料，不论是否可吸收
3006.3000	-X光检查造影剂；用于病人的诊断试剂
3006.4000	-牙科粘固剂及其他牙科填料；骨骼粘固剂
3006.5000	-急救药箱、药包
	-以激素、品目29.37其他产品或杀精子剂为基本成分的化学避孕药物：
3006.6010	---以激素为基本成分的避孕药物
3006.6090	---其他
3006.7000	-专用于人类或作兽药用的凝胶制品，作为外科手术或体检时躯体部位的润滑剂，或者作为躯体和医疗器械之间的耦合剂
	-其他：
3006.9100	--可确定用于造口术的用具
3006.9200	--废药物
3006.9300	--安慰剂和盲法（或双盲法）临床试验试剂盒，用于经许可的临床试验，已配定剂量

① 本品目不包括未消毒的缝合材料。这些货品应按其属性归类，例如，肠线（品目42.06）、蚕肠线、纺织纱线等（第十一类）、金属丝（第七十一章或第十五类）。

第三十一章　肥　料

注释：

一、本章不包括：

（一）品目 05. 11 的动物血；

（二）单独的已有化学定义的化合物［符合下列注释二（一）、三（一）、四（一）或五所规定的化合物除外］；或

（三）品目 38. 24 的每颗重量不低于 2. 5 克的氯化钾培养晶体（光学元件除外）；氯化钾光学元件（品目 90. 01）。

二、品目 31. 02 只适用于下列货品，但未制成品目 31. 05 所述形状或包装：

（一）符合下列任何一条规定的货品：

1. 硝酸钠，不论是否纯净；
2. 硝酸铵，不论是否纯净；
3. 硫酸铵及硝酸铵的复盐，不论是否纯净；
4. 硫酸铵，不论是否纯净；
5. 硝酸钙及硝酸铵的复盐（不论是否纯净）或硝酸钙及硝酸铵的混合物；
6. 硝酸钙及硝酸镁的复盐（不论是否纯净）或硝酸钙及硝酸镁的混合物；
7. 氰氨化钙，不论是否纯净或用油处理；
8. 尿素，不论是否纯净。

（二）由上述（一）款任何货品相互混合的肥料；

（三）由氯化铵或上述（一）或（二）款任何货品与白垩、石膏或其他无肥效无机物混合而成的肥料；

（四）由上述（一）2 或 8 项的货品或其混合物溶于水或液氨的液体肥料。

三、品目 31. 03 只适用于下列货品，但未制成品目 31. 05 所述形状或包装：

（一）符合下列任何一条规定的货品：

1. 碱性熔渣；
2. 品目 25. 10 的天然磷酸盐，已焙烧或经过超出清除杂质范围的热处理；
3. 过磷酸钙（一过磷酸钙、二过磷酸钙或三过磷酸钙）；
4. 磷酸氢钙，按干燥无水产品重量计含氟量不低于 0. 2%。

（二）由上述（一）款的任何货品相互混合的肥料，不论含氟量多少。

（三）由上述（一）或（二）款的任何货品与白垩、石膏或其他无肥效无机物混合而成的肥料，不论含氟量多少。

四、品目 31. 04 只适用于下列货品，但未制成品目 31. 05 所述形状或包装：

（一）符合下列任何一条规定的货品：

1. 天然粗钾盐（例如，光卤石、钾盐镁矾及钾盐）；
2. 氯化钾，不论是否纯净，但上述注释一（三）所述的产品除外；
3. 硫酸钾，不论是否纯净；
4. 硫酸镁钾，不论是否纯净。

（二）由上述（一）款任何货品相互混合的肥料。

五、磷酸二氢铵及磷酸氢二铵（不论是否纯净）及其相互之间的混合物应归入品目 31. 05。

六、品目 31. 05 所称“其他肥料”，仅适用于其基本成分至少含有氮、磷、钾中一种肥效元素的肥料用产品。

本国子目注释：

一、本国子目3104.2020所称“纯氯化钾”，按干重计氯化钾含量大于等于99.5%。

二、本国子目3105.9010所称“有机-无机复混肥料”，按《有机-无机复混肥料》（GB/T 18877—2020）标准执行。

【编者注】

一、归入品目31.02、31.03及31.04的肥料必须是本章注释二、三、四中具体列名的商品，并需要注意两点：

（一）在本章注释中没有列名的产品，即使有时作肥料用，也不归入本章，如氯化铵（不论是否作肥料用，均归入品目28.27）、硝酸钾（不论是否作肥料用，均归入品目28.34）。

（二）在本章注释中已具体列名的产品，即使不作肥料，仍归入本章。如硝酸钠不论是否作肥料用，均归入品目31.02；尿素不论是否作肥料用，均归入品目31.02，而不归入第二十八章。

二、制成片及类似形状或每件毛重不超过10千克的本章各项货品，优先归入品目31.05，而不归入本章其他品目。

商品编码	商品名称
31.01	**动物或植物肥料，不论是否相互混合或经化学处理；动植物产品经混合或化学处理制成的肥料：**
	---未经化学处理：
3101.0011	----鸟粪
3101.0019	----其他
3101.0090	---其他
31.02	**矿物氮肥及化学氮肥：**
3102.1000	-尿素，不论是否水溶液
	-硫酸铵；硫酸铵和硝酸铵的复盐及混合物：
3102.2100	--硫酸铵
3102.2900	--其他
3102.3000	-硝酸铵，不论是否水溶液
3102.4000	-硝酸铵与碳酸钙或其他无肥效无机物的混合物
3102.5000	-硝酸钠
3102.6000	-硝酸钙和硝酸铵的复盐及混合物
3102.8000	-尿素及硝酸铵混合物的水溶液或氨水溶液
	-其他，包括上述子目未列名的混合物：
3102.9010	---氰氨化钙
3102.9090	---其他
31.03	**矿物磷肥及化学磷肥：**
	-过磷酸钙：
	--按重量计五氧化二磷（P_2O_5）含量在35%及以上：
3103.1110	---重过磷酸钙
3103.1190	---其他
3103.1900	--其他
3103.9000	-其他
31.04	**矿物钾肥及化学钾肥：**
	-氯化钾：
3104.2020	---纯氯化钾
3104.2090	---其他
3104.3000	-硫酸钾
	-其他：
3104.9010	---光卤石、钾盐及其他天然粗钾盐
3104.9090	---其他
31.05	**含氮、磷、钾中两种或三种肥效元素的矿物肥料或化学肥料；其他肥料；制成片及类似形状或每件毛重不超过10千克的本章各项货品：**
3105.1000	-制成片及类似形状或每件毛重不超过10千克的本章各项货品
3105.2000	-含氮、磷、钾三种肥效元素的矿物肥料或化学肥料
3105.3000	-磷酸氢二铵
3105.4000	-磷酸二氢铵及磷酸二氢铵与磷酸氢二铵的混合物

商品编码	商品名称	商品编码	商品名称
	-其他含氮、磷两种肥效元素的矿物肥料或化学肥料：		-其他：
3105. 5100	--含有硝酸盐及磷酸盐	3105. 9010	---有机-无机复混肥料
3105. 5900	--其他	3105. 9090	---其他
3105. 6000	-含磷、钾两种肥效元素的矿物肥料或化学肥料		

第三十二章　鞣料浸膏及染料浸膏；鞣酸及其衍生物；染料、颜料及其他着色料；油漆及清漆；油灰及其他类似胶粘剂；墨水、油墨

注释：

一、本章不包括：

（一）单独的已有化学定义的化学元素及化合物（品目32.03及32.04的货品、品目32.06的用作发光体的无机产品、品目32.07所述形状的熔融石英或其他熔融硅石制成的玻璃及品目32.12的零售形状或零售包装的染料及其他着色料除外）；

（二）品目29.36至29.39、29.41及35.01至35.04的鞣酸盐及其他鞣酸衍生物；或

（三）沥青胶粘剂（品目27.15）。

二、品目32.04包括生产偶氮染料用的稳定重氮盐与偶合物的混合物。

三、品目32.03、32.04、32.05及32.06也包括以着色料为基本成分的制品（例如，品目32.06包括以品目25.30或第二十八章的颜料，金属粉片及金属粉末为基本成分的制品）。该制品是用作原材料着色剂的拼料。但以上品目不包括分散在非水介质中呈液状或浆状的制漆用颜料，例如，品目32.12的瓷漆及品目32.07、32.08、32.09、32.10、32.12、32.13及32.15的其他制品。

四、品目32.08包括由品目39.01至39.13所列产品溶于挥发性有机溶剂的溶液（胶棉除外），但溶剂重量必须超过溶液重量的50%。

五、本章所称“着色料”，不包括作为油漆填料的产品，不论这些产品能否用于水浆涂料的着色。

六、品目32.12所称“压印箔”，只包括用以压印诸如书本封面或帽带之类的薄片，这些薄片由以下材料构成：

（一）金属粉（包括贵金属粉）或颜料经胶水、明胶及其他黏合剂凝结而成的；或

（二）金属（包括贵金属）或颜料沉积于任何材料衬片上的。

【编者注】

零售形状或零售包装的染料及其他着色料，应优先归入品目32.12。

商品编码	商品名称	商品编码	商品名称
32.01	**植物鞣料浸膏；鞣酸及其盐、醚、酯和其他衍生物：**	**32.03**	**动植物质着色料（包括染料浸膏，但动物碳黑除外），不论是否已有化学定义；本章注释三所述的以动植物质着色料为基本成分的制品：**
3201.1000	-坚木浸膏		---植物质着色料及以其为基本成分的制品：
3201.2000	-荆树皮浸膏	3203.0011	----天然靛蓝及以其为基本成分的制品
	-其他：	3203.0019	----其他
3201.9010	---其他鞣料浸膏	3203.0020	---动物质着色料及以其为基本成分的制品
3201.9090	---其他		
32.02	**有机合成鞣料；无机鞣料；鞣料制剂，不论是否含有天然鞣料；预鞣用酶制剂：**		
3202.1000	-有机合成鞣料		
3202.9000	-其他		

商品编码	商品名称
32.04	**有机合成着色料，不论是否已有化学定义；本章注释三所述的以有机合成着色料为基本成分的制品；用作荧光增白剂或发光体的有机合成产品，不论是否已有化学定义：**
	-有机合成着色料及本章注释三所述的以有机合成着色料为基本成分的制品：
3204.1100	--分散染料及以其为基本成分的制品
3204.1200	--酸性染料（不论是否预金属络合）及以其为基本成分的制品；媒染染料及以其为基本成分的制品
3204.1300	--碱性染料及以其为基本成分的制品
3204.1400	--直接染料及以其为基本成分的制品
	--瓮染料（包括颜料用的）及以其为基本成分的制品：
3204.1510	---合成靛蓝（还原靛蓝）
3204.1590	---其他
3204.1600	--活性染料及以其为基本成分的制品
3204.1700	--颜料及以其为基本成分的制品
	--类胡萝卜素着色料及以其为基本成分的制品：
3204.1810	---类胡萝卜素（包括胡萝卜素）
3204.1820	---以类胡萝卜素（包括胡萝卜素）为基本成分的制品
	--其他，包括由子目3204.11至3204.19中两个或多个子目所列着色料组成的混合物：
	---硫化染料及以其为基本成分的制品：
3204.1911	----硫化黑（硫化青）及以其为基本成分的制品
3204.1919	----其他
3204.1990	---其他
3204.2000	-用作荧光增白剂的有机合成产品
	-其他：
3204.9010	---生物染色剂及染料指示剂
3204.9090	---其他
32.05	**色淀；本章注释三所述的以色淀为基本成分的制品：**
3205.0000	色淀；本章注释三所述的以色淀为基本成分的制品
32.06	**其他着色料；本章注释三所述的制品，但品目32.03、32.04及32.05的货品除外；用作发光体的无机产品，不论是否已有化学定义：**
	-以二氧化钛为基本成分的颜料及制品：
	--以干物质计二氧化钛含量在80%及以上的：
	---钛白粉：
3206.1111	----金红石型含量≥99.8%、明度（干粉L^*）≥99.0
3206.1119	----其他
3206.1190	---其他
3206.1900	--其他
3206.2000	-以铬化合物为基本成分的颜料及制品
	-其他着色料及其他制品：
3206.4100	--群青及以其为基本成分的制品
	--锌钡白及以硫化锌为基本成分的其他颜料和制品：
3206.4210	---锌钡白
3206.4290	---其他
	--其他：
	---以铋化合物为基本成分的颜料及制品：
3206.4911	----以钒酸铋为基本成分的颜料及制品
3206.4919	----其他
3206.4990	---其他
3206.5000	-用作发光体的无机产品
32.07	**陶瓷、搪瓷及玻璃工业用的调制颜料、遮光剂、着色剂、珐琅和釉料、釉底料（泥釉）、光瓷釉以及类似产品；搪瓷玻璃料及其他玻璃，呈粉、粒或粉片状的：**
3207.1000	-调制颜料、遮光剂、着色剂及类似制品
3207.2000	-珐琅和釉料、釉底料（泥釉）及类似制品
3207.3000	-光瓷釉及类似制品
3207.4000	-搪瓷玻璃料及其他玻璃，呈粉、粒或粉片状的

商品编码	商品名称
32.08①	**以合成聚合物或化学改性天然聚合物为基本成分的油漆及清漆（包括瓷漆及大漆），分散于或溶于非水介质的；本章注释四所述的溶液：**
3208.1000	-以聚酯为基本成分
	-以丙烯酸聚合物或乙烯聚合物为基本成分：
3208.2010	---以丙烯酸聚合物为基本成分
3208.2020	---以乙烯聚合物为基本成分
	-其他：
3208.9010	---以聚胺酯类化合物为基本成分
3208.9090	---其他
32.09②	**以合成聚合物或化学改性天然聚合物为基本成分的油漆及清漆（包括瓷漆及大漆），分散于或溶于水介质的：**
3209.1000	-以丙烯酸聚合物或乙烯聚合物为基本成分
	-其他：
3209.9010	---以环氧树脂为基本成分
3209.9020	---以氟树脂为基本成分
3209.9090	---其他
32.10	**其他油漆及清漆（包括瓷漆、大漆及水浆涂料）；加工皮革用的水性颜料：**
3210.0000	其他油漆及清漆（包括瓷漆、大漆及水浆涂料）；加工皮革用的水性颜料
32.11	**配制的催干剂：**
3211.0000③	配制的催干剂
32.12	**制造油漆（含瓷漆）用的颜料（包括金属粉末或金属粉片），分散于非水介质中呈液状或浆状的；压印箔；零售形状及零售包装的染料或其他着色料：**
3212.1000	-压印箔
3212.9000	-其他
32.13	**艺术家、学生和广告美工用的颜料、调色料、文娱颜料及类似品，片状、管装、罐装、瓶装、扁盒装以及类似形状或包装的：**
3213.1000	-成套的颜料
3213.9000	-其他
32.14	**安装玻璃用油灰、接缝用油灰、树脂胶泥、嵌缝胶及其他类似胶粘剂；漆工用填料；非耐火涂面制剂，涂门面、内墙、地板、天花板等用：**
	-安装玻璃用油灰、接缝用油灰、树脂胶泥、嵌缝胶及其他类似胶粘剂；漆工用填料：
3214.1010	---半导体器件封装材料
3214.1090	---其他
3214.9000	-其他
32.15	**印刷油墨、书写或绘图墨水及其他墨类，不论是否固体或浓缩：**
	-印刷油墨：
3215.1100	--黑色
3215.1900	--其他
	-其他：
3215.9010	---书写墨水
3215.9020	---水性喷墨墨水
3215.9090	---其他

① 根据本章注释四，含有下列组分的溶液（胶体溶液除外）应归入本品目：Ⅰ.溶于挥发性有机溶剂中的一种或多种品目39.01至39.13所述产品和制造这些产品所需的溶解拼料，例如，促进剂、缓硬剂及胶粘剂（不包括染料等可溶性拼料及填充剂或颜料等不溶性拼料，也不包括根据目录的其他规定似可归入这些品目的所有产品），但溶剂的重量须超过溶液重量的50%；Ⅱ.溶于挥发性有机溶剂中的一种或多种上述产品和增塑剂，但溶剂重量须超过溶液重量的50%。如果挥发性有机溶剂的重量不超过溶液重量的50%，这些溶液应归入第三十九章。所称"挥发性有机溶剂"，包括沸点相对较高的溶剂，例如，松节油。

② 所称"水介质"，是指由水或水与水溶性溶剂的混合物组成的介质。

③ 配制的催干剂是一种能使干性油更易氧化从而加速油漆或清漆干燥的混合物。

第三十三章　精油及香膏；芳香料制品及化妆盥洗品

注释：

一、本章不包括：

（一）品目 13.01 或 13.02 的天然油树脂或植物浸膏；

（二）品目 34.01 的肥皂及其他产品；或

（三）品目 38.05 的脂松节油、木松节油和硫酸盐松节油及其他产品。

二、品目 33.02 所称“香料”，仅指品目 33.01 所列的物质、从这些物质离析出来的香料组分以及合成芳香剂。

三、品目 33.03 至 33.07 主要包括适合作这些品目所列用途的零售包装产品，不论其是否混合（精油水馏液及水溶液除外）。

四、品目 33.07 所称“芳香料制品及化妆盥洗品”，主要适用于下列产品：香袋；通过燃烧散发香气的制品；香纸及用化妆品浸渍或涂布的纸；隐形眼镜片或假眼用的溶液；用香水或化妆品浸渍、涂布、包覆的絮胎、毡呢及无纺织物；动物用盥洗品。

【编者注】

一、制成零售包装的芳香物质，应优先归入品目 33.03 至 33.07。

二、含肥皂或其他有机表面活性剂的洗发剂、洁齿品、剃须膏及泡澡用制剂仍归入品目 33.05、33.06 及 33.07，而不按肥皂或有机表面活性剂制品归入第三十四章。

商品编码	商品名称	商品编码	商品名称
33.01①	**精油（无萜或含萜），包括浸膏及净油；香膏；提取的油树脂；用花香吸取法或浸渍法制成的含浓缩精油的脂肪、固定油、蜡及类似品；精油脱萜时所得的萜烯副产品；精油水馏液及水溶液：**	3301.2920	---香茅油
		3301.2930	---茴香油
		3301.2940	---桂油
		3301.2950	---山苍子油
		3301.2960	---桉叶油
			---其他：
	-柑橘属果实的精油：	3301.2991	----老鹳草油（香叶油）
3301.1200	--橙油	3301.2999	----其他
3301.1300	--柠檬油		-香膏：
	--其他：	3301.3010	---鸢尾凝脂
3301.1910	---白柠檬油（酸橙油）	3301.3090	---其他
3301.1990	---其他		-其他：
	-非柑橘属果实的精油：	3301.9010	---提取的油树脂
3301.2400	--胡椒薄荷油	3301.9020	---柑橘属果实的精油脱萜的萜烯副产品
3301.2500	--其他薄荷油		
	--其他：	3301.9090	---其他
3301.2910	---樟脑油		

① 精油来自植物，是香料、食品及其他工业的原料。它们通常具有复杂的组分，含有各种比例的醇、醛、酮、酚、酯、醚及萜烯。这些精油不论是否因去萜而改变香味，仍应归入本品目。其中，大多数精油是挥发性的，其沾于纸上的污点通常很快消失。

商品编码	商品名称
33.02	**工业原料用的芳香物质的混合物及以一种或多种芳香物质为基本成分的混合物（包括酒精溶液）；生产饮料用的以芳香物质为基本成分的其他制品：**
	-食品或饮料工业用：
3302.1010	---生产饮料用的以香料为基本成分的制品，按容量计酒精浓度不超过0.5%的
3302.1090	---其他
3302.9000	-其他
33.03	**香水及花露水：**
3303.0000①	香水及花露水
33.04	**美容品或化妆品及护肤品（药品除外），包括防晒油或晒黑油；指（趾）甲化妆品：**
3304.1000	-唇用化妆品
3304.2000	-眼用化妆品
3304.3000	-指（趾）甲化妆品
	-其他②：
3304.9100	--粉，不论是否压紧
3304.9900	--其他
33.05③	**护发品：**
3305.1000	-洗发剂（香波）
3305.2000	-烫发剂
3305.3000	-定型剂
3305.9000	-其他
33.06	**口腔及牙齿清洁剂，包括假牙稳固剂及粉；清洁牙缝用的纱线（牙线），单独零售包装的：**
	-洁齿品：
3306.1010	---牙膏
3306.1090	---其他
3306.2000	-清洁牙缝用的纱线（牙线）
	-其他：
3306.9010	---漱口剂
3306.9090	---其他
33.07	**剃须用制剂、人体除臭剂、泡澡用制剂、脱毛剂和其他品目未列名的芳香料制品及化妆盥洗品；室内除臭剂，不论是否加香水或消毒剂：**
3307.1000	-剃须用制剂
3307.2000	-人体除臭剂及止汗剂
3307.3000	-香浴盐及其他泡澡用制剂
	-室内散香或除臭制品，包括宗教仪式用的香：
3307.4100	--神香及其他通过燃烧散发香气的制品
3307.4900	--其他
3307.9000	-其他

① 本品目包括液态、膏状或固态（包括条状）的香水及花露水。这些产品主要用于使人体散发香气。

② 其他美容品或化妆品及护肤品（药品除外），例如，扑面粉（不论是否压紧）、婴儿爽身粉（包括零售包装的未混合、未加香料的滑石粉）、其他香粉及油彩；美容霜、冷霜、粉底霜、清洁霜、营养霜（包括含蜂皇浆的营养霜）、润肤油或润肤露；制成零售包装的护肤用凡士林；防痒膏；用于消除皱纹、美化唇形的可注射皮内凝胶（包括含有透明质酸的制剂）；抗粉刺制剂（品目34.01的肥皂除外），这种制剂主要用以清洁皮肤，所含活性组分不足以从根本上防治粉刺；盥洗用醋，醋或醋酸与香味醇的混合物。

③ 本品目包括：Ⅰ.含有肥皂或其他有机表面活性剂的洗发剂及其他洗发香波，所有这些香波可含有辅助性的药效及消毒成分，即使这些成分具有治疗和预防疾病的作用；Ⅱ.烫发剂；Ⅲ.定型剂（有时也称作“硬发胶”）；Ⅳ.其他护发品，例如，润发油，发油、发乳及头发梳妆用品，染发水及头发用漂白剂；染发霜。本品目不包括用于头发以外人体其他部位毛发的制剂（品目33.07）。

第三十四章　肥皂、有机表面活性剂、洗涤剂、润滑剂、人造蜡、调制蜡、光洁剂、蜡烛及类似品、塑型用膏、“牙科用蜡”及牙科用熟石膏制剂

注释：

一、本章不包括：

（一）用作脱模剂的食用动植物或微生物油、脂混合物或制品（品目15.17）；

（二）单独的已有化学定义的化合物；或

（三）含肥皂或其他有机表面活性剂的洗发剂、洁齿品、剃须膏及泡澡用制剂（品目33.05、33.06及33.07）。

二、品目34.01所称“肥皂”，只适用于水溶性肥皂。品目34.01的肥皂及其他产品可以含有添加料（例如，消毒剂、磨料粉、填料或药料）。含磨料粉的产品，只有条状、块状或模制形状可以归入品目34.01。其他形状的应作为“去污粉及类似品”归入品目34.05。

三、品目34.02所称“有机表面活性剂”，是指温度在20摄氏度时与水混合配成0.5%浓度的水溶液，并在同样温度下搁置一小时后与下列规定相符的产品：

（一）成为透明或半透明的液体或稳定的乳浊液而未离析出不溶解物质；以及

（二）将水的表面张力减低到每厘米45达因及以下。

四、品目34.03所称“石油及从沥青矿物提取的油类”，适用于第二十七章注释二所规定的产品。

五、品目34.04所称“人造蜡及调制蜡”，仅适用于：

（一）用化学方法生产的具有蜡质特性的有机产品，不论是否为水溶性的；

（二）各种蜡混合制成的产品；

（三）以一种或几种蜡为基本原料并含有油脂、树脂、矿物质或其他原料的具有蜡质特性的产品。

本品目不包括：

（一）品目15.16、34.02或38.23的产品，不论是否具有蜡质特性；

（二）品目15.21的未混合的动物蜡或未混合的植物蜡，不论是否精制或着色；

（三）品目27.12的矿物蜡或类似产品，不论是否相互混合或仅经着色；或

（四）混合、分散或溶解于液体溶剂的蜡（品目34.05、38.09等）。

【编者注】

一、本章货品归类时，应注意货品的包装状态和形状。例如，品目34.01洁肤用的有机表面活性产品及制剂必须满足“零售包装”的条件，“非零售包装的”要归入其他品目。品目34.01的“肥皂”归类时，应注意其形状（本章注释二）。

二、由两种及以上类型的表面活性剂混合而成的产品应按表面活性剂制品归类，归入子目3402.20或3402.90项下。

三、归入品目34.03的润滑油，所含从石油或沥青矿物提取的油类为基本成分必须小于70%（按重量计）；若等于或大于70%，则归入品目27.10。

四、品目34.01包括用肥皂或洗涤剂浸渍、涂布或包裹的纸、絮胎、毡呢及无纺织物，不论是否加有香料或制成零售包装，这些产品通常用于洗手或洗脸。

商品编码	商品名称
34.01[①]	**肥皂；做肥皂用的有机表面活性产品及制品，条状、块状或模制形状的，不论是否含有肥皂；洁肤用的有机表面活性产品及制品，液状或膏状并制成零售包装的，不论是否含有肥皂；用肥皂或洗涤剂浸渍、涂面或包覆的纸、絮胎、毡呢及无纺织物：**
	-肥皂及有机表面活性产品及制品，条状、块状或模制形状的，以及用肥皂或洗涤剂浸渍、涂面或包覆的纸、絮胎、毡呢及无纺织物：
3401.1100	--盥洗用（包括含有药物的产品）
	--其他：
3401.1910	---洗衣皂
3401.1990	---其他
3401.2000	-其他形状的肥皂
3401.3000	-洁肤用的有机表面活性产品及制品，液状或膏状并制成零售包装的，不论是否含有肥皂
34.02[②]	**有机表面活性剂（肥皂除外）；表面活性剂制品、洗涤剂（包括助洗剂）及清洁剂，不论是否含有肥皂，但品目34.01的产品除外：**
	-阴离子型有机表面活性剂，不论是否零售包装：
3402.3100	--直链烷基苯磺酸及其盐
3402.3900	--其他
	-其他有机表面活性剂，不论是否零售包装：
3402.4100	--阳离子型
3402.4200	--非离子型
3402.4900	--其他
	-零售包装的制品：
3402.5010	---合成洗涤粉
3402.5090	---其他
3402.9000	-其他
34.03	**润滑剂（包括以润滑剂为基本成分的切削油制剂、螺栓或螺母松开剂、防锈或防腐蚀制剂及脱模剂）及用于纺织材料、皮革、毛皮或其他材料油脂处理的制剂，但不包括以石油或从沥青矿物提取的油类为基本成分（按重量计不低于70%）的制剂：**
	-含有石油或从沥青矿物提取的油类：
3403.1100	--处理纺织材料、皮革、毛皮或其他材料的制剂
3403.1900	--其他
	-其他：
3403.9100	--处理纺织材料、皮革、毛皮或其他材料的制剂
3403.9900	--其他
34.04	**人造蜡及调制蜡：**
3404.2000	-聚氧乙烯（聚乙二醇）蜡
3404.9000	-其他
34.05	**鞋靴、家具、地板、车身、玻璃或金属用的光洁剂、擦洗膏、去污粉及类似制品（包括用这类制剂浸渍、涂面或包覆的纸、絮胎、毡呢、无纺织物、泡沫塑料或海绵橡胶），但不包括品目34.04的蜡：**
3405.1000	-鞋靴或皮革用的上光剂及类似制品
3405.2000	-保养木制家具、地板或其他木制品用的上光剂及类似制品

① 本品目仅包括水溶性肥皂，即一般的肥皂。肥皂是一类阴离子表面活性剂，可起碱性反应，在水溶液中会产生大量泡沫。用肥皂或洗涤剂浸渍、涂面或包覆的纸、絮胎、毡呢及无纺织物，不论是否加有香料或制成零售包装，这些产品通常用于洗手或洗脸。但不包括仅加香料的纸、絮胎、毡呢及无纺织物（第二十二章）。本品目也不包括用肥皂或洗涤剂浸渍、涂布或包覆的泡沫塑料、海绵橡胶、纺织材料（絮胎、毡呢、无纺织物除外）及金属垫（这些货品通常按底基的属性归入相应的品目）。

② 本品目的有机表面活性剂是没有化学定义的化合物，含有一个或数个亲水及疏水基团，在温度20℃时与水混合配成浓度0.5%的水溶液，并在相同的温度下放置一小时后，即可生成透明或半透明的液体或稳定的乳浊液而不会离析出不溶性物质。它们能在界面上起吸附作用，从而显示出多种物理化学性质，特别是表面活性（例如，降低表面张力、起泡、乳化或湿润），这就是人们通常把它们称作“表面活性剂”的原因。

商品编码	商品名称	商品编码	商品名称
3405.3000	-车身用的上光剂及类似制品，但金属用的光洁剂除外	3407.0010	---牙科用蜡及造型膏
3405.4000	-擦洗膏、去污粉及类似制品	3407.0020	---以熟石膏为基本成分的牙科用其他制品
3405.9000	-其他	3407.0090	---其他
34.06	**各种蜡烛及类似品：**		
3406.0000[①]	各种蜡烛及类似品		
34.07	**塑型用膏，包括供儿童娱乐用的在内；通称为“牙科用蜡”或“牙科造型膏”的制品，成套、零售包装或制成片状、马蹄形、条状及类似形状的；以熟石膏（煅烧石膏或硫酸钙）为基本成分的牙科用其他制品：**		

① 蜡烛（包括球形或盘卷形细蜡烛），通常由动物脂、硬脂精、石蜡或其他蜡制成。本品目包括不论是否着色、装饰或加香料等的蜡烛，还包括装有浮座的夜明蜡烛。但是本品目不包括：Ⅰ. 抗哮喘蜡烛（品目30.04）；Ⅱ. 蜡火柴或维斯塔火柴（品目36.05）；Ⅲ. 经硫处理的带子、灯芯、烛心及蜡烛（品目38.08），供瓮、住宅等消毒、熏蒸用。

第三十五章　蛋白类物质；改性淀粉；胶；酶

注释：

一、本章不包括：

（一）酵母（品目 21.02）；

（二）第三十章的血份（非治病、防病用的血清白蛋白除外）、药品及其他产品；

（三）预鞣用酶制剂（品目 32.02）；

（四）第三十四章的加酶的浸透剂、洗涤剂及其他产品；

（五）硬化蛋白（品目 39.13）；或

（六）印刷工业用的明胶产品（第四十九章）。

二、品目 35.05 所称“糊精”，是指淀粉的降解产品，其还原糖含量以右旋糖的干重量计不超过 10%。如果还原糖含量超过 10%，应归入品目 17.02。

商品编码	商品名称	商品编码	商品名称
35.01	**酪蛋白、酪蛋白酸盐及其他酪蛋白衍生物；酪蛋白胶：**	3503.0090	---其他
3501.1000	-酪蛋白	**35.04**	**蛋白胨及其衍生物；其他品目未列名的蛋白质及其衍生物；皮粉，不论是否加入铬矾：**
3501.9000	-其他	3504.0010	---蛋白胨
35.02	**白蛋白（包括按重量计干质成分的乳清蛋白含量超过 80%的两种或两种以上的乳清蛋白浓缩物）、白蛋白盐及其他白蛋白衍生物：**	3504.0020	---植物蛋白，以干基计蛋白质含量≥90%
	-卵清蛋白：	3504.0090	---其他
3502.1100	--干的	**35.05**②	**糊精及其他改性淀粉（例如，预凝化淀粉或酯化淀粉）；以淀粉、糊精或其他改性淀粉为基本成分的胶：**
3502.1900	--其他	3505.1000	-糊精及其他改性淀粉
3502.2000	-乳白蛋白，包括两种或两种以上的乳清蛋白浓缩物	3505.2000	-胶
3502.9000	-其他	**35.06**	**其他品目未列名的调制胶及其他调制黏合剂；适于作胶或黏合剂用的产品，零售包装每件净重不超过 1 千克：**
35.03①	**明胶（包括长方形、正方形明胶薄片，不论是否表面加工或着色）及其衍生物；鱼鳔胶；其他动物胶，但不包括品目 35.01 的酪蛋白胶：**	3506.1000	-适于作胶或黏合剂用的产品，零售包装每件净重不超过 1 千克
3503.0010	---明胶及其衍生物		

① 本品目的明胶及其他各种胶是水溶蛋白物质，通常用温水（加酸或不加酸）处理皮张、软骨、硬骨、筋腱或类似动物物料而制得。

② 糊精及其他改性淀粉，即淀粉经热、化学品（例如，酸、碱）或淀粉酶的作用而转化的产品，及经氧化、酯化、醚化等处理的改性淀粉。交联淀粉（例如，磷酸二淀粉酯）是一种重要的改性淀粉。本品目不包括：Ⅰ. 未加工淀粉（品目 11.08）；Ⅱ. 净重不超过 1 千克的零售包装胶（品目 35.06）；Ⅲ. 用于造纸、纺织、皮革或类似工业的上光剂及调制浆料（以淀粉或糊精为基料的）（品目 38.09）。

商品编码	商品名称	商品编码	商品名称
	-其他：	**35.07**①	**酶；其他品目未列名的酶制品：**
	--以橡胶或品目 39.01 至 39.13 的聚合物为基本成分的黏合剂：	3507.1000	-粗制凝乳酶及其浓缩物
			-其他：
3506.9110	---以聚酰胺为基本成分的	3507.9010	---碱性蛋白酶
3506.9120	---以环氧树脂为基本成分的	3507.9020	---碱性脂肪酶
3506.9190	---其他	3507.9090	---其他
3506.9900	--其他		

① 酶是活性细胞产生的有机物质，它们具有引起和调节活性细胞内外特殊化学反应的性能，但本身的化学结构不变。

第三十六章　炸药；烟火制品；火柴；引火合金；易燃材料制品

注释：

一、本章不包括单独的已有化学定义的化合物，但下列注释二（一）、（二）所述物品除外。

二、品目 36. 06 所称“易燃材料制品”，只适用于：

（一）聚乙醛、六甲撑四胺及类似物质，已制成片、棒或类似形状作燃料用的；以酒精为基本成分的固体或半固体燃料及类似的配制燃料；

（二）直接灌注香烟打火机及类似打火器用的液体燃料或液化气体燃料，其包装容器的容积不超过 300 立方厘米；

（三）树脂火炬、引火物及类似品。

【编者注】

一、用爆炸、发火、易燃或可燃的材料制成的用以产生光、声、烟、火焰或火花的制品（例如，烟火制品、火柴、铈铁及某些易燃材料制品）也归入本章。

二、除本章注释二所述的某些燃料外，本章不包括单独的已有化学定义的化合物（通常归入第二十八章或第二十九章）。本章也不包括第九十三章的弹药。

商品编码	商品名称	商品编码	商品名称
36. 01	**发射药：**	3604. 9000	-其他
3601. 0000	发射药	**36. 05**	**火柴，但品目 36. 04 的烟火制品除外：**
36. 02	**配制炸药，但发射药除外：**	3605. 0000	火柴，但品目 36. 04 的烟火制品除外
3602. 0010	---硝铵炸药		
3602. 0090	---其他		
36. 03	**安全导火索；导爆索；火帽或雷管；引爆器；电雷管：**	**36. 06**①	**各种形状的铈铁及其他引火合金；本章注释二所述的易燃材料制品：**
3603. 1000	-安全导火索	3606. 1000	-直接灌注香烟打火机及类似打火器用的液体燃料或液化气体燃料，其包装容器的容积不超过 300 立方厘米
3603. 2000	-导爆索		
3603. 3000	-火帽		
3603. 4000	-雷管		
3603. 5000	-引爆器		-其他：
3603. 6000	-电雷管		---铈铁及其他引火合金：
36. 04	**烟花、爆竹、信号弹、降雨火箭、浓雾信号弹及其他烟火制品：**	3606. 9011	----已切成形可直接使用
		3606. 9019	----其他
3604. 1000	-烟花、爆竹	3606. 9090	---其他

① 本章注释二所述的易燃材料制品仅包括以下制品。Ⅰ. 液体或液化气体燃料（例如，汽油、液化丁烷），装于容积不超过 300 立方厘米的用于香烟打火机或类似打火器充气的容器（瓿瓶、瓶子、罐子等）内。本品目不包括作为香烟打火机或类似打火器零件的可换芯子或其他容器（已充料或未充料）（品目 96. 13）。Ⅱ. 下列固体燃料：制成片、条或类似形状供作燃料用的聚乙醛（三聚乙醛片）及六甲撑四胺（乌洛托品），制成其他形状（例如，粉状或结晶状）的这些产品不归入本品目，而应分别归入品目 29. 12 或 29. 33；制成片、条或类似形状供作燃料用的类似化学物质（不论是否已有化学定义）。

第三十七章　照相及电影用品

注释：

一、本章不包括废碎料。

二、本章所称“摄影”，是指光或其他射线作用于感光面（包括热敏面）上直接或间接形成可见影像的过程。

本国子目注释：

本国子目3702.4221、3702.4422所称“印刷电路板制造用光致抗蚀干膜”，是指制造印刷电路板用的一种实现电路图形转移的光致抗蚀干膜，通常由保护膜、光致抗蚀剂膜和载体薄膜三部分组成，主要用于抗蚀、掩孔和阻焊等。

【编者注】

一、本章产品归类时应注意具体品种类型、规格尺寸、用途及感光方式。

二、未冲洗的感光纸、纸板及布，不论是未曝光或曝光（负片或正片），均归入本章；但它们冲洗后则应归入第四十九章或第十一类。

商品编码	商品名称
37.01	**未曝光的摄影感光硬片及平面软片，用纸、纸板及纺织物以外任何材料制成；未曝光的一次成像感光平片，不论是否分装：**
3701.1000	-X光用
3701.2000	-一次成像平片
	-其他硬片及软片，任何一边超过255毫米：
	---照相制版用：
3701.3021	----激光照排片
3701.3022	----PS版
3701.3024	----CTP版
3701.3025	----柔性印刷版
3701.3029	----其他
3701.3090	---其他
	-其他：
3701.9100	--彩色摄影用
	--其他：
3701.9920	---照相制版用
3701.9990	---其他
37.02	**成卷的未曝光摄影感光胶片，用纸、纸板及纺织物以外任何材料制成；未曝光的一次成像感光卷片：**
3702.1000	-X光用
	-无齿孔的其他胶片，宽度不超过105毫米：
	--彩色摄影用：
3702.3110	---一次成像卷片
3702.3190	---其他
	--其他涂卤化银乳液的：
3702.3210	---一次成像卷片
3702.3220	---照相制版用
3702.3290	---其他
	--其他：
3702.3920	---照相制版用
3702.3990	---其他
	-无齿孔的其他胶片，宽度超过105毫米：
3702.4100	--彩色摄影用，宽度超过610毫米，长度超过200米
	--非彩色摄影用，宽度超过610毫米，长度超过200米：
	---照相制版用：
3702.4221	----印刷电路板制造用光致抗蚀干膜
3702.4229	----其他

商品编码	商品名称
	---其他：
3702.4292	----红色或红外激光胶片
3702.4299	----其他
	--宽度超过610毫米，长度不超过200米：
	---照相制版用：
3702.4321	----激光照排片
3702.4329	----其他
3702.4390	---其他
	--宽度超过105毫米，但不超过610毫米：
	---照相制版用：
3702.4421	----激光照排片
3702.4422	----印刷电路板制造用光致抗蚀干膜
3702.4429	----其他
3702.4490	---其他
	-彩色摄影用的其他胶片：
3702.5200	--宽度不超过16毫米
3702.5300	--幻灯片用，宽度超过16毫米，但不超过35毫米，长度不超过30米
	--非幻灯片用，宽度超过16毫米，但不超过35毫米，长度不超过30米：
3702.5410	---宽度为35毫米，长度不超过2米
3702.5490	---其他
	--宽度超过16毫米，但不超过35毫米，长度超过30米：
3702.5520	---电影胶片
3702.5590	---其他
	--宽度超过35毫米：
3702.5620	---电影胶片
3702.5690	---其他
	-其他：
3702.9600	--宽度不超过35毫米，长度不超过30米
3702.9700	--宽度不超过35毫米，长度超过30米
3702.9800	--宽度超过35毫米
37.03	**未曝光的摄影感光纸、纸板及纺织物：**
	-成卷，宽度超过610毫米：
3703.1010	---感光纸及纸板
3703.1090	---其他
	-其他，彩色摄影用：
3703.2010	---感光纸及纸板
3703.2090	---其他
	-其他：
3703.9010	---感光纸及纸板
3703.9090	---其他
37.04	**已曝光未冲洗的摄影硬片、软片、纸、纸板及纺织物：**
3704.0010	---电影胶片
3704.0090	---其他
37.05	**已曝光已冲洗的摄影硬片及软片，但电影胶片除外：**
3705.0010	---教学专用幻灯片
	---缩微胶片：
3705.0021	----书籍、报刊的
3705.0029	----其他
3705.0090	---其他
37.06	**已曝光已冲洗的电影胶片，不论是否配有声道或仅有声道：**
	-宽度在35毫米及以上：
3706.1010	---教学专用
3706.1090	---其他
	-其他：
3706.9010	---教学专用
3706.9090	---其他
37.07	**摄影用化学制剂（不包括上光漆、胶水、黏合剂及类似制剂）；摄影用未混合产品，定量包装或零售包装可立即使用的：**
3707.1000	-感光乳液
	-其他：
3707.9010	---冲洗照相胶卷及相片用
3707.9020	---复印机用
3707.9090	---其他

第三十八章　杂项化学产品

注释：

一、本章不包括：

（一）单独的已有化学定义的元素及化合物，但下列各项除外：

1. 人造石墨（品目38.01）；

2. 制成品目38.08所述的形状或包装的杀虫剂、杀鼠剂、杀菌剂、除草剂、抗萌剂、植物生长调节剂、消毒剂及类似产品；

3. 灭火器的装配药及已装药的灭火弹（品目38.13）；

4. 下列注释二所规定的有证标准样品；

5. 下列注释三（一）及三（三）所规定的产品。

（二）化学品与食品或其他营养物质的混合物，配制食品用的（一般归入品目21.06）。

（三）品目24.04的产品；

（四）含有金属、砷及其混合物，并符合第二十六章注释三（一）或三（二）的规定的矿渣、矿灰和残渣（包括淤渣，但下水道淤泥除外）（品目26.20）。

（五）药品（品目30.03及30.04）。

（六）用于提取贱金属或生产贱金属化合物的废催化剂（品目26.20），主要用于回收贵金属的废催化剂（品目71.12），或某种形状（例如，精细粉末或纱网状）的金属或金属合金催化剂（第十四类或第十五类）。

二、

（一）品目38.22所称的“有证标准样品”，是指附有证书的参照物，该证书标明了参照物属性的指标、确定这些指标的方法以及与每一指标相关的确定度，这些参照物适用于分析、校准和比较。

（二）除第二十八章和二十九章的产品外，有证标准样品在本目录中应优先归入品目38.22。

三、品目38.24包括不归入本目录其他品目的下列货品：

（一）每颗重量不小于2.5克的氧化镁、碱金属或碱土金属卤化物制成的培养晶体（光学元件除外）；

（二）杂醇油；骨焦油；

（三）零售包装的除墨剂；

（四）零售包装的蜡纸改正液、其他改正液及改正带（品目96.12的产品除外）；以及

（五）可熔性陶瓷测温器（例如，塞格测温锥）。

四、本目录所称“城市垃圾”，是指从家庭、宾馆、餐厅、医院、商店、办公室等收集来的废物、马路和人行道的垃圾以及建筑垃圾或拆建垃圾。城市垃圾通常含有大量各种各样的材料，例如，塑料、橡胶、木材、纸张、纺织品、玻璃、金属、食物、破烂家具和其他已损坏或被丢弃的物品，但不包括：

（一）已从垃圾中分拣出来的单独的材料或物品，例如，废的塑料、橡胶、木材、纸张、纺织品、玻璃、金属和电子电气废弃物及碎料（包括废电池），这些材料或物品应归入本目录中适当品目；

（二）工业废物；

（三）第三十章注释四（十）所规定的废药物；或

（四）本章注释六（一）所规定的医疗废物。

五、品目38.25所称“下水道淤泥”，是指经城市污水处理厂处理的淤泥，包括预处理的废料、刷洗污垢和性质不稳定的淤泥。但适合作为肥料用的性质稳定的淤泥除外（第三十一章）。

六、品目38.25所称的“其他废物”适用于：

（一）医疗废物，即医学研究、诊断、治疗以及其他内科、外科、牙科或兽医治疗所产生的被污染的废物，通常含有病菌和药物，需作专门处理（例如，脏的敷料、用过的手套及注射器）；

（二）废有机溶剂；

（三）废的金属酸洗液、液压油、制动油及防冻液；以及

（四）化学工业及相关工业的其他废物。

但不包括主要含有石油及从沥青矿物提取的油类的废油（品目27.10）。

七、品目38.26所称的“生物柴油”，是指从动植物或微生物油脂（不论是否使用过）得到的用作燃料的脂肪酸单烷基酯。

子目注释：

一、子目3808.52及3808.59仅包括品目38.08的货品，含有一种或多种下列物质：甲草胺（ISO）、涕灭威（ISO）、艾氏剂（ISO）、谷硫磷（ISO）、乐杀螨（ISO）、毒杀芬（ISO）、敌菌丹（ISO）、克百威（ISO）、氯丹（ISO）、杀虫脒（ISO）、乙酯杀螨醇（ISO）、滴滴涕（ISO, INN）［1, 1, 1-三氯-2, 2-双（4-氯苯基）乙烷］、狄氏剂（ISO，INN）、4, 6-二硝基邻甲酚［二硝酚（ISO）］及其盐、地乐酚（ISO）及其盐或酯、硫丹（ISO）、1, 2-二溴乙烷（ISO）、1, 2-二氯乙烷（ISO）、氟乙酰胺（ISO）、七氯（ISO）、六氯苯（ISO）、1, 2, 3, 4, 5, 6-六氯环已烷［六六六（ISO）］，包括林丹（ISO, INN）、汞化合物、甲胺磷（ISO）、久效磷（ISO）、环氧乙烷（氧化乙烯）、对硫磷（ISO）、甲基对硫磷（ISO）、五氯苯酚（ISO）及其盐或酯、全氟辛基磺酸及其盐、全氟辛基磺胺、全氟辛基磺酰氯、磷胺（ISO）、2, 4, 5-涕（ISO）（2, 4, 5-三氯苯氧基乙酸）及其盐或酯、三丁基锡化合物、敌百虫（ISO）。

二、子目3808.61至3808.69仅包括品目38.08项下含有下列物质的货品：α-氯氰菊酯（ISO）、恶虫威（ISO）、联苯菊酯（ISO）、虫螨腈（ISO）、氟氯氰菊酯（ISO）、溴氯菊酯（INN，ISO）、醚菊酯（INN）、杀螟硫磷（ISO）、高效氯氟氰菊酯（ISO）、马拉硫磷（ISO）、甲基嘧啶磷（ISO）或残杀威（ISO）。

三、子目3824.81至3824.89仅包括含有下列一种或多种物质的混合物及制品：环氧乙烷（氧化乙烯）、多溴联苯（PBBs）、多氯联苯（PCBs）、多氯三联苯（PCTs）、三（2, 3-二溴丙基）磷酸酯、艾氏剂（ISO）、毒杀芬（ISO）、氯丹（ISO）、十氯酮（ISO）、滴滴涕（ISO，INN）［1, 1, 1-三氯-2, 2-双（4-氯苯基）乙烷］、狄氏剂（ISO，INN）、硫丹（ISO）、异狄氏剂（ISO）、七氯（ISO）、灭蚁灵（ISO）、1, 2, 3, 4, 5, 6-六氯环已烷［六六六（ISO）］，包括林丹（ISO，INN）、五氯苯（ISO）、六氯苯（ISO）、全氟辛基磺酸及其盐、全氟辛基磺胺、全氟辛基磺酰氯，四、五、六、七或八溴联苯醚、短链氯化石蜡。短链氯化石蜡是指分子式为$C_xH_{(2x-y+2)}Cl_y$（其中$x=10-13$，$y=1-13$），按重量计氯含量大于48%的化合物的混合物。

四、子目3825.41和3825.49所称“废有机溶剂”，是指主要含有有机溶剂的废物，不适合再作原产品使用，不论其是否用于回收溶剂。

本国子目注释：

一、本国子目3802.1010所称“木质活性炭”，是以锯末、树皮、木屑、果壳、竹子等为原料生产的活性炭，广泛用于医药、果汁、饮料、饮用水等领域，其干品填充密度小于0.5克/立方厘米（粉状，200目筛余物20%以内）。

二、本国子目3808.9112所称“生物杀虫剂”，是指以多杀霉素、除虫菊素、苦参碱、鱼藤酮、乙蒜素、诱虫烯中的一种或多种为有效成分的杀虫剂。

三、本国子目3824.9930所称“增碳剂”，是指由无烟煤经清洗、干燥、煅烧、破碎、筛分等过程制成的，用于钢铁冶炼脱氧、增碳的产品。

四、本国子目3824.9993所称“表层包覆钴化合物的氢氧化镍（掺杂碳）”，主要用于电池正极，通常由镍盐与碱反应制备，按需要掺杂一定比例的碳，并进行表面覆钴加工。

【编者注】

归类时，应注意优先归入第三十八章的一些商品，例如，品目38.22的有证标准样品。

商品编码	商品名称
38.01	**人造石墨；胶态或半胶态石墨；以石墨或其他碳为基本成分的糊状、块状、板状制品或其他半制品：**
3801.1000	-人造石墨
3801.2000	-胶态或半胶态石墨
3801.3000	-电极用碳糊及炉衬用的类似糊
	-其他：
3801.9010	---表面处理的球化石墨
3801.9090	---其他
38.02①	**活性炭；活性天然矿产品；动物炭黑，包括废动物炭黑：**
	-活性炭：
3802.1010	---木质的
3802.1090	---其他
3802.9000	-其他
38.03	**妥尔油，不论是否精炼：**
3803.0000②	妥尔油，不论是否精炼
38.04	**木浆残余碱液，不论是否浓缩、脱糖或经化学处理，包括木素磺酸盐，但不包括品目 38.03 的妥尔油：**
3804.0000	木浆残余碱液，不论是否浓缩、脱糖或经化学处理，包括木素磺酸盐，但不包括品目 38.03 的妥尔油
38.05	**脂松节油、木松节油和硫酸盐松节油及其他萜烯油，用蒸馏或其他方法从针叶木制得；粗制二聚戊烯；亚硫酸盐松节油及其他粗制对异丙基苯甲烷；以α萜品醇为基本成分的松油：**
3805.1000	-脂松节油、木松节油和硫酸盐松节油
	-其他：
3805.9010	---松油
3805.9090	---其他
38.06	**松香和树脂酸及其衍生物；松香精及松香油；再熔胶：**
	-松香及树脂酸：
3806.1010	---松香
3806.1020	---树脂酸
	-松香盐、树脂酸盐及松香或树脂酸衍生物的盐，但松香加合物的盐除外：
3806.2010	---松香盐及树脂酸盐
3806.2090	---其他
3806.3000	-酯胶
3806.9000	-其他
38.07	**木焦油；精制木焦油；木杂酚油；粗木精；植物沥青；以松香、树脂酸或植物沥青为基本成分的啤酒桶沥青及类似制品：**
3807.0000	木焦油；精制木焦油；木杂酚油；粗木精；植物沥青；以松香、树脂酸或植物沥青为基本成分的啤酒桶沥青及类似制品
38.08③	**杀虫剂、杀鼠剂、杀菌剂、除草剂、抗萌剂、植物生长调节剂、消毒剂及类似产品，零售形状、零售包装或制成制剂及成品（例如，经硫磺处理的带子、杀虫灯芯、蜡烛及捕蝇纸）：**
	-本章子目注释一所列货品：
3808.5200	--DDT（ISO）［滴滴涕（INN）］，每包净重不超过 300 克
	--其他：
3808.5920	---零售包装的
3808.5990	---其他
	-本章子目注释二所列货品：
3808.6100	--每包净重不超过 300 克
3808.6200	--每包净重超过 300 克，但不超过 7.5 千克
3808.6900	--其他

① 炭及矿物质为使其适于某些用途（例如，脱色、吸气或吸湿、催化、离子交换或过滤）而经适当处理（用热、化学品等进行处理），其表面结构改变后，即为活性产品。

动物炭黑包括炭化动物材料所得的各种炭黑。

② 妥尔油（有时称作液体松香）是从碱法（主要为硫酸盐法）制木浆时所残余的黑色溶液制得。当这种溶液倒入沉降瓮时，表面形成泡沫堆。将此泡沫堆加热并酸化（通常用稀硫酸酸化）后即得粗妥尔油。

③ 本品目不包括目录其他品目更为具体列名的制品或消毒、杀虫等仅为辅助性能的制剂，例如：Ⅰ. 含有毒物的船亮防污漆（品目 32.08、32.09 或 32.10）；Ⅱ. 消毒皂（品目 34.01）；Ⅲ. DDT（ISO）［滴滴涕（INN），1,1,1-氯代-2,2-双（对-氯苯）乙烷］擦光蜡（品目 34.05）。也不包括具有药物（包括兽用药）基本特性的消毒剂、杀虫刺等（品目 30.03 或 30.04）。还不包括室内除臭剂，不论是否具有消毒性质（品目 33.07）。

商品编码	商品名称
	-其他：
	--杀虫剂：
	---零售包装：
3808.9111	----蚊香
3808.9112	----生物杀虫剂
3808.9119	----其他
3808.9190	---其他
	--杀菌剂：
3808.9210	---零售包装
3808.9290	---其他
	--除草剂、抗萌剂及植物生长调节剂：
	---除草剂：
3808.9311	----零售包装
3808.9319	----其他
	---其他：
3808.9391	----零售包装
3808.9399	----其他
3808.9400	--消毒剂
	--其他：
3808.9910	---零售包装
3808.9990	---其他
38.09	**纺织、造纸、制革及类似工业用的其他品目未列名的整理剂、染料加速着色或固色助剂及其他产品和制剂（例如，修整剂及媒染剂）：**
3809.1000	-以淀粉物质为基本成分
	-其他：
3809.9100	--纺织工业及类似工业用
3809.9200	--造纸工业及类似工业用
3809.9300	--制革工业及类似工业用
38.10	**金属表面酸洗剂；焊接用的焊剂及其他辅助剂；金属及其他材料制成的焊粉或焊膏；作焊条芯子或焊条涂料用的制品：**
3810.1000	-金属表面酸洗剂；金属及其他材料制成的焊粉或焊膏
3810.9000	-其他
38.11	**抗震剂、抗氧剂、防胶剂、黏度改良剂、防腐蚀制剂及其他配制添加剂，用于矿物油（包括汽油）或与矿物油同样用途的其他液体：**
	-抗震剂：
3811.1100	--以铅化合物为基本成分
3811.1900	--其他
	-润滑油添加剂：
3811.2100	--含有石油或从沥青矿物提取的油类
3811.2900	--其他
3811.9000	-其他
38.12	**配制的橡胶促进剂；其他品目未列名的橡胶或塑料用复合增塑剂；橡胶或塑料用抗氧制剂及其他复合稳定剂：**
3812.1000	-配制的橡胶促进剂
3812.2000	-橡胶或塑料用复合增塑剂
	-橡胶或塑料用抗氧制剂及其他复合稳定剂：
3812.3100	--2,2,4-三甲基-1,2-二氢化喹啉（TMQ）低聚体混合物
	--其他：
3812.3910	---其他橡胶防老剂
3812.3990	---其他
38.13	**灭火器的装配药；已装药的灭火弹：**
3813.0010	---灭火器的装配药
3813.0020	---已装药的灭火弹
38.14	**其他品目未列名的有机复合溶剂及稀释剂；除漆剂：**
3814.0000	其他品目未列名的有机复合溶剂及稀释剂；除漆剂
38.15	**其他品目未列名的反应引发剂、反应促进剂、催化剂：**
	-载体催化剂：
3815.1100	--以镍及其化合物为活性物的
3815.1200	--以贵金属及其化合物为活性物的
3815.1900	--其他
3815.9000	-其他
38.16	**耐火的水泥、灰泥、混凝土及类似耐火混合制品，包括夯混白云石，但品目38.01的产品除外：**
3816.0010	---夯混白云石
3816.0020	---其他
38.17	**混合烷基苯及混合烷基萘，但品目27.07及29.02的货品除外：**
3817.0000	混合烷基苯及混合烷基萘，但品目27.07及29.02的货品除外

商品编码	商品名称
38.18	**经掺杂用于电子工业的化学元素，已切成圆片、薄片或类似形状；经掺杂用于电子工业的化合物：**
	---直径在 7.5 厘米及以上的单晶硅切片：
3818.0011	----直径在 15.24 厘米及以下的
3818.0019	----其他
3818.0090	---其他
38.19	**闸用液压油及其他液压传动用液体，不含石油或从沥青矿物提取的油类，或者按重量计石油或从沥青矿物提取的油类含量低于 70%：**
3819.0000	闸用液压油及其他液压传动用液体，不含石油或从沥青矿物提取的油类，或者按重量计石油或从沥青矿物提取的油类含量低于 70%
38.20	**防冻剂及解冻剂：**
3820.0000	防冻剂及解冻剂
38.21	**制成的供微生物（包括病毒及类似品）或植物、人体、动物细胞生长或维持用的培养基：**
3821.0000	制成的供微生物（包括病毒及类似品）或植物、人体、动物细胞生长或维持用的培养基
38.22	**附于衬背上的诊断或实验用试剂及不论是否附于衬背上的诊断或实验用配制试剂，不论是否制成试剂盒形式，但品目 30.06 的货品除外；有证标准样品：**
	-附于衬背上的诊断或实验用试剂及不论是否附于衬背上的诊断或实验用配制试剂，不论是否制成试剂盒形式，但品目 30.06 的货品除外：
3822.1100	--疟疾用
3822.1200	--寨卡病毒及由伊蚊属蚊子传播的其他疾病用
3822.1300	--血型鉴定用
3822.1900	--其他
3822.9000	-其他
38.23	**工业用单羧脂肪酸；精炼所得的酸性油；工业用脂肪醇：**
	-工业用单羧脂肪酸；精炼所得的酸性油：
3823.1100	--硬脂酸
3823.1200	--油酸
3823.1300	--妥尔油脂肪酸
3823.1900	--其他
3823.7000	-工业用脂肪醇
38.24	**铸模及铸芯用黏合剂；其他品目未列名的化学工业及其相关工业的化学产品及配制品（包括由天然产品混合组成的）：**
3824.1000	-铸模及铸芯用黏合剂
3824.3000	-自身混合或与金属黏合剂混合的未烧结金属碳化物
	-水泥、灰泥及混凝土用添加剂：
3824.4010	---高效减水剂
3824.4090	---其他
3824.5000	-非耐火的灰泥及混凝土
3824.6000	-子目 2905.44 以外的山梨醇
	-本章子目注释三所列货品：
3824.8100	--含环氧乙烷（氧化乙烯）的
3824.8200	--含多氯联苯（PCBs）、多氯三联苯（PCTs）或多溴联苯（PBBs）的
3824.8300	--含三（2,3-二溴丙基）磷酸酯的
3824.8400	--含艾氏剂（ISO）、毒杀芬（ISO）、氯丹（ISO）、十氯酮（ISO）、DDT（ISO）［滴滴涕（INN）、1,1,1-三氯-2,2-双（4-氯苯基）乙烷］、狄氏剂（ISO，INN）、硫丹（ISO）、异狄氏剂（ISO）、七氯（ISO）或灭蚁灵（ISO）的
3824.8500	--含 1,2,3,4,5,6-六氯环己烷［六六六（ISO）］，包括林丹（ISO，INN）的
3824.8600	--含五氯苯（ISO）或六氯苯（ISO）的
3824.8700	--含全氟辛基磺酸及其盐，全氟辛基磺胺或全氟辛基磺酰氯的
3824.8800	--含四、五、六、七或八溴联苯醚的
3824.8900	--含短链氯化石蜡的
	-其他：

商品编码	商品名称
3824.9100	--主要由（5-乙基-2-甲基-2 氧代-1,3,2-二氧磷杂环己-5-基）甲基膦酸二甲酯和双［（5-乙基-2-甲基-2 氧代-1,3,2-二氧磷杂环己-5-基）甲基］甲基膦酸酯（阻燃剂 FRC-1）组成的混合物及制品
3824.9200	--甲基膦酸聚乙二醇酯
	--其他：
3824.9910	---杂醇油
3824.9920	---除墨剂、蜡纸改正液及类似品
3824.9930	---增碳剂
	---其他：
3824.9991	----按重量计含滑石 50%以上的混合物
3824.9992	----按重量计含氧化镁 70%以上的混合物
3824.9993	----表面包覆钴化物的氢氧化镍（掺杂碳）
3824.9999	----其他
38.25	**其他品目未列名的化学工业及其相关工业的副产品；城市垃圾；下水道淤泥；本章注释六所规定的其他废物：**
3825.1000	-城市垃圾
3825.2000	-下水道淤泥
3825.3000	-医疗废物
	-废有机溶剂：
3825.4100	--卤化物的
3825.4900	--其他
3825.5000	-废的金属酸洗液、液压油、制动油及防冻液
	-其他化学工业及相关工业的废物：
3825.6100	--主要含有有机成分的
3825.6900	--其他
3825.9000	-其他
38.26	**生物柴油及其混合物，不含或含有按重量计低于 70%的石油或从沥青矿物提取的油类：**
3826.0000①	生物柴油及其混合物，不含或含有按重量计低于 70%的石油或从沥青矿物提取的油类
38.27	**其他品目未列名的，含甲烷、乙烷或丙烷的卤化衍生物的混合物：**
	-含全氯氟烃（CFCs）的，不论是否含氢氯氟烃（HCFCs）、全氟烃（PFCs）或氢氟烃（HFCs）；含氢溴氟烃（HBFCs）的；含四氯化碳的；含 1,1,1-三氯乙烷（甲基氯仿）的：
3827.1100	--含全氯氟烃（CFCs）的，不论是否含氢氯氟烃（HCFCs）、全氟烃（PFCs）或氢氟烃（HFCs）
3827.1200	--含氢溴氟烃（HBFCs）的
3827.1300	--含四氯化碳的
3827.1400	--含 1,1,1-三氯乙烷（甲基氯仿）的
3827.2000	-含溴氯二氟甲烷（Halon-1211）、三氟溴甲烷（Halon-1301）或二溴四氟乙烷（Halon-2402）的
	-含氢氯氟烃（HCFCs）的，不论是否含全氟烃（PFCs）或氢氟烃（HFCs），但不含全氯氟烃（CFCs）：
3827.3100	--含子目 2903.41 至 2903.48 物质的
3827.3200	--其他，含子目 2903.71 至 2903.75 物质的
3827.3900	--其他
3827.4000	-含溴化甲烷（甲基溴）或溴氯甲烷的
	-含三氟甲烷（HFC-23）或全氟烃（PFCs），但不含全氯氟烃（CFCs）或氢氯氟烃（HCFCs）的：
3827.5100	--含三氟甲烷（HFC-23）的
3827.5900	--其他
	-含其他氢氟烃（HFCs），但不含全氯氟烃（CFCs）或氢氯氟烃（HCFCs）的：
3827.6100	--按重量计含 15%及以上 1,1,1-三氟乙烷（HFC-143a）的

① 本品目不包括按重量计含 70%或以上的石油或从沥青矿物中提取油类的混合物（品目 27.10）。

商品编码	商品名称	商品编码	商品名称
3827.6200	--其他，不归入上述子目，按重量计含 55%及以上五氟乙烷（HFC-125），但不含无环烃的不饱和氟化衍生物（HFOs）的	3827.6500	--其他，不归入上述子目的，按重量计含 20%及以上二氟甲烷（HFC-32）和 20%及以上五氟乙烷（HFC-125）的
3827.6300	--其他，不归入上述子目，按重量计含 40%及以上五氟乙烷（HFC-125）的	3827.6800	--其他，不归入上述子目，含子目 2903.41 至 2903.48 所列物质的
3827.6400	--其他，不归入上述子目，按重量计含 30%及以上 1,1,1,2-四氟乙烷（HFC-134a）的，但不含无环烃的不饱和氟化衍生物（HFOs）	3827.6900	--其他
		3827.9000	-其他

第七类　塑料及其制品；橡胶及其制品

注释：

一、由两种或两种以上单独成分配套的货品，其部分或全部成分属于本类范围以内，混合后则构成第六类或第七类的货品，应按混合后产品归入相应的品目，但其组成成分必须同时符合下列条件：

（一）其包装形式足以表明这些成分不需经过改装就可以一起使用的；

（二）一起进口或出口的；

（三）这些成分的属性及相互比例足以表明是相互配用的。

二、除品目 39.18 或 39.19 的货品外，印有花纹、文字、图画的塑料、橡胶及其制品，如果所印花纹、字画作为其主要用途，应归入第四十九章。

【编者注】

本类注释一不包括虽由两种或两种以上单独成分配套而成，其部分或全部组分也属于第七类范围以内，但在使用时却是相继加入而不是预先混合的货品。这些货品如属零售包装，应按归类总规则［一般按规则三（二）］归类；如属非零售包装，则按各单独成分分别归类。

第三十九章　塑料及其制品

注释：

一、本目录所称"塑料"，是指品目 39.01 至 39.14 的材料，这些材料能够在聚合时或聚合后在外力（一般是热力和压力，必要时加入溶剂或增塑剂）作用下通过模制、浇铸、挤压、滚轧或其他工序制成一定的形状，成形后除去外力，其形状仍保持不变。

本目录所称"塑料"，还应包括钢纸，但不包括第十一类的纺织材料。

二、本章不包括：

（一）品目 27.10 或 34.03 的润滑剂；

（二）品目 27.12 或 34.04 的蜡；

（三）单独的已有化学定义的有机化合物（第二十九章）；

（四）肝素及其盐（品目 30.01）；

（五）品目 39.01 至 39.13 所列的任何产品溶于挥发性有机溶剂的溶液（胶棉除外），但溶剂的重量必须超过溶液重量的 50%（品目 32.08）；品目 32.12 的压印箔；

（六）有机表面活性剂或品目 34.02 的制剂；

（七）再熔胶及酯胶（品目 38.06）；

（八）配制的添加剂，用于矿物油（包括汽油）或与矿物油用途相同的其他液体（品目 38.11）；

（九）以第三十九章的聚乙二醇、聚硅氧烷或其他聚合物为基本成分的液压用液体（品目 38.19）；

（十）附于塑料衬背上的诊断或实验用试剂（品目 38.22）；

（十一）第四十章规定的合成橡胶及其制品；

（十二）鞍具及挽具（品目 42.01）；品目 42.02 的衣箱、提箱、手提包及其他容器；

（十三）第四十六章的缏条、编结品及其他制品；

（十四）品目 48.14 的壁纸；

（十五）第十一类的货品（纺织原料及纺织制品）；

（十六）第十二类的物品（例如，鞋靴、帽类、雨伞、阳伞、手杖、鞭子、马鞭及其零件）；

（十七）品目71.17的仿首饰；

（十八）第十六类的物品（机器、机械器具或电气器具）；

（十九）第十七类的航空器零件及车辆零件；

（二十）第九十章的物品（例如，光学元件、眼镜架及绘图仪器）；

（二十一）第九十一章的物品（例如，钟壳及表壳）；

（二十二）第九十二章的物品（例如，乐器及其零件）；

（二十三）第九十四章的物品（例如，家具、灯具、照明装置、灯箱及活动房屋）；

（二十四）第九十五章的物品（例如，玩具、游戏品及运动用品）；或

（二十五）第九十六章的物品（例如，刷子、纽扣、拉链、梳子、烟斗的嘴及柄、香烟嘴及类似品、保温瓶的零件及类似品、钢笔、活动铅笔、独脚架、双脚架、三脚架及类似品）。

三、品目39.01至39.11仅适用于化学合成的下列货品：

（一）采用减压蒸馏法，在压力转换为1013毫巴下的温度300℃时，以体积计馏出量小于60%的液体合成聚烯烃（品目39.01及39.02）；

（二）非高度聚合的苯并呋喃-茚树脂（品目39.11）；

（三）平均至少有5个单体单元的其他合成聚合物；

（四）聚硅氧烷（品目39.10）；

（五）甲阶酚醛树脂（品目39.09）及其他预聚物。

四、所称“共聚物”，包括在整个聚合物中按重量计没有一种单体单元的含量在95%及以上的各种聚合物。

在本章中，除条文另有规定的以外，共聚物（包括共缩聚物、共加聚物、嵌段共聚物及接枝共聚物）及聚合物混合体应按聚合物中重量最大的那种共聚单体单元所构成的聚合物归入相应品目。在本注释中，归入同一品目的聚合物的共聚单体单元应作为一种单体单元对待。

如果没有任何一种共聚单体单元重量为最大，共聚物或聚合物混合体应按号列顺序归入其可归入的最末一个品目。

五、化学改性聚合物，即聚合物主链上的支链通过化学反应发生了变化的聚合物，应按未改性的聚合物的相应品目归类。本规定不适用于接枝共聚物。

六、品目39.01至39.14所称“初级形状”，只限于下列各种形状：

（一）液状及糊状，包括分散体（乳浊液及悬浮液）及溶液；

（二）不规则形状的块、团、粉（包括压型粉）、颗粒、粉片及类似的散装形状。

七、品目39.15不适用于已制成初级形状的单一的热塑材料废碎料及下脚料（品目39.01至39.14）。

八、品目39.17所称“管子”，是指通常用于输送或供给气体或液体的空心制品或半成品（例如，肋纹浇花软管、多孔管），还包括香肠用肠衣及其他扁平管。除肠衣及扁平管外，内截面如果不呈圆形、椭圆形、矩形（其长度不超过宽度的1.5倍）或正几何形，则不能视为管子，而应作为异型材。

九、品目39.18所称“塑料糊墙品”，适用于墙壁或天花板装饰用的宽度不小于45厘米的成卷产品，这类产品是将塑料牢固地附着在除纸张以外任何材料的衬背上，并且在塑料面起纹、压花、着色、印制图案或用其他方法装饰。

十、品目39.20及39.21所称“板、片、膜、箔、扁条”，只适用于未切割或仅切割成矩形（包括正方形）（含切割后即可供使用的），但未经进一步加工的板、片、膜、箔、扁条（第五十四章的物品除外）及正几何形块，不论是否经过印制或其他表面加工。

十一、品目39.25只适用于第二分章以前各品目未包括的下列物品：

（一）容积超过300升的囤、柜（包括化粪池）、罐、桶及类似容器；

（二）用于地板、墙壁、隔墙、天花板或屋顶等方面的结构件；

（三）槽管及其附件；

（四）门、窗及其框架和门槛；

（五）阳台、栏杆、栅栏、栅门及类似品；

（六）窗板、百叶窗（包括威尼斯式百叶窗）或类似品及其零件、附件；

（七）商店、工棚、仓库等用的拼装式固定大型货架；

（八）建筑用的特色（例如，凹槽、圆顶及鸽棚式）装饰件；以及

（九）固定装于门窗、楼梯、墙壁或建筑物其他部位的附件及架座，例如，球形把手、拉手、挂钩、托架、毛巾架、开关板及其他护板。

子目注释：

一、属于本章任一品目项下的聚合物（包括共聚物）及化学改性聚合物应按下列规则归类：

（一）在同级子目中有一个“其他”子目的：

1. 子目所列聚合物名称冠有“聚（多）”的（例如，聚乙烯及聚酰胺-6,6），是指列名的该种聚合物单体单元含量在整个聚合物中按重量计必须占95%及以上。

2. 子目3901.30、3901.40、3903.20、3903.30及3904.30所列的共聚物，如果该种共聚单体单元含量在整个聚合物中按重量计占95%及以上，应归入上述子目。

3. 化学改性聚合物如未在其他子目具体列名，应归入列名为“其他”的子目内。

4. 不符合上述1、2、3款规定的聚合物，应按聚合物中重量最大的那种单体单元（与其他各种单一的共聚单体单元相比）所构成的聚合物归入该级其他相应子目。为此，归入同一子目的聚合物单体单元应作为一种单体单元对待。只有在同级子目中的聚合物共聚单体单元才可以进行比较。

（二）在同级子目中没有“其他”子目的：

1. 聚合物应按聚合物中重量最大的那种单体单元（与其他各种单一的共聚单体单元相比）所构成的聚合物归入该级相应子目。为此，归入同一子目的聚合物单体单元应作为一种单体单元对待。只有在同级子目中的聚合物共聚单体单元才可以进行比较。

2. 化学改性聚合物应按相应的未改性聚合物的子目归类。

聚合物混合体应按单体单元比例相等、种类相同的聚合物归入相应子目。

二、子目3920.43所称“增塑剂”，包括“次级增塑剂”。

本国子目注释：

一、本国子目3903.1910、3903.3010所涉及的“改性”，是一种物理改性工艺。该工艺以聚苯乙烯或丙烯腈-丁二烯-苯乙烯（ABS）共聚物为基体，通过加入阻燃剂、增韧剂、矿物质等添加剂，改善聚合物在燃烧性、力学、电学、热学等方面的性能。

二、本国子目3907.6110、3907.6910、3908.1011、3908.1012所涉及的“切片”，是指聚合物或聚合物与添加剂的混合物经切粒机切割后得到的产品，一般呈扁平、扁椭圆状或圆粒状。其中，圆粒状产品一般无明显刀切痕迹。

三、本国子目3926.9010所涉及的“机器及仪器”，是指《中华人民共和国进出口税则》第八十四、八十五、九十章的商品。

【编者注】

一、聚合物（包括共聚物）、化学改性聚合物的归类。

根据本章子目注释的规定，聚合物（包括共聚物）及化学改性聚合物应视同级子目中有无列名为“其他”的子目，而分别按照本章子目注释的第一条或第二条的规定确定归类。

列名为“其他”的子目，不包括诸如“其他聚酯”和“其他塑料制”之类的子目。

所称“同级”，是指同一数级的子目，即五位数级（一级）子目或六位数级（二级）子目（参见归类总规则第六条的注释）。

必须注意，某些品目（例如，品目39.07）下同时列有两种数级的子目。

（一）在同级子目中有列名为“其他”的子目的归类。

1. 本章子目注释第一条（一）1款规定，聚合物名称冠有“聚（多）”的（例如，聚乙烯及聚酰胺-6，6），是指列名的该种聚合物单体单元含量在整个聚合物中按重量计必须占95%及以上。对于以类列名的聚合物名称冠有“聚（多）”的（例如，子目3911.10的多萜树脂），所有该类的单体单元（例如，多萜树脂的各种单体单元）含量在聚合物中按重量计必须占95%及以上。

值得强调的是，这一规定仅适用于子目所列的聚合物，而它们的同级子目中又有一个列名为“其他”的子目。

例如，由96%的乙烯单体单元和4%的丙烯单体单元组成，比重在0.94及以上的聚合物（根据本章注释四的规定，它属于一种品目39.01的聚合物），应作为聚乙烯归入子目3901.20，因为乙烯单体单元含量在整个聚合物中已占95%以上，而在同级子目中又有一个列名为“其他”的子目。

上述关于聚合物名称冠有“聚（多）”的规定对于聚乙烯醇来说，并不要求名为乙烯醇的单体单元按重量计占95%及以上。然而，乙烯乙酸酯和乙烯醇两者的单体单元含量在聚合物中按重量计必须达到95%及以上。

2. 本章子目注释第一条（一）2款是关于子目3901.30、3903.20、3903.30及3904.30所列产品的归类问题。

归入上述子目的共聚物，其子目所列聚合物的单体单元含量按重量计必须占95%及以上。

例如，一方面，由61%的氯乙烯、35%的乙烯乙酸酯和4%的马来酐的单体单元组成的共聚物（一种品目39.04的聚合物），应作为氯乙烯-乙烯乙酸酯共聚物归入子目3904.30，因为氯乙烯和乙烯乙酸酯两者的单体单元含量在整个聚合物中已占96%。

由60%的苯乙烯、30%的丙烯腈和10%的甲苯乙烯的单体单元组成的共聚物（一种品目39.03的聚合物），应归入子目3903.90（列名为“其他”的子目），而不归入子目3903.20，因为苯乙烯和丙烯腈两者的单体单元含量在整个聚合物中仅占90%。

3. 本章子目注释第一条（一）3款是关于化学改性聚合物的归类问题。这些聚合物如未在其他子目中具体列名，应归入列名为“其他”的子目内。该子目注释想说明，化学改性聚合物与未改性聚合物并非归入同一个子目，除非未改性聚合物本身也归入列名为“其他”的子目。

例如，氯化或氯磺化聚乙烯是品目39.01的化学改性聚乙烯，应归入子目3901.90（“其他”子目）。

通过水解聚乙烯乙酸酯制取的聚乙烯醇应归入已具体列名的子目3905.30。

4. 本章子目注释第一条（一）4款规定，不能根据第一条（一）1、2、3款规定归类的聚合物应归入列名为“其他”的子目，除非在该同级子目中有列名更为具体的子目，该子目包括了与其他各种单体单元相比重量最大的那种单体单元的聚合物。为此，归入同一子目的聚合物的单体单元应作为一种单体对待。只有在同级子目中的聚合物的单体单元才可以进行比较。

具体列名的子目所列名称具有一定的格式，即聚×××、×××共聚物或×××聚合物［例如，丙烯共聚物（子目3902.30）、含氟聚合物（子目3904.61及3904.69）］。

要归入这些子目，仅需要有关子目所列名的单体单元含量超过每种同级子目所列的其他单体单元即可，也就是说，有关子目所列名的单体单元在同级子目的聚合物总含量中不一定超过50%。

例如，由40%的乙烯和60%的丙烯的单体单元组成的乙烯-丙烯共聚物（一种品目39.02的聚合物），应作为一种丙烯共聚物归入子目3902.30，因为丙烯是归类时应考虑的唯一所含单体单元。

同样，由45%的乙烯、35%丙烯和20%异丁烯的单体单元组成的共聚物（一种品目39.02的聚合物）应归入子目3902.30，因为只有丙烯和异丁烯的单体单元进行比较（乙烯单体单元不参与比较），而丙烯单体单元超过了异丁烯单体单元。

由45%的乙烯、35%异丁烯和20%丙烯的单体单元组成的共聚物（一种品目39.02的聚合物）应归入子目3902.90，因为只有异丁烯和丙烯的单体单元进行比较，而异丁烯单体单元超过了丙烯单体单元。

（二）在同级子目中没有列名为“其他”的子目的归类。

1. 本子目注释第一条（二）1款规定了如果在同级子目中没有列名为“其他”的子目，按重量计超过其他各种单体单元并且在有关子目列名的那种单体单元的聚合物应如何归类的问题。为此，归入同一子目的单体单元应作为一种单体对待。

本规定与本章注释四所述的聚合物在品目的归类方法相类似。

所实行的最大单体单元的概念，不包括聚合物含有不归入有关同级子目中的单体单元的情况。因此，只有在有关同级子目中的聚合物单体单元才可以进行比较。

例如，由尿素和苯酚与甲醛缩聚而成的共缩聚物（品目39.09的聚合物），如果尿素单体单元超过了苯酚单体单元，应归入子目3909.10；如果苯酚单体单元超过了尿素单体单元，则应归入子目3909.40，因为在同级子目中没有列名为“其他”的子目。

应该记住，本章子目注释第一条（一）款关于聚合物名称冠有“聚（多）”的规定，不适用于这里所述的子目。

例如，含有聚碳酸酯和聚对苯二甲酸乙二酯的单体单元的共聚物，如果前者重量大于后者，应归入子目3907.40；如果后者重量大于前者，应归入子目3907.61或3907.69，因为在同级子目中没有列名为“其他”的子目。

2. 本章子目注释第一条（二）2款是关于化学改性聚合物的归类问题。如果在有关同级子目中没有列名为“其他”的子目，它们应与未改性聚合物归入同一子目。

例如，乙酰化的酚醛树脂（品目39.09的聚合物）应作为酚醛树脂归入子目3909.40，因为在同级子目中没有列名为“其他”的子目。

二、塑料与纺织品的复合制品的归类。

塑料与纺织品的复合制品则主要按照第十一类注释一（八）款、第五十六章注释三和第五十九章注释二的规定结合考虑进行归类。

三、两面均用纺织物盖面的泡沫塑料板、片及带，不论织物的性质如何，都不归入本章（通常归入品目56.02、56.03或59.03）。

四、塑料零件的归类。

塑料的用途十分广泛，许多由塑料制成的具有专门结构和用途的机械、仪器、电器、运输工具上的零件部件，不能归入第三十九章，而是按其具体所适用的机械设备产品的零件进行归类。

商品编码	商品名称
	第一分章　初级形状
39.01	**初级形状的乙烯聚合物：**
3901.1000	-聚乙烯，比重小于0.94
3901.2000	-聚乙烯，比重在0.94及以上
3901.3000	-乙烯-乙酸乙烯酯共聚物
	-乙烯-α-烯烃共聚物，比重小于0.94：
3901.4010	---乙烯-丙烯共聚物（乙丙橡胶）
3901.4020	---线型低密度聚乙烯
3901.4090	---其他
	-其他：
3901.9010	---乙烯-丙烯共聚物（乙丙橡胶）
3901.9090	---其他
39.02	**初级形状的丙烯或其他烯烃聚合物：**
3902.1000	-聚丙烯
3902.2000	-聚异丁烯
	-丙烯共聚物：
3902.3010	---乙烯-丙烯共聚物（乙丙橡胶）
3902.3090	---其他
3902.9000	-其他
39.03	**初级形状的苯乙烯聚合物：**
	-聚苯乙烯：
3903.1100	--可发性的
	--其他：
3903.1910	---改性的
3903.1990	---其他
3903.2000	-苯乙烯-丙烯腈（SAN）共聚物

商品编码	商品名称
	-丙烯腈-丁二烯-苯乙烯（ABS）共聚物：
3903.3010	---改性的
3903.3090	---其他
3903.9000	-其他
39.04	**初级形状的氯乙烯或其他卤化烯烃聚合物：**
	-聚氯乙烯，未掺其他物质：
3904.1010	---糊树脂
3904.1090	---其他
	-其他聚氯乙烯：
3904.2100	--未塑化
3904.2200	--已塑化
3904.3000	-氯乙烯-乙酸乙烯酯共聚物
3904.4000	-其他氯乙烯共聚物
3904.5000	-偏二氯乙烯聚合物
	-氟聚合物：
3904.6100	--聚四氟乙烯
3904.6900	--其他
3904.9000	-其他
39.05	**初级形状的乙酸乙烯酯或其他乙烯酯聚合物；初级形状的其他乙烯基聚合物：**
	-聚乙酸乙烯酯：
3905.1200	--水分散体
3905.1900	--其他
	-乙酸乙烯酯共聚物：
3905.2100	--水分散体
3905.2900	--其他
3905.3000	-聚乙烯醇，不论是否含有未水解的乙酸酯基
	-其他：
3905.9100	--共聚物
3905.9900	--其他
39.06	**初级形状的丙烯酸聚合物：**
3906.1000	-聚甲基丙烯酸甲酯
	-其他：
3906.9010	---聚丙烯酰胺
3906.9020	---丙烯酸-丙烯酸钠交联共聚物
3906.9090	---其他
39.07	**初级形状的聚缩醛、其他聚醚及环氧树脂；初级形状的聚碳酸酯、醇酸树脂、聚烯丙基酯及其他聚酯：**
	-聚缩醛：
3907.1010	---聚甲醛
3907.1090	---其他
	-其他聚醚：
3907.2100	--双（聚氧乙烯）甲基膦酸酯
	--其他：
3907.2910	---聚四亚甲基醚二醇
3907.2990	---其他
3907.3000	-环氧树脂
3907.4000	-聚碳酸酯
3907.5000	-醇酸树脂
	-聚对苯二甲酸乙二酯：
	--粘数在78毫升/克或以上：
3907.6110	---切片
3907.6190	---其他
	--其他：
3907.6910	---切片
3907.6990	---其他
3907.7000	-聚乳酸
	-其他聚酯：
3907.9100	--不饱和
	--其他：
3907.9910	---聚对苯二甲酸丁二酯
	---其他：
3907.9991	----聚对苯二甲酸-己二酸-丁二醇酯
3907.9999	----其他
39.08	**初级形状的聚酰胺：**
	-聚酰胺-6、-11、-12、-6,6、-6,9、-6,10或-6,12：
	---切片：
3908.1011	----聚酰胺-6,6切片
3908.1012	----聚酰胺-6切片
3908.1019	----其他
3908.1090	---其他
	-其他：
3908.9010	---芳香族聚酰胺及其共聚物
3908.9020	---半芳香族聚酰胺及其共聚物

商品编码	商品名称
3908.9090	---其他
39.09	**初级形状的氨基树脂、酚醛树脂及聚氨酯类：**
3909.1000	-尿素树脂；硫脲树脂
3909.2000	-蜜胺树脂
	-其他氨基树脂：
3909.3100	--聚（亚甲基苯基异氰酸酯）（粗MDI、聚合MDI）
3909.3900	--其他
3909.4000	-酚醛树脂
3909.5000	-聚氨基甲酸酯
39.10	**初级形状的聚硅氧烷：**
3910.0000	初级形状的聚硅氧烷
39.11	**初级形状的石油树脂、苯并呋喃-茚树脂、多萜树脂、多硫化物、聚砜及本章注释三所规定的其他品目未列名产品：**
3911.1000	-石油树脂、苯并呋喃树脂、茚树脂、苯并呋喃-茚树脂及多萜树脂
3911.2000	-聚（1,3-亚苯基甲基膦酸酯）
3911.9000	-其他
39.12	**初级形状的其他品目未列名的纤维素及其化学衍生物：**
	-乙酸纤维素：
3912.1100	--未塑化
3912.1200	--已塑化
3912.2000	-硝酸纤维素（包括胶棉）
	-纤维素醚：
3912.3100	--羧甲基纤维素及其盐
3912.3900	--其他
3912.9000	-其他
39.13	**初级形状的其他品目未列名的天然聚合物（例如，藻酸）及改性天然聚合物（例如，硬化蛋白、天然橡胶的化学衍生物）：**
3913.1000	-藻酸及其盐和酯
3913.9000	-其他
39.14	**初级形状的离子交换剂，以品目39.01至39.13的聚合物为基本成分的：**
3914.0000	初级形状的离子交换剂，以品目39.01至39.13的聚合物为基本成分的
	第二分章　废碎料及下脚料；半成品；制成品
39.15①	**塑料的废碎料及下脚料：**
3915.1000	-乙烯聚合物的
3915.2000	-苯乙烯聚合物的
3915.3000	-氯乙烯聚合物的
	-其他塑料的：
3915.9010	---聚对苯二甲酸乙二酯的
3915.9090	---其他
39.16②	**塑料制的单丝（截面直径超过1毫米）、条、杆、型材及异型材，不论是否经表面加工，但未经其他加工：**
3916.1000	-乙烯聚合物制
	-氯乙烯聚合物制：
3916.2010	---异型材
3916.2090	---其他
	-其他塑料制：
3916.9010	---聚酰胺制的
3916.9090	---其他

① 本品目的货品包括明显不能再作为原用途使用的破损塑料物品，以及制造加工过程中产生的废料（刨花、粉屑、边角料等）。某些废料可用作模塑材料、清漆基料、填充料等。但本品目不适用于制成初级形状的单一种类热塑性材料的废碎料及下脚料（品目39.01至39.14）。

单一种类的热固性材料的废碎料及下脚料，由两种或两种以上热塑性材料的废碎料及下脚料构成的混合物，即使加工成初级形状，仍归入本品目。

本品目也不包括主要用于回收贵金属的含贵金属或贵金属化合物的塑料废、碎料（品目71.12）。

② 本品目包括任一横截面直径超过1毫米的单丝、条、杆及异型材。

商品编码	商品名称
39.17①	**塑料制的管子及其附件（例如，接头、肘管、法兰）：**
3917.1000	-硬化蛋白或纤维素材料制的人造肠衣（香肠用肠衣）
	-硬管：
3917.2100	--乙烯聚合物制
3917.2200	--丙烯聚合物制
3917.2300	--氯乙烯聚合物制
3917.2900	--其他塑料制
	-其他管：
3917.3100	--软管，最小爆破压力为 27.6 兆帕斯卡
3917.3200	--其他未装有附件的管子，未经加强也未与其他材料合制
3917.3300	--其他装有附件的管子，未经加强也未与其他材料合制
3917.3900	--其他
3917.4000	-管子附件
39.18②	**块状或成卷的塑料铺地制品，不论是否胶粘；本章注释九所规定的塑料糊墙品：**
	-氯乙烯聚合物制：
3918.1010	---糊墙品
3918.1090	---其他
	-其他塑料制：
3918.9010	---糊墙品
3918.9090	---其他
39.19③	**自粘的塑料板、片、膜、箔、带、扁条及其他扁平形状材料，不论是否成卷：**
	-成卷，宽度不超过 20 厘米：
3919.1010	---丙烯酸树脂类为基本成分
	---其他：
3919.1091	----胶囊型反光膜
3919.1099	----其他
	-其他：
3919.9010	---胶囊型反光膜
3919.9090	---其他
39.20④	**其他非泡沫塑料的板、片、膜、箔及扁条，未用其他材料强化、层压、支撑或用类似方法合制：**
	-乙烯聚合物制：
3920.1010	---乙烯聚合物制电池隔膜
3920.1090	---其他
	-丙烯聚合物制：
3920.2010	---丙烯聚合物制电池隔膜
3920.2090	---其他
3920.3000	-苯乙烯聚合物制
	-氯乙烯聚合物制：
3920.4300	--按重量计增塑剂含量不小于 6%
3920.4900	--其他
	-丙烯酸聚合物制：
3920.5100	--聚甲基丙烯酸甲酯制
3920.5900	--其他

① 根据本章注释八，本品目所称“管子”是指：Ⅰ.一般用于输送、引流或分配气体或液体的中空制品（例如，园艺用波纹管、多孔管），不论是半成品或制成品，只要其内横截面为圆形、椭圆形、矩形（长宽比不超过 1.5）及正多边形；Ⅱ.香肠用肠衣（不论是否捆扎或经其他进一步加工的）及其他扁平管。本品目还包括管子的塑料附件（例如，接头、肘管、法兰）。管子及其附件可以硬质，也可以软质，可以用其他材料增强，也可以与其他材料合制。

② 本品目第一部分包括通常作为铺地制品的成卷或砖瓦状的塑料制品，还包括胶粘的铺地制品。本品目第二部分，其范围以本章注释九的规定为限，包括塑料糊墙品，以纺织物为衬基的也包括在内，但不包括以塑料涂覆的壁纸或类似的纸质糊墙品（品目 48.14）。本品目包括印有花纹、字符或图画的物品，即使所印的花纹、字画作为其主要用途。

③ 本品目包括除品目 39.18 的铺地制品、糊墙品以外的所有胶粘扁平状塑料，不论是否成卷。但本品目的货品仅限于在常温下无须润湿或加入其他助剂，一经与各种不同的表面接触，仅用手指或手按压，即可永久牢固地黏着（单面或双面）的扁平状材料。本品目包括印有花纹、字符或图画的物品，即使所印的花纹、字画作为其主要用途。

④ Ⅰ.本品目不包括以其他非塑料材料增强、层压、支撑或以类似方法合制的产品（品目 39.21）。为此，所称“以类似方法合制”必须是用非塑料材料与塑料合制以提高塑料材料的强度（例如，嵌金属网及玻璃纤维机织物、矿物纤维、金属须及长丝）。

Ⅱ.本品目也不包括泡沫塑料产品（品目 39.21）及表观宽度不超过 5 毫米的塑料带（第五十四章）。

Ⅲ.经磨边、钻孔、铣削、卷边、搓捻、镶框或其他加工以及切成除矩形（包括正方形）以外其他形状的板、片等，不论是否经表面加工（包括切割成小块正方形或其他矩形）；一般均作为品目 39.18、39.19 或 39.22 至 39.26 的物品归类。

商品编码	商品名称
	-聚碳酸酯、醇酸树脂、聚烯丙酯或其他聚酯制：
3920.6100	--聚碳酸酯制
3920.6200	--聚对苯二甲酸乙二酯制
3920.6300	--不饱和聚酯制
3920.6900	--其他聚酯制
	-纤维素及其化学衍生物制：
3920.7100	--再生纤维素制
3920.7300	--乙酸纤维素制
3920.7900	--其他纤维素衍生物制
	-其他塑料制：
3920.9100	--聚乙烯醇缩丁醛制
3920.9200	--聚酰胺制
3920.9300	--氨基树脂制
3920.9400	--酚醛树脂制
	--其他塑料制：
3920.9910	---聚四氟乙烯制
3920.9990	---其他塑料制
39.21	**其他塑料板、片、膜、箔、扁条：**
	-泡沫塑料的：
3921.1100	--苯乙烯聚合物制
	--氯乙烯聚合物制：
3921.1210	---人造革及合成革
3921.1290	---其他
	--氨酯聚合物制：
3921.1310	---人造革及合成革
3921.1390	---其他
3921.1400	--再生纤维素制
	--其他塑料制：
3921.1910	---人造革及合成革
3921.1990	---其他
	-其他：
3921.9020	---聚乙烯嵌有玻璃纤维的板、片
3921.9030	---聚异丁烯为基本成分的附有人造毛毡的板、片、卷材
3921.9090	---其他
39.22①	**塑料浴缸、淋浴盘、洗涤槽、盥洗盆、坐浴盆、便盆、马桶座圈及盖、抽水箱及类似卫生洁具：**
3922.1000	-浴缸、淋浴盘、洗涤槽及盥洗盆
3922.2000	-马桶座圈及盖
3922.9000	-其他
39.23②	**供运输或包装货物用的塑料制品；塑料制的塞子、盖子及类似品：**
3923.1000	-盒、箱（包括板条箱）及类似品
	-袋及包（包括锥形的）：
3923.2100	--乙烯聚合物制
3923.2900	--其他塑料制
3923.3000	-坛、瓶及类似品
3923.4000	-卷轴、纡子、筒管及类似品
3923.5000	-塞子、盖子及类似品
3923.9000	-其他

① 本品目包括永久固定于房舍内或某一地点上的设备，它们通常与供水系统或下水道相连接；还包括类似规格及用途的其他卫生洁具。例如，便携式坐浴盘、婴儿浴盆及野营用的盥洗设备。塑料的坐便器水箱，不论是否装有机械装置的仍归入本品目。但本品目不包括：Ⅰ. 便携式的小型卫生器具，例如，便盘和便壶（品目39.24）；Ⅱ. 肥皂盘、毛巾架、牙刷架、卫生纸架、毛巾钩及类似的浴室、盥洗室和厨房器具，这些器具如果是供永久固定安装在墙内、墙上或建筑物的其他地方，应归入品目39.25，否则应归入品目39.24。

② 本品目包括所有通常用于包装或运输各种货物的塑料制品。此外，本品目不包括家庭用具（例如，垃圾箱）和不具备盛装或运输货物容器特征的餐用或盥洗用杯子，不论其是否有时用作货物容器（归入品目39.24），以及品目42.02的容器和品目63.05的散装货物储运软袋。

商品编码	商品名称	商品编码	商品名称
39.24①	**塑料制的餐具、厨房用具、其他家庭用具及卫生或盥洗用具：**	3926.1000	-办公室或学校用品
3924.1000	-餐具及厨房用具		-衣服及衣着附件（包括分指手套、连指手套及露指手套）：
3924.9000	-其他		---手套（包括分指手套、连指手套及露指手套）：
39.25	**其他品目未列名的建筑用塑料制品：**	3926.2011	----聚氯乙烯制
3925.1000	-囤、柜、罐、桶及类似容器，容积超过300升	3926.2019	----其他
3925.2000	-门、窗及其框架、门槛	3926.2090	---其他
3925.3000	-窗板、百叶窗（包括威尼斯式百叶窗）或类似制品及其零件	3926.3000	-家具、车厢或类似品的附件
		3926.4000	-小雕塑品及其他装饰品
3925.9000	-其他		-其他：
39.26②	**其他塑料制品及品目 39.01 至 39.14 所列其他材料的制品：**	3926.9010	---机器及仪器用零件
		3926.9090	---其他

① 本品目包括下列塑料制品：Ⅰ.餐具，例如，茶具或咖啡用具、餐盘、汤碗、沙拉碗、各种碟子及托盘、咖啡壶、茶壶、糖缸、啤酒杯、其他杯、酱油碟、水果盘、调味品瓶、盐瓶、芥末瓶、蛋杯、茶壶架、餐桌垫、餐刀架、餐巾环、刀、叉及汤匙；Ⅱ.厨房用具，例如，水盘、果子冻模子、厨用壶、贮藏罐、箱和盒（茶罐、面包箱等）、漏斗、长柄勺、刻度厨房量器及擀面杖；Ⅲ.其他家庭用具，例如，烟灰缸、热水瓶、火柴盒架、垃圾箱、桶、喷壶、食品储藏容器、窗帘、幕帘、台布及家具防尘罩套；Ⅳ.卫生及盥洗用具（不论是否家用），例如，盥洗物品（大口水壶、碗等）、卫生桶、便盆、尿壶、便壶、痰盂、冲洗罐、洗眼杯，婴儿奶瓶的奶嘴（哺乳奶嘴）和护手指套，肥皂盘、毛巾架、牙刷架、卫生纸架、毛巾钩及非供永久固定安装于或嵌入墙上的浴室、盥洗室或厨房用的类似物品。但是，本款不包括供永久固定安装在（例如，用螺丝钉、钉子、螺栓或胶粘剂）墙内、墙上或建筑物的其他地方的上述物品（品目39.25）。

② 本品目包括：Ⅰ.用塑料片缝合或焊接而成的衣着及衣着附件（玩具除外），例如，围裙、腰带、婴儿围兜、雨衣、衣服腋下汗垫吸汗护垫等，可摘除的塑料兜帽和所属的塑料雨衣一起报验的，仍归入本品目；Ⅱ.家具、车厢或类似品的附件；Ⅲ.小雕塑品及其他装饰品；Ⅳ.挡尘片、防护袋、遮篷、文件夹、公文套、书籍封面、读物封套及用塑料片缝合或黏合的类似防护用品；Ⅴ.镇纸、裁纸刀、吸墨水纸滚台、笔架、书签等；Ⅵ.螺丝、螺栓、垫圈及类似的通用紧固件；Ⅶ.环状、裁成一定长度并首尾相接或用紧固件连接的传动带、输送带或升降机带，任何种类的传动带、输送带或升降机带及带料，只要和与其配套的机器设备一起报验，则不论其是否已经装配在机器设备上，均按所属机器设备归类（例如，归入第十六类），此外，本品目也不包括用塑料浸渍、涂布、包覆或层压的纺织材料制成的传动带或输送带及带料（第十一类，例如，品目59.10）；Ⅷ.装有品目39.14的聚合物的离子交换柱；Ⅸ.装有羧甲基纤维素的塑料容器（用作冰袋）；Ⅹ.未制成特定形状或未在内部装有配件，专门适于盛装工具（带或不带附件）的工具箱、盒（参见品目42.02的注释）；Ⅺ.婴儿奶嘴；冰袋；冲洗袋、灌肠袋及其附件；病残者残疾人及类似人士用的护理用垫；阴道环；避孕套；注射器用圆球洗肠用的胶球；Ⅻ.其他各种物品，例如，手袋紧固件、衣箱包角、挂钩、装于家具底部的防护碗及滑轨、工具和刀叉等的手柄、穿孔小珠、表“玻璃”、数码及字母、行李标签夹。

第四十章　橡胶及其制品

注释：

一、除条文另有规定的以外，本目录所称“橡胶”，是指不论是否硫化或硬化的下列产品：

天然橡胶、巴拉塔胶、古塔波胶、银胶菊胶、糖胶树胶及类似的天然树胶、合成橡胶、从油类中提取的油膏以及上述物品的再生品。

二、本章不包括：

（一）第十一类的货品（纺织原料及纺织制品）；

（二）第六十四章的鞋靴及其零件；

（三）第六十五章的帽类及其零件（包括游泳帽）；

（四）第十六类的硬质橡胶制的机械器具、电气器具及其零件（包括各种电气用品）；

（五）第九十章、第九十二章、第九十四章或第九十六章的物品；或

（六）第九十五章的物品（运动用分指手套、连指手套、露指手套及品目 40. 11 至 40. 13 的制品除外）。

三、品目 40. 01 至 40. 03 及 40. 05 所称“初级形状”，只限于下列形状：

（一）液状及糊状，包括胶乳（不论是否预硫化）及其他分散体和溶液；

（二）不规则形状的块、团、包、粉、粒、碎屑及类似的散装形状。

四、本章注释一和品目 40. 02 所称“合成橡胶”，适用于：

（一）不饱和合成物质，即用硫磺硫化能使其不可逆地变为非热塑物质，这种物质能在温度 18 摄氏度~29 摄氏度之间被拉长到其原长度的 3 倍而不致断裂，拉长到原长度的 2 倍时，在 5 分钟内能回复到不超过原长度的 1. 5 倍。为了进行上述试验，可以加入交联所需的硫化活化剂或促进剂；也允许含有注释五（二）2 及 3 所述的物质。但不能加入非交联所需的物质，例如，增量剂、增塑剂及填料；

（二）聚硫橡胶（TM）；

（三）与塑料接枝共聚或混合而改性的天然橡胶、解聚天然橡胶以及不饱和合成物质与饱和合成高聚物的混合物，但这些产品必须符合以上（一）款关于硫化、延伸及回复的要求。

五、

（一）品目 40. 01 及 40. 02 不适用于任何凝结前或凝结后与下列物质相混合的橡胶或橡胶混合物：

1. 硫化剂、促进剂、防焦剂或活性剂（为制造预硫胶乳所加入的除外）；

2. 颜料或其他着色料，但仅为易于识别而加入的除外；

3. 增塑剂或增量剂（用油增量的橡胶中所加的矿物油除外）、填料、增强剂、有机溶剂或其他物质，但以下（二）款所述的除外。

（二）含有下列物质的橡胶或橡胶混合物，只要仍具有原料的基本特性，应归入品目 40. 01 或 40. 02：

1. 乳化剂或防粘剂；

2. 少量的乳化剂分解产品；

3. 微量的下列物质：热敏剂（一般为制造热敏胶乳用）、阳离子表面活性剂（一般为制造阳性胶乳用）、抗氧剂、凝固剂、碎裂剂、抗冻剂、胶溶剂、保存剂、稳定剂、黏度控制剂或类似的特殊用途添加剂。

六、品目 40. 04 所称“废碎料及下脚料”，是指在橡胶或橡胶制品生产或加工过程中由于切割、磨损或其他原因明显不能按橡胶或橡胶制品使用的废橡胶及下脚料。

七、全部用硫化橡胶制成的线，其任一截面的尺寸超过 5 毫米的，应作为带、杆或型材及异型材归入品目 40. 08。

八、品目 40. 10 包括用橡胶浸渍、涂布、包覆或层压的织物制成的或用橡胶浸渍、涂布、包覆或套裹的纱线或绳制成的传动带、输送带。

九、品目 40.01、40.02、40.03、40.05 及 40.08 所称“板”“片”“带”，仅指未切割或只简单切割成矩形（包括正方形）的板、片、带及正几何形块，不论是否具有成品的特征，也不论是否经过印制或其他表面加工，但未切割成其他形状或进一步加工。

品目 40.08 所称“杆”或“型材及异型材”，仅指不论是否切割成一定长度或表面加工，但未经进一步加工的该类产品。

本国子目注释：

本国子目 4016.1010、4016.9310、4016.9910 所涉及的“机器及仪器”，是指《中华人民共和国进出口税则》第八十四、八十五、九十章的商品。

【编者注】

一、橡胶与织物复合物产品的归类：

橡胶与织物复合物产品的归类，必须要结合第十一类注释一（九）款、第五十六章注释三及第五十九章注释五的规定综合进行考虑，其中的传动带或输送带则按照第四十章注释八及第五十九章注释七（二）款的规定办理。

二、注意橡胶与塑料的区别：

二者不论是天然还是合成产品，都属于高分子化合物范畴，二者区分的标准就是依据第四十章注释四的规定，看是否符合硫化拉伸实验的要求，不符合的则应按塑料进行归类。

三、天然橡胶与合成橡胶的混合物应按合成橡胶进行归类。

商品编码	商品名称
40.01	**天然橡胶、巴拉塔胶、古塔波胶、银胶菊胶、糖胶树胶及类似的天然树胶，初级形状或板、片、带：**
4001.1000	-天然胶乳，不论是否预硫化
	-其他形状的天然橡胶：
4001.2100	--烟胶片
4001.2200	--技术分类天然橡胶（TSNR）
4001.2900	--其他
4001.3000	-巴拉塔胶、古塔波胶、银胶菊胶、糖胶树胶及类似的天然树胶
40.02	**合成橡胶及从油类提取的油膏，初级形状或板、片、带；品目 40.01 所列产品与本品目所列产品的混合物，初级形状或板、片、带：**
	-丁苯橡胶（SBR）；羧基丁苯橡胶（XSBR）：
	--胶乳：
4002.1110	---羧基丁苯橡胶
4002.1190	---其他
	--其他：
	---初级形状的：
4002.1911	----未经任何加工的丁苯橡胶（溶聚的除外）
4002.1912	----充油丁苯橡胶（溶聚的除外）
4002.1913	----热塑丁苯橡胶
4002.1914	----充油热塑丁苯橡胶
4002.1915	----未经任何加工的溶聚丁苯橡胶
4002.1916	----充油溶聚丁苯橡胶
4002.1919	----其他
4002.1990	---其他
	-丁二烯橡胶（BR）：
4002.2010	---初级形状的
4002.2090	---其他
	-异丁烯-异戊二烯（丁基）橡胶（IIR）；卤代丁基橡胶（CIIR 或 BIIR）：
	--异丁烯-异戊二烯（丁基）橡胶（IIR）：
4002.3110	---初级形状的
4002.3190	---其他
	--其他：
4002.3910	---初级形状的

商品编码	商品名称
4002.3990	---其他
	-氯丁二烯（氯丁）橡胶（CR）：
4002.4100	--胶乳
	--其他：
4002.4910	---初级形状的
4002.4990	---其他
	-丁腈橡胶（NBR）：
4002.5100	--胶乳
	--其他：
4002.5910	---初级形状的
4002.5990	---其他
	-异戊二烯橡胶（IR）：
4002.6010	---初级形状的
4002.6090	---其他
	-乙丙非共轭二烯橡胶（EPDM）：
4002.7010	---初级形状的
4002.7090	---其他
4002.8000	-品目40.01所列产品与本品目所列产品的混合物
	-其他：
4002.9100	--胶乳
	--其他：
	---其他合成橡胶：
4002.9911	----初级形状的
4002.9919	----其他
4002.9990	---其他
40.03	**再生橡胶，初级形状或板、片、带：**
4003.0000①	再生橡胶，初级形状或板、片、带
40.04	**橡胶（硬质橡胶除外）的废碎料、下脚料及其粉、粒：**
4004.0000	橡胶（硬质橡胶除外）的废碎料、下脚料及其粉、粒
40.05	**未硫化的复合橡胶，初级形状或板、片、带：**
4005.1000	-与炭黑或硅石混合
4005.2000	-溶液；子目4005.10以外的分散体
	-其他：
4005.9100	--板、片、带
4005.9900	--其他
40.06②	**其他形状（例如，杆、管或型材及异型材）的未硫化橡胶及未硫化橡胶制品（例如，盘、环）：**
4006.1000	-轮胎翻新用胎面补料胎条
	-其他：
4006.9010	---其他形状的未硫化橡胶
4006.9020	---未硫化橡胶制品
40.07	**硫化橡胶线及绳：**
4007.0000③	硫化橡胶线及绳
40.08④	**硫化橡胶（硬质橡胶除外）制的板、片、带、杆或型材及异型材：**
	-海绵橡胶制：
4008.1100	--板、片、带
4008.1900	--其他
	-非海绵橡胶制：
4008.2100	--板、片 带
4008.2900	--其他

① 再生橡胶是以各种化学或机械方法使旧橡胶制品（特别是轮胎）或硫化橡胶废碎料软化（“脱硫”）并除去不需要的物质制得。

② 本品目不包括：Ⅰ. 胶粘带，不论其衬基为何种材料（根据衬基材料归类，例如，归入品目39.19、40.08、48.23、56.03或59.06）；Ⅱ. 未硫化橡胶的圆片或环，与其他材料制成的密封垫或类似接口衬垫一起装于袋、套或类似包装内的（品目84.84）。

③ 本品目包括：Ⅰ. 完全由硫化橡胶制成的线（单股），其任一横截面尺寸不得超过5毫米，否则不归入本品目（品目40.08）；Ⅱ. 绳（多股），不论其每股线的粗细程度如何。本品目不包括夹橡胶线纺织材料（第十一类），例如，以织物包覆的橡胶绳线归入品目56.04。

④ 本品目包括：Ⅰ. 一定长度的板、片及带（任一横截面尺寸超过5毫米的），或仅切成一定长度及切成矩形（包括正方形）的板、片及带；Ⅱ. 正几何形块；Ⅲ. 杆及异型材（包括任何横截面形状的线，其任一横截面尺寸超过5毫米的）。本品目的制品可以经过表面加工（例如，印制、压纹、铣槽、起肋），也可以是素色或着色（整体着色或表面着色）的。具有黏合面、用于窗框密封的异型材也归入本品目。本品目还包括成匹的橡胶铺地材料、橡胶地砖、橡胶门垫及其他橡胶制品，但这些物品应是仅通过把橡胶板、片切成矩形（包括正方形）而制得的。

商品编码	商品名称
40.09①	**硫化橡胶（硬质橡胶除外）制的管子，不论是否装有附件（例如，接头、肘管、法兰）：**
	-未经加强或未与其他材料合制：
4009.1100	--未装有附件
4009.1200	--装有附件
	-用金属加强或只与金属合制：
4009.2100	--未装有附件
4009.2200	--装有附件
	-用纺织材料加强或只与纺织材料合制：
4009.3100	--未装有附件
4009.3200	--装有附件
	-用其他材料加强或与其他材料合制：
4009.4100	--未装有附件
4009.4200	--装有附件
40.10	**硫化橡胶制的传动带或输送带及带料：**
	-输送带及带料：
4010.1100	--仅用金属加强的
4010.1200	--仅用纺织材料加强的
4010.1900	--其他
	-传动带及带料：
4010.3100	--梯形截面的环形传动带（三角带），V形肋状的，外周长超过60厘米，但不超过180厘米
4010.3200	--梯形截面的环形传动带（三角带），外周长超过60厘米，但不超过180厘米，V形肋状的除外
4010.3300	--梯形截面的环形传动带（三角带），V形肋状的，外周长超过180厘米，但不超过240厘米
4010.3400	--梯形截面的环形传动带（三角带），外周长超过180厘米，但不超过240厘米，V形肋状的除外
4010.3500	--环形同步带，外周长超过60厘米，但不超过150厘米
4010.3600	--环形同步带，外周长超过150厘米，但不超过198厘米
4010.3900	--其他
40.11②	**新的充气橡胶轮胎：**
4011.1000	-机动小客车（包括旅行小客车及赛车）用
4011.2000	-客运机动车辆或货运机动车辆用
4011.3000	-航空器用
4011.4000	-摩托车用
4011.5000	-自行车用
	-农业或林业车辆及机器用：
4011.7010	---人字形胎面或类似胎面
4011.7090	---其他
	-建筑业、采矿业或工业搬运车辆及机器用：
	---人字形胎面或类似胎面：
4011.8011	----辋圈尺寸不超过61厘米
4011.8012	----辋圈尺寸超过61厘米
	---其他：
4011.8091	----辋圈尺寸不超过61厘米
4011.8092	----辋圈尺寸超过61厘米
	-其他：
4011.9010	---人字形胎面或类似胎面的
4011.9090	---其他
40.12	**翻新的或旧的充气橡胶轮胎；实心或半实心橡胶轮胎、橡胶胎面及橡胶轮胎衬带：**
	-翻新轮胎：
4012.1100	--机动小客车（包括旅行小客车及赛车）用
4012.1200	--机动大客车或货运机动车用
4012.1300	--航空器用
4012.1900	--其他
	-旧的充气轮胎：
4012.2010	---汽车用
4012.2090	---其他
	-其他：

① 本品目不包括纺织材料制成的管子，为使其不透水而在管内用胶乳涂层或插入一根橡胶管。这种管有时称为“水龙带”。此类物品归入品目59.09。

② 上述轮胎可用于各种车辆或航空器、带轮玩具、机械、火炮武器等，有或无内胎均可。

商品编码	商品名称	商品编码	商品名称
4012.9010	---航空器用	4015.9010	---医疗、外科、牙科或兽医用
4012.9020	---汽车用	4015.9090	---其他
4012.9090	---其他	**40.16**③	**硫化橡胶（硬质橡胶除外）的其他制品：**
40.13	**橡胶内胎：**		-海绵橡胶制：
4013.1000	-机动小客车（包括旅行小客车及赛车）、客运机动车辆或货运机动车辆用	4016.1010	---机器及仪器用零件
		4016.1090	---其他
4013.2000	-自行车用		-其他：
	-其他：	4016.9100	--铺地制品及门垫
4013.9010	---航空器用	4016.9200	--橡皮擦
4013.9090	---其他		--垫片、垫圈及其他密封件：
40.14①	**硫化橡胶（硬质橡胶除外）制的卫生及医疗用品（包括奶嘴），不论是否装有硬质橡胶制的附件：**	4016.9310	---机器及仪器用
		4016.9390	---其他
		4016.9400	--船舶或码头的碰垫，不论是否可充气
4014.1000	-避孕套		
4014.9000	-其他	4016.9500	--其他可充气制品
40.15②	**硫化橡胶（硬质橡胶除外）制的衣着用品及附件（包括分指手套、连指手套及露指手套）：**		--其他：
		4016.9910	---机器及仪器用零件
		4016.9990	---其他
	-分指手套、连指手套及露指手套：	**40.17**	**各种形状的硬质橡胶（例如，纯硬质胶），包括废碎料；硬质橡胶制品：**
4015.1200	--医疗、外科、牙科或兽医用		
4015.1900	--其他	4017.0010	---各种形状的硬质橡胶，包括废碎料
	-其他：	4017.0020	---硬质橡胶制品

① 本品目包括除硬质橡胶外的各种用于卫生及医疗用途的硫化橡胶制品（不论是否装有硬质橡胶或其他材料制的附件），品种主要有避孕套、插管、洗肠用的灌肠器及胶球、喷雾器、滴管、奶嘴（安抚奶嘴）、奶头罩、冰袋、热水袋、氧气袋、护指套、护理用充气垫（例如，环形垫）等。

② 本品目包括衣着用品及附件（包括分指手套、连指手套及露指手套），例如，外科和放射科医生及潜水员等用的防护性手套及衣着等，不论是黏合、缝合或用其他方法制成。这些货品是：Ⅰ. 完全以橡胶制成的；Ⅱ. 用橡胶浸渍、涂布、覆面或层压的纺织物、针织物或钩编织物、毡、无纺织物等制成的，但归入第十一类的货品除外；Ⅲ. 橡胶制成但带有部分纺织物，而货品的基本性状是由橡胶构成的。以上列举的三类货品包括斗篷、围裙、汗垫、围涎带及胸衣带。

本品目不包括：Ⅰ. 橡胶线与纺织材料合制的衣着用品及附件（第六十一章或第六十二章）；Ⅱ. 第六十四章的鞋靴及其零件；Ⅲ. 第六十五章的帽类（包括游泳帽）及其零件。

③ 本品目包括：Ⅰ. 泡沫橡胶制品；Ⅱ. 铺地制品及门垫（包括浴室垫），但将橡胶板、片切割成矩形（包括正方形）并且除表面加工以外未作进一步加工的垫片除外；Ⅲ. 橡皮擦；Ⅳ. 垫片、垫圈及其他密封件；Ⅴ. 船舶或码头的碰垫，不论是否可充气的；Ⅵ. 充气床垫、枕头、软垫及其他可充气制品（品目40.14或63.06的货品除外）；充水床垫；Ⅶ. 橡胶箍条，烟丝袋，日期戳字粒及类似品；Ⅷ. 瓶子的塞及封环；Ⅸ. 泵机转子及活塞端头，挤奶机用的橡胶衬里，龙头、旋塞、阀门及类似器具，其他技术上用的物品（包括第十六类机器设备的零件、部件及第九十章仪器、仪表的零件、部件）；Ⅹ. 汽车底盘衬垫橡胶、挡泥胶片及踏垫，自行车的制动胶、挡泥胶片及脚踏胶，以及第十七类的汽车、航空器或船舶用的其他零件、附件；Ⅺ. 仅切割成非矩形的板、片及带，以及因为经铣削、车削、用胶水黏合、缝合或其他方式加工而不能归入品目40.08的物品；Ⅻ. 修补内胎的有斜削边的矩形（包括正方形）补胎片及其他任何形状的补片，经模压、切割或磨削制成，通常由一层常温硫化橡胶附在硫化橡胶衬基上构成，并在符合第五十九章注释四规定的条件下，由多层织物和橡胶组成；ⅩⅢ. 带橡胶锤头的锤子；ⅩⅣ. 小的吸力挂钩、碗盘垫、洗涤槽塞子、洗涤槽端子、制门器、家具腿用的橡胶脚垫和其他家居用制品。

第八类　生皮、皮革、毛皮及其制品；鞍具及挽具；旅行用品、手提包及类似容器；动物肠线（蚕胶丝除外）制品

第四十一章　生皮（毛皮除外）及皮革

注释：

一、本章不包括：

（一）生皮的边角废料（品目05.11）；

（二）品目05.05或67.01的带羽毛或羽绒的整张或部分鸟皮；或

（三）带毛生皮或已鞣的带毛皮张（第四十三章）；但下列动物的带毛生皮应归入第四十一章：牛（包括水牛）、马、绵羊及羔羊（不包括阿斯特拉罕羔羊、大尾羔羊、卡拉库尔羔羊、波斯羔羊或类似羔羊、印度羔羊、中国羔羊或蒙古羔羊）、山羊或小山羊（不包括也门或蒙古山羊及小山羊）、猪（包括野猪）、小羚羊、瞪羚、骆驼（包括单峰骆驼）、驯鹿、麋、鹿、狍或狗。

二、

（一）品目41.04至41.06不包括经退鞣（包括预鞣）加工的皮（酌情归入品目41.01至41.03）。

（二）品目41.04至41.06所称"坯革"，包括在干燥前经复鞣、染色或加油（加脂）的皮。

三、本目录所称"再生皮革"，仅指品目41.15的皮革。

【编者注】

带毛的生牛皮、生绵羊或羔羊皮和生山羊皮、生猪皮等其他动物生皮归入本章，而其他的带毛的生皮归入第四十三章。

商品编码	商品名称	商品编码	商品名称
41.01[①]	生牛皮（包括水牛皮）、生马科动物皮（鲜的、盐渍的、干的、石灰浸渍的、浸酸的或以其他方法保藏，但未鞣制、未经羊皮纸化处理或进一步加工的），不论是否去毛或剖层：	4101.2011	----经退鞣处理的
		4101.2019	----其他
		4101.2020	---马科动物皮
			-整张皮，重量超过16千克：
			---牛皮：
		4101.5011	----经退鞣处理的
	-未剖层的整张皮，简单干燥的每张重量不超过8千克，干盐腌的不超过10千克，鲜的、湿盐腌的或以其他方法保藏的不超过16千克：	4101.5019	----其他
		4101.5020	---马科动物皮
			-其他，包括臀皮、背皮及腹皮：
			---牛皮：
	---牛皮：	4101.9011	----经退鞣处理的

① 本品目不包括：Ⅰ.未烹煮的食用动物皮（品目02.06或02.10）（已烹煮的应归入品目16.02）；Ⅱ.生皮的边角废料（品目05.11）。

商品编码	商品名称	商品编码	商品名称
4101.9019	----其他		---牛皮：
4101.9020	---马科动物皮	4104.1911	----蓝湿的
41.02	**绵羊或羔羊生皮（鲜的、盐渍的、干的、石灰浸渍的、浸酸的或经其他方法保藏，但未鞣制、未经羊皮纸化处理或进一步加工的），不论是否带毛或剖层，但本章注释一（三）所述不包括的生皮除外：**	4104.1919	----其他
		4104.1920	---马科动物皮
			-干革（坯革）：
		4104.4100	--全粒面未剖层革；粒面剖层革
			--其他：
		4104.4910	---机器带用牛、马皮革
4102.1000	-带毛	4104.4990	---其他
	-不带毛：	**41.05**	**经鞣制的不带毛绵羊或羔羊皮革及其坯革，不论是否剖层，但未经进一步加工：**
	--浸酸的：		
4102.2110	---经退鞣处理的		
4102.2190	---其他		-湿革（包括蓝湿皮）：
	--其他：	4105.1010	---蓝湿的
4102.2910	---经退鞣处理的	4105.1090	---其他
4102.2990	---其他	4105.3000	-干革（坯革）
41.03	**其他生皮（鲜的、盐渍的、干的、石灰浸渍的、浸酸的或以其他方法保藏，但未鞣制、未经羊皮纸化处理或进一步加工的），不论是否去毛或剖层，但本章注释一（二）或（三）所述不包括的生皮除外：**	**41.06**	**经鞣制的其他不带毛动物皮革及其坯革，不论是否剖层，但未经进一步加工：**
			-山羊或小山羊的：
		4106.2100	--湿革（包括蓝湿皮）
		4106.2200	--干革（坯革）
			-猪的：
4103.2000	-爬行动物皮		--湿革（包括蓝湿皮）：
4103.3000	-猪皮	4106.3110	---蓝湿的
	-其他：	4106.3190	---其他
	---山羊板皮：	4106.3200	--干革（坯革）
4103.9011	----经退鞣处理的	4106.4000	-爬行动物的
4103.9019	----其他		-其他：
	---其他山羊或小山羊皮：	4106.9100	--湿革（包括蓝湿皮）
4103.9021	----经退鞣处理的	4106.9200	--干革（坯革）
4103.9029	----其他	**41.07**	**经鞣制或半硝处理后进一步加工的不带毛的牛皮革（包括水牛皮革）或马科动物皮革，包括羊皮纸化处理的皮革，不论是否剖层，但品目41.14的皮革除外：**
4103.9090	---其他		
41.04	**经鞣制的不带毛牛皮（包括水牛皮）、马科动物皮及其坯革，不论是否剖层，但未经进一步加工：**		
	-湿革（包括蓝湿皮）：		-整张的：
	--全粒面未剖层革；粒面剖层革：		--全粒面未剖层革：
	---牛皮：	4107.1110	---牛皮
4104.1111	----蓝湿的	4107.1120	---马科动物皮
4104.1119	----其他		--粒面剖层革：
4104.1120	---马科动物皮	4107.1210	---牛皮
	--其他：	4107.1220	---马科动物皮

商品编码	商品名称	商品编码	商品名称
	--其他：	4113.1000	-山羊或小山羊的
4107.1910	---机器带用	4113.2000	-猪的
4107.1990	---其他	4113.3000	-爬行动物的
	-其他，包括半张的：	4113.9000	-其他
4107.9100	--全粒面未剖层革	**41.14**	**油鞣皮革（包括结合鞣制的油鞣皮革）；漆皮及层压漆皮；镀金属皮革：**
4107.9200	--粒面剖层革		
	--其他：		
4107.9910	---机器带用	4114.1000	-油鞣皮革（包括结合鞣制的油鞣皮革）
4107.9990	---其他		
41.12	**经鞣制或半硝处理后进一步加工的不带毛的绵羊或羔羊皮革，包括羊皮纸化处理的皮革，不论是否剖层，但品目 41.14 的皮革除外：**	4114.2000	-漆皮及层压漆皮；镀金属皮革
		41.15②	**以皮革或皮革纤维为基本成分的再生皮革，成块、成张或成条的，不论是否成卷；皮革或再生皮革的边角废料，不适宜作皮革制品用；皮革粉末：**
4112.0000	经鞣制或半硝处理后进一步加工的不带毛的绵羊或羔羊皮革，包括羊皮纸化处理的皮革，不论是否剖层，但品目 41.14 的皮革除外	4115.1000	-以皮革或皮革纤维为基本成分的再生皮革，成块、成张或成条的，不论是否成卷
41.13①	**经鞣制或半硝处理后进一步加工的不带毛的其他动物皮革，包括羊皮纸化处理的皮革，不论是否剖层，但品目 41.14 的皮革除外：**	4115.2000	-皮革或再生皮革的边角废料，不适宜作皮革制品用；皮革粉末

① 本品目不包括商业上称为“仿麂皮”的皮革。它是一种将绵羊皮剖层后用甲醛或油鞣制而成的可洗皮革（品目 41.12 或 41.14）。

② 本组仅包括以真皮革或皮革纤维为基本成分的再生皮革，不包括以真皮革以外的其他材料为基本成分的仿皮革，例如，塑料仿皮革（第三十九章）、橡胶仿皮革（第四十章）、纸及纸板仿皮革（第四十八章）或涂布纺织品（第五十九章）。

再生皮革也被称为“黏合皮革”，可用下列方法制成：Ⅰ. 用胶水或其他黏合剂将皮革边角料及小块废料黏合而成；Ⅱ. 不用任何黏合剂而用高压将皮革边角料及小块废料压合而成；Ⅲ. 将皮革边角废料置于热水中加热后分解为细纤维（像纸一样不用黏合剂），所得的皮浆经过筛滤、滚压及研光制成皮张。

再生皮革可以染色、压花、抛光、粒面或压印，用金刚砂或刚玉砂起绒，也可涂清漆或镀金属。成块、成张或成条的再生皮革，不论是否成卷，均应归入本品目；如果切割成正方形或长方形以外其他形状的，应归入其他章，主要归入第四十二章。

本组的皮革碎片及破旧皮革货品（例如，旧机器皮带），凡可供制造皮革货品的，应作为皮革归入适当品目（品目 41.07 或 41.12 至 41.14）。但不包括：Ⅰ. 生皮的边角废料（品目 05.11）；Ⅱ. 品目 63.09 的旧鞋靴。

第四十二章　皮革制品；鞍具及挽具；旅行用品、手提包及类似容器；动物肠线（蚕胶丝除外）制品

注释：

一、本章所称的“皮革”包括油鞣皮革（包括结合鞣制的油鞣皮革）、漆皮、层压漆皮和镀金属皮革。

二、本章不包括：

（一）外科用无菌肠线或类似的无菌缝合材料（品目30.06）；

（二）以毛皮或人造毛皮衬里或作面（仅饰边的除外）的衣服及衣着附件（分指手套、连指手套及露指手套除外）（品目43.03或43.04）；

（三）网线袋及类似品（品目56.08）；

（四）第六十四章的物品；

（五）第六十五章的帽类及其零件；

（六）品目66.02的鞭子、马鞭或其他物品；

（七）袖扣、手镯或其他仿首饰（品目71.17）；

（八）单独报验的挽具附件或装饰物，例如，马镫、马嚼子、马铃铛及类似品、带扣（一般归入第十五类）；

（九）弦线、鼓面皮或类似品及其他乐器零件（品目92.09）；

（十）第九十四章的物品（例如，家具，灯具及照明装置）；

（十一）第九十五章的物品（例如，玩具、游戏品及运动用品）；或

（十二）品目96.06的纽扣、揿扣、纽扣芯或这些物品的其他零件、纽扣坯。

三、

（一）除上述注释二所规定的以外，品目42.02也不包括：

1. 非供长期使用的带把手塑料薄膜袋，不论是否印制（品目39.23）；

2. 编结材料制品（品目46.02）。

（二）品目42.02及42.03的制品，如果装有用贵金属、包贵金属、天然或养殖珍珠、宝石或半宝石（天然、合成或再造）制的零件，即使这些零件不是仅作为小配件或小饰物的，只要其未构成物品的基本特征，仍应归入上述品目。但如果这些零件已构成物品的基本特征，则应归入第七十一章。

四、品目42.03所称“衣服及衣着附件”，主要适用于分指手套、连指手套及露指手套（包括运动手套及防护手套）、围裙及其他防护用衣着、裤吊带、腰带、子弹带及腕带，但不包括表带（品目91.13）。

【编者注】

一、品目42.02包括两部分商品，在品目条文中列在分号前的商品为第一部分，列在分号后的商品为第二部分。

第一部分：衣箱、提箱、小手袋、公文箱、公文包、书包、眼镜盒、望远镜盒、照相机匣、乐器盒、枪套及类似品。这一部分的商品可用任何材料制成。例如，木制衣箱，不按木制品归入第四十四章，而归入本品目。

第二部分：旅行包、化妆包、帆布包、手提包、购物袋、钱夹、钱包、地图盒、烟袋等。

二、某些皮革制品应归入其他各章。

商品编码	商品名称
42. 01	**各种材料制成的鞍具及挽具（包括缰绳、挽绳、护膝垫、口套、鞍褥、马褡裢、狗外套及类似品），适合各种动物用：**
4201. 0000[1]	各种材料制成的鞍具及挽具（包括缰绳、挽绳、护膝垫、口套、鞍褥、马褡裢、狗外套及类似品），适合各种动物用
42. 02[2]	**衣箱、提箱、小手袋、公文箱、公文包、书包、眼镜盒、望远镜盒、照相机套、乐器盒、枪套及类似容器；旅行包、食品或饮料保温包、化妆包、帆布包、手提包、购物袋、钱夹、钱包、地图盒、烟盒、烟袋、工具包、运动包、瓶盒、首饰盒、粉盒、刀叉餐具盒及类似容器，用皮革或再生皮革、塑料片、纺织材料、钢纸或纸板制成，或者全部或主要用上述材料或纸包覆制成：**
	-衣箱、提箱、小手袋、公文箱、公文包、书包及类似容器：
	--以皮革或再生皮革作面：
4202. 1110	---衣箱
4202. 1190	---其他
	--以塑料或纺织材料作面：
4202. 1210	---衣箱
4202. 1290	---其他
4202. 1900	--其他
	-手提包，不论是否有背带，包括无把手的：
4202. 2100	--以皮革或再生皮革作面
4202. 2200	--以塑料片或纺织材料作面
4202. 2900	--其他
	-通常置于口袋或手提包内的物品：
4202. 3100	--以皮革或再生皮革作面
4202. 3200	--以塑料片或纺织材料作面
4202. 3900	--其他
	-其他：
4202. 9100	--以皮革或再生皮革作面
4202. 9200	--以塑料片或纺织材料作面
4202. 9900	--其他
42. 03	**皮革或再生皮革制的衣服及衣着附件：**
4203. 1000	-衣服
	-手套，包括连指或露指的：
4203. 2100[3]	--专供运动用

① 本品目货品主要包括骑畜、挽畜、驮畜用的鞍具及挽具（包括缰绳、辔、挽绳），马用护膝垫、眼罩和护蹄，马戏团动物的装饰品、任何动物的口套、狗或猫的颈圈、挽绳及饰物，鞍褥、鞍垫及马褡裢，制成特殊形状专门供骑马用的毯子、狗外套。但是，本品目不包括：Ⅰ. 单独报验的挽具配件或装饰物，例如，马镫、马嚼子、马铃铛及类似品、带扣（一般归入第十五类），马戏团动物用的羽饰等装饰品（应分别归入适当的品目）；Ⅱ. 儿童或成年人用的挽带或背带（品目 39. 26、42. 05、63. 07 等）；Ⅲ. 鞭子、马鞭及品目 66. 02 的其他物品。

② 本品目仅包括本品目具体列名的物品及类似容器。除本章注释一和二另有规定的以外，本品目第一部分所包括的物品可用任何材料制成。这里所指的“类似容器”，包括帽盒、相机附件套、弹药盒、猎刀鞘及野营刀鞘、制成专门形状或内部装有配件以适合盛装特定工具（不论是否带附件等）的手提式工具箱或工具盒等。

但本品目第二部分所包括的物品，必须是用本品目所列材料制成，或全部或主要用这些材料或纸（基底可以是木头、金属等）包覆的。本品目中所称的“皮革或再生皮革”，主要包括漆皮、层压漆皮及镀金属漆皮。这里所指的“类似容器”，包括皮夹子、文具盒、笔盒、票证盒、针线盒、钥匙袋、雪茄烟盒、烟丝盒、工具或珠宝卷包、鞋盒、刷盒等。

所称“运动包”，包括高尔夫球袋、体操袋、网球拍提袋、滑雪袋和钓鱼袋。

所称“首饰盒”，不仅包括为存放首饰而专门设计的盒子，也包括其形状和配件专门适于盛装一件或多件首饰的各种规格的类似有盖容器，不论是否装有铰链或扣件。它们一般用纺织材料衬里。这些容器盛装首饰后可一同展示及出售，适于长期使用。

所称“食品或饮料保温包”，包括在运输或临时保存期间保持食物及饮料温度用的可重复使用的保温包。

本品目不包括虽具有容器的特征，但与本品目所列货品不同的物品，例如，全部或主要用皮革、塑料片等包覆的图书封皮及护套、卷宗皮、公文袋、吸墨水纸滚台、相框、糖果盒、烟草罐、烟灰缸、陶瓷或玻璃瓶等。这些物品如果用皮革或再生皮革制成（或包覆）的，应归入品目 42. 05；如果用其他材料制成（或包覆），则应归入其他章。

③ 所称“专供运动用的手套，包括连指或露指的”，是指经特别设计，专门适用于某项体育运动的分指、连指或露指手套（例如，可保护手并帮助握牢曲棍的冰球手套及拳击手套），不论是单只还是成对销售的。

商品编码	商品名称	商品编码	商品名称
	--其他：	4205.0010	---座套
4203.2910	---劳保手套	4205.0020	---机器、机械器具或其他专门技术用途的
4203.2990	---其他	4205.0090	---其他
	-腰带及子弹带：	**42.06**	**肠线（蚕胶丝除外）、肠膜、膀胱或筋腱制品：**
4203.3010	---腰带	4206.0000①	肠线（蚕胶丝除外）、肠膜、膀胱或筋腱制品
4203.3020	---子弹带		
4203.4000	-其他衣着附件		
42.05	**皮革或再生皮革的其他制品：**		

① 本品目包括：Ⅰ. 羊肠线，由洁净干燥的动物肠，尤其是羊肠的细条经过搓捻制成，主要用于制球拍、渔具和机器零件，但本品目不包括外科用无菌肠线或类似的无菌缝合材料（品目30.06）或制成乐器弦的肠线（品目92.09）；Ⅱ. 制成矩形（包括正方形）或切成其他形状的肠膜及其他肠膜制品（肠膜是用绵羊或其他反刍动物的盲肠制得的）；Ⅲ. 膀胱制品，例如，烟袋、筋腱制成的机器传动带及制传动带的编带等。用天然肠子撕片胶合而成的“人造”肠线也归入本品目。

第四十三章　毛皮、人造毛皮及其制品

注释：

一、本目录所称“毛皮”，是指已鞣的各种动物的带毛毛皮，但不包括品目 43. 01 的生毛皮。

二、本章不包括：

（一）带羽毛或羽绒的整张或部分鸟皮（品目 05. 05 或 67. 01）；

（二）第四十一章的带毛生皮［参见该章注释一（三）］；

（三）用皮革与毛皮或用皮革与人造毛皮制成的分指手套、连指手套及露指手套（品目 42. 03）；

（四）第六十四章的物品；

（五）第六十五章的帽件及其零件；或

（六）第九十五章的物品（例如，玩具、游戏品及运动用品）。

三、品目 43. 03 包括加有其他材料缝合的毛皮和毛皮部分品，以及缝合成衣服、衣服部分品、衣着附件或其他制品的毛皮和毛皮部分品。

四、以毛皮或人造毛皮衬里或作面（仅饰边的除外）的衣服及衣着附件（不包括注释二所述的货品），应分别归入品目 43. 03 或 43. 04，但毛皮或人造毛皮仅作为装饰的除外。

五、本目录所称“人造毛皮”，是指以毛、发或其他纤维黏附或缝合于皮革、织物或其他材料之上而构成的仿毛皮，但不包括以机织或针织方法制得的仿毛皮（一般应归入品目 58. 01 或 60. 01）。

【编者注】

带羽毛或羽绒的整张或部分鸟皮，不能作为毛皮对待，应归入品目 05. 05 或 67. 01。

商品编码	商品名称
43. 01	**生毛皮（包括适合加工皮货用的头、尾、爪及其他块、片），但品目 41. 01、41. 02 或 41. 03 的生皮除外：**
4301. 1000	-整张水貂皮，不论是否带头、尾或爪
4301. 3000	-下列羔羊的整张毛皮，不论是否带头、尾或爪：阿斯特拉罕羔羊、大尾羔羊、卡拉库尔羔羊、波斯羔羊及类似羔羊，印度、中国或蒙古羔羊
4301. 6000	-整张狐皮，不论是否带头、尾或爪
	-整张的其他毛皮，不论是否带头、尾或爪：
4301. 8010	---整张兔皮，不论是否带头、尾或爪
4301. 8090	---其他
	-适合加工皮货用的头、尾、爪及其他块、片：
4301. 9010	---黄鼠狼尾
4301. 9090	---其他
43. 02	**未缝制或已缝制（不加其他材料）的已鞣毛皮（包括头、尾、爪及其他块、片），但品目 43. 03 的货品除外：**
	-未缝制的整张毛皮，不论是否带头、尾或爪：
4302. 1100	--水貂皮
	--其他：
4302. 1910	---灰鼠皮、白鼬皮、其他貂皮、狐皮、水獭皮、旱獭皮及猞猁皮
4302. 1920	---兔皮
4302. 1930	---下列羔羊皮：阿斯特拉罕羔羊、大尾羔羊、卡拉库尔羔羊、波斯羔羊及类似羔羊，印度、中国或蒙古羔羊
4302. 1990	---其他
4302. 2000	-未缝制的头、尾、爪及其他块、片
	-已缝制的整张毛皮及其块、片：

商品编码	商品名称	商品编码	商品名称
4302.3010	---灰鼠、白鼬、貂、狐、水獭、旱獭及猞猁的整张毛皮及其块、片	4303.1010	---毛皮衣服
		4303.1020	---毛皮衣着附件
4302.3090	---其他	4303.9000	-其他
43.03[①]	**毛皮制的衣服、衣着附件及其他物品：**	**43.04**[②]	**人造毛皮及其制品：**
		4304.0010	---人造毛皮
	-衣服及衣着附件：	4304.0020	---人造毛皮制品

① 除以下所列不包括的货品以外，本品目包括下列材料制成的各种衣服及其部分品和衣着附件（手筒、女用披肩、领带、衣领等）：Ⅰ.毛皮；Ⅱ.以毛皮作衬里的其他材料；Ⅲ.以毛皮作面的其他材料（仅以毛皮镶边的除外）。凡衣服上的毛皮仅供下列用途的应视为镶边：衣领及翻领（衣领及翻领过大，实际上已成为披肩或无纽短上衣的除外），口袋、裙子、外套等的翻边或袖口等。本品目还包括由毛皮制成的或毛皮构成主要特征的各种其他制品及其零件。例如，小地毯，床罩，未装填的坐垫套，罩套，手提包，狩猎袋及干粮袋，供机器、机械器具或工业用的物品及附件（例如，抛光帽、涂色或装饰用滚筒的袖筒）。

② 本品目所称"人造毛皮"，是指将毛、发或其他纤维（包括绳绒纱线的纤维）黏附或缝合于皮革、织物或其他材料上以仿充毛皮的材料。

第九类　木及木制品；木炭；软木及软木制品；稻草、秸秆、针茅或其他编结材料制品；篮筐及柳条编结品

第四十四章　木及木制品；木炭

注释：

一、本章不包括：

（一）主要作香料、药料、杀虫、杀菌或类似用途的木片、刨花、碎木、木粒或木粉（品目 12. 11）；

（二）竹或主要作编结用的其他木质材料，呈原木状，不论是否经劈开、纵锯或切段（品目 14. 01）；

（三）主要作染料或鞣料用的木片、刨花、木粒或木粉（品目 14. 04）；

（四）活性炭（品目 38. 02）；

（五）品目 42. 02 的物品；

（六）第四十六章的货品；

（七）第六十四章的鞋靴及其零件；

（八）第六十六章的货品（例如，伞、手杖及其零件）；

（九）品目 68. 08 的货品；

（十）品目 71. 17 的仿首饰；

（十一）第十六类或第十七类的货品（例如，机器零件，机器及器具的箱、罩、壳，车辆部件）；

（十二）第十八类的货品（例如，钟壳、乐器及其零件）；

（十三）火器的零件（品目 93. 05）；

（十四）第九十四章的物品（例如，家具、灯具及照明装置、活动房屋）；

（十五）第九十五章的物品（例如，玩具、游戏品及运动用品）；

（十六）第九十六章的物品（例如，烟斗及其零件、纽扣、铅笔、独脚架、双脚架、三脚架及类似品），但品目 96. 03 所列物品的木身及木柄除外；或

（十七）第九十七章的物品（例如，艺术品）。

二、本章所称"强化木"，是指经过化学或物理方法处理（对于多层黏合木材，其处理应超出一般黏合需要），从而增加了密度或硬度并改善了机械强度、抗化学或抗电性能的木材。

三、品目 44. 14 至 44. 21 适用于碎料板或类似木质材料板、纤维板、层压板或强化木的制品。

四、品目 44. 10、44. 11 或 44. 12 的产品，可以加工成品目 44. 09 所述的各种形状，也可以加工成弯曲、瓦楞、多孔或其他形状（正方形或矩形除外），以及经其他任何加工，但未具有其他品目所列制品的特性。

五、品目 44. 17 不包括装有第八十二章注释一所述材料制成的刀片、工作刃、工作面或其他工作部件的工具。

六、除上述注释一及其他条文另有规定的以外，本章品目中所称"木"，也包括竹及其他木质材料。

子目注释：

一、子目 4401. 31 所称"木屑棒"是指由木材加工业、家具制造业及其他木材加工活动中产生的副产品（例如，刨花、锯末及碎木片）直接压制而成或加入按重量计不超过 3% 的黏合剂后黏聚而成的产品。此类产品呈圆柱状，其直径不超过 25 毫米，长度不超过 100 毫米。

二、子目4401.32所称的“木屑块”是指由木材加工业、家具制造业及其他木材加工活动中产生的副产品（例如，刨花、锯末及碎木片）直接压制而成或加入按重量计不超过3%的黏合剂后黏聚而成的产品。此类产品呈立方体、多面体或圆柱状，其最小横截面尺寸大于25毫米。

三、子目4407.13所称“云杉-松木-冷杉”是指来源于云杉、松木、冷杉混合林的木材，其各树种的比例是未知的。

四、子目4407.14所称“铁杉-冷杉”是指来源于西部铁杉、冷杉混合林的木材，其各树种的比例是未知的。

本国子目注释：

一、本国子目4403.9960所称“北美硬阔叶木原木”，是指下列原木：大叶槭、梣叶槭、黑槭、红花槭、银槭、糖槭、菱叶椴木、红椴木、细叶椴木、水山核桃、心果山核桃、光皮山核桃、剥壳山核桃、条裂山核桃、肉豆蔻山核桃、鳞皮山核桃、毛山核桃、重齿栗木、糖朴、西方朴、美洲白蜡木、阔叶白蜡木、黑白蜡木、宾州白蜡木、红白蜡木、四棱白蜡木、美国冬青、灰核桃木、黑核桃木、美国枫香木、北美鹅掌楸、披针叶木兰、大花木兰、弗州木兰、湿生蓝果木、酸蓝果木、林生蓝果木、一球悬铃木、黑樱桃、刺槐、黑柳、北美檫木、美国椴木、异叶椴木、翼状榆、美国榆、厚叶榆、红榆、秋榆、岩榆。

二、本国子目4407.9930所称“北美硬阔叶木木材”，是指下列木材：菱叶椴木、红椴木、细叶椴木、水山核桃、心果山核桃、光皮山核桃、剥壳山核桃、条裂山核桃、肉豆蔻山核桃、鳞皮山核桃、毛山核桃、重齿栗木、美国冬青、灰核桃木、黑核桃木、美国枫香、北美鹅掌楸、披针叶木兰、大花木兰、弗州木兰、湿生蓝果木、酸蓝果木、林生蓝果木、一球悬铃木、刺槐、黑柳、北美檫木、美国椴、异叶椴木、翼状榆、美国榆、厚叶榆、红榆、秋榆、岩榆、糖朴、西方朴。

三、本国子目4412.1093、4412.4911、4412.5911、4412.9920所涉及的“热带木”，是指下列木材：大叶帽柱木、非洲桃花心木、西非红豆木、箭毒木、阿兰木、圭亚那苦油楝木、非洲甘比山榄木、杜楝木、非洲栎柞木、婆罗双木、美洲轻木、白驼峰楝木、黑驼峰楝木、卡蒂沃木、雪松木、西非褐红椴木、深红色红柳桉木、非洲核桃楝木、阿夫苏木、象牙海岸榄仁木、破布木、吉贝木、丝棉木、乔状黄牛木、安哥拉丛花木、巴西胡桃木、皮蚁木、伊罗科木、拟爱神木、夹竹桃木、巴西红木、绒根木、龙脑香木、开姆帕斯木、羯布罗香木、康多非洲楝木、象牙海岸褐红椴木、象牙海岸翼梧桐木、浅红色红柳桉木、非洲榄仁木、南美樟木、圭亚那铁线子木、西印度桃花心木、猴子果木、肖氏夸利亚木、曼孙梧桐木、马来蝴蝶木、巴栲红柳桉木、粗轴坡垒木、印茄木、斯温漆木、异翅香木、非洲梨木、非洲银叶木、胶木、非洲白梧桐木、加蓬榄木、蓖麻木、爱里古夷苏木、奥文科尔木、中非蜡烛木、紫檀木、人面子木、危地马拉黑黄檀木、印度黑黄檀木、巴西黑黄檀木、巴西柚、巴西花梨木、白坚木、鸡骨常山木、印马四出香木、大沃契希亚木、东西亚棱柱木、萨撇列木、萌生木棉木、苏帕楠木、西波木、苏古皮拉木、红椿木、圭亚那考拉玉蕊木、柚木、安哥拉香桃花心木、非洲阿勃木、南美肉豆蔻木、白柳桉木、白色红柳桉木、白色柳桉木、黄色红柳桉木。

【编者注】

凡属木板与塑料构成的建筑板材应归入本章。但这些板材应根据用途按其具有主要特性的表面进行归类。例如，一方面，用于屋顶、墙壁或地板作结构件的建筑板材，由一碎料板外层和一绝缘塑料层组成，不论塑料层有多厚，都应归入品目44.10，因为是坚硬的木板部分使之能作为结构件，而塑料层只具有辅助的绝缘功能。另一方面，外层为塑料而木材仅起背衬支撑作用的板材则一般归入第三十九章。

商品编码	商品名称
44.01	**薪柴（圆木段、块、枝、成捆或类似形状）；木片或木粒；锯末、木废料及碎片，不论是否粘结成圆木段、块、片或类似形状：**
	-薪柴（圆木段、块、枝、成捆或类似形状）：
4401.1100	--针叶木
4401.1200	--非针叶木
	-木片或木粒：
4401.2100	--针叶木
4401.2200	--非针叶木
	-锯末、木废料及碎片，粘结成圆木段、块、片或类似形状：
4401.3100	--木屑棒
4401.3200	--木屑块
4401.3900	--其他
	-锯末、木废料及碎片，未粘结的：
4401.4100	--锯末
4401.4900	--其他
44.02①	**木炭（包括果壳炭及果核炭），不论是否结块：**
4402.1000	-竹的
4402.2000	-果壳的或果核的
4402.9000	-其他
44.03	**原木，不论是否去皮、去边材或粗锯成方：**
	-用油漆、着色剂、杂酚油或其他防腐剂处理：
4403.1100	--针叶木
4403.1200	--非针叶木
	-其他，针叶木：
	--松木（松属），最小截面尺寸在 15 厘米及以上：
4403.2110	---红松及樟子松
4403.2120	---辐射松
4403.2190	---其他
	--其他松木（松属）：
4403.2210	---红松及樟子松
4403.2220	---辐射松
4403.2290	---其他
4403.2300	--冷杉及云杉，最小截面尺寸在 15 厘米及以上
4403.2400	--其他冷杉及云杉
	--其他，最小截面尺寸在 15 厘米及以上：
4403.2510	---落叶松
4403.2520	---花旗松
4403.2590	---其他
	--其他：
4403.2610	---落叶松
4403.2620	---花旗松
4403.2690	---其他
	-其他，热带木：
4403.4100	--深红色红柳桉木、浅红色红柳桉木及巴栲红柳桉木
4403.4200	--柚木
	--其他：
4403.4920	---奥克曼（奥克榄）
4403.4930	---龙脑香木（克隆）
4403.4940	---山樟（香木）
4403.4950	---印茄木（波罗格）
4403.4960	---大干巴豆（门格里斯或康派斯）
4403.4970	---异翅香木
4403.4980	---红木
4403.4990	---其他
	-其他：
4403.9100	--栎木（橡木）
4403.9300	--水青冈木（山毛榉木），最小截面尺寸在 15 厘米及以上
4403.9400	--其他水青冈木（山毛榉木）
4403.9500	--桦木，最小截面尺寸在 15 厘米及以上
4403.9600	--其他桦木
4403.9700	--杨木
4403.9800	--桉木
	--其他：
4403.9930	---红木，但子目 4403.4980 所列热带红木除外
4403.9940	---泡桐木
4403.9950	---水曲柳

① 本品目不包括：Ⅰ. 第三十章规定的制成药品形状的木炭；Ⅱ. 与香料混合后制成片状或其他形状的木炭（品目 33.07）；Ⅲ. 活性炭（品目 38.02）；Ⅳ. 绘图用木炭（炭笔）（品目 96.09）。

商品编码	商品名称
4403.9960	---北美硬阔叶木
4403.9980	---其他未列名的温带非针叶木
4403.9990	---其他
44.04	**箍木；木劈条；已削尖但未经纵锯的木桩；粗加修整但未经车圆、弯曲或其他方式加工的木棒，适合制手杖、伞柄、工具把柄及类似品；木片条及类似品：**
4404.1000	-针叶木的
4404.2000	-非针叶木的
44.05	**木丝；木粉：**
4405.0000	木丝；木粉
44.06	**铁道及电车道枕木：**
	-未浸渍：
4406.1100	--针叶木
4406.1200	--非针叶木
	-其他：
4406.9100	--针叶木
4406.9200	--非针叶木
44.07	**经纵锯、纵切、刨切或旋切的木材，不论是否刨平、砂光或端部接合，厚度超过6毫米：**
	-针叶木：
	--松木（松属）：
4407.1110	---红松及樟子松
4407.1120	---辐射松
4407.1190	---其他
4407.1200	--冷杉及云杉
4407.1300	--云杉-松木-冷杉
4407.1400	--铁杉-冷杉
	--其他：
4407.1910	---花旗松
4407.1990	---其他
	-热带木：
4407.2100	--美洲桃花心木
4407.2200	--苏里南肉豆蔻木、细孔绿心樟及美洲轻木
4407.2300	--柚木
4407.2500	--深红色红柳桉木、浅红色红柳桉木及巴栲红柳桉木
4407.2600	--白柳桉木、白色红柳桉木、白色柳桉木、黄色红柳桉木及阿兰木
4407.2700	--沙比利
4407.2800	--伊罗科木
	--其他：
4407.2920	---非洲桃花心木
4407.2930	---波罗格
4407.2940	---红木
4407.2990	---其他
	-其他：
4407.9100	--栎木（橡木）
4407.9200	--水青冈木（山毛榉木）
4407.9300	--槭木（枫木）
4407.9400	--樱桃木
4407.9500	--白蜡木
4407.9600	--桦木
4407.9700	--杨木
	--其他：
4407.9910	---红木，但子目4407.2940所列热带红木除外
4407.9920	---泡桐木
4407.9930	---北美硬阔叶木
4407.9980	---其他未列名的温带非针叶木
4407.9990	---其他
44.08	**饰面用单板（包括刨切积层木获得的单板）、制胶合板或类似多层板用单板以及其他经纵锯、刨切或旋切的木材，不论是否刨平、砂光、拼接或端部结合，厚度不超过6毫米：**
	-针叶木：
	---饰面用单板：
4408.1011	----用胶合板等多层板制的
4408.1019	----其他
4408.1020	---制胶合板用单板
4408.1090	---其他
	-热带木：
	--深红色红柳桉木、浅红色红柳桉木及巴栲红柳桉木：
	---饰面用单板：
4408.3111	----用胶合板等多层板制的
4408.3119	----其他
4408.3120	---制胶合板用单板
4408.3190	---其他
	--其他：

商品编码	商品名称
	---饰面用单板：
4408.3911	----用胶合板等多层板制的
4408.3919	----其他
4408.3920	---制胶合板用单板
4408.3990	---其他
	-其他：
	---饰面用单板：
4408.9011	----用胶合板等多层板制的
4408.9012	----温带非针叶木制
4408.9013	----竹制
4408.9019	----其他
	---制胶合板用单板：
4408.9021	----温带非针叶木制
4408.9029	----其他
	---其他：
4408.9091	----温带非针叶木制
4408.9099	----其他
44.09	**任何一边、端或面制成连续形状（舌榫、槽榫、半槽榫、斜角、V形接头、珠榫、缘饰、刨圆及类似形状）的木材（包括未装拼的拼花地板用板条及缘板），不论其任意一边或面是否刨平、砂光或端部接合：**
	-针叶木：
4409.1010	---地板条（块）
4409.1090	---其他
	-非针叶木：
	--竹的：
4409.2110	---地板条（块）
4409.2190	---其他
	--热带木的：
4409.2210	---地板条（块）
4409.2290	---其他
	--其他：
4409.2910	---地板条（块）
4409.2990	---其他
44.10①	**碎料板、定向刨花板（OSB）及类似板（例如，华夫板），木或其他木质材料制，不论是否用树脂或其他有机黏合剂黏合：**
	-木制：
4410.1100	--碎料板
4410.1200	--定向刨花板（OSB）
4410.1900	--其他
	-其他：
	---碎料板：
4410.9011	----麦稻秸秆制
4410.9019	----其他
4410.9090	---其他
44.11②	**木纤维板或其他木质材料纤维板，不论是否用树脂或其他有机黏合剂黏合：**
	-中密度纤维板（MDF）：
	--厚度不超过5毫米：
	---密度超过每立方厘米0.8克：
4411.1211	----未经机械加工或盖面的
4411.1219	----其他
	---密度超过每立方厘米0.5克，但未超过每立方厘米0.8克：
4411.1221	----辐射松制的
4411.1229	----其他
	---其他：
4411.1291	----未经机械加工或盖面的
4411.1299	----其他
	--厚度超过5毫米，但未超过9毫米：
	---密度超过每立方厘米0.8克：
4411.1311	----未经机械加工或盖面的

① 碎料板是经压紧或挤压而制得的各种长度、宽度、厚度的平板产品。它通常用圆木头或木废料经机械碾磨所得的木片或木粒制得，也可用其他木质材料（例如，蔗渣、竹子、稻草、秸秆、亚麻或大麻的碎片）制得。碎料板一般通过加入有机黏合剂（通常为热固性树脂）黏聚而成，黏合剂一般不超过碎料板总重量的15%。通常可用肉眼在边缘上看出其所含的木片、木粒或其他碎片。

② 纤维板最通常是用机械纤维分离或汽爆处理的小木片或用其他已纤维分离的木素纤维素材料（例如，以蔗渣或竹子制得的材料）制得。木纤维板的纤维在显微镜下才可辨认出来。木纤维板中的纤维通过黏合及由于所含木素纤维自身的黏着特性相互紧密黏聚在一起。另外，也可加入树脂或其他有机黏合物质将纤维加以黏聚。在纤维板制造过程中或制造之后，还可加入浸渍剂或用其他剂料以增加木板的性能，例如，不透水性、抗腐性、抗蛀性、不易燃性或耐火性。纤维板可以是单层板，也可以是几层板黏合在一起的多层板。

商品编码	商品名称
4411.1319	----其他
	---密度超过每立方厘米0.5克，但未超过每立方厘米0.8克：
4411.1321	----辐射松制的
4411.1329	----其他
	---其他：
4411.1391	----未经机械加工或盖面的
4411.1399	----其他
	--厚度超过9毫米：
	---密度超过每立方厘米0.8克：
4411.1411	----未经机械加工或盖面的
4411.1419	----其他
	---密度超过每立方厘米0.5克，但未超过每立方厘米0.8克：
4411.1421	----辐射松制的
4411.1429	----其他
	---其他：
4411.1491	----未经机械加工或盖面的
4411.1499	----其他
	-其他：
	--密度超过每立方厘米0.8克：
4411.9210	---未经机械加工或盖面的
4411.9290	---其他
	--密度超过每立方厘米0.5克，但未超过每立方厘米0.8克：
4411.9310	---辐射松制的
4411.9390	---其他
	--密度未超过每立方厘米0.5克：
4411.9410	---密度超过每立方厘米0.35克，但未超过每立方厘米0.5克
	---密度未超过每立方厘米0.35克：
4411.9421	----未经机械加工或盖面的
4411.9429	----其他
44.12	**胶合板、单板饰面板及类似的多层板：**
	-竹制的：
	---仅由薄板制的胶合板，每层厚度不超过6毫米：
4412.1011	----至少有一表层是热带木
4412.1019	----其他
4412.1020	---其他，至少有一表层是非针叶木
	---其他：
4412.1093	----中间至少有一层是本章本国注释一所列的热带木
4412.1094	----其他，中间至少有一层是其他热带木
4412.1095	----其他，中间至少含有一层木碎料板
4412.1099	----其他
	-仅由薄木板制的其他胶合板（竹制除外），每层厚度不超过6毫米：
4412.3100	--至少有一表层是热带木
4412.3300	--其他，至少有一表层是下列非针叶木：桤木、白蜡木、水青冈木（山毛榉木）、桦木、樱桃木、栗木、榆木、桉木、山核桃、七叶树、椴木、槭木、栎木（橡木）、悬铃木、杨木、刺槐木、鹅掌楸或核桃木
	--其他，至少有一表层为子目4412.33未具体列名的非针叶木：
4412.3410	---其他，至少有一表层是温带非针叶木（子目4412.33的非针叶木除外）
4412.3490	---其他
4412.3900	--其他，上下表层均为针叶木
	-单板层积材：
4412.4100	--至少有一表层是热带木
4412.4200	--其他，至少有一表层是非针叶木
	--其他，上下表层均为针叶木：
	---中间至少有一层是热带木：
4412.4911	----中间至少有一层是本章本国注释一所列的热带木
4412.4919	----其他，中间至少有一层是其他热带木
4412.4920	---其他，中间至少含有一层木碎料板
4412.4990	---其他
	-木块芯胶合板、侧板条芯胶合板及板条芯胶合板：
4412.5100	--至少有一表层是热带木
4412.5200	--其他，至少有一表层是非针叶木
	--其他，上下表层均为针叶木：
	---中间至少有一层是热带木：

商品编码	商品名称
4412.5911	----中间至少有一层是本章本国注释一所列的热带木
4412.5919	----其他，中间至少有一层是其他热带木
4412.5920	---其他，中间至少含有一层木碎料板
4412.5990	---其他
	-其他：
4412.9100	--至少有一表层是热带木
4412.9200	--其他，至少有一表层是非针叶木
	--其他，上下表层均为针叶木：
4412.9920	---中间至少有一层是本章本国注释一所列的热带木
4412.9930	---其他，中间至少有一层是其他热带木
4412.9940	---其他，中间至少含有一层木碎料板
4412.9990	---其他
44.13	**强化木，成块、板、条或异型的：**
4413.0000	强化木，成块、板、条或异型的
44.14	**木制的画框、相框、镜框及类似品：**
4414.1000	-热带木的
	-其他：
4414.9010	---辐射松制的
4414.9090	---其他
44.15	**包装木箱、木盒、板条箱、圆桶及类似的木制包装容器；木制电缆卷筒；木托板、箱形托盘及其他装载用木板；木制的托盘护框：**
4415.1000	-箱、盒、板条箱、圆桶及类似的包装容器；电缆卷筒
	-木托板、箱形托盘及其他装载用木板；木制的托盘护框：
4415.2010	---辐射松制的
4415.2090	---其他
44.16①	**木制大桶、琵琶桶、盆和其他木制箍桶及其零件，包括桶板：**
4416.0010	---辐射松制的

商品编码	商品名称
4416.0090	---其他
44.17	**木制的工具、工具支架、工具柄、扫帚及刷子的身及柄；木制鞋靴楦及楦头：**
4417.0010	---辐射松制的
4417.0090	---其他
44.18	**建筑用木工制品，包括蜂窝结构木镶板、已装拼的地板、木瓦及盖屋板：**
	-窗、法兰西式（落地）窗及其框架：
4418.1100	--热带木的
	--其他：
4418.1910	---辐射松制的
4418.1990	---其他
	-门及其框架和门槛：
4418.2100	--热带木的
4418.2900	--其他
4418.3000	-柱及梁，子目4418.81至4418.89的货品除外
4418.4000	-水泥构件的模板
4418.5000	-木瓦及盖屋板
	-已装拼的地板：
	--竹的或至少顶层（耐磨层）是竹的：
4418.7310	---马赛克地板用
4418.7320	---其他，竹制多层的
4418.7390	---其他
4418.7400	--其他，马赛克地板用
4418.7500	--其他，多层的
4418.7900	--其他
	-工程结构木制品：
4418.8100	--集成材
4418.8200	--正交胶合木
4418.8300	--工字梁
4418.8900	--其他
	-其他：
4418.9100	--竹的
4418.9200	--蜂窝结构木镶板
4418.9900	--其他

① 本品目仅限于箍桶业所制的容器，即桶体是由开有槽沟的桶板组成，桶面和桶底固定于槽沟上，整个桶用木箍或金属箍箍紧制成的容器。

商品编码	商品名称	商品编码	商品名称
44.19[①]	**木制餐具及厨房用具：**		---木刻及竹刻：
	-竹的：	4420.1911	----木刻
4419.1100	--切面包板、砧板及类似板	4420.1912	----竹刻
	--筷子：	4420.1920	---木扇
4419.1210	---一次性筷子	4420.1990	---其他
4419.1290	---其他		-其他：
4419.1900	--其他	4420.9010	---镶嵌木
4419.2000	-热带木的	4420.9090	---其他
	-其他：	**44.21**[②]	**其他木制品：**
4419.9010	---一次性筷子	4421.1000	-衣架
4419.9090	---其他	4421.2000	-棺材
44.20	**镶嵌木（包括细工镶嵌木）；装珠宝或刀具用的木制盒子和小匣子及类似品；木制小雕像及其他装饰品；第九十四章以外的木制家具：**		-其他：
	-木制小雕像及其他装饰品：		--竹的：
	--热带木的：	4421.9110	---圆签、圆棒、冰果棒、压舌片及类似一次性制品
4420.1110	---木刻	4421.9190	---其他
4420.1120	---木扇		--其他：
4420.1190	---其他	4421.9910	---木制圆签、圆棒、冰果棒、压舌片及类似一次性制品
	--其他：	4421.9990	---其他

① 本品目仅包括作为餐具或厨房用具的木制家用器具，但不包括以装饰为主要特征的货品，也不包括家具。

本品目包括：匙、叉、沙拉勺；大浅盘及小菜盘；罐、杯及茶托；普通调味料盒及其他厨房容器；不带刷的面包屑勺；餐巾环；擀面杖；糕饼模；黄油碟；杵；坚果钳；托盘；碗；面板；切板；餐具架；厨房用的容积量器。本品目不包括：Ⅰ. 木制箍桶（品目44.16）；Ⅱ. 餐具或厨房用具的木制零件（品目44.21）；Ⅲ. 刷子及扫帚（品目96.03）；Ⅳ. 手用筛（品目96.04）。

② 本品目包括以上各品目所列物品的木制零件，但品目44.16所列物品的零件除外。

本品目主要包括：

Ⅰ. 卷轴、纡子、筒管、缝纫用线轴等。这些物品通常有车制的木芯以供纱线或细金属丝在上缠绕。木芯可以是圆柱体或倒锥形的，一般中心钻孔眼，木芯的一端或两端可以有凸缘。本品目还包括在两端装有木或其他材料制的边的车制木芯，用于卷绕绝缘电线等。

Ⅱ. 兔笼、鸡笼、蜂箱、鸟笼、狗屋、饲料槽；畜用轭。

Ⅲ. 舞台背景；木匠工作台；带有可固定交叉线的旋紧装置的桌子，用于书籍的手工锁线装订；梯子及楼梯；搁凳；活字、路标、图案；招牌；园艺等用的标签牌；牙签；棚架及围栏板；平交路口栏木止挡；卷帘、威尼斯式或其他风格窗帘；塞子；模板；弹簧百叶窗用滚子；衣架；搓衣扳；烫衣板；挂衣木钉；榫钉；橹、桨、舵；棺材。

Ⅳ. 一般有统一尺寸并且通常为长方形的铺地木块。它们是经万能圆锯机切割制成。

有时木块边上钉有间隔条，以备铺在地板的木块膨胀。

Ⅴ. 将拉拔木，而更多的是将刨切或旋切木切割成火柴尺寸的火柴梗。它们也可将单块木冲切制得批量制品。火柴梗可浸渍化学物质（例如，磷酸铵），但具有易燃物质火柴头的不应归入本章。本品目还包括在一边切成齿状或开缝的木条，它们用于制小书本型火柴梗。

Ⅵ. 用于鞋靴的木钉或木栓。它们的制作方法与火柴梗相同，但一端是尖的，截面可为圆形、正方形或三角形。在某些情况下，它们用以代替钉子来固定鞋靴的底部及后跟。

Ⅶ. 容积量器，品目44.19的厨房用具除外。

Ⅷ. 餐刀、餐匙及餐叉用的木柄。

Ⅸ. 为了便于运输或日后加工用胶合剂将粗锯木板条黏合而成的镶板。

Ⅹ. 将一造型叠放在另一已经模制或未经模制的木料上所制成的模压木料（品目44.18的货品除外）。

第四十五章　软木及软木制品

注释：

本章不包括：

一、第六十四章的鞋靴及其零件；

二、第六十五章的帽类及其零件；或

三、第九十五章的物品（例如，玩具、游戏品及运动用品）。

商品编码	商品名称
45.01	**未加工或简单加工的天然软木；软木废料；碎的、粒状的或粉状的软木：**
4501.1000	-未加工或简单加工的天然软木
	-其他：
4501.9010	---软木废料
4501.9020	---碎的、粒状的或粉状的软木（软木碎、软木粒或软木粉）
45.02	**天然软木，除去表皮或粗切成方形，或成长方块、正方块、板、片或条状（包括作塞子用的方块坯料）：**
4502.0000	天然软木，除去表皮或粗切成方形，或成长方块、正方块、板、片或条状（包括作塞子用的方块坯料）
45.03[①]	**天然软木制品：**
4503.1000[②]	-塞子
4503.9000	-其他
45.04	**压制软木（不论是否使用黏合剂压成）及其制品：**
4504.1000	-块、板、片及条；任何形状的砖、瓦；实心圆柱体，包括圆片
4504.9000	-其他

① 本品目主要包括：Ⅰ. 天然软木制的各种塞子，包括圆边的坯件；Ⅱ. 天然软木的圆片、垫片及薄片，用作皇冠盖或其他瓶、罐盖的衬片等，用于瓶颈内部的软木衬或壳；Ⅲ. 切割成矩形（包括正方形）以外其他形状的天然软木块、板、片及条，救生圈、渔网的浮子、浴室防滑垫、桌垫、打字机垫及其他垫；Ⅳ. 各种柄类（刀柄夹等）、垫圈及密封垫（品目84.84所列的各式成套垫圈及密封垫除外）。

② 子目4503.10的塞子是制成边角已磨圆的直边圆柱体、锥形圆柱体或矩形棱柱体的天然软木件。塞子可经染色、抛光、涂蜡、穿孔、打上火印或染印，有些实心软木塞的头比塞子本身大或盖有金属、塑料等。塞子用于封闭容器。空心塞（壳塞）用于包裹玻璃瓶或陶瓷瓶上的玻璃塞子。本子目还包括可确定为作塞子用的坯件，但其边角必须制成圆的。

第四十六章　稻草、秸秆、针茅或其他编结材料制品；篮筐及柳条编结品

注释：

一、本章所称"编结材料"，是指其状态或形状适于编结、交织或类似加工的材料，包括稻草、秸秆、柳条、竹、藤、灯芯草、芦苇、木片条、其他植物材料扁条（例如，树皮条、狭叶、酒椰叶纤维或其他从阔叶获取的条）、未纺的天然纺织纤维、塑料单丝及扁条、纸带，但不包括皮革、再生皮革、毡呢或无纺织物的扁条、人发、马毛、纺织粗纱或纱线以及第五十四章的单丝和扁条。

二、本章不包括：

（一）品目48.14的壁纸；

（二）不论是否编结而成的线、绳、索、缆（品目56.07）；

（三）第六十四章和第六十五章的鞋靴、帽类及其零件；

（四）编结而成的车辆或车身（第八十七章）；或

（五）第九十四章的物品（例如，家具、灯具及照明装置）。

三、品目46.01所称"平行连结的成片编结材料、缏条或类似的编结材料产品"，是指编结材料、缏条及类似的编结材料产品平行排列连结成片的制品，其连结材料不论是否为纺制的纺织材料。

商品编码	商品名称
46.01	**用编结材料编成的缏条及类似产品，不论是否缝合成宽条；平行连结或编织的成片编结材料、缏条或类似的编结材料产品，不论是否制成品（例如，席子、席料、帘子）：**
	-植物材料制的席子、席料及帘子：
4601.2100	--竹制的
4601.2200	--藤制的
	--其他：
	---草制的：
4601.2911	----灯芯草属材料制的
4601.2919	----其他
	---芦苇制的：
4601.2921	----苇帘
4601.2929	----其他
4601.2990	---其他
	-其他：
	--竹制的：
4601.9210	---缏条及类似产品，不论是否缝合成宽条
4601.9290	---其他
	--藤制的：
4601.9310	---缏条及类似产品，不论是否缝合成宽条
4601.9390	---其他
	--其他植物材料制的：
	---稻草制的：
4601.9411	----缏条（绳）
4601.9419	----其他
	---其他：
4601.9491	----缏条及类似产品，不论是否缝合成宽条
4601.9499	----其他
	--其他：
4601.9910	---缏条及类似产品，不论是否缝合成宽条
4601.9990	---其他
46.02	**用编结材料直接编成或用品目46.01所列货品制成的篮筐、柳条编结品及其他制品；丝瓜络制品：**
	-植物材料制：
4602.1100	--竹制的
4602.1200	--藤制的
	--其他：
4602.1910	---草制的
4602.1920	---玉米皮制的
4602.1930	---柳条制的
4602.1990	---其他
4602.9000	-其他

第十类　木浆及其他纤维状纤维素浆；回收（废碎）纸或纸板；纸、纸板及其制品

第四十七章　木浆及其他纤维状纤维素浆；回收（废碎）纸或纸板

注释：

品目47.02所称“化学木浆，溶解级”，是指温度在20摄氏度时浸入含18%氢氧化钠的苛性碱溶液内，1小时后，按重量计含有92%及以上的不溶级分的碱木浆或硫酸盐木浆，或者含有88%及以上的不溶级分的亚硫酸盐木浆。对于亚硫酸盐木浆，按重量计灰分含量不得超过0.15%。

【编者注】

纸浆商品，重点是应该知道如何区分不同的纸浆种类。

商品编码	商品名称
47.01	**机械木浆：**
4701.0000①	机械木浆
47.02	**化学木浆，溶解级：**
4702.0000②	化学木浆，溶解级
47.03③	**碱木浆或硫酸盐木浆，但溶解级的除外：**
	-未漂白：
4703.1100	--针叶木的
4703.1900	--非针叶木的
	-半漂白或漂白：
4703.2100	--针叶木的
4703.2900	--非针叶木的
47.04④	**亚硫酸盐木浆，但溶解级的除外：**
	-未漂白：
4704.1100	--针叶木的
4704.1900	--非针叶木的
	-半漂白或漂白：
4704.2100	--针叶木的
4704.2900	--非针叶木的
47.05	**用机械与化学联合制浆法制得的木浆：**
4705.0000	用机械与化学联合制浆法制得的木浆
47.06	**从回收（废碎）纸或纸板提取的纤维浆或其他纤维状纤维素浆：**
4706.1000	-棉短绒纸浆
4706.2000	-从回收（废碎）纸或纸板提取的纤维浆
4706.3000	-其他，竹浆
	-其他：
4706.9100	--机械浆
4706.9200	--化学浆
4706.9300	--用机械和化学联合法制得的浆

① 机械木浆仅通过机械加工方法获得，即在水冲刷下通过机械碾磨将已去树皮及节瘤的木材离解或研磨成木质纤维。

② 化学木浆是先将木材切成木片或木粒，然后用化学品加以处理制得。经过这种处理，去除了大部分木质素和其他非纤维素物质。

③ 碱木浆或硫酸盐木浆是用强碱溶液蒸煮，通常为木片状的木材制得。

④ 亚硫酸盐法制浆一般使用酸性溶液，其名称源于各种“亚硫酸盐”化学品，例如，亚硫酸氢钙、亚硫酸氢镁、亚硫酸氢钠、亚硫酸氢铵，这些化学品可在调制煮液过程中使用。

商品编码	商品名称	商品编码	商品名称
47.07[①]	回收（废碎）纸或纸板：	4707.3000	-主要由机械浆制成的纸或纸板（例如，报纸、杂志及类似印刷品）
4707.1000	-未漂白的牛皮纸或纸板及瓦楞纸或纸板	4707.9000	-其他，包括未分选的废碎品
4707.2000	-主要由漂白化学木浆制成未经本体染色的其他纸和纸板		

① 本品目所列纸及纸板的废品包括削、切、剪、撕的废纸及纸板、旧报纸和旧杂志、校样、报废印刷品及类似废料。本品目也包括纸或纸板的碎料。上述废碎品一般用于造纸浆，报验时通常压打成包。必须注意，这些废碎品也可用于其他方面（例如，包装），但仍归入本品目。

第四十八章　纸及纸板；纸浆、纸或纸板制品

注释：

一、除条文另有规定外，本章所称“纸”包括纸板（不考虑其厚度或每平方米重量）。

二、本章不包括：

（一）第三十章的物品；

（二）品目 32.12 的压印箔；

（三）香纸及用化妆品浸渍或涂布的纸（第三十三章）；

（四）用肥皂或洗涤剂浸渍、覆盖或涂布的纸或纤维素絮纸（品目 34.01）和用光洁剂、擦光膏及类似制剂浸渍、覆盖或涂布的纸或纤维素絮纸（品目 34.05）；

（五）品目 37.01 至 37.04 的感光纸或感光纸板；

（六）用诊断或实验用试剂浸渍的纸（品目 38.22）；

（七）第三十九章的用纸强化的层压塑料板，用塑料覆盖或涂布的单层纸或纸板（塑料部分占总厚度的一半以上），以及上述材料的制品，但品目 48.14 的壁纸除外；

（八）品目 42.02 的物品（例如，旅行用品）；

（九）第四十六章的物品（编结材料制品）；

（十）纸纱线或纸纱线纺织物（第十一类）；

（十一）第六十四章或第六十五章的物品；

（十二）品目 68.05 的砂纸或品目 68.14 的用纸或纸板衬底的云母（但涂布云母粉的纸及纸板归入本章）；

（十三）用纸或纸板衬底的金属箔（通常归入第十四类或第十五类）；

（十四）品目 92.09 的制品；

（十五）第九十五章的物品（例如，玩具、游戏品及运动用品）；或

（十六）第九十六章的物品［例如，纽扣，卫生巾（护垫）及卫生棉条、尿布及尿布衬里］。

三、除注释七另有规定的以外，品目 48.01 至 48.05 包括经研光、高度研光、釉光或类似处理、仿水印、表面施胶的纸及纸板；同时还包括用各种方法本体着色或染成斑纹的纸、纸板、纤维素絮纸及纤维素纤维网纸。除品目 48.03 另有规定的以外，上述品目不适用于经过其他方法加工的纸、纸板、纤维素絮纸或纤维素纤维网纸。

四、本章所称“新闻纸”，是指所含用机械或化学-机械方法制得的木纤维不少于全部纤维重量的 50%的未经涂布的报刊用纸，未施胶或微施胶，每面粗糙度［帕克印刷表面粗糙度（1 兆帕）］超过 2.5 微米，每平方米重量不小于 40 克，但不超过 65 克，并且仅适用于下列规格的纸：

（一）成条或成卷，宽度超过 28 厘米；或

（二）成张矩形（包括正方形），一边超过 28 厘米，另一边超过 15 厘米（以未折叠计）。

五、品目 48.02 所称“书写、印刷或类似用途的纸及纸板”“未打孔的穿孔卡片和穿孔纸带纸”，是指主要用漂白纸浆或用机械或化学-机械方法制得的纸浆制成的纸及纸板，并且符合下列任一标准：

（一）每平方米重量不超过 150 克的纸或纸板：

1. 用机械或化学-机械方法制得的纤维含量在 10%及以上，并且

（1）每平方米重量不超过 80 克；或

（2）本体着色；或

2. 灰分含量在 8%以上，并且

（1）每平方米重量不超过 80 克；或

（2）本体着色；或

3. 灰分含量在3%以上，亮度在60%及以上；或

4. 灰分含量在3%以上，但不超过8%，亮度低于60%，耐破指数等于或小于2.5千帕斯卡·平方米/克；或

5. 灰分含量在3%及以下，亮度在60%及以上，耐破指数等于或小于2.5千帕斯卡·平方米/克。

（二）每平方米重量超过150克的纸或纸板：

1. 本体着色；或

2. 亮度在60%及以上，并且

（1）厚度在225微米及以下；或

（2）厚度在225微米以上，但不超过508微米，灰分含量在3%以上；或

3. 亮度低于60%，厚度不超过254微米，灰分含量在8%以上。

品目48.02不包括滤纸及纸板（含茶袋纸）或毡纸及纸板。

六、本章所称“牛皮纸及纸板”，是指所含用硫酸盐法或烧碱法制得的纤维不少于全部纤维重量的80%的纸及纸板。

七、除品目条文另有规定的以外，符合品目48.01至48.11中两个或两个以上品目所规定的纸、纸板、纤维素絮纸及纤维素纤维网纸，应按号列顺序归入有关品目中的最末一个品目。

八、品目48.03至48.09仅适用于下列规格的纸、纸板、纤维素絮纸及纤维素纤维网纸：

（一）成条或成卷，宽度超过36厘米；或

（二）成张矩形（包括正方形），一边超过36厘米，另一边超过15厘米（以未折叠计）。

九、品目48.14所称“壁纸及类似品”，仅限于：

（一）适合作墙壁或天花板装饰用的成卷纸张，宽度不小于45厘米，但不超过160厘米：

1. 起纹、压花、染面、印有图案或经其他装饰的（例如，植绒），不论是否用透明的防护塑料涂布或覆盖；

2. 表面饰有木粒或草粒而凹凸不平的；

3. 表面用塑料涂布或覆盖并起纹、压花、染面、印有图案或经其他装饰的；或

4. 表面用不论是否平行连结或编织的编结材料覆盖的；

（二）适于装饰墙壁或天花板用的经上述加工的纸边及纸条，不论是否成卷；

（三）由几幅拼成的壁纸，成卷或成张，贴到墙上可组成印刷的风景画或图案。

既可作铺地制品，也可作壁纸的以纸或纸板为底的产品，应归入品目48.23。

十、品目48.20不包括切成一定尺寸的活页纸张或卡片，不论是否印制、压花、打孔。

十一、品目48.23主要适用于提花机或类似机器用的穿孔纸或卡片，以及纸花边。

十二、除品目48.14及48.21的货品外，印有图案、文字或图画的纸、纸板、纤维素絮纸及其制品，如果所印图案、文字或图画作为其主要用途，应归入第四十九章。

子目注释：

一、子目4804.11及4804.19所称“牛皮衬纸”，是指所含用硫酸盐法或烧碱法制得的木纤维不少于全部纤维重量的80%的成卷机器整饰或上光纸及纸板，每平方米重量超过115克，并且最低缪伦耐破度符合下表所示（其他重量的耐破度可参照下表换算）：

重量（克/平方米）	最低耐破度（千帕斯卡）
115	393
125	417
200	637
300	824
400	961

二、子目4804.21及4804.29所称“袋用牛皮纸”，是指所含用硫酸盐法或烧碱法制得的木纤维不少于全部纤维重量的80%的成卷机器上光纸，每平方米重量不少于60克，但不超过115克，并且符合下列一种规格：

（一）缪伦耐破指数不小于3.7千帕斯卡·平方米/克，并且横向伸长率大于4.5%，纵向伸长率大于2%；

（二）至少能达到下表所示的最小撕裂度和抗张强度（其他重量的可参照下表换算）：

重量（克/平方米）	最小撕裂度（毫牛顿）		最小抗张强度（千牛顿/米）	
	纵向	纵向加横向	横向	纵向加横向
60	700	1510	1.9	6
70	830	1790	2.3	7.2
80	965	2070	2.8	8.3
100	1230	2635	3.7	10.6
115	1425	3060	4.4	12.3

三、子目4805.11所称“半化学的瓦楞纸”，是指所含用机械和化学联合法制得的未漂白硬木纤维不少于全部纤维重量的65%的成卷纸张，并且在温度为23摄氏度和相对湿度为50%时，经过30分钟的瓦楞芯纸平压强度测定（CMT30），抗压强度超过1.8牛顿/克/平方米。

四、子目4805.12包括主要用机械和化学联合法制得的草浆制成的成卷纸张，每平方米重量在130克及以上，并且在温度为23摄氏度和相对湿度为50%时，经过30分钟的瓦楞芯纸平压强度测定（CMT30），抗压强度超过1.4牛顿/克/平方米。

五、子目4805.24和4805.25包括全部或主要由回收（废碎）纸或纸板制得的纸浆制成的纸及纸板。强韧箱纸板也可以有一面用染色纸或由漂白或未漂白的非再生浆制得的纸做表层，这些产品缪伦耐破指数不小于2千帕斯卡·平方米/克。

六、子目4805.30所称“亚硫酸盐包装纸”，是指所含用亚硫酸盐法制得的木纤维超过全部纤维重量的40%的机器研光纸，灰分含量不超过8%，并且缪伦耐破指数不小于1.47千帕斯卡·平方米/克。

七、子目4810.22所称“轻质涂布纸”，是指双面涂布纸，其每平方米总重量不超过72克，每面每平方米的涂层重量不超过15克，原纸中所含用机械方法制得的木纤维不少于全部纤维重量的50%。

本国子目注释：

一、本国子目4802.1010所称“宣纸”，是采用产自安徽省泾县境内及周边地区的青檀皮和沙田稻草，不掺杂其他原材料，并利用泾县独有的山泉水，按照传统工艺经过特殊的传统工艺配方，在严密的技术监控下，在安徽省泾县内以传统工艺生产的，具有润墨和耐久等独特性能，供书画、裱拓、水印等用途的高级艺术用纸。

二、本国子目4805.9120所涉及的“装饰原纸”，是指直接浸渍或印刷后浸渍，经热压层合加工，用于人造板饰面的原纸。

三、本国子目4811.5191所涉及的“纸塑铝复合材料”，是指原纸、聚乙烯及铝箔经专用设备一次性复合生产而成的复合材料。该产品的主要生产环节包括印刷、复合等工艺，可在食品罐装机上成型、罐装、封合，无须再经其他复杂加工。主要用于牛奶、饮料等液体食品包装，实现在常温状态下长距离运输及保存。

【编者注】

关于子目注释的解释：

子目注释一：在本子目注释中，最低耐破度是用千帕斯卡（kPa）来表示的。克/平方厘米按下表换算：

克/平方米	千帕斯卡	克/平方厘米
115	393	4030
125	417	4250
200	637	6500
300	824	8400
400	961	9800

中间值的计算（插值法）或400克以上数值的计算（外推法）应依据下列公式进行：

定　量	最低耐破度（克/平方厘米）
不超过125克/平方米	定量（克/平方米）×22+1500
超过125克/平方米，但不超过200克/平方米	定量（克/平方米）×30+500
超过200克/平方米，但不超过300克/平方米	定量（克/平方米）×19+2700
超过300克/平方米	定量（克/平方米）×14+4200

子目注释二：对于每平方米重量在本子目注释所列数值之间的纸，其最小值应依据下表计算（误差不超过2%）。

量及单位名称	最小值
撕裂度，纵向（mN）（数值取至最近的0或5毫牛顿）	定量（克/平方米）×13.23-94.64
撕裂度，纵向加横向（mN）（取值方法如上所述）	定量（克/平方米）×28.22-186.2
抗张强度，横向（kN/m）	定量（克/平方米）×0.0449-0.8186
抗张强度，纵向加横向（kN/m）	定量（克/平方米）×0.1143-0.829

归类时应注意纸张的规格及报验状态，例如，成卷、成张或切成一定尺寸，因为本章商品因加工程度、加工工艺及规格的不同而要归入不同的子目。

商品编码	商品名称	商品编码	商品名称
48.01	**成卷或成张的新闻纸：**		-光敏、热敏、电敏纸及纸板的原纸和原纸板：
4801.0010	---成卷的	4802.2010	---照相原纸
4801.0090	---其他	4802.2090	---其他
48.02	**书写、印刷或类似用途的未经涂布的纸及纸板、未打孔的穿孔卡片及穿孔纸带纸，成卷或成张矩形（包括正方形），任何尺寸，但品目48.01或48.03的纸除外；手工制纸及纸板：**	4802.4000	-壁纸原纸
	-手工制纸及纸板：		-其他纸及纸板，不含用机械或化学—机械方法制得的纤维或所含前述纤维不超过全部纤维重量的10%：
4802.1010	---宣纸	4802.5400	--每平方米重量小于40克
4802.1090	---其他	4802.5500	--每平方米重量在40克及以上，但不超过150克，成卷的

商品编码	商品名称
4802. 5600	--每平方米重量在 40 克及以上，但不超过 150 克，成张的，以未折叠计一边不超过 435 毫米，另一边不超过 297 毫米
4802. 5700	--其他，每平方米重量在 40 克及以上，但不超过 150 克
4802. 5800	--每平方米重量超过 150 克
	-其他纸及纸板，所含用机械或化学—机械方法制得的纤维超过全部纤维重量的 10%：
4802. 6100	--成卷的
4802. 6200	--成张的，以未折叠计一边不超过 435 毫米，另一边不超过 297 毫米
4802. 6900	--其他
48. 03	**卫生纸、面巾纸、餐巾纸以及家庭或卫生用的类似纸、纤维素絮纸和纤维素纤维网纸，不论是否起纹、压花、打孔、染面、饰面或印花，成卷或成张的：**
4803. 0000	卫生纸、面巾纸、餐巾纸以及家庭或卫生用的类似纸、纤维素絮纸和纤维素纤维网纸，不论是否起纹、压花、打孔、染面、饰面或印花，成卷或成张的
48. 04①	**成卷或成张的未经涂布的牛皮纸及纸板，但不包括品目 48. 02 或 48. 03 的货品：**
	-牛皮挂面纸：
4804. 1100	--未漂白
4804. 1900	--其他
	-袋用牛皮纸：
4804. 2100	--未漂白
4804. 2900	--其他
	-其他牛皮纸及纸板，每平方米重量不超过 150 克：
4804. 3100	--未漂白
4804. 3900	--其他
	-其他牛皮纸及纸板，每平方米重量超过 150 克，但小于 225 克：
4804. 4100	--未漂白
4804. 4200	--本体均匀漂白，所含用化学方法制得的木纤维超过全部纤维重量的 95%
4804. 4900	--其他
	-其他牛皮纸及纸板，每平方米重量在 225 克及以上：
4804. 5100	--未漂白
4804. 5200	--本体均匀漂白，所含用化学方法制得的木纤维超过全部纤维重量的 95%
4804. 5900	--其他
48. 05	**成卷或成张的其他未经涂布的纸及纸板，加工程度不超过本章注释三所列范围：**
	-瓦楞原纸：
4805. 1100	--半化学的瓦楞原纸
4805. 1200	--草浆瓦楞原纸
4805. 1900	--其他
	-强韧箱纸板（再生挂面纸板）：
4805. 2400	--每平方米重量在 150 克及以下
4805. 2500	--每平方米重量超过 150 克
4805. 3000	-亚硫酸盐包装纸
4805. 4000	-滤纸及纸板
4805. 5000	-毡纸及纸板
	-其他：
	--每平方米重量在 150 克及以下：
4805. 9110	---电解电容器原纸
4805. 9120	---装饰原纸
4805. 9190	---其他
4805. 9200	--每平方米重量在 150 克以上，但小于 225 克
4805. 9300	--每平方米重量在 225 克及以上

① 本品目的牛皮纸及纸板只有当其符合本章注释八时方可归入本品目。上述纸及纸板如已切成其他尺寸或形状，一般归入品目 48. 23。

商品编码	商品名称
48. 06[1]	**成卷或成张的植物羊皮纸、防油纸、描图纸、半透明纸及其他高光泽透明或半透明纸：**
4806. 1000	-植物羊皮纸
4806. 2000	-防油纸
4806. 3000	-描图纸
4806. 4000	-高光泽透明或半透明纸
48. 07	**成卷或成张的复合纸及纸板（用黏合剂黏合各层纸或纸板制成），未经表面涂布或未浸渍，不论内层是否有加强材料：**
4807. 0000	成卷或成张的复合纸及纸板（用黏合剂黏合各层纸或纸板制成），未经表面涂布或未浸渍，不论内层是否有加强材料
48. 08	**成卷或成张的瓦楞纸及纸板（不论是否与平面纸胶合）、皱纹纸及纸板、压纹纸及纸板、穿孔纸及纸板，但品目48. 03的纸除外：**
4808. 1000	-瓦楞纸及纸板，不论是否穿孔
4808. 4000	-皱纹牛皮纸，不论是否压花或穿孔
4808. 9000	-其他
48. 09	**复写纸、自印复写纸及其他拷贝或转印纸（包括涂布或浸渍的油印蜡纸或胶印版纸），不论是否印制，成卷或成张的：**
4809. 2000	-自印复写纸
4809. 9000	-其他
48. 10	**成卷或成张矩形（包括正方形）的任何尺寸的单面或双面涂布高岭土或其他无机物质（不论是否加黏合剂）的纸及纸板，但未涂布其他涂料，不论是否染面、饰面或印花：**
	-书写、印刷或类似用途的纸及纸板，不含用机械或化学—机械方法制得的纤维或所含前述纤维不超过全部纤维重量的10%：
4810. 1300	--成卷的
4810. 1400	--成张的，一边不超过435毫米，另一边不超过297毫米（以未折叠计）
4810. 1900	--其他
	-书写、印刷或类似用途的纸及纸板，所含用机械或化学—机械方法制得的纤维超过全部纤维重量的10%：
4810. 2200	--轻质涂布纸
4810. 2900	--其他
	-牛皮纸及纸板，但书写、印刷或类似用途的除外：
4810. 3100	--本体均匀漂白，所含用化学方法制得的木纤维超过全部纤维重量的95%，每平方米重量不超过150克
4810. 3200	--本体均匀漂白，所含用化学方法制得的木纤维超过全部纤维重量的95%，每平方米重量超过150克
4810. 3900	--其他
	-其他纸及纸板：
4810. 9200	--多层的
4810. 9900	--其他
48. 11	**成卷或成张矩形（包括正方形）的任何尺寸的经涂布、浸渍、覆面、染面、饰面或印花的纸、纸板、纤维素絮纸及纤维素纤维网纸，但品目48. 03、48. 09或48. 10的货品除外：**
4811. 1000	-焦油纸及纸板、沥青纸及纸板
	-胶粘纸及纸板：
4811. 4100	--自粘的
4811. 4900	--其他
	-用塑料（不包括黏合剂）涂布、浸渍或覆盖的纸及纸板：
	--漂白的，每平方米重量超过150克：
4811. 5110	---彩色相纸用双面涂塑纸

① 植物羊皮纸可用于包装达纳炸药，作油脂物品（例如，黄油、猪油）及其他食品的保护性包装、渗透及渗析工艺中的薄膜、证书纸及类似纸、某些用途的描图纸及图样纸，也用于制贺卡等。植物羊皮纸板可替代羊皮纸用于书本装订、制造灯罩及旅行用容器等。只在单面作羊皮纸化处理的纸（用于制某种壁纸）也归入本品目。

防油纸（某些国家称之为仿羊皮纸）是用纸浆（一般是亚硫酸盐浆）直接制得。因其价廉，特别适于作油脂食品的包装。

玻璃纸，即一种高光泽透明纸，可作食品、糖果等的保护性包装，用于制信封的透明纸窗，切成纸条后可作如巧克力等的精美包装材料。

商品编码	商品名称
	---其他：
4811.5191	----纸塑铝复合材料
4811.5199	----其他
	--其他：
4811.5910	---绝缘纸及纸板
	---其他：
4811.5991	----镀铝的
4811.5999	----其他
	-用蜡、石蜡、硬脂精、油或甘油涂布、浸渍、覆盖的纸及纸板：
4811.6010	---绝缘纸及纸板
4811.6090	---其他
4811.9000	-其他纸、纸板、纤维素絮纸及纤维素纤维网纸
48.12	**纸浆制的滤块、滤板及滤片：**
4812.0000①	纸浆制的滤块、滤板及滤片
48.13	**卷烟纸，不论是否切成一定尺寸、成小本或管状：**
4813.1000	-成小本或管状
4813.2000	-宽度不超过5厘米成卷的
4813.9000	-其他
48.14	**壁纸及类似品；窗用透明纸：**
4814.2000	-用塑料涂面或盖面的壁纸及类似品，起纹、压花、着色、印刷图案或经其他装饰
4814.9000	-其他
48.16	**复写纸、自印复写纸及其他拷贝或转印纸（不包括品目48.09的纸）、油印蜡纸或胶印版纸，不论是否盒装：**
4816.2000	-自印复写纸
	-其他：
4816.9010	---热敏转印纸
4816.9090	---其他
48.17	**纸或纸板制的信封、封缄信片、素色明信片及通信卡片；纸或纸板制的盒子、袋子及夹子，内装各种纸制文具：**
4817.1000	-信封
4817.2000	-封缄信片、素色明信片及通信卡片
4817.3000	-纸或纸板制的盒子、袋子及夹子，内装各种纸制文具
48.18	**卫生纸及类似纸，家庭或卫生用纤维素絮纸及纤维素纤维网纸，成卷宽度不超过36厘米或切成一定尺寸或形状的；纸浆、纸、纤维素絮纸或纤维素纤维网纸制的手帕、面巾、台布、餐巾、床单及类似的家庭、卫生或医院用品、衣服及衣着附件：**
4818.1000	-卫生纸
4818.2000	-纸手帕及纸面巾
4818.3000	-纸台布及纸餐巾
4818.5000	-衣服及衣着附件
4818.9000	-其他
48.19	**纸、纸板、纤维素絮纸或纤维素纤维网纸制的箱、盒、匣、袋及其他包装容器；纸或纸板制的卷宗盒、信件盘及类似品，供办公室、商店及类似场所使用的：**
4819.1000	-瓦楞纸或纸板制的箱、盒、匣
4819.2000	-非瓦楞纸或纸板制的可折叠箱、盒、匣
4819.3000	-底宽40厘米及以上的纸袋
4819.4000	-其他纸袋，包括锥形袋
4819.5000	-其他包装容器，包括唱片套
4819.6000	-办公室、商店及类似场所使用的卷宗盒、信件盘、存储盒及类似品
48.20	**纸或纸板制的登记本、账本、笔记本、订货本、收据本、信笺本、记事本、日记本及类似品、练习本、吸墨纸本、活动封面（活页及非活页）、文件夹、卷宗皮、多联商业表格纸、页间夹有复写纸的本及其他文具用品；纸或纸板制的样品簿、粘贴簿及书籍封面：**
4820.1000	-登记本、账本、笔记本、订货本、收据本、信笺本、记事本、日记本及类似品

① 本品是由高纤维含量的植物纤维（棉花、亚麻、木材等）不用黏合材料压制成块、板或片状的产品，其纤维呈疏松附着状态。滤块（也称滤团）可在过滤器中用于澄清液体（例如，葡萄酒、烈性酒、啤酒及醋），不论其规格或形状如何，均归入本品目。但是，不包括用于过滤液体的其他纸品，例如，过滤纸（品目48.05或48.23）、纤维素絮纸（品目48.03或48.23）。

商品编码	商品名称
4820.2000	-练习本
4820.3000	-活动封面（书籍封面除外）、文件夹及卷宗皮
4820.4000	-多联商业表格纸、页间夹有复写纸的本
4820.5000	-样品簿及粘贴簿
4820.9000	-其他
48.21	**纸或纸板制的各种标签，不论是否印制：**
4821.1000	-印制
4821.9000	-其他
48.22	**纸浆、纸或纸板（不论是否穿孔或硬化）制的筒管、卷轴、纡子及类似品：**
4822.1000	-纺织纱线用
4822.9000	-其他
48.23	**切成一定尺寸或形状的其他纸、纸板、纤维素絮纸及纤维素纤维网纸；纸浆、纸、纸板、纤维素絮纸及纤维素纤维网纸制的其他物品：**
4823.2000	-滤纸及纸板
4823.4000	-已印制的自动记录器用打印纸卷、纸张及纸盘
	-纸或纸板制的盘、碟、盆、杯及类似品：
4823.6100	--竹浆纸制
	--其他：
4823.6910	---非木植物浆制
4823.6990	---其他
4823.7000	-压制或模制纸浆制品
	-其他：
4823.9010	---以纸或纸板为底制成的铺地制品
4823.9020	---神纸及类似用品
4823.9030	---纸扇
4823.9090	---其他

第四十九章　书籍、报纸、印刷图画及其他印刷品；手稿、打字稿及设计图纸

注释：

一、本章不包括：

（一）透明基的照相负片或正片（第三十七章）；

（二）立体地图、设计图表或地球仪、天体仪，不论是否印刷（品目 90.23）；

（三）第九十五章的游戏纸牌或其他物品；或

（四）雕版画、印刷画、石印画的原本（品目 97.02），品目 97.04 的邮票、印花税票、纪念封、首日封、邮政信笺及类似品，以及第九十七章的超过一百年的古物或其他物品。

二、第四十九章所称“印刷”，也包括用胶版复印机、油印机印制，在自动数据处理设备控制下打印绘制、压印、冲印、感光复印、热敏复印或打字。

三、用纸以外材料装订成册的报纸、杂志和期刊，以及一期以上装订在同一封面里的成套报纸、杂志和期刊，应归入品目 49.01，不论是否有广告材料。

四、品目 49.01 还包括：

（一）附有说明文字，每页编有号数以便装订成一册或几册的整集印刷复制品，例如，美术作品、绘画；

（二）随同成册书籍的图画附刊；以及

（三）供装订书籍或小册子用的散页、集页或书帖形式的印刷品，已构成一部作品的全部或部分。

但没有说明文字的印刷图画或图解，不论是否散页或书帖形式，应归入品目 49.11。

五、除本章注释三另有规定的以外，品目 49.01 不包括主要做广告用的出版物（例如，小册子、散页印刷品、商业目录、同业公会出版的年鉴、旅游宣传品），这类出版物应归入品目 49.11。

六、品目 49.03 所称“儿童图画书”，是指以图画为主、文字为辅，供儿童阅览的书籍。

本国子目注释：

本国子目 4911.1010 所称“无商业价值的商业广告品、商品目录及类似印刷品”，是指不以营利为目的，主要用作宣传、介绍、推销、展示商品，不在市场销售的印刷品。

【编者注】

本类“印刷”的范围不仅包括以普通手工印刷（例如，雕版印刷或木版印刷，但雕版画及木版画原本除外）或机械印刷（例如，活版印刷、胶版印刷、平版印刷、照相凹版印刷等）的几种方法复制，还包括用复印机复制，在计算机控制下打印绘制、压印、冲印、感光复印、热敏复印或打字（参见本章注释二），不论印刷文字的形式如何（如任何一种字母、数字、速记符号、莫尔斯电码或其他电码符号、布莱叶盲字、音乐符号、图画及图解）。但“印刷”一词不包括着色、装饰性或重复图案的印制。

本章印刷所用材料常见的为纸，但也允许用其他材料，只要是以印刷文字、图案为其主要功能的。需要注意的是，具有文物价值的印刷品不能归在本章，应归入第九十七章项下。

商品编码	商品名称
49.01	**书籍、小册子、散页印刷品及类似印刷品，不论是否单张：**
4901.1000	-单张的，不论是否折叠
	-其他：
4901.9100	--字典或百科全书及其连续出版的分册
4901.9900	--其他
49.02	**报纸、杂志及期刊，不论有无插图或广告材料：**
4902.1000	-每周至少出版四次
4902.9000	-其他
49.03	**儿童图画书、绘画或涂色书：**
4903.0000[1]	儿童图画书、绘画或涂色书
49.04	**乐谱原稿或印本，不论是否装订或印有插图：**
4904.0000	乐谱原稿或印本，不论是否装订或印有插图
49.05	**各种印刷的地图、水道图及类似图表，包括地图册、挂图、地形图及地球仪、天体仪：**
4905.2000	-成册的
4905.9000	-其他
49.06	**手绘的建筑、工程、工业、商业、地形或类似用途的设计图纸原稿；手稿；用感光纸照相复印或用复写纸誊写的上述物品复制件：**
4906.0000	手绘的建筑、工程、工业、商业、地形或类似用途的设计图纸原稿；手稿；用感光纸照相复印或用复写纸誊写的上述物品复制件

商品编码	商品名称
49.07[2]	**在承认或将承认其面值的国家流通或新发行并且未经使用的邮票、印花税票及类似票证；印有邮票或印花税票的纸品；钞票；空白支票；股票、债券及类似所有权凭证：**
4907.0010	---邮票
4907.0020	---钞票
4907.0030	---证券凭证
4907.0090	---其他
49.08	**转印贴花纸（移画印花法用图案纸）：**
4908.1000	-釉转印贴花纸（移画印花法用图案纸）
4908.9000	-其他
49.09	**印刷或有图画的明信片；印有个人问候、祝贺、通告的卡片，不论是否有图画、带信封或饰边：**
4909.0010	---印刷或有图画的明信片
4909.0090	---其他
49.10	**印刷的各种日历，包括日历芯：**
4910.0000	印刷的各种日历，包括日历芯
49.11	**其他印刷品，包括印刷的图片及照片：**
	-商业广告品、商品目录及类似印刷品：
4911.1010	---无商业价值的
4911.1090	---其他
	-其他：
4911.9100	--图片、设计图样及照片
	--其他：
4911.9910	---纸质的
4911.9990	---其他

① 内有“可站立”或可移动的人物形象的儿童图画书也归入本品目，但如果该物品主要是一种玩具，则不包括在内(第九十五章)。

② 本品目所列产品的特征是，一经有关当局发行（有的需有签章才能生效），具有超过其内在价值的信用价值。

第十一类　纺织原料及纺织制品

注释：

一、本类不包括：

（一）制刷用的动物鬃、毛（品目 05.02）；马毛及废马毛（品目 05.11）；

（二）人发及人发制品（品目 05.01、67.03 或 67.04），但通常用于榨油机或类似机器的滤布除外（品目 59.11）；

（三）第十四章的棉短绒或其他植物材料；

（四）品目 25.24 的石棉、品目 68.12 或 68.13 的石棉制品或其他产品；

（五）品目 30.05 或 30.06 的物品；品目 33.06 的用于清洁牙缝的纱线（牙线），单独零售包装的；

（六）品目 37.01 至 37.04 的感光布；

（七）截面尺寸超过 1 毫米的塑料单丝和表面宽度超过 5 毫米的塑料扁条及类似品（例如，人造草）（第三十九章），以及上述单丝或扁条的缏条、织物、篮筐或柳条编结品（第四十六章）；

（八）第三十九章的用塑料浸渍、涂布、包覆或层压的机织物、针织物或钩编织物、毡呢或无纺织物及其制品；

（九）第四十章的用橡胶浸渍、涂布、包覆或层压的机织物、针织物或钩编织物、毡呢或无纺织物及其制品；

（十）带毛皮张（第四十一章或第四十三章）、品目 43.03 或 43.04 的毛皮制品、人造毛皮及其制品；

（十一）品目 42.01 或 42.02 的用纺织材料制成的物品；

（十二）第四十八章的产品或物品（例如，纤维素絮纸）；

（十三）第六十四章的鞋靴及其零件、护腿、裹腿及类似品；

（十四）第六十五章的发网、其他帽类及其零件；

（十五）第六十七章的货品；

（十六）涂有研磨料的纺织材料（品目 68.05）以及品目 68.15 的碳纤维及其制品；

（十七）玻璃纤维及其制品，但可见底布的玻璃线刺绣品除外（第七十章）；

（十八）第九十四章的物品（例如，家具、寝具、灯具及照明装置）；

（十九）第九十五章的物品（例如，玩具、游戏品、运动用品及网具）；

（二十）第九十六章的物品［例如，刷子、旅行用成套缝纫用具、拉链、打字机色带、卫生巾（护垫）及卫生棉条、尿布及尿布衬里］；或

（二十一）第九十七章的物品。

二、

（一）可归入第五十章至第五十五章及品目 58.09 或 59.02 的由两种或两种以上纺织材料混合制成的货品，应按其中重量最大的那种纺织材料归类。

当没有一种纺织材料重量较大时，应按可归入的有关品目中最后一个品目所列的纺织材料归类。

（二）应用上述规定时：

1. 马毛粗松螺旋花线（品目 51.10）和含金属纱线（品目 56.05）均应作为一种单一的纺织材料，其重量应为它们在纱线中的合计重量；在机织物的归类中，金属线应作为一种纺织材料；

2. 在选择合适的品目时，应首先确定章，然后再确定该章的有关品目，至于不归入该章的其他材料可不予考虑；

3. 当归入第五十四章及第五十五章的货品与其他章的货品进行比较时，应将这两章作为一个单一的

章对待；

4. 同一章或同一品目所列各种不同的纺织材料应作为单一的纺织材料对待。

（三）上述（一）、（二）两款规定亦适用于以下注释三、四、五或六所述纱线。

三、

（一）本类的纱线（单纱、多股纱线或缆线）除下列（二）款另有规定的以外，凡符合以下规格的应作为“线、绳、索、缆”：

1. 丝或绢丝纱线，细度在20000分特以上；

2. 化学纤维纱线（包括第五十四章的用两根及以上单丝纺成的纱线），细度在10000分特以上；

3. 大麻或亚麻纱线：

（1）加光或上光的，细度在1429分特及以上；或

（2）未加光或上光的，细度在20000分特以上；

4. 三股或三股以上的椰壳纤维纱线；

5. 其他植物纤维纱线，细度在20000分特以上；或

6. 用金属线加强的纱线。

（二）下列各项不按上述（一）款规定办理：

1. 羊毛或其他动物毛纱线及纸纱线，但用金属线加强的纱线除外；

2. 第五十五章的化学纤维长丝丝束以及第五十四章的未加捻或捻度每米少于5转的复丝纱线；

3. 品目50.06的蚕胶丝及第五十四章的单丝；

4. 品目56.05的含金属纱线；但用金属线加强的纱线按上述（一）款6项规定办理；以及

5. 品目56.06的绳绒线、粗松螺旋花线及纵行起圈纱线。

四、

（一）除下列（二）款另有规定的以外，第五十章、第五十一章、第五十二章、第五十四章和第五十五章所称“供零售用”纱线，是指以下列方式包装的纱线（单纱、多股纱线或缆线）：

1. 绕于纸板、线轴、纱管或类似芯子上，其重量（含线芯）符合下列规定：

（1）丝、绢丝或化学纤维长丝纱线，不超过85克；或

（2）其他纱线，不超过125克。

2. 绕成团、绞或束，其重量符合下列规定：

（1）细度在3000分特以下的化学纤维长丝纱线，丝或绢丝纱线，不超过85克；

（2）细度在2000分特以下的任何其他纱线，不超过125克；或

（3）其他纱线，不超过500克。

3. 绕成绞或束，每绞或每束中有若干用线分开的小绞或小束，每小绞或小束的重量相等，并且符合下列规定：

（1）丝、绢丝或化学纤维长丝纱线，不超过85克；或

（2）其他纱线，不超过125克。

（二）下列各项不按上述（一）款规定办理：

1. 各种纺织材料制的单纱，但下列两种除外：

（1）未漂白的羊毛或动物细毛单纱；以及

（2）漂白、染色或印色的羊毛或动物细毛单纱，细度在5000分特以上。

2. 未漂白的多股纱线或缆线：

（1）丝或绢丝制的，不论何种包装；或

（2）除羊毛或动物细毛外其他纺织材料制，成绞或成束的。

3. 漂白、染色或印色丝或绢丝制的多股纱线或缆线，细度在133分特及以下；

4. 任何纺织材料制的单纱、多股纱线或缆线：

（1）交叉绕成绞或束的；或

(2) 绕于纱芯上或以其他方式卷绕，明显用于纺织工业的（例如，绕于纱管、加捻管、纬纱管、锥形筒管或锭子上的或者绕成蚕茧状以供绣花机使用的纱线）。

五、品目 52.04、54.01 及 55.08 所称“缝纫线”，是指下列多股纱线或缆线：

(一) 绕于芯子（例如，线轴、纱管）上，重量（包括纱芯）不超过 1000 克；

(二) 作为缝纫线上过浆的；以及

(三) 终捻为反手（Z）捻的。

六、本类所称“高强力纱”，是指断裂强度大于下列标准的纱线：

尼龙、其他聚酰胺或聚酯制的单纱 60 厘牛顿/特克斯；

尼龙、其他聚酰胺或聚酯制的多股纱线或缆线 53 厘牛顿/特克斯；

粘胶纤维制的单纱、多股纱线或缆线 27 厘牛顿/特克斯。

七、本类所称“制成的”，是指：

(一) 裁剪成除正方形或长方形以外的其他形状的；

(二) 呈制成状态，无须缝纫或其他进一步加工（或仅需剪断分隔联线）即可使用的（例如，某些抹布、毛巾、台布、方披巾、毯子）；

(三) 裁剪成一定尺寸，至少有一边为带有可见的锥形或压平形的热封边，其余各边经本注释其他各项所述加工，但不包括为防止剪边脱纱而用热切法或其他简单方法处理的织物；

(四) 已缝边或滚边，或者在任一边带有结制的流苏，但不包括为防止剪边脱纱而锁边或用其他简单方法处理的织物；

(五) 裁剪成一定尺寸并经抽纱加工的；

(六) 缝合、胶合或用其他方法拼合而成的（将两段或两段以上同样料子的织物首尾连接而成的匹头，以及由两层或两层以上的织物，不论中间有无胎料，层叠而成的匹头除外）；

(七) 针织或钩编成一定形状，不论报验时是单件还是以若干件相连成幅的。

八、对于第五十章至第六十章：

(一) 第五十章至第五十五章和第六十章，以及除条文另有规定以外的第五十六章至第五十九章，不适用于上述注释七所规定的制成货品；以及

(二) 第五十章至第五十五章及第六十章不包括第五十六章至第五十九章的货品。

九、第五十章至第五十五章的机织物包括由若干层平行纱线以锐角或直角相互层叠，在纱线交叉点用黏合剂或以热黏合法黏合而成的织物。

十、以纺织材料和橡胶线制成的弹性产品归入本类。

十一、本类所称“浸渍”，包括“浸泡”。

十二、本类所称“聚酰胺”，包括“芳族聚酰胺”。

十三、本类及本目录所称“弹性纱线”，是指合成纤维纺织材料制成的长丝纱线（包括单丝），但变形纱线除外。这些纱线可拉伸至原长的三倍而不断裂，并可在拉伸至原长两倍后五分钟内回复到不超过原长度一倍半。

十四、除条文另有规定的以外，各种服装即使成套包装供零售用，也应按各自品目分别归类。本注释所称“纺织服装”，是指品目 61.01 至 61.14 及品目 62.01 至 62.11 所列的各种服装。

十五、除本类注释一另有规定的以外，装有用作附加功能的化学、机械或电子组件（无论是作为内置组件还是组合在纤维或织物内）的纺织品、服装和其他纺织物，如果其具有本类货品的基本特征，应归入本类相应品目中。

子目注释：

一、本类及本目录所用有关名词解释如下：

(一) 未漂白纱线

1. 带有纤维自然色泽并且未经漂染（不论是否整体染色）或印色的纱线；或

2. 从回收纤维制得，色泽未定的纱线（本色纱）。

这种纱线可用无色浆料或易褪色染料（可轻易地用肥皂洗去）处理，如果是化学纤维纱线，则整体用消光剂（例如，二氧化钛）进行处理。

（二）漂白纱线

1. 经漂白加工、用漂白纤维制得或经染白（除条文另有规定的以外）（不论是否整体染色）及用白浆料处理的纱线；

2. 用未漂白纤维和漂白纤维混纺制得的纱线；或

3. 用未漂白纱和漂白纱纺成多股纱线或缆线。

（三）着色（染色或印色）纱线

1. 染成彩色（不论是否整体染色，但白色或易褪色除外）或印色的纱线，以及用染色或印色纤维纺制的纱线；

2. 用各色染色纤维混合纺制或用未漂白或漂白纤维与着色纤维混合制得的纱线（夹色纱或混色纱），以及用一种或几种颜色间隔印色而获得点纹印迹的纱线；

3. 用已经印色的纱条或粗纱纺制的纱线；或

4. 用未漂白纱和漂白纱与着色纱纺成的多股纱线或缆线。

上述定义在必要的地方稍作修改后，可适用于第五十四章的单丝、扁条或类似产品。

（四）未漂白机织物

用未漂白纱线织成后未经漂白、染色或印花的机织物。这类织物可用无色浆料或易褪色染料处理。

（五）漂白机织物

1. 经漂白、染白或用白浆料处理（除条文另有规定的以外）的成匹机织物；

2. 用漂白纱线织成的机织物；或

3. 用未漂白纱线和漂白纱线织成的机织物。

（六）染色机织物

1. 除条文另有规定的以外，染成白色以外的其他单一颜色或用白色以外的其他有色整理剂处理的成匹机织物；或

2. 以单一颜色的着色纱线织成的机织物。

（七）色织机织物

除印花机织物以外的下列机织物：

1. 用各种不同颜色纱线或同一颜色不同深浅（纤维的自然色彩除外）纱线织成的机织物；

2. 用未漂白或漂白纱线与着色纱线织成的机织物；或

3. 用夹色纱线或混色纱线织成的机织物。不论何种情况，布边或布头的纱线均可忽略不计。

（八）印花机织物

成匹印花的机织物，不论是否用各色纱线织成。

用刷子或喷枪、经转印纸转印、植绒或蜡防印花等方法印成花纹图案的机织物亦可视为印花机织物。

上述各类纱线或织物如经丝光工艺处理并不影响其归类。

上述第（四）至（八）项的定义在必要的地方稍加修改后，可适用于针织或钩编织物。

（九）平纹组织

每根纬纱在并排的经纱间上下交错而过，而每根经纱也在并排的纬纱间上下交错而过的织物组织。

二、

（一）含有两种或两种以上纺织材料的第五十六章至第六十三章的产品，应根据本类注释二对第五十章至第五十五章或品目 58.09 的此类纺织材料产品归类的规定来确定归类。

（二）运用本条规定时：

1. 应酌情考虑按归类总规则第三条来确定归类；

2. 对由底布和绒面或毛圈面构成的纺织品，在归类时可不考虑底布的属性；

3. 对品目 58.10 的刺绣品及其制品，归类时应只考虑底布的属性，但不见底布的刺绣品及其制品应根据绣线的属性确定归类。

【编者注】

一、第十一类共有 14 章，这 14 章可分为两部分：第一部分（第五十章至第五十五章）是根据纺织原料的性质分章的；第二部分（第五十六章至第六十三章）除品目 58.09 及 59.02 以外，品目一级所列产品，不分纺织原料性质。

二、纤维的分类见下表：

天然纤维	化学纤维	
	合成纤维	人造纤维
丝、毛、棉、麻	制造这类纤维的基本原料，一般是从煤或石油的蒸馏产品或天然气体中制得。	制造这类纤维的基本原料，是将天然材料经溶解、化学处理或化学改性提取的有机聚合物。

三、本类货品归类时，应注意以下几点：

（一）同一章或同一品目所列的各种不同的纺织材料应作为单一的纺织材料对待；

（二）当归入第五十四章及第五十五章的货品与其他章的货品进行比较时，应将这两章作为一个单一的章对待；

（三）在确定一种混纺面料主要是由哪种材料构成时，应按混纺面料中重量超过所含其他任何一种纺织材料的那种材料归类；

（四）当没有一种纺织材料重量较大时，应按可归入的有关品目中最后一个品目所列的纺织材料归类。

第五十章 蚕 丝

本国子目注释：

一、本国子目 5003.0011 所称“下茧、茧衣、长吐、滞头”，是指不适合缫丝的下茧、茧衣、长吐、滞头等缫丝副产品按一定的比例混合后的产品。该产品是重要的绢纺原料，需符合《中华人民共和国纺织行业标准 桑蚕绢纺原料》（FZ/T 41001—2014）。

二、本国子目 5003.0012 所称“回收纤维”，是指将碎绸布或其他丝绸织物及制品的废碎料拉松成纤维状的废丝。

三、本国子目 5003.0091 所称“绵球”，是指不能缫丝的下茧、茧衣、长吐、滞头等缫丝副产品经精练、脱胶、干燥处理后成为白色的精干绵，再经梳理后制成的无杂质的绵球（包括绵条、绵片等）。

【编者注】

本章包括从原料到机织物各个生产阶段的丝，其中包括作为丝归类的混纺材料。本章还包括蚕胶丝。

商品编码	商品名称	商品编码	商品名称
50.01①	**适于缫丝的蚕茧：**	5006.0000	丝纱线及绢纺纱线，供零售用；蚕胶丝
5001.0010	---适于缫丝的桑蚕茧		
5001.0090	---其他	**50.07⑥**	**丝或绢丝机织物：**
50.02②	**生丝（未加捻）：**		-䌷丝机织物：
	---桑蚕丝：	5007.1010	---未漂白（包括未练白或练白）或漂白
5002.0011	----厂丝		
5002.0012	----土丝	5007.1090	---其他
5002.0013	----双宫丝		-其他机织物，按重量计丝或绢丝（䌷丝除外）含量在85%及以上：
5002.0019	----其他		
5002.0020	---柞蚕丝		---桑蚕丝机织物：
5002.0090	---其他	5007.2011	----未漂白（包括未练白或练白）或漂白
50.03	**废丝（包括不适于缫丝的蚕茧、废纱及回收纤维）：**	5007.2019	----其他
	---未梳：		---柞蚕丝机织物：
5003.0011	----下茧、茧衣、长吐、滞头	5007.2021	----未漂白（包括未练白或练白）或漂白
5003.0012	----回收纤维		
5003.0019	----其他	5007.2029	----其他
	---其他：		---绢丝机织物：
5003.0091	----棉球	5007.2031	----未漂白（包括未练白或练白）或漂白
5003.0099	----其他		
50.04③	**丝纱线（绢纺纱线除外），非供零售用：**	5007.2039	----其他
5004.0000	丝纱线（绢纺纱线除外），非供零售用	5007.2090	---其他
			-其他机织物：
50.05④	**绢纺纱线，非供零售用：**	5007.9010	---未漂白（包括未练白或练白）或漂白
5005.0010	---细丝纱线		
5005.0090	---其他	5007.9090	---其他
50.06⑤	**丝纱线及绢纺纱线，供零售用；蚕胶丝：**		

① 本品目仅适用于能够缫成品目50.02所列生丝的蚕茧，但不包括不能缫丝的蚕茧（品目50.03）。

② 生丝是将蚕丝中的长丝通过缫丝而得。加捻生丝不归入本品目（品目50.04）。

③ 本品目适用于加捻丝，即将品目50.02的生丝（单条、双条或多条）加捻纺成的纱线。

④ 本品目包括品目50.03的丝落绵或其他废丝所纺成的单纱，也包括用这些纱纺制的多股纱线。

⑤ 本品目不包括：Ⅰ. 消毒蚕胶丝（品目30.06）；Ⅱ. 品目56.04的丝质仿肠线；Ⅲ. 装有鱼钩的蚕胶丝或已制成的钓鱼线（品目95.07）。

蚕胶丝是在蚕准备吐丝织茧时将其浸于稀释的醋酸中杀死，然后将蚕的丝腺抽出拉伸制得。

⑥ 这些织物包括：Ⅰ. 纺绸、山东绸、罗绸及其他远东丝绸；Ⅱ. 绉绸；Ⅲ. 薄丝织物，例如，薄纱织物、紧捻纱罗织物及巴里纱织物；Ⅳ. 密纺织物，例如，塔夫绸、缎子、罗缎、云纹绸及锦缎。但本品目不包括第五十七章至第五十九章的机织物（例如，品目59.11的筛绢）。

第五十一章　羊毛、动物细毛或粗毛；马毛纱线及其机织物

注释：

本目录所称：

一、“羊毛”，是指绵羊或羔羊身上长的天然纤维；

二、“动物细毛”，是指下列动物的毛：羊驼、美洲驼、驼马、骆驼（包括单峰骆驼）、牦牛、安哥拉山羊、西藏山羊、喀什米尔山羊及类似山羊（普通山羊除外）、家兔（包括安哥拉兔）、野兔、海狸、河狸鼠或麝鼠；

三、“动物粗毛”，是指以上未提及的其他动物的毛，但不包括制刷用鬃、毛（品目05.02）以及马毛（品目05.11）。

【编者注】

归类时，应注意“毛”的划分。

商品编码	商品名称	商品编码	商品名称
51.01	**未梳的羊毛：**	5103.3000	-动物粗毛废料
	-含脂羊毛，包括剪前水洗毛：	**51.04**	**羊毛或动物细毛或粗毛的回收纤维：**
5101.1100	--剪羊毛	5104.0010	---羊毛的回收纤维
5101.1900	--其他	5104.0090	---其他
	-脱脂羊毛，未碳化：	**51.05**	**已梳的羊毛及动物细毛或粗毛（包括精梳片毛）：**
5101.2100	--剪羊毛	5105.1000	-粗梳羊毛
5101.2900	--其他		-羊毛条及其他精梳羊毛：
5101.3000	-碳化羊毛	5105.2100	--精梳片毛
51.02	**未梳的动物细毛或粗毛：**	5105.2900	--其他
	-细毛：		-已梳动物细毛：
5102.1100	--喀什米尔山羊的	5105.3100	--喀什米尔山羊的
	--其他：		--其他：
5102.1910	---兔毛	5105.3910	---兔毛
5102.1920	---其他山羊绒		---其他山羊绒：
5102.1930	---骆驼毛、骆驼绒	5105.3921	----无毛山羊绒
5102.1990	---其他	5105.3929	----其他
5102.2000	-粗毛	5105.3990	---其他
51.03	**羊毛或动物细毛或粗毛的废料，包括废纱线，但不包括回收纤维：**	5105.4000	-已梳动物粗毛
	-羊毛或动物细毛的落毛：	**51.06**	**粗梳羊毛纱线，非供零售用：**
5103.1010	---羊毛落毛	5106.1000	-按重量计羊毛含量在85%及以上
5103.1090	---其他	5106.2000	-按重量计羊毛含量在85%以下
	-羊毛或动物细毛的其他废料：	**51.07**	**精梳羊毛纱线，非供零售用：**
5103.2010	---羊毛废料	5107.1000	-按重量计羊毛含量在85%及以上
5103.2090	---其他	5107.2000	-按重量计羊毛含量在85%以下

商品编码	商品名称
51.08	**动物细毛（粗梳或精梳）纱线，非供零售用：**
	-粗梳：
	---按重量计动物细毛含量在85%及以上的：
5108.1011	----山羊绒的
5108.1019	----其他
5108.1090	---其他
	-精梳：
	---按重量计动物细毛含量在85%及以上的：
5108.2011	----山羊绒的
5108.2019	----其他
5108.2090	---其他
51.09	**羊毛或动物细毛的纱线，供零售用：**
	-按重量计羊毛或动物细毛含量在85%及以上：
	---动物细毛：
5109.1011	----山羊绒的
5109.1019	----其他
5109.1090	---其他
	-其他：
	---动物细毛：
5109.9011	----山羊绒的
5109.9019	----其他
5109.9090	---其他
51.10	**动物粗毛或马毛的纱线（包括马毛粗松螺旋花线），不论是否供零售用：**
5110.0000	动物粗毛或马毛的纱线（包括马毛粗松螺旋花线），不论是否供零售用
51.11	**粗梳羊毛或粗梳动物细毛的机织物：**
	-按重量计羊毛或动物细毛含量在85%及以上：
	--每平方米重量不超过300克：
	---动物细毛的：
5111.1111	----山羊绒的
5111.1119	----其他
5111.1190	---其他
	--其他：
	---动物细毛的：
5111.1911	----山羊绒的
5111.1919	----其他
5111.1990	---其他
5111.2000	-其他，主要或仅与化学纤维长丝混纺
5111.3000	-其他，主要或仅与化学纤维短纤混纺
5111.9000	-其他
51.12	**精梳羊毛或精梳动物细毛的机织物：**
	-按重量计羊毛或动物细毛含量在85%及以上：
5112.1100	--每平方米重量不超过200克
5112.1900	--其他
5112.2000	-其他，主要或仅与化学纤维长丝混纺
5112.3000	-其他，主要或仅与化学纤维短纤混纺
5112.9000	-其他
51.13	**动物粗毛或马毛的机织物：**
5113.0000	动物粗毛或马毛的机织物

第五十二章　棉　花

子目注释：

子目 5209.42 及 5211.42 所称"粗斜纹布（劳动布）"，是指用不同颜色的纱线织成的三线或四线斜纹织物，包括破斜纹组织的织物，这种织物以经纱为面，经纱染成一种相同的颜色，纬纱未漂白或经漂白、染成灰色或比经纱稍浅的颜色。

商品编码	商品名称	商品编码	商品名称
52.01	**未梳的棉花：**	5205.1300	--细度在 232.56 分特以下，但不细于 192.31 分特（超过 43 公支，但不超过 52 公支）
5201.0000[①]	未梳的棉花		
52.02[②]	**废棉（包括废棉纱线及回收纤维）：**		
5202.1000	-废棉纱线（包括废棉线）	5205.1400	--细度在 192.31 分特以下，但不细于 125 分特（超过 52 公支，但不超过 80 公支）
	-其他：		
5202.9100	--回收纤维		
5202.9900	--其他	5205.1500	--细度在 125 分特以下（超过 80 公支）
52.03	**已梳的棉花：**		
5203.0000[③]	已梳的棉花		-精梳纤维纺制的单纱：
52.04	**棉制缝纫线，不论是否供零售用：**	5205.2100	--细度在 714.29 分特及以上（不超过 14 公支）
	-非供零售用：		
5204.1100	--按重量计含棉量在 85%及以上	5205.2200	--细度在 714.29 分特以下，但不细于 232.56 分特（超过 14 公支，但不超过 43 公支）
5204.1900	--其他		
5204.2000	-供零售用		
52.05	**棉纱线（缝纫线除外），按重量计含棉量在 85%及以上，非供零售用：**	5205.2300	--细度在 232.56 分特以下，但不细于 192.31 分特（超过 43 公支，但不超过 52 公支）
	-未精梳纤维纺制的单纱：		
5205.1100	--细度在 714.29 分特及以上（不超过 14 公支）	5205.2400	--细度在 192.31 分特以下，但不细于 125 分特（超过 52 公支，但不超过 80 公支）
5205.1200	--细度在 714.29 分特以下，但不细于 232.56 分特（超过 14 公支，但不超过 43 公支）	5205.2600	--细度在 125 分特以下，但不细于 106.38 分特（超过 80 公支，但不超过 94 公支）

---

① 本品目包括刚采摘下的未梳棉纤维（籽棉）和仅经轧制的未梳棉纤维（即皮棉，其中仍含有一定数量的荚屑、叶子或泥土）。本品目还包括洗净、漂白、染色或脱脂的棉纤维（棉短绒及废棉除外）。国际贸易中的原棉几乎全都是打成紧压棉包的皮棉；皮棉经开棉机或清棉机清理后，成为蓬松、宽阔、连续的棉片。

棉短绒归入品目 14.04。归入本品目的纤维一般长度在 1~5 厘米之间，因而很容易与通常长度不超过 5 毫米的棉短绒区分开来。

② 本品目包括棉花在纺前加工、纺纱、机织、针织等生产过程中所得的废棉，以及从拉松的棉货品所得的废棉。

③ 本品目包括粗梳或精梳的棉花（含回收纤维及其他废棉），粗梳的主要目的是清理棉纤维，使之大致平行排列，并把纤维中仍含有的杂质全部或大部分清除。精梳加工主要适用于长绒棉的纺制。该工序将附在纤维上的剩余少量杂质清除，同时还将短纤维清出，作为精梳废料；清除后仅留下平行排列的长纤维。

商品编码	商品名称	商品编码	商品名称
5205.2700	--细度在106.38分特以下，但不细于83.33分特（超过94公支，但不超过120公支）	5206.1100	--细度在714.29分特及以上（不超过14公支）
5205.2800	--细度在83.33分特以下（超过120公支）	5206.1200	--细度在714.29分特以下，但不细于232.56分特（超过14公支，但不超过43公支）
	-未精梳纤维纺制的多股纱线或缆线：	5206.1300	--细度在232.56分特以下，但不细于192.31分特（超过43公支，但不超过52公支）
5205.3100	--每根单纱细度在714.29分特及以上（每根单纱不超过14公支）	5206.1400	--细度在192.31分特以下，但不细于125分特（超过52公支，但不超过80公支）
5205.3200	--每根单纱细度在714.29分特以下，但不细于232.56分特（每根单纱超过14公支，但不超过43公支）	5206.1500	--细度在125分特以下（超过80公支）
5205.3300	--每根单纱细度在232.56分特以下，但不细于192.31分特（每根单纱超过43公支，但不超过52公支）		-精梳纤维纺制的单纱：
5205.3400	--每根单纱细度在192.31分特以下，但不细于125分特（每根单纱超过52公支，但不超过80公支）	5206.2100	--细度在714.29分特及以上（不超过14公支）
5205.3500	--每根单纱细度在125分特以下（每根单纱超过80公支）	5206.2200	--细度在714.29分特以下，但不细于232.56分特（超过14公支，但不超过43公支）
	-精梳纤维纺制的多股纱线或缆线：	5206.2300	--细度在232.56分特以下，但不细于192.31分特（超过43公支，但不超过52公支）
5205.4100	--每根单纱细度在714.29分特及以上（每根单纱不超过14公支）	5206.2400	--细度在192.31分特以下，但不细于125分特（超过52公支，但不超过80公支）
5205.4200	--每根单纱细度在714.29分特以下，但不细于232.56分特（每根单纱超过14公支，但不超过43公支）	5206.2500	--细度在125分特以下（超过80公支）
5205.4300	--每根单纱细度在232.56分特以下，但不细于192.31分特（每根单纱超过43公支，但不超过52公支）		-未精梳纤维纺制的多股纱线或缆线：
5205.4400	--每根单纱细度在192.31分特以下，但不细于125分特（每根单纱超过52公支，但不超过80公支）	5206.3100	--每根单纱细度在714.29分特及以上（每根单纱不超过14公支）
5205.4600	--每根单纱细度在125分特以下，但不细于106.38分特（每根单纱超过80公支，但不超过94公支）	5206.3200	--每根单纱细度在714.29分特以下，但不细于232.56分特（每根单纱超过14公支，但不超过43公支）
5205.4700	--每根单纱细度在106.38分特以下，但不细于83.33分特（每根单纱超过94公支，但不超过120公支）	5206.3300	--每根单纱细度在232.56分特以下，但不细于192.31分特（每根单纱超过43公支，但不超过52公支）
5205.4800	--每根单纱细度在83.33分特以下（每根单纱超过120公支）	5206.3400	--每根单纱细度在192.31分特以下，但不细于125分特（每根单纱超过52公支，但不超过80公支）
52.06	**棉纱线（缝纫线除外），按重量计含棉量在85%以下，非供零售用：**	5206.3500	--每根单纱细度在125分特以下（每根单纱超过80公支）
	-未精梳纤维纺制的单纱：		-精梳纤维纺制的多股纱线或缆线：

商品编码	商品名称
5206. 4100	--每根单纱细度在 714. 29 分特及以上（每根单纱不超过 14 公支）
5206. 4200	--每根单纱细度在 714. 29 分特以下，但不细于 232. 56 分特（每根单纱超过 14 公支，但不超过 43 公支）
5206. 4300	--每根单纱细度在 232. 56 分特以下，但不细于 192. 31 分特（每根单纱超过 43 公支，但不超过 52 公支）
5206. 4400	--每根单纱细度在 192. 31 分特以下，但不细于 125 分特（每根单纱超过 52 公支，但不超过 80 公支）
5206. 4500	--每根单纱细度在 125 分特以下（每根单纱超过 80 公支）
52. 07	**棉纱线（缝纫线除外），供零售用：**
5207. 1000	-按重量计含棉量在 85%及以上
5207. 9000	-其他
52. 08	**棉机织物，按重量计含棉量在 85%及以上，每平方米重量不超过 200 克：**
	-未漂白：
5208. 1100	--平纹机织物，每平方米重量不超过 100 克
5208. 1200	--平纹机织物，每平方米重量超过 100 克
5208. 1300	--三线或四线斜纹机织物，包括双面斜纹机织物
5208. 1900	--其他机织物
	-漂白：
5208. 2100	--平纹机织物，每平方米重量不超过 100 克
5208. 2200	--平纹机织物，每平方米重量超过 100 克
5208. 2300	--三线或四线斜纹机织物，包括双面斜纹机织物
5208. 2900	--其他机织物
	-染色：
5208. 3100	--平纹机织物，每平方米重量不超过 100 克
5208. 3200	--平纹机织物，每平方米重量超过 100 克
5208. 3300	--三线或四线斜纹机织物，包括双面斜纹机织物
5208. 3900	--其他机织物
	-色织：
5208. 4100	--平纹机织物，每平方米重量不超过 100 克
5208. 4200	--平纹机织物，每平方米重量超过 100 克
5208. 4300	--三线或四线斜纹机织物，包括双面斜纹机织物
5208. 4900	--其他机织物
	-印花：
5208. 5100	--平纹机织物，每平方米重量不超过 100 克
5208. 5200	--平纹机织物，每平方米重量超过 100 克
	--其他机织物：
5208. 5910	---三线或四线斜纹机织物，包括双面斜纹机织物
5208. 5990	---其他
52. 09	**棉机织物，按重量计含棉量在 85%及以上，每平方米重量超过 200 克：**
	-未漂白：
5209. 1100	--平纹机织物
5209. 1200	--三线或四线斜纹机织物，包括双面斜纹机织物
5209. 1900	--其他机织物
	-漂白：
5209. 2100	--平纹机织物
5209. 2200	--三线或四线斜纹机织物，包括双面斜纹机织物
5209. 2900	--其他机织物
	-染色：
5209. 3100	--平纹机织物
5209. 3200	--三线或四线斜纹机织物，包括双面斜纹机织物
5209. 3900	--其他机织物
	-色织：
5209. 4100	--平纹机织物
5209. 4200	--粗斜纹布（劳动布）
5209. 4300	--其他三线或四线斜纹机织物，包括双面斜纹机织物
5209. 4900	--其他机织物
	-印花：
5209. 5100	--平纹机织物

商品编码	商品名称
5209.5200	--三线或四线斜纹机织物，包括双面斜纹机织物
5209.5900	--其他机织物
52.10	**棉机织物，按重量计含棉量在85%以下，主要或仅与化学纤维混纺，每平方米重量不超过200克：**
	-未漂白：
5210.1100	--平纹机织物
	--其他机织物：
5210.1910	---三线或四线斜纹机织物，包括双面斜纹机织物
5210.1990	---其他
	-漂白：
5210.2100	--平纹机织物
	--其他机织物：
5210.2910	---三线或四线斜纹机织物，包括双面斜纹机织物
5210.2990	---其他
	-染色：
5210.3100	--平纹机织物
5210.3200	--三线或四线斜纹机织物，包括双面斜纹机织物
5210.3900	--其他机织物
	-色织：
5210.4100	--平纹机织物
	--其他机织物：
5210.4910	---三线或四线斜纹机织物，包括双面斜纹机织物
5210.4990	---其他
	-印花：
5210.5100	--平纹机织物
	--其他机织物：
5210.5910	---三线或四线斜纹机织物，包括双面斜纹机织物
5210.5990	---其他
52.11	**棉机织物，按重量计含棉量在85%以下，主要或仅与化学纤维混纺，每平方米重量超过200克：**
	-未漂白：
5211.1100	--平纹机织物
5211.1200	--三线或四线斜纹机织物，包括双面斜纹机织物
5211.1900	--其他机织物
5211.2000	-漂白
	-染色：
5211.3100	--平纹机织物
5211.3200	--三线或四线斜纹机织物，包括双面斜纹机织物
5211.3900	--其他机织物
	-色织：
5211.4100	--平纹机织物
5211.4200	--粗斜纹布（劳动布）
5211.4300	--其他三线或四线斜纹机织物，包括双面斜纹机织物
5211.4900	--其他机织物
	-印花：
5211.5100	--平纹机织物
5211.5200	--三线或四线斜纹机织物，包括双面斜纹机织物
5211.5900	--其他机织物
52.12	**其他棉机织物：**
	-每平方米重量不超过200克：
5212.1100	--未漂白
5212.1200	--漂白
5212.1300	--染色
5212.1400	--色织
5212.1500	--印花
	-每平方米重量超过200克：
5212.2100	--未漂白
5212.2200	--漂白
5212.2300	--染色
5212.2400	--色织
5212.2500	--印花

第五十三章　其他植物纺织纤维；纸纱线及其机织物

商品编码	商品名称
53.01	**亚麻，生的或经加工但未纺制的；亚麻短纤及废麻（包括废麻纱线及回收纤维）：**
5301.1000	-生的或经沤制的亚麻
	-破开、打成、栉梳或经其他加工但未纺制的亚麻：
5301.2100	--破开的或打成的
5301.2900	--其他
5301.3000	-亚麻短纤及废麻
53.02	**大麻，生的或经加工但未纺制的；大麻短纤及废麻（包括废麻纱线及回收纤维）：**
5302.1000	-生的或经沤制的大麻
5302.9000	-其他
53.03	**黄麻及其他纺织用韧皮纤维（不包括亚麻、大麻及苎麻），生的或经加工但未纺制的；上述纤维的短纤及废麻（包括废纱线及回收纤维）：**
5303.1000	-生的或经沤制的黄麻及其他纺织用韧皮纤维
5303.9000	-其他
53.05①	**椰壳纤维、蕉麻（马尼拉麻）、苎麻及其他品目未列名的纺织用植物纤维，生的或经加工但未纺制的；上述纤维的短纤、落麻及废料（包括废纱线及回收纤维）：**
	---苎麻：
5305.0011	----生的
5305.0012	----经加工但未纺制的
5305.0013	----短纤及废料
5305.0019	----其他
5305.0020	---蕉麻
	---其他：
5305.0091	----西沙尔麻及其他纺织用龙舌兰类纤维
5305.0092	----椰壳纤维
5305.0099	----其他
53.06	**亚麻纱线：**
5306.1000	-单纱
5306.2000	-多股纱线或缆线
53.07	**黄麻纱线或品目53.03的其他纺织用韧皮纤维纱线：**
5307.1000	-单纱
5307.2000	-多股纱线或缆线
53.08	**其他植物纺织纤维纱线；纸纱线：**
5308.1000	-椰壳纤维纱线
5308.2000	-大麻纱线
	-其他：
	---苎麻纱线：
5308.9011	----按重量计苎麻含量在85%及以上的未漂白或漂白纱线
5308.9012	----按重量计苎麻含量在85%及以上的色纱线
5308.9013	----按重量计苎麻含量在85%以下的未漂白或漂白纱线
5308.9014	----按重量计苎麻含量在85%以下的色纱线
	---其他：
5308.9091	----纸纱线
5308.9099	----其他
53.09	**亚麻机织物：**
	-按重量计亚麻含量在85%及以上：
	--未漂白或漂白：
5309.1110	---未漂白
5309.1120	---漂白
5309.1900	--其他

① 本品目包括从某些其他品目未列名单子叶植物（例如，椰壳纤维、蕉麻或剑麻）的果或叶所得的纺织用植物纤维，以及从荨麻科的双子叶植物茎所得的苎麻纤维。这些纤维大多数比品目53.03的纺织用韧皮纤维更粗更厚。从植物材料获得的纤维（特别是木棉），如未经加工或加工成某种形状，应归入第十四章；但一经加工成用于纺织的材料（例如，经碎茎、粗梳或精梳等纺前加工），则归入本品目。

商品编码	商品名称	商品编码	商品名称
	-按重量计亚麻含量在85%以下:	5311.0012	----按重量计苎麻含量在85%及以上的未漂白机织物
	--未漂白或漂白:		
5309.2110	---未漂白	5311.0013	----按重量计苎麻含量在85%及以上的其他机织物
5309.2120	---漂白		
5309.2900	--其他	5311.0014	----按重量计苎麻含量在85%以下的未漂白机织物
53.10	**黄麻或品目53.03的其他纺织用韧皮纤维机织物:**	5311.0015	----按重量计苎麻含量在85%以下的其他机织物
5310.1000	-未漂白		
5310.9000	-其他	5311.0020	---纸纱线的
53.11	**其他纺织用植物纤维机织物；纸纱线机织物:**	5311.0030	---大麻的
		5311.0090	---其他
	---苎麻的:		

第五十四章　化学纤维长丝；化学纤维纺织材料制扁条及类似品

注释：

一、本目录所称“化学纤维”，是指通过下列任一方法加工制得的有机聚合物的短纤或长丝：

（一）将有机单体物质加以聚合而制成的聚合物，例如，聚酰胺、聚酯、聚烯烃、聚氨基甲酸酯；或通过上述加工得到的聚合物经化学改性制得（例如，聚乙酸乙烯酯水解制得的聚乙烯醇）；或

（二）将天然有机聚合物（例如，纤维素）溶解或经化学处理制成聚合物，例如，铜铵纤维或粘胶纤维；或将天然有机聚合物（例如，纤维素、酪蛋白及其他蛋白质或藻酸）经化学改性制成聚合物，例如，醋酸纤维素纤维或藻酸盐纤维。

对于化学纤维，所称“合成”，是指（一）款所述的纤维；所称“人造”，是指（二）款所述的纤维。品目 54.04 或 54.05 的扁条及类似品不视作化学纤维。

对于纺织材料，所称“化学纤维”“合成纤维”及“人造纤维”，其含义应与上述解释相同。

二、品目 54.02 及 54.03 不适用于第五十五章的合成纤维或人造纤维的长丝丝束。

本国子目注释：

一、本国子目 5402.1110 所涉及的“聚间苯二甲酰间苯二胺纤维”，又名芳纶 1313，或间位芳纶，属芳香族聚酰胺纤维。

二、本国子目 5402.1120 所涉及的“聚对苯二甲酰对苯二胺纤维”，又名芳纶 1414，或对位芳纶，属芳香族聚酰胺纤维。

三、本国子目 5402.4910、5402.5920 所称“聚乙烯纱线”，是由分子量大于等于 100 万的线型聚乙烯制得的长丝纱线，断裂强度大于等于 22cN/dtex，且初始模量大于等于 750cN/dtex。

【编者注】

合成纤维主要包括：聚丙烯腈纤维、变性聚丙烯腈纤维、聚丙烯纤维、尼龙和其他聚酰胺、聚酯、聚乙烯、聚氨基甲酸酯等。

人造纤维主要包括：纤维素纤维（粘胶人造丝、铜铵人造丝、醋酸纤维素）、动物质或植物质蛋白质纤维、藻酸纤维等。

商品编码	商品名称	商品编码	商品名称
54.01	**化学纤维长丝纺制的缝纫线，不论是否供零售用：**	**54.02**	**合成纤维长丝纱线（缝纫线除外），非供零售用，包括细度在 67 分特以下的合成纤维单丝：**
	-合成纤维长丝纺制：		
5401.1010	---非供零售用		-尼龙或其他聚酰胺纺制的高强力纱，不论是否经变形加工：
5401.1020	---供零售用		
	-人造纤维长丝纺制：		--芳香族聚酰胺纺制：
5401.2010	---非供零售用	5402.1110	---聚间苯二甲酰间苯二胺纺制
5401.2020	---供零售用	5402.1120	---聚对苯二甲酰对苯二胺纺制

商品编码	商品名称
5402.1190	---其他
	--其他：
5402.1910	---聚酰胺-6（尼龙-6）纺制的
5402.1920	---聚酰胺-6,6（尼龙-6,6）纺制的
5402.1990	---其他
5402.2000	-聚酯高强力纱，不论是否经变形加工
	-变形纱线：
	--尼龙或其他聚酰胺纺制，每根单纱细度不超过50特：
	---弹力丝：
5402.3111	----聚酰胺-6（尼龙-6）纺制的
5402.3112	----聚酰胺-6,6（尼龙-6,6）纺制的
5402.3113	----芳香族聚酰胺纺制的
5402.3119	----其他
5402.3190	---其他
	--尼龙或其他聚酰胺纺制，每根单纱细度超过50特：
	---弹力丝：
5402.3211	----聚酰胺-6（尼龙-6）纺制的
5402.3212	----聚酰胺-6,6（尼龙-6,6）纺制的
5402.3213	----芳香族聚酰胺纺制的
5402.3219	----其他
5402.3290	---其他
	--聚酯纺制：
5402.3310	---弹力丝
5402.3390	---其他
5402.3400	--聚丙烯纺制
5402.3900	--其他
	-其他单纱，未加捻或捻度每米不超过50转：
	--弹性纱线：
5402.4410	---氨纶纱线
5402.4490	---其他
	--其他，尼龙或其他聚酰胺纱线：
5402.4510	---聚酰胺-6（尼龙-6）纺制的
5402.4520	---聚酰胺-6,6（尼龙-6,6）纺制的
5402.4530	---芳香族聚酰胺纺制的
5402.4590	---其他
5402.4600	--其他，部分定向聚酯纱线
5402.4700	--其他，聚酯纱线
5402.4800	--其他，聚丙烯纱线
	--其他：
5402.4910	---断裂强度大于等于22厘牛/分特，且初始模量大于等于750厘牛/分特的聚乙烯纱线
5402.4990	---其他
	-其他单纱，捻度每米超过50转：
	--尼龙或其他聚酰胺纱线：
5402.5110	---聚酰胺-6（尼龙-6）纺制的
5402.5120	---聚酰胺-6,6（尼龙-6,6）纺制的
5402.5130	---芳香族聚酰胺制
5402.5190	---其他
5402.5200	--聚酯纱线
5402.5300	--聚丙烯纱线
	--其他：
5402.5920	---断裂强度大于等于22厘牛/分特，且初始模量大于等于750厘牛/分特的聚乙烯纱线
5402.5990	---其他
	-其他纱线（多股纱线或缆线）：
	--尼龙或其他聚酰胺纺制：
5402.6110	---聚酰胺-6（尼龙-6）纺制的
5402.6120	---聚酰胺-6,6（尼龙-6,6）纺制的
5402.6130	---芳香族聚酰胺制
5402.6190	---其他
5402.6200	--聚酯纺制
5402.6300	--聚丙烯纺制
	--其他：
5402.6920	---氨纶纱线
5402.6990	---其他
54.03	**人造纤维长丝纱线（缝纫线除外），非供零售用，包括细度在67分特以下的人造纤维单丝：**
5403.1000	-粘胶纤维纺制的高强力纱
	-其他单纱：
	--粘胶纤维纺制，未加捻或捻度每米不超过120转：
5403.3110	---竹制
5403.3190	---其他
	--粘胶纤维纺制，捻度每米超过120转：
5403.3210	---竹制
5403.3290	---其他

商品编码	商品名称
	--醋酸纤维纺制：
5403.3310	---二醋酸纤维纺制
5403.3390	---其他
5403.3900	--其他
	-其他纱线（多股纱线或缆线）：
5403.4100	--粘胶纤维纺制
5403.4200	--醋酸纤维纺制
5403.4900	--其他
54.04[①]	**截面尺寸不超过 1 毫米，细度在 67 分特及以上的合成纤维单丝；表观宽度不超过 5 毫米的合成纤维纺织材料制扁条及类似品（例如，人造草）：**
	-单丝：
5404.1100	--弹性
5404.1200	--其他，聚丙烯制
5404.1900	--其他
5404.9000	-其他
54.05	**截面尺寸不超过 1 毫米，细度在 67 分特及以上的人造纤维单丝；表观宽度不超过 5 毫米的人造纤维纺织材料制扁条及类似品（例如，人造草）：**
5405.0000	截面尺寸不超过 1 毫米，细度在 67 分特及以上的人造纤维单丝；表观宽度不超过 5 毫米的人造纤维纺织材料制扁条及类似品（例如，人造草）
54.06	**化学纤维长丝纱线（缝纫线除外），供零售用：**
5406.0010	---合成纤维长丝纱线
5406.0020	---人造纤维长丝纱线
54.07[②]	**合成纤维长丝纱线的机织物，包括品目 54.04 所列材料的机织物：**
	-尼龙或其他聚酰胺高强力纱、聚酯高强力纱纺制的机织物：
5407.1010	---尼龙或其他聚酰胺高强力纱纺制
5407.1020	---聚酯高强力纱纺制
5407.2000	-扁条及类似品的机织物
5407.3000	-第十一类注释九所列的机织物
	-其他机织物，按重量计尼龙或其他聚酰胺长丝含量在 85%及以上：
5407.4100	--未漂白或漂白
5407.4200	--染色
5407.4300	--色织
5407.4400	--印花
	-其他机织物，按重量计聚酯变形长丝含量在 85%及以上：
5407.5100	--未漂白或漂白
5407.5200	--染色
5407.5300	--色织
5407.5400	--印花
	-其他机织物，按重量计聚酯长丝含量在 85%及以上：
5407.6100	--按重量计聚酯非变形长丝含量在 85%及以上
5407.6900	--其他
	-其他机织物，按重量计其他合成纤维长丝含量在 85%及以上：
5407.7100	--未漂白或漂白
5407.7200	--染色
5407.7300	--色织
5407.7400	--印花
	-其他机织物，按重量计其他合成纤维长丝含量在 85%以下，主要或仅与棉混纺：
5407.8100	--未漂白或漂白
5407.8200	--染色
5407.8300	--色织
5407.8400	--印花
	-其他机织物：
5407.9100	--未漂白或漂白

① 本品目不包括截面任一尺寸超过 1 毫米的合成纤维单丝，或是表观宽度（即折叠、扁平、压缩或搓捻后的宽度）超过 5 毫米的扁条及扁平管（包括沿长度折叠的扁条及扁平管），不论是否压缩或搓捻（例如，人造草）（第三十九章）；细度低于 67 分特的合成纤维单丝（品目 54.02）。本品目也不包括第五十六章的扁条及类似品等。

② 本品目不包括截面任一尺寸超过 1 毫米的合成纤维单丝，或是表观宽度（即折叠、扁平、压缩或搓捻后的宽度）超过 5 毫米的扁条及扁平管（包括沿长度折叠的扁条及扁平管），不论是否压缩或搓捻（例如，人造草）（第三十九章）；细度低于 67 分特的合成纤维单丝（品目 54.02）。本品目也不包括第五十六章的扁条及类似品等，用截面尺寸超过 1 毫米的合成纤维单丝或表观宽度超过 5 毫米的合成纤维纺织材料制扁条或类似品织造的机织物（品目 46.01）。

商品编码	商品名称	商品编码	商品名称
5407.9200	--染色	5408.2220	---醋纤纤维制
5407.9300	--色织	5408.2290	---其他
5407.9400	--印花		--色织：
54.08	**人造纤维长丝纱线的机织物，包括品目54.05所列材料的机织物：**	5408.2310	---粘胶纤维制
		5408.2320	---醋纤纤维制
5408.1000	-粘胶纤维高强力纱的机织物	5408.2390	---其他
	-其他机织物，按重量计人造纤维长丝、扁条或类似品含量在85%及以上：		--印花：
		5408.2410	---粘胶纤维制
		5408.2420	---醋纤纤维制
	--未漂白或漂白：	5408.2490	---其他
5408.2110	---粘胶纤维制		-其他机织物：
5408.2120	---醋纤纤维制	5408.3100	--未漂白或漂白
5408.2190	---其他	5408.3200	--染色
	--染色：	5408.3300	--色织
5408.2210	---粘胶纤维制	5408.3400	--印花

第五十五章 化学纤维短纤

注释：

品目 55. 01 和 55. 02 仅适用于每根与丝束长度相等的平行化学纤维长丝丝束。前述丝束应同时符合下列规格：

一、丝束长度超过 2 米；

二、捻度每米少于 5 转；

三、每根长丝细度在 67 分特以下；

四、合成纤维长丝丝束，须经拉伸处理，即本身不能被拉伸至超过本身长度的一倍；

五、丝束总细度大于 20000 分特。

丝束长度不超过 2 米的归入品目 55. 03 或 55. 04。

本国子目注释：

一、本国子目 5503. 1110、5506. 1011 所涉及的“聚间苯二甲酰间苯二胺纤维”，又名芳纶 1313，或间位芳纶，属芳香族聚酰胺纤维。

二、本国子目 5503. 1120、5506. 1012 所涉及的“聚对苯二甲酰对苯二胺纤维”，又名芳纶 1414，或对位芳纶，属芳香族聚酰胺纤维。

三、本国子目 5504. 1021 所涉及的“阻燃粘胶纤维”，是通过添加无机或有机阻燃剂制成的，氧指数大于 28%，回潮率小于等于 13%。

商品编码	商品名称	商品编码	商品名称
55. 01[①]	**合成纤维长丝丝束：**		--芳香族聚酰胺制：
	-尼龙或其他聚酰胺制：	5503. 1110	---聚间苯二甲酰间苯二胺纺制
5501. 1100	--芳香族聚酰胺制	5503. 1120	---聚对苯二甲酰对苯二胺纺制
5501. 1900	--其他	5503. 1190	---其他
5501. 2000	-聚酯制	5503. 1900	--其他
5501. 3000	-聚丙烯腈或变性聚丙烯腈制	5503. 2000	-聚酯制
5501. 4000	-聚丙烯制	5503. 3000	-聚丙烯腈或变性聚丙烯腈制
5501. 9000	-其他	5503. 4000	-聚丙烯制
55. 02	**人造纤维长丝丝束：**		-其他：
	-醋酸纤维丝束：	5503. 9010	---聚苯硫醚制
5502. 1010	---二醋酸纤维丝束	5503. 9090	---其他
5502. 1090	---其他	**55. 04**	**人造纤维短纤，未梳或未经其他纺前加工：**
5502. 9000	-其他		-粘胶纤维制：
55. 03	**合成纤维短纤，未梳或未经其他纺前加工：**	5504. 1010	---竹制
	-尼龙或其他聚酰胺制：		---木制：

① 化学纤维短纤通常是由有大量孔眼（有时多达数千个）的喷丝头挤压喷出而得的；喷出的长丝收集起来成为丝束。这些丝束可直接拉伸并切成短段，或经过不同的加工工序（洗涤、漂白、染色等）后再进行拉伸并切成短段。纤维的长度通常切成 25~180 毫米，具体长度视化学纤维的种类、所需生产的纱线类型及准备与之混纺的其他纺织纤维的性质而定。

商品编码	商品名称
5504.1021	----阻燃的
5504.1029	----其他
5504.1090	---其他
5504.9000	-其他
55.05	**化学纤维废料（包括落绵、废纱及回收纤维）：**
5505.1000	-合成纤维的
5505.2000	-人造纤维的
55.06	**合成纤维短纤，已梳或经其他纺前加工：**
	-尼龙或其他聚酰胺制：
	---芳族聚酰胺纺制：
5506.1011	----聚间苯二甲酰间苯二胺纺制
5506.1012	----聚对苯二甲酰对苯二胺纺制
5506.1019	----其他
5506.1090	---其他
5506.2000	-聚酯制
5506.3000	-聚丙烯腈或变性聚丙烯腈制
5506.4000	-聚丙烯制
	-其他：
5506.9010	---聚苯硫醚制
5506.9090	---其他
55.07	**人造纤维短纤，已梳或经其他纺前加工：**
5507.0000	人造纤维短纤，已梳或经其他纺前加工
55.08	**化学纤维短纤纺制的缝纫线，不论是否供零售用：**
5508.1000	-合成纤维短纤纺制
5508.2000	-人造纤维短纤纺制
55.09	**合成纤维短纤纺制的纱线（缝纫线除外），非供零售用：**
	-按重量计尼龙或其他聚酰胺短纤含量在85%及以上：
5509.1100	--单纱
5509.1200	--多股纱线或缆线
	-按重量计聚酯短纤含量在85%及以上：
5509.2100	--单纱
5509.2200	--多股纱线或缆线
	-按重量计聚丙烯腈或变性聚丙烯腈短纤含量在85%及以上：
5509.3100	--单纱
5509.3200	--多股纱线或缆线
	-其他纱线，按重量计合成纤维短纤含量在85%及以上：
5509.4100	--单纱
5509.4200	--多股纱线或缆线
	-其他聚酯短纤纺制的纱线：
5509.5100	--主要或仅与人造纤维短纤混纺
5509.5200	--主要或仅与羊毛或动物细毛混纺
5509.5300	--主要或仅与棉混纺
5509.5900	--其他
	-其他聚丙烯腈或变性聚丙烯腈短纤纺制的纱线：
5509.6100	--主要或仅与羊毛或动物细毛混纺
5509.6200	--主要或仅与棉混纺
5509.6900	--其他
	-其他纱线：
5509.9100	--主要或仅与羊毛或动物细毛混纺
5509.9200	--主要或仅与棉混纺
5509.9900	--其他
55.10	**人造纤维短纤纺制的纱线（缝纫线除外），非供零售用：**
	-按重量计人造纤维短纤含量在85%及以上：
5510.1100	--单纱
5510.1200	--多股纱线或缆线
5510.2000	-其他纱线，主要或仅与羊毛或动物细毛混纺
5510.3000	-其他纱线，主要或仅与棉混纺
5510.9000	-其他
55.11	**化学纤维短纤纺制的纱线（缝纫线除外），供零售用：**
5511.1000	-按重量计合成纤维短纤含量在85%及以上
5511.2000	-按重量计合成纤维短纤含量在85%以下
5511.3000	-人造纤维短纤纺制
55.12	**合成纤维短纤纺制的机织物，按重量计合成纤维短纤含量在85%及以上：**
	-按重量计聚酯短纤含量在85%及以上：
5512.1100	--未漂白或漂白
5512.1900	--其他

商品编码	商品名称
	-按重量计聚丙烯腈或变性聚丙烯腈短纤含量在85%及以上：
5512.2100	--未漂白或漂白
5512.2900	--其他
	-其他：
5512.9100	--未漂白或漂白
5512.9900	--其他
55.13	**合成纤维短纤纺制的机织物，按重量计合成纤维短纤含量在85%以下，主要或仅与棉混纺，每平方米重量不超过170克：**
	-未漂白或漂白：
	--聚酯短纤纺制的平纹机织物：
5513.1110	---未漂白
5513.1120	---漂白
	--聚酯短纤纺制的三线或四线斜纹机织物，包括双面斜纹机织物：
5513.1210	---未漂白
5513.1220	---漂白
	--其他聚酯短纤纺制的机织物：
5513.1310	---未漂白
5513.1320	---漂白
5513.1900	--其他机织物
	-染色：
5513.2100	--聚酯短纤纺制的平纹机织物
	--其他聚酯短纤纺制的机织物：
5513.2310	---聚酯短纤纺制的三线或四线斜纹机织物，包括双面斜纹机织物
5513.2390	---其他
5513.2900	--其他机织物
	-色织：
5513.3100	--聚酯短纤纺制的平纹机织物
	--其他机织物：
5513.3910	---聚酯短纤纺制的三线或四线斜纹机织物，包括双面斜纹机织物
5513.3920	---其他聚酯短纤纺制的机织物
5513.3990	---其他
	-印花：
5513.4100	--聚酯短纤纺制的平纹机织物
	--其他机织物：
5513.4910	---聚酯短纤纺制的三线或四线斜纹机织物，包括双面斜纹机织物
5513.4920	---其他聚酯短纤纺制的机织物
5513.4990	---其他
55.14	**合成纤维短纤纺制的机织物，按重量计合成纤维短纤含量在85%以下，主要或仅与棉混纺，每平方米重量超过170克：**
	-未漂白或漂白：
	--聚酯短纤纺制的平纹机织物：
5514.1110	---未漂白
5514.1120	---漂白
	--聚酯短纤纺制的三线或四线斜纹机织物，包括双面斜纹机织物：
5514.1210	---未漂白
5514.1220	---漂白
	--其他机织物：
	---聚酯短纤纺制的机织物：
5514.1911	----未漂白
5514.1912	----漂白
5514.1990	---其他
	-染色：
5514.2100	--聚酯短纤纺制的平纹机织物
5514.2200	--聚酯短纤纺制的三线或四线斜纹机织物，包括双面斜纹机织物
5514.2300	--其他聚酯短纤纺制的机织物
5514.2900	--其他机织物
	-色织：
5514.3010	---聚酯短纤纺制的平纹机织物
5514.3020	---聚酯短纤纺制的三线或四线斜纹机织物，包括双面斜纹机织物
5514.3030	---其他聚酯短纤纺制的机织物
5514.3090	---其他机织物
	-印花：
5514.4100	--聚酯短纤纺制的平纹机织物
5514.4200	--聚酯短纤纺制的三线或四线斜纹机织物，包括双面斜纹机织物
5514.4300	--其他聚酯短纤纺制的机织物
5514.4900	--其他机织物
55.15	**合成纤维短纤纺制的其他机织物：**
	-聚酯短纤纺制：
5515.1100	--主要或仅与粘胶纤维短纤混纺
5515.1200	--主要或仅与化学纤维长丝混纺
5515.1300	--主要或仅与羊毛或动物细毛混纺

商品编码	商品名称	商品编码	商品名称
5515.1900	--其他	5516.2400	--印花
	-聚丙烯腈或变性聚丙烯腈短纤纺制：		-按重量计人造纤维短纤含量在85%以下，主要或仅与羊毛或动物细毛混纺：
5515.2100	--主要或仅与化学纤维长丝混纺	5516.3100	--未漂白或漂白
5515.2200	--主要或仅与羊毛或动物细毛混纺	5516.3200	--染色
5515.2900	--其他	5516.3300	--色织
	-其他机织物：	5516.3400	--印花
5515.9100	--主要或仅与化学纤维长丝混纺		-按重量计人造纤维短纤含量在85%以下，主要或仅与棉混纺：
5515.9900	--其他	5516.4100	--未漂白或漂白
55.16	**人造纤维短纤纺制的机织物：**	5516.4200	--染色
	-按重量计人造纤维短纤含量在85%及以上：	5516.4300	--色织
5516.1100	--未漂白或漂白	5516.4400	--印花
5516.1200	--染色		-其他：
5516.1300	--色织	5516.9100	--未漂白或漂白
5516.1400	--印花	5516.9200	--染色
	-按重量计人造纤维短纤含量在85%以下，主要或仅与化学纤维长丝混纺：	5516.9300	--色织
5516.2100	--未漂白或漂白	5516.9400	--印花
5516.2200	--染色		
5516.2300	--色织		

第五十六章　絮胎、毡呢及无纺织物；特种纱线；线、绳、索、缆及其制品

注释：

一、本章不包括：

（一）用各种物质或制剂（例如，第三十三章的香水或化妆品、品目34.01的肥皂或洗涤剂、品目34.05的光洁剂、擦洗膏及类似制剂、品目38.09的织物柔软剂）浸渍、涂布、包覆的絮胎、毡呢或无纺织物，其中的纺织材料仅作为承载介质；

（二）品目58.11的纺织产品；

（三）以毡呢或无纺织物为底的砂布及类似品（品目68.05）；

（四）以毡呢或无纺织物为底的黏聚或复制云母（品目68.14）；

（五）以毡呢或无纺织物为底的金属箔（通常归入第十四类或第十五类）；或

（六）品目96.19的卫生巾（护垫）及卫生棉条、尿布及尿布衬里和类似品。

二、所称“毡呢”，包括针刺机制毡呢以及纤维本身通过缝编工序增强了抱合力的纺织纤维网状织物。

三、品目56.02及56.03分别包括用各种性质（紧密结构或泡沫状）的塑料或橡胶浸渍、涂布、包覆或层压的毡呢及无纺织物。

品目56.03还包括用塑料或橡胶作黏合材料的无纺织物。

但品目56.02及56.03不包括：

（一）用塑料或橡胶浸渍、涂布、包覆或层压，按重量计纺织材料含量在50%及以下的毡呢或者完全嵌入塑料或橡胶之内的毡呢（第三十九章或第四十章）；

（二）完全嵌入塑料或橡胶之内的无纺织物，以及用肉眼可辨别出两面都用塑料或橡胶涂布、包覆的无纺织物，涂布或包覆所引起的颜色变化可不予考虑（第三十九章或第四十章）；或

（三）与毡呢或无纺织物混制的泡沫塑料或海绵橡胶板、片或扁条，纺织材料仅在其中起增强作用（第三十九章或第四十章）。

四、品目56.04不包括用肉眼无法辨别出是否经过浸渍、涂布或包覆的纺织纱线或品目54.04或54.05的扁条及类似品（通常归入第五十章至第五十五章）；运用本条规定，可不考虑浸渍、涂布或包覆所引起的颜色变化。

【编者注】

归类时应注意线、绳、索、缆的定义。

商品编码	商品名称	商品编码	商品名称
56.01	**纺织材料絮胎及其制品；长度不超过5毫米的纺织纤维（纤维屑）、纤维粉末及球结：**	5601.2900	--其他
	-纺织材料制的絮胎及其制品：	5601.3000	-纤维屑、纤维粉末及球结
5601.2100	--棉制	**56.02**	**毡呢，不论是否浸渍、涂布、包覆或层压：**
	--化学纤维制：	5602.1000	-针刺机制毡呢及纤维缝编织物
5601.2210	---卷烟滤嘴		-其他毡呢，未浸渍、涂布、包覆或层压：
5601.2290	---其他	5602.2100	--羊毛或动物细毛制

商品编码	商品名称
5602.2900	--其他纺织材料制
5602.9000	-其他
56.03①	**无纺织物，不论是否浸渍、涂布、包覆或层压：**
	-化学纤维长丝制：
	--每平方米重量不超过25克：
5603.1110	---经浸渍、涂布、包覆或层压
5603.1190	---其他
	--每平方米重量超过25克，但不超过70克：
5603.1210	---经浸渍、涂布、包覆或层压
5603.1290	---其他
	--每平方米重量超过70克，但不超过150克：
5603.1310	---经浸渍、涂布、包覆或层压
5603.1390	---其他
	--每平方米重量超过150克：
5603.1410	---经浸渍、涂布、包覆或层压
5603.1490	---其他
	-其他：
	--每平方米重量不超过25克：
5603.9110	---经浸渍、涂布、包覆或层压
5603.9190	---其他
	--每平方米重量超过25克，但不超过70克：
5603.9210	---经浸渍、涂布、包覆或层压
5603.9290	---其他
	--每平方米重量超过70克，但不超过150克：
5603.9310	---经浸渍、涂布、包覆或层压
5603.9390	---其他
	--每平方米重量超过150克：
5603.9410	---经浸渍、涂布、包覆或层压
5603.9490	---其他
56.04	**用纺织材料包覆的橡胶线及绳；用橡胶或塑料浸渍、涂布、包覆或套裹的纺织纱线及品目54.04或54.05的扁条及类似品：**
5604.1000	-用纺织材料包覆的橡胶线及绳
5604.9000	-其他
56.05	**含金属纱线，不论是否螺旋花线，由纺织纱线或品目54.04或54.05的扁条及类似品与金属线、扁条或粉末混合制得或用金属包覆制得：**
5605.0000	含金属纱线，不论是否螺旋花线，由纺织纱线或品目54.04或54.05的扁条及类似品与金属线、扁条或粉末混合制得或用金属包覆制得
56.06②	**粗松螺旋花线，品目54.04或54.05的扁条及类似品制的螺旋花线（品目56.05的货品及马毛粗松螺旋花线除外）；绳绒线（包括植绒绳绒线）；纵行起圈纱线：**
5606.0000	粗松螺旋花线，品目54.04或54.05的扁条及类似品制的螺旋花线（品目56.05的货品及马毛粗松螺旋花线除外）；绳绒线（包括植绒绳绒线）；纵行起圈纱线
56.07③	**线、绳、索、缆，不论是否编织或编结而成，也不论是否用橡胶或塑料浸渍、涂布、包覆或套裹：**
	-西沙尔麻或其他纺织用龙舌兰类纤维纺制：
5607.2100	--包扎用绳
5607.2900	--其他
	-聚乙烯或聚丙烯纺制：
5607.4100	--包扎用绳

① 无纺织物是将纺织纤维定向或随意取向黏合而成的片状或网状织物。

② 粗松螺旋花线用作装饰线，还大量用于制造装饰带。但有的还适于作其他用途，例如，作纽门线、绣花线或捆扎线。绳绒线主要用于织造绳绒织物（品目58.01）或多种物品，如室内装饰品、床上用品、地毯、装饰带和服饰用品等。纵行起圈纱线是用圆筒针织机纺制的空心纱线，扁平时宽度为1.5~2毫米。这种纱线用于制造流苏及其他纺织附件，还可用于普通经纬织机上纺制机织物。

③ 线、绳、索、缆可用作捆扎绳，或用于打包、牵引、装货等，其截面一般是圆的，但有些（例如，某种传动缆）截面为方形、梯形或三角形。它们通常不经漂白，但可以染色、浸渍以使其防腐，或用不同颜色的股线组成，或用橡胶或塑料浸渍、涂布、包覆或套裹。

商品编码	商品名称	商品编码	商品名称
5607.4900	--其他	5608.1100	--制成的渔网
5607.5000	-其他合成纤维纺制	5608.1900	--其他
	-其他:	5608.9000	-其他
5607.9010	---蕉麻（马尼拉麻）或其他硬质（叶）纤维纺制	**56.09**	**用纱线、品目 54.04 或 54.05 的扁条及类似品或线、绳、索、缆制成的其他品目未列名物品:**
5607.9090	---其他		
56.08①	**线、绳或索结制的网料；纺织材料制成的渔网及其他网:**	5609.0000	用纱线、品目 54.04 或 54.05 的扁条及类似品或线、绳、索、缆制成的其他品目未列名物品
	-化学纤维材料制:		

① 本品目不包括：Ⅰ. 钩编织成的成匹网料（品目 60.02 至 60.06）；Ⅱ. 发网（品目 65.05）；Ⅲ. 运动用网（例如，球门网及网球网）、捞渔网及归入第九十五章的其他网。

第五十七章　地毯及纺织材料的其他铺地制品

注释：

一、本章所称“地毯及纺织材料的其他铺地制品”，是指使用时以纺织材料作面的铺地制品，也包括具有纺织材料铺地制品特征但作其他用途的物品。

二、本章不包括铺地制品衬垫。

【编者注】

本章注释一中所述“作其他用途”是指挂在墙上、铺在桌面上或作其他装饰用途。

商品编码	商品名称
57. 01	**结织栽绒地毯及纺织材料的其他结织栽绒铺地制品，不论是否制成的：**
5701. 1000	-羊毛或动物细毛制
	-其他纺织材料制：
5701. 9010	---化学纤维制
5701. 9020	---丝制
5701. 9090	---其他
57. 02	**机织地毯及纺织材料的其他机织铺地制品，未簇绒或未植绒，不论是否制成的，包括“开来姆”“苏麦克”“卡拉马尼”及类似的手织地毯：**
5702. 1000	-“开来姆”“苏麦克”“卡拉马尼”及类似的手织地毯
5702. 2000	-椰壳纤维制的铺地制品
	-其他起绒结构的铺地制品，未制成的：
5702. 3100	--羊毛或动物细毛制
5702. 3200	--化学纤维制
5702. 3900	--其他纺织材料制
	-其他起绒结构的铺地制品，制成的：
5702. 4100	--羊毛或动物细毛制
5702. 4200	--化学纤维制
5702. 4900	--其他纺织材料制
	-其他非起绒结构的铺地制品，未制成的：
5702. 5010	---羊毛或动物细毛制
5702. 5020	---化学纤维制
5702. 5090	---其他纺织材料制
	-其他非起绒结构的铺地制品，制成的：
5702. 9100	--羊毛或动物细毛制
5702. 9200	--化学纤维制
5702. 9900	--其他纺织材料制
57. 03	**簇绒地毯及纺织材料的其他簇绒铺地制品（包括人造草皮），不论是否制成的：**
5703. 1000	-羊毛或动物细毛制
	-尼龙或其他聚酰胺制：
5703. 2100	--人造草皮
5703. 2900	--其他
	-其他化学纤维制：
5703. 3100	--人造草皮
5703. 3900	--其他
5703. 9000	-其他纺织材料制
57. 04	**毡呢地毯及纺织材料的其他毡呢铺地制品，未簇绒或未植绒，不论是否制成的：**
5704. 1000	-最大表面积不超过 0. 3 平方米
5704. 2000	-最大表面积超过 0. 3 平方米但不超过 1 平方米
5704. 9000	-其他
57. 05	**其他地毯及纺织材料的其他铺地制品，不论是否制成的：**
5705. 0010	---羊毛或动物细毛制
5705. 0020	---化学纤维制
5705. 0090	---其他纺织材料制

第五十八章　特种机织物；簇绒织物；花边；装饰毯；装饰带；刺绣品

注释：

一、本章不适用于经浸渍、涂布、包覆或层压的第五十九章注释一所述的纺织物或第五十九章的其他货品。

二、品目 58.01 也包括因未将浮纱割断而使表面无竖绒的纬起绒织物。

三、品目 58.03 所称“纱罗”，是指经线全部或部分由地经纱和绞经纱构成的织物，其中绞经纱绕地经纱半圈、一圈或几圈而形成圈状，纬纱从圈中穿过。

四、品目 58.04 不适用于品目 56.08 的线、绳、索结制的网状织物。

五、品目 58.06 所称“狭幅机织物”，是指：

(一) 幅宽不超过 30 厘米的机织物，不论是否织成或从宽幅料剪成，但两侧必须有织成的、胶粘的或用其他方法制成的布边；

(二) 压平宽度不超过 30 厘米的圆筒机织物；以及

(三) 折边的斜裁滚条布，其未折边时的宽度不超过 30 厘米。

流苏状的狭幅机织物归入品目 58.08。

六、品目 58.10 所称“刺绣品”，除了一般纺织材料绣线绣制的刺绣品外，还包括在可见底布上用金属线或玻璃线刺绣的刺绣品，也包括用珠片、饰珠、纺织材料或其他材料制的装饰用花纹图案所缝绣的贴花织物。该品目不包括手工针绣嵌花装饰毯（品目 58.05）。

七、除品目 58.09 的产品外，本章还包括金属线制的用于衣着、装饰及类似用途的物品。

商品编码	商品名称
58.01①	**起绒机织物及绳绒织物，但品目 58.02 或 58.06 的织物除外：**
5801.1000	-羊毛或动物细毛制
	-棉制：
5801.2100	--不割绒的纬起绒织物
5801.2200	--割绒的灯芯绒
5801.2300	--其他纬起绒织物
5801.2600	--绳绒织物
	--经起绒织物：
5801.2710	---不割绒的（棱纹绸）
5801.2720	---割绒的
	-化学纤维制：
5801.3100	--不割绒的纬起绒织物
5801.3200	--割绒的灯芯绒
5801.3300	--其他纬起绒织物
5801.3600	--绳绒织物
	--经起绒织物：
5801.3710	---不割绒的（棱纹绸）
5801.3720	---割绒的
	-其他纺织材料制：
5801.9010	---丝及绢丝制
5801.9090	---其他
58.02②	**毛巾织物及类似的毛圈机织物，但品目 58.06 的狭幅织物除外；簇绒织物，但品目 57.03 的产品除外：**
	-棉制毛巾织物及类似的毛圈机织物：
5802.1010	---未漂白
5802.1090	---其他
	-其他纺织材料制的毛巾织物及类似的毛圈机织物：

① 本品目的许多织物与品目 57.02 的地毯的生产方法相同，但却很容易与地毯相区别，因为它主要供装饰或衣着之用，而不是作铺地制品用，所以用料精细，底布非常柔软。

② 这类织物是具有毛圈的织物，可用于制毛巾、家庭浴衣、海滨浴衣、睡衣、盥洗手套等。它们有一组紧纬及两组一紧一松的经纱，松的一组在织物表面构成毛圈。

商品编码	商品名称
5802.2010	---丝及绢丝制
5802.2020	---羊毛或动物细毛制
5802.2030	---化学纤维制
5802.2090	---其他
	-簇绒织物：
5802.3010	---丝及绢丝制
5802.3020	---羊毛或动物细毛制
5802.3030	---棉或麻制
5802.3040	---化学纤维制
5802.3090	---其他纺织材料制
58.03①	**纱罗，但品目58.06的狭幅织物除外：**
5803.0010	---棉制
5803.0020	---丝及绢丝制
5803.0030	---化学纤维制
5803.0090	---其他纺织材料制
58.04	**网眼薄纱及其他网眼织物，但不包括机织物、针织物或钩编织物；成卷、成条或成小块图案的花边，但品目60.02至60.06的织物除外：**
	-网眼薄纱及其他网眼织物：
5804.1010	---丝及绢丝制
5804.1020	---棉制
5804.1030	---化学纤维制
5804.1090	---其他纺织材料制
	-机制花边：
5804.2100	--化学纤维制
	--其他纺织材料制：
5804.2910	---丝及绢丝制
5804.2920	---棉制
5804.2990	---其他
5804.3000	-手工制花边
58.05②	**"哥白林""弗朗德""奥步生""波威"及类似式样的手织装饰毯，以及手工针绣嵌花装饰毯（例如，小针脚或十字绣），不论是否制成的：**
5805.0010	---手工针绣嵌花装饰毯
5805.0090	---其他
58.06	**狭幅机织物，但品目58.07的货品除外；用黏合剂黏合制成的有经纱而无纬纱的狭幅织物（包扎匹头用带）：**
	-起绒机织物（包括毛巾织物及类似的毛圈织物）及绳绒织物：
5806.1010	---棉或麻制
5806.1090	---其他纺织材料制
5806.2000	-按重量计弹性纱线或橡胶线含量在5%及以上的其他机织物
	-其他机织物：
5806.3100	--棉制
5806.3200	--化学纤维制
	--其他纺织材料制：
5806.3910	---丝及绢丝制
5806.3920	---羊毛或动物细毛制
5806.3990	---其他
	-用黏合剂黏合制成的有经纱而无纬纱的织物（包扎匹头用带）：
5806.4010	---棉或麻制
5806.4090	---其他纺织材料制
58.07③	**非绣制的纺织材料制标签、徽章及类似品，成匹、成条或裁成一定形状或尺寸：**
5807.1000	-机织
5807.9000	-其他

---

① 纱罗通常织得疏松，因而很轻；主要用作窗帘布。不同品种的纱罗，其外观差别很大，在织造过程中织成的图案也是五花八门的，切不可将它们与第五十章至第五十五章的挖花织物和其他织物及本章的手工或机制花边、刺绣品、网眼薄纱及其他网眼织物相混淆。

② 本品目包括手织的或在底布（通常为帆布）上手工针绣的装饰毯。本品的基本特征是具有完整、独立图案的成幅毯，图案通常具有图画性质。

③ 本品包括通常缝在衣着外面的徽章、"肩章"等（运动、军事、地区或国家的徽章等，标有青年团体名称的徽章，标有船名等的水手帽徽等）。上述物品只有符合下列条件，才能归入本品目：

Ⅰ. 必须是非刺绣品。归入本品目的物品上的文字或花纹图案一般是织造的（挖花织法）或印制的。

Ⅱ. 必须是成匹、成条（最常见的形状）或切成一定尺寸或形状成为独立件的，但不得经其他任何方式加工为制成品。

商品编码	商品名称
58. 08	**成匹的编带；非绣制的成匹装饰带，但针织或钩编的除外；流苏、绒球及类似品：**
5808. 1000	-成匹的编带
5808. 9000	-其他
58. 09	**其他品目未列名的金属线机织物及品目 56. 05 所列含金属纱线的机织物，用于衣着、装饰及类似用途：**
5809. 0010	---与棉混制
5809. 0020	---与化学纤维混制
5809. 0090	---其他
58. 10	**成匹、成条或成小块图案的刺绣品：**
5810. 1000	-不见底布的刺绣品
	-其他刺绣品：
5810. 9100	--棉制
5810. 9200	--化学纤维制
5810. 9900	--其他纺织材料制
58. 11	**用一层或几层纺织材料与胎料经绗缝或其他方法组合制成的被褥状纺织品，但品目 58. 10 的刺绣品除外：**
5811. 0010	---丝及绢丝制
5811. 0020	---羊毛或动物细毛制
5811. 0030	---棉制
5811. 0040	---化学纤维制
5811. 0090	---其他纺织材料制

第五十九章　浸渍、涂布、包覆或层压的纺织物；工业用纺织制品

注释：

一、除条文另有规定的以外，本章所称“纺织物”，仅适用于第五十章至第五十五章、品目 58.03 及 58.06 的机织物、品目 58.08 的成匹编带和装饰带及品目 60.02 至 60.06 的针织物或钩编织物。

二、品目 59.03 适用于：

（一）用塑料浸渍、涂布、包覆或层压的纺织物，不论每平方米重量多少以及塑料的性质如何（紧密结构或泡沫状的），但下列各项除外：

1. 用肉眼无法辨别出是否经过浸渍、涂布、包覆或层压的织物（通常归入第五十章至第五十五章、第五十八章或第六十章），但由于浸渍、涂布、包覆或层压所引起的颜色变化可不予考虑；

2. 温度在 15 摄氏度~30 摄氏度时，用手工将其绕于直径 7 毫米的圆柱体上会发生断裂的产品（通常归入第三十九章）；

3. 纺织物完全嵌入塑料内或在其两面均用塑料完全包覆或涂布，而这种包覆或涂布用肉眼是能够辨别出的产品（但由于包覆或涂布所引起的颜色变化可不予考虑）（第三十九章）；

4. 用塑料部分涂布或包覆并由此而形成图案的织物（通常归入第五十章至第五十五章、第五十八章或第六十章）；

5. 与纺织物混制而其中纺织物仅起增强作用的泡沫塑料板、片或带（第三十九章）；或

6. 品目 58.11 的纺织品。

（二）由品目 56.04 的用塑料浸渍、涂布、包覆或套裹的纱线、扁条或类似品制成的织物。

三、品目 59.03 所称“用塑料层压的纺织物”是指由一层或多层纺织物与一层或多层塑料片或膜以任何方式结合在一起的产品，不论其塑料片或膜从横截面上是否肉眼可见。

四、品目 59.05 所称“糊墙织物”，是指以纺织材料作面，固定在一衬背上或在背面进行处理（浸渍或涂布以便于裱糊），适于装饰墙壁或天花板，且宽度不小于 45 厘米的成卷产品。

但本品目不适用于以纺织纤维屑或粉末直接粘于纸上（品目 48.14）或布底上（通常归入品目 59.07）的糊墙物品。

五、品目 59.06 所称“用橡胶处理的纺织物”是指：

（一）用橡胶浸渍、涂布、包覆或层压的纺织物：

1. 每平方米重量不超过 1500 克；或

2. 每平方米重量超过 1500 克，按重量计纺织材料含量在 50%以上。

（二）由品目 56.04 的用橡胶浸渍、涂布、包覆或套裹的纱线、扁条或类似品制成的织物。

（三）平行纺织纱线经橡胶黏合的织物，不论每平方米重量多少。

但本品目不包括与纺织物混制而其中纺织物仅起增强作用的海绵橡胶板、片或带（第四十章），也不包括品目 58.11 的纺织品。

六、品目 59.07 不适用于：

（一）用肉眼无法辨别出是否经过浸渍、涂布或包覆的织物（通常归入第五十章至第五十五章、第五十八章或第六十章），但由于浸渍、涂布或包覆所引起的颜色变化可不予考虑；

（二）绘有图画的织物（作为舞台、摄影布景或类似品的已绘制的画布除外）；

（三）用短绒、粉末、软木粉或类似品部分覆面并由此而形成图案的织物，但仿绒织物仍归入本品目；

（四）以淀粉或类似物质为基本成分的普通浆料上浆整理的织物；

（五）以纺织物为底的木饰面板（品目 44.08）；

（六）以纺织物为底的砂布及类似品（品目 68.05）；

（七）以纺织物为底的黏聚或复制云母片（品目68.14）；

（八）以纺织物为底的金属箔（通常归入第十四类或第十五类）。

七、品目59.10不适用于：

（一）厚度小于3毫米的纺织材料制传动带料或输送带料；

（二）用橡胶浸渍、涂布、包覆或层压的织物制成的或用橡胶浸渍、涂布、包覆或套裹的纱线或绳制成的传动带料及输送带料（品目40.10）。

八、品目59.11适用于下列不能归入第十一类其他品目的货品：

（一）下列成匹的、裁成一定长度或仅裁成矩形（包括正方形）的纺织产品（具有品目59.08至59.10所列产品特征的产品除外）：

1. 用橡胶、皮革或其他材料涂布、包覆或层压的作针布用的纺织物、毡呢及毡呢衬里机织物，以及其他专门技术用途的类似织物，包括用橡胶浸渍的用于包覆纺锤（织轴）的狭幅丝绒织物；

2. 筛布；

3. 用于榨油机器或类似机器的纺织材料制或人发制滤布；

4. 用多股经纱或纬纱平织而成的纺织物，不论是否毡化、浸渍或涂布，通常用于机械或其他专门技术用途；

5. 专门技术用途的增强纺织物；

6. 工业上用作填塞或润滑材料的线绳、编带及类似品，不论是否涂布、浸渍或用金属加强。

（二）专门技术用途的纺织制品（品目59.08至59.10的货品除外），例如，造纸机器或类似机器（如制浆机或制石棉水泥的机器）用的环状或装有连接装置的纺织物或毡呢、密封垫、垫圈、抛光盘及其他机器零件。

商品编码	商品名称
59.01	**用胶或淀粉物质涂布的纺织物，作书籍封面及类似用途的；描图布；制成的油画布；作帽里的硬衬布及类似硬挺纺织物：**
	-用胶或淀粉物质涂布的纺织物，作书籍封面及类似用途的：
5901.1010	---棉或麻制
5901.1020	---化学纤维制
5901.1090	---其他
	-其他：
5901.9010	---制成的油画布
	---其他：
5901.9091	----棉或麻制
5901.9092	----化学纤维制
5901.9099	----其他
59.02	**尼龙或其他聚酰胺、聚酯或粘胶纤维高强力纱制的帘子布：**
	-尼龙或其他聚酰胺制：
5902.1010	---聚酰胺-6（尼龙-6）制
5902.1020	---聚酰胺-6,6（尼龙-6,6）制
5902.1090	---其他
5902.2000	-聚酯制
5902.9000	-其他
59.03	**用塑料浸渍、涂布、包覆或层压的纺织物，但品目59.02的货品除外：**
	-用聚氯乙烯浸渍、涂布、包覆或层压的：
5903.1010	---绝缘布或带
5903.1020	---人造革
5903.1090	---其他
	-用聚氨基甲酸酯浸渍、涂布、包覆或层压的：
5903.2010	---绝缘布或带
5903.2020	---人造革
5903.2090	---其他
	-其他：
5903.9010	---绝缘布或带
5903.9020	---人造革
5903.9090	---其他
59.04	**列诺伦（亚麻油地毡），不论是否剪切成形；以织物为底布经涂布或覆面的铺地制品，不论是否剪切成形：**

商品编码	商品名称
5904.1000	-列诺伦（亚麻油地毡）
5904.9000	-其他
59.05	**糊墙织物：**
5905.0000	糊墙织物
59.06	**用橡胶处理的纺织物，但品目59.02的货品除外：**
	-宽度不超过20厘米的胶粘带：
5906.1010	---绝缘带
5906.1090	---其他
	-其他：
5906.9100	--针织或钩编的
	--其他：
5906.9910	---绝缘布或带
5906.9990	---其他
59.07	**用其他材料浸渍、涂布或包覆的纺织物；作舞台、摄影布景或类似用途的已绘制画布：**
5907.0010	---绝缘布或带
5907.0020	---已绘制画布
5907.0090	---其他
59.08	**用纺织材料机织、编结或针织而成的灯芯、炉芯、打火机芯、烛芯或类似品；煤气灯纱筒及纱罩，不论是否浸渍：**
5908.0000	用纺织材料机织、编结或针织而成的灯芯、炉芯、打火机芯、烛芯或类似品；煤气灯纱筒及纱罩，不论是否浸渍
59.09	**纺织材料制的水龙软管及类似的管子，不论有无其他材料作衬里、护套或附件：**
5909.0000	纺织材料制的水龙软管及类似的管子，不论有无其他材料作衬里、护套或附件
59.10	**纺织材料制的传动带或输送带及带料，不论是否用塑料浸渍、涂布、包覆或层压，也不论是否用金属或其他材料加强：**
5910.0000	纺织材料制的传动带或输送带及带料，不论是否用塑料浸渍、涂布、包覆或层压，也不论是否用金属或其他材料加强
59.11	**本章注释八所规定的作专门技术用途的纺织产品及制品：**
	-用橡胶、皮革或其他材料涂布、包覆或层压的作针布用的纺织物、毡呢及毡呢衬里机织物，以及作专门技术用途的类似织物，包括用橡胶浸渍的、用于包覆纺锤（织轴）的狭幅丝绒织物：
5911.1010	---用橡胶浸渍的、用于包覆纺锤（织轴）的狭幅丝绒织物
5911.1090	---其他
5911.2000	-筛布，不论是否制成的
	-环状或装有连接装置的纺织物及毡呢，用于造纸机器或类似机器（例如，制浆机或制石棉水泥的机器）：
5911.3100	--每平方米重量在650克以下
5911.3200	--每平方米重量在650克及以上
5911.4000	-用于榨油机器或类似机器的滤布，包括人发制滤布
5911.9000	-其他

第六十章　针织物及钩编织物

注释：

一、本章不包括：

（一）品目 58.04 的钩编花边；

（二）品目 58.07 的针织或钩编的标签、徽章及类似品；或

（三）第五十九章的经浸渍、涂布、包覆或层压的针织物及钩编织物，但经浸渍、涂布、包覆或层压的起绒针织物及起绒钩编织物仍归入品目 60.01。

二、本章还包括用金属线制的用于衣着、装饰或类似用途的织物。

三、本目录所称“针织物”，包括由纺织纱线用链式针法构成的缝编织物。

子目注释：

子目 6005.35 包括由聚乙烯单丝或涤纶复丝制成的织物，重量不小于 30 克/平方米，但不超过 55 克/平方米，网眼尺寸不小于 20 孔/平方厘米，但不超过 100 孔/平方厘米，并且用 α-氯氰菊酯（ISO）、虫螨腈（ISO）、溴氰菊酯（INN，ISO）、高效氯氟氰菊酯（ISO）、除虫菊酯（ISO）或甲基嘧啶磷（ISO）浸渍或涂层。

【编者注】

本章各品目包括针织物及钩编织物，不论其使用第十一类所列哪一种纺织材料制成，也不论是否加有弹性纱或橡胶线制成的。本章还包括明显用作衣料、家具布或类似用途的细金属线针织物或钩编织物。

针织物，分为纬编针织物及经编针织物。

一、纬编针织物，由一根连续卷绕的纱线构成，该纱线形成一行行的线圈，方向一致地横向布满整幅织物，各排相邻线圈相互串联而形成网眼组织。这些织物的组织结构较松，有一定的间隙，能轻易地朝各个方向拉伸；当一根纱线断后，往往产生“抽丝”现象。

二、经编针织物，由几根沿纵向（沿织物长度）走向的经纱构成，每根经纱组成的线圈都交替着和左右两排线圈相互串联。经编针织物的线圈通常看起来是横向布满织物的。某些经编针织物，其经纱分为两组，以相反的方向成对角线地来回穿梭于织物之间。这些织物就不会出现“抽丝”现象。如果在一幅经编针织物上裁下一小方块织物，其任何一边均不能轻易地扯出纱线，想从该样品中扯出纱线只能从经纱方向扯出（与线圈横列成直角的方向）。

商品编码	商品名称
60.01	**针织或钩编的起绒织物，包括“长毛绒”织物及毛圈织物：**
6001.1000	-“长毛绒”织物
	-毛圈绒头织物：
6001.2100	--棉制
6001.2200	--化学纤维制
6001.2900	--其他纺织材料制
	-其他：
6001.9100	--棉制
6001.9200	--化学纤维制
6001.9900	--其他纺织材料制
60.02	**宽度不超过 30 厘米，按重量计弹性纱线或橡胶线含量在 5%及以上的针织物或钩编织物，但品目 60.01 的货品除外：**
	-按重量计弹性纱线含量在 5%及以上，但不含橡胶线：
6002.4010	---棉制

商品编码	商品名称
6002.4020	---丝及绢丝制
6002.4030	---合成纤维制
6002.4040	---人造纤维制
6002.4090	---其他
	-其他：
6002.9010	---棉制
6002.9020	---丝及绢丝制
6002.9030	---合成纤维制
6002.9040	---人造纤维制
6002.9090	---其他
60.03	**宽度不超过30厘米的针织或钩编织物，但品目60.01或60.02的货品除外：**
6003.1000	-羊毛或动物细毛制
6003.2000	-棉制
6003.3000	-合成纤维制
6003.4000	-人造纤维制
6003.9000	-其他
60.04	**宽度超过30厘米，按重量计弹性纱线或橡胶线含量在5%及以上的针织物或钩编织物，但品目60.01的货品除外：**
	-按重量计弹性纱线含量在5%及以上，但不含橡胶线：
6004.1010	---棉制
6004.1020	---丝及绢丝制
6004.1030	---合成纤维制
6004.1040	---人造纤维制
6004.1090	---其他
	-其他：
6004.9010	---棉制
6004.9020	---丝及绢丝制
6004.9030	---合成纤维制
6004.9040	---人造纤维制
6004.9090	---其他
60.05	**经编针织物（包括由镶边针织机织成的），但品目60.01至60.04的货品除外：**
	-棉制：
6005.2100	--未漂白或漂白
6005.2200	--染色
6005.2300	--色织
6005.2400	--印花
	-合成纤维制：
6005.3500	--本章子目注释一所列织物
6005.3600	--其他，未漂白或漂白
6005.3700	--其他，染色
6005.3800	--其他，色织
6005.3900	--其他，印花
	-人造纤维制：
6005.4100	--未漂白或漂白
6005.4200	--染色
6005.4300	--色织
6005.4400	--印花
	-其他：
6005.9010	---羊毛或动物细毛制
6005.9090	---其他
60.06	**其他针织或钩编织物：**
6006.1000	-羊毛或动物细毛制
	-棉制：
6006.2100	--未漂白或漂白
6006.2200	--染色
6006.2300	--色织
6006.2400	--印花
	-合成纤维制：
6006.3100	--未漂白或漂白
6006.3200	--染色
6006.3300	--色织
6006.3400	--印花
	-人造纤维制：
6006.4100	--未漂白或漂白
6006.4200	--染色
6006.4300	--色织
6006.4400	--印花
6006.9000	-其他

第六十一章　针织或钩编的服装及衣着附件

注释：

一、本章仅适用于制成的针织品或钩编织品。

二、本章不包括：

（一）品目 62.12 的货品；

（二）品目 63.09 的旧衣着或其他旧物品；或

（三）矫形器具、外科手术带、疝气带及类似品（品目 90.21）。

三、品目 61.03 及 61.04 所称：

（一）“西服套装”，是指面料用相同的织物制成的两件套或三件套的下列成套服装：

—— 一件人体上半身穿着的外套或短上衣，除袖子外，其面料应由四片或四片以上组成；也可附带一件马甲（西服背心），这件马甲（西服背心）的前片面料应与套装其他各件的面料相同，后片面料则应与外套或短上衣的衬里料相同；以及

—— 一件人体下半身穿着的服装，即不带背带或护胸的长裤、马裤、短裤（游泳裤除外）、裙子或裙裤。

西服套装各件面料质地、颜色及构成必须相同，其款式也必须相同，尺寸大小还须相互般配，但可以用不同织物滚边（在缝口上缝入长条织物）。

如果数件人体下半身穿着的服装同时进口或出口（例如，两条长裤、长裤与短裤、裙子或裙裤与长裤），构成西服套装下装的应是一条长裤，而对于女式西服套装，应是裙子或裙裤，其他服装应分别归类。

所称“西服套装”，包括不论是否完全符合上述条件的下列配套服装：

1. 常礼服，由一件后襟下垂并下端开圆弧形叉的素色短上衣和一条条纹长裤组成；

2. 晚礼服（燕尾服），一般用黑色织物制成，上衣前襟较短且不闭合，背后有燕尾；

3. 无燕尾套装晚礼服，其中上衣款式与普通上衣相似（可以更为显露衬衣前胸），但有光滑丝质或仿丝质的翻领。

（二）“便服套装”，是指面料相同并作零售包装的下列成套服装（西服套装及品目 61.07、61.08 或 61.09 的物品除外）：

—— 一件人体上半身穿着的服装，但套头衫及背心除外，因为套头衫可在两件套服装中作为内衣，背心也可作为内衣；以及

—— 一件或两件不同的人体下半身穿着的服装，即长裤、护胸背带工装裤、马裤、短裤（游泳裤除外）、裙子或裙裤。

便服套装各件面料质地、款式、颜色及构成必须相同；尺寸大小也须相互般配。所称“便服套装”，不包括品目 61.12 的运动服及滑雪服。

四、品目 61.05 及 61.06 不包括在腰围以下有口袋的服装、带有罗纹腰带及以其他方式收紧下摆的服装或其织物至少在 10 厘米×10 厘米的面积内沿各方向的直线长度上平均每厘米少于 10 针的服装。品目 61.05 不包括无袖服装。

衬衫及仿男式女衬衫是指人体上身穿着并从领口处全开襟或半开襟的长袖或短袖衣服；罩衫也是上半身穿着的宽松服装，但可以无袖，领口处也可以不开襟。衬衫、仿男式女衬衫及罩衫可有衣领。

五、品目 61.09 不包括带有束带、罗纹腰带或其他方式收紧下摆的服装。

六、对于品目 61.11：

（一）所称“婴儿服装及衣着附件”，是指用于身高不超过 86 厘米幼儿的服装；

（二）既可归入品目 61.11，也可归入本章其他品目的物品，应归入品目 61.11。

七、品目61.12所称"滑雪服"，是指从整个外观和织物质地来看，主要在滑雪（速度滑雪或高山滑雪）时穿着的下列服装或成套服装：

（一）"滑雪连身服"，即上下身连在一起的单件服装；除袖子和领子外，滑雪连身服可有口袋或脚带；或

（二）"滑雪套装"，即由两件或三件构成一套并作零售包装的下列服装：

—— 一件用一条拉链扣合的带风帽的厚夹克、防风衣、防风短上衣或类似的服装，可以附带一件背心；以及

—— 一条不论是否过腰的长裤、一条马裤或一条护胸背带工装裤。

"滑雪套装"也可由一件类似以上（一）款所述的连身服和一件可套在连身服外面的有胎料背心组成。

"滑雪套装"各件颜色可以不同，但面料质地、款式及构成必须相同；尺寸大小也须相互般配。

八、既可归入品目61.13，也可归入本章其他品目的服装，除品目61.11所列的仍归入该品目外，其余的应一律归入品目61.13。

九、本章的服装，凡门襟为左压右的，应视为男式；右压左的，应视为女式。但本规定不适用于其式样已明显为男式或女式的服装。

无法区别是男式还是女式的服装，应按女式服装归入有关品目。

十、本章物品可用金属线制成。

【编者注】

品目58.11的成匹被褥状纺织产品所制物品的归类如下：

根据第十一类子目注释二的规定，用品目58.11的成匹被褥状纺织产品所制的物品应归入本章各品目的子目中。这类物品应以构成其面料的纺织材料所具有的基本特征来确定归类。例如，一件男式夹有胎料的带风帽的防寒短上衣，面料为60%的棉及40%的聚酯混纺针织物，该衣服应归入子目6101.20。必须注意，即使面料本身归入品目59.03、59.06或59.07，有关服装也不应归入品目61.13。

用品目59.03、59.06或59.07的针织物或钩编织物制成的服装，应归入品目61.13，但品目61.11的婴儿服装除外。

商品编码	商品名称	商品编码	商品名称
61.01	**针织或钩编的男式大衣、短大衣、斗篷、短斗篷、带风帽的防寒短上衣（包括滑雪短上衣）、防风衣、防风短上衣及类似品，但品目61.03的货品除外：**	6102.1000	-羊毛或动物细毛制
6101.2000	-棉制	6102.2000	-棉制
6101.3000	-化学纤维制	6102.3000	-化学纤维制
	-其他纺织材料制：	6102.9000	-其他纺织材料制
6101.9010	---羊毛或动物细毛制	**61.03**	**针织或钩编的男式西服套装、便服套装、上衣、长裤、护胸背带工装裤、马裤及短裤（游泳裤除外）：**
6101.9090	---其他		-西服套装：
61.02	**针织或钩编的女式大衣、短大衣、斗篷、短斗篷、带风帽的防寒短上衣（包括滑雪短上衣）、防风衣、防风短上衣及类似品，但品目61.04的货品除外：**	6103.1010	---羊毛或动物细毛制
		6103.1020	---合成纤维制
		6103.1090	---其他纺织材料制
			-便服套装：
		6103.2200	--棉制
		6103.2300	--合成纤维制
			--其他纺织材料制：

商品编码	商品名称
6103. 2910	---羊毛或动物细毛制
6103. 2990	---其他
	-上衣：
6103. 3100	--羊毛或动物细毛制
6103. 3200	--棉制
6103. 3300	--合成纤维制
6103. 3900	--其他纺织材料制
	-长裤、护胸背带工装裤、马裤及短裤：
6103. 4100	--羊毛或动物细毛制
6103. 4200	--棉制
6103. 4300	--合成纤维制
6103. 4900	--其他纺织材料制
61. 04	**针织或钩编的女式西服套装、便服套装、上衣、连衣裙、裙子、裙裤、长裤、护胸背带工装裤、马裤及短裤（游泳服除外）：**
	-西服套装：
6104. 1300	--合成纤维制
	--其他纺织材料制：
6104. 1910	---羊毛或动物细毛制
6104. 1920	---棉制
6104. 1990	---其他
	-便服套装：
6104. 2200	--棉制
6104. 2300	--合成纤维制
	--其他纺织材料制：
6104. 2910	---羊毛或动物细毛制
6104. 2990	---其他纺织材料制
	-上衣：
6104. 3100	--羊毛或动物细毛制
6104. 3200	--棉制
6104. 3300	--合成纤维制
6104. 3900	--其他纺织材料制
	-连衣裙：
6104. 4100	--羊毛或动物细毛制
6104. 4200	--棉制
6104. 4300	--合成纤维制
6104. 4400	--人造纤维制
6104. 4900	--其他纺织材料制
	-裙子及裙裤：
6104. 5100	--羊毛或动物细毛制
6104. 5200	--棉制
6104. 5300	--合成纤维制
6104. 5900	--其他纺织材料制
	-长裤、护胸背带工装裤、马裤及短裤：
6104. 6100	--羊毛或动物细毛制
6104. 6200	--棉制
6104. 6300	--合成纤维制
6104. 6900	--其他纺织材料制
61. 05①	**针织或钩编的男衬衫：**
6105. 1000	-棉制
6105. 2000	-化学纤维制
6105. 9000	-其他纺织材料制
61. 06	**针织或钩编的女衬衫：**
6106. 1000	-棉制
6106. 2000	-化学纤维制
6106. 9000	-其他纺织材料制
61. 07	**针织或钩编的男式内裤、三角裤、长睡衣、睡衣裤、浴衣、晨衣及类似品：**
	-内裤及三角裤：
6107. 1100	--棉制
6107. 1200	--化学纤维制
	--其他纺织材料制：
6107. 1910	---丝及绢丝制
6107. 1990	---其他
	-长睡衣及睡衣裤：
6107. 2100	--棉制
6107. 2200	--化学纤维制
	--其他纺织材料制：
6107. 2910	---丝及绢丝制
6107. 2990	---其他
	-其他：
6107. 9100	--棉制

① 按照本章注释四不作为男衬衣归入本品目的服装一般归类如下：Ⅰ. 在腰围以下有口袋的衣服应作为上衣归入品目 61. 03 或作为开襟衫归入品目 61. 10；Ⅱ. 带有罗纹腰带或以其他方式收紧下摆的衣服及其织物至少在 10 厘米×10 厘米面积内沿各方向的直线长度上平均每厘米少于 10 针的衣服应归入品目 61. 01 或 61. 10；Ⅲ. 男式无袖服装，应归入品目 61. 09、61. 10 或 61. 14。

商品编码	商品名称
	--其他纺织材料制：
6107.9910	---化学纤维制
6107.9990	---其他
61.08	**针织或钩编的女式长衬裙、衬裙、三角裤、短衬裤、睡衣、睡衣裤、浴衣、晨衣及类似品：**
	-长衬裙及衬裙：
6108.1100	--化学纤维制
	--其他纺织材料制：
6108.1910	---棉制
6108.1920	---丝及绢丝制
6108.1990	---其他
	-三角裤及短衬裤：
6108.2100	--棉制
6108.2200	--化学纤维制
	--其他纺织材料制：
6108.2910	---丝及绢丝制
6108.2990	---其他
	-睡衣及睡衣裤：
6108.3100	--棉制
6108.3200	--化学纤维制
	--其他纺织材料制：
6108.3910	---丝及绢丝制
6108.3990	---其他
	-其他：
6108.9100	--棉制
6108.9200	--化学纤维制
6108.9900	--其他纺织材料制
61.09①	**针织或钩编的T恤衫、汗衫及其他内衣背心：**
6109.1000	-棉制
	-其他纺织材料制：
6109.9010	---丝及绢丝制
6109.9090	---其他
61.10②	**针织或钩编的套头衫、开襟衫、背心及类似品：**
	-羊毛或动物细毛制：
6110.1100	--羊毛制
6110.1200	--喀什米尔山羊细毛制
	--其他：
6110.1910	---其他山羊细毛制
6110.1920	---兔毛制
6110.1990	---其他
6110.2000	-棉制
6110.3000	-化学纤维制
	-其他纺织材料制：
6110.9010	---丝及绢丝制
6110.9090	---其他
61.11③	**针织或钩编的婴儿服装及衣着附件：**
6111.2000	-棉制
6111.3000	-合成纤维制
	-其他纺织材料制：
6111.9010	---羊毛或动物细毛制
6111.9090	---其他
61.12	**针织或钩编的运动服、滑雪服及游泳服：**
	-运动服：
6112.1100	--棉制
6112.1200	--合成纤维制
6112.1900	--其他纺织材料制
	-滑雪服：
6112.2010	---棉制
6112.2090	---其他
	-男式游泳服：
6112.3100	--合成纤维制
6112.3900	--其他纺织材料制
	-女式游泳服：
6112.4100	--合成纤维制
6112.4900	--其他纺织材料制

① 所称“T恤衫”，是指针织或钩编的内衣类轻质服装，用棉花或化学纤维织成的非起绒、割绒或毛圈组织织物制成，有单色或多色，不论是否带衣兜，有紧身长袖或短袖，无领、无扣、领口无门襟而且开口有高有低（圆形、方形、船形或V形领口）。这类服装除花边以外，可以印制、针织或用其他方法加上广告、图画或文字进行装饰，其下摆通常缝边。本品目也包括汗衫及其他内衣背心。以上所列的本品目物品无男女式之分。

② 本品目包括上半身穿着的但不论男女式的针织或钩编物品［卫生衫、套头衫、开襟衫、马甲（背心）及类似品］。本品目还包括不与品目61.03或61.04的男女式西服套装配套并一起报验的马甲（西服背心）。本品目不包括归入品目61.01或61.02的有胎料背心。

③ 本品目不包括针织或钩编的婴儿软帽（品目65.05），婴儿尿布及尿布衬里（品目96.19）或在目录其他章中列名更为具体的婴儿衣着附件。

商品编码	商品名称	商品编码	商品名称
61.13	**用品目 59.03、59.06 或 59.07 的针织物或钩编织物制成的服装：**	6115.9400	--羊毛或动物细毛制
		6115.9500	--棉制
6113.0000	用品目 59.03、59.06 或 59.07 的针织物或钩编织物制成的服装	6115.9600	--合成纤维制
		6115.9900	--其他纺织材料制
61.14①	**针织或钩编的其他服装：**	**61.16**	**针织或钩编的分指手套、连指手套及露指手套：**
6114.2000	-棉制		
6114.3000	-化学纤维制	6116.1000	-用塑料或橡胶浸渍、涂布、包覆或层压的
	-其他纺织材料制：		
6114.9010	---羊毛或动物细毛制		-其他：
6114.9090	---其他	6116.9100	--羊毛或动物细毛制
61.15②	**针织或钩编的连裤袜、紧身裤袜、长筒袜、短袜及其他袜类，包括渐紧压袜类（例如，用以治疗静脉曲张的长筒袜）和无外绱鞋底的鞋类：**	6116.9200	--棉制
		6116.9300	--合成纤维制
		6116.9900	--其他纺织材料制
		61.17	**其他制成的针织或钩编的衣着附件；服装或衣着附件的针织或钩编的零件：**
6115.1000	-渐紧压袜类（例如，用以治疗静脉曲张的长筒袜）		
	-其他连裤袜及紧身裤袜：		-披巾、头巾、围巾、披纱、面纱③及类似品：
6115.2100	--每根单丝细度在 67 分特以下的合成纤维制		---动物细毛制：
6115.2200	--每根单丝细度在 67 分特及以上的合成纤维制	6117.1011	----山羊绒制
		6117.1019	----其他
	--其他纺织材料制：	6117.1020	---羊毛制
6115.2910	---棉制	6117.1090	---其他
6115.2990	---其他		-其他附件：
6115.3000	-其他女式长筒袜或中筒袜，每根单丝细度在 67 分特以下	6117.8010	---领带及领结
		6117.8090	---其他
	-其他：	6117.9000	-零件

① 本品目主要包括：

Ⅰ. 围裙、连身工作服、工作罩服及技工、工人或外科医生等穿着的其他防护性衣服。

Ⅱ. 教士或牧师的服装（例如，僧侣袍、黑色法衣、带风兜教士法衣、天主教士服、白色宽袖法衣）。

Ⅲ. 专职人员或学者穿着的袍服。

Ⅳ. 飞行员穿着的特种服装（例如，飞行员电热服）。

Ⅴ. 某些运动、舞蹈或体操所需穿着的特殊衣着（例如，击剑服、骑师绸服、芭蕾舞裙、舞蹈练功紧身衣），无论是否附带有保护配件，例如，肘部、膝部或腹股沟部位的保护垫或填充物。但是，体育运动及比赛用保护用具（例如，击剑面罩及护胸和冰球裤等）不归入本品目（品目 95.06）。

② 本品目包括不论是男式或女式的下列针织或钩编货品：Ⅰ. 从脚、腿一直到腰部，供下半身穿着的连裤袜及紧身裤袜，包括不覆盖脚部的；Ⅱ. 长筒袜及短袜（包括翻口短袜）；Ⅲ. 主要用于防寒的里袜；Ⅳ. 循序减压袜类（例如，用以治疗静脉曲张的长筒袜）；Ⅴ. 保护长筒袜脚部或趾部不受磨损的袜套；Ⅵ. 没有用粘、缝或其他方法将外底固定在鞋面上的鞋类，但婴儿连袜鞋除外。

③ Ⅰ. 披纱，通常为网眼织物制的轻质披巾或领巾，妇女用以围裹头部及肩部；

Ⅱ. 面纱，一般用轻薄、透明或网状的材料制成，但也有用网眼织物制成的物品，不论穿戴后具有装饰性或实用性（例如，婚礼、葬礼、圣餐等场合所用的面纱和类似品，以及附于帽上或透挡面部的面纱）。

第六十二章　非针织或非钩编的服装及衣着附件

注释：

一、本章仅适用于除絮胎以外任何纺织物的制成品，但不适用于针织品或钩编织品（品目 62.12 的除外）。

二、本章不包括：

（一）品目 63.09 的旧衣着或其他旧物品；或

（二）矫形器具、外科手术带、疝气带及类似品（品目 90.21）。

三、品目 62.03 及 62.04 所称：

（一）“西服套装”，是指面料用完全相同织物制成的两件套或三件套的下列成套服装：

—— 一件人体上半身穿着的外套或短上衣，除袖子外，应由四片或四片以上面料组成；也可附带一件马甲（西服背心），这件马甲（西服背心）的前片面料应与套装其他各件的面料相同，后片面料则应与外套或短上衣的衬里料相同；以及

—— 一件人体下半身穿着的服装，即不带背带或护胸的长裤、马裤、短裤（游泳裤除外）、裙子或裙裤。

西服套装各件面料质地、颜色及构成必须完全相同，其款式、尺寸大小也须相互般配。但套装的各件可以有不同织物的滚边（缝入夹缝中的成条织物）。

如果数件人体下半身穿着的服装同时进口或出口（例如，两条长裤、长裤与短裤、裙子或裙裤与长裤），构成西服套装下装的应是一条长裤，而对于女式西服套装，应是裙子或裙裤，其他服装应分别归类。

所称“西服套装”，包括不论是否完全符合上述条件的下列配套服装：

1. 常礼服，由一件后襟下垂并下端开圆弧形叉的素色短上衣和一条条纹长裤组成；

2. 晚礼服（燕尾服），一般用黑色织物制成，上衣前襟较短且不闭合，背后有燕尾；

3. 无燕尾套装晚礼服，其中上衣款式与普通上衣相似（可以更为显露衬衣前胸），但有光滑丝质或仿丝质的翻领。

（二）“便服套装”，是指面料相同并作零售包装的下列成套服装（西服套装及品目 62.07 或 62.08 的物品除外）：

—— 一件人体上半身穿着的服装，但背心除外，因为背心可作为内衣；以及

—— 一件或两件不同的人体下半身穿着的服装，即长裤、护胸背带工装裤、马裤、短裤（游泳裤除外）、裙子或裙裤。

便服套装各件面料质地、款式、颜色及构成必须相同；尺寸大小也须相互般配。所称“便服套装”，不包括品目 62.11 的运动服及滑雪服。

四、品目 62.05 及 62.06 不包括在腰围以下有口袋的服装、带有罗纹腰带及以其他方式收紧下摆的服装。品目 62.05 不包括无袖服装。

衬衫及仿男式女衬衫是指人体上身穿着并从领口处全开襟或半开襟的长袖或短袖衣服；罩衫也是上半身穿着的宽松服装，但可以无袖，领口处也可以不开襟。衬衫、仿男式女衬衫及罩衫可有衣领。

五、对于品目 62.09：

（一）所称“婴儿服装及衣着附件”，是指用于身高不超过 86 厘米幼儿的服装；

（二）既可归入品目 62.09，也可归入本章其他品目的物品，应归入品目 62.09。

六、既可归入品目 62.10，也可归入本章其他品目的服装，除品目 62.09 所列的仍归入该品目外，其余的应一律归入品目 62.10。

七、品目 62.11 所称“滑雪服”，是指从整个外观和织物质地来看，主要在滑雪（速度滑雪和高山滑雪）时穿着的下列服装或成套服装：

（一）“滑雪连身服”，即上下身连在一起的单件服装；除袖子和领子外，滑雪连身服可有口袋或脚带；或

（二）“滑雪套装”，即由两件或三件构成一套并作零售包装的下列服装：

—— 一件用一条拉链扣合的带风帽的厚夹克、防风衣、防风短上衣或类似的服装，可以附带一件背心；以及

—— 一条不论是否过腰的长裤、一条马裤或一条护胸背带工装裤。

“滑雪套装”也可由一件类似以上（一）款所述的连身服和一件可套在连身服外面的有胎料背心组成。

“滑雪套装”各件颜色可以不同，但面料质地、款式及构成必须相同；尺寸大小也须相互般配。

八、正方形或近似正方形的围巾及围巾式样的物品，如果每边均不超过 60 厘米，应作为手帕归类（品目 62.13）。任何一边超过 60 厘米的手帕，应归入品目 62.14。

九、本章的服装，凡门襟为左压右的，应视为男式；右压左的，应视为女式。但本规定不适用于其式样已明显为男式或女式的服装。

无法区别是男式还是女式的服装，应按女式服装归入有关品目。

十、本章物品可用金属线制成。

【编者注】

品目 58.11 的成匹被褥状纺织产品所制物品的归类如下：

根据第十一类子目注释二的规定，用品目 58.11 的成匹被褥状纺织产品所制的物品应归入本章各品目的子目中。这类物品应以构成其面料的纺织材料所具有的基本特征来确定归类。例如，一件男式夹有胎料的带风帽的防寒短上衣，面料为 60%的棉及 40%的聚酯混纺，该衣服应归入子目 6201.30。必须注意，即使面料本身归入品目 59.03、59.06 或 59.07，有关服装也不应归入品目 62.10。

商品编码	商品名称
62.01	**男式大衣、短大衣、斗篷、短斗篷、带风帽的防寒短上衣（包括滑雪短上衣）、防风衣、防风短上衣及类似品，但品目 62.03 的货品除外：**
6201.2000	-羊毛或动物细毛制
	-棉制：
6201.3010	---羽绒服
6201.3090	---其他
	-化学纤维制：
6201.4010	---羽绒服
6201.4090	---其他
6201.9000	-其他纺织材料制
62.02	**女式大衣、短大衣、斗篷、短斗篷、带风帽的防寒短上衣（包括滑雪短上衣）、防风衣、防风短上衣及类似品，但品目 62.04 的货品除外：**
6202.2000	-羊毛或动物细毛制
	-棉制：
6202.3010	---羽绒服
6202.3090	---其他
	-化学纤维制：
6202.4010	---羽绒服
6202.4090	---其他
6202.9000	-其他纺织材料制
62.03	**男式西服套装、便服套装、上衣、长裤、护胸背带工装裤、马裤及短裤（游泳裤除外）：**
	-西服套装：
6203.1100	--羊毛或动物细毛制
6203.1200	--合成纤维制
	--其他纺织材料制：
6203.1910	---丝及绢丝制
6203.1990	---其他
	-便服套装：
6203.2200	--棉制
6203.2300	--合成纤维制
	--其他纺织材料制：
6203.2910	---丝及绢丝制

商品编码	商品名称
6203.2920	---羊毛或动物细毛制
6203.2990	---其他
	-上衣：
6203.3100	--羊毛或动物细毛制
6203.3200	--棉制
6203.3300	--合成纤维制
	--其他纺织材料制：
6203.3910	---丝及绢丝制
6203.3990	---其他
	-长裤、护胸背带工装裤、马裤及短裤：
6203.4100	--羊毛或动物细毛制
	--棉制：
6203.4210	---阿拉伯裤
6203.4290	---其他
	--合成纤维制：
6203.4310	---阿拉伯裤
6203.4390	---其他
	--其他纺织材料制：
6203.4910	---阿拉伯裤
6203.4990	---其他
62.04	**女式西服套装、便服套装、上衣、连衣裙、裙子、裙裤、长裤、护胸背带工装裤、马裤及短裤（游泳服除外）：**
	-西服套装：
6204.1100	--羊毛或动物细毛制
6204.1200	--棉制
6204.1300	--合成纤维制
	--其他纺织材料制：
6204.1910	---丝及绢丝制
6204.1990	---其他
	-便服套装：
6204.2100	--羊毛或动物细毛制
6204.2200	--棉制
6204.2300	--合成纤维制
	--其他纺织材料制：
6204.2910	---丝及绢丝制
6204.2990	---其他
	-上衣：
6204.3100	--羊毛或动物细毛制
6204.3200	--棉制
6204.3300	--合成纤维制
	--其他纺织材料制：
6204.3910	---丝及绢丝制
6204.3990	---其他
	-连衣裙：
6204.4100	--羊毛或动物细毛制
6204.4200	--棉制
6204.4300	--合成纤维制
6204.4400	--人造纤维制
	--其他纺织材料制：
6204.4910	---丝及绢丝制
6204.4990	---其他
	-裙子及裙裤：
6204.5100	--羊毛或动物细毛制
6204.5200	--棉制
6204.5300	--合成纤维制
	--其他纺织材料制：
6204.5910	---丝及绢丝制
6204.5990	---其他
	-长裤、护胸背带工装裤、马裤及短裤：
6204.6100	--羊毛或动物细毛制
6204.6200	--棉制
6204.6300	--合成纤维制
6204.6900	--其他纺织材料制
62.05	男衬衫：
6205.2000	-棉制
6205.3000	-化学纤维制
	-其他纺织材料制：
6205.9010	---丝及绢丝制
6205.9020	---羊毛或动物细毛制
6205.9090	---其他
62.06	女衬衫：
6206.1000	-丝或绢丝制
6206.2000	-羊毛或动物细毛制
6206.3000	-棉制
6206.4000	-化学纤维制
6206.9000	-其他纺织材料制
62.07	**男式汗衫及其他内衣背心、内裤、三角裤、长睡衣、睡衣裤、浴衣、晨衣及类似品：**
	-内裤及三角裤：
6207.1100	--棉制

商品编码	商品名称
	--其他纺织材料制:
6207.1910	---丝及绢丝制
6207.1920	---化学纤维制
6207.1990	---其他
	-长睡衣及睡衣裤:
6207.2100	--棉制
6207.2200	--化学纤维制
	--其他纺织材料制:
6207.2910	---丝及绢丝制
6207.2990	---其他
	-其他:
6207.9100	--棉制
	--其他纺织材料制:
6207.9910	---丝及绢丝制
6207.9920	---化学纤维制
6207.9990	---其他
62.08	**女式汗衫及其他内衣背心、长衬裙、衬裙、三角裤、短衬裤、睡衣、睡衣裤、浴衣、晨衣及类似品:**
	-长衬裙及衬裙:
6208.1100	--化学纤维制
	--其他纺织材料制:
6208.1910	---丝及绢丝制
6208.1920	---棉制
6208.1990	---其他
	-睡衣及睡衣裤:
6208.2100	--棉制
6208.2200	--化学纤维制
	--其他纺织材料制:
6208.2910	---丝及绢丝制
6208.2990	---其他
	-其他:
6208.9100	--棉制
6208.9200	--化学纤维制
	--其他纺织材料制:
6208.9910	---丝及绢丝制
6208.9990	---其他
62.09	**婴儿服装及衣着附件:**
6209.2000	-棉制
6209.3000	-合成纤维制
	-其他纺织材料制:
6209.9010	---羊毛或动物细毛制
6209.9090	---其他纺织材料制
62.10	**用品目 56.02、56.03、59.03、59.06 或 59.07 的织物制成的服装:**
	-用品目 56.02 或 56.03 的织物制成的服装:
6210.1010	---羊毛或动物细毛制
6210.1020	---棉或麻制
6210.1030	---化学纤维制
6210.1090	---其他纺织材料制
6210.2000	-品目 62.01 所列类型的其他服装
6210.3000	-品目 62.02 所列类型的其他服装
6210.4000	-其他男式服装
6210.5000	-其他女式服装
62.11	**运动服、滑雪服及游泳服;其他服装:**
	-游泳服:
6211.1100	--男式
6211.1200	--女式
	-滑雪服:
6211.2010	---棉制
6211.2090	---其他纺织材料制
	-其他男式服装:
	--棉制:
6211.3210	---阿拉伯袍
6211.3220	---运动服
6211.3290	---其他
	--化学纤维制:
6211.3310	---阿拉伯袍
6211.3320	---运动服
6211.3390	---其他
	--其他纺织材料制:
6211.3910	---丝及绢丝制
6211.3920	---羊毛或动物细毛制
6211.3990	---其他
	-其他女式服装:
	--棉制:
6211.4210	---运动服
6211.4290	---其他
	--化学纤维制:
6211.4310	---运动服
6211.4390	---其他
	--其他纺织材料制:

商品编码	商品名称	商品编码	商品名称
6211.4910	---丝及绢丝制	**62.14**	**披巾、领巾、围巾、披纱、面纱及类似品：**
6211.4990	---其他	6214.1000	-丝或绢丝制
62.12[①]	**胸罩、束腰带、紧身胸衣、吊裤带、吊袜带、束袜带和类似品及其零件，不论是否针织或钩编的：**		-羊毛或动物细毛制：
	-胸罩：	6214.2010	---羊毛制
6212.1010	---化学纤维制	6214.2020	---山羊绒制
6212.1090	---其他纺织材料制	6214.2090	---其他
	-束腰带及腹带：	6214.3000	-合成纤维制
6212.2010	---化学纤维制	6214.4000	-人造纤维制
6212.2090	---其他纺织材料制	6214.9000	-其他纺织材料制
	-束腰胸衣：	**62.15**	**领带及领结：**
6212.3010	---化学纤维制	6215.1000	-丝或绢丝制
6212.3090	---其他纺织材料制	6215.2000	-化学纤维制
	-其他：	6215.9000	-其他纺织材料制
6212.9010	---化学纤维制	**62.16**	**分指手套、连指手套及露指手套：**
6212.9090	---其他纺织材料制	6216.0000	分指手套、连指手套及露指手套
62.13	**手帕：**	**62.17**[②]	**其他制成的衣着附件；服装或衣着附件的零件，但品目62.12的货品除外：**
	-棉制：		-附件：
6213.2010	---刺绣的	6217.1010	---袜子及袜套
6213.2090	---其他	6217.1020	---和服腰带
	-其他纺织材料制：	6217.1090	---其他
6213.9020	---刺绣的	6217.9000	-零件
6213.9090	---其他		

① 本品目包括用以保持体形的服装或作为某些其他衣着的支撑物及其零件。这类物品可用包括针织物或钩编织物在内的任何纺织材料制成（不论是否具有弹性）。本品目主要包括：Ⅰ. 各种胸罩；Ⅱ. 束腰带及腹带；Ⅲ. 束腰胸衣（由束腰带或紧身褡短裤及胸罩组成）；Ⅳ. 紧身胸衣及紧身胸衣束带，本品一般用柔软金属或塑料撑条加强，以系带或钩扣束紧；Ⅴ. 吊袜带、卫生带、悬带、吊带护裆、吊裤带、背带、束袜带、衬衫袖箍及臂箍；Ⅵ. 男用紧身带（包括连有内裤的）；Ⅶ. 非品目90.21矫形器具的产妇、孕妇用护带或矫正带及类似品。本品目不包括完全以橡胶制成的紧身胸衣及带子（品目40.15）。

② 本品目主要包括：

Ⅰ. 吸汗垫布。

Ⅱ. 垫肩及其他衬垫。

Ⅲ. 用织物或金属线机织物制成的各种腰带（包括子弹带）及饰带（例如，军队或教会中佩带的）。

Ⅳ. 手笼。

Ⅴ. 衣袖护套。

Ⅵ. 水兵领。

Ⅶ. 肩章、臂章等。

Ⅷ. 不是通过裁切成形或裁切成一定尺寸而制成的标签、徽章、纹章、军衔符号及类似品。

Ⅸ. 挂剑带、勋带等。

Ⅹ. 单独报验的雨衣及类似服装的可拆卸衬里。

Ⅺ. 服装口袋、袖子、领子、领圈、褶裥、各种服饰（例如，玫瑰花结、蝴蝶结、褶裥饰边、褶边及荷叶边）、女服大身、襞饰、袖口、覆肩、卜头及类似品。

Ⅻ. 长筒袜、短袜、袜套（包括网眼织物制的）及没有用粘、缝或其他方法将外底固定在鞋面上的鞋靴（婴儿连袜鞋除外）。

第六十三章　其他纺织制成品；成套物品；旧衣着及旧纺织品；碎织物

注释：

一、第一分章仅适用于各种纺织物制成的物品。

二、第一分章不包括：

（一）第五十六章至第六十二章的货品；或

（二）品目 63.09 的旧衣着或其他旧物品。

三、品目 63.09 仅适用于下列货品：

（一）纺织材料制品：

1. 衣着和衣着附件及其零件；

2. 毯子及旅行毯；

3. 床上、餐桌、盥洗及厨房用的织物制品；

4. 装饰用织物制品，但品目 57.01 至 57.05 的地毯及品目 58.05 的装饰毯除外。

（二）用石棉以外其他任何材料制成的鞋帽类。

上述物品只有同时符合下列两个条件才能归入本品目：

1. 必须明显看得出穿用过；

2. 必须以散装、捆装、袋装或类似的大包装形式进口或出口。

子目注释：

子目 6304.20 包括用 α-氯氰菊酯（ISO）、虫螨腈（ISO）、溴氰菊酯（INN，ISO）、高效氯氟氰菊酯（ISO）、除虫菊酯（ISO）或甲基嘧啶磷（ISO）浸渍或涂层的经编针织物制品。

【编者注】

本章的商品不因带有毛皮、金属（包括贵金属）、皮革、塑料等制的小饰件或附件而影响归类；但如果这些材料超出了仅是装饰或附件的范围，则应根据具体情况，按照有关类、章的注释或归类总规则的相关规定进行归类。

商品编码	商品名称	商品编码	商品名称
	第一分章　其他纺织制成品	6301.3000	-棉制的毯子（电暖毯除外）及旅行毯
63.01[①]	**毯子及旅行毯：**		
6301.1000	-电暖毯	6301.4000	-合成纤维制的毯子（电暖毯除外）及旅行毯
6301.2000	-羊毛或动物细毛制的毯子（电暖毯除外）及旅行毯	6301.9000	-其他毯子及旅行毯

---

① 毯子及旅行毯是供御寒用的，一般用羊毛、动物毛、棉或化学纤维制成的厚重织物，表面通常有丰厚毛绒。本品目也包括供儿童摇床及童车用的毯子。

商品编码	商品名称
63.02[①]	**床上、餐桌、盥洗及厨房用的织物制品：**
	-针织或钩编的床上用织物制品：
6302.1010	---棉制
6302.1090	---其他纺织材料制
	-其他印花的床上用织物制品：
	--棉制：
6302.2110	---床单
6302.2190	---其他
	--化学纤维制：
6302.2210	---床单
6302.2290	---其他
	--其他纺织材料制：
6302.2910	---丝及绢丝制
6302.2920	---麻制
6302.2990	---其他
	-其他床上用织物制品：
	--棉制：
6302.3110	---刺绣的
	---其他：
6302.3191	----床单
6302.3192	----毛巾被
6302.3199	----其他
	--化学纤维制：
6302.3210	---刺绣的
6302.3290	---其他
	--其他纺织材料制：
6302.3910	---丝及绢丝制
	---麻制：
6302.3921	----刺绣的
6302.3929	----其他
	---其他：
6302.3991	----刺绣的
6302.3999	----其他
	-针织或钩编的餐桌用织物制品：
6302.4010	---手工制
6302.4090	---其他
	-其他餐桌用织物制品：
	--棉制：
6302.5110	---刺绣的
6302.5190	---其他
	--化学纤维制：
6302.5310	---刺绣的
6302.5390	---其他
	--其他纺织材料制：
	---亚麻制：
6302.5911	----刺绣的
6302.5919	----其他
6302.5990	---其他
	-盥洗及厨房用棉制毛巾织物或类似的毛圈织物的制品：
6302.6010	---浴巾
6302.6090	---其他
	-其他：
6302.9100	--棉制
6302.9300	--化学纤维制
	--其他纺织材料制：
6302.9910	---亚麻制
6302.9990	---其他
63.03	**窗帘（包括帷帘）及帐幔；帘帷或床帷：**
	-针织或钩编的：
	--合成纤维制：
6303.1210	---针织的
6303.1220	---钩编的
	--其他纺织材料制：
	---棉制：
6303.1931	----针织的
6303.1932	----钩编的
	---其他纺织材料制：
6303.1991	----针织的
6303.1992	----钩编的

① 本品目的物品主要包括：Ⅰ.床上用织物制品，例如，床单、短枕套、长枕套、鸭绒被套及床垫罩；Ⅱ.餐桌用织物制品，例如，桌布、桌垫、狭长台布、托盘垫布、台子中心的花饰垫布、餐巾、茶巾、餐巾袋、小垫布、杯垫，某些上述物品（例如，用花边、丝绒或锦缎等材料制成的台子中心的花饰垫布）不作为餐桌用织物制品，它们一般归入品目63.04；Ⅲ.盥洗用织物制品，例如，洗手或洗脸毛巾（包括环状揩手巾）、浴巾、沙滩巾、方巾及盥洗用手套；Ⅳ.厨房用织物制品，例如，擦盘巾及玻璃器皿揩巾。但用粗厚织物制成的擦地板布、擦盘子布、洗碗布、抹布及类似的清洁用布不属于“厨房用织物制品”的范畴，因而不归入本品目（归入品目63.07）。除上述4种物品以外，本品目还包括成匹的织物，这些织物只需沿着漏织纬纱形成的分隔线裁剪即可成为单条的流苏饰边的物品（例如，毛巾）。

商品编码	商品名称
	-其他：
6303.9100	--棉制
6303.9200	--合成纤维制
6303.9900	--其他纺织材料制
63.04①	**其他装饰用织物制品，但品目 94.04 的货品除外：**
	-床罩：
	--针织或钩编的：
	---针织的：
6304.1121	----手工制
6304.1129	----其他
	---钩编的：
6304.1131	----手工制
6304.1139	----其他
	--其他：
6304.1910	---丝及绢丝制
	---棉或麻制：
6304.1921	----刺绣的
6304.1929	----其他
	---化学纤维制：
6304.1931	----刺绣的
6304.1939	----其他
	---其他纺织材料制：
6304.1991	----刺绣的
6304.1999	----其他
	-本章子目注释一所列的蚊帐：
6304.2010	---手工制
6304.2090	---其他
	-其他：
	--针织或钩编的：
	---针织的：
6304.9121	----手工制
6304.9129	----其他
	---钩编的：
6304.9131	----手工制
6304.9139	----其他
	--非针织或非钩编的，棉制：
6304.9210	---刺绣的
6304.9290	---其他
	--非针织或非钩编的，合成纤维制：
6304.9310	---刺绣的
6304.9390	---其他
	--非针织或非钩编的，其他纺织材料制：
6304.9910	---丝及绢丝制
	---麻制：
6304.9921	----刺绣的
6304.9929	----其他
6304.9990	---其他
63.05	**货物包装用袋：**
6305.1000	-黄麻或品目 53.03 的其他韧皮纺织纤维制
6305.2000	-棉制
	-化学纤维材料制：
6305.3200	--散装货物储运软袋
6305.3300	--其他，聚乙烯、聚丙烯扁条或类似材料制
6305.3900	--其他
6305.9000	-其他纺织材料制
63.06	**油苫布、天篷及遮阳篷；帐篷（包括临时顶篷及类似品）；风帆；野营用品：**
	-油苫布、天篷及遮阳篷：
6306.1200	--合成纤维制
	--其他纺织材料制：
6306.1910	---麻制
6306.1920	---棉制
6306.1990	---其他
	-帐篷（包括临时顶篷及类似品）：
6306.2200	--合成纤维制
	--其他纺织材料制：
6306.2910	---棉制
6306.2990	---其他

① 本品目包括除以上各品目及品目 94.04 所列货品以外的纺织材料制装饰物品，包括家庭、公共场所、剧院、教堂等用的物品，以及用于船舶、列车车厢、航空器、篷车式挂车、汽车等的类似品。这些物品有：壁布、仪式典礼（例如，婚礼或葬礼）上用的纺织饰物；蚊帐；床罩（不包括品目 94.04 的床罩）；垫子套、家具套、椅榻防污套；装饰性台布（具有铺地制品特征的除外）；壁炉台装饰布；帘幕圈环；挂布（品目 63.03 的物品除外）。本品目不包括灯罩（品目 94.05）。

商品编码	商品名称	商品编码	商品名称
	-风帆：	**63.07**①	**其他制成品，包括服装裁剪样：**
6306.3010	---合成纤维制	6307.1000	-擦地布、擦碗布、抹布及类似擦拭用布
6306.3090	---其他纺织材料制	6307.2000	-救生衣及安全带
	-充气褥垫：		-其他：
6306.4010	---棉制	6307.9010	---口罩
6306.4020	---化学纤维制	6307.9090	---其他
6306.4090	---其他		**第二分章　成套物品**
	-其他：	**63.08**	**由机织物及纱线构成的零售包装成套物品，不论是否带附件，用以制作小地毯、装饰毯、绣花台布、餐巾或类似的纺织物品：**
6306.9010	---棉制		
6306.9020	---麻制		
6306.9030	---化学纤维制		
6306.9090	---其他		

① 本品目主要包括：

Ⅰ. 擦地布、擦碗布、抹布及类似擦拭用布（不论是否浸有清洁剂，但品目34.01或34.05的物品除外）。

Ⅱ. 救生衣及安全带。

Ⅲ. 服装裁剪样，通常以硬帆布制成，也有将各部分裁样粗略缝合成服装样子的。

Ⅳ. 旗帜（含三角旗及横幅），包括娱乐、节日庆典及其他方面用的旗布。

Ⅴ. 家用洗衣袋、鞋囊、袜袋、手帕袋、拖鞋袋、睡衣裤套及类似物品。

Ⅵ. 服装袋（轻便衣橱），但品目42.02所列的物品除外。

Ⅶ. 汽车、机器、手提箱、网球拍等用的罩套。

Ⅷ. 扁平防护罩（品目63.06的油苫布及铺地布除外）。

Ⅸ. 织物制的咖啡过滤袋、冰袋等。

Ⅹ. 擦鞋垫（品目34.05的物品除外）。

Ⅺ. 充气软垫（品目63.06的野营用品除外）。

Ⅻ. 茶壶保暖罩。

ⅩⅢ. 针垫。

ⅩⅣ. 鞋靴、妇女紧身胸衣等的端头经嵌套的绑带，但端头经嵌套的纺织纱线或绳索构成的带子除外（品目56.09）。

ⅩⅤ. 虽用于缚缠腰部，但不具有品目62.17腰带特征的带子，例如，各种职业用带（如电工、飞行员、跳伞人员等用的带子）；以及网状运送带和类似品（具有鞍具或挽具特征的带子除外——品目42.01）。

ⅩⅥ. 便携式婴儿床、轻便摇篮及类似的携带幼儿用品。但婴儿座具（例如，用于挂在轿车座背上的）不归入本品目（品目94.01）。

ⅩⅦ. 雨伞或阳伞的罩套。

ⅩⅧ. 用织物做扇面，任何材料做骨架制成的扇子及手携式面罩，以及单独报验的织物蒙面。但以贵金属为骨架制成的扇子及手携式面罩应归入品目71.13。

ⅩⅨ. 用作货物包装的打包布，打包后其各边粗疏缝合，但不构成品目63.05的成品或半成品包装袋。

ⅩⅩ. 裁剪成矩形的奶酪包布，其经纱的线头经打结以防止松散（在裁剪成形供使用前需经进一步加工的成匹奶酪包布应作为布匹归类）。

ⅩⅪ. 雨伞、阳伞、手杖等的饰件；系于剑柄的带结及类似品。

ⅩⅫ. 外科医生在手术时所戴的织物面罩。

ⅩⅩⅢ. 由多层无纺织物构成但不可更换过滤层的防尘、隔味口罩，不论是否经活性炭处理或中间夹有一层合成纤维。

ⅩⅩⅣ. 非作服饰用的玫瑰花结（例如，作为比赛获胜奖励的大红花）。

ⅩⅩⅤ. 经过某些加工（例如，缝边或形成领口）的纺织物片，准备用于制衣，但还未加工成服装或服装零件的。

ⅩⅩⅥ. 第九十章注释一第（二）款所述的关节（例如，膝、踝、肘或腕）或肌肉（例如，大腿肌肉）承托物品，但归入第十一类其他品目的货品除外。

ⅩⅩⅦ. 无纺织物制品，已裁剪成特定形状，一面涂有黏合剂，其上面贴有一层保护黏合面用的纸或其他材料，用以贴于乳房下部，以塑造胸形。

商品编码	商品名称	商品编码	商品名称
6308.0000	由机织物及纱线构成的零售包装成套物品，不论是否带附件，用以制作小地毯、装饰毯、绣花台布、餐巾或类似的纺织物品	6309.0000	旧衣物
	第三分章　旧衣着及旧纺织品；碎织物	**63.10**	**纺织材料的新的或旧的碎织物及废线、绳、索、缆及其制品：**
63.09	旧衣物：	6310.1000	-经分拣的
		6310.9000	-其他

第十二类　鞋、帽、伞、杖、鞭及其零件；已加工的羽毛及其制品；人造花；人发制品

第六十四章　鞋靴、护腿和类似品及其零件

注释：

一、本章不包括：

（一）易损材料（例如，纸、塑料薄膜）制的无外绱鞋底的一次性鞋靴罩或套。这些产品应按其构成材料归类；

（二）纺织材料制的鞋靴，没有用粘、缝或其他方法将外底固定或安装在鞋面上的（第十一类）；

（三）品目 63. 09 的旧鞋靴；

（四）石棉制品（品目 68. 12）；

（五）矫形鞋靴或其他矫形器具及其零件（品目 90. 21）；或

（六）玩具鞋及装有冰刀或轮子的滑冰鞋；护胫或类似的运动防护服装（第九十五章）。

二、品目 64. 06 所称“零件”，不包括鞋钉、护鞋铁掌、鞋眼、鞋钩、鞋扣、饰物、编带、鞋带、绒球或其他装饰带（应分别归入相应品目）及品目 96. 06 的纽扣或其他货品。

三、本章所称：

（一）“橡胶”及“塑料”，包括能用肉眼辨出其外表有一层橡胶或塑料的机织物或其他纺织产品；运用本款时，橡胶或塑料仅引起颜色变化的不计在内；

（二）“皮革”，是指品目 41. 07 及 41. 12 至 41. 14 的货品。

四、除本章注释三另有规定的以外：

（一）鞋面的材料应以占表面面积最大的那种材料为准，计算表面面积可不考虑附件及加固件，例如，护踝、裹边、饰物、扣子、拉襻、鞋眼或类似附属件；

（二）外底的主要材料应以与地面接触最广的那种材料为准，计算接触面时可不考虑鞋底钉、铁掌或类似附属件。

子目注释：

子目 6402. 12、6402. 19、6403. 12、6403. 19 及 6404. 11 所称“运动鞋靴”，仅适用于：

一、带有或可装鞋底钉、止滑柱、夹钳、马蹄掌或类似品的体育专用鞋靴；

二、滑冰靴、滑雪靴及越野滑雪用鞋靴、滑雪板靴、角力靴、拳击靴及赛车鞋。

本国子目注释：

一、本国子目 6404. 1910 所涉及的“拖鞋”，是指没有后帮（带），露趾或不露趾的、日常穿用的鞋。

二、本国子目 6404. 2010 所涉及的“拖鞋”，是指没有后帮（带），露趾或不露趾的、日常穿用的鞋。

商品编码	商品名称
64.01	**橡胶或塑料制外底及鞋面的防水鞋靴，其鞋面不是用缝、铆、钉、旋、塞或类似方法固定在鞋底上的：**
	-装有金属防护鞋头的鞋靴：
6401.1010	---橡胶制鞋面的
6401.1090	---塑料制鞋面的
	-其他鞋靴：
	--鞋靴（过踝但未到膝）：
6401.9210	---橡胶制鞋面的
6401.9290	---塑料制鞋面的
6401.9900	--其他
64.02	**橡胶或塑料制外底及鞋面的其他鞋靴：**
	-运动鞋靴：
6402.1200	--滑雪靴、越野滑雪鞋靴及滑雪板靴
6402.1900	--其他
6402.2000	-用栓塞方法将鞋面条带装配在鞋底上的鞋
	-其他鞋靴：
6402.9100	--鞋靴（过踝）
	--其他：
6402.9910	---橡胶制鞋面的
	---塑料制鞋面的：
6402.9921	----以机织物或其他纺织材料作衬底的
6402.9929	----其他
64.03	**橡胶、塑料、皮革或再生皮革制外底，皮革制鞋面的鞋靴：**
	-运动鞋靴：
6403.1200	--滑雪靴、越野滑雪鞋靴及滑雪板靴
6403.1900	--其他
6403.2000	-皮革制外底，由交叉于脚背并绕大脚趾的皮革条带构成鞋面的鞋
6403.4000	-装有金属防护鞋头的其他鞋靴
	-皮革制外底的其他鞋靴：
	--鞋靴（过踝）：
	---过脚踝但低于小腿的鞋靴，按内底长度分类：
6403.5111	----小于 24 厘米的
6403.5119	----其他
	---其他，按内底长度分类：
6403.5191	----小于 24 厘米的
6403.5199	----其他
6403.5900	--其他
	-其他鞋靴：
	--鞋靴（过踝）：
	---过脚踝但低于小腿的鞋靴，按内底长度分类：
6403.9111	----小于 24 厘米的
6403.9119	----其他
	---其他，按内底长度分类：
6403.9191	----小于 24 厘米的
6403.9199	----其他
6403.9900	--其他
64.04	**橡胶、塑料、皮革或再生皮革制外底，用纺织材料制鞋面的鞋靴：**
	-橡胶或塑料制外底的鞋靴：
6404.1100	--运动鞋靴；网球鞋、篮球鞋、体操鞋、训练鞋及类似鞋
	--其他：
6404.1910	---拖鞋
6404.1990	---其他
	-皮革或再生皮革制外底的鞋靴：
6404.2010	---拖鞋
6404.2090	---其他
64.05	**其他鞋靴：**
	-皮革或再生皮革制鞋面的：
6405.1010	---橡胶、塑料、皮革及再生皮革制外底的
6405.1090	---其他材料制外底的
6405.2000	-纺织材料制鞋面的
	-其他：
6405.9010	---橡胶、塑料、皮革及再生皮革制外底的
6405.9090	---其他材料制外底的
64.06①	**鞋靴零件（包括鞋面，不论是否带有除外底以外的其他鞋底）；活动式鞋内底、跟垫及类似品；护腿、裹腿和类似品及其零件：**

① 本品目的“鞋靴零件”包括：Ⅰ. 鞋靴的各种零件，这些零件可以用除石棉以外的任何材料制成；Ⅱ. 可在鞋靴内穿用的下列配件（用除石棉以外的任何材料制成）：活动式鞋内底、护鞋掌（橡胶或涂橡胶织物等制）及活动式内跟垫。

商品编码	商品名称	商品编码	商品名称
6406.1000	-鞋面及其零件，但硬衬除外	6406.9010	---木制
	-橡胶或塑料制的外底及鞋跟：		---其他材料制：
6406.2010	---橡胶制的	6406.9091	----活动式鞋内底、跟垫及类似品
6406.2020	---塑料制的	6406.9092	----护腿、裹腿和类似品及其零件
	-其他：	6406.9099	----其他

第六十五章　帽类及其零件

注释：

一、本章不包括：

（一）品目63.09的旧帽类；

（二）石棉制帽类（品目68.12）；或

（三）第九十五章的玩偶帽、其他玩具帽或狂欢节用品。

二、品目65.02不包括缝制的帽坯，但仅将条带缝成螺旋形的除外。

【编者注】

一、未装在帽子上的各种帽子装饰物（扣子、别针、徽章、羽毛、人造花等），应按商品本身属性归入适当品目。

二、编织帽类仍归入本章，不要误按编结品归入第四十六章。

三、除本章注释一规定不包括的物品以外，本章包括帽形、帽坯、帽身及帽兜，以及各种各样的帽子，不论其用何种材料制成及用途如何（日用、戏剧用、化妆用、防护用等）。

商品编码	商品名称
65.01	**毡呢制的帽坯、帽身及帽兜，未楦制成形，也未加帽边；毡呢制的圆帽片及制帽用的毡呢筒（包括裁开的毡呢筒）：**
6501.0000	毡呢制的帽坯、帽身及帽兜，未楦制成形，也未加帽边；毡呢制的圆帽片及制帽用的毡呢筒（包括裁开的毡呢筒）
65.02	**编结的帽坯或用任何材料的条带拼制而成的帽坯，未楦制成形，也未加帽边、衬里或装饰物：**
6502.0000	编结的帽坯或用任何材料的条带拼制而成的帽坯，未楦制成形，也未加帽边、衬里或装饰物
65.04	**编结帽或用任何材料的条带拼制而成的帽类，不论有无衬里或装饰物：**
6504.0000	编结帽或用任何材料的条带拼制而成的帽类，不论有无衬里或装饰物
65.05①	**针织或钩编的帽类，用成匹的花边、毡呢或其他纺织物（条带除外）制成的帽类，不论有无衬里或装饰物；任何材料制的发网，不论有无衬里或装饰物：**
6505.0010	---发网
6505.0020	---钩编的帽类
	---其他：
6505.0091	----用品目65.01的帽身、帽兜或圆帽片制成的毡呢帽类，不论有无衬里或装饰物
6505.0099	----其他
65.06	**其他帽类，不论有无衬里或装饰物：**
6506.1000②	-安全帽
	-其他：
6506.9100	--橡胶或塑料制
	--其他材料制：
6506.9910	---皮革制
6506.9920	---毛皮制
6506.9990	---其他
65.07	**帽圈、帽衬、帽套、帽帮、帽骨架、帽舌及帽颏带：**
6507.0000	帽圈、帽衬、帽套、帽帮、帽骨架、帽舌及帽颏带

① 用于披肩、斗篷等可分开的兜帽，如与有关服装一同报验的，不应归入本品目，而应根据服装的材料归类。

② 安全帽，包括：体育用帽、军事或消防员用的头盔、摩托车驾驶员、矿工或建筑工人用的头盔等，不论是否装有防护垫或（对于某些头盔）装有话筒或耳机。

第六十六章 雨伞、阳伞、手杖、鞭子、马鞭及其零件

注释：

一、本章不包括：

（一）丈量用杖及类似品（品目 90.17）；

（二）火器手杖、刀剑手杖、加重手杖及类似品（第九十三章）；或

（三）第九十五章的货品（例如，玩具雨伞、玩具阳伞）。

二、品目 66.03 不包括纺织材料制的零件、附件及装饰品或者任何材料制的罩套、流苏、鞭梢、伞套及类似品。此类货品即使与品目 66.01 或 66.02 的物品一同报验，只要未装配在一起，则不应视为上述品目所列物品的组成零件，而应分别归入各有关品目。

商品编码	商品名称	商品编码	商品名称
66.01①	**雨伞及阳伞（包括手杖伞、庭园用伞及类似伞）：**	6602.0000	手杖、带座手杖、鞭子、马鞭及类似品
6601.1000	-庭园用伞及类似伞	**66.03**③	**品目 66.01 或 66.02 所列物品的零件及装饰品：**
	-其他：	6603.2000	-伞骨，包括装在伞柄上的伞骨
6601.9100	--折叠伞	6603.9000	-其他
6601.9900	--其他		
66.02②	**手杖、带座手杖、鞭子、马鞭及类似品：**		

① 本品目包括各种雨伞、阳伞（例如，仪仗用伞，伞式帐篷，手杖伞及带座手杖式伞，露天餐馆、市场、庭园用伞及类似伞），不论其各部分（包括配件及装饰物）用何种材料制成。例如，伞面可用任何纺织物、塑料、纸等制成，还可刺绣，饰以花边、流苏或其他装饰物。但不包括明显专门用作玩具或用于狂欢节的伞（第九十五章）。

本品目不包括：

Ⅰ. 伞套及类似品，不论是否一同报验，但未套在伞上（它们应归入适当品目）；

Ⅱ. 不具有伞或伞式帐篷特征的海滩帐篷（品目 63.06）。

② 本品目不包括：Ⅰ. 丈量用杖、测量杆及类似品（品目 90.17）；Ⅱ. 拐杖及拐棍（品目 90.21）；Ⅲ. 火器手杖、刀剑手杖、加重手杖及类似品（第九十三章）；Ⅳ. 第九十五章的物品（例如，高尔夫球棒、曲棍球杆、滑雪杖、登山用破冰斧）。

③ 归入本品目的零件、附件等可不考虑其构成的材料（包括用贵金属，包贵金属，天然、合成或再造的宝石或半宝石制成的）。

第六十七章 已加工羽毛、羽绒及其制品；人造花；人发制品

注释：

一、本章不包括：

（一）人发制滤布（品目 59.11）；

（二）花边、刺绣品或其他纺织物制成的花卉图案（第十一类）；

（三）鞋靴（第六十四章）；

（四）帽类及发网（第六十五章）；

（五）玩具、运动用品或狂欢节用品（第九十五章）；或

（六）羽毛掸帚、粉扑及人发制的筛子（第九十六章）。

二、品目 67.01 不包括：

（一）羽毛或羽绒仅在其中作为填充料的物品（例如，品目 94.04 的寝具）；

（二）羽毛或羽绒仅作为饰物或填充料的衣服或衣着附件；或

（三）品目 67.02 的人造花、叶及其部分品，以及它们的制成品。

三、品目 67.02 不包括：

（一）玻璃制品（第七十章）；或

（二）用陶器、石料、金属、木料或其他材料经模铸、锻造、雕刻、冲压或其他方法整件制成形的人造花、叶或果实；用捆扎、胶粘及类似方法以外的其他方法将部分品组合而成的上述制品。

【编者注】

品目 67.03 包括用于制假发及类似品或玩偶头发的羊毛、其他动物毛及其他纺织材料（如化学纤维）。但成团、成丝束状或经纺前加工的羊毛、其他动物毛或其他纺织纤维归入第十一类。

商品编码	商品名称	商品编码	商品名称
67.01①	**带羽毛或羽绒的鸟皮及鸟体其他部分、羽毛、部分羽毛、羽绒及其制品（品目 05.05 的货品和经加工的羽管及羽轴除外）：**		-其他材料制：
6701.0000	带羽毛或羽绒的鸟皮及鸟体其他部分、羽毛、部分羽毛、羽绒及其制品（品目 05.05 的货品和经加工的羽管及羽轴除外）	6702.9010	---羽毛制
67.02	**人造花、叶、果实及其零件；用人造花、叶或果实制成的物品：**	6702.9020	---丝及绢丝制
6702.1000	-塑料制	6702.9030	---化学纤维制
		6702.9090	---其他
		67.03	**经梳理、稀疏、脱色或其他方法加工的人发；作假发及类似品用的羊毛、其他动物毛或其他纺织材料：**
		6703.0000	经梳理、稀疏、脱色或其他方法加工的人发；作假发及类似品用的羊毛、其他动物毛或其他纺织材料

① 本品目包括：Ⅰ. 羽管用金属丝或其他材料捆绑用于妇女头饰基座等的单根羽毛，也可由单根羽毛件组合而成的物品；Ⅱ. 拼装成簇的羽毛，以及用胶或其他方法固定在纺织物或其他基底之上的羽毛或羽绒；Ⅲ. 用带羽毛或羽绒的鸟体或部分鸟体制成的装饰品，用于制帽子、围巾、披肩、斗篷、衣眼或衣着附件的其他制品；Ⅳ. 装饰性羽毛制成的扇子，其扇骨可用任何材料制成。但用贵金属制成扇骨的扇子应归入品目 71.13。

商品编码	商品名称	商品编码	商品名称
67.04① 	**人发、动物毛或纺织材料制的假发、假胡须、假眉毛、假睫毛及类似品；其他品目未列名的人发制品：** -合成纤维纺织材料制：	6704.1100 6704.1900 6704.2000 6704.9000	--整头假发 --其他 -人发制 -其他材料制

① 本品目的制品通常是精工制作的，用于个人打扮或用于专业工作（例如，戏剧用假发）。其不包括：Ⅰ. 玩偶用假发（品目95.03）；Ⅱ. 通常用低档材料和粗劣手工制成的狂欢节用品（品目95.05）。

第十三类　石料、石膏、水泥、石棉、云母及类似材料的制品；陶瓷产品；玻璃及其制品

【编者注】

本类商品的共性是均为半制成品或制成品，大部分是由第二十五章的矿产品经进一步加工所制得的。它们的区别如下。

一、第六十八章制品的特征：只进一步加工而不需烧制的矿物制品；

二、第六十九章制品的特征：成形后经过烧制的产品；

三、第七十章玻璃的特征：已完全烧制成熔融状态，然后再制成半成品、制成品。

第六十八章　石料、石膏、水泥、石棉、云母及类似材料的制品

注释：

一、本章不包括：

（一）第二十五章的货品；

（二）品目48.10或48.11的经涂布、浸渍或覆盖的纸及纸板（例如，用云母粉或石墨涂布的纸及纸板、沥青纸及纸板）；

（三）第五十六章或第五十九章的经涂布、浸渍或包覆的纺织物（例如，用云母粉涂布或包覆的织物，沥青织物）；

（四）第七十一章的物品；

（五）第八十二章的工具及其零件；

（六）品目84.42的印刷用石板；

（七）绝缘子（品目85.46）或绝缘材料制的零件（品目85.47）；

（八）牙科用磨锉（品目90.18）；

（九）第九十一章的物品（例如，钟及钟壳）；

（十）第九十四章的物品（例如，家具、灯具及照明装置、活动房屋）；

（十一）第九十五章的物品（例如，玩具、游戏品及运动用品）；

（十二）用第九十六章注释二（二）所述材料制成的品目96.02的物品或品目96.06的物品（例如，纽扣）、品目96.09的物品（例如，石笔）、品目96.10的物品（例如，绘画石板）或品目96.20的物品（独脚架、双脚架、三脚架及类似品）；或

（十三）第九十七章的物品（例如，艺术品）。

二、品目68.02所称“已加工的碑石或建筑用石”，不仅适用于已加工的品目25.15、25.16的各种石料，也适用于所有经类似加工的其他天然石料（例如，石英岩、燧石、白云石及冻石），但不适用于板岩。

本国子目注释：

一、本国子目6802.9311所称“花岗岩制石刻墓碑石”，是指用天然花岗石材加工成的立在坟墓前面或后面的石碑套件，一般由墓碑和外栅组成，上面刻有相关文字图案和造型。

二、本国子目6815.1310所称“碳纤维预浸料”，是指碳纤维在各类树脂等基体树脂中浸渍而成的材料。

三、本国子目6815.9940所称“玄武岩纤维及其制品”，是指以玄武岩为原料经高温熔融后拉制而成的无机纤维，以及由该无机纤维经纺织等工艺加工而成的纤维制品。

【编者注】

一、石棉及其制品的归类见下表：

序号	商品描述	归类
1	天然石棉纤维或仅按长度分等级、拍打或净化的石棉纤维	25.24
2	经过进一步加工（如经梳理纤维和染色纤维）的石棉纤维及其制品，如石棉纱线、织物、服装、鞋帽等	68.12
3	在石棉中掺入水泥、水而构成一种硬化物品制成的制品	68.11
4	以石棉、其他矿物质或纤维素为基料制的未装配摩擦材料及其制品	68.13

二、云母及其制品的归类见下表：

序号	商品描述	归类
1	原状的云母、云母片、云母粉及云母废料	25.25
2	已加工的云母制品（包括黏聚或复制的云母，不论是否附于纸、纸板或其他材料上）	68.14
3	用云母粉涂布（不同黏聚云母）的纸或纸板	48.10~48.14
4	用云母粉涂布（不同黏聚云母）的机织物	59.07
5	云母绝缘子及电器设备用的其他云母绝缘零件（即使是未经装配的）	85.46~85.48
6	云母电介电容器	85.32
7	云母制的风镜及其目镜	90.04

商品编码	商品名称	商品编码	商品名称
68.01①	**天然石料（不包括板岩）制的长方砌石、路缘石、扁平石：**		-砖、瓦、方块及类似品，不论是否为矩形（包括正方形），其最大面以可置入边长小于7厘米的方格为限；人工染色的石粒、石片及石粉：
6801.0000	天然石料（不包括板岩）制的长方砌石、路缘石、扁平石	6802.1010	---大理石
68.02②	**已加工的碑石或建筑用石（不包括板岩）及其制品，但品目68.01的货品除外；天然石料（包括板岩）制的镶嵌石（马赛克）及类似品，不论是否有衬背；天然石料（包括板岩）制的人工染色石粒、石片及石粉：**	6802.1090	---其他
			-简单切削或锯开并具有一个平面的其他碑石或建筑用石及其制品：

① 本品目包括形状明显为砌石、路缘石或扁平石的石料，即使它们只是简单地劈成、锯成或粗切成方制成的。本品目还包括经过修琢、凿毛、砂磨、打磨、圆边、切斜角和制榫的石料及经专门加工适于某些铺路特殊需要的石料（例如，制成适于街道排水或车库出口通道用的特别形状的路缘石）。本品目不包括用混凝土或人造石制成的路缘石等（品目68.10）及陶瓷制的地砖（第六十九章）。

② 制成家具（餐具柜、脸盆架、桌子等）台面的石板，如果与各件家具（不论是否组装）一起报验并明显属于该家具一部分的，应归入第九十四章；但单独报验的仍归入本品目。本品目也包括供各种地板或墙壁铺面用的小块镶嵌砖及类似的大理石砖，无论是否用纸或其他材料作衬背；还包括人工染色的大理石或其他天然石料（包括板岩）的颗粒片屑及粉末（例如，用于商店橱窗展览）。但未经处理的卵石、石粒、石片屑和染色的天然砂应归入第二十五章。

商品编码	商品名称
	--大理石、石灰华及蜡石：
6802. 2110	---大理石
6802. 2120	---石灰华
6802. 2190	---其他
6802. 2300	--花岗岩
	--其他石：
6802. 2910	---其他石灰石
6802. 2990	---其他
	-其他：
	--大理石、石灰华及蜡石：
6802. 9110	---石刻
6802. 9190	---其他
	--其他石灰质石：
6802. 9210	---石刻
6802. 9290	---其他
	--花岗岩：
	---石刻：
6802. 9311	----墓碑石
6802. 9319	----其他
6802. 9390	---其他
	--其他石：
6802. 9910	---石刻
6802. 9990	---其他
68. 03①	**已加工的板岩及板岩或黏聚板岩的制品：**
6803. 0010	---板岩制
6803. 0090	---其他
68. 04②	**未装支架的石磨、石碾、砂轮和类似品及其零件，用于研磨、磨刃、抛光、整形或切割，以及手用磨石、抛光石及其零件，用天然石料、黏聚的天然磨料、人造磨料或陶瓷制成，不论是否装有由其他材料制成的零件：**
6804. 1000	-碾磨或磨浆用石磨、石碾
	-其他石磨、石碾、砂轮及类似品：
	--黏聚合成或天然金刚石制：
6804. 2110	---砂轮
6804. 2190	---其他
	--其他黏聚磨料制或陶瓷制：
6804. 2210	---砂轮
6804. 2290	---其他
	--天然石料制：
6804. 2310	---砂轮
6804. 2390	---其他
	-手用磨石及抛光石：
6804. 3010	---琢磨油石
6804. 3090	---其他
68. 05	**砂布、砂纸及以其他材料为底的类似品，不论是否裁切、缝合或用其他方法加工成形：**
6805. 1000	-砂布
6805. 2000	-砂纸
6805. 3000	-其他
68. 06	**矿渣棉、岩石棉及类似的矿质棉；页状蛭石、膨胀黏土、泡沫矿渣及类似的膨胀矿物材料；具有隔热、隔音或吸音性能的矿物材料的混合物及制品，但品目 68. 11、68. 12 或第六十九章的货品除外：**
	-矿渣棉、岩石棉及类似的矿质棉（包括其相互混合物），块状、成片或成卷：
6806. 1010	---硅酸铝纤维及其制品
6806. 1090	---其他
6806. 2000	-页状蛭石、膨胀黏土、泡沫矿渣及类似的膨胀矿物材料（包括其相互混合物）
6806. 9000	-其他
68. 07	**沥青或类似原料（例如，石油沥青或煤焦油沥青）的制品：**
6807. 1000	-成卷
6807. 9000	-其他

① 天然板岩，如果为天然块状，或经劈、锯、粗切制成块、板、片状的，均归入品目 25. 14。本品目也包括类似产品，但加工程度更高［例如，锯或切成矩形（包括正方形）以外的形状，打磨、抛光、切斜角、钻孔、涂清漆、涂瓷釉、模制或作其他装饰］。

② 装有支架的石磨，如果是手推或脚踏操作的应归入品目 82. 05；如果是机动的则应归入第八十四章或第八十五章。除上述完整的石磨、石碾等以外，本品目还包括明显作为这些物品的坯件；主要由石料、黏聚研磨料或陶瓷制成的上述货品的部分品、成品零件也归入本品目。

商品编码	商品名称	商品编码	商品名称
68.08	**镶板、平板、瓦、砖及类似品，用水泥、石膏及其他矿物黏合材料黏合植物纤维、稻草、刨花、木片屑、木粉、锯末或木废料制成：**	6811.8990	---其他
6808.0000	镶板、平板、瓦、砖及类似品，用水泥、石膏及其他矿物黏合材料黏合植物纤维、稻草、刨花、木片屑、木粉、锯末或木废料制成	**68.12**	**已加工的石棉纤维；以石棉为基本成分或以石棉和碳酸镁为基本成分的混合物；上述混合物或石棉的制品（例如，纱线、机织物、服装、帽类、鞋靴、衬垫），不论是否加强，但品目68.11或68.13的货品除外：**
68.09	**石膏制品及以石膏为基本成分的混合材料制品：**	6812.8000	-青石棉的
	-未经装饰的板、片、砖、瓦及类似品：		-其他：
6809.1100	--仅用纸、纸板贴面或加强的	6812.9100	--服装、衣着附件、帽类及鞋靴
6809.1900	--其他		--其他：
6809.9000	-其他制品	6812.9910	---纸、麻丝板及毡子
68.10	**水泥、混凝土或人造石制品，不论是否加强：**	6812.9920	---成片或成卷的压缩石棉纤维接合材料
	-砖、瓦、扁平石及类似品：	6812.9990	---其他
6810.1100	--建筑用砖及石砌块	**68.13**	**以石棉、其他矿物质或纤维素为基本成分的未装配摩擦材料及其制品（例如，片、卷、带、盘、圈、垫及扇形），适于作制动器、离合器及类似品，不论是否与织物或其他材料结合而成：**
	--其他：		-含石棉的：
6810.1910	---人造石制	6813.2010	---闸衬、闸垫
6810.1990	---其他	6813.2090	---其他
	-其他制品：		-不含石棉的：
	--建筑或土木工程用的预制结构件：	6813.8100	--闸衬、闸垫
6810.9110	---钢筋混凝土和预应力混凝土管、杆、板、桩等	6813.8900	--其他
6810.9190	---其他	**68.14**	**已加工的云母及其制品，包括黏聚或复制的云母，不论是否附于纸、纸板或其他材料上：**
	--其他：	6814.1000	-黏聚或复制云母制的板、片、带，不论是否附于其他材料上
6810.9910	---铁道用水泥枕	6814.9000	-其他
6810.9990	---其他	**68.15**	**其他品目未列名的石制品及其他矿物制品（包括碳纤维及其制品和泥煤制品）：**
68.11	**石棉水泥、纤维素水泥或类似材料的制品：**		-碳纤维；非电气用的碳纤维制品；其他非电气用的石墨或其他碳精制品：
	-含石棉的：	6815.1100	--碳纤维
6811.4010	---瓦楞板	6815.1200	--碳纤维织物
6811.4020	---其他片、板、砖、瓦及类似制品		--其他碳纤维制品：
6811.4030	---管子及管子附件	6815.1310	---碳纤维预浸料
6811.4090	---其他制品		
	-不含石棉的：		
6811.8100	--瓦楞板		
6811.8200	--其他片、板、砖、瓦及类似制品		
	--其他制品：		
6811.8910	---管子及管子附件		

商品编码	商品名称	商品编码	商品名称
6815. 1390	---其他		--其他：
6815. 1900	--其他	6815. 9940	---玄武岩纤维及其制品
6815. 2000	-泥煤制品	6815. 9990	---其他
	-其他制品：		
6815. 9100	--含有菱镁矿、方镁石形态的氧化镁、白云石（包括煅烧形态）或铬铁矿的		

第六十九章　陶瓷产品

注释：

一、本章仅适用于成形后经过烧制的陶瓷产品：

（一）品目 69.04 至 69.14 仅适用于不能归入品目 69.01 至 69.03 的产品；

（二）为树脂固化、加速水合作用、除去水分或其他挥发成分等目的而将其加热至低于 800℃的物品，不应视为经过烧制。这些物品不应归入第六十九章；以及

（三）陶瓷制品是用通常在室温下预先调制成形的无机非金属材料烧制而成的。原料主要包括：黏土、含硅材料（包括熔融硅石）、高熔点的材料（例如，氧化物、碳化物、氮化物、石墨或其他碳），有时还有诸如耐火黏土或磷酸盐的黏合剂。

二、本章不包括：

（一）品目 28.44 的产品；

（二）品目 68.04 的物品；

（三）第七十一章的物品（例如，仿首饰）；

（四）品目 81.13 的金属陶瓷；

（五）第八十二章的物品；

（六）绝缘子（品目 85.46）或绝缘材料制的零件（品目 85.47）；

（七）假牙（品目 90.21）；

（八）第九十一章的物品（例如，钟及钟壳）；

（九）第九十四章的物品（例如，家具、灯具及照明装置、活动房屋）；

（十）第九十五章的物品（例如，玩具、游戏品及运动用品）；

（十一）品目 96.06 的物品（例如，纽扣）或品目 96.14 的物品（例如，烟斗）；或

（十二）第九十七章的物品（例如，艺术品）。

商品编码	商品名称	商品编码	商品名称
	第一分章　硅化石粉或类似硅土及耐火材料制品	6902.1000	-单独或同时含有按重量计超过 50%的镁、钙或铬（分别以氧化镁、氧化钙或三氧化二铬的含量计）
69.01①	**硅质化石粉（例如，各种硅藻土）或类似硅土制的砖、块、瓦及其他陶瓷制品：**	6902.2000	-含有按重量计超过 50%的三氧化二铝、二氧化硅或其混合物或化合物
6901.0000	硅质化石粉（例如，各种硅藻土）或类似硅土制的砖、块、瓦及其他陶瓷制品	6902.9000	-其他
69.02②	**耐火砖、块、瓦及类似耐火陶瓷建材制品，但硅质化石粉及类似硅土制的除外：**	**69.03**	**其他耐火陶瓷制品（例如，甑、坩埚、马弗罩、喷管、栓塞、支架、烤钵、管子、护套、棒条及滑阀式水口），但硅质化石粉及类似硅土制的除外：**

① 本品目包括用本品目所述材料制成的各种物品，不论其形状如何（例如，砖、块、厚板、镶板、瓦、空心砖、圆筒罩套、管），也不论其是否具有耐火性能。

② 本品目包括一组常用于建造各种烘箱、窖、炉或其他设备的耐火产品（品目 69.01 的物品除外），这些设备用于冶金、化学、陶瓷、玻璃等其他工业。本品目不包括用耐火材料制成的管子（包括半圆筒形滑道）、角管、弯管及类似的管子附件（品目 69.03）。

商品编码	商品名称	商品编码	商品名称
6903. 1000	-含有按重量计超过 50%的单体碳	6907. 2390	---其他
6903. 2000	-含有按重量计超过 50%的三氧化二铝或三氧化二铝和二氧化硅的混合物或化合物		-镶嵌砖（马赛克）及其类似品，但子目 6907. 40 的货品除外：
6903. 9000	-其他	6907. 3010	---不论是否矩形，其最大表面积以可置入边长小于 7 厘米的方格为限
	第二分章　其他陶瓷产品		
69. 04	**陶瓷制建筑用砖、铺地砖、支撑或填充用砖及类似品：**	6907. 3090	---其他
			-饰面陶瓷：
6904. 1000	-建筑用砖	6907. 4010	---不论是否矩形，其最大表面积以可置入边长小于 7 厘米的方格为限
6904. 9000	-其他		
69. 05	**屋顶瓦、烟囱罩、通风帽、烟囱衬壁、建筑装饰物及其他建筑用陶瓷制品：**	6907. 4090	---其他
		69. 09	**实验室、化学或其他专门技术用途的陶瓷器；农业用陶瓷槽、缸及类似容器；通常供运输及盛装货物用的陶瓷罐、坛及类似品：**
6905. 1000	-屋顶瓦		
6905. 9000	-其他		
69. 06	**陶瓷套管、导管、槽管及管子附件：**		
6906. 0000	陶瓷套管、导管、槽管及管子附件		-实验室、化学或其他专门技术用途的陶瓷器：
69. 07	**陶瓷贴面砖、铺面砖，包括炉面砖及墙面砖；陶瓷镶嵌砖（马赛克）及其类似品，不论是否有衬背；饰面陶瓷：**	6909. 1100	--瓷制
		6909. 1200	--莫氏硬度为 9 或以上的物品
		6909. 1900	--其他
	-贴面砖、铺面砖，包括炉面砖及墙面砖，但子目 6907. 30 和 6907. 40 所列商品除外：	6909. 9000	-其他
		69. 10①	**陶瓷洗涤槽、脸盆、脸盆座、浴缸、坐浴盆、抽水马桶、水箱、小便池及类似的固定卫生设备：**
	--按重量计吸水率不超过 0. 5%：		
6907. 2110	---不论是否矩形，其最大表面积以可置入边长小于 7 厘米的方格为限	6910. 1000	-瓷制
		6910. 9000	-其他
		69. 11	**瓷餐具、厨房器具及其他家用或盥洗用瓷器：**
6907. 2190	---其他		
	--按重量计吸水率超过 0. 5%，但不超过 10%：		-餐具及厨房器具：
			---餐具：
6907. 2210	---不论是否矩形，其最大表面积以可置入边长小于 7 厘米的方格为限	6911. 1011	----骨瓷
		6911. 1019	----其他
			---厨房器具：
6907. 2290	---其他	6911. 1021	----刀具
	--按重量计吸水率超过 10%：	6911. 1029	----其他
6907. 2310	---不论是否矩形，其最大表面积以可置入边长小于 7 厘米的方格为限	6911. 9000	-其他

① 抽水马桶的陶瓷冲洗水箱不论是否配有机械装置，仍应归入本品目。

商品编码	商品名称	商品编码	商品名称
69.12①	**陶餐具、厨房器具及其他家用或盥洗用陶器：**	6913.1000	-瓷制
		6913.9000	-其他
6912.0010	---餐具	**69.14**	**其他陶瓷制品：**
6912.0090	---其他	6914.1000	-瓷制
69.13	**塑像及其他装饰用陶瓷制品：**	6914.9000	-其他

① 餐具、厨房器具、其他家用或盥洗用物品，如果是瓷制的，应归入品目69.11；如果是其他陶瓷材料制的，例如，粗陶器、精陶器、仿瓷器，则应归入品目69.12。

第七十章　玻璃及其制品

注释：

一、本章不包括：

（一）品目32.07的货品（例如，珐琅和釉料、搪瓷玻璃料及其他玻璃粉、粒或粉片）；

（二）第七十一章的物品（例如，仿首饰）；

（三）品目85.44的光缆、品目85.46的绝缘子或品目85.47所列绝缘材料制的零件；

（四）第八十六章至第八十八章的运输工具用的带框的前挡风玻璃、后窗或其他窗；

（五）第八十六章至第八十八章的运输工具用的前挡风玻璃、后窗或其他窗，装有加热装置或其他电气或电子装置的，不论是否带框；

（六）光导纤维、经光学加工的光学元件、注射用针管、假眼、温度计、气压计、液体比重计或第九十章的其他物品；

（七）有永久固定电光源的灯具及照明装置、灯箱标志或铭牌和类似品及其零件（品目94.05）；

（八）玩具、游戏品、运动用品、圣诞树装饰品及第九十五章的其他物品（供玩偶或第九十五章其他物品用的无机械装置的玻璃假眼除外）；或

（九）纽扣、保温瓶、香水喷雾器和类似的喷雾器及第九十六章的其他物品。

二、对于品目70.03、70.04及70.05：

（一）玻璃在退火前的各种处理都不视为“已加工”；

（二）玻璃切割成一定形状并不影响其作为板片归类；

（三）所称“吸收、反射或非反射层”，是指极薄的金属或化合物（例如，金属氧化物）镀层，该镀层可以吸收红外线等光线或可以提高玻璃的反射性能，同时仍然使玻璃具有一定程度的透明性或半透明性；或者该镀层可以防止光线在玻璃表面的反射。

三、品目70.06所述产品，不论是否具有制成品的特性仍归入该品目。

四、品目70.19所称“玻璃棉”，是指：

（一）按重量计二氧化硅的含量在60%及以上的矿质棉；

（二）按重量计二氧化硅的含量在60%以下，但碱性氧化物（氧化钾或氧化钠）的含量在5%以上或氧化硼的含量在2%以上的矿质棉。

不符合上述规定的矿质棉归入品目68.06。

五、本目录所称“玻璃”，包括熔融石英及其他熔融硅石。

子目注释：

子目7013.22、7013.33、7013.41及7013.91所称“铅晶质玻璃”，仅指按重量计氧化铅含量不低于24%的玻璃。

本国子目注释：

一、本国子目7002.2010所称“光导纤维预制棒”，简称光棒，是一种在横截面上具有一定折射率分布特性和芯/包比的透明石英玻璃棒。根据折射率的不同，光棒可从结构上分为芯层和包层两个部分。其芯层的折射率较高，由高纯二氧化硅材料掺杂折射率较高的高纯二氧化锗材料构成，包层由高纯二氧化硅材料或掺氟的高纯二氧化硅材料构成。

二、本国子目7002.3110所称“光导纤维用波导级石英玻璃管”，是指用于生产玻璃光导纤维用的高纯度石英玻璃管。该玻璃管具有较高的纯度，可以保证光波在其中传递时损耗较小。所谓波导级是指某种材料达到具有约束或引导电磁波（或光频电磁波）这一性能所必须具备的技术指标。波导级石英玻璃一般要达到以下纯度：影响光导纤维光学性能的金属离子杂质总含量小于等于1ppm、羟基（-OH）含量小

于等于 10ppm。

三、本国子目 7020.0013 所称“其他熔融石英或其他熔融硅石制玻璃制品”，是指以天然水晶、优质硅石或四氯化硅为主要原料，经过电熔、气熔等不同工艺生产的由二氧化硅单一组分构成的特种工业玻璃。

商品编码	商品名称	商品编码	商品名称
70.01	**碎玻璃及废玻璃，来源于阴极射线管或品目 85.49 的其他活化玻璃除外；玻璃块料：**	**70.04**	**拉制或吹制玻璃板、片，不论是否有吸收、反射或非反射层，但未经其他加工：**
7001.0010	---无色光学玻璃块料	7004.2000	-整块着色、不透明、镶色或具有吸收、反射或非反射层的
7001.0090	---其他	7004.9000	-其他玻璃
70.02	**未加工的玻璃球、棒及管（品目 70.18 的微型玻璃球除外）：**	**70.05**	**浮法玻璃板、片及表面研磨或抛光玻璃板、片，不论是否有吸收、反射或非反射层，但未经其他加工：**
7002.1000	-玻璃球	7005.1000	-具有吸收、反射或非反射层的非夹丝玻璃
	-玻璃棒：		-其他非夹丝玻璃：
7002.2010	---光导纤维预制棒	7005.2100	--整块着色、不透明、镶色或仅表面研磨的
7002.2090	---其他	7005.2900	--其他
	-玻璃管：	7005.3000	-夹丝玻璃
	--熔融石英或其他熔融硅石制：	**70.06②**	**经弯曲、磨边、镂刻、钻孔、涂珐琅或其他加工的品目 70.03、70.04 或 70.05 的玻璃，但未用其他材料镶框或装配：**
7002.3110	---光导纤维用波导级石英玻璃管	7006.0000	经弯曲、磨边、镂刻、钻孔、涂珐琅或其他加工的品目 70.03、70.04 或 70.05 的玻璃，但未用其他材料镶框或装配
7002.3190	---其他	**70.07③**	**钢化或层压玻璃制的安全玻璃：**
7002.3200	--温度在 0℃至 300℃时线膨胀系数不超过 5×10^{-6}/开尔文的其他玻璃制		-钢化安全玻璃：
7002.3900	--其他		--规格及形状适于安装在车辆、航空器、航天器及船舶上：
70.03①	**铸制或轧制玻璃板、片或型材及异型材，不论是否有吸收、反射或非反射层，但未经其他加工：**		
	-非夹丝玻璃板、片：		
7003.1200	--整块着色、不透明、镶色或具有吸收、反射或非反射层的		
7003.1900	--其他		
7003.2000	-夹丝玻璃板、片		
7003.3000	-型材及异型材		

① 归入本品目的玻璃可以在制造过程中加以镶色，一般是在玻璃的表面套上另一种颜色，或镀上一层吸收、反射或非反射层，但未作进一步加工。本品目不包括因进一步加工而归入其他品目（例如，品目 70.05、70.06、70.08 或 70.09）的铸制或轧制玻璃，还不包括生产过程中也要轧制的安全玻璃（品目 70.07）。

② 本品目不仅包括作为半制成品的平面玻璃（例如，无任何特定用途的玻璃片），还包括具有特定用途的平面玻璃制成品，只要它们不带框架、背衬，也未用玻璃以外的其他材料装配的。用于家具上的未用其他材料装框或装镶的玻璃板，如果单独报验，应归入本品目；如与家具同时报验（不论是否已组装），并明显用于该家具上的，则应与家具一同归类。

③ 本品目的产品，不管是成一定形状（例如，弯曲）或不成一定形状，但弧面安全玻璃如具有钟表玻璃特征或用作太阳镜片的应归入品目 70.15。安全玻璃装于其他物品之上，构成机器、用具或车辆零件的，应与有关机器、用具或车辆一并归类；同样，用安全玻璃做镜片的护目镜应归入品目 90.04。

商品编码	商品名称
7007.1110	---航空器、航天器及船舶用
7007.1190	---其他
7007.1900	--其他
	-层压安全玻璃：
	--规格及形状适于安装在车辆、航空器、航天器及船舶上：
7007.2110	---航空器、航天器及船舶用
7007.2190	---其他
7007.2900	--其他
70.08	**多层隔温、隔音玻璃组件：**
7008.0010	---中空或真空隔温、隔音玻璃
7008.0090	---其他
70.09①	**玻璃镜（包括后视镜），不论是否镶框：**
7009.1000	-车辆后视镜
	-其他：
7009.9100	--未镶框
7009.9200	--已镶框
70.10	**玻璃制的坛、瓶、缸、罐、安瓿及其他容器，用于运输或盛装货物；玻璃制保藏罐；玻璃塞、盖及类似的封口器：**
7010.1000	-安瓿
7010.2000	-塞、盖及类似的封口器
	-其他：
7010.9010	---超过1升
7010.9020	---超过0.33升，但不超过1升
7010.9030	---超过0.15升，但不超过0.33升
7010.9090	---不超过0.15升
70.11	**制灯泡和光源、阴极射线管及类似品用的未封口玻璃外壳（包括玻璃泡及管）及其玻璃零件，但未装有配件：**
7011.1000	-电灯用
	-阴极射线管用：
7011.2010	---显像管玻壳及其零件
7011.2090	---其他
	-其他：
7011.9010	---电子管用（阴极射线管用的除外）
7011.9090	---其他
70.13②	**玻璃器，供餐桌、厨房、盥洗室、办公室、室内装饰或类似用途（品目70.10或70.18的货品除外）：**
7013.1000	-玻璃陶瓷制
	-高脚杯，但玻璃陶瓷制的除外：
7013.2200	--铅晶质玻璃制
7013.2800	--其他
	-其他杯子，但玻璃陶瓷制的除外：
7013.3300	--铅晶质玻璃制
7013.3700	--其他
	-餐桌或厨房用玻璃器皿（不包括杯子），但玻璃陶瓷制的除外：
7013.4100	--铅晶质玻璃制
7013.4200	--温度在0℃至300℃时线膨胀系数不超过5×10^{-6}/开尔文的其他玻璃制
7013.4900	--其他
	-其他玻璃器：
7013.9100	--铅晶质玻璃制
7013.9900	--其他
70.14③	**未经光学加工的信号玻璃器及玻璃制光学元件（品目70.15的货品除外）：**
7014.0010	---光学仪器用光学元件毛坯
7014.0090	---其他
70.15	**钟表玻璃及类似玻璃、视力矫正或非视力矫正眼镜用玻璃，呈弧面、弯曲、凹形或类似形状但未经光学加工的；制造上述玻璃用的凹面圆形及扇形玻璃：**
	-视力矫正眼镜用玻璃：
7015.1010	---变色镜片坯件

① 玻璃镜可以具有背衬（纸板、织物等）或镶框（金属的、木的、塑料的等）；框架本身也可以用其他材料装饰（织物、贝壳、珍珠母、玳瑁壳等）。根据第九十四章注释一（二）的规定，落地式玻璃镜（例如，用于裁缝店试衣房或鞋店的可转动穿衣镜或旋转镜）也归入本品目。本品目也包括单面印有图画的玻璃镜，不论是否镶框，只要它们仍具有镜子的基本特征；但这些镜子如果因印有图画而不能作为镜子使用的，则应按装饰用玻璃器归入品目70.13。

② 玻璃与其他材料（贱金属、木料等）组合制成的物品，如果具有玻璃制品的特征，可归入本品目。贵金属或包贵金属在玻璃器皿中仅作为微小配件的仍归入本品目；超出这个范围的则不归入本品目（品目71.14）。

③ 上述物品即使已镶框、装有架座或背衬反射面，仍应归入本品目，但明显成为制成品的不包括在本品目内（例如，品目83.10的贱金属制的标志牌、数字、字母和其他标志；品目85.12的自行车或机动车辆用的前灯、车头灯或停车灯）。

商品编码	商品名称
7015.1090	---其他
	-其他：
7015.9010	---钟表玻璃
7015.9020	---平光变色镜片坯件
7015.9090	---其他
70.16	**建筑用压制或模制的铺面用玻璃块、砖、片、瓦及其他制品，不论是否夹丝；供镶嵌或类似装饰用的玻璃马赛克及其他小件玻璃品，不论是否有衬背；花饰铅条窗玻璃及类似品；多孔或泡沫玻璃块、板、片及类似品：**
7016.1000	-供镶嵌或类似装饰用的玻璃马赛克及其他小件玻璃品，不论是否有衬背
	-其他：
7016.9010	---花饰铅条窗玻璃及类似品
7016.9090	---其他
70.17①	**实验室、卫生及配药用的玻璃器，不论有无刻度或标量：**
7017.1000	-熔融石英或其他熔融硅石制
7017.2000	-温度在0℃至300℃时线膨胀系数不超过5×10^{-6}/开尔文的其他玻璃制
7017.9000	-其他
70.18②	**玻璃珠、仿珍珠、仿宝石或仿半宝石和类似小件玻璃品及其制品，但仿首饰除外；玻璃假眼，但医用假眼除外；灯工方法制作的玻璃塑像及其他玻璃装饰品，但仿首饰除外；直径不超过1毫米的微型玻璃球：**
7018.1000	-玻璃珠、仿珍珠、仿宝石或仿半宝石及类似小件玻璃品
7018.2000	-直径不超过1毫米的微型玻璃球
7018.9000	-其他
70.19③	**玻璃纤维（包括玻璃棉）及其制品（例如，纱线、无捻粗纱及机织物）：**
	-定长纤维纱条、无捻粗纱、纱线、短切原丝及其毡：
7019.1100	--长度不超过50毫米的短切原丝
7019.1200	--无捻粗纱
7019.1300	--其他纱线，定长纤维纱条
7019.1400	--机械结合毡
7019.1500	--化学黏合毡
7019.1900	--其他
	-机械结合织物：
7019.6100	--紧密粗纱机织物
7019.6200	--其他紧密粗纱织物
	--纱线制紧密平纹机织物，未经涂布或层压：
7019.6310	---宽度不超过30厘米的
7019.6320	---宽度超过30厘米的长丝平纹织物，每平方米重量不超过110克，单根纱线细度不超过22特克斯
7019.6390	---其他
	--纱线制紧密平纹机织物，经涂布或层压：
7019.6410	---宽度不超过30厘米的
7019.6490	---其他
	--宽度不超过30厘米的网孔机织物：
7019.6510	---粗纱机织物
7019.6590	---其他
	--宽度超过30厘米的网孔机织物：
7019.6610	---粗纱机织物
7019.6690	---其他
	--其他：
7019.6910	---垫
7019.6920	---纤维网、板及类似无纺产品
7019.6930	---宽度不超过30厘米的机织物
7019.6990	---其他
	-化学黏合织物：

① 本品目不包括：供运输或盛装货物用的容器（品目70.10）；有时用于实验室的普通弧面表玻璃（品目70.15）；药房专用的陈列瓶和工业用的玻璃器（品目70.20）；第九十章的玻璃仪器及装置。

② 用于室内装饰和类似用途的铸制或模制玻璃花、叶和果实不归入本品目（品目70.13）。其含有的贵金属或包贵金属超出小配件范围的灯工玻璃小精品，以及构成第七十一章所述范围的灯工玻璃仿首饰，应归入第七十一章。

③ 本品目包括玻璃纤维本身和制成各种形状的玻璃纤维（含本章注释四所述的玻璃棉），以及由于物品的性质而不能归入其他品目的玻璃纤维制品，还包括帘、幕和其他玻璃纤维机织物制品。

商品编码	商品名称	商品编码	商品名称
7019.7100	--覆面毡（薄毡）		---其他：
	--其他紧密织物：	7019.9091	----垫
7019.7210	---垫	7019.9092	----其他纤维网、板及类似无纺织产品
7019.7290	---其他	7019.9099	----其他
	--其他网孔织物：	**70.20**①	**其他玻璃制品：**
7019.7310	---垫		---工业用：
7019.7390	---其他	7020.0011	----导电玻璃
	-玻璃棉及其制品：	7020.0012	----绝缘子用玻璃伞盘
7019.8010	---垫	7020.0013	----熔融石英或其他熔融硅石制
7019.8020	---纤维网、板及类似无纺产品	7020.0019	----其他
7019.8090	---其他		---其他：
	-其他：	7020.0091	----保温瓶或其他保温容器用的玻璃胆
	---玻璃纤维布浸胶制品：	7020.0099	----其他
7019.9021	----每平方米重量小于 450 克		
7019.9029	----其他		

① 本品目包括本章其他品目或目录其他章未列名的玻璃制品（含物品的玻璃零件）。这些制品只要仍保持玻璃制品的基本特征，即使与非玻璃材料合制的，也仍归入本品目。

第十四类　天然或养殖珍珠、宝石或半宝石、贵金属、包贵金属及其制品；仿首饰；硬币

第七十一章　天然或养殖珍珠、宝石或半宝石、贵金属、包贵金属及其制品；仿首饰；硬币

注释：

一、除第六类注释一（一）及下列各款另有规定的以外，凡制品的全部或部分由下列物品构成，均应归入本章：

（一）天然或养殖珍珠、宝石或半宝石（天然、合成或再造）；或

（二）贵金属或包贵金属。

二、

（一）品目 71.13、71.14 及 71.15 不包括带有贵金属或包贵金属制的小零件或小装饰品（例如，交织字母、套、圈、套环）的制品，上述注释一（二）也不适用于这类制品（画横线条文属选择性规定）；

（二）品目 71.16 不包括含有贵金属或包贵金属（仅作为小零件或小装饰品的除外）的制品。

三、本章不包括：

（一）贵金属汞齐及胶态贵金属（品目 28.43）；

（二）第三十章的外科用无菌缝合材料、牙科填料或其他货品；

（三）第三十二章的货品（例如，光瓷釉）；

（四）载体催化剂（品目 38.15）；

（五）第四十二章注释三（二）所述的品目 42.02 或 42.03 的物品；

（六）品目 43.03 或 43.04 的物品；

（七）第十一类的货品（纺织原料及纺织制品）；

（八）第六十四章或第六十五章的鞋靴、帽类及其他物品；

（九）第六十六章的伞、手杖及其他物品；

（十）品目 68.04 或 68.05 及第八十二章含有宝石或半宝石（天然或合成）粉末的研磨材料制品；第八十二章装有宝石或半宝石（天然、合成或再造）工作部件的器具；第十六类的机器、机械器具、电气设备及其零件。然而，完全以宝石或半宝石（天然、合成或再造）制成的物品及其零件，除未安装的唱针用已加工蓝宝石或钻石外（品目 85.22），其余仍应归入本章；

（十一）第九十章、第九十一章或第九十二章的物品（科学仪器、钟表及乐器）；

（十二）武器及其零件（第九十三章）；

（十三）第九十五章注释二所述物品；

（十四）根据第九十六章注释四应归入该章的物品；

（十五）雕塑品原件（品目 97.03）、收藏品（品目 97.05）或超过一百年的古物（品目 97.06），但天然或养殖珍珠、宝石及半宝石除外。

四、

（一）所称“贵金属”，是指银、金及铂。

（二）所称“铂”，是指铂、铱、锇、钯、铑及钌。

（三）所称“宝石或半宝石”，不包括第九十六章注释二（二）所述任何物质。

五、含有贵金属的合金（包括烧结及化合的），只要其中任何一种贵金属的含量达到合金重量的2%，即应视为本章的贵金属合金。贵金属合金应按下列规则归类：

（一）按重量计含铂量在2%及以上的合金，应视为铂合金；

（二）按重量计含金量在2%及以上，但不含铂或按重量计含铂量在2%以下的合金，应视为金合金；

（三）按重量计含银量在2%及以上的其他合金，应视为银合金。

六、除条文另有规定的以外，本目录所称贵金属应包括上述注释五所规定的贵金属合金，但不包括包贵金属或表面镀以贵金属的贱金属及非金属。

七、本目录所称“包贵金属”，是指以贱金属为底料，在其一面或多面用焊接、熔接、热轧或类似机械方法覆盖一层贵金属的材料。除条文另有规定的以外，也包括镶嵌贵金属的贱金属。

八、除第六类注释一（一）另有规定的以外，凡符合品目71.12规定的货品，应归入该品目而不归入本目录的其他品目。

九、品目71.13所称“首饰”，是指：

（一）个人用小饰物（例如，戒指、手镯、项圈、饰针、耳环、表链、表链饰物、垂饰、领带别针、袖扣、饰扣、宗教性或其他勋章及徽章）；

（二）通常放置在衣袋、手提包或佩戴在身上的个人用品（例如，雪茄盒或烟盒、鼻烟盒、口香糖盒或药丸盒、粉盒、链袋、念珠）。

这些物品可以和下列物品组合或镶嵌：例如，天然或养殖珍珠、宝石或半宝石、合成或再造的宝石或半宝石、玳瑁壳、珍珠母、兽牙、天然或再生琥珀、黑玉或珊瑚。

十、品目71.14所称“金银器”，包括装饰品、餐具、梳妆用具、吸烟用具及类似的家庭、办公室或宗教用的其他物品。

十一、品目71.17所称“仿首饰”，是指不含天然或养殖珍珠、宝石或半宝石（天然、合成或再造）及贵金属或包贵金属（仅作为镀层或小零件、小装饰品的除外）的上述注释九（一）所述的首饰（不包括品目96.06的纽扣及其他物品或品目96.15的梳子、发夹及类似品）。

子目注释：

一、子目7106.10、7108.11、7110.11、7110.21、7110.31及7110.41所称“粉末”，是指按重量计90%及以上可从网眼孔径为0.5毫米的筛子通过的产品。

二、子目7110.11及7110.19所称“铂”，可不受本章注释四（二）的规定约束，不包括铱、锇、钯、铑及钌。

三、对于品目71.10项下的子目所列合金的归类，按其所含铂、钯、铑、铱、锇或钌中重量最大的一种金属归类。

本国子目注释：

一、本国子目7103.9920所称“水晶”，是根据《珠宝玉石　名称》（GB/T 16552—2017）确定的。水晶的矿物名称为石英，品种包括紫晶、黄晶、烟晶、绿水晶、芙蓉石、发晶。

二、本国子目7103.9930所称“碧玺”，是根据《珠宝玉石　名称》（GB/T 16552—2017）确定的。碧玺的矿物名称为电气石。

三、本国子目7103.9940所称“软玉”，是根据《珠宝玉石　名称》（GB/T 16552—2017）确定的。软玉的主要组成矿物为透闪石、阳起石，品种包括和田玉、白玉、青白玉、青玉、碧玉、墨玉、糖玉、黄玉（和田玉）。

【编者注】

切勿将本章所述的包贵金属与通过电解、蒸汽沉积、喷镀或用贵金属盐溶液浸渍等方法镀上贵金属的贱金属相混淆。这些贱金属不论所镀贵金属多厚，都应按其底料金属归入有关章内。

商品编码	商品名称
	第一分章　天然或养殖珍珠、宝石或半宝石
71. 01	**天然或养殖珍珠，不论是否加工或分级，但未成串或镶嵌；天然或养殖珍珠，为便于运输而暂穿成串：**
	-天然珍珠：
	---未分级：
7101. 1011	----黑珍珠
7101. 1019	----其他
	---其他：
7101. 1091	----黑珍珠
7101. 1099	----其他
	-养殖珍珠：
	--未加工：
7101. 2110	---未分级
7101. 2190	---其他
	--已加工：
7101. 2210	---未分级
7101. 2290	---其他
71. 02	**钻石，不论是否加工，但未镶嵌：**
7102. 1000	-未分级
	-工业用：
7102. 2100	--未加工或经简单锯开、劈开或粗磨
7102. 2900	--其他
	-非工业用：
7102. 3100	--未加工或经简单锯开、劈开或粗磨
7102. 3900	--其他
71. 03	**宝石（钻石除外）或半宝石，不论是否加工或分级，但未成串或镶嵌；未分级的宝石（钻石除外）或半宝石，为便于运输而暂穿成串：**
7103. 1000	-未加工或经简单锯开或粗制成形
	-经其他加工：
7103. 9100	--红宝石、蓝宝石、祖母绿
	--其他：
7103. 9910	---翡翠
7103. 9920	---水晶
7103. 9930	---碧玺
7103. 9940	---软玉
7103. 9990	---其他
71. 04①	**合成或再造的宝石或半宝石，不论是否加工或分级，但未成串或镶嵌的；未分级的合成或再造的宝石或半宝石，为便于运输而暂穿成串：**
7104. 1000	-压电石英
	-其他，未加工或经简单锯开或粗制成形：
7104. 2100	--钻石
7104. 2900	--其他
	-其他：
	--钻石：
7104. 9110	---工业用
7104. 9190	---其他
	--其他：
	---工业用：
7104. 9911	----蓝宝石
7104. 9919	----其他
7104. 9990	---其他
71. 05②	**天然或合成的宝石或半宝石的粉末：**
	-钻石的：
7105. 1010	---天然的
7105. 1020	---人工合成的
7105. 9000	-其他
	第二分章　贵金属及包贵金属
71. 06③	**银（包括镀金、镀铂的银），未锻造、半制成或粉末状：**
	-银粉：
	---非片状粉末：
7106. 1011	----平均粒径小于 3 微米
7106. 1019	----其他
	---片状粉末：
7106. 1021	----平均粒径小于 10 微米
7106. 1029	----其他

① 合成或再造宝石不应与品目 70. 18 的玻璃仿宝石或半宝石相混淆。

② 本品目包括将前 3 个品目所列宝石进行打磨、抛光等加工所得的粉末，其中大多数是钻石和石榴石粉末。

③ 本品目包括各种未锻造、半制成或粉末状的银、银合金、镀金的银、镀铂的银，但本品目不包括包其他贵金属的银，也不包括归入本章第三分章的首饰坯件状的浇铸品、烧结品、锻制品、压制品等（例如，镶嵌底座、戒指坯件、徽章、花及塑像）。

商品编码	商品名称
	-其他：
	--未锻造：
7106.9110	---纯度达 99.99%及以上
7106.9190	---其他
	--半制成：
7106.9210	---纯度达 99.99%及以上
7106.9290	---其他
71.07	**以贱金属为底的包银材料：**
7107.0000	以贱金属为底的包银材料
71.08①	**金（包括镀铂的金），未锻造、半制成或粉末状：**
	-非货币用：
7108.1100	--金粉
7108.1200	--其他未锻造形状
7108.1300	--其他半制成形状
7108.2000	-货币用
71.09	**以贱金属或银为底的包金材料，加工程度未超过半制成：**
7109.0000	以贱金属或银为底的包金材料，加工程度未超过半制成
71.10	**铂，未锻造、半制成或粉末状：**
	-铂：
7110.1100	--未锻造或粉末状
	--其他：
7110.1910	---板、片
7110.1990	---其他
	-钯：
7110.2100	--未锻造或粉末状
	--其他：
7110.2910	---板、片
7110.2990	---其他
	-铑：
7110.3100	--未锻造或粉末状
	--其他：
7110.3910	---板、片
7110.3990	---其他
	-铱、锇及钌：
7110.4100	--未锻造或粉末状
	--其他：
7110.4910	---板、片
7110.4990	---其他
71.11	**以贱金属、银或金为底的包铂材料，加工程度未超过半制成：**
7111.0000	以贱金属、银或金为底的包铂材料，加工程度未超过半制成
71.12	**贵金属或包贵金属的废碎料；含有贵金属或贵金属化合物的其他废碎料，主要用于回收贵金属，品目 85.49 的货品除外：**
	-含有贵金属或贵金属化合物的灰：
7112.3010	---含有银或银化合物的
7112.3090	---其他
	-其他：
	--金及包金的废碎料，但含有其他贵金属的地脚料除外：
7112.9110	---金及包金的废碎料
7112.9120	---含有金或金化合物的废碎料
	--铂及包铂的废碎料，但含有其他贵金属的地脚料除外：
7112.9210	---铂及包铂的废碎料
7112.9220	---含有铂或铂化合物的废碎料
	--其他：
7112.9910	---含有银或银化合物的废碎料
7112.9920	---含有其他贵金属或贵金属化合物的废碎料
7112.9990	---其他
	第三分章 珠宝首饰、金银器及其他制品
71.13②	**贵金属或包贵金属制的首饰及其零件：**
	-贵金属制，不论是否包、镀贵金属：
	--银制，不论是否包、镀其他贵金属：
7113.1110	---镶嵌钻石的

① 本品目包括各种未锻造、半制成或粉末状的金或金合金（参见本章总注释），以及镀铂的金，但本品目不包括包其他贵金属的金。

② 本品目的物品必须是含超出作为小配件范围的贵金属或包贵金属（包括镶嵌贵金属的贱金属）。因此，带有一个金或银制的简单花押字的贱金属卷烟盒，仍应作为贱金属制品归类。上述货品只要符合这一条件，也可镶嵌珍珠（天然、养殖或仿制）、宝石或半宝石（天然、合成或再造）、仿宝石、玳瑁、珍珠母、象牙、琥珀（天然或黏聚）、黑玉或珊瑚。

商品编码	商品名称
7113.1190	---其他
	--其他贵金属制，不论是否包、镀贵金属：
	---黄金制：
7113.1911	----镶嵌钻石的
7113.1919	----其他
	---铂制：
7113.1921	----镶嵌钻石的
7113.1929	----其他
	-以贱金属为底的包贵金属制：
7113.2010	---镶嵌钻石的
7113.2090	---其他
71.14	**贵金属或包贵金属制的金银器及其零件：**
	-贵金属制，不论是否包、镀贵金属：
7114.1100	--银制，不论是否包、镀其他贵金属
7114.1900	--其他贵金属制，不论是否包、镀贵金属
7114.2000	-以贱金属为底的包贵金属制
71.15	**贵金属或包贵金属的其他制品：**
7115.1000	-金属丝布或格栅形状的铂催化剂
	-其他：
7115.9010	---工业或实验室用
7115.9090	---其他
71.16	**用天然或养殖珍珠、宝石或半宝石(天然、合成或再造）制成的物品：**
7116.1000	-天然或养殖珍珠制
7116.2000	-宝石或半宝石（天然、合成或再造）制
71.17①	**仿首饰：**
	-贱金属制，不论是否镀贵金属：
7117.1100	--袖扣、饰扣
7117.1900	--其他
7117.9000	-其他
71.18②	**硬币：**
7118.1000	-非法定货币的硬币（金币除外）
7118.9000	-其他

① 本品目包括未制成或不完整的仿首饰（耳环、手镯、项圈等）。

② 在发行国家（地区）作为法定货币的成套或不成套的硬币，即使装于礼品盒内供一般销售用的，也归入本品目。本品目还包括已不再作为法定货币的硬币，但不包括收藏品（参见品目 97.05 的注释）。本品目不包括：Ⅰ. 奖章，即使其冲印方法与硬币相同；Ⅱ. 装在胸针、领带夹或其他个人装饰品上的硬币（品目 71.13 或 71.17)；Ⅲ. 只能作金属废、碎料的破碎、切碎或毁损的硬币。

第十五类 贱金属及其制品

注释：

一、本类不包括：

（一）以金属粉末为基本成分的调制油漆、油墨或其他产品（品目 32.07 至 32.10、32.12、32.13 或 32.15）；

（二）铈铁或其他引火合金（品目 36.06）；

（三）品目 65.06 或 65.07 的帽类及其零件；

（四）品目 66.03 的伞骨及其他物品；

（五）第七十一章的货品（例如，贵金属合金、以贱金属为底的包贵金属、仿首饰）；

（六）第十六类的物品（机器、机械器具及电气设备）；

（七）已装配的铁道或电车道轨道（品目 86.08）或第十七类的其他物品（车辆、船舶、航空器）；

（八）第十八类的仪器及器具，包括钟表发条；

（九）做弹药用的铅弹（品目 93.06）或第十九类的其他物品（武器、弹药）；

（十）第九十四章的物品（例如，家具、弹簧床垫、灯具及照明装置、发光标志、活动房屋）；

（十一）第九十五章的物品（例如，玩具、游戏品及运动用品）；

（十二）手用筛子、纽扣、钢笔、铅笔套、钢笔尖、独脚架、双脚架、三脚架及类似品或第九十六章的其他物品（杂项制品）；或

（十三）第九十七章的物品（例如，艺术品）。

二、本目录所称“通用零件”，是指：

（一）品目 73.07、73.12、73.15、73.17 或 73.18 的物品及其他贱金属制的类似品，不包括专用于医疗、外科、牙科或兽医的植入物（品目 90.21）；

（二）贱金属制的弹簧及弹簧片，但钟表发条（品目 91.14）除外；

（三）品目 83.01、83.02、83.08、83.10 的物品及品目 83.06 的贱金属制的框架及镜子。

第七十三章至第七十六章（品目 73.15 除外）及第七十八章至第八十二章所列货品的零件，不包括上述的通用零件。

除上段及第八十三章注释一另有规定的以外，第七十二章至第七十六章及第七十八章至第八十一章不包括第八十二章、第八十三章的物品。

三、本目录所称“贱金属”是指：铁及钢、铜、镍、铝、铅、锌、锡、钨、钼、钽、镁、钴、铋、镉、钛、锆、锑、锰、铍、铬、锗、钒、镓、铪、铟、铌（钶）、铼及铊。

四、本目录所称“金属陶瓷”，是指金属与陶瓷成分以极细微粒不均匀结合而成的产品。“金属陶瓷”包括硬质合金（金属碳化物与金属烧结而成）。

五、合金的归类规则（第七十二章、第七十四章所规定的铁合金及母合金除外）：

（一）贱金属的合金按其所含重量最大的金属归类；

（二）由本类的贱金属和非本类的元素构成的合金，如果所含贱金属的总重量等于或超过所含其他元素的总重量，应作为本类贱金属合金归类；

（三）本类所称“合金”，包括金属粉末的烧结混合物、熔化而得的不均匀紧密混合物（金属陶瓷除外）及金属间化合物。

六、除条文另有规定的以外，本目录所称的贱金属包括贱金属合金，这类合金应按上述注释五的规则进行归类。

七、复合材料制品的归类规则：

除各品目另有规定的以外，贱金属制品（包括根据“归类总规则”作为贱金属制品的混合材料制品）如果含有两种或两种以上贱金属的，按其所含重量最大的贱金属的制品归类。

为此：

（一）钢、铁或不同种类的钢铁，均视为一种金属；

（二）按照注释五的规定作为某一种金属归类的合金，应视为一种金属；和

（三）品目81.13的金属陶瓷，应视为一种贱金属。

八、本类所用有关名词解释如下：

（一）废碎料

1. 所有金属废碎料；

2. 因破裂、切断、磨损或其他原因而明显不能作为原物使用的金属货品。

（二）粉末

按重量计90%及以上可从网眼孔径为1毫米的筛子通过的产品。

九、第七十四章至第七十六章以及第七十八章至第八十一章所述有关名词解释如下：

（一）条、杆

轧、挤、拔或锻制的实心产品，非成卷的，其全长截面均为圆形、椭圆形、矩形（包括正方形）、等边三角形或规则外凸多边形（包括相对两边为弧拱形，另外两边为等长平行直线的“扁圆形”及“变形矩形”）。对于矩形（包括正方形）、三角形或多边形截面的产品，其全长边角可经磨圆。矩形（包括“变形矩形”）截面的产品，其厚度应大于宽度的十分之一。所述条、杆也包括同样形状及尺寸的铸造或烧结产品。该产品在铸造或烧结后再经加工（简单剪修或去氧化皮的除外），但不具有其他品目所列制品或产品的特征。

第七十四章的线锭及坯段，已具锥形尾端或经其他简单加工以便送入机器制成盘条或管子等的，仍应作为未锻轧铜归入品目74.03。此条注释在必要的地方稍加修改后，适用于第八十一章的产品。

（二）型材及异型材

轧、挤、拔、锻制的产品或其他成型产品，不论是否成卷，其全长截面相同，但与条、杆、丝、板、片、带、箔、管的定义不相符合。同时也包括同样形状的铸造或烧结产品。该产品在铸造或烧结后再经加工（简单剪修或去氧化皮的除外），但不具有其他品目所列制品或产品的特征。

（三）丝

盘卷的轧、挤或拔制实心产品，其全长截面均为圆形、椭圆形、矩形（包括正方形）、等边三角形或规则外凸多边形（包括相对两边为弧拱形，另外两边为等长平行直线的“扁圆形”及“变形矩形”）。对于矩形（包括正方形）、三角形或多边形截面的产品，其全长边角可经磨圆。矩形（包括“变形矩形”）截面的产品，其厚度应大于宽度的十分之一。

（四）板、片、带、箔

成卷或非成卷的平面产品（未锻轧产品除外），截面均为厚度相同的实心矩形（不包括正方形），不论边角是否磨圆（包括相对两边为弧拱形，另外两边为等长平行直线的“变形矩形”），并且符合以下规格：

1. 矩形（包括正方形）的，厚度不超过宽度的十分之一；

2. 矩形或正方形以外形状的，任何尺寸，但不具有其他品目所列制品或产品的特征。

这些品目还适用于具有花样（例如，凹槽、肋条形、格槽、珠粒及菱形）的板、片、带、箔以及穿孔、抛光、涂层或制成瓦楞形的这类产品，但不具有其他品目所列制品或产品的特征。

（五）管

全长截面及管壁厚度相同并只有一个闭合空间的空心产品，成卷或非成卷的，其截面为圆形、椭圆形、矩形（包括正方形）、等边三角形或规则外凸多边形。对于截面为矩形（包括正方形）、等边三角形或规则外凸多边形的产品，不论全长边角是否磨圆，只要其内外截面为同一圆心并为同样形状及同一轴向，也可视为管子。上述截面的管子可经抛光、涂层、弯曲、攻丝、钻孔、缩腰、胀口、成锥形或装法

兰、颈圈或套环。

【编者注】

一、贱金属类商品归类规则要点

（一）第一部分（第七十二章至八十一章）

1. 化学成分确认

化学成分是用来区别金属与非金属的。判断金属品种的主要依据，首先应重点明确商品各项元素在内的重量百分比或含量范围；是复合材料的，还需明确各层组分的厚度、所占产品整体比重及各部分的作用。

2. 加工工序确认要点

该商品在进口前的加工工序：商品是通过何种压力加工方法（冷加工还是热加工）、压力加工后有无机械加工，例如，车削、铣削、磨削、穿孔或冲孔、折叠、精压、剥皮、热处理、酸洗、涂漆、人工氧化、化学表面处理、包层等工序；有无进行表面处理，例如，涂层、包覆、层压等；对于某些粗锻件，还需了解进口后商品的加工工序，例如，粗车、精车、车滚道、热处理、钻孔、磨削制齿、钳修、装配等工序，这些工序可以决定商品属于半成品还是制成品。

3. 有关尺寸参数及商品状态的确认要求

应根据提供的相关资料或图片了解商品的具体进口状态及形状。对于金属材料中的板材，应了解板材的宽度和厚度尺寸；对于金属材料中的条、杆、丝，应了解截面形状和尺寸参数。

4. 其他需要注意的有关要求

对于申报为废料的金属材料，应确定其具有继续使用价值部分与无使用价值部分的百分比含量。

（二）第二部分（第八十二至八十三章）

1. 材质确认要求

归入第八十二章、第八十三章的产品必须是由贱金属或贱金属合金制成。

2. 用途及使用方法确定要求

由于上述两章主要根据产品用途分列子目，需根据提供的商品的说明书、样品或图片审核商品的用途、使用方法和使用场合等资料。

二、贱金属制品的优先归类原则

具有第八十二章、第八十三章商品特性的贱金属制品优先归入这两章，而不按金属材料的属性归入第七十三章至第八十一章。例如，铝合金制的易拉罐盖优先按用途归入品目 83.09，而不按材料属性归入第七十六章。

第七十二章 钢 铁

注释：

一、本章所述有关名词解释如下［本条注释（四）、（五）、（六）适用于本目录其他各章］：

（一）生铁

无实用可锻性的铁碳合金，按重量计含碳量在 2%以上并可含有一种或几种下列含量范围的其他元素：

铬不超过 10%；

锰不超过 6%；

磷不超过 3%；

硅不超过 8%；

其他元素合计不超过 10%。

（二）镜铁

按重量计含锰量在 6%以上，但不超过 30%的铁碳合金，其他方面符合上述（一）款所列标准。

（三）铁合金

锭、块、团或类似初级形状、连续铸造而形成的各种形状及颗粒、粉末状的合金，不论是否烧结，通常用于其他合金生产过程中的添加剂或在黑色金属冶炼中作除氧剂、脱硫剂及类似用途，一般无实用可锻性，按重量计铁元素含量在4%及以上并含有下列一种或几种元素：

铬超过10%；

锰超过30%；

磷超过3%；

硅超过8%；

除碳以外的其他元素，合计超过10%，但最高含铜量不得超过10%。

（四）钢

除品目72.03以外的黑色金属材料（某些铸造而成的种类除外），具有实用可锻性，按重量计含碳量在2%及以下，但铬钢可具有较高的含碳量。

（五）不锈钢

按重量计含碳量在1.2%及以下，含铬量在10.5%及以上的合金钢，不论是否含有其他元素。

（六）其他合金钢

不符合以上不锈钢定义的钢，含有一种或几种按重量计符合下列含量比例的元素：

铝0.3%及以上；

硼0.0008%及以上；

铬0.3%及以上；

钴0.3%及以上；

铜0.4%及以上；

铅0.4%及以上；

锰1.65%及以上；

钼0.08%及以上；

镍0.3%及以上；

铌0.06%及以上；

硅0.6%及以上；

钛0.05%及以上；

钨0.3%及以上；

钒0.1%及以上；

锆0.05%及以上；

其他元素（硫、磷、碳及氮除外）单项含量在0.1%及以上。

（七）供再熔的碎料钢铁锭

粗铸成形无缩孔或冒口的锭块产品，表面有明显瑕疵，化学成分不同于生铁、镜铁及铁合金。

（八）颗粒

按重量计不到90%可从网眼孔径为1毫米的筛子通过，而90%及以上可从网眼孔径为5毫米的筛子通过的产品。

（九）半制成品

连续铸造的实心产品，不论是否初步热轧；其他实心产品，除经初步热轧或锻造粗制成形以外未经进一步加工，包括角材、型材及异型材的坯件。

本类产品不包括成卷的产品。

（十）平板轧材

截面为矩形（正方形除外）并且不符合以上第（九）款所述定义的下列形状实心轧制产品：

1. 层叠的卷材；或

2. 平直形状，其厚度如果在4.75毫米以下，则宽度至少是厚度的十倍；其厚度如果在4.75毫米及以上，其宽度应超过150毫米，并且至少应为厚度的两倍。

平板轧材包括直接轧制而成并有凸起式样（例如，凹槽、肋条形、格槽、珠粒、菱形）的产品以及穿孔、抛光或制成瓦楞形的产品，但不具有其他品目所列制品或产品的特征。

各种规格的平板轧材（矩形或正方形除外），但不具有其他品目所列制品或产品的特征，都应作为宽度为600毫米及以上的产品归类。

（十一）不规则盘绕的热轧条、杆

经热轧不规则盘绕的实心产品，其截面为圆形、扇形、椭圆形、矩形（包括正方形）、三角形或其他外凸多边形（包括“扁圆形”及“变形矩形”，即相对两边为弧拱形，另外两边为等长平行直线形）。这类产品可带有在轧制过程中产生的凹痕、凸缘、槽沟或其他变形（钢筋）。

（十二）其他条、杆

不符合上述（九）、（十）、（十一）款或“丝”定义的实心产品，其全长截面均为圆形、扇形、椭圆形、矩形（包括正方形）、三角形或其他外凸多边形（包括“扁圆形”及“变形矩形”，即相对两边为弧拱形，另外两边为等长平行直线形）。这些产品可以：

1. 带有在轧制过程中产生的凹痕、凸缘、槽沟或其他变形（钢筋）；

2. 轧制后扭曲的。

（十三）角材、型材及异型材

不符合上述（九）、（十）、（十一）、（十二）款或“丝”定义，但其全长截面均为同样形状的实心产品。

第七十二章不包括品目73.01或73.02的产品。

（十四）丝

不符合平板轧材定义但全长截面均为同样形状的盘卷冷成形实心产品。

（十五）空心钻钢

适合钻探用的各种截面的空心条、杆，其最大外形尺寸超过15毫米但不超过52毫米，最大内孔尺寸不超过最大外形尺寸的二分之一。不符合本定义的钢铁空心条、杆应归入品目73.04。

二、用一种黑色金属包覆不同种类的黑色金属，应按其中重量最大的材料归类。

三、用电解沉积法、压铸法或烧结法所得的钢铁产品，应按其形状、成分及外观归入本章类似热轧产品的相应品目。

子目注释：

一、本章所用有关名词解释如下：

（一）合金生铁

按重量计含有一种或几种下列比例的元素的生铁：

铬0.2%以上；

铜0.3%以上；

镍0.3%以上；

0.1%以上的任何下列元素：铝、钼、钛、钨、钒。

（二）非合金易切削钢

按重量计含有一种或几种下列比例的元素的非合金钢：

硫0.08%及以上；

铅0.1%及以上；

硒0.05%以上；

碲0.01%以上；

铋0.05%以上。

（三）硅电钢

按重量计含硅量至少为0.6%但不超过6%，含碳量不超过0.08%的合金钢。这类钢还可含有按重量计不超过1%的铝，但所含其他元素的比例并不使其具有其他合金钢的特性。

（四）高速钢

不论是否含有其他元素，但至少含有按重量计合计含量在7%及以上的钼、钨、钒中两种元素的合金钢，按重量计其含碳量在0.6%及以上，含铬量在3%~6%。

（五）硅锰钢

按重量计同时含有下列元素的合金钢：

碳不超过0.7%；

锰0.5%及以上，但不超过1.9%；以及

硅0.6%及以上，但不超过2.3%。但所含其他元素的比例并不使其具有其他合金钢的特性。

二、品目72.02项下的子目所列铁合金，应按照下列规则归类：

对于只有一种元素超出本章注释一（三）规定的最低百分比的铁合金，应作为二元合金归入相应的子目。以此类推，如果有两种或三种合金元素超出了最低百分比的，则可分别作为三元或四元合金。

在运用本规定时，本章注释一（三）所述的未列名的“其他元素”，按重量计单项含量必须超过10%。

本国子目注释：

一、本国子目7202.9911所称“钕铁硼速凝永磁片”，是指以稀土金属（主要为钕）、纯铁、硼铁等初级产品为原料，经真空高温熔融、速凝成晶、破碎、热处理制成的薄片状合金。其组成成分为稀土（钕、镨、镝、铽）25%~39%，硼0.8%~1.3%，其他为铁及少量铜、钴、铝、锆、镓等添加元素。形状为不规则薄片，厚度0.1毫米~0.8毫米。经加工后，充磁制成永磁体，应用于计算机、通讯产品、电子设备等高科技领域。

二、本国子目7202.9912所称“钕铁硼磁粉”，是指以铁合金、钕和其他金属等初级产品为原料，经高温二次重熔、快淬、破碎、退火制成的粉末，其组成成分为钕20%~32%、钴0%~16%、硼0.8%~1.3%、铌0%~2.5%，其他为铁。钕铁硼磁粉主要应用于计算机、通讯产品、电子设备等高科技领域。

三、本国子目7225.4010所称“除不锈钢、高速钢以外的合金工具钢”，按重量计，成分含量范围符合下列任一条款，不论是否含有其他元素，但所含其他元素的比例并不使其具有章注所列其他合金钢的特征：碳含量大于1.2%，同时铬含量大于10.5%的；或者碳含量大于等于0.3%，同时铬含量大于等于1.25%，且小于10.5%的；或者铬含量大于等于0.9%，且小于等于1.2%，同时钼含量大于等于0.9%，且小于等于1.4%的；或者含碳量大于等于0.5%，同时钼含量大于等于3.5%的；或者碳含量大于等于0.5%，同时钨含量大于等于5.5%的。

【编者注】

一、铁合金的归类

（一）对于只有一种元素超出本章注释一（三）规定的最低百分比的铁合金，应作为二元合金归入相应的子目。依此类推，如果有两种或三种合金元素超出了最低百分比，则可分别作为三元或四元合金。此处应注意：铁的含量不一定要超过其他金属的含量。

若铁合金中只有硅的含量超出本章注释一（三）规定的最低百分比（假设硅含量为40%，即超过8%），则称此铁合金为硅铁二元合金，归入子目7202.2900；若铁合金中硅和锰两种元素超出本章注释一（三）规定的最低百分比（硅含量超过8%，锰含量超过30%），则称此铁合金为硅锰铁三元合金，归入子目7202.3000。

（二）在运用此规定时，本章注释一（三）所述的未列名的“其他元素”，按重量计单项含量必须超过10%。

若铁合金中除硅的含量超出本章注释一（三）规定的最低百分比外，其他元素中只有钨含量超出了10%，则称此铁合金为硅钨铁三元合金，归入子目7202.8020。

二、平板轧板，不规则盘绕的热轧条、杆，其他条、杆、丝的归类

（一）平板轧材（按所给条件归入品目72.08~72.12）

符合条件：截面为矩形（正方形除外）的实心轧制产品（不符合目录中“半制成品”的条件）。外观为层叠的卷材或平直形状。但平直形状有如下尺寸要求：若其厚度<4.75毫米时，必须满足宽度至少为厚度的10倍；若厚度≥4.75毫米时，必须满足宽度>150毫米，并且至少为厚度的两倍。

当产品有凸起式样（例如，凹槽、肋条形、格槽、珠粒、菱形），以及穿孔、抛光或制成瓦楞形时不影响归类。

归类时考虑的因素：轧材的宽度、厚度，轧制方式（热轧还是冷轧），报验状态（卷材还是平直形状），表面有无镀层、涂层、包覆，是否进一步加工等。

对于矩形或正方形除外的其他规格的平板轧材，可视为其宽度≥600毫米的产品，但不具有其他品目所列产品的特征。

（二）不规则盘绕的热轧条、杆（又称盘条，归入品目72.13）

符合条件：经热轧加工、不规则盘绕（非直条状）的实心产品，其截面不一定为圆形，也可是扇形、椭圆形、矩形（包括正方形）、三角形或其他外凸多边形（包括相对两边为弧拱形，另外两边为等长平行直线的“圆扁形”及“变形矩形”）。

（三）其他条、杆（根据加工方式归入品目72.14~72.15）

符合条件：其全长截面呈圆形、扇形、椭圆形、矩形（包括正方形）、三角形或其他外凸多边形形状，且全长截面完全相同的非盘绕的（呈直条状或折叠捆状）条、杆。若带有轧制过程中产生的凹痕、凸缘、槽沟或其他变形（钢筋）或轧制后扭曲的，不影响其归类。

品目72.14与74.15的主要区别是加工方式的不同：品目72.14的产品均为热成形加工（热轧、锻造、热拉拔等），而品目72.15的产品均为冷成形加工（冷轧、冷挤压等）。

（四）丝（归入品目72.17）

符合条件：全长截面均为同样形状的盘卷冷成形实心产品（不符合平板轧材定义）。

三、角材、型材及异型材的归类

序　号	商品描述	归　类
1	未焊接的角材、型材及异型材	72.16、72.22、72.28
2	焊接的角材、型材及异型材	73.01
3	由角材、型材及异型材焊接的钢结构体	73.08

本章只包括普通的“工”字钢，但专用于铁轨的“工”字钢归入品目73.02。

四、电解沉积法、压铸法或烧结法所得的钢铁产品的归类

用电解沉积法、压铸法或烧结法所得的钢铁产品，可视为类似热轧产品，并按其形状、成分及外观归入本章的相应品目。

五、空心钻钢的归类

对于符合条件（最大外形尺寸在15~52毫米之间，最大内孔尺寸小于最大外形尺寸的1/2，适合钻探用的各种截面的空心条、杆）的产品归入品目72.28（由合金钢或非合金钢制造）；不符合以上条件的产品则归入品目73.04。

六、条杆类钢材中盘卷条杆、其他条杆、丝的区别与归类

序号	钢材类别	成形或轧制方式	报验状态	归类
1	不规则盘卷的条杆	热轧	不规则盘卷	72.13
2	其他条杆	热成形	笔直状态或折叠捆状	72.14
3		冷成形、冷加工		72.15
4	钢丝	冷成形	盘卷状态	72.17

商品编码	商品名称	商品编码	商品名称
	第一分章　原料；粒状及粉状产品	7202.9919	----其他
72.01	**生铁及镜铁，锭、块或其他初级形状：**		---其他：
7201.1000	-非合金生铁，按重量计含磷量在0.5%及以下	7202.9991	----按重量计稀土元素总含量在10%以上的
7201.2000	-非合金生铁，按重量计含磷量在0.5%以上	7202.9999	----其他
7201.5000	-合金生铁；镜铁	**72.03**	**直接从铁矿还原所得的铁产品及其他海绵铁产品，块、团、团粒及类似形状；按重量计纯度在99.94%及以上的铁，块、团、团粒及类似形状：**
72.02①	**铁合金：**		
	-锰铁：	7203.1000	-直接从铁矿还原所得的铁产品
7202.1100	--按重量计含碳量在2%以上	7203.9000	-其他
7202.1900	--其他	**72.04**②	**钢铁废碎料；供再熔的碎料钢铁锭：**
	-硅铁：	7204.1000	-铸铁废碎料
7202.2100	--按重量计含硅量在55%以上		-合金钢废碎料：
7202.2900	--其他	7204.2100	--不锈钢废碎料
7202.3000	-硅锰铁	7204.2900	--其他
	-铬铁：	7204.3000	-镀锡钢铁废碎料
7202.4100	--按重量计含碳量在4%以上		-其他废碎料：
7202.4900	--其他	7204.4100	--车、刨、铣、磨、锯、锉、剪、冲加工过程中产生的废料，不论是否成捆
7202.5000	-硅铬铁		
7202.6000	-镍铁	7204.4900	--其他
7202.7000	-钼铁	7204.5000	-供再熔的碎料钢铁锭
	-钨铁及硅钨铁：	**72.05**	**生铁、镜铁及钢铁的颗粒和粉末：**
7202.8010	---钨铁	7205.1000	-颗粒
7202.8020	---硅钨铁		-粉末：
	-其他：	7205.2100	--合金钢的
7202.9100	--钛铁及硅钛铁		--其他：
	--钒铁：	7205.2910	---铁粉，平均粒径小于10微米
7202.9210	---按重量计含钒量在75%及以上	7205.2990	---其他
7202.9290	---其他		**第二分章　铁及非合金钢**
7202.9300	--铌铁	**72.06**	**铁及非合金钢，锭状或其他初级形状（品目72.03的铁除外）：**
	--其他：		
	---钕铁硼合金：	7206.1000	-锭状
7202.9911	----速凝永磁片	7206.9000③	-其他
7202.9912	----磁粉		

① 归入本品目的铁合金必须是锭、方块、团块或类似初级形状、粒、粉状或通过连续铸造制得的形状（例如，坯段）。

② 本品目不包括可以再按原用途使用或适于作其他用途使用的钢铁制品，不论是否经修补、改造方可使用的；也不包括那些不须先经回收金属即可改作其他物品的钢铁制品。例如，把损坏零件更换后仍可使用的钢制构件；可用作矿柱或可通过重轧改作其他物品的废旧铁路道轨；经过擦净磨刃后仍可使用的钢锉。

③ 除熔融状态的钢外，本品目还包括方块、团块、熟铁棒及板桩。

商品编码	商品名称
72.07①	**铁及非合金钢的半制成品：**
	-按重量计含碳量在 0.25%以下：
7207.1100	--矩形（包括正方形）截面，宽度小于厚度的两倍
7207.1200	--其他矩形（正方形除外）截面的
7207.1900	--其他
7207.2000	-按重量计含碳量在 0.25%及以上
72.08②	**宽度在 600 毫米及以上的铁或非合金钢平板轧材，经热轧，但未经包覆、镀层或涂层：**
7208.1000	-除热轧外未经进一步加工的卷材，已轧压花纹
	-其他经酸洗的卷材，除热轧外未经进一步加工：
7208.2500	--厚度在 4.75 毫米及以上
	--厚度在 3 毫米及以上，但小于 4.75 毫米：
7208.2610	---屈服强度大于 355 牛顿/平方毫米
7208.2690	---其他
	--厚度小于 3 毫米：
7208.2710	---厚度小于 1.5 毫米
7208.2790	---其他
	-其他卷材，除热轧外未经进一步加工：
7208.3600	--厚度超过 10 毫米
7208.3700	--厚度在 4.75 毫米及以上，但不超过 10 毫米
	--厚度在 3 毫米及以上，但小于 4.75 毫米：
7208.3810	---屈服强度大于 355 牛顿/平方毫米
7208.3890	---其他
	--厚度小于 3 毫米：
7208.3910	---厚度小于 1.5 毫米
7208.3990	---其他
7208.4000	-已轧压花纹的非卷材，除热轧外未经进一步加工
	-其他非卷材，除热轧外未经进一步加工：
	--厚度超过 10 毫米：
7208.5110	---厚度超过 50 毫米
	---厚度在 20 毫米以上，但不超过 50 毫米：
7208.5121	----屈服强度不小于 500 牛顿/平方毫米
7208.5129	----其他
	---其他：
7208.5191	----屈服强度不小于 500 牛顿/平方毫米
7208.5199	----其他
7208.5200	--厚度在 4.75 毫米及以上，但不超过 10 毫米
	--厚度在 3 毫米及以上，但小于 4.75 毫米：
7208.5310	---屈服强度大于 355 牛顿/平方毫米
7208.5390	---其他
	--厚度小于 3 毫米：
7208.5410	---厚度小于 1.5 毫米
7208.5490	---其他
7208.9000	-其他
72.09	**宽度在 600 毫米及以上的铁或非合金钢平板轧材，经冷轧，但未经包覆、镀层或涂层：**
	-卷材，除冷轧外未经进一步加工：
	--厚度在 3 毫米及以上：
7209.1510	---屈服强度大于 355 牛顿/平方毫米
7209.1590	---其他
	--厚度超过 1 毫米，但小于 3 毫米：
7209.1610	---屈服强度大于 275 牛顿/平方毫米
	---其他：
7209.1691	----断后伸长率不小于 40%
7209.1699	----其他
	--厚度在 0.5 毫米及以上，但不超过 1 毫米：
7209.1710	---屈服强度大于 275 牛顿/平方毫米
	---其他：

① 本品目包括大方坯、小方坯、圆材坯、厚板坯、薄板坯、粗锻件、角材坯、型材坯、异型材坯及所有通过连续铸造制得的产品。

② 本品目不包括用金属涂层、电镀或包层的平板轧材，也不包括用非金属物质如油漆、搪瓷或塑料涂层的平板轧材（品目 72.10），也不包括用贵金属包层的平板轧材（第七十一章）。

商品编码	商品名称	商品编码	商品名称
7209.1791	----断后伸长率不小于38%		-除热轧外未经进一步加工：
7209.1799	----其他	7211.1300	--经四面轧制或在闭合匣内轧制的非卷材，宽度超过150毫米，厚度不小于4毫米，未轧压花纹
	--厚度小于0.5毫米：		
7209.1810	---厚度小于0.3毫米		
7209.1890	---其他	7211.1400	--其他，厚度在4.75毫米及以上
	-非卷材，除冷轧外未经进一步加工：	7211.1900	--其他
7209.2500	--厚度在3毫米及以上		-除冷轧外未经进一步加工：
7209.2600	--厚度超过1毫米，但小于3毫米	7211.2300	--按重量计含碳量低于0.25%
7209.2700	--厚度在0.5毫米及以上，但不超过1毫米	7211.2900	--其他
		7211.9000	-其他
7209.2800	--厚度小于0.5毫米	**72.12**	**宽度小于600毫米的铁或非合金钢平板轧材，经包覆、镀层或涂层：**
7209.9000	-其他		
72.10[①]	**宽度在600毫米及以上的铁或非合金钢平板轧材，经包覆、镀层或涂层：**	7212.1000	-镀或涂锡的
		7212.2000	-电镀锌的
	-镀或涂锡的：	7212.3000	-用其他方法镀或涂锌的
7210.1100	--厚度在0.5毫米及以上	7212.4000	-涂漆或涂塑的
7210.1200	--厚度小于0.5毫米	7212.5000	-镀或涂其他材料的
7210.2000	-镀或涂铅的，包括镀铅锡钢板	7212.6000	-经包覆的
7210.3000	-电镀锌的	**72.13**	**不规则盘卷的铁及非合金钢的热轧条、杆：**
	-用其他方法镀或涂锌的：		
7210.4100	--瓦楞形	7213.1000	-带有轧制过程中产生的凹痕、凸缘、槽沟及其他变形的
	--其他：		
7210.4910	---抗拉强度不小于440牛顿/平方毫米	7213.2000	-其他，易切削钢制
			-其他：
7210.4990	---其他	7213.9100	--直径小于14毫米圆形截面的
7210.5000	-镀或涂氧化铬或铬及氧化铬的	7213.9900	--其他
	-镀或涂铝的：	**72.14**	**铁或非合金钢的其他条、杆，除锻造、热轧、热拉拔或热挤压外未经进一步加工，包括轧制后扭曲的：**
7210.6100	--镀或涂铝锌合金的		
7210.6900	--其他		
	-涂漆或涂塑的：	7214.1000	-锻造的
7210.7010	---厚度小于1.5毫米	7214.2000	-带有轧制过程中产生的凹痕、凸缘、槽沟或其他变形及轧制后扭曲的
7210.7090	---其他		
7210.9000	-其他	7214.3000	-其他，易切削钢制
72.11	**宽度小于600毫米的铁或非合金钢平板轧材，但未经包覆、镀层或涂层：**		-其他：
		7214.9100	--矩形（正方形除外）截面的
		7214.9900	--其他

① 在考虑品目72.10的子目分类时，如果产品经过一种以上方式涂层、镀层或包覆的，应按最后加工的方式归类。但化学表面处理，例如，铬酸盐处理，不应视作最后加工。

商品编码	商品名称
72. 15①	**铁及非合金钢的其他条、杆：**
7215. 1000	-易切削钢制，除冷成形或冷加工外未经进一步加工
7215. 5000	-其他，除冷成形或冷加工外未经进一步加工
7215. 9000	-其他
72. 16②	**铁或非合金钢的角材、型材及异型材：**
	-槽钢、工字钢及 H 型钢，除热轧、热拉拔或热挤压外未经进一步加工，截面高度低于 80 毫米：
7216. 1010	---H 型钢
7216. 1020	---工字钢
7216. 1090	---其他
	-角钢及丁字钢，除热轧、热拉拔或热挤压外未经进一步加工，截面高度低于 80 毫米：
7216. 2100	--角钢
7216. 2200	--丁字钢
	-槽钢、工字钢及 H 型钢，除热轧、热拉拔或热挤压外未经进一步加工，截面高度在 80 毫米及以上：
7216. 3100	--槽钢
	--工字钢：
7216. 3210	---截面高度在 200 毫米以上
7216. 3290	---其他
	--H 型钢：
	---截面高度在 200 毫米以上：
7216. 3311	----截面高度在 800 毫米以上
7216. 3319	----其他
7216. 3390	---其他
	-角钢及丁字钢，除热轧、热拉拔或热挤压外未经进一步加工，截面高度在 80 毫米及以上：
7216. 4010	---角钢
7216. 4020	---丁字钢
	-其他角材、型材及异型材，除热轧、热拉拔或热挤压外未经进一步加工：
7216. 5010	---乙字钢
7216. 5020	---球扁钢
7216. 5090	---其他
	-角材、型材及异型材，除冷成形或冷加工外未经进一步加工：
7216. 6100	--平板轧材制的
7216. 6900	--其他
	-其他：
7216. 9100	--平板轧材经冷成形或冷加工制的
7216. 9900	--其他
72. 17③	**铁丝或非合金钢丝：**
7217. 1000	-未经镀或涂层，不论是否抛光
7217. 2000	-镀或涂锌的
	-镀或涂其他贱金属的：
7217. 3010	---镀或涂铜的
7217. 3090	---其他
7217. 9000	-其他
	第三分章　不锈钢
72. 18	**不锈钢，锭状或其他初级形状；不锈钢半制成品：**
7218. 1000	-锭状及其他初级形状
	-其他：
7218. 9100	--矩形（正方形除外）截面的
7218. 9900	--其他
72. 19	**不锈钢平板轧材，宽度在 600 毫米及以上：**
	-除热轧外未经进一步加工的卷材：
7219. 1100	--厚度超过 10 毫米
	--厚度在 4. 75 毫米及以上，但不超过 10 毫米：
7219. 1210	---宽度在 600 毫米及以上，但不超过 1800 毫米
7219. 1290	---其他

① 本品目包括品目 72. 13 或 72. 14 所列货品以外的各种条及杆。

② 本品目的产品可以进行钻孔、冲孔、扭绞等加工或涂层、镀层、包履等表面处理，只要它们不具有其他品目所列制品或产品的特征。

③ 已经加工（例如，已卷曲）的钢铁丝仍应归入本品目，只要它不具有其他品目所列制品或产品的特征。用纺织品之类的物料包覆的钢铁丝，如果其中的钢铁丝是起主要作用，而其他物料仅仅起包覆作用［例如，用于制帽框的钢铁丝（女帽钢丝）、人造花茎梗或卷发器］的，也应归入本品目。

商品编码	商品名称
	--厚度在3毫米及以上，但小于4.75毫米：
	---未经酸洗的：
7219.1312	----按重量计含锰量在5.5%及以上的铬锰系不锈钢
7219.1319	----其他
	---经酸洗的：
7219.1322	----按重量计含锰量在5.5%及以上的铬锰系不锈钢
7219.1329	----其他
	--厚度小于3毫米：
	---未经酸洗的：
7219.1412	----按重量计含锰量在5.5%及以上的铬锰系不锈钢
7219.1419	----其他
	---经酸洗的：
7219.1422	----按重量计含锰量在5.5%及以上的铬锰系不锈钢
7219.1429	----其他
	-除热轧外未经进一步加工的非卷材：
7219.2100	--厚度超过10毫米
7219.2200	--厚度在4.75毫米及以上，但不超过10毫米
7219.2300	--厚度在3毫米及以上，但小于4.75毫米
	--厚度小于3毫米：
7219.2410	---厚度超过1毫米但小于3毫米
7219.2420	---厚度在0.5毫米及以上，但不超过1毫米
7219.2430	---厚度小于0.5毫米
	-除冷轧外未经进一步加工：
7219.3100	--厚度在4.75毫米及以上
	--厚度在3毫米及以上，但小于4.75毫米：
7219.3210	---宽度在600毫米及以上，但不超过1800毫米
7219.3290	---其他
	--厚度超过1毫米，但小于3毫米：
7219.3310	---按重量计含锰量在5.5%及以上的铬锰系不锈钢
7219.3390	---其他
7219.3400	--厚度在0.5毫米及以上，但不超过1毫米
7219.3500	--厚度小于0.5毫米
7219.9000	-其他
72.20	**不锈钢平板轧材，宽度小于600毫米：**
	-除热轧外未经进一步加工：
7220.1100	--厚度在4.75毫米及以上
7220.1200	--厚度小于4.75毫米
	-除冷轧外未经进一步加工：
7220.2020	---厚度在0.35毫米及以下
7220.2030	---厚度在0.35毫米以上但小于3毫米
7220.2040	---厚度在3毫米及以上
7220.9000	-其他
72.21	**不规则盘卷的不锈钢热轧条、杆：**
7221.0000	不规则盘卷的不锈钢热轧条、杆
72.22	**不锈钢其他条、杆；不锈钢角材、型材及异型材：**
	-条、杆，除热轧、热拉拔或热挤压外未经进一步加工：
7222.1100	--圆形截面的
7222.1900	--其他
7222.2000	-条、杆，除冷成形或冷加工外未经进一步加工
7222.3000	-其他条、杆
7222.4000	-角材、型材及异型材
72.23①	**不锈钢丝：**
7223.0000	不锈钢丝
	第四分章 其他合金钢；合金钢或非合金钢制的空心钻钢
72.24	**其他合金钢，锭状或其他初级形状；其他合金钢制的半制成品：**
7224.1000	-锭状及其他初级形状
	-其他：
7224.9010	---单件重量在10吨及以上的粗铸锻件坯
7224.9090	---其他
72.25	**其他合金钢平板轧材，宽度在600毫米及以上：**
	-硅电钢制：

① 本品目不包括供外科缝合用的极精细的无菌不锈钢丝（品目30.06）。

商品编码	商品名称
7225.1100	--取向性硅电钢
7225.1900	--其他
	-其他卷材，除热轧外未经进一步加工：
7225.3010	---厚度在 2 毫米及以下
7225.3090	---其他
	-其他非卷材，除热轧外未经进一步加工：
7225.4010	---工具钢
	---其他：
7225.4091	----含硼合金钢
7225.4099	----其他
7225.5000	-其他，除冷轧外未经进一步加工
	-其他：
7225.9100	--电镀或涂锌的
7225.9200	--用其他方法镀或涂锌的
	--其他：
7225.9910	---高速钢制
7225.9990	---其他
72.26	**其他合金钢平板轧材，宽度小于 600 毫米：**
	-硅电钢制：
7226.1100	--取向性硅电钢
7226.1900	--其他
7226.2000	-高速钢制
	-其他：
	--除热轧外未经进一步加工：
7226.9110	---工具钢
	---其他：
7226.9191	----含硼合金钢
7226.9199	----其他
7226.9200	--除冷轧外未经进一步加工
	--其他：
7226.9910	---电镀或涂锌的
7226.9920	---用其他方法镀或涂锌的
7226.9990	---其他
72.27	**不规则盘卷的其他合金钢热轧条、杆：**
7227.1000	-高速钢制
7227.2000	-硅锰钢制
	-其他：
7227.9010	---含硼合金钢制
	---其他：
7227.9091	----截面为圆形的
7227.9099	----其他
72.28	**其他合金钢条、杆；其他合金钢角材、型材及异型材；合金钢或非合金钢制的空心钻钢：**
7228.1000	-高速钢条、杆
7228.2000	-硅锰钢条、杆
	-其他条、杆，除热轧、热拉拔或热挤压外未经进一步加工：
7228.3010	---含硼合金钢制
	---其他：
7228.3091	----截面为圆形的
7228.3099	----其他
7228.4000	-其他条、杆，除锻造外未经进一步加工
7228.5000	-其他条、杆，除冷成形或冷加工外未经进一步加工
7228.6000	-其他条、杆
	-角材、型材及异型材：
7228.7010	---履带板型钢
7228.7090	---其他
7228.8000	-空心钻钢
72.29	**其他合金钢丝：**
7229.2000	-硅锰钢制
	-其他：
7229.9010	---高速钢制
7229.9090	---其他

第七十三章　钢铁制品

注释：

一、本章所称“铸铁”，适用于经铸造而得的产品，按重量计其铁元素含量超过其他元素单项含量并与第七十二章注释一（四）所述的钢的化学成分不同。

二、本章所称“丝”，是指热或冷成形的任何截面形状的产品，但其截面尺寸均不超过 16 毫米。

本国子目注释：

本国子目 7326.9011 所称“其他工业用钢铁纤维及其制品”，是指单根直径为 40 纳米至 40 微米的多功能合金纤维，主要材质为不锈钢、铁铬铝合金等。钢铁纤维主要通过表面处理（在原料不锈钢或铁铬铝合金表面电化学涂覆金属或物理涂覆非金属隔离层，制得复合丝）、封装集束复合材料（采用封装材料封装被嵌入基体的不锈钢或铁铬铝合金复合丝，形成一种复合材料）、细晶强化（压实封装之后的复合材料，然后经过多次减径拉拔和退火成为成品复合线）、选择性分离（将成品复合线采用电化学分离的方式，除去封装及基体材料，最终获得钢铁纤维）等工艺流程制备。钢铁纤维及其制品的主要用途包括汽车尾气颗粒捕集，高温气体、熔体过滤，化纤行业过滤，汽车玻璃膜布，电磁屏蔽材料、防静电导电材料等。

【编者注】

应注意：本章包括很多“通用零件”。

商品编码	商品名称
73.01	**钢铁板桩，不论是否钻孔、打眼或组装；焊接的钢铁角材、型材及异型材：**
7301.1000	-钢铁板桩
7301.2000	-角材、型材及异型材
73.02	**铁道及电车道铺轨用钢铁材料（钢轨、护轨、齿轨、道岔尖轨、辙叉、尖轨拉杆及其他叉道段体、轨枕、鱼尾板、轨座、轨座楔、钢轨垫板、钢轨夹、底板、固定板及其他专门用于连接或加固路轨的材料）：**
7302.1000	-钢轨
7302.3000	-道岔尖轨、辙叉、尖轨拉杆及其他叉道段体
7302.4000	-鱼尾板及钢轨垫板
	-其他：
7302.9010	---轨枕
7302.9090	---其他
73.03①	**铸铁管及空心异型材：**
7303.0010	---内径在 500 毫米及以上的圆形截面管
7303.0090	---其他
73.04②	**无缝钢铁管及空心异型材（铸铁的除外）：**
	-石油或天然气管道管：
	--不锈钢制：
7304.1110	---外径大于等于 215.9 毫米，但不超过 406.4 毫米
7304.1120	---外径超过 114.3 毫米，但小于 215.9 毫米

① 本品目也包括带有多口或分支口的管和空心异型材，以及用锌、塑料、沥青等盖面的管和空心异型材。本品目的管主要用于水、污水排泄、低压气体分送的加压管道或重力自流管道，或作为排水管道。

② 本品目产品可经涂层，例如，用塑料或用玻璃棉与沥青混合物进行涂层。本品目包括：用于输送石油或天然气的管子；用于钻探石油或天然气的套管、标管及钻管；用于锅炉、过热器、热交换器、冷凝器、炼油加热炉、电站供水加热器等的管子；高压、中压蒸汽，房屋中供气或供水用的镀锌钢管或无镀层管（所谓气体管）；供水或供气的街道干管。

商品编码	商品名称
7304.1130	---外径不超过114.3毫米
7304.1190	---其他
	--其他：
7304.1910	---外径大于等于215.9毫米，但不超过406.4毫米
7304.1920	---外径超过114.3毫米，但小于215.9毫米
7304.1930	---外径不超过114.3毫米
7304.1990	---其他
	-钻探石油或天然气用的套管、导管及钻管：
	--不锈钢钻管：
7304.2210	---外径不超过168.3毫米
7304.2290	---其他
	--其他钻管：
7304.2310	---外径不超过168.3毫米
7304.2390	---其他
7304.2400	--其他不锈钢管
	--其他：
7304.2910	---屈服强度小于552兆帕的
7304.2920	---屈服强度大于等于552兆帕，但小于758兆帕的
7304.2930	---屈服强度大于等于758兆帕的
	-铁或非合金钢的其他圆形截面管：
	--冷拔或冷轧的：
7304.3110	---锅炉管
7304.3120	---地质钻管、套管
7304.3190	---其他
	--其他：
7304.3910	---锅炉管
7304.3920	---地质钻管、套管
7304.3990	---其他
	-不锈钢的其他圆形截面管：
	--冷拔或冷轧的：
7304.4110	---锅炉管
7304.4190	---其他
	--其他：
7304.4910	---锅炉管
7304.4990	---其他
	-其他合金钢的其他圆形截面管：
	--冷拔或冷轧的：
7304.5110	---锅炉管
7304.5120	---地质钻管、套管
7304.5190	---其他
	--其他：
7304.5910	---锅炉管
7304.5920	---地质钻管、套管
7304.5990	---其他
7304.9000	-其他
73.05①	**其他圆形截面钢铁管（例如，焊、铆及用类似方法接合的管），外径超过406.4毫米：**
	-石油或天然气管道管：
7305.1100	--纵向埋弧焊接的
7305.1200	--其他纵向焊接的
7305.1900	--其他
7305.2000	-钻探石油或天然气用套管
	-其他焊接的：
7305.3100	--纵向焊接的
7305.3900	--其他
7305.9000	-其他
73.06②	**其他钢铁管及空心异型材（例如，辊缝、焊、铆及类似方法接合的）：**
	-石油及天然气管道管：
7306.1100	--不锈钢焊缝管
7306.1900	--其他
	-钻探石油及天然气用的套管及导管：
7306.2100	--不锈钢焊缝管
7306.2900	--其他
	-铁或非合金钢制的其他圆形截面焊缝管：
	---外径不超过10毫米的：
7306.3011	----壁厚在0.7毫米及以下
7306.3019	----其他
7306.3090	---其他
7306.4000	-不锈钢制的其他圆形截面焊缝管

① 本品目的产品可以用塑料或用玻璃棉与沥青混合物等进行涂层。

② 本品目也包括用塑料或用玻璃纤维与沥青混合物涂层的管及空心异型材，还包括具有纵向或横向翅片的翅管。

商品编码	商品名称
7306.5000	-其他合金钢的圆形截面焊缝管
	-非圆形截面的其他焊缝管：
7306.6100	--矩形或正方形截面的
7306.6900	--其他非圆形截面的
7306.9000	-其他
73.07[①]	**钢铁管子附件（例如，接头、肘管、管套）：**
	-铸件：
7307.1100	--无可锻性铸铁制
7307.1900	--其他
	-其他，不锈钢制：
7307.2100	--法兰
7307.2200	--螺纹肘管、弯管及管套
7307.2300	--对焊件
7307.2900	--其他
	-其他：
7307.9100	--法兰
7307.9200	--螺纹肘管、弯管及管套
7307.9300	--对焊件
7307.9900	--其他
73.08[②]	**钢铁结构体（品目94.06的活动房屋除外）及其部件（例如，桥梁及桥梁体段、闸门、塔楼、格构杆、屋顶、屋顶框架、门窗及其框架、门槛、百叶窗、栏杆、支柱及立柱）；上述结构体用的已加工钢铁板、杆、角材、型材、异型材、管子及类似品：**
7308.1000	-桥梁及桥梁体段
7308.2000	-塔楼及格构杆
7308.3000	-门窗及其框架、门槛
7308.4000	-脚手架、模板或坑道支撑用的支柱及类似设备
7308.9000	-其他
73.09[③]	**盛装物料用的钢铁囤、柜、罐、桶及类似容器（装压缩气体或液化气体的除外），容积超过300升，不论是否衬里或隔热，但无机械或热力装置：**
7309.0000	盛装物料用的钢铁囤、柜、罐、桶及类似容器（装压缩气体或液化气体的除外），容积超过300升，不论是否衬里或隔热，但无机械或热力装置
73.10	**盛装物料用的钢铁柜、桶、罐、听、盒及类似容器（装压缩气体或液化气体的除外），容积不超过300升，不论是否衬里或隔热，但无机械或热力装置：**
7310.1000	-容积在50升及以上
	-容积在50升以下：
	--焊边或卷边接合的罐：
7310.2110	---易拉罐及罐体
7310.2190	---其他
	--其他：
7310.2910	---易拉罐及罐体
7310.2990	---其他
73.11	**装压缩气体或液化气体用的钢铁容器：**
7311.0010	---零售包装用
7311.0090	---其他
73.12[④]	**非绝缘的钢铁绞股线、绳、缆、编带、吊索及类似品：**
7312.1000	-绞股线、绳、缆
7312.9000	-其他
73.13	**带刺钢铁丝；围篱用的钢铁绞带或单股扁丝（不论是否带刺）及松绞的双股丝：**

① 本品目不包括供安装管子用但不与管口成为一体的物品［例如，吊钩、撑条及仅将管子固定或支撑于墙上的类似支架，用以将软管夹紧于硬管、龙头、连接件等上的紧固带或安装环（软管夹）］（品目73.25或73.26）。

② 本品目也包括经加工（例如，钻孔、弯曲、开槽口）供给构件用的部件，例如，经加工的平板轧材、“宽扁材”（包括所谓万能板材）、带材、角材、型材、异型材及管。还包括用于钢筋混凝土或预应力混凝土工程的由各根辗杆相互绞扭而成的产品。

③ 本品目包括供盛装除压缩气体或液化气体以外任何物料的容器。供盛装压缩气体或液化气体用的容器，不管容量多少，均归入品目73.11。装有搅拌器、加热或冷却盘管、电气元件等机械或热力装置的容器应归入第八十四章或第八十五章。仅装有龙头、阀门、液面计、安全阀、压力计等的容器仍应归入本品目。这些容器可以装有控制、调节及测量装置，例如，阀门、龙头、压力表、液面指示器等。

④ 本品目包括绳、缆、带等，不论是否裁切成段或装有钩、弹簧钩、转环、环、套环、夹、座圈等（但它们不得因此而具有其他品目所列物品的特征），也不论是否制成单一或复合的吊索、环索等。

商品编码	商品名称	商品编码	商品名称
7313.0000	带刺钢铁丝；围篱用的钢铁绞带或单股扁丝（不论是否带刺）及松绞的双股丝	**73.17**②	**钢铁制的钉、平头钉、图钉、波纹钉、U 形钉（品目 83.05 的货品除外）及类似品，不论钉头是否用其他材料制成，但不包括铜头钉：**
73.14	**钢铁丝制的布（包括环形带）、网、篱、格栅；网眼钢铁板：**	7317.0000	钢铁制的钉、平头钉、图钉、波纹钉、U 形钉（品目 83.05 的货品除外）及类似品，不论钉头是否用其他材料制成，但不包括铜头钉
	-机织品：		
7314.1200	--不锈钢制的机器用环形带		
7314.1400	--不锈钢制的其他机织品		
7314.1900	--其他	**73.18**	**钢铁制的螺钉、螺栓、螺母、方头螺钉、钩头螺钉、铆钉、销、开尾销、垫圈（包括弹簧垫圈）及类似品：**
7314.2000	-交点焊接的网、篱及格栅，其丝的最大截面尺寸在 3 毫米及以上，网眼尺寸在 100 平方厘米及以上		-螺纹制品：
	-其他交点焊接的网、篱及格栅：	7318.1100	--方头螺钉
7314.3100	--镀或涂锌的	7318.1200	--其他木螺钉
7314.3900	--其他	7318.1300	--钩头螺钉及环头螺钉
	-其他布、网、篱及格栅：	7318.1400	--自攻螺钉
7314.4100	--镀或涂锌的		--其他螺钉及螺栓，不论是否带有螺母或垫圈：
7314.4200	--涂塑的		
7314.4900	--其他	7318.1510	---抗拉强度在 800 兆帕及以上的
7314.5000	-网眼钢铁板	7318.1590	---其他
73.15①	**钢铁链及其零件：**	7318.1600	--螺母
	-铰接链及其零件：	7318.1900	--其他
	--滚子链：		-无螺纹制品：
7315.1110	---自行车用	7318.2100	--弹簧垫圈及其他防松垫圈
7315.1120	---摩托车用	7318.2200	--其他垫圈
7315.1190	---其他	7318.2300	--铆钉
7315.1200	--其他链	7318.2400	--销及开尾销
7315.1900	--零件	7318.2900	--其他
7315.2000	-防滑链	**73.19**	**钢铁制手工缝针、编织针、引针、钩针、刺绣穿孔锥及类似制品；其他品目未列名的钢铁制安全别针及其他别针：**
	-其他链：		
7315.8100	--日字环节链		
7315.8200	--其他焊接链		
7315.8900	--其他		-安全别针及其他别针：
7315.9000	-其他零件	7319.4010	---安全别针
73.16	**钢铁锚、多爪锚及其零件：**	7319.4090	---其他
7316.0000	钢铁锚、多爪锚及其零件	7319.9000	-其他

① 本品目的链条可以在端部装有零件或配件（例如，钩、弹簧钩、自由转环、钩环、套圈、环、开口环及丁字件），不论是否切成一定长度或明显有特定用途。

② 本品目的货品，不论是否带有有色金属（铜及其合金除外）或其他物质（陶瓷、玻璃、木材、橡胶、塑料等）制的钉头，也不论是否电镀、镀铜、镀金、镀银、涂漆等或用其他物料包覆，均应归入本品目。

商品编码	商品名称
73.20	**钢铁制弹簧及弹簧片：**
	-片簧及簧片：
7320.1010	---铁道车辆用
7320.1020	---汽车用
7320.1090	---其他
	-螺旋弹簧：
7320.2010	---铁道车辆用
7320.2090	---其他
	-其他：
7320.9010	---铁道车辆用
7320.9090	---其他
73.21①	**非电热的钢铁制家用炉、灶（包括附有集中供暖用的热水锅的炉）、烤肉架、烤炉、煤气灶、加热板和类似非电热的家用器具及其零件：**
	-炊事器具及加热板：
7321.1100	--使用气体燃料或可使用气体燃料及其他燃料的
	--使用液体燃料的：
7321.1210	---煤油炉
7321.1290	---其他
7321.1900	--其他，包括使用固体燃料的
	-其他器具：
7321.8100	--使用气体燃料或可使用气体燃料及其他燃料的
7321.8200	--使用液体燃料的
7321.8900	--其他，包括使用固体燃料的
7321.9000	-零件
73.22	**非电热的钢铁制集中供暖用散热器及其零件；非电热的钢铁制空气加热器、暖气分布器（包括可分布新鲜空气或调节空气的）及其零件，装有电动风扇或鼓风机：**
	-散热器及其零件：
7322.1100	--铸铁制
7322.1900	--其他
7322.9000	-其他
73.23	**餐桌、厨房或其他家用钢铁器具及其零件；钢铁丝绒；钢铁制擦锅器、洗刷擦光用的块垫、手套及类似品：**
7323.1000	-钢铁丝绒；擦锅器及洗刷擦光用的块垫、手套及类似品
	-其他：
7323.9100	--铸铁制，未搪瓷
7323.9200	--铸铁制，已搪瓷
7323.9300	--不锈钢制
	--钢铁（铸铁除外）制，已搪瓷：
7323.9410	---面盆
7323.9420	---烧锅
7323.9490	---其他
7323.9900	--其他
73.24②	**钢铁制卫生器具及其零件：**
7324.1000	-不锈钢制洗涤槽及脸盆
	-浴缸：
7324.2100	--铸铁制，不论是否搪瓷
7324.2900	--其他
7324.9000	-其他，包括零件
73.25③	**其他钢铁铸造制品：**
	-无可锻性铸铁制：
7325.1010	---工业用
7325.1090	---其他
	-其他：
7325.9100	--研磨机用的研磨球及类似品
	--其他：
7325.9910	---工业用
7325.9990	---其他
73.26	**其他钢铁制品：**
	-经锻造或冲压，但未经进一步加工：
7326.1100	--研磨机用的研磨球及类似品
	--其他：
7326.1910	---工业用
7326.1990	---其他

① 上述所有物品可以搪瓷、镀镍、镀铜等，也可装有其他贱金属制的附件或镶有隔热材料。

② 本品目的货物可以装有其他材料制的盖、柄、其他零件或附件，只要它们具有钢铁制品的特征。

③ 本品目包括：下水道及供水系统等用的检查闸门、滤栅、阴沟盖及类似铸件；消防栓墩及盖；饮用喷泉；邮筒、火警柱、系缆柱等；檐槽及檐槽口；矿井壁；研磨机及粉碎机用的滚珠；未装有机械或热力装置的冶金用罐及坩埚；平衡块；人造花、叶等（但品目83.06的制品除外）；水银瓶。

商品编码	商品名称	商品编码	商品名称
	-钢铁丝制品：		---工业用：
7326. 2010	---工业用	7326. 9011	----钢铁纤维及其制品
7326. 2090	---其他	7326. 9019	----其他
	-其他：	7326. 9090	---其他

第七十四章　铜及其制品

注释：

本章所用有关名词解释如下：

一、精炼铜

按重量计含铜量至少为 99.85% 的金属；或

按重量计含铜量至少为 97.5%，但其他各种元素的含量不超过下表中规定的限量的金属：

其他元素表

元　　素		所含重量百分比
Ag	银	0.25
As	砷	0.5
Cd	镉	1.3
Cr	铬	1.4
Mg	镁	0.8
Pb	铅	1.5
S	硫	0.7
Sn	锡	0.8
Te	碲	0.8
Zn	锌	1
Zr	锆	0.3
其他元素①	每种	0.3

①其他元素，例如，铝、铍、钴、铁、锰、镍、硅。

二、铜合金

除未精炼铜以外的金属物质，按重量计含铜量大于其他元素单项含量，但：

（一）按重量计至少有一种其他元素的含量超过上表中规定的限量；或

（二）按重量计其他元素的总含量超过 2.5%。

三、铜母合金

含有其他元素，但按重量计含铜量超过 10% 的合金，该合金无实用可锻性，通常用作生产其他合金的添加剂或用作冶炼有色金属的脱氧剂、脱硫剂及类似用途。但按重量计含磷量超过 15% 的磷化铜（磷铜）归入品目 28.53。

子目注释：

本章所用有关名词解释如下：

一、铜锌合金（黄铜）

铜与锌的合金，不论是否含有其他元素。含有其他元素时：

（一）按重量计含锌量应大于其他各种元素的单项含量；

（二）按重量计含镍量应低于 5%［参见铜镍锌合金（德银）］；以及

（三）按重量计含锡量应低于 3%［参见铜锡合金（青铜）］。

二、铜锡合金（青铜）

铜与锡的合金，不论是否含有其他元素。含有其他元素时，按重量计含锡量应大于其他各种元素的单项含量。当按重量计含锡量在 3%及以上时，锌的含量可大于锡的含量，但必须小于 10%。

三、铜镍锌合金（德银）

铜、镍、锌的合金，不论是否含有其他元素，按重量计含镍量在 5% 及以上［参见铜锌合金（黄铜）］。

四、铜镍合金

铜与镍的合金，不论是否含有其他元素，但按重量计含锌量不得大于 1%。含有其他元素时，按重量计含镍量应大于其他各种元素的单项含量。

本国子目注释：

一、本国子目 7407. 1010 所称“铬锆铜制条、杆及型材及异型材”，主要成分为铜、铬、锆，按重量计铬含量 0. 6%~1. 4%，锆含量 0. 05%~0. 3%。

二、本国子目 7408. 2210 所涉及的“铜镍锌铅合金（加铅德银）”，是指铜、镍、锌、铅的合金，是在锌白铜的基础上添加微量的铅形成的易切削的白铜。按重量计铜含量 40%~65%，镍含量 9%~16%，铅含量 1. 0%~2. 5%，锰含量 0. 05%~6. 5%。锌为余量，且铁、磷、硫、锡等杂质元素总和小于等于 0. 9%。

三、本国子目 7411. 1011 所称“外径小于等于 25 毫米的带有内（外）螺纹或翅片的精炼铜管”，是指一般用作空调、冰箱及其他系统的热交换管材，整根管的内或外表面具有一定数量、一定规则的螺纹或翅片。

商品编码	商品名称
74. 01	**铜锍；沉积铜（泥铜）：**
7401. 0000	铜锍；沉积铜（泥铜）
74. 02	**未精炼铜；电解精炼用的铜阳极：**
7402. 0000	未精炼铜；电解精炼用的铜阳极
74. 03	**未锻轧的精炼铜及铜合金：**
	-精炼铜：
	--阴极及阴极型材：
	---阴极：
7403. 1111	----按重量计铜含量超过 99. 9935%的
7403. 1119	----其他
7403. 1190	---阴极型材
7403. 1200	--线锭
7403. 1300	--坯段
7403. 1900	--其他
	-铜合金：
7403. 2100	--铜锌合金（黄铜）
7403. 2200	--铜锡合金（青铜）
7403. 2900	--其他铜合金（品目 74. 05 的铜母合金除外）
74. 04	**铜废碎料：**
7404. 0000	铜废碎料
74. 05	**铜母合金：**
7405. 0000	铜母合金
74. 06	**铜粉及片状粉末：**
	-非片状粉末：
7406. 1010	---精炼铜制
7406. 1020	---铜镍合金（白铜）或铜镍锌合金（德银）制
7406. 1030	---铜锌合金（黄铜）制
7406. 1040	---铜锡合金（青铜）制
7406. 1090	---其他铜合金制
	-片状粉末：
7406. 2010	---精炼铜制
7406. 2020	---铜镍合金（白铜）或铜镍锌合金（德银）制
7406. 2090	---其他铜合金制
74. 07	**铜条、杆、型材及异型材：**
	-精炼铜制：
7407. 1010	---铬锆铜制
7407. 1090	---其他
	-铜合金制：
	--铜锌合金（黄铜）：

商品编码	商品名称
	---铜条、杆:
7407.2111	----直线度不大于0.5毫米/米
7407.2119	----其他
7407.2190	---其他
7407.2900	--其他
74.08	**铜丝:**
	-精炼铜制:
7408.1100	--最大截面尺寸超过6毫米
7408.1900	--其他
	-铜合金制:
7408.2100	--铜锌合金（黄铜）
	--铜镍合金（白铜）或铜镍锌合金（德银）:
7408.2210	---铜镍锌铅合金（加铅德银）
7408.2290	---其他
7408.2900	--其他
74.09	**铜板、片及带，厚度超过0.15毫米:**
	-精炼铜制:
	--盘卷的:
7409.1110	---含氧量不超过10PPM的
7409.1190	---其他
7409.1900	--其他
	-铜锌合金（黄铜）制:
7409.2100	--盘卷的
7409.2900	--其他
	-铜锡合金（青铜）制:
7409.3100	--盘卷的
7409.3900	--其他
7409.4000	-铜镍合金（白铜）或铜镍锌合金（德银）制
7409.9000	-其他铜合金制
74.10	**铜箔（不论是否印花或用纸、纸板、塑料或类似材料衬背），厚度（衬背除外）不超过0.15毫米:**
	-无衬背:
7410.1100	--精炼铜制
	--铜合金制:
7410.1210	---铜镍合金（白铜）或铜镍锌合金（德银）
7410.1290	---其他
	-有衬背:
	--精炼铜制:
7410.2110	---印制电路用覆铜板
7410.2190	---其他
	--铜合金制:
7410.2210	---铜镍合金（白铜）或铜镍锌合金（德银）
7410.2290	---其他
74.11	**铜管:**
	-精炼铜制:
	---外径不超过25毫米的:
7411.1011	----带有螺纹或翅片的
7411.1019	----其他
7411.1020	---外径超过70毫米的
7411.1090	---其他
	-铜合金制:
	--铜锌合金（黄铜）:
7411.2110	---盘卷的
7411.2190	---其他
7411.2200	--铜镍合金（白铜）或铜镍锌合金（德银）
7411.2900	--其他
74.12	**铜制管子附件（例如，接头、肘管、管套）:**
7412.1000	-精炼铜制
	-铜合金制:
7412.2010	---铜镍合金（白铜）或铜镍锌合金（德银）
7412.2090	---其他
74.13	**非绝缘的铜丝绞股线、缆、编带及类似品:**
7413.0000	非绝缘的铜丝绞股线、缆、编带及类似品
74.15①	**铜制或钢铁制带铜头的钉、平头钉、图钉、U形钉（品目83.05的货品除外）及类似品；铜制螺钉、螺栓、螺母、钩头螺钉、铆钉、销、开尾销、垫圈（包括弹簧垫圈）及类似品:**
7415.1000	-钉、平头钉、图钉、U形钉及类似品

① 本品目还包括铜头铁钉或钢钉（主要用于家具或其他装饰工作）。

商品编码	商品名称	商品编码	商品名称
	-其他无螺纹制品：	7418. 1090	---其他
7415. 2100	--垫圈（包括弹簧垫圈）	7418. 2000	-卫生器具及其零件
7415. 2900	--其他	**74. 19**	**其他铜制品：**
	-其他螺纹制品：		-铸造、模压、冲压或锻造，但未经进一步加工的：
	--螺钉；螺栓及螺母：	7419. 2010	---链条及其零件
7415. 3310	---木螺钉	7419. 2020	---其他，工业用
7415. 3390	---其他	7419. 2090	---其他
7415. 3900	--其他		-其他：
74. 18	**餐桌、厨房或其他家用铜制器具及其零件；铜制擦锅器、洗刷擦光用的块垫、手套及类似品；铜制卫生器具及其零件：**	7419. 8010	---链条及其零件
	-餐桌、厨房或其他家用器具及其零件；擦锅器及洗刷擦光用的块垫、手套及类似品：	7419. 8020	---铜弹簧
7418. 1010	---擦锅器及洗刷、擦光用的块垫、手套及类似品	7419. 8030	---铜丝制的布（包括环形带）
7418. 1020	---非电热的铜制家用烹饪器具及其零件	7419. 8040	---铜丝制的网、格栅，网眼铜板
		7419. 8050	---非电热的铜制家用供暖器具及其零件
			---其他：
		7419. 8091	----工业用
		7419. 8099	----其他

第七十五章　镍及其制品

子目注释：

一、本章所用有关名词解释如下：

(一) 非合金镍

按重量计镍及钴的含量至少为99%的金属，但：

1. 按重量计含钴量不超过1.5%；

2. 按重量计其他各种元素的含量不超过下表中规定的限量：

其他元素表

元　素		所含重量百分比
Fe	铁	0.5
O	氧	0.4
其他元素	每种	0.3

(二) 镍合金

按重量计含镍量大于其他元素单项含量的金属物质，但：

1. 按重量计含钴量超过1.5%；

2. 按重量计至少有一种其他元素的含量超过上表中规定的限量；或

3. 除镍及钴以外，按重量计其他元素的总含量超过1%。

二、子目7508.10所称“丝”，不受第十五类注释九（三）的限制，仅适用于截面尺寸不超过6毫米的任何截面形状的产品，不论是否盘卷。

商品编码	商品名称
75.01	**镍锍、氧化镍烧结物及镍冶炼的其他中间产品：**
7501.1000	-镍锍
	-氧化镍烧结物及镍冶炼的其他中间产品：
7501.2010	---镍湿法冶炼中间品
7501.2090	---其他
75.02	**未锻轧镍：**
	-非合金镍：
7502.1010	---按重量计镍、钴总量在99.99%及以上的，但钴含量不超过0.005%
7502.1090	---其他
7502.2000	-镍合金
75.03	**镍废碎料：**
7503.0000	镍废碎料
75.04	**镍粉及片状粉末：**
7504.0010	---非合金镍粉及片状粉末
7504.0020	---合金镍粉及片状粉末
75.05	**镍条、杆、型材及异型材或丝：**
	-条、杆、型材及异型材：
7505.1100	--非合金镍制
7505.1200	--镍合金制
	-丝：
7505.2100	--非合金镍制
7505.2200	--镍合金制
75.06	**镍板、片、带、箔：**
7506.1000	-非合金镍制
7506.2000	镍合金制
75.07	**镍管及管子附件（例如，接头、肘管、管套）：**
	-镍管：
7507.1100	--非合金镍制

商品编码	商品名称	商品编码	商品名称
7507.1200	--镍合金制	7508.1090	---其他
7507.2000	-管子附件		-其他：
75.08	**其他镍制品：**	7508.9010	---电镀用镍阳极
	-镍丝布、网及格栅：	7508.9080	---其他工业用镍制品
7508.1010	---镍丝布	7508.9090	---其他
7508.1080	---其他工业用镍制品		

第七十六章　铝及其制品

子目注释：

一、本章所用有关名词解释如下：

（一）非合金铝

按重量计含铝量至少为 99%的金属，但其他各种元素的含量不超过下表中规定的限量：

其他元素表

元　　素	所含重量百分比
Fe+Si（铁+硅）	1
其他元素①，每种	0.1②

①其他元素，例如，铬、铜、镁、锰、镍、锌。

②含铜成分可大于 0.1%，但不得大于 0.2%，且铬和锰的含量均不得超过 0.05%。

（二）铝合金

按重量计含铝量大于其他元素单项含量的金属物质，但：

1. 按重量计至少有一种其他元素或铁加硅的含量大于上表中规定的限量；或

2. 按重量计其他元素的总含量超过 1%。

二、子目 7616.91 所称"丝"，不受第十五类注释九（三）的限制，仅适用于截面尺寸不超过 6 毫米的任何截面形状的产品，不论是否盘卷。

商品编码	商品名称
76.01	**未锻轧铝：**
	-非合金铝：
7601.1010	---按重量计含铝量在 99.95%及以上
7601.1090	---其他
7601.2000	-铝合金
76.02	**铝废碎料：**
7602.0000	铝废碎料
76.03	**铝粉及片状粉末：**
7603.1000	-非片状粉末
7603.2000	-片状粉末
76.04	**铝条、杆、型材及异型材：**
	-非合金铝制：
7604.1010	---铝条、杆
7604.1090	---其他
	-铝合金制：
7604.2100	--空心型材及异型材
	--其他：
7604.2910	---铝合金条、杆
7604.2990	---其他
76.05	**铝丝：**
	-非合金铝制：
7605.1100	--最大截面尺寸超过 7 毫米
7605.1900	--其他
	-铝合金制：
7605.2100	--最大截面尺寸超过 7 毫米
7605.2900	--其他
76.06	**铝板、片及带，厚度超过 0.2 毫米：**
	-矩形（包括正方形）：
	--非合金铝制：
	---厚度在 0.30 毫米及以上，但不超过 0.36 毫米：
7606.1121	----铝塑复合的
7606.1129	----其他
	---其他：
7606.1191	----铝塑复合的

商品编码	商品名称	商品编码	商品名称
7606. 1199	----其他	**76. 10**	**铝制结构体（品目 94. 06 的活动房屋除外）及其部件（例如，桥梁及桥梁体段、塔、格构杆、屋顶、屋顶框架、门窗及其框架、门槛、栏杆、支柱及立柱）；上述结构体用的已加工铝板、杆、型材、异型材、管子及类似品：**
	--铝合金制：		
7606. 1220	---厚度小于 0. 28 毫米		
7606. 1230	---厚度在 0. 28 毫米及以上，但不超过 0. 35 毫米		
	---厚度在 0. 35 毫米以上，但不超过 4 毫米：		
		7610. 1000	-门窗及其框架、门槛
7606. 1251	----铝塑复合的	7610. 9000	-其他
7606. 1259	----其他	**76. 11**	**盛装物料用的铝制囤、柜、罐、桶及类似容器（装压缩气体或液化气体的除外），容积超过 300 升，不论是否衬里或隔热，但无机械或热力装置：**
7606. 1290	---其他		
	-其他：		
7606. 9100	--非合金铝制		
7606. 9200	--铝合金制	7611. 0000	盛装物料用的铝制囤、柜、罐、桶及类似容器（装压缩气体或液化气体的除外），容积超过 300 升，不论是否衬里或隔热，但无机械或热力装置
76. 07	**铝箔（不论是否印花或用纸、纸板、塑料或类似材料衬背），厚度（衬背除外）不超过 0. 2 毫米：**		
	-无衬背：	**76. 12**	**盛装物料用的铝制桶、罐、听、盒及类似容器，包括软管容器及硬管容器（装压缩气体或液化气体的除外），容积不超过 300 升，不论是否衬里或隔热，但无机械或热力装置：**
	--轧制后未经进一步加工的：		
7607. 1110	---厚度不超过 0. 007 毫米		
7607. 1120	---厚度大于 0. 007 毫米，但不超过 0. 01 毫米		
7607. 1190	---其他	7612. 1000	-软管容器
7607. 1900	--其他		-其他：
7607. 2000	-有衬背	7612. 9010	---易拉罐及罐体
76. 08[①]	**铝管：**	7612. 9090	---其他
7608. 1000	-非合金铝制	**76. 13**	**装压缩气体或液化气体用的铝制容器：**
	-铝合金制：		
7608. 2010	---外径不超过 10 厘米的	7613. 0010	---零售包装用
	---其他：	7613. 0090	---其他
7608. 2091	----壁厚不超过 25 毫米	**76. 14**[②]	**非绝缘的铝制绞股线、缆、编带及类似品：**
7608. 2099	----其他		
76. 09	**铝制管子附件（例如，接头、肘管、管套）：**	7614. 1000	-带钢芯的
		7614. 9000	-其他
7609. 0000	铝制管子附件（例如，接头、肘管、管套）	**76. 15**	**餐桌、厨房或其他家用铝制器具及其零件；铝制擦锅器、洗刷擦光用的块垫、手套及类似品；铝制卫生器具及其零件：**

① 本品目包括不论是否管端车螺纹或装有管套、法兰、套圈及套环等的管子。

② 铝制的电缆可带有钢芯或其他金属芯，只要其按重量计以铝为主（参见第十五类注释七）。但本品目不包括绝缘电线及电缆（品目 85. 44）。

商品编码	商品名称	商品编码	商品名称
	-餐桌、厨房或其他家用器具及其零件；擦锅器及洗刷擦光用的块垫、手套及类似品：	7616.1000	-钉、平头钉、U形钉（品目83.05的货品除外）、螺钉、螺栓、螺母、钩头螺钉、铆钉、销、开尾销、垫圈及类似品
7615.1010	---擦锅器、洗刷、擦光用的块垫、手套及类似品		-其他：
7615.1090	---其他	7616.9100	--铝丝制的布、网、篱及格栅
7615.2000	-卫生器具及其零件		--其他：
76.16	**其他铝制品：**	7616.9910	---工业用
		7616.9990	---其他

第七十八章　铅及其制品

子目注释：

本章所称“精炼铅”，是指：

按重量计含铅量至少为99.9%的金属，但其他各种元素的含量不超过下表中规定的限量：

其他元素表

元　　素		所含重量百分比	元　　素		所含重量百分比
Ag	银	0.02	Fe	铁	0.002
As	砷	0.005	S	硫	0.002
Bi	铋	0.05	Sb	锑	0.005
Ca	钙	0.002	Sn	锡	0.005
Cd	镉	0.002	Zn	锌	0.002
Cu	铜	0.08	其他（例如，碲）	每种	0.001

商品编码	商品名称
78.01	**未锻轧铅：**
7801.1000	-精炼铅
	-其他：
7801.9100	--按重量计所含其他元素是以锑为主的
7801.9900	--其他
78.02	**铅废碎料：**
7802.0000	铅废碎料
78.04①	**铅板、片、带、箔；铅粉及片状粉末：**
	-板、片、带、箔：
7804.1100	--片、带及厚度（衬背除外）不超过0.2毫米的箔
7804.1900	--其他
7804.2000	-粉末及片状粉末
78.06	**其他铅制品：**
7806.0010	---铅条、杆、型材及异型材或丝
7806.0090	---其他

① 铅箔主要用于包装（尤其用于作茶叶箱及丝绸箱的衬里）。有时铅箔用锡或其他金属包层或镀面。

第七十九章　锌及其制品

子目注释：

本章所用有关名词解释如下：

一、非合金锌

按重量计含锌量至少为 97.5%的金属。

二、锌合金

按重量计含锌量大于其他元素单项含量的金属物质，但按重量计其他元素的总含量超过 2.5%。

三、锌末

冷凝锌雾所得的锌末。该产品由球形微粒组成，比锌粉更为精细，按重量计至少 80%的微粒可以通过孔径为 63 微米的筛子，而且必须含有按重量计至少为 85%的金属锌。

商品编码	商品名称
79.01	**未锻轧锌：**
	-非合金锌：
	--按重量计含锌量在 99.99%及以上：
7901.1110	---按重量计含锌量在 99.995%及以上
7901.1190	---其他
7901.1200	--按重量计含锌量低于 99.99%
7901.2000	-锌合金
79.02	**锌废碎料：**
7902.0000	锌废碎料
79.03	**锌末、锌粉及片状粉末：**
7903.1000	-锌末
7903.9000	-其他
79.04	**锌条、杆、型材及异型材或丝：**
7904.0000	锌条、杆、型材及异型材或丝
79.05	**锌板、片、带、箔：**
7905.0000	锌板、片、带、箔
79.07	**其他锌制品：**
7907.0020	---锌管及锌制管子附件（例如，接头、肘管、管套）
7907.0030	---电池壳体坯料（锌饼）
7907.0090	---其他

第八十章　锡及其制品

子目注释：

本章所用有关名词解释如下：

一、非合金锡

按重量计含锡量至少为99%的金属，但含铋量或含铜量不超过下表中规定的限量：

其他元素表

元　　素	所含重量百分比
Bi　　铋	0.1
Cu　　铜	0.4

二、锡合金

按重量计含锡量大于其他元素单项含量的金属物质，但：

（一）按重量计其他元素的总含量超过1%；或

（二）按重量计含铋量或含铜量应等于或大于上表中规定的限量。

商品编码	商品名称
80.01	**未锻轧锡：**
8001.1000	-非合金锡
	-锡合金：
8001.2010	---锡基巴毕脱合金
	---焊锡：
8001.2021	----按重量计含铅量在0.1%以下的
8001.2029	----其他
8001.2090	---其他
80.02	**锡废碎料：**
8002.0000	锡废碎料
80.03	**锡条、杆、型材及异型材或丝：**
8003.0000	锡条、杆、型材及异型材或丝
80.07	**其他锡制品：**
8007.0020	---锡板、片及带，厚度超过0.2毫米
8007.0030	---电池壳体坯料（锌饼）
8007.0040	---锡管及管子附件（例如，接头、肘管、管套）
8007.0090	---其他

第八十一章　其他贱金属、金属陶瓷及其制品

本国子目注释：

本国子目 8103.2011 所称"松装密度小于 2.2 克/立方厘米的钽粉"，主要用于电容器生产，松装密度可用《金属粉末 松装密度的测定 第 3 部分：振动漏斗法》（GB/T 1479.3—2017）测定。

商品编码	商品名称
81.01	**钨及其制品，包括废碎料：**
8101.1000	-粉末
	-其他：
8101.9400	--未锻轧钨，包括简单烧结而成的条、杆
8101.9600	--丝
8101.9700	--废碎料
	--其他：
8101.9910	---条、杆，但简单烧结而成的除外；型材及异型材、板、片、带、箔
8101.9990	---其他
81.02	**钼及其制品，包括废碎料：**
8102.1000	-粉末
	-其他：
8102.9400	--未锻轧钼，包括简单烧结而成的条、杆
8102.9500	--条、杆，但简单烧结而成的除外；型材及异型材、板、片、带、箔
8102.9600	--丝
8102.9700	--废碎料
8102.9900	--其他
81.03	**钽及其制品，包括废碎料：**
	-未锻轧钽，包括简单烧结而成的条、杆；粉末：
	---钽粉：
8103.2011	----松装密度小于 2.2 克/立方厘米的
8103.2019	----其他
8103.2090	---其他
8103.3000	-废碎料
	-其他：
8103.9100	--坩埚
	--其他：
	---钽丝：
8103.9911	----直径小于 0.5 毫米
8103.9919	----其他
8103.9990	---其他
81.04	**镁及其制品，包括废碎料：**
	-未锻轧镁：
8104.1100	--按重量计含镁量至少为 99.8%
8104.1900	--其他
8104.2000	-废碎料
8104.3000	-锉屑、车屑及颗粒，已按规格分级的；粉末
	-其他：
8104.9010	---锻轧镁
8104.9020	---镁制品
81.05	**钴锍及其他冶炼钴时所得的中间产品；钴及其制品，包括废碎料：**
	-钴锍及其他冶炼钴时所得的中间产品；未锻轧钴；粉末：
8105.2010	---钴湿法冶炼中间品
8105.2020	---未锻轧钴
8105.2090	---其他
8105.3000	-废碎料
8105.9000	-其他
81.06	**铋及其制品，包括废碎料：**
	-按重量计铋含量在 99.99%以上：
8106.1010	---未锻轧铋；废碎料；粉末
8106.1090	---其他
	-其他：
8106.9010	---未锻轧铋；废碎料；粉末
8106.9090	---其他
81.08	**钛及其制品，包括废碎料：**
	-未锻轧钛；粉末：
	---未锻轧钛：
8108.2021	----海绵钛
8108.2029	----其他

商品编码	商品名称
8108.2030	---粉末
8108.3000	-废碎料
	-其他：
8108.9010	---条、杆、型材及异型材
8108.9020	---丝
	---板、片、带、箔：
8108.9031	----厚度不超过 0.8 毫米
8108.9032	----厚度超过 0.8 毫米
8108.9040	---管
8108.9090	---其他
81.09	**锆及其制品，包括废碎料：**
	-未锻轧锆；粉末：
8109.2100	--按重量计铪与锆之比低于 1：500
8109.2900	--其他
	-废碎料：
8109.3100	--按重量计铪与锆之比低于 1：500
8109.3900	--其他
	-其他：
8109.9100	--按重量计铪与锆之比低于 1：500
8109.9900	--其他
81.10	**锑及其制品，包括废碎料：**
	-未锻轧锑；粉末：
8110.1010	---未锻轧锑
8110.1020	---粉末
8110.2000	-废碎料
8110.9000	-其他
81.11	**锰及其制品，包括废碎料：**
8111.0010	---未锻轧锰；废碎料；粉末
8111.0090	---其他
81.12	**铍、铬、铪、铼、铊、镉、锗、钒、镓、铟、铌及其制品，包括废碎料：**
	-铍：
8112.1200	--未锻轧铍；粉末
8112.1300	--废碎料
8112.1900	--其他
	-铬：
8112.2100	--未锻轧铬；粉末
8112.2200	--废碎料
8112.2900	--其他
	-铪：
8112.3100	--未锻轧铪；废碎料；粉末
8112.3900	--其他
	-铼：
8112.4100	--未锻轧铼；废碎料；粉末
8112.4900	--其他
	-铊：
8112.5100	--未锻轧铊；粉末
8112.5200	--废碎料
8112.5900	--其他
	-镉：
8112.6100	--废碎料
	--其他：
8112.6910	---未锻轧镉；粉末
8112.6990	---其他
	-其他：
	--未锻轧；废碎料；粉末：
8112.9210	---锗
8112.9220	---钒
8112.9230	---铟
8112.9240	---铌
8112.9290	---其他
	--其他：
8112.9910	---锗
8112.9920	---钒
8112.9930	---铟
8112.9940	---铌
8112.9990	---其他
81.13[1]	**金属陶瓷及其制品，包括废碎料：**
8113.0010	---颗粒；粉末
8113.0090	---其他

① 本品目不包括：Ⅰ. 含有裂变或放射性物质的金属陶瓷（品目 28.44）；Ⅱ. 制造工具用板、棒、刀头及类似品，用主要成分为黏聚的金属碳化物的金属陶瓷制成（品目 82.09）。

第八十二章 贱金属工具、器具、利口器、餐匙、餐叉及其零件

注释：

一、除喷灯、轻便锻炉、带支架的砂轮、修指甲和修脚用器具及品目 82.09 的货品外，本章仅包括带有用下列材料制成的刀片、工作刃、工作面或其他工作部件的物品：

（一）贱金属；

（二）硬质合金或金属陶瓷；

（三）装于贱金属、硬质合金或金属陶瓷底座上的宝石或半宝石（天然、合成或再造）；或

（四）附于贱金属底座上的磨料，当附上磨料后，所具有的切齿、沟、槽或类似结构仍保持其特性及功能。

二、本章所列物品的贱金属零件，应与该制品归入同一品目，但具体列名的零件及手工工具的工具夹具（品目 84.66）除外。第十五类注释二所述的通用零件，均不归入本章。

电动剃须刀及电动毛发推剪的刀头、刀片应归入品目 85.10。

三、由品目 82.11 的一把或多把刀具与品目 82.15 至少数量相同的物品构成的成套货品应归入品目 82.15。

本国子目注释：

本国子目 8202.2010 所称“双金属带锯条”，主要用于金属切割，其齿部材料为高速钢或硬质合金，锯条体的材料是低合金弹簧钢。齿部硬度大于等于 62 洛氏硬度（766 维氏硬度），锯条体经过热处理后硬度大于等于 45 洛氏硬度（436 维氏硬度）。

【编者注】

容易误归入本章的商品包括：

一、用于在票据上打印日期或其他任何标记的剪票器不归入本章，而要归入品目 96.11。

二、手工工具用夹具不归入本章，而要归入品目 84.66。

三、金属制用于装在机床刀具（例如，装于铣刀或铰刀）上的刀片及刀归入品目 82.08；金属陶瓷制用于装在机床刀具上的刀头、杆、板等归入品目 82.09；而装配好的机床刀具（例如，完整的铣刀或铰刀）则要按可互换工具归入品目 82.07。

四、安全剃刀及其刀片归入品目 82.12，但电动剃须刀及其刀片、刀板和刀头则要归入品目 85.10；不与刀片一起报验的塑料安全剃刀只属于塑料制品，故归入品目 39.24。

五、破冰斧不能按手工工具归入本章，而要按体育用品归入品目 95.06。

商品编码	商品名称	商品编码	商品名称
82.01①	**锹、铲、镐、锄、叉及耙；斧子、钩刀及类似砍伐工具；各种修枝用剪刀；镰刀、秣刀、树篱剪、伐木楔子及其他农业、园艺或林业用手工工具：**	8201.1000 8201.3000 8201.4000 8201.5000	-锹及铲 -镐、锄及耙 -斧子、钩刀及类似砍伐工具 -修枝剪及类似的单手操作剪刀（包括家禽剪）

① 本品目的工具不论是否配有手柄均归入本品目。本品目也包括明显作为这些工具零件的贱金属制品。

商品编码	商品名称
8201.6000	-树篱剪、双手修枝剪及类似的双手操作剪刀
	-用于农业、园艺或林业的其他手工工具：
8201.9010	---叉
8201.9090	---其他
82.02①	**手工锯；各种锯的锯片（包括切条、切槽或无齿锯片）：**
8202.1000	-手工锯
	-带锯片：
8202.2010	---双金属带锯条
8202.2090	---其他
	-圆锯片（包括切条或切槽锯片）：
8202.3100	--带有钢制工作部件
	--其他，包括部件：
8202.3910	---带有天然或合成金刚石、立方氮化硼制的工作部件
8202.3990	---其他
8202.4000	-链锯片
	-其他锯片：
	--直锯片，加工金属用：
8202.9110	---机械锯用
8202.9190	---其他
	--其他：
8202.9910	---机械锯用
8202.9990	---其他
82.03	**钢锉、木锉、钳子（包括剪钳）、镊子、白铁剪、切管器、螺栓切头器、打孔冲子及类似手工工具：**
8203.1000	-钢锉、木锉及类似工具
8203.2000	-钳子（包括剪钳）、镊子及类似工具
8203.3000	-白铁剪及类似工具
8203.4000	-切管器、螺栓切头器、打孔冲子及类似工具
82.04	**手动扳手及扳钳（包括转矩扳手，但不包括丝锥扳手）；可互换的扳手套筒，不论是否带手柄：**
	-手动扳手及扳钳：
8204.1100	--固定的
8204.1200	--可调的
8204.2000	-可互换的扳手套筒，不论是否带手柄
82.05②	**其他品目未列名的手工工具（包括玻璃刀）；喷灯；台钳、夹钳及类似品，但作为机床或水射流切割机附件或零件的除外；砧；轻便锻炉；带支架的手摇或脚踏砂轮：**
8205.1000	-钻孔或攻丝工具
8205.2000	-锤子
8205.3000	-木工用刨子、凿子及类似切削工具
8205.4000	-螺丝刀
	-其他手工工具（包括玻璃刀）：
8205.5100	--家用工具
8205.5900	--其他
8205.6000	-喷灯
8205.7000	-台钳、夹钳及类似品
8205.9000	-其他，包括由本品目项下两个或多个子目所列物品组成的成套货品
82.06③	**由品目 82.02 至 82.05 中两个或多个品目所列工具组成的零售包装成套货品：**
8206.0000	由品目 82.02 至 82.05 中两个或多个品目所列工具组成的零售包装成套货品
82.07④	**手工工具（不论是否有动力装置）及机床（例如，锻压、冲压、攻丝、钻孔、镗孔、铰孔及铣削、车削或上螺丝用的机器）的可互换工具，包括金属拉拔或挤压用模以及凿岩或钻探工具：**

① 本品目包括单独报验的手工锯贱金属零件（例如，锯架、弓形锯架、锯柄及横撑支架）及供装于锯片上的贱金属齿及扇形齿板。

② 含有金属材料但带有橡胶、皮革、毡呢等制的工作部件的工具，应按其构成材料归类（第四十章、第四十二章、第五十九章等）。

③ 配有其他品目或目录其他章所列无关紧要的小工具的成套货品仍应归入本品目，但这些小工具不得改变由品目 82.02 至 82.05 中两个或多个品目所列工具组成的成套货品的基本特征。

④ 除本品目列名的货品以外，机器或器具用的模具、冲头、钻头或其他可互换工具，应按所属机器或器具的零件归类。本品目的工具可以是单件制品，也可以是组合制品。

商品编码	商品名称
	-凿岩或钻探工具:
8207.1300	--带有金属陶瓷制的工作部件
	--其他，包括部件:
8207.1910	---带有天然或合成金刚石、立方氮化硼制的工作部件
8207.1990	---其他
	-金属拉拔或挤压用模:
8207.2010	---带有天然或合成金刚石、立方氮化硼制的工作部件
8207.2090	---其他
8207.3000	-锻压或冲压工具
8207.4000	-攻丝工具
	-钻孔工具，但凿岩及钻探用的除外:
8207.5010	---带有天然或合成金刚石、立方氮化硼制的工作部件
8207.5090	---其他
	-镗孔或铰孔工具:
8207.6010	---带有天然或合成金刚石、立方氮化硼制的工作部件
8207.6090	---其他
	-铣削工具:
8207.7010	---带有天然或合成金刚石、立方氮化硼制的工作部件
8207.7090	---其他
	-车削工具:
8207.8010	---带有天然或合成金刚石、立方氮化硼制的工作部件
8207.8090	---其他
	-其他可互换工具:
8207.9010	---带有天然或合成金刚石、立方氮化硼制的工作部件
8207.9090	---其他
82.08	**机器或机械器具的刀及刀片:**
	-金属加工用:
	---硬质合金制的:
8208.1011	----经镀或涂层的
8208.1019	----其他
8208.1090	---其他
8208.2000	-木器加工用
8208.3000	-厨房器具或食品工业机器用
8208.4000	-农业、园艺或林业机器用
8208.9000	-其他
82.09①	**未装配的工具用金属陶瓷板、杆、刀头及类似品:**
8209.0010	---板
	---条、杆:
8209.0021	----晶粒度小于0.8微米的
8209.0029	----其他
8209.0030	---刀头
8209.0090	---其他
82.10②	**用于加工或调制食品或饮料的手动机械器具，重量不超过10千克:**
8210.0000	用于加工或调制食品或饮料的手动机械器具，重量不超过10千克
82.11	**有刃口的刀及其刀片，不论是否有锯齿（包括整枝刀），但品目82.08的刀除外:**
8211.1000	-成套货品
	-其他:
8211.9100	--刃面固定的餐刀
8211.9200	--刃面固定的其他刀
8211.9300	--刃面不固定的刀
8211.9400③	--刀片
8211.9500	--贱金属制的刀柄
82.12	**剃刀及其刀片（包括未分开的刀片条）:**
8212.1000	-剃刀
8212.2000	-安全刀片，包括未分开的刀片条
8212.9000	-其他零件
82.13	**剪刀、裁缝剪刀及类似品、剪刀片:**
8213.0000	剪刀、裁缝剪刀及类似品、剪刀片

① 本品目的货品不论是否磨刃或经其他加工，只要未装于工具上，均归入本品目；否则应按工具归入相应的品目，主要是品目82.07。

② 在本品目中，具有曲柄、齿轮、阿基米德螺旋装置、泵等机件的器具可视为机械器具。但是，仅具有简单杠杆或活塞机构的器具，除非是准备装于墙壁或其他表面上或装有底板等以便放置于桌面、地板等上的，否则不应视为具有机械特征而归入本品目。

③ 用于制造本品目刀具的刀片可以是未加工或已经机械加工的坯件，也可以是已磨光或完全制成的刀片。

商品编码	商品名称	商品编码	商品名称
82.14①	**其他利口器（例如，理发推剪、屠刀、砍骨刀、切肉刀、切菜刀、裁纸刀）；修指甲及修脚用具（包括指甲锉）：**	8215.1000	-成套货品，至少其中一件物品是镀贵金属的
8214.1000	-裁纸刀、开信刀、改错刀、铅笔刀及其刀片	8215.2000	-其他成套货品
8214.2000	-修指甲及修脚用具（包括指甲锉）		-其他：
8214.9000	-其他	8215.9100	--镀贵金属的
82.15②	**餐匙、餐叉、长柄勺、漏勺、糕点夹、鱼刀、黄油刀、糖块夹及类似的厨房或餐桌用具：**	8215.9900	--其他

① 本品目不但包括本品目所列理发推剪的零件，而且包括品目 84.36 机械推剪用的刀板及刀头。

② 本品目的用具可以是用一件材料制成的，也可以装有贱金属、木材、塑料等制的手柄。根据本章注释三的规定，本品目也包括由品目 82.11 的一把或多把刀具与本品目至少数量相同的物品构成的成套货品。

第八十三章　贱金属杂项制品

注释：

一、在本章，贱金属零件应与制品一同归类。但品目 73. 12、73. 15、73. 17、73. 18 及 73. 20 的钢铁制品或其他贱金属（第七十四章至第七十六章及第七十八章至第八十一章）制的类似物品不应视为本章制品的零件。

二、品目 83. 02 所称“脚轮”，是指直径（对于有胎的，连胎计算在内，下同）不超过 75 毫米的或直径虽超过 75 毫米，但所装轮或胎的宽度必须小于 30 毫米的脚轮。

【编者注】

容易产生归类错误的本章商品包括：

一、有些机动车辆的零附件，在本章已具体列名，如机动车用的锁、机动车辆用的架座及附件等，不应归入品目 87. 08。

二、归入品目 83. 10 的“标志牌”上面必须印有基本内容，有些牌子除标有主要内容外，另外有一些具体项目需日后加工（例如，有些机器铭牌上面只有名称、型号、制造厂名，而机器序号、制造日期等需日后再加），仍归入本品目。

但只印有次要内容而主要内容须手动或用其他方法填入的牌、“标签”、标志及类似品，或没有字母、号码或图案的牌子不能归入品目 83. 11，而应按所属材料归类。

三、未以焊剂涂面或未以焊剂为芯的贱金属丝、条、管、板、电极等不能归入品目 83. 11，而要按材料性质归入相应品目。只有涂有焊剂或带有焊剂芯的焊丝及焊条才归入品目 83. 11。

商品编码	商品名称
83. 01①	**贱金属制的锁（钥匙锁、数码锁及电动锁）；贱金属制带锁的扣环及扣环框架；上述锁的贱金属制钥匙：**
8301. 1000	-挂锁
	-机动车用锁：
8301. 2010	---中央控制门锁
8301. 2090	---其他
8301. 3000②	-家具用锁
8301. 4000	-其他锁
8301. 5000	-带锁的扣环及扣环框架
8301. 6000	-零件
8301. 7000③	-钥匙
83. 02④	**用于家具、门窗、楼梯、百叶窗、车厢、鞍具、衣箱、盒子及类似品的贱金属附件及架座；贱金属制帽架、帽钩、托架及类似品；用贱金属做支架的小脚轮；贱金属制的自动闭门器：**
8302. 1000	-铰链（折叶）
8302. 2000	-小脚轮
8302. 3000	-机动车辆用的其他附件及架座
	-其他附件及架座：

① 本品目还包括电动锁（例如，供公寓街门或电梯门用的）。这些锁可以通过插入磁卡、在电子键盘上输入组合数码或通过无线电波信号等操作开启。

② 本子目不仅包括家庭用的家具锁，而且还包括办公室用的家具锁。

③ 本子目物品用的贱金属钥匙，不论是否已制成（包括粗铸件、锻坯件或冲压坯件）。本子目还包括特制的铁路客车车厢门的钥匙、万能钥匙等。本子目不包括简单门闩、插销等（品目 83. 02），也不包括手提包、公文包、公文箱等用的扣件及钩环（不用钥匙或组合数码开启的）（品目 83. 08）。

④ 本品目包括主要用于家具、门窗、车厢等上面的通用贱金属附件及架座。这些通用货品即使制成供特定用途的，也应归入本品目（例如，机动车辆用的门把手或铰链）。但本品目不包括成为物品构件关键部分的货品，例如，窗架或转椅用旋转机构。

商品编码	商品名称
8302.4100	--建筑用
8302.4200	--其他，家具用
8302.4900	--其他
8302.5000	-帽架、帽钩、托架及类似品
8302.6000	-自动闭门器
83.03	**装甲或加强的贱金属制保险箱、保险柜及保险库的门和带锁保险储存橱、钱箱、契约箱及类似品：**
8303.0000	装甲或加强的贱金属制保险箱、保险柜及保险库的门和带锁保险储存橱、钱箱、契约箱及类似品
83.04①	**贱金属制的档案柜、卡片索引柜、文件盘、文件篮、笔盘、公章架及类似的办公用具，但品目 94.03 的办公室家具除外：**
8304.0000	贱金属制的档案柜、卡片索引柜、文件盘、文件篮、笔盘、公章架及类似的办公用具，但品目 94.03 的办公室家具除外
83.05	**活页夹、卷宗夹的贱金属附件，贱金属制的信夹、信角、文件夹、索引标签及类似的办公用品；贱金属制的成条订书钉（例如，供办公室、室内装饰或包装用）：**
8305.1000	-活页夹或卷宗夹的附件
8305.2000	-成条订书钉
8305.9000	-其他，包括零件
83.06	**非电动的贱金属铃、钟、锣及类似品；贱金属雕塑像及其他装饰品；贱金属相框或画框及类似框架；贱金属镜子：**
8306.1000②	-铃、钟、锣及类似品
	-雕塑像及其他装饰品：
8306.2100	--镀贵金属的
	--其他：
8306.2910	---景泰蓝的
8306.2990	---其他
8306.3000③	-相框、画框及类似框架；镜子
83.07	**贱金属软管，不论是否有附件：**
8307.1000	-钢铁制
8307.9000	-其他贱金属制
83.08	**贱金属制的扣、钩、环、眼及类似品，用于衣着或衣着附件、鞋靴、珠宝首饰、手表、书籍、天篷、皮革制品、旅行用品或马具或其他制成品；贱金属制的管形铆钉及开口铆钉；贱金属制的珠子及亮晶片：**
8308.1000	-钩、环及眼
8308.2000	-管形铆钉及开口铆钉
8308.9000	-其他，包括零件
83.09	**贱金属制的塞子、盖子（包括冠形瓶塞、螺口盖及倒水塞）、瓶帽、螺口塞、塞子帽、封志及其他包装用附件：**
8309.1000	-冠形瓶塞
8309.9000	-其他
83.10④	**贱金属制的标志牌、铭牌、地名牌及类似品、号码、字母及类似标志，但品目 94.05 的货品除外：**
8310.0000	贱金属制的标志牌、铭牌、地名牌及类似品、号码、字母及类似标志，但品目 94.05 的货品除外

---

① 但本品目不包括废纸篓，它们应按其构成金属进行归类（例如，归入品目 73.26）。

② 本子目也包括铃舌、铃柄及铃碗等金属零件（包括同样适合作电铃或其他铃用的）。本子目还包括非电动台铃或门铃用的金属按钮及总控键。

③ 本子目包括装有平面玻璃的框架，但不包括带金属框架的玻璃镜（品目 70.09）。报验时用贱金属镶框的印刷图画及相片，如果其框架具有整件物品的主要特征，应归入本子目，否则应归入品目 49.11。

④ 本品目还包括准备拼成上述标志牌后供商店橱窗陈列、列车指示板等用单个字母、号码或图案（或其套件）。但是，镂花模板应按其构成材料归类。另外，没有字母、号码或图案的牌子或仅有一些次要内容而主要内容须日后填入的标志牌不归入本品目（例如，归入品目 73.25、73.26、76.16、79.07）。

商品编码	商品名称	商品编码	商品名称
83.11[①]	**贱金属或硬质合金制的丝、条、管、板、电极及类似品，以焊剂涂面或以焊剂为芯，用于焊接或沉积金属、硬质合金；贱金属粉黏聚而成的丝或条，供金属喷镀用：**	8311.2000	-以焊剂为芯的贱金属制焊丝，电弧焊用
8311.1000	-以焊剂涂面的贱金属制电极，电弧焊用	8311.3000	-以焊剂涂面的贱金属条和以焊剂为芯的贱金属丝，钎焊或气焊用
		8311.9000	-其他

① 未以焊剂涂面或未以焊剂为芯的贱金属丝、条、管、板、电极等不归入本品目（第七十二章至第七十六章及第七十八章至第八十一章）。

第十六类　机器、机械器具、电气设备及其零件；录音机及放声机、电视图像、声音的录制和重放设备及其零件、附件

注释：

一、本类不包括：

（一）第三十九章的塑料或品目 40. 10 的硫化橡胶制的传动带、输送带及其带料，除硬质橡胶以外的硫化橡胶制的机器、机械器具、电气器具或其他专门技术用途的物品（品目 40. 16）；

（二）机器、机械器具或其他专门技术用途的皮革、再生皮革（品目 42. 05）或毛皮（品目 43. 03）的制品；

（三）各种材料（例如，第三十九章、第四十章、第四十四章、第四十八章及第十五类的材料）制的筒管、卷轴、纡子、锥形筒管、芯子、线轴及类似品；

（四）提花机及类似机器用的穿孔卡片（例如，归入第三十九章、第四十八章或第十五类的）；

（五）纺织材料制的传动带、输送带或带料（品目 59. 10）或专门技术用途的其他纺织材料制品（品目 59. 11）；

（六）品目 71. 02 至 71. 04 的宝石或半宝石（天然、合成或再造）或品目 71. 16 的完全以宝石或半宝石制成的物品，但已加工未装配的唱针用蓝宝石和钻石除外（品目 85. 22）；

（七）第十五类注释二所规定的贱金属制通用零件（第十五类）及塑料制的类似品（第三十九章）；

（八）钻管（品目 73. 04）；

（九）金属丝、带制的环形带（第十五类）；

（十）第八十二章或第八十三章的物品；

（十一）第十七类的物品；

（十二）第九十章的物品；

（十三）第九十一章的钟、表及其他物品；

（十四）品目 82. 07 的可互换工具及作为机器零件的刷子（品目 96. 03）；类似的可互换工具应按其构成工作部件的材料归类（例如，归入第四十章、第四十二章、第四十三章、第四十五章、第五十九章或品目 68. 04、69. 09）；

（十五）第九十五章的物品；或

（十六）打字机色带或类似色带，不论是否带轴或装盒（应按其材料属性归类；如已上油或经其他方法处理能着色的，应归入品目 96. 12），或品目 96. 20 的独脚架、双脚架、三脚架及类似品。

二、除本类注释一、第八十四章注释一及第八十五章注释一另有规定的以外，机器零件（不属于品目 84. 84、85. 44、85. 45、85. 46 或 85. 47 所列物品的零件）应按下列规定归类：

（一）凡在第八十四章、第八十五章的品目（品目 84. 09、84. 31、84. 48、84. 66、84. 73、84. 87、85. 03、85. 22、85. 29、85. 38 及 85. 48 除外）列名的货品，均应归入该两章的相应品目。

（二）专用于或主要用于某一种机器或同一品目的多种机器（包括品目 84. 79 或 85. 43 的机器）的其他零件，应与该种机器一并归类，或酌情归入品目 84. 09、84. 31、84. 48、84. 66、84. 73、85. 03、85. 22、85. 29 或 85. 38。但能同时主要用于品目 85. 17 和 85. 25 至 85. 28 所列货品的零件应归入品目 85. 17，专用于或主要用于品目 85. 24 所列货品的零件应归入品目 85. 29。

（三）所有其他零件应酌情归入品目 84. 09、84. 31、84. 48、84. 66、84. 73、85. 03、85. 22、85. 29 或 85. 38，如不能归入上述品目，则应归入品目 84. 87 或 85. 48。

三、由两部及两部以上机器装配在一起形成的组合式机器，或具有两种及两种以上互补或交替功能的机器，除条文另有规定的以外，应按具有主要功能的机器归类。

四、由不同独立部件（不论是否分开或由管道、传动装置、电缆或其他装置连接）组成的机器（包括机组），如果组合后明显具有一种第八十四章或第八十五章某个品目所列功能，则全部机器应按其功能归入有关品目。

五、上述各注释所称“机器”，是指第八十四章或第八十五章各品目所列的各种机器、设备、装置及器具。

六、

（一）本目录所称“电子电气废弃物及碎料”，是指下列电气和电子组件、印刷电路板以及电气或电子产品：

1. 因破损、拆解或其他处理而无法用于其原用途，或通过维修、翻新或修理以使其仍用作原用途是不经济的；以及

2. 其包装或运输方式不是为了保护单件物品在运输、装卸过程中不受损坏的。

（二）“电子电气废弃物及碎料”与其他废物、废料的混合物归入品目85.49。

（三）本类不包括第三十八章注释四所规定的城市垃圾。

【编者注】

一、本类机电设备所属零件的归类原则

机电设备所属零件的归类应依据本类注释二，概括为三条原则：

（一）具有具体列名的零件归入相应的列名品目；

（二）专用于或主要用于某种设备的零件与整体机一并归类（在没有零件列目的前提下）；

（三）其他零件归入品目84.87或85.43。

上述三原则的关系是依次递进，运用时务必注意顺序。

二、多功能机器、多用途机器及功能机组的归类原则

（一）多功能机器与多用途机器的比较

多功能机器		多用途机器	
条　件	归　类	条　件	归　类
能确定主要功能	按主要功能归类	能确定主要用途	按主要用途归类
不能确定主要功能	从后归类	不能确定主要用途	归入品目84.79

（二）多功能机器与功能机组的比较

	多功能机器	功能机组
结构	属于一个整体	由若干个机器（或机组部件）松散组合
功能	体现多个功能	体现唯一的功能，此“新功能”为第八十四章、第八十五章具体列名的功能
归类	按主要功能归类	按组合后的“新功能”归类，但其中执行辅助功能的机器单独归类

第八十四章　核反应堆、锅炉、机器、机械器具及其零件

注释：

一、本章不包括：

（一）第六十八章的石磨、石碾及其他物品；

（二）陶瓷材料制的机器或器具（例如，泵）及供任何材料制的机器或器具用的陶瓷零件（第六十九章）；

（三）实验室用玻璃器（品目 70.17）；玻璃制的机器、器具或其他专门技术用途的物品及其零件（品目 70.19 或 70.20）；

（四）品目 73.21 或 73.22 的物品或其他贱金属制的类似物品（第七十四章至第七十六章或第七十八章至第八十一章）；

（五）品目 85.08 的真空吸尘器；

（六）品目 85.09 的家用电动器具；品目 85.25 的数字照相机；

（七）第十七类物品用的散热器；或

（八）非机动的手工操作地板清扫器（品目 96.03）。

二、除第十六类注释三及本章注释十一另有规定以外，如果某种机器或器具既符合品目 84.01 至 84.24 中一个或几个品目的规定，或符合品目 84.86 的规定，又符合品目 84.25 至 84.80 中一个或几个品目的规定，则应酌情归入品目 84.01 至 84.24 中的相应品目或品目 84.86，而不归入品目 84.25 至 84.80 中的有关品目。

（一）但品目 84.19 不包括：

1. 催芽装置、孵卵器或育雏器（品目 84.36）；

2. 谷物调湿机（品目 84.37）；

3. 萃取糖汁的浸提装置（品目 84.38）；

4. 纱线、织物及纺织制品的热处理机器（品目 84.51）；或

5. 温度变化（即使必不可少）仅作为辅助功能的机器、设备或实验室设备。

（二）品目 84.22 不包括：

1. 缝合袋子或类似品用的缝纫机（品目 84.52）；或

2. 品目 84.72 的办公室用机器。

（三）品目 84.24 不包括：

1. 喷墨印刷（打印）机器（品目 84.43）；或

2. 水射流切割机（品目 84.56）。

三、如果用于加工各种材料的某种机床既符合品目 84.56 的规定，又符合品目 84.57、84.58、84.59、84.60、84.61、84.64 或 84.65 的规定，则应归入品目 84.56。

四、品目 84.57 仅适用于可以完成下列不同形式机械操作的金属加工机床，但车床（包括车削中心）除外：

（一）按照机械加工程序从刀具库中自动更换刀具（加工中心）；

（二）同时或顺序地自动使用不同的动力头对固定不动的工件进行加工（单工位组合机床）；或

（三）自动将工件送向不同的动力头（多工位组合机床）。

五、品目 84.62 用于板材的“纵剪线”是由开卷机、矫平机、纵剪机和收卷机组成的生产线。用于板材的“定尺剪切线”是由开卷机、矫平机和剪切机组成的生产线。

六、(一) 品目84.71所称“自动数据处理设备”，是指具有以下功能的机器：

1. 存储处理程序及执行程序直接需要的起码的数据；

2. 按照用户的要求随意编辑程序；

3. 按照用户指令进行算术计算；以及

4. 在运行过程中，可不需人为干预而通过逻辑判断，执行一个处理程序，这个处理程序可改变计算机指令的执行。

(二) 自动数据处理设备可以是一套由若干单独部件所组成的系统。

(三) 除本条注释（四）及（五）另有规定的以外，一个部件如果符合下列所有规定，即可视为自动数据处理系统的一部分：

1. 专用于或主要用于自动数据处理系统；

2. 可以直接或通过一个或几个其他部件同中央处理器相连接；以及

3. 能够以本系统所使用的方式（代码或信号）接收或传送数据。

自动数据处理设备的部件如果单独报验，应归入品目84.71。

但是，键盘、X-Y坐标输入装置及盘（片）式存储部件，只要符合上述注释（三）2、3所列的规定，应一律作为品目84.71的部件归类。

(四) 品目84.71不包括单独报验的下述设备，即使它们符合上述注释六（三）的所有规定：

1. 打印机、复印机及传真机，不论是否组合式；

2. 发送或接收声音、图像或其他数据的设备，包括无线或有线网络的通信设备（如局域网或广域网）；

3. 扬声器及传声器（麦克风）；

4. 电视摄像机、数字照相机及视频摄录一体机；

5. 监视器及投影机，未装有电视接收装置。

(五) 装有自动数据处理设备或与自动数据处理设备连接使用，但却从事数据处理以外的某项专门功能的机器，应按其功能归入相应的品目，对于无法按功能归类的，应归入未列名品目。

七、品目84.82还包括最大直径及最小直径与标称直径相差均不超过1%或0.05毫米（以相差数值较小的为准）的抛光钢珠，其他钢珠归入品目73.26。

八、具有一种以上用途的机器在归类时，其主要用途可作为唯一的用途对待。

除本章注释二、第十六类注释三另有规定的以外，凡任何品目都未列明其主要用途的机器，以及没有哪一种用途是主要用途的机器，均应归入品目84.79。品目84.79还包括将金属丝、纺织纱线或其他各种材料以及它们的混合材料制成绳、缆的机器（例如，捻股机、绞扭机、制缆机）。

九、品目84.70所称“袖珍式”，仅适用于外形尺寸不超过170毫米×100毫米×45毫米的机器。

十、品目84.85所称“增材制造”（也称3D打印）指以数字模型为基础，将介质材料（例如，金属、塑料或陶瓷）通过连续添加、堆叠、凝结和固化形成物体。

除第十六类注释一及第八十四章注释一另有规定的以外，符合品目84.85规定的设备，应归入该品目而不归入本目录的其他品目。

十一、(一) 第八十五章注释十二（一）及（二）同样适用于本条注释及品目84.86中所称的“半导体器件”及“集成电路”。但本条注释及品目84.86所称“半导体器件”，也包括光敏半导体器件及发光二极管（LED）。

(二) 本条注释及品目84.86所称“平板显示器的制造”，包括将各层基片制造成一层平板，但不包括玻璃的制造或将印刷电路板或其他电子元件装配在平板上。所称“平板显示”不包括阴极射线管技术。

(三) 品目84.86也包括下列机器及装置，其专用或主要用于：

1. 制造或修补掩膜版及投影掩膜版；

2. 组装半导体器件或集成电路；

3. 升降、搬运、装卸单晶柱、晶圆、半导体器件、集成电路及平板显示器。

（四）除第十六类注释一及第八十四章注释一另有规定的以外，符合品目 84.86 规定的设备及装置，应归入该品目而不归入本目录的其他品目。

子目注释：

一、子目 8465.20 所称“加工中心”，仅适用于加工木材、软木、骨、硬质橡胶、硬质塑料或类似硬质材料的加工机床。这些设备可根据机械加工程序，从刀具库或类似装置中自动更换刀具，以完成不同形式的机械加工。

二、子目 8471.49 所称“系统”，是指各部件符合第八十四章注释六（三）所列条件，并且至少由一个中央处理部件、一个输入部件（例如，键盘或扫描器）及一个输出部件（例如，视频显示器或打印机）组成的自动数据处理设备。

三、子目 8481.20 所称“油压或气压传动阀”，是指在液压或气压系统中专用于传递“流体动力”的阀门，其能源以加压流体（液体或气体）的形式供给。这些阀门可以具有各种形式（例如减压阀、止回阀）。子目 8481.20 优先于品目 84.81 的所有其他子目。

四、子目 8482.40 仅包括滚柱直径相同，最大不超过 5 毫米，且长度至少是直径三倍的圆滚柱轴承，滚柱的两端可以磨圆。

本国子目注释：

一、本国子目 8413.5031 所称“往复式柱塞泵”，由泵缸、柱塞、吸入阀、排出阀和驱动机构组成，工作原理与活塞泵相同，区别在于柱塞是穿过装在泵缸上的固定填料密封件在缸体内运动，其密封性比活塞泵好。

二、本国子目 8413.6040 所称“螺杆回转泵”，由相互啮合的螺杆和泵体内包括螺杆的泵套组成。螺杆泵按螺杆根数分为单螺杆泵、双螺杆泵、三螺杆泵和五螺杆泵。

三、本国子目 8413.6050 所称“径向柱塞泵”，由壳体、油缸主体、配液轴、若干个柱塞和弹簧等组成。配液轴偏心固定在壳体上，当它转动时，柱塞在缸筒内做径向往返运动，进行吸液和注液。

四、本国子目 8413.6060 所称“轴向柱塞泵”，按其结构特征可分为直轴式（斜盘式）和斜轴式（摆缸式）两大类。斜盘式柱塞泵由壳体、转子（驱动轴、缸筒、柱塞）和斜盘组成。壳体端面配有配液盘；缸筒体内安装若干个柱塞，沿圆周方向均匀分布，并能在其中滑动。斜盘固定在壳体上，并与转动轴线的垂线成一定的夹角，斜盘不随转子转动。但转子转动时，驱动轴带动缸筒体转动，柱塞也随之转动，同时柱塞在缸筒体内作轴向的往返运动，进行吸液和注液，柱塞端部始终紧靠在斜盘上。摆缸式轴向柱塞泵的特点是：转子轴线与传动轴轴线之间成一个角度；转子及其各缸筒体内的柱塞分别用带万向接头的连杆与传动轴相连。转子转动时，传动轴带动缸筒体和柱塞一起旋转，同时柱塞在缸筒体内作轴向的往返运动，进行吸液和注液。

五、本国子目 8417.8050 所称“垃圾焚烧炉”，由垃圾前处理系统、焚烧系统、烟气净化系统及煤气发生炉等组成，具有自动送料、分筛、烘干、焚烧、除尘、控制等功能，可用于处理城市生活垃圾、危险废弃物（含医用垃圾）、一般工业垃圾，分为机械炉排焚烧炉、流化床焚烧炉、回转式焚烧炉等。

六、本国子目 8418.2910 所称“半导体制冷式家用型冷藏箱”，又称电子制冷式冷藏箱，利用半导体的热电效应工作，不使用传统制冷工艺和机械运动部件。核心制冷部件是采用 P 型和 N 型两种半导体材料制成的半导体制冷片。

七、本国子目 8419.1200 所称“太阳能热水器”，是指利用太阳能将水从低温加热到高温的装置，由太阳能集热器、储水箱、支架及相关附件组成，主要依靠太阳能集热器把太阳能转换成热能，使水产生微循环而产生所需热水。

八、本国子目8421.2191所称“船舶压载水处理设备”，是指采用单一或者综合的机械、物理、化学和生物处理方法，清除、无害化处置压载水及沉积物中有害水生物和病原体的压载水处理设备及控制和监测设备。

九、本国子目8421.3924所称“电袋复合除尘器”，是指静电除尘和过滤除尘机理有机结合的一种复合除尘器。除尘器内部安装电场区和滤袋区，下部设灰斗，前后端有进、出气箱，进气箱内设气流均布装置。除尘器配有高压供电电源、电气控制装置和清灰装置等，主要用于火电、建材、冶金等行业烟尘治理。

十、本国子目8421.3940所称“烟气脱硫装置”，一般由烟气脱硫反应器、吸收剂制备及供应系统（如循环浆液泵、生石灰消化器、雾化喷嘴、旋转喷雾器等）、副产物处理系统（如水力旋流分离器、真空皮带脱水机或圆盘脱水机、石膏筒仓或石膏库等）、脱硫增压风机、除雾器、烟气挡板门、搅拌器等组成，主要用于火电、冶金、建材等行业烟气脱硫。目前的脱硫工艺为石灰石/石灰-石膏法脱硫、烟气循环流化床法脱硫、氨法脱硫、镁法脱硫、钠法脱硫等，其中以石灰石/石灰-石膏法脱硫设备为主。

十一、本国子目8421.3950所称“烟气脱硝装置”，一般由反应器、氨气稀释风机、混合器、喷氨混合系统、还原剂储运制备系统（如尿素溶液储罐、尿素溶液运输泵、尿素水解反应器等）、测试与控制系统等组成，可带有还原剂喷射系统（如喷枪、还原剂计量装置）等。该装置主要利用还原剂与氮氧化物发生化学反应生成氮气和气态水，降低烟气中氮氧化物排放量，主要用于火电、建材、冶金等行业烟气脱硝。目前的脱硝工艺包括选择性催化还原法（SCR）、选择性非催化还原法（SNCR）、SNCR-SCR联合法，其中以SCR脱硝设备为主。

十二、本国子目8424.8920所称“喷涂机器人”，是指专用于自动喷漆或喷涂其他涂料的工业机器人，由机器人本体、减速器、控制系统、伺服系统、喷具和涂料输供系统等部分组成，主要应用于汽车、船舶、仪表、电器、搪瓷等生产部门。

十三、本国子目8428.9020所称“机械式停车设备”，是指通过机械方式搬运、停放车辆的机械设备。此类设备大多采用自动控制、计算机管理等手段，综合应用机、电、声、光、自动化等技术，达到存取储放车辆的高效率、高可靠性和高安全性。此类设备分为升降横移类、垂直循环类、水平循环类、多层循环类、平面移动类、巷道堆垛类、垂直升降类和简易升降类等多种类型。主要由钢结构件、传动系统、控制系统等部分组成。

十四、本国子目8428.9031所称“堆取料机械”，属于大型料场专用设备，一般分为臂式斗轮堆取料机、桥门式斗轮堆取料机和刮板式堆取料机三类。其中，臂式一般由取料机构（堆料机无取料机构），输送机构，回转、俯仰、行走机构，金属结构，电气控制设备等组成。桥门式和刮板式结构形式不同，但工作原理基本类似。

十五、本国子目8430.3110所称“采（截）煤机”，由工作装置、机体和行走装置组成。装有截齿的滚筒或螺旋圆盘组成旋转工作装置，通过摇臂安装在机体上，机体安装在齿轮、齿条啮合的行走装置或履带式行走底盘上。工作时，机体在行走装置的推动下沿煤体移动，同时工作装置旋转，截齿击碎煤层，切割下的煤落入工作装置下的输送机上送出。

十六、本国子目8430.3120所称“凿岩机”，是用来直接开采石料的工具，由一环形切割链环绕一金属臂运作，切割平面和角度均可调节，一般与工程车、液压挖掘机等配套使用。

十七、本国子目8430.3130所称“隧道掘进机”，是指用机械破碎岩石、出碴和支护，实行连续作业的一种综合设备，利用回转刀具开挖，破碎洞内围岩及掘进，形成整个隧道断面。一般由刀盘、主驱动、盾体、推进系统、输送机、注浆系统、液压系统、控制系统、导向测量系统、管片拼装系统、润滑系统等组成。

十八、本国子目8431.2010所涉及的“品目84.27所列机械的驱动桥”，是品目84.27所列机械传动系统的组成部分，由主减速器、差速器、半轴、轮边减速器、桥壳等构成，主要功能是增大由传动轴或变速器产生的转矩，并将动力合理分配给左右驱动轮。

十九、本国子目 8431. 4920 所涉及的“工程机械的驱动桥”，是品目 84. 26、84. 29 或 84. 30 所列机械传动系统的组成部分，由主减速器、差速器、半轴、轮边减速器、桥壳等构成，主要功能是增大由传动轴或变速器产生的转矩，并将动力合理分配给左右驱动轮。

二十、本国子目 8432. 3111 所称“免耕谷物播种机”，是指在未经耕整、有作物残茬覆盖的土地上，不实行任何土壤耕作或进行少量旋耕作业（动土率小于等于 40%）的条件下，能直接完成播种作业的播种机，主要完成开沟、排种、覆土和镇压等作业。按排种方式的不同，排种器分为槽轮式、磨盘式、气力式等。

二十一、本国子目 8432. 3121 所称“免耕马铃薯种植机”，是指按一定行距、种薯间距和栽种深度种植马铃薯的机具，能一次完成开沟（或起垄）、施肥、栽种薯块和覆土等作业。

二十二、本国子目 8432. 3131 所称“免耕水稻插秧机”，是指按一定行距、株距、秧苗数和栽植深度将水稻秧苗栽植于水田的机具，通常由发动机、秧苗箱、送秧机构、分插机构、动力驱动、行走装置等部件组成。

二十三、本国子目 8433. 5920 所称“棉花采摘机”，由驾驶室、发动机、行走机构等基本机构和采棉滚筒、气流输送装置、集棉箱等主要工作部件组成。在棉花采摘机前进时，扶导器压缩棉株，并把棉株引入由采棉滚筒及固定护板组成的工作室（采棉区），棉株宽度被积压成 8~9 厘米，旋转着的采棉滚筒有规律地把摘锭送入采棉区，旋转的摘锭伸出栅板，插入被挤压的棉株，同开裂棉铃相遇，其钩齿抓住籽棉，把棉絮从开裂的棉铃中拉出，缠绕在摘锭上。然后摘锭进入脱棉区，高速旋转的橡胶圆盘式脱棉器将摘锭上的籽棉脱下，落入集棉室，由气流管道送入集棉箱。摘锭从湿润器下边通过时，表面涂上一层水，清除掉绿色汁液和泥土垢（以利于采棉和脱棉）后重新进入采棉区。

二十四、本国子目 8433. 6010 所称“蛋类清洁、分选、分级机器”，包括蛋类清洁机、蛋类分选分级机。蛋类清洁机是将蛋类通过专用输送带送入水槽中，分别经过浸润、软刷、漂淋等连续的工艺，将附着于蛋类表面的污物去除的机器。蛋类分选分级机是根据蛋类重量、蛋壳颜色进行分类，或根据设定对蛋类表面是否干净、有无裂纹等情况进行判断和剔除，并根据这些信息将不同类别的蛋送往不同包装通道（进行包装）的设备。

二十五、本国子目 8437. 1010 所称“光学色差谷物颗粒选别机（色选机）”，运用特定的光学方法，凸显被选物料与正常物料的颜色或形状差异，这些差异被电子视觉系统检测，经控制系统处理产生输出信号，控制执行机构剔除被选物料，得到品质一致的物料。

二十六、本国子目 8443. 3214 所称“热敏打印机”，是指采用加热显色技术实现打印输出的打印机。其结构仅包括热敏打印头、进纸胶辊及进纸电机等，不需要各种复杂的辅助机构。热敏打印机可作为模块嵌入各种终端设备中使用，广泛应用于条码、标签、收据、日志等专业打印领域。

二十七、本国子目 8443. 9111 所称“卷筒料给料机”是指为卷筒料印刷机连续供料的辅机。卷筒料自动给料机按更换料卷的方式分为高速接料机和零速接料机两类。高速接料机是指印刷机在全速或略微降速的运行过程中，两料卷（更换料卷与被更换料卷）在同速运行状态下完成粘接、更换料卷的自动接料装置；零速接料机是指两料卷（更换料卷与被更换料卷）在静止状态下完成粘接，而印刷机仍在正常高速运行，在此期间是由给料机的料卷储存装置（储料器）向印刷机供给输送料带的自动接料装置。

二十八、本国子目 8443. 9921 所称“热敏打印头”，是指数字印刷机的部件，由排成矩阵的小型电加热器和逻辑电路组成。逻辑电路控制加热器工作和进纸，当加热器被驱动时在介质上就会产生一个与加热元素相对应的图形，从而完成输出图像的任务。

二十九、本国子目 8447. 2011 所称“特里科经编机”，其织物牵拉方向与织针平面近似成直角，织物张力由织针承担。在成圈配置以及编织方面的特点如下：（1）沉降片上纱线接触点为 2 个；（2）经轴一般放在机器后面或者放在机器的顶部；（3）织针可以从机前更换；（4）老式特里科经编机导纱梳栉编号从机后到机前（从 2001 年 1 月开始，编号从机前到机后）；（5）使用复合针；（6）没有牵拉就可以起头编织；（7）光编链组织不能编织（编链衬纬可以编织）；（8）纱线与坯布牵拉成 90°，织针受力较大。

三十、本国子目 8447.2012 所称“拉舍尔经编机”，其织物牵拉方向与织针平面近似平行，织物张力对织针不大起作用。在成圈配置以及编织方面的特点如下：(1) 沉降片纱线接触点为 3 个；(2) 经轴一般放在机器的顶部；(3) 织针必须从机后更换；(4) 导纱梳栉的编号从机前到机后；(5) 使用复合针和舌针；(6) 没有牵拉不能起头编织；(7) 光编链线圈也能编织；(8) 纱线与坯布牵拉成 170°，织针受力较小。

三十一、本国子目 8448.3940 所称“环锭细纱机紧密纺装置”，又称环锭细纱机集聚纺装置，一般安装在环锭细纱机的牵伸部分，可适应纺多种纤维，通过对加捻点的纺纱三角区中纤维的控制，纺出高质量的紧密纱线。这种纱线具有纺纱强力高、毛羽少、条干好等特点。

三十二、本国子目 8449.0010 所称“针刺机”，主要结构由送网机构、针刺机构、牵拉机构、花纹机构（仅花纹针刺机有此机构）、传动机构、附属机构、机架等组成。针刺机按加工纤网的状态可分为预针刺机和主针刺机；按结构可分为单针梁式和双针梁式；按传动形式可分为上传动式和下传动式。针刺法是一种机械加固方法，其基本原理是用截面为三角形（或其他形状）且棱边带有钩刺的针，对蓬松的纤网进行反复针刺，将纤网加工成具有一定厚度和强度的针刺法非织造布。

三十三、本国子目 8449.0020 所称“水刺设备”，主要结构由水刺装置（水刺头）、输送网帘（或辊筒）、抽吸装置和水循环装置等组成。水刺装置是由内部带有通水孔的集流腔体与水针板组成，采用耐腐蚀和耐高压材料制成。水针板是一个长条薄型不锈钢板，根据工艺要求，在针板上开有单排孔、双排孔或三排孔。一般水刺装置的配置为四上四下，可以水平排列，也可以圆周排列。水刺设备一般是将两组或多组水刺装置串联使用。水刺法又称射流喷射网法、水力缠结法、喷水成布法，采用高速高压的水流及部分反射水流促使纤维相互缠结抱合，以加固纤网，制成水刺法非织造布。

三十四、本国子目 8450.1110、8450.2011 所涉及的“波轮式全自动洗衣机”，主要结构由箱体、洗涤桶、外桶（盛水桶）、电机、传动部件以及全自动程序控制器、传感器等电控系统组成。电机等洗涤系统轴向垂直设置。其工作原理为：通过各种器件组成的控制电路来控制电机、进水阀、排水阀，使洗衣机实现程序运转；依靠装在洗衣桶底部的波轮正、反旋转形成水流，带动衣物上、下、左、右翻转，使衣物在洗涤液中进行柔和地摩擦，在洗涤剂的作用下实现去污清洗，洗涤过程全自动控制。

三十五、本国子目 8450.1120、8450.2012 所涉及的“滚筒式全自动洗衣机”，主要结构由箱体、洗涤桶、外桶（盛水桶）、电机、传动部件、平衡块以及全自动程序控制器、传感器等电控系统组成。电机等洗涤系统轴向水平设置。其工作原理为：通过各种器件组成的控制电路来控制电机、进水阀、排水阀，使洗衣机实现程序运转；模仿棒锤击打衣物原理设计，利用电动机的机械做功使滚筒旋转，带动衣物在滚筒中不断地被提升摔下，做重复运动，加上洗涤剂与水的共同作用使衣物洗涤干净，洗涤过程全自动控制。

三十六、本国子目 8452.1091 所称“手动式家用型缝纫机”，又称为缝纫器，产品体积通常小于 15 厘米×10 厘米×15 厘米，重量小于 2 千克，可随身携带，手握按压式动力，作单线链式线迹缝纫，能够缝纫悬挂着的窗帘、壁挂、手帕、围裙、枕套等，也可缝制小衣物等。

二十七、本国了目 8452.2120 所称“非家用自动包缝机”，是指由直针线和弯针线，通过机器的运动循环穿套在缝料边缘形成包缝链式线迹（500 类包缝链式线迹），将缝料包边并缝合的工业缝纫机，采用微型计算机控制，具有自动剪线、定针位、抬压脚等自动功能。机器由机壳、传动机构、针杆机构、勾线机构、送料机构、压脚机构、切刀机构以及机架、台板、控制系统、驱动电机等机构与部件组成，产品主要用于服装的包边、包缝、镶边等，能有效防止缝料边缘脱散，广泛应用于印染、服装、地毯等行业。

三十八、本国子目 8452.2130 所称“非家用自动绷缝机”，是指利用针、梭两种缝线自连、互连、交织，在缝料底面形成单面覆盖链式线迹，或在缝料正面再增加覆盖线形成双面覆盖链式线迹（400 类多线链式线迹），将两层或多层缝料缝合的工业用缝纫机，采用微型计算机控制，具有自动剪线、拔线、倒缝、定针位及抬压脚等自动功能。产品主要由机壳、刺料机构、主轴传动机构、上轴传动及挑线机构、勾线机构、绷针机构、送料机构、输回油机构以及机架、台板、控制系统、驱动电机等组成，主要应用于针织服装厂缝制棉毛衫、汗衫及类似的化纤织物的搭缝连接、针织服装的滚领、滚边、折边、拼接缝等作业。

三十九、本国子目 8457.1091 所称“加工金属的铣车复合加工中心”，是在车床基础上复合了铣削功能，利用刀具移动或旋转和工件旋转的合成运动实现对工件表面的切削加工的设备。工件主轴为水平或垂直状态，并配有自动换刀装置（刀库机械手），主要用于工序多、形状复杂的回转体零件的加工。与车削中心相比，增加了一个具有完备铣削功能的铣削单元（铣主轴）和自动换刀装置（刀库机械手）。

四十、本国子目 8458.9110 所称“切削金属的立式数控车床”，主要由床身、立柱、刀架、工作台（卡盘）、X/Z 轴进给等组成，其主轴处于垂直位置，主要有两种结构形式：（1）主轴和工作台（卡盘）位于下方的床身上，刀架在立柱上，适于加工大型和重型零件，通常称为数控立式正置车床；（2）主轴和卡盘位于立柱上，刀架则位于下方床身上，适于加工中小型盘、盖类零件，自动化程度高，通常称为数控立式倒置车床。

四十一、本国子目 8460.2311 所称“高精度曲轴磨床”，是曲轴精加工设备，一般由基础部分（床身、工作台）、支承部分（头架、尾架、卡盘、中心架等）、砂轮架、进给机构、数控系统、液压系统、对刀测量装置等组成。主要用于磨削汽车、拖拉机、机车内燃机、柴油机及船用发动机用曲轴。

四十二、本国子目 8460.4010 所称“珩磨机床”，是指利用珩磨头与工件表面接触，进行相对的旋转和往复运动或其他多自由度的运动，借二者相互修整作用，提高工件尺寸、形状精度和表面质量的磨削机床。珩磨机床主要在汽车、拖拉机、液压件、轴承、航空等制造业中用于珩磨工件的孔。除此之外，珩磨机床还包括加工其他表面的外圆珩磨机、气缸珩磨机、轴承滚道珩磨机、平面珩磨机、曲面珩磨机、球面珩磨机、顺序加工珩磨机等。

四十三、本国子目 8460.4020 所称“研磨机床”，是指利用涂敷或压嵌在研具上的磨料或加入游离磨料，通过研具与工件在一定压力下的相对运动，对工件表面进行精整的磨削机床。研磨机床主要用于研磨工件中的高精度平面、内外圆柱面、圆锥面、球面、螺纹面和其他型面。除此之外，研磨机床还包括用于研磨圆柱形工件的无心研磨机。

四十四、本国子目 8461.4011 所称“齿轮磨床”，是指利用磨具对齿轮表面进行磨削加工的精加工设备，一般由工作主轴、床身、砂轮主轴、辅助单元等组成。按齿轮型式分为渐开线圆柱齿轮磨床和锥齿轮磨床。

四十五、本国子目 8466.9310 所称“刀库”，是指存放待换工具的装置，“自动换刀装置”是指能自动更换加工中所用工具的装置。刀库系统是用于满足自动化加工过程中所需储刀及换刀需求的一种装置，由自动换刀机构及可以储放多把刀具的刀库构成。该装置由电脑程序控制，可完成各种不同的加工需求，如铣削、钻孔、镗孔、攻牙等，大幅缩短加工时程，降低生产成本。刀库可分为斗笠式、圆盘式、链条式，自动换刀装置则可分为油压机构、气压机构、电气凸轮机构三类。目前，电气凸轮机构因设计简单使用操作可靠被广泛采用。

四十六、本国子目 8471.3010 所称“平板电脑”，是指输入输出部件集成在一起、以触摸屏为基本输入设备的便携式电脑（通常屏幕大于等于 7 英寸）。

四十七、本国子目 8471.4991 所称“分散型工业过程控制设备”，即分散型控制系统（DCS），是利用计算机技术对生产过程进行分散控制，以及进行集中监视、操作、管理的一种控制系统。其核心结构可归纳为“三点一线”式结构，“一线”是指 DCS 的骨架计算机网络，“三点”是指连接在网络上的三种不同类型的节点：现场控制站、操作员站和工程师站。该本国子目的商品应构成系统，单独报验的部件应根据其报验状态归入相关品目。例如，单独报验的现场控制站应归入品目 85.37 或品目 90.32。

四十八、本国子目 8477.1010 所称“注塑机”，又名塑料注射成型机，是将固态的塑料（玻璃态）原料经过塑化装置塑化为熔融态（粘流态），在压力的作用下注射入密闭的膜腔内，利用塑料成型模具将热塑性塑料或热固性塑料制成各种形状，经保压冷却定型后，开模顶出而制得塑料制品的一种成型设备。

四十九、本国子目 8477.3010 所称“挤出吹塑机”，是指挤出机和吹塑装置的组合体，由挤出机及型坯模具、吹塑模具、吹胀装置、合模机构、型坯厚度控制系统、传动机构等组成。

五十、本国子目 8477.3020 所称“注射吹塑机”，是指注塑机与吹塑装置的组合体，由塑化机构、液压系统、合模结构、型坯模具、吹塑模具、吹胀装置、控制电器等组成。

五十一、本国子目 8477.3090 所称“其他吹塑机”，包括特殊结构的吹塑机，这些吹塑机是用片材、型材等熔融型坯或冷型坯，吹塑成具有特殊形状和用途的中空制件的吹塑机。

五十二、本国子目8479.5011所称“协作机器人”，是指能和人类在共同工作空间中协同工作的机器人，由执行机构、一体化关节和控制系统组成，其中一体化关节又由伺服电机、减速器、编码器、驱动器和通信总线等组成。

五十三、本国子目8479.8992所称“自动化立体仓储设备”，主要用于单元货物的立体存放、自动存放信息管理，由电气控制元件、计算机软硬件等部分组成，按存储单元大小和存储规模设计、制作存储货架和自动存放设备，并编制设备控制和货位管理软件进行操作，属于机电信息管理一体化应用技术。

五十四、本国子目8480.4110所称“压铸模”，一般是由两个互补冷硬铸模组成，其型腔与所需铸件两面的形状相同，合模后将融熔状态的金属液体注入模腔，经加压、保压、冷却、开模，生产出各种压铸件。在某些情况下，这两个互补冷模还对熔融金属施加一定的压力。

五十五、本国子目8480.4120所称“粉末冶金用压模”，用于压制各种粉末冶金件。将模具组装到压力机上，调试，在开模状态下装入金属粉末（钢粉、铜粉、不锈钢及各种合金粉等），压力机动作，加压，模具压紧，将经过烧结的金属粉末在高压下成型为零件。

五十六、本国子目8480.7110所称“硫化轮胎用囊式型模”，由两个可调节的金属冷硬铸模组成，用蒸汽或电加热，内有环状的充气袋或热水袋，以将胎坯牢牢地压向型模的内壁。

五十七、本国子目8481.8021所称“电磁换向阀”，是一种换向阀，其作用是利用电磁铁的推力来驱动阀芯运动以变换流体流动方向。它有滑阀和球阀两种结构，通常所说的电磁换向阀为滑阀结构，球状或锥状阀芯的电磁换向阀被称为电磁换向座阀，也称电磁球阀。根据第八十四章子目注释三的规定，用于传动系统的换向阀不应归入本子目。

五十八、本国子目8481.8031所称“电子膨胀阀”，是一种流量阀，其作用是在阀的进出口压差变化的情况下，维持通过的流量恒定，从而维持与之串联的被控对象的流量恒定。电子膨胀阀主要用于变频制冷系统中，实现对系统制冷流量的自动调节，使系统始终保持在最佳的工作状况下运行。电子膨胀阀由阀体和线圈两部分组成，阀体由阀座部件、转子部件和止动器三个部件组成，线圈由缠绕在骨架上的上下绕组、导磁体和引出电缆等组成。线圈与阀体内永磁转子组成永磁步进电机，通过控制线圈的脉冲输入信号可以实现阀体内转子部件的正反向旋转。转子的转动通过丝杆和螺母的螺纹传动，将转子部件的旋转运动转化为阀针轴向移动，从而调节阀口通流面积的大小，实现系统制冷流量大小的自动调节。电子膨胀阀是采用步进电机驱动的电力驱动阀门。

五十九、本国子目8482.1010所称“调心球轴承”，是指滚道是球面形，能够调整沟道轴线间的角偏差及角运动的轴承。

六十、本国子目8482.1020所称“深沟球轴承”，是指每个套圈均具有横截面弧长约为球周长三分之一的连续沟道的向心球轴承。

六十一、本国子目8482.1030所称“角接触球轴承”，是指公称接触角大于0°、小于等于45°的向心球轴承（包括三点接触和四点接触球轴承），不包括推力角接触球轴承。

六十二、本国子目8482.1040所称“推力球轴承”，是指公称接触角大于45°、小于等于90°，主要用于承受轴向载荷的球轴承。按公称接触角的不同，公称接触角为90°的推力球轴承称为轴向接触轴承；公称接触角大于45°、小于90°的推力球轴承称为角接触推力轴承。

六十三、本国子目8483.1011所称“船舶用柴油机曲轴”，是船用柴油机的重要组成部分，主要功能是与连杆配合将作用于活塞上的气体压力转变为传动轴（包括曲轴）的旋转动力，曲轴一般由主轴颈、连杆轴颈、曲柄、平衡块、前端和后端等组成。

六十四、本国子目8486.9091所称“带背板的溅射靶材组件”，由裸靶和支撑背板两部分组成，通过焊接连接为一体。裸靶原材料通常为高纯金属或金属合金，通过特殊的热机械处理和精密机械加工制造而成，背板通常带有与溅射机配合的连接孔、定位突起或卡环、卡口等结构。无背板结构单金属裸靶按原材料归类。

【编者注】

一、本章商品包括的范围

除第十六类注释一及本章注释一另有规定的外，本章包括能量转换、能量变化及利用机械能（还包括其他能量）做功的机器、设备、装置及器具（以下简称机器）。

电能与机械能转换的机器不归入本章（应归入第八十五章）。

本章主要分为三部分：

1. 通用机器（按商品功能列目）；
2. 行业机器（按商品用途列目）；
3. 通用机械零件。

具体如下表：

分类	序号	商品列名	归类
–	1	核反应堆、非放射性释热元件和同位素分离机器及装置	84.01
通用机器	2	锅炉及其他气体发生器	84.02~84.05
	3	各种动力机器	84.06~84.12
	4	液体传输设备、气体压缩、抽真空设备与风机风扇	84.13~84.14
	5	能量（热能）的转换机器	84.15~84.19
	6	其他按功能列名的机器（离心机、过滤装置、包装及其衡器、喷射装置）	84.20~84.24
行业机器	7	工程机械（起重、装卸、土木、采矿、钻探等）	84.25~84.31
	8	农业及食品加工机器	84.32~84.38
	9	纸、纸制品加工机器；印刷机器	84.39~84.43
	10	纺织、针织机械、皮革加工机械	84.44~84.53
	11	金属冶炼与铸造机械	84.54~84.55
	12	金属与硬质材料加工机械	84.56~84.66
	13	装有动力装置的手提式工具	84.67
	14	焊接机器及装置（例如，锡焊）	84.68
	15	办公机械、自动数据处理设备	84.70~84.73
	16	矿山机械及泥、土、砂、石的加工机械，玻璃及玻璃制品的制造或热加工器	84.74~84.75
	17	自动售货机	84.76
	18	橡胶、塑料及其产品的加工机器	84.77
	19	烟草的加工与制造机器	84.78
	20	增材制造设备	84.85
	21	制造半导体、集成电路、平板显示器的机器与装置	84.86
–	22	本章其他品目未列名的具体独立功能的机器	84.79
通用机械零件	23	列名的通用机械零件	84.80~84.84
	24	未列名的通用机械零件	84.87

二、本章的“功能优于用途”原则

“功能优于用途”原则，是指当一个商品既可按功能归入品目84.01至84.24中一个或几个品目或者属于半导体工业、平板显示器工业的品目84.86商品，又可以按用途归入品目84.25至84.80中的一个或几个品目时，要优先考虑功能或品目84.86。

需要注意的是：在品目84.86和品目84.01至84.24中，品目84.86要更优先。

这一点非常重要，由于总规则三（三）要求“从后归类”，因此，本章的“功能优于用途”原则往往被忽略或混淆。

三、本章机床类商品的“特种优于普通”原则

目录将加工机床细分为10个四位数级品目，而且按两种方法分类，一种按机床车、钻、磨、刨等切削功能分类，另一种按切削加工普通工艺（普通机床）、切削加工的特殊工艺，即用激光、其他光或光子束、超声波、放电、电化学法、电子束、离子束或等离子弧处理各种材料的加工机床（特种机床）。由此在归类上可能会引起歧义。

因而，本章注释三规定：“如果用于加工各种材料的某种机床既符合品目84.56的规定，又符合品目84.57、84.58、84.59、84.60、84.61、84.64或84.65的规定，则应归入品目84.56。”这就是说，当出现既可按特种加工机床归类，又可按普通加工机床归类时，应优先考虑特种加工机床，归入品目84.56。这就是机床类商品的“特种优于普通”原则（本章注释三）。

四、加工中心、单工位组合机床、多工位组合机床的归类原则

目录关于加工中心、单工位组合机床、多工位组合机床的定义，品目84.57列名了加工中心、单工位组合机床、多工位组合机床这3种加工机床，为了方便归类和统一定义，本章注释四对此作了明确解释：

1. 加工中心：按照机械加工程序从刀具库中自动更换刀具；

2. 单工位组合机床：同时或顺序地自动使用不同的动力头对固定不动的工件进行加工；

3. 多工位组合机床：自动将工件送向不同的动力头。

五、带有或与自动数据处理设备连接使用并且从事某项专门功能机器的归类原则

为明确自动数据处理设备范围，在本章注释六中规定：品目84.71不包括装有自动数据处理设备或与自动数据处理设备连接使用并且从事数据处理以外的某项专门功能的机器。

这类机器应按照其本身具有的功能归入相关的品目，无法按功能归类的，归入品目84.79的未列名品目。

六、本章重点商品的归类原则

（一）动力机械

品目84.12的商品，目录把这些液压/气压装置也视为动力机械。很多机械设备与运输工具均装有这类液压、气压装置，在归类时要注意它们应归入品目84.12，而不是所属设备的零件。

（二）泵与压缩机

陶瓷材料制的泵（例如，用于抽吸腐蚀性流体）是不归入品目84.13的，根据本章注释一（二），它们应按材质归入品目69.09。

由于很多制冷设备需要使用压缩机，要注意不要将其归入所属设备的零件。

（三）空调与制冷设备

空调在目录中的定义如下：“本子目仅包括同时符合下列3个条件的机器：1. 装有电动的风扇或鼓风机；2. 既可调节空气的温度又可调节空气的湿度（装有增湿或干燥装置或两者兼有）；3. 上述一及二项所列装置一同报验。”由此可见，必须同时满足以上条件，目录才视之为空调。

需要着重注意以下几点：

1. 关于不同进口状态“空调器”的归类

子目8415.90包括单独报验的子目8415.10项下分体式空调器的室内机和室外机。

室内机和室外机通过电线和铜管连接，冷媒通过铜管在室内机和室外机之间流动。

2. 可逆式热泵的归类

可逆式热泵由电扇与调温及调湿装置组成。这类设备应按空气调节器归入品目84.15。

（四）利用温度变化处理材料的机器

归入品目84.19的机器设备可以带有机械设备，也可不带机械装置。它们可用任何方式（煤油、蒸

汽、电力等）加热。品目84.19仅包括非家用设备。

这类商品归类时，须注意的是：

还有许多看似可以按照用途归入本章其他子目的商品最终归入品目84.19，是因为本章注释二明确了“功能优于用途”的归类原则。

（五）液体、气体的过滤装置及净化设备

这些装置从应用上明显适用于目录其他品目所列行业，但考虑到其功能列名的具体性，仍然归入品目84.21。

（六）衡器

感量为50毫克或更精密的衡器不归入品目84.23，而归入品目90.16。

（七）工程机械

目录将工程机械分别列入品目84.25~84.31，归类时要明确注意如下几点：

1. 自推进式机器与车辆的区别

区分这两类商品的标准是其底盘或底座的不同。一般来说，作为搬运、挖掘等机器组成部分的推进底座，可以根据其特别的结构特征（例如，形状、底盘、移动装置等）与第八十七章的牵引车、拖拉机区别开来。对于牵引车式的推进底座，归类时还要重点考虑其整套设备的构造及专门用以执行各种功能（牵引及推动功能除外）的设备的技术特征。

例如，不归入第八十七章的推进底座往往配有坚实部件（例如，支座、支承板、梁、旋转起重机台等），构成底盘机架的一部分或固定（一般通过焊接）在底盘机架上，用以支承工具操纵装置。此外，这些推进底座还装有以下几种关键部件：内装液压系统，用以操纵工具的大功率设备；特种变速箱，例如，倒挡的最高速度不低于前进挡的最高速度的变速箱；液压离合器及转矩变换器；平衡锤；用以增加底座稳定性的加长履带；后置发动机的特制框架等。

2. 单一列名功能的工业机器人与多功能机器人的区别

简单更换不同工具即可执行各种功能的工业机器人应视为通用机器人，归入品目84.79。具有某种特定功能的工业机器人应按其功能归类。

3. 与机动车辆零件完全相同的工程机械零件的归类

品目84.31不包括与机动车辆的零件完全相同，并且不是专用于或主要用于品目84.25至84.30所列机械的零件。因此，这些零件应作为机动车辆的零件归类（品目87.08），车轮、驾驶及制动装置尤其应按这一规定办理。

（八）金属及硬质材料的加工机床

金属及硬质材料的加工机床分布在目录的品目84.56~84.66，归类时要注意如下几点：

1. 机床类商品的“特种优于普通”原则。

2. 主要功能明确且可进行其他辅助性操作的机床的归类。

这类机床主要功能明确，但除此之外可进行其他辅助性操作。这类机床应按照主要功能的列名来归类。例如，品目84.59中的部分镗床的主要功能是镗削，但还可进行钻削、平面切削、铣削、车削，有时甚至可能螺纹切削。

3. 加工硬质材料机床的归类。

加工硬质材料的机床归入品目84.65。本品目不包括对加工时不具有硬质材料特征的材料进行加工的机器，即使这些材料在本品目中已经列名。因此，软塑料或未硬化橡胶的切割机或切片机不归入本品目（品目84.77）。此外，本品目也不包括用粉状或粒状材料制造产品的机器，例如，塑料模制机（品目84.77）、黏聚和模压木材或其他木质材料的微粒或纤维用的机器（品目84.79）或其他类似机器。

4. 机床与手动工具、手提式工具的区别。

机床一般是动力驱动的，但手动或脚踏式的类似机器也归入这里。这些非动力驱动机器与品目82.05的手工工具及品目84.67的手提式工具的区别在于，这些机器通常是安装在地板、工作台、墙壁或另一台机器上的，因此一般配有底座、支架等。

(九) 自动数据处理设备

自动数据处理设备归入品目84.71，其零件归入品目84.73。数据处理的含义是指按预定的逻辑顺序对各种信息进行处理，既可专用于某一方面，也可用于多方面。自动数据处理设备可根据预定指令（程序），进行逻辑上相互关联的操作，以提供可直接使用的数据。有些数据则用作其他数据处理依据。

这些机器可以是一个独立单元，即将所有数据处理部件装在同一机壳内；也可以是由多个分立部件所组成的系统。按数据处理方式的不同，这些机器可分别称为数字式、模拟式或混合式（模拟/数字式）数据处理机。

归类时应注意以下几点：

1. 带有或与自动数据处理设备连接使用并且从事某项专门功能机器的归类原则。

2. 可能误归入品目84.71、84.73的常见情况。

由于一些商品用于计算机网络或属于计算机周边产品，容易造成归类差错。并且一些特别的计算机零部件也不归入这里。例如，显示器归入第八十五章，打印机归入品目84.43。

(十) 未列名具有独立功能的机械设备

具有独特功能的未列名的机械设备归入品目84.79，这个品目被称为“万能品目”或“兜底品目”。但不是所有未列名的机械商品都归入这里。

1. “具有独立功能”的机器必须符合以下3个条件：

(1) 任何类或章注释中均未规定不包括在本章内；

(2) 未更为具体地列入目录其他各章的某一品目内；

(3) 根据其功能、品名、种类、用途和可同时归入两个或多个其他品目（通用机器）情况均不能归入其他品目。

本品目所列的机器与机器零件等（应按零件的归类总原则归类）之间的区别在于它们具有独立功能。

2. 下列机械装置应视为具有“独立功能”：

(1) 可独立于其他机器设备之外执行其功能的机械装置（不论是否配有发动机或其他动力装置）；

(2) 必须安装在另一台机器或器具上，或安装在一套较复杂的设备中才能执行其功能的机械装置，但其功能必须是：不同于所装机器装备的功能，以及在上述机器设备操作中并不起必不可少的和不可分割的作用。

(十一) 机械传动装置

机械传动装置归入品目84.83，本品目包括的货品主要有：用以将动力从外部动力装置传送到一台或多台机器的某些机械零件；在机器内部将动力传送到机器各部分的某些机械零件。

归类时应注意：

1. 与动力机装配在一起的齿轮箱或其他变速装置的归类。

这类装置应与动力机一同归类。

2. 专用于或主要用于车辆或飞机的上述传动设备的归类。

这类设备（变速器、传动轴、离合器、差动齿轮等）应归入第十七类。但必须注意，此项规定不适用于车辆或飞机发动机的零件，这些零件仍应归入品目84.83。

因此，曲柄轴及凸轮轴即使专用于汽车发动机，仍应归入本品目；但汽车的传动（推动）轴、变速器及差动齿轮则应归入品目87.08。

还须注意，本品目所列的传动装置即使专用于船舶，仍应归入本品目。

3. 钟表用齿轮系的归类。

钟表用齿轮系应归入品目91.14。

4. 其他非机械传动装置的归类。

除机械传动装置外的其他传动装置是不归入品目84.83的。应注意其他三种传动装置的归类。

(1) 流体传动装置（目录认为它们属于动力装置，在有些专业分类上，把它们分类于传动装置）：气压传动装置归入子目8412.30；液压传动装置归入子目8412.20。

（2）电力传动装置（目录认为它们属于动力装置，在有些专业分类上，把它们分类于传动装置）：电动机，归入品目85.01。

（3）磁力传动装置：电磁联轴节、电磁离合器，归入子目8505.20。

（十二）半导体、集成电路、平板显示器行业专用机器

随着科技的发展，半导体产品的制造设备增列品目84.86，该品目的排列结构如下：

84.86　专用于或主要用于制造半导体单晶柱或晶圆、半导体器件、集成电路或平板显示器的机器及装置；本章注释九（三）规定的机器及装置；零件及附件：

8486.10　-用于制造单晶柱或晶圆的机器及装置

8486.20　-制造半导体器件或集成电路用的机器及装置

8486.30　-制造平板显示器用的机器及装置

8486.40　-本章注释九（三）规定的机器及装置

8486.90　-零件及附件

本品目只包括专用于或主要用于制造半导体单晶柱或晶圆、半导体器件、集成电路或平板显示器的机器及装置，不包括归入第九十章的用于测量、检验、化学分析的机器及装置等。

（十三）其他品目未列名的机器零件

其他品目未列名的机器零件归入品目84.87。一般来说，品目84.87的货品可确定为机器零件，但不能确定为任何一种机器的零件。本品目包括各种非电气的机器零件，但下列各项除外：

1. 专用于或主要用于某种机器（包括品目84.79或85.43、第十七类、第九十章等所列的机器）的非电气零件；这些机器零件应与有关机器归入同一子目；如有专门列名的子目，则应归入该子目；

2. 品目84.81至84.84所列的机器零件；

3. 目录其他品目具体列名的零件，或按第十六类注释一或第八十四章注释一的规定不能归入本品目的零件。

商品编码	商品名称	商品编码	商品名称
84.01	**核反应堆；核反应堆的未辐照燃料元件（释热元件）；同位素分离机器及装置：**	8402.1110	---蒸发量在900吨/时及以上的发电用锅炉
8401.1000	-核反应堆	8402.1190	---其他
8401.2000	-同位素分离机器、装置及其零件	8402.1200	--蒸发量不超过45吨/时的水管锅炉
	-未辐照燃料元件（释热元件）：	8402.1900	--其他蒸汽锅炉，包括混合式锅炉
8401.3010	---未辐照燃料元件	8402.2000	-过热水锅炉
8401.3090	---未辐照燃料元件的零件	8402.9000	-零件
	-核反应堆零件：	**84.03**	**集中供暖用的热水锅炉，但品目84.02的货品除外：**
8401.4010	---未辐照相关组件		-锅炉：
8401.4020	---堆内构件	8403.1010	---家用型
8401.4090	---其他	8403.1090	---其他
84.02①	**蒸汽锅炉（能产生低压水蒸气的集中供暖用的热水锅炉除外）；过热水锅炉：**	8403.9000	-零件
	-蒸汽锅炉：	**84.04**	**品目84.02或84.03所列锅炉的辅助设备（例如，节热器、过热器、除灰器、气体回收器）；水蒸气或其他蒸汽动力装置的冷凝器：**
	--蒸发量超过45吨/时的水管锅炉：		

① 单独报验的锅炉（例如，铁道机车锅炉），即使在结构上明显构成某种机器、设备或车辆不可分割的部分，仍应归入本品目。

商品编码	商品名称
	-品目84.02或84.03所列锅炉的辅助设备：
8404.1010	---品目84.02所列锅炉的辅助设备
8404.1020	---品目84.03所列锅炉的辅助设备
8404.2000	-水蒸气或其他蒸汽动力装置的冷凝器
	-零件：
8404.9010	---子目8404.1020所列设备的零件
8404.9090	---其他
84.05	**煤气发生器，不论有无净化器；乙炔发生器及类似的水解气体发生器，不论有无净化器：**
8405.1000	-煤气发生器，不论有无净化器；乙炔发生器及类似的水解气体发生器，不论有无净化器
8405.9000	-零件
84.06	**汽轮机：**
8406.1000	-船舶动力用汽轮机
	-其他汽轮机：
	--输出功率超过40兆瓦的：
8406.8110	---输出功率不超过100兆瓦的
8406.8120	---输出功率超过100兆瓦，但不超过350兆瓦的
8406.8130	---输出功率超过350兆瓦的
8406.8200	--输出功率不超过40兆瓦的
8406.9000	-零件
84.07	**点燃往复式或旋转式活塞内燃发动机：**
	-航空器发动机：
8407.1010	---输出功率不超过298千瓦
8407.1020	---输出功率超过298千瓦
	-船舶发动机：
8407.2100	--舷外发动机
8407.2900	--其他
	-用于第八十七章所列车辆的往复式活塞发动机：
8407.3100	--气缸容量（排气量）不超过50毫升
8407.3200	--气缸容量（排气量）超过50毫升，但不超过250毫升
8407.3300	--气缸容量（排气量）超过250毫升，但不超过1000毫升
	--气缸容量（排气量）超过1000毫升：
8407.3410	---气缸容量（排气量）超过1000毫升，但不超过3000毫升
8407.3420	---气缸容量（排气量）超过3000毫升
	-其他发动机：
8407.9010	---沼气发动机
8407.9090	---其他
84.08①	**压燃式活塞内燃发动机（柴油或半柴油发动机）：**

① 点燃式发动机、压燃式发动机与涡轮发动机。

Ⅰ.点燃式内燃发动机：又叫火花点火式发动机，是依靠电火花点燃混合器的内燃机。这些内燃机一般由气缸、活塞、连杆、曲轴、飞轮、进气阀和排气阀等组成，它们是利用燃气体在气缸内燃烧时所产生的膨胀力进行工作的。这些内燃机的主要特点是将火花塞装进汽缸盖内，另外还装有与电机同步并且可提供高压电流的电气器件（例如，磁电机、线圈与接触断路器）。最常见的内燃机是先将燃料与空气混合（例如，在化油器中混合），然后再由活塞吸入气缸内。但也有些内燃机（例如，某些飞机引擎及汽车内燃机）用喷油嘴直接将燃料吸入气缸盖内。最常见的燃料是汽油，也有用煤油、乙醇、氢、煤气、甲烷等。

Ⅱ.内燃式内燃发动机：是指不靠电火花点火，而是依靠压缩终了时空气的高温引起混合气自然的内燃机。这些内燃机的机械结构与点燃活塞式内燃机相似，其主要部件也相同，其不同之处在于这种内燃机先将空气（有时是空气与可燃气的混合气体）送进气缸，迅速压缩，然后将雾化液体燃料喷入燃烧室内，由缸内因压缩所产生的高温自动点燃，其压缩力比点燃式内燃机的大得多。压燃式活塞内燃机使用重质液体燃料进行工作，如重油或煤焦油、页岩油、植物油（花生油、蓖麻油、棕榈油等）。

Ⅲ.涡轮喷气发动机：由压气机、燃烧系统、透平及喷管组成。喷管是一收敛管道，装在排气管内。透平喷出的加压热气通过喷管变成高速气流。这些气流作用于发动机上的反作用产生的动力可用于驱动飞机。涡轮机上最简单的压气机与透平是装在单一的轴上的。较复杂的压气机分为两部分（双转子压气机），每部分的转子通过同心轴系由各自的涡轮驱动。另一种涡轮机通常在压气机的进气口处加装一个涡轮压风机，该压风机既可由第三涡轮驱动，又可接到第一压气机的转子上，起到装有导流管的螺旋桨的作用。它所排出的大部分气体绕过压气机及透平与排气射流会合，从而产生额外推力。这种涡轮机有时叫“涡轮风扇发动机”。

商品编码	商品名称
8408.1000	-船舶发动机
	-用于第八十七章所列车辆的发动机：
8408.2010	---输出功率在 132.39 千瓦（180 马力）及以上
8408.2090	---其他
	-其他发动机：
8408.9010	---机车发动机
	---其他：
8408.9091	----输出功率不超过 14 千瓦
8408.9092	----输出功率超过 14 千瓦，但小于 132.39 千瓦（180 马力）
8408.9093	----输出功率在 132.39 千瓦（180 马力）及以上
84.09[①]	**专用于或主要用于品目 84.07 或 84.08 所列发动机的零件：**
8409.1000	-航空器发动机用
	-其他：
	--专用于或主要用于点燃式活塞内燃发动机的：
8409.9110	---船舶发动机用
	---其他：
8409.9191	----电控燃油喷射装置
8409.9199	----其他
	--其他：
8409.9910	---船舶发动机用
8409.9920	---机车发动机用
	---其他：
8409.9991	----输出功率在 132.39 千瓦（180 马力）及以上的发动机用
8409.9999	----其他
84.10	**水轮机、水轮及其调节器：**
	-水轮机及水轮：
8410.1100	--功率不超过 1000 千瓦
8410.1200	--功率超过 1000 千瓦，但不超过 10000 千瓦
	--功率超过 10000 千瓦：
8410.1310	---功率超过 30000 千瓦的冲击式水轮机及水轮
8410.1320	---功率超过 35000 千瓦的贯流式水轮机及水轮
8410.1330	---功率超过 200000 千瓦的水泵水轮机及水轮
8410.1390	---其他
	-零件，包括调节器：
8410.9010	---调节器
8410.9090	---其他
84.11	**涡轮喷气发动机、涡轮螺桨发动机及其他燃气轮机：**
	-涡轮喷气发动机：
	--推力不超过 25 千牛顿：
8411.1110	---涡轮风扇发动机
8411.1190	---其他
	--推力超过 25 千牛顿：
8411.1210	---涡轮风扇发动机
8411.1290	---其他
	-涡轮螺桨发动机：
8411.2100	--功率不超过 1100 千瓦
	--功率超过 1100 千瓦：
8411.2210	---功率超过 1100 千瓦，但不超过 2238 千瓦
8411.2220	---功率超过 2238 千瓦，但不超过 3730 千瓦
8411.2230	---功率超过 3730 千瓦
	-其他燃气轮机：
8411.8100	--功率不超过 5000 千瓦
8411.8200	--功率超过 5000 千瓦
	-零件：
8411.9100	--涡轮喷气发动机或涡轮螺桨发动机用
	--其他：
8411.9910	---涡轮轴发动机用
8411.9990	---其他
84.12	**其他发动机及动力装置：**
	-喷气发动机，但涡轮喷气发动机除外：
8412.1010	---航空器及航天器用
8412.1090	---其他
	-液压动力装置：
8412.2100	--直线作用（液压缸）的

① 除另有规定外，本品目包括品目 84.07 或 84.08 所列活塞式内燃机的零件（例如，活塞、气缸及气缸体；气缸盖；气缸套；进气阀或排气阀；进气或排气歧管；活塞环；连杆；汽化器；燃料喷嘴）。

商品编码	商品名称
	--其他:
8412.2910	---液压马达
8412.2990	---其他
	-气压动力装置:
8412.3100	--直线作用(气压缸)的
8412.3900	--其他
8412.8000	-其他
	-零件:
8412.9010	---子目8412.1010所列机器的零件
8412.9090	---其他
84.13①	**液体泵,不论是否装有计量装置;液体提升机:**
	-装有或可装计量装置的泵:
8413.1100	--分装燃料或润滑油的泵,用于加油站或车库
8413.1900	--其他
8413.2000	-手泵,但子目8413.11或8413.19的货品除外
	-活塞式内燃发动机用的燃油泵、润滑油泵或冷却剂泵:
	---燃油泵:
8413.3021	----输出功率在132.39千瓦(180马力)及以上的发动机用燃油泵
8413.3029	----其他
8413.3030	---润滑油泵
8413.3090	---其他
8413.4000	-混凝土泵
	-其他往复式排液泵:
8413.5010	---气动式
8413.5020	---电动式
	---液压式:
8413.5031	----柱塞泵
8413.5039	----其他
8413.5090	---其他
	-其他回转式排液泵:
	---齿轮泵:
8413.6021	----电动式
8413.6022	----液压式
8413.6029	----其他
	---叶片泵:
8413.6031	----电动式
8413.6032	----液压式
8413.6039	----其他
8413.6040	---螺杆泵
8413.6050	---径向柱塞泵
8413.6060	---轴向柱塞泵
8413.6090	---其他
	-其他离心泵:
8413.7010	---转速在10000转/分及以上
	---其他:
8413.7091	----电动潜油泵及潜水电泵
8413.7099	----其他
	-其他泵;液体提升机:
8413.8100	--泵
8413.8200	--液体提升机
	-零件:
8413.9100	--泵用
8413.9200	--液体提升机用
84.14②	**空气泵或真空泵、空气及其他气体压缩机、风机、风扇;装有风扇的通风罩或循环气罩,不论是否装有过滤器;气密生物安全柜,不论是否装有过滤器:**
8414.1000	-真空泵
8414.2000	-手动或脚踏式空气泵
	-用于制冷设备的压缩机:
	---电动机驱动的压缩机:
8414.3011	----冷藏箱或冷冻箱用,电动机额定功率不超过0.4千瓦
8414.3012	----冷藏箱或冷冻箱用,电动机额定功率超过0.4千瓦,但不超过5千瓦
8414.3013	----空气调节器用,电动机额定功率超过0.4千瓦,但不超过5千瓦
8414.3014	----空气调节器用,电动机额定功率超过5千瓦

① 本品目包括用以提升或连续排出液体(包括熔融金属或未硬化混凝土)的大部分机器及设备,不论其是手动的或利用各种动力装置驱动的,也不论其是否一体化设备。

② 与液体泵不同的是,空气或其他气体压缩机(低压或间歇工作的压缩机除外)是水冷式的,或装有空气散热(表面散热)翅片或其他装置,以驱散压缩过程中所产生的相当高的热量。

商品编码	商品名称
8414.3015	----冷冻或冷藏设备用，电动机额定功率超过5千瓦
8414.3019	----其他
8414.3090	---非电动机驱动的压缩机
8414.4000	-装在拖车底盘上的空气压缩机
	-风机、风扇：
	--台扇、落地扇、壁扇、换气扇或吊扇，包括风机，本身装有一个输出功率不超过125瓦的电动机：
8414.5110	---吊扇
8414.5120	---换气扇
8414.5130	---具有旋转导风轮的风扇
	---其他：
8414.5191	----台扇
8414.5192	----落地扇
8414.5193	----壁扇
8414.5199	----其他
	--其他：
8414.5910	---吊扇
8414.5920	---换气扇
8414.5930	---离心通风机
8414.5990	---其他
	-罩的平面最大边长不超过120厘米的通风罩或循环气罩：
8414.6010①	---抽油烟机
8414.6090	---其他
	-气密生物安全柜：
8414.7010	---罩的平面最大边长不超过120厘米的
8414.7090	---其他
	-其他：
8414.8010	---燃气轮机用的自由活塞式发生器
8414.8020	---二氧化碳压缩机
8414.8030	---发动机用增压器
	---空气及其他气体压缩机：
8414.8041	----螺杆空压机
8414.8049	----其他
8414.8090	---其他
	-零件：
	---税号8414.3011至8414.3014及8414.3090所列机器的零件：
8414.9011	----压缩机进、排气阀片
8414.9019	----其他
8414.9020	---税号8414.5110至8414.5199及子目8414.60所列机器的零件
8414.9090	---其他
84.15②	**空气调节器，装有电扇及调温、调湿装置，包括不能单独调湿的空调器：**
	-窗式、壁式、置于天花板或地板上的，独立的或分体的：
8415.1010	---独立式
	---分体式：
8415.1021	----制冷量不超过4000大卡/时
8415.1022	----制冷量超过4000大卡/时
8415.2000	-机动车辆上供人使用的
	-其他：
	--装有制冷装置及冷热循环换向阀（可逆式热泵）的：
8415.8110	---制冷量不超过4000大卡/时
8415.8120	---制冷量超过4000大卡/时
	--其他，装有制冷装置的：
8415.8210	---制冷量不超过4000大卡/时
8415.8220	---制冷量超过4000大卡/时
8415.8300	--未装有制冷装置的
	-零件：
8415.9010	---子目8415.1010、8415.1021、8415.8110及8415.8210所列设备的零件
8415.9090	---其他
84.16	**使用液体燃料、粉状固体燃料或气体燃料的炉用燃烧器；机械加煤机，包括其机械炉篦、机械出灰器及类似装置：**

① 本子目不仅包括装有风扇，用于家庭、餐馆、食堂、医院等的抽油烟机，还包括装有风扇的实验室或工业用通风罩或循环气罩。

② 本品目仅包括同时符合下列3个条件的机器：Ⅰ.装有电动的风扇或鼓风机；Ⅱ.既可调节空气的温度（装有加热或冷却装置或两者兼有），又可调节空气的湿度（装有增湿或干燥装置或两者兼有）；Ⅲ.上述一及二项所列装置一同报验。

商品编码	商品名称
8416.1000	-使用液体燃料的炉用燃烧器
	-其他炉用燃烧器，包括复式燃烧器：
	---气体的：
8416.2011	----使用天然气的
8416.2019	----其他
8416.2090	---其他
8416.3000	-机械加煤机，包括其机械炉篦、机械出灰器及类似装置
8416.9000	-零件
84.17	**非电热的工业或实验室用炉及烘箱，包括焚烧炉：**
8417.1000	-矿砂、黄铁矿或金属的焙烧、熔化或其他热处理用炉及烘箱
8417.2000	-面包房用烤炉及烘箱，包括做饼干用的
	-其他：
8417.8010	---炼焦炉
8417.8020	---放射性废物焚烧炉
8417.8030	---水泥回转窑
8417.8040	---石灰石分解炉
8417.8050	---垃圾焚烧炉
8417.8090	---其他
	-零件：
8417.9010	---海绵铁回转窑用
8417.9020	---炼焦炉用
8417.9090	---其他
84.18	**电气或非电气的冷藏箱、冷冻箱及其他制冷设备；热泵，但品目84.15的空气调节器除外：**
	-冷藏-冷冻组合机，各自装有单独外门或抽屉，或其组合的：
8418.1010	---容积超过500升
8418.1020	---容积超过200升，但不超过500升
8418.1030	---容积不超过200升
	-家用型冷藏箱：
	--压缩式：
8418.2110	---容积超过150升
8418.2120	---容积超过50升，但不超过150升
8418.2130	---容积不超过50升
	--其他：
8418.2910	---半导体制冷式
8418.2920	---电气吸收式
8418.2990	---其他
	-柜式冷冻箱，容积不超过800升：
8418.3010	---制冷温度在-40℃及以下
	---制冷温度在-40℃以上：
8418.3021	----容积超过500升
8418.3029	----其他
	-立式冷冻箱，容积不超过900升：
8418.4010	---制冷温度在-40℃及以下
	---制冷温度在-40℃以上：
8418.4021	----容积超过500升
8418.4029	----其他
8418.5000	-装有冷藏或冷冻装置的其他设备（柜、箱、展示台、陈列箱及类似品），用于存储及展示
	-其他制冷设备；热泵：
	--热泵，品目84.15的空气调节器除外：
8418.6120	---压缩式
8418.6190	---其他
	--其他：
8418.6920	---制冷机组
8418.6990	---其他
	-零件：
8418.9100	--冷藏或冷冻设备专用的特制家具
	--其他：
8418.9910	---制冷机组及热泵用
	---其他：
8418.9991	----制冷温度在-40℃及以下的冷冻设备用
8418.9992	----制冷温度在-40℃以上，但容积超过500升的冷藏或冷冻设备用
8418.9999	----其他

商品编码	商品名称
84.19[1]	**利用温度变化处理材料的机器、装置及类似的实验室设备，例如，加热、烹煮、烘炒、蒸馏、精馏、消毒、灭菌、汽蒸、干燥、蒸发、气化、冷凝、冷却的机器设备，不论是否电热的（不包括品目 85.14 的炉、烘箱及其他设备），但家用的除外；非电热的快速热水器或贮备式热水器：**
	-非电热的快速热水器或贮备式热水器：
8419.1100	--燃气快速热水器
8419.1200	--太阳能热水器
8419.1900	--其他
8419.2000	-医用或实验室用消毒器具
	-干燥器：
	--冷冻干燥装置、冷冻干燥单元和喷雾式干燥器：
8419.3310	---农产品干燥用
8419.3320	---木材、纸浆、纸或纸板干燥用
8419.3390	---其他
8419.3400	--其他，农产品干燥用
8419.3500	--其他，木材、纸浆、纸或纸板干燥用
	--其他：
8419.3910	---微空气流动陶瓷坯件干燥器
8419.3990	---其他
	-蒸馏或精馏设备：
8419.4010	---提净塔
8419.4020	---精馏塔
8419.4090	---其他
8419.5000	-热交换装置
	-液化空气或其他气体的机器：
	---制氧机：
8419.6011	----制氧量在 15000 立方米/小时及以上
8419.6019	----其他
8419.6090	---其他
	-其他机器设备：
8419.8100	--加工热饮料或烹调、加热食品用
	--其他：
8419.8910	---加氢反应器
8419.8990	---其他
	-零件：
8419.9010	---热水器用
8419.9090	---其他
84.20[2]	**研光机或其他滚压机器及其滚筒，但加工金属或玻璃用的除外：**
8420.1000	-研光机或其他滚压机器
	-零件：
8420.9100	--滚筒
8420.9900	--其他
84.21[3]	**离心机，包括离心干燥机；液体或气体的过滤、净化机器及装置：**
	-离心机，包括离心干燥机：
8421.1100	--奶油分离器
	--干衣机：
8421.1210	---干衣量不超过 10 千克
8421.1290	---其他
	--其他：
8421.1910	---脱水机
8421.1920	---固液分离机

① 本品目包括用于对材料（固体、液体或气体）进行加热或冷却处理（例如，加热、烹煮、烘炒、蒸馏、精馏、消毒、巴氏杀菌、汽蒸、干燥、蒸发、气化、冷凝或冷却）以简单地改变材料的温度，或主要因改变材料温度而使材料发生变化的各种机器及设备。但本品目不包括加热或冷却作用（即使必不可少）仅辅助其主要机械功能的机器设备。例如，用巧克力涂覆饼干等的机器及制巧克力机器（品目 84.38）、洗涤机器（品目 84.50 或 84.51）、路面沥青材料的撒料及夯实机器（品目 84.79）。

② 这些机器主要由两个或多个平行的滚筒或轧辊组成。这些滚筒或轧辊旋转时，其表面较为紧密地相接触，这样在滚筒的压力下，或者压力与摩擦、加热及加湿相结合的作用下进行下列工作：Ⅰ. 把可塑状态的材料喂入滚筒，滚轧成薄片（包括生面团、橡胶等）；Ⅱ. 薄片材料（金属或玻璃除外）从滚筒间通过时，在其表面产生某种效果，例如，压平（包括烫平）、上光、压花或起粒纹；Ⅲ. 施料或表面涂料；Ⅳ. 织物黏合。

③ 归入本品目的大部分过滤或净化设备均是完全静止设备，无任何运动部件。本品目包括各种类型（物理、机械、化学、磁性、电磁、静电等）的过滤及净化设备，不仅包括工业用的大型设备，也包括供内燃机用的过滤器及小型家用器具。但本品目不包括过滤漏斗、滤乳器，以及简单装有金属丝网或其他过滤材料的容器或槽罐等。

商品编码	商品名称
8421.1990	---其他
	-液体的过滤、净化机器及装置：
	--过滤或净化水用：
8421.2110	---家用型
	---其他：
8421.2191	----船舶压载水处理设备
8421.2199	----其他
8421.2200	--过滤或净化饮料（水除外）用
8421.2300	--内燃发动机的滤油器
	--其他：
8421.2910	---压滤机
8421.2990	---其他
	-气体的过滤、净化机器及装置：
8421.3100	--内燃发动机的进气过滤器
8421.3200	--用于净化或过滤内燃机所排出废气的催化转化器或微粒过滤器，不论是否组合
	--其他：
8421.3910	---家用型
	---工业用除尘器：
8421.3921	----静电除尘器
8421.3922	----袋式除尘器
8421.3923	----旋风式除尘器
8421.3924	----电袋复合除尘器
8421.3929	----其他
8421.3940	---烟气脱硫装置
8421.3950	---烟气脱硝装置
8421.3990	---其他
	-零件：
	--离心机用，包括离心干燥机用：
8421.9110	---干衣量不超过10千克的干衣机用
8421.9190	---其他
	--其他：
8421.9910	---家用型过滤、净化装置用
8421.9990	---其他
84.22	**洗碟机；瓶子及其他容器的洗涤或干燥机器；瓶、罐、箱、袋或其他容器装填、封口、密封、贴标签的机器；瓶、罐、管、筒或类似容器的包封机器；其他包装或打包机器（包括热缩包装机器）；饮料充气机：**
	-洗碟机：
8422.1100	--家用型
8422.1900	--其他
8422.2000	-瓶子或其他容器的洗涤或干燥机器
	-瓶、罐、箱、袋或其他容器的装填、封口、密封、贴标签的机器；瓶、罐、管、筒或类似容器的包封机器；饮料充气机：
8422.3010	---饮料及液体食品灌装设备
	---水泥包装机：
8422.3021	----全自动灌包机
8422.3029	----其他
8422.3030	---其他包装机
8422.3090	---其他
8422.4000	-其他包装或打包机器（包括热缩包装机器）
	-零件：
8422.9010	---洗碟机用
8422.9020	---饮料及液体食品灌装设备用
8422.9090	---其他
84.23	**衡器（感量为50毫克或更精密的天平除外），包括计数或检验用的衡器；衡器用的各种砝码、秤砣：**
8423.1000	-体重计，包括婴儿秤；家用秤
	-输送带上连续称货的秤：
8423.2010	---电子皮带秤
8423.2090	---其他
	-恒定秤、物料定量装袋或装容器用的秤，包括库秤：
8423.3010	---定量包装秤
8423.3020	---定量分选秤
8423.3030	---配料秤
8423.3090	---其他
	-其他衡器：
	--最大称量不超过30千克：
8423.8110	---计价秤
8423.8120	---弹簧秤
8423.8190	---其他
	--最大称量超过30千克，但不超过5000千克：
8423.8210	---地中衡
8423.8290	---其他

商品编码	商品名称
	--其他：
8423.8910	---地中衡
8423.8920	---轨道衡
8423.8930	---吊秤
8423.8990	---其他
8423.9000①	-衡器用的各种砝码、秤砣；衡器的零件
84.24②	**液体或粉末的喷射、散布或喷雾的机械器具（不论是否手工操作）；灭火器，不论是否装药；喷枪及类似器具；喷汽机、喷砂机及类似的喷射机器：**
8424.1000	-灭火器，不论是否装药
8424.2000	-喷枪及类似器具
8424.3000	-喷汽机、喷砂机及类似的喷射机器
	-农业或园艺用喷雾器：
8424.4100	--便携式喷雾器
8424.4900	--其他
	-其他器具：
8424.8200	--农业或园艺用
	--其他：
8424.8910	---家用型
8424.8920	---喷涂机器人
	---其他：
8424.8991	----船用洗舱机
8424.8999	----其他
	-零件：
8424.9010	---子目8424.1000所列器具用的零件
8424.9020	---子目8424.8910所列器具用的零件
8424.9090	---其他
84.25	**滑车及提升机，但倒卸式提升机除外；卷扬机及绞盘；千斤顶：**
	-滑车及提升机，但倒卸式提升机及提升车辆用的提升机除外：
8425.1100	--电动的
8425.1900	--其他
	-其他卷扬机；绞盘：
	--电动的：
8425.3110	---矿井口卷扬装置；专为井下使用设计的卷扬机
8425.3190	---其他
	--其他：
8425.3910	---矿井口卷扬装置；专为井下使用设计的卷扬机
8425.3990	---其他
	-千斤顶；提升车辆用的提升机：
8425.4100	--车库中使用的固定千斤顶系统
	--其他液压千斤顶及提升机：
8425.4210	---液压千斤顶
8425.4290	---其他
	--其他：
8425.4910	---其他千斤顶
8425.4990	---其他
84.26③	**船用桅杆式起重机；起重机，包括缆式起重机；移动式吊运架、跨运车及装有起重机的工作车：**
	-高架移动式起重机、桁架桥式起重机、龙门起重机、桥式起重机、移动式吊运架及跨运车：
	--固定支架的高架移动式起重机：
8426.1120	---通用桥式起重机
8426.1190	---其他
8426.1200	--带胶轮的移动式吊运架及跨运车
	--其他：
8426.1910	---装船机
	---卸船机：

① 这些零件包括：秤杆，不论是否标有刻度；秤盘及秤台；底板、支架及外罩；刃形支承、枢轴及枢轴轴承（全部由玛瑙或其他宝石或半宝石制的物品应归入品目71.16）；液压缓冲器（振荡减震器）；重量指示盘。

② 本品目包括将蒸汽、液体或固体材料（例如，沙、粉末、颗粒、沙砾或金属研磨料）以射流状、散射状（不论是否成滴）或喷雾状进行喷射、散布或喷雾的机器及器具。

本品目不包括：Ⅰ.用压力灌入装有简单压力释放阀的容器的杀虫剂（品目38.08）；Ⅱ.水龙软管喷头（归入第十五类，如装有龙头、旋塞、阀门或其他水流调节装置，则应归入品目84.81）；Ⅲ.品目90.18所列的医疗仪器；Ⅳ.香水喷雾器及类似的化妆用喷雾器（品目96.16）。

③ 起重、装载、搬运等机器单独报验时，即使准备装在其他机器或第十七类所列运输车辆或船舶上，仍应归入本品目。

商品编码	商品名称
8426.1921	----抓斗式
8426.1929	----其他
8426.1930	---龙门式起重机
	---装卸桥：
8426.1941	----门式装卸桥
8426.1942	----集装箱装卸桥
8426.1943	----其他动臂式装卸桥
8426.1949	----其他
8426.1990	---其他
8426.2000	-塔式起重机
8426.3000	-门座式起重机及座式旋臂起重机
	-其他自推进机械：
	--带胶轮的：
8426.4110	---轮胎式起重机
8426.4190	---其他
	--其他：
8426.4910	---履带式起重机
8426.4990	---其他
	-其他机械：
8426.9100	--供装于公路车辆的
8426.9900	--其他
84.27	**叉车；其他装有升降或搬运装置的工作车：**
	-电动机推进的机动车：
8427.1010	---有轨巷道堆垛机
8427.1020	---无轨巷道堆垛机
8427.1090	---其他
	-其他机动车：
8427.2010	---集装箱叉车
8427.2090	---其他
8427.9000	-其他车
84.28①	**其他升降、搬运、装卸机械（例如，升降机、自动梯、输送机、缆车）：**
	-升降机及倒卸式起重机：
8428.1010	---载客电梯
8428.1090	---其他
8428.2000	-气压升降机及输送机
	-其他用于连续运送货物或材料的升降机及输送机：
8428.3100	--地下专用的
8428.3200	--其他，斗式
8428.3300	--其他，带式
	--其他：
8428.3910	---链式
8428.3920	---辊式
8428.3990	---其他
8428.4000	-自动梯及自动人行道
	-缆车、座式升降机、滑雪拉索；索道用牵引装置：
8428.6010	---货运架空索道
	---客运架空索道：
8428.6021	----单线循环式
8428.6029	----其他
8428.6090	---其他
8428.7000	-工业机器人
	-其他机械：
8428.9010	---矿车推动机、铁道机车或货车的转车台、货车倾卸装置及类似的铁道货车搬运装置
8428.9020	---机械式停车设备
	---其他装卸机械：
8428.9031	----堆取料机械
8428.9039	----其他
8428.9090	---其他
84.29②	**机动推土机、侧铲推土机、筑路机、平地机、铲运机、机械铲、挖掘机、机铲装载机、捣固机械及压路机：**
	-推土机及侧铲推土机：
	--履带式：

① 准备装于熔炉、转炉等机器内或与熔炉、转炉等组成整套设备的起重或搬运机械，如与熔炉等同时报验，不应归入本品目（参见品目84.17、84.54或84.55等）；但单独报验时，这些机械仍应归入本品目。

② 本品目包括多种本品目明确列出的泥土挖掘或捣固机械。其共同之处是这些机械都是自推进的。品目84.30注释中关于自推进式机械及多功能机器的规定在细节上作必要的修改之后，适用于本品目的自推进式机械。

商品编码	商品名称
8429.1110	---发动机输出功率超过235.36千瓦（320马力）的
8429.1190	---其他
	--其他：
8429.1910	---发动机输出功率超过235.36千瓦（320马力）的
8429.1990	---其他
	-筑路机及平地机：
8429.2010	---发动机输出功率超过235.36千瓦（320马力）的
8429.2090	---其他
	-铲运机：
8429.3010	---斗容量超过10立方米的
8429.3090	---其他
	-捣固机械及压路机：
	---机动压路机：
8429.4011	----机重18吨及以上的振动压路机
8429.4019	----其他
8429.4090	---其他
	-机械铲、挖掘机及机铲装载机：
8429.5100	--前铲装载机
	--上部结构可旋转360度的机械：
	---挖掘机：
8429.5211	----轮胎式
8429.5212	----履带式
8429.5219	----其他
8429.5290	---其他
8429.5900	--其他
84.30①	**泥土、矿物或矿石的运送、平整、铲运、挖掘、捣固、压实、开采或钻探机械；打桩机及拔桩机；扫雪机及吹雪机：**
8430.1000	-打桩机及拔桩机
8430.2000	-扫雪机及吹雪机
	-采（截）煤机、凿岩机及隧道掘进机：
	--自推进的：
8430.3110	---采（截）煤机
8430.3120	---凿岩机
8430.3130	---隧道掘进机
8430.3900	--其他
	-其他钻探或凿井机械：
	--自推进的：
	---石油及天然气钻探机：
8430.4111	----钻探深度在6000米及以上的
8430.4119	----其他
	---其他钻探机：
8430.4121	----钻探深度在6000米及以上的
8430.4122	----钻探深度在6000米以下的履带式自推进钻机
8430.4129	----钻探深度在6000米以下的其他钻探机
8430.4190	---其他
8430.4900	--其他
	-其他自推进机械：
8430.5010	---其他采油机械
8430.5020	---矿用电铲
	---采矿钻机：
8430.5031	----牙轮直径380毫米及以上
8430.5039	----其他
8430.5090	---其他
	-其他非自推进机械：
8430.6100	--捣固或压实机械
	--其他：
	---工程钻机：
8430.6911	----钻筒直径3米及以上
8430.6919	----其他
8430.6920	---铲运机
8430.6990②	---其他
84.31	**专用于或主要用于品目84.25至84.30所列机械的零件：**
8431.1000	-品目84.25所列机械的零件

① 本品目包括用以“击进”地面表层（例如，劈开或打碎岩石、泥土、煤层等；泥土的挖掘、钻孔等）或用以整理或压实地层（例如，铲运、平整、捣固或压平）的机器，但不包括品目84.29所列的自推进式机器及农业、园艺、林业用的机器（品目84.32）。

② 许多机器除了具有品目84.29或84.30所述的功能（挖掘、平整、钻探等）以外，还具有品目84.25、84.26、84.27或84.28所述的功能（例如，起重、装载等）。例如，采煤装煤联合机、挖沟及管道吊装联合机等。这些机器应按第十六类注释三或归类总规则三（三）的规定进行归类。

商品编码	商品名称
	-品目84.27所列机械的零件：
8431.2010	---装有差速器的驱动桥及其零件，不论是否装有其他传动部件
8431.2090	---其他
	-品目84.28所列机械的零件：
8431.3100	--升降机、倒卸式起重机或自动梯的零件
8431.3900	--其他
	-品目84.26、84.29或84.30所列机械的零件：
8431.4100	--戽斗、铲斗、抓斗及夹斗
8431.4200	--推土机或侧铲推土机用铲
	--子目8430.41或8430.49所列钻探或凿井机械的零件：
8431.4310	---石油或天然气钻探机用
8431.4320	---其他钻探机用
8431.4390	---其他
	--其他：
8431.4920	---装有差速器的驱动桥及其零件，不论是否装有其他传动部件
	---其他：
8431.4991	----矿用电铲用
8431.4999	----其他
84.32	**农业、园艺及林业用整地或耕作机械；草坪及运动场地滚压机：**
8432.1000	-犁
	-耙、松土机、中耕机、除草机及耕耘机：
8432.2100	--圆盘耙
8432.2900	--其他
	-播种机、种植机及移植机：
	--免耕直接播种机、种植机及移植机：
	---免耕直接播种机：
8432.3111	----谷物播种机
8432.3119	----其他
	---免耕直接种植机：
8432.3121	----马铃薯种植机
8432.3129	----其他
	---免耕直接移植机（栽植机）：
8432.3131	----水稻插秧机
8432.3139	----其他
	--其他：
	---播种机：
8432.3911	----谷物播种机
8432.3919	----其他
	---种植机：
8432.3921	----马铃薯种植机
8432.3929	----其他
	---移植机（栽植机）：
8432.3931	----水稻插秧机
8432.3939	----其他
	-施肥机：
8432.4100	--粪肥施肥机
8432.4200	--化肥施肥机
	-其他机械：
8432.8010	---草坪及运动场地滚压机
8432.8090	---其他
8432.9000	-零件
84.33①	**收割机、脱粒机，包括草料打包机；割草机；蛋类、水果或其他农产品的清洁、分选、分级机器，但品目84.37的机器除外：**
	-草坪、公园或运动场地用的割草机：
8433.1100	--机动的，切割装置在同一水平面上旋转的
8433.1900	--其他
8433.2000	-其他割草机，包括牵引装置用的刀具杆
8433.3000	-其他干草切割、翻晒机器
8433.4000	-草料打包机，包括收集打包机
	-其他收割机；脱粒机：
8433.5100	--联合收割机
8433.5200	--其他脱粒机
8433.5300	--根茎或块茎收获机
	--其他：
8433.5910	---甘蔗收获机
8433.5920	---棉花采摘机

① 归入本品目的某些机器（例如，收割机、联合收割机、脱粒机、捡拾打包机、压包机、分级机）常装有辅助性的起重、搬运、输送等装置（例如，输送带、捆束及草料提升机、铲斗链）。这些辅助装置如果与上述机器一起报验，应一并归类；如果单独报验，则应归入品目84.28。

商品编码	商品名称
8433.5990	---其他
	-蛋类、水果或其他农产品的清洁、分选、分级机器：
8433.6010	---蛋类清洁、分选、分级机器
8433.6090	---其他
	-零件：
8433.9010	---联合收割机用
8433.9090	---其他
84.34①	**挤奶机及乳品加工机器：**
8434.1000	-挤奶机
8434.2000	-乳品加工机器
8434.9000	-零件
84.35	**制酒、制果汁或制类似饮料用的压榨机、轧碎机及类似机器：**
8435.1000	-机器
8435.9000	-零件
84.36	**农业、园艺、林业、家禽饲养业或养蜂业用的其他机器，包括装有机械或热力装置的催芽设备；家禽孵卵器及育雏器：**
8436.1000	-动物饲料配制机
	-家禽饲养用的机器；家禽孵卵器及育雏器：
8436.2100	--家禽孵卵器及育雏器
8436.2900	--其他
8436.8000	-其他机器
	-零件：
8436.9100	--家禽饲养用机器的零件或家禽孵卵器及育雏器的零件
8436.9900	--其他
84.37	**种子、谷物或干豆的清洁、分选或分级机器；谷物磨粉业加工机器或谷物、干豆加工机器，但农业用机器除外：**
	-种子、谷物或干豆的清洁、分选或分级机器：
8437.1010	---光学色差颗粒选别机（色选机）
8437.1090	---其他
8437.8000	-其他机器
8437.9000	-零件
84.38②	**本章其他品目未列名的食品、饮料工业用的生产或加工机器，但提取、加工动物油脂、植物固定油脂或微生物油脂的机器除外：**
8438.1000	-糕点加工机器及生产通心粉、面条或类似产品的机器
8438.2000	-生产糖果、可可粉、巧克力的机器
8438.3000	-制糖机器
8438.4000	-酿酒机器
8438.5000	-肉类或家禽加工机器
8438.6000	-水果、坚果或蔬菜加工机器
8438.8000	-其他机器
8438.9000	-零件
84.39③	**纤维素纸浆、纸及纸板的制造或整理机器：**
8439.1000	-制造纤维素纸浆的机器
8439.2000	-纸或纸板的抄造机器
8439.3000	-纸或纸板的整理机器
	-零件：
8439.9100	--制造纤维素纸浆的机器用
8439.9900	--其他
84.40	**书本装订机器，包括锁线订书机：**

① 对于一同报验的挤奶机各种部件如果符合第十六类注释四（参见第十六类总注释）的规定，应作为一个功能机组归入本品目。但是，并不直接用于挤奶的设备及装置（例如，过滤器、冷藏设备、贮奶罐、挤奶杯及管道清洁装置等）则不归入本品目，而应归入其他各自的相应品目。

本品目不包括许多乳品工业用的机器及设备，例如，储存、熟化、加工等用的大桶及贮罐。它们主要是依靠所配备的加热或冷却装置进行操作的，因此，不论是否还装有搅拌器等机械装置，均应归入品目 84.18 或 84.19。未装有加热或冷却装置，但装有搅拌器、振动器、倾斜机构等机械装置的大桶等，如果明显是专供乳品工业用的，应归入本品目；如果不能确定其特定用途，则应归入品目 84.79。既未装有加热装置，也未配有机械装置的大桶等，应按其构成材料归类（例如，品目 73.09、73.10、74.19、76.11 或 76.12）。

② 本品目不包括提取或加工动物油、脂或固定植物油、脂用的机器（品目 84.79）。

③ 本品目的组合机器有时装有归入本章其他品目的某些机器（例如，品目 84.21 所列的从废水中回收纤维及填料用的过滤器；品目 84.20 所列的平整、研光或压花等用的各种研光机；品目 84.41 所列的切纸机）。这些机器如果同时报验，应与组合机器一起归入本品目；但如果单独报验，则应归入其各自相应的品目中。

商品编码	商品名称
	-机器：
8440.1010	---锁线装订机
8440.1020	---胶订机
8440.1090	---其他
8440.9000	-零件
84.41[①]	**其他制造纸浆制品、纸制品或纸板制品的机器，包括各种切纸机：**
8441.1000	-切纸机
8441.2000	-制造包、袋或信封的机器
	-制造箱、盒、管、桶或类似容器的机器，但模制成型机器除外：
8441.3010	---制造纸塑铝复合罐的生产设备
8441.3090	---其他
8441.4000	-纸浆、纸或纸板制品模制成型机器
	-其他机器：
8441.8010	---制造纸塑铝软包装的生产设备
8441.8090	---其他
	-零件：
8441.9010	---切纸机用
8441.9090	---其他
84.42	**制印刷版（片）、滚筒及其他印刷部件用的机器、器具及设备（品目84.56至84.65的机器除外）；印刷用版（片）、滚筒及其他印刷部件；制成供印刷用（例如，刨平、压纹或抛光）的版（片）、滚筒及石板：**
	-机器、器具及设备：
8442.3010	---铸字机
	---制版机器、器具及设备：
8442.3021	----计算机直接制版设备
8442.3029	----其他
8442.3090	---其他
8442.4000	-上述机器、器具及设备的零件
8442.5000	-印刷用版（片）、滚筒及其他印刷部件；制成供印刷用（例如，刨平、压纹或抛光）的版（片）、滚筒及石板
84.43[②]	**用品目84.42的印刷用版（片）、滚筒及其他印刷部件进行印刷的机器；其他印刷（打印）机、复印机及传真机，不论是否组合式；上述机器的零件及附件：**
	-用品目84.42的印刷用版（片）、滚筒及其他印刷部件进行印刷的机器：
8443.1100	--卷取进料式胶印机
8443.1200	--办公室用片取进料式胶印机（展开片尺寸一边长不超过22厘米，另一边长不超过36厘米）
	--其他胶印机：
	---平张纸进料式：
8443.1311	----单色机
8443.1312	----双色机
8443.1313	----四色机
8443.1319	----其他
8443.1390	---其他
8443.1400	--卷取进料式凸版印刷机，但不包括苯胺印刷机
8443.1500	--除卷取进料式以外的凸版印刷机，但不包括苯胺印刷机
8443.1600	--苯胺印刷机
8443.1700	--凹版印刷机
	--其他：
	---网式印刷机：
8443.1921	----圆网印刷机
8443.1922	----平网印刷机
8443.1929	----其他
8443.1980	---其他
	-其他印刷（打印）机、复印机及传真机，不论是否组合式：
	--具有印刷（打印）、复印或传真中两种及以上功能的机器，可与自动数据处理设备或网络连接：

① 归入本品目的有些机器，尤其是纸袋或纸盒的折叠机，可带有印刷装置，只要印刷功能不是机器的主要功能，根据第十六类注释三的规定，它们仍应归入本品目。

本品目的有些机器（例如，切纸机、折叠机及制纸袋用的机器）也适用于制作某些塑料制品或金属薄片制品。这些机器如在正常情况下用于制作纸制品或纸板制的，仍应归入本品目。

② 本品目包括用以在织物、壁纸、包装纸、橡胶、塑料板（片）、油漆布、皮革等上面印制重复图案、重复文字或全色的机器。

商品编码	商品名称	商品编码	商品名称
8443.3110	---静电感光式	8443.9921	----热敏打印头
8443.3190	---其他	8443.9929	----其他
	--其他，可与自动数据处理设备或网络连接：	8443.9990	---其他
	---专用于品目84.71所列设备的打印机：	**84.44**	**化学纺织纤维挤压、拉伸、变形或切割机器：**
8443.3211	----针式打印机	8444.0010	---合成纤维长丝纺丝机
8443.3212	----激光打印机	8444.0020	---合成纤维短纤纺丝机
8443.3213	----喷墨打印机	8444.0030	---人造纤维纺丝机
8443.3214	----热敏打印机	8444.0040	---化学纤维变形机
8443.3219	----其他	8444.0050	---化学纤维切断机
	---数字式印刷设备：	8444.0090	---其他
8443.3221	----喷墨印刷机	**84.45**	**纺织纤维的预处理机器；纺纱机、并线机、加捻机及其他生产纺织纱线的机器；摇纱机、络纱机（包括卷纬机）及处理品目84.46或84.47所列机器用的纺织纱线的机器：**
8443.3222	----静电照相印刷机（激光印刷机）		-纺织纤维的预处理机器：
8443.3229	----其他		--梳理机：
8443.3290	---其他		---棉纤维型：
	--其他：	8445.1111	----清梳联合机
	---静电感光复印设备：	8445.1112	----自动抓棉机
8443.3911	----将原件直接复印的（直接法）	8445.1113	----梳棉机
8443.3912	----将原件通过中间体转印的（间接法）	8445.1119	----其他
	---其他感光复印设备：	8445.1120	---毛纤维型
8443.3921	----带有光学系统的	8445.1190	---其他
8443.3922	----接触式的		--精梳机：
8443.3923	----热敏复印设备	8445.1210	---棉精梳机
8443.3924	----热升华复印设备	8445.1220	---毛精梳机
	---数字式印刷设备：	8445.1290	---其他
8443.3931	----喷墨印刷机		--拉伸机或粗纱机：
8443.3932	----静电照相印刷机（激光印刷机）	8445.1310	---拉伸机
8443.3939	----其他		---粗纱机：
8443.3990	---其他	8445.1321	----棉纺粗纱机
	-零件及附件：	8445.1322	----毛纺粗纱机
	--用品目84.42的印刷用版、滚筒及其他印刷部件进行印刷的机器的零件及附件：	8445.1329	----其他
	---印刷用辅助机器：	8445.1900	--其他
8443.9111	----卷筒料给料机		-纺纱机：
8443.9119	----其他		---自由端纺纱机：
8443.9190	---其他	8445.2031	----转杯纺纱机
	--其他：	8445.2032	----喷气纺纱机
8443.9910	---数字印刷设备用辅助机器	8445.2039	----其他
	---数字印刷设备的零件：		---环锭细纱机：

商品编码	商品名称
8445.2041	----棉细纱机
8445.2042	----毛细纱机
8445.2049	----其他
8445.2090	---其他
8445.3000	-并线机或加捻机
	-络纱机（包括卷纬机）或摇纱机：
8445.4010	---自动络筒机
8445.4090	---其他
	-其他：
8445.9010	---整经机
8445.9020	---浆纱机
8445.9090	---其他
84.46	织机：
8446.1000	-所织织物宽度不超过30厘米的织机
	-所织织物宽度超过30厘米的梭织机：
	--动力织机：
8446.2110	---地毯织机
8446.2190	---其他
8446.2900	--其他
	-所织织物宽度超过30厘米的无梭织机：
8446.3020	---剑杆织机
8446.3030	---片梭织机
8446.3040	---喷水织机
8446.3050	---喷气织机
8446.3090	---其他
84.47	**针织机、缝编机及制粗松螺旋花线、网眼薄纱、花边、刺绣品、装饰带、编织带或网的机器及簇绒机：**
	-圆型针织机：
8447.1100	--圆筒直径不超过165毫米
8447.1200	--圆筒直径超过165毫米
	-平型针织机；缝编机：
	---经编机：
8447.2011	----特里科经编机
8447.2012	----拉舍尔经编机
8447.2019	----其他
8447.2020	---平型纬编机
8447.2030	---缝编机
	-其他：
	---簇绒机：
8447.9011	----地毯织机
8447.9019	----其他
8447.9020	---绣花机
8447.9090	---其他
84.48	**品目84.44、84.45、84.46或84.47所列机器的辅助机器（例如，多臂机、提花机、自停装置及换梭装置）；专用于或主要用于品目84.44、84.45、84.46或84.47所列机器的零件、附件（例如，锭子、锭壳、钢丝针布、梳、喷丝头、梭子、综丝、综框、针织机用针）：**
	-品目84.44、84.45、84.46或84.47所列机器的辅助机器：
8448.1100	--多臂机或提花机及其所用的卡片缩小、复制、穿孔或汇编机器
8448.1900	--其他
	-品目84.44所列机器及其辅助机器的零件、附件：
8448.2020	---喷丝头或喷丝板
8448.2090	---其他
	-品目84.45所列机器及其辅助机器的零件、附件：
8448.3100	--钢丝针布
8448.3200	--纺织纤维预处理机器的零件、附件，但钢丝针布除外
	--锭子、锭壳、纺丝环、钢丝圈：
8448.3310	---络筒锭
8448.3390	---其他
	--其他：
8448.3910	---气流杯
8448.3920	---电子清纱器
8448.3930	---空气捻接器
8448.3940	---环锭细纱机紧密纺装置
8448.3990	---其他
	-织机及其辅助机器的零件、附件：
8448.4200	--织机用筘、综丝及综框
	--其他：
8448.4910	---接、投梭箱
8448.4920	---引纬、送经装置
8448.4930	---梭子
8448.4990	---其他

商品编码	商品名称
	-品目 84.47 所列机器及其辅助机器的零件、附件：
	--沉降片、织针及其他成圈机件：
8448.5120	---针织机用 28 号以下的弹簧针、钩针及复合针
8448.5190	---其他
8448.5900	--其他
84.49	**成匹、成形的毡呢或无纺织物制造或整理机器，包括制毡呢帽机器；帽模：**
8449.0010	---针刺机
8449.0020	---水刺设备
8449.0090	---其他
84.50	**家用型或洗衣房用洗衣机，包括洗涤干燥两用机：**
	-干衣量不超过 10 千克的洗衣机：
	--全自动的：
8450.1110	---波轮式
8450.1120	---滚筒式
8450.1190	---其他
8450.1200	--其他机器，装有离心甩干机
8450.1900	--其他
	-干衣量超过 10 千克的洗衣机：
	---全自动的：
8450.2011	----波轮式
8450.2012	----滚筒式
8450.2019	----其他
8450.2090	---其他
	-零件：
8450.9010	---干衣量不超过 10 千克的洗衣机用
8450.9090	---其他
84.51	**纱线、织物及纺织制品的洗涤、清洁、绞拧、干燥、熨烫、挤压（包括熔压）、漂白、染色、上浆、整理、涂布或浸渍机器（品目 84.50 的机器除外）；列诺伦（亚麻油地毡）及类似铺地制品的布基或其他底布的浆料涂布机器；纺织物的卷绕、退绕、折叠、剪切或剪齿边机器：**
8451.1000	-干洗机
	-干燥机：
8451.2100	--干衣量不超过 10 千克
8451.2900	--其他
8451.3000	-熨烫机及挤压机（包括熔压机）
8451.4000	-洗涤、漂白或染色机器
8451.5000	-纺织物的卷绕、退绕、折叠、剪切或剪齿边机器
8451.8000	-其他机器
8451.9000	-零件
84.52	**缝纫机，但品目 84.40 的锁线订书机除外；缝纫机专用的特制家具、底座及罩盖；缝纫机针：**
	-家用型缝纫机：
8452.1010	---多功能型
	---其他：
8452.1091	----手动式
8452.1099	----其他
	-其他缝纫机：
	--自动的：
8452.2110	---平缝机
8452.2120	---包缝机
8452.2130	---绷缝机
8452.2190	---其他
8452.2900	--其他
8452.3000	-缝纫机针
	-缝纫机专用的特制家具、底座和罩盖及其零件；缝纫机的其他零件：
	---家用型缝纫机用：
8452.9011	----旋梭
8452.9019	----其他
	---其他：
8452.9091	----旋梭
8452.9092	----缝纫机专用的特制家具、底座和罩盖及其零件
8452.9099	----其他
84.53	**生皮、皮革的处理、鞣制或加工机器，鞋靴、毛皮及其他皮革制品的制作或修理机器，但缝纫机除外：**
8453.1000	-生皮、皮革的处理、鞣制或加工机器
8453.2000	-鞋靴制作或修理机器
8453.8000	-其他机器
8453.9000	-零件

商品编码	商品名称
84. 54	**金属冶炼及铸造用的转炉、浇包、锭模及铸造机：**
8454. 1000	-转炉
	-锭模及浇包：
8454. 2010	---炉外精炼设备
8454. 2090	---其他
	-铸造机：
8454. 3010	---冷室压铸机
	---钢坯连铸机：
8454. 3021	----方坯连铸机
8454. 3022	----板坯连铸机
8454. 3029	----其他
8454. 3090	---其他
	-零件：
8454. 9010	---炉外精炼设备用
	---钢坯连铸机用：
8454. 9021	----结晶器
8454. 9022	----振动装置
8454. 9029	----其他
8454. 9090	---其他
84. 55	**金属轧机及其轧辊：**
	-轧管机：
8455. 1010	---热轧管机
8455. 1020	---冷轧管机
8455. 1030	---定减径轧管机
8455. 1090	---其他
	-其他轧机：
	--热轧机或冷热联合轧机：
8455. 2110	---板材热轧机
8455. 2120	---型钢轧机
8455. 2130	---线材轧机
8455. 2190	---其他
	--冷轧机：
8455. 2210	---板材冷轧机
8455. 2290	---其他
8455. 3000	-轧机用轧辊
8455. 9000	-其他零件
84. 56[①]	**用激光、其他光、光子束、超声波、放电、电化学法、电子束、离子束或等离子弧处理各种材料的加工机床；水射流切割机：**
	-用激光、其他光或光子束处理的：
8456. 1100	--用激光处理的
8456. 1200	--用其他光或光子束处理的
8456. 2000	-用超声波处理的
	-用放电处理的：
8456. 3010	---数控的
8456. 3090	---其他
	-用等离子弧处理的：
8456. 4010	---等离子切割机
8456. 4090	---其他
8456. 5000	-水射流切割机
8456. 9000	-其他
84. 57[②]	**加工金属的加工中心、单工位组合机床及多工位组合机床：**
	-加工中心：
8457. 1010	---立式
8457. 1020	---卧式
8457. 1030	---龙门式
	---其他：
8457. 1091	----铣车复合
8457. 1099	----其他
8457. 2000	-单工位组合机床
8457. 3000	-多工位组合机床

① 本品目所列机床可用于对各种材料进行切削成形或表面加工。这些机器必须同时符合下列3个方面的要求。Ⅰ. 必须是用于切削加工；Ⅱ. 必须具备与配有普通刀具的机床相同的加工功能；Ⅲ. 必须是采用以下7种工艺中的一种进行加工：激光、其他光或光子束、超声波、放电、电化学法、电子束、离子束或等离子弧。

② Ⅰ. 加工中心是独立的机器，即所有机械加工操作均是在一台独立的（多功能）机床上进行的。这类加工中心必须符合两个条件：首先，它们必须能进行多种机械加工操作；其次，它们必须配有刀具自动更换装置，可按照机械加工程序从刀具库或类似装置自动更换刀具。

Ⅱ. 单工位组合机床是一种多功能机器，工件夹在机上固定不动，而动力头则移到与工件相应的位置进行操作或机械加工。

Ⅲ. 多工位组合机床，必须符合以下三个条件：Ⅰ）它们必须可进行多种机械加工操作；Ⅱ）它们必须能自动将工件送向刀具；Ⅲ）它们必须配有多种动力头。

商品编码	商品名称	商品编码	商品名称
84.58①	**切削金属的车床（包括车削中心）：**		-平面磨床：
	-卧式车床：		--数控的：
8458.1100	--数控的	8460.1210	---在任一坐标的定位精度至少是0.01毫米
8458.1900	--其他	8460.1290	---其他
	-其他车床：		--其他：
	--数控的：	8460.1910	---在任一坐标的定位精度至少是0.01毫米
8458.9110	---立式	8460.1990	---其他
8458.9120	---其他		-其他磨床：
8458.9900	--其他		--数控无心磨床：
84.59	**切削金属的钻床、镗床、铣床、加工螺纹或攻丝的机床（包括直线移动式动力头机床），但品目84.58的车床（包括车削中心）除外：**	8460.2210	---在任一坐标的定位精度至少是0.01毫米
8459.1000	-直线移动式动力头机床	8460.2290	---其他
	-其他钻床：		--数控外圆磨床：
8459.2100	--数控的		---在任一坐标的定位精度至少是0.01毫米：
8459.2900	--其他	8460.2311	----曲轴磨床
	-其他镗铣机床：	8460.2319	----其他
8459.3100	--数控的	8460.2390	---其他
8459.3900	--其他		--其他，数控的：
	-其他镗床：		---在任一坐标的定位精度至少是0.01毫米：
8459.4100	--数控的	8460.2411	----内圆磨床
8459.4900	--其他	8460.2419	----其他
	-升降台式铣床：	8460.2490	---其他
8459.5100	--数控的		--其他：
8459.5900	--其他		---在任一坐标的定位精度至少是0.01毫米：
	-其他铣床：	8460.2911	----外圆磨床
	--数控的：	8460.2912	----内圆磨床
8459.6110	---龙门铣床	8460.2913	----轧辊磨床
8459.6190	---其他	8460.2919	----其他
	--其他：	8460.2990	---其他
8459.6910	---龙门铣床		-刃磨（工具或刀具）机床：
8459.6990	---其他	8460.3100	--数控的
8459.7000	-其他加工螺纹或攻丝的机床	8460.3900	--其他
84.60	**用磨石、磨料或抛光材料对金属或金属陶瓷进行去毛刺、刃磨、磨削、珩磨、研磨、抛光或其他精加工的机床，但品目84.61的切齿机、齿轮磨床或齿轮精加工机床除外：**		-珩磨或研磨机床：
		8460.4010	---珩磨

① 本品目所列车床（包括车削中心）是一种通过切削金属对金属进行表面加工的机器。这些机床与品目84.67所列手提式（风动、液压或电动）工具的区别在于，它们一般是安装在地板、工作台、墙壁或另一台机器之上，因此通常配有底座或支架等。

商品编码	商品名称
8460.4020	---研磨
	-其他:
8460.9010	---砂轮机
8460.9020	---抛光机床
8460.9090	---其他
84.61	**切削金属或金属陶瓷的刨床、牛头刨床、插床、拉床、切齿机、齿轮磨床或齿轮精加工机床、锯床、切断机及其他品目未列名的切削机床:**
	-牛头刨床或插床:
8461.2010	---牛头刨床
8461.2020	---插床
8461.3000	-拉床
	-切齿机、齿轮磨床或齿轮精加工机床:
	---数控的:
8461.4011	----齿轮磨床
8461.4019	----其他
8461.4090	---其他
8461.5000	-锯床或切断机
	-其他:
	---刨床:
8461.9011	----龙门刨床
8461.9019	----其他
8461.9090	---其他
84.62	**加工金属的锻造、锻锤或模锻（但轧机除外）机床（包括压力机）；加工金属的弯曲、折叠、矫直、矫平、剪切、冲孔、开槽或步冲机床（包括压力机、纵剪线及定尺剪切线，但拉拔机除外）；其他加工金属或硬质合金的压力机:**
	-热锻设备，热模锻设备（包括压力机）及热锻锻锤:
	--闭式锻造机（模锻机）:
8462.1110	---数控的
8462.1190	---其他
	--其他:
8462.1910	---数控的
8462.1990	---其他
	-用于板材的弯曲、折叠、矫直或矫平机床（包括折弯机）:
	--型材成型机:
8462.2210	---数控的
8462.2290	---其他
8462.2300	--数控折弯机
8462.2400	--数控多边折弯机
8462.2500	--数控卷板机
	--其他数控弯曲、折叠、矫直或矫平机床:
8462.2610	---矫直机
8462.2690	---其他
	--其他:
8462.2910	---矫直机
8462.2990	---其他
	-板材用纵剪线、定尺剪切线和其他剪切机床（不包括压力机），但冲剪两用机除外:
	--纵剪线和定尺剪切线:
8462.3210	---数控的
8462.3290	---其他
8462.3300	--数控剪切机床
8462.3900	--其他
	-板材用冲孔、开槽或步冲机床（不包括压力机），包括冲剪两用机:
	--数控的:
	---冲床:
8462.4211	----自动模式数控步冲压力机
8462.4212	----其他
8462.4290	---其他
8462.4900	--其他
	-金属管道、管材、型材、空心型材和棒材的加工机床（非压力机）:
8462.5100	--数控的
8462.5900	--其他
	-金属冷加工压力机:
	--液压压力机:
8462.6110	---数控的
8462.6190	---其他
	--机械压力机:
8462.6210	---数控的
8462.6290	---其他
8462.6300	--伺服压力机
	--其他:

商品编码	商品名称
8462. 6910	---数控的
8462. 6990	---其他
	-其他：
8462. 9010	---数控的
8462. 9090	---其他
84. 63	**金属或金属陶瓷的其他非切削加工机床：**
	-杆、管、型材、异型材、丝及类似品的拉拔机：
	---冷拔管机：
8463. 1011	----拉拔力为 300 吨及以下
8463. 1019	----其他
8463. 1020	---拔丝机
8463. 1090	---其他
8463. 2000	-螺纹滚轧机
8463. 3000	-金属丝加工机
8463. 9000	-其他
84. 64	**石料、陶瓷、混凝土、石棉水泥或类似矿物材料的加工机床、玻璃冷加工机床：**
	-锯床：
8464. 1010	---圆盘锯
8464. 1020	---钢丝锯
8464. 1090	---其他
	-研磨或抛光机床：
8464. 2010	---玻璃研磨或抛光机床
8464. 2090	---其他
	-其他：
	---玻璃的其他冷加工机床：
8464. 9011	----切割机
8464. 9012	----刻花机
8464. 9019	----其他
8464. 9090	---其他
84. 65	**木材、软木、骨、硬质橡胶、硬质塑料或类似硬质材料的加工机床（包括用打钉或打 U 形钉、胶粘或其他方法组合前述材料的机器）：**
8465. 1000	-不需更换工具即可进行不同机械加工的机器
	-加工中心：
8465. 2010	---以刨、铣、钻孔、研磨、抛光、凿榫及其他切削为主的加工中心，加工木材及类似硬质材料的
8465. 2090	---其他
	-其他：
8465. 9100	--锯床
8465. 9200	--刨、铣或切削成形机器
8465. 9300	--研磨、砂磨或抛光机器
8465. 9400	--弯曲或装配机器
8465. 9500	--钻孔或凿榫机器
8465. 9600	--剖开、切片或刮削机器
8465. 9900	--其他
84. 66	**专用于或主要用于品目 84. 56 至 84. 65 所列机器的零件、附件，包括工件或工具的夹具、自启板牙切头、分度头及其他专用于机器的附件；各种手提工具的工具夹具：**
8466. 1000	-工具夹具及自启板牙切头
8466. 2000	-工件夹具
8466. 3000	-分度头及其他专用于机器的附件
	-其他：
8466. 9100	--品目 84. 64 所列机器用
8466. 9200	--品目 84. 65 所列机器用
	--品目 84. 56 至 84. 61 所列机器用：
8466. 9310	---刀库及自动换刀装置
8466. 9390	---其他
8466. 9400	--品目 84. 62 或 84. 63 所列机器用
84. 67	**手提式风动或液压工具及本身装有电动或非电动动力装置的手提式工具：**
	-风动的：
8467. 1100	--旋转式（包括旋转冲击式的）
8467. 1900	--其他
	-本身装有电动动力装置的：
8467. 2100	--各种钻
	--锯：
8467. 2210	---链锯
8467. 2290	---其他
	--其他：
8467. 2910	---砂磨工具（包括磨光机、砂光机、砂轮机等）
8467. 2920	---电刨
8467. 2990	---其他
	-其他工具：
8467. 8100	--链锯
8467. 8900	--其他

商品编码	商品名称
	-零件：
	--链锯用：
8467. 9110	---电动的
8467. 9190	---其他
8467. 9200	--风动工具用
	--其他：
8467. 9910	---电动工具用
8467. 9990	---其他
84. 68	**焊接机器及装置，不论是否兼有切割功能，但品目 85. 15 的货品除外；气体加温表面回火机器及装置：**
8468. 1000	-手提喷焊器
8468. 2000	-其他气体焊接或表面回火机器及装置
8468. 8000	-其他机器及装置
8468. 9000	-零件
84. 70	**计算机器及具有计算功能的袖珍式数据记录、重现及显示机器；装有计算装置的会计计算机、邮资盖戳机、售票机及类似机器；现金出纳机：**
8470. 1000	-不需外接电源的电子计算器及具有计算功能的袖珍式数据记录、重现及显示机器
	-其他电子计算器：
8470. 2100	--装有打印装置的
8470. 2900	--其他
8470. 3000	-其他计算机器
	-现金出纳机：
8470. 5010①	---销售点终端出纳机
8470. 5090	---其他
8470. 9000②	-其他
84. 71	**自动数据处理设备及其部件；其他品目未列名的磁性或光学阅读机、将数据以代码形式转录到数据记录媒体的机器及处理这些数据的机器：**
	-重量不超过 10 千克的便携式自动数据处理设备，至少由一个中央处理部件、一个键盘及一个显示器组成：
8471. 3010	---平板电脑
8471. 3090	---其他
	-其他自动数据处理设备：
	--同一机壳内至少有一个中央处理部件及一个输入和输出部件，不论是否组合式：
8471. 4110	---巨型机、大型机及中型机
8471. 4120	---小型机
8471. 4140	---微型机
8471. 4190	---其他
	--其他，以系统形式进口或出口的：
8471. 4910	---巨型机、大型机及中型机
8471. 4920	---小型机
8471. 4940	---微型机
	---其他：
8471. 4991	----分散型工业过程控制设备
8471. 4999	----其他
	-子目 8471. 41 或 8471. 49 所列以外的处理部件，不论是否在同一机壳内有一个或两个下列部件：存储部件、输入部件、输出部件：
8471. 5010	---巨型机、大型机及中型机的
8471. 5020	---小型机的
8471. 5040	---微型机的
8471. 5090	---其他
	-输入或输出部件，不论是否在同一机壳内有存储部件：
8471. 6040	---巨型机、大型机、中型机及小型机用终端
8471. 6050	---扫描仪
8471. 6060	---数字化仪
	---键盘、鼠标器：
8471. 6071	----键盘
8471. 6072	----鼠标器
8471. 6090	---其他
	-存储部件：
	---硬盘驱动器：
8471. 7011	----固态硬盘（SSD）

① 本子目也包括利用信用卡或借记卡进行电子支付用的终端机。这些终端机利用电信网络连接到金融机构，以获得授权并完成交易，记录并制发标有借贷金额的收据。

② 仅可计算售出票数而不能汇总金额的机器，不归入本品目（一般归入品目 84. 72）；投币式机器则归入品目 84. 76。

商品编码	商品名称
8471.7019	----其他
8471.7020	---软盘驱动器
8471.7030	---光盘驱动器
8471.7090	---其他
8471.8000	-自动数据处理设备的其他部件
8471.9000[①]	-其他
84.72	**其他办公室用机器（例如，胶版复印机、油印机、地址印写机、自动付钞机、硬币分类、计数及包装机、削铅笔机、打洞机或订书机）：**
8472.1000	-胶版复印机、油印机
	-信件分类或折叠机或信件装封机、信件开封或闭封机、粘贴或盖销邮票机：
8472.3010	---邮政信件分拣及封装设备
8472.3090	---其他
	-其他：
8472.9010	---自动柜员机
	---装订用机器：
8472.9021	----打洞机
8472.9022	----订书机
8472.9029	----其他
8472.9030	---碎纸机
8472.9040	---地址印写机及地址铭牌压印机
8472.9050	---文字处理机
8472.9060	---打字机，但品目84.43的打印机除外
8472.9090	---其他
84.73	**专用于或主要用于品目84.70至84.72所列机器的零件、附件（罩套、提箱及类似品除外）：**
	-品目84.70所列机器的零件、附件：
8473.2100	--子目8470.10、8470.21或8470.29所列电子计算器的零件、附件
8473.2900	--其他
	-品目84.71所列机器的零件、附件：
8473.3010	---子 目 8471.4110、8471.4120、8471.4910、8471.4920、8471.5010、8471.5020、8471.6090、8471.7011、8471.7019、8471.7020、8471.7030及8471.7090所列机器及装置的零件、附件
8473.3090	---其他
	-品目84.72所列机器的零件、附件：
8473.4010	---自动柜员机用出钞器和循环出钞器
8473.4020	---子目8472.9050、8472.9060所列机器的零件、附件
8473.4090	---其他
8473.5000	-同样适用于品目84.70至84.72中两个或两个以上品目所列机器的零件、附件
84.74[②]	**泥土、石料、矿石或其他固体（包括粉状、浆状）矿物质的分类、筛选、分离、洗涤、破碎、磨粉、混合或搅拌机器；固体矿物燃料、陶瓷坯泥、未硬化水泥、石膏材料或其他粉状、浆状矿产品的黏聚或成形机器；铸造用砂模的成形机器：**
8474.1000	-分类、筛选、分离或洗涤机器
	-破碎或磨粉机器：
8474.2010	---齿辊式
8474.2020	---球磨式
8474.2090	---其他
	-混合或搅拌机器：
8474.3100	--混凝土或砂浆混合机器
8474.3200	--矿物与沥青的混合机器
8474.3900	--其他
	-其他机器：
8474.8010	---辊压成型机
8474.8020	---模压成型机
8474.8090	---其他
8474.9000	-零件

① 磁性或光学阅读机用以阅读特殊形式的字符，并将其转换成电信号（脉冲信号）；机器可用这种电信号直接转录或处理代码信息。

② 某些本类机器一般用于处理矿产品，但作为次要用途，也可用于处理非矿产品（例如，木材或骨料），这些机器仍应归入本品目。但本品目不包括专用于对非矿产品进行类似处理的机器（例如，木片筛选分类机；木材磨粉机；研磨或混合化学品或有机颜料的机器；研磨骨、兽牙等的机器；黏聚或模制软木粉的机器）。

商品编码	商品名称	商品编码	商品名称
84.75	**白炽灯泡、灯管、放电灯管、电子管、闪光灯泡及类似品的封装机器；玻璃或玻璃制品的制造或热加工机器：**		-注射机：
		8477.1010	---注塑机
		8477.1090	---其他
8475.1000	-白炽灯泡、灯管、放电灯管、电子管、闪光灯泡及类似品的封装机器		-挤出机：
		8477.2010	---塑料造粒机
	-玻璃或玻璃制品的制造或热加工机器：	8477.2090	---其他
8475.2100	--制造光导纤维及其预制棒的机器		-吹塑机：
	--其他：	8477.3010	---挤出吹塑机
	---玻璃的热加工设备：	8477.3020	---注射吹塑机
8475.2911	----连续式玻璃热弯炉	8477.3090	---其他
8475.2912	----玻璃纤维拉丝机（光纤拉丝机除外）		-真空模塑机器及其他热成型机器：
8475.2919	----其他	8477.4010	---塑料中空成型机
8475.2990	---其他	8477.4020	---塑料压延成型机
8475.9000	-零件	8477.4090	---其他
84.76①	**自动售货机（例如，出售邮票、香烟、食品或饮料的机器），包括钱币兑换机：**		-其他模塑或成型机器：
		8477.5100	--用于充气轮胎模塑或翻新的机器及内胎模塑或用其他方法成型的机器
	-饮料自动销售机：	8477.5900	--其他
8476.2100	--装有加热或制冷装置的	8477.8000	-其他机器
8476.2900	--其他	8477.9000	-零件
	-其他机器：	**84.78**	**本章其他品目未列名的烟草加工及制作机器：**
8476.8100	--装有加热或制冷装置的		
8476.8900	--其他	8478.1000	-机器
8476.9000	-零件	8478.9000	-零件
84.77	**本章其他品目未列名的橡胶或塑料及其产品的加工机器：**	**84.79**②	**本章其他品目未列名的具有独立功能的机器及机械器具：**

① 本品目包括各种在投币孔中投入一个或几个硬币、辅币或一张磁卡后能供应某些商品的机器（但不包括在目录其他品目列名更为具体的机器，或在本类或本章的注释中规定不包括在本章范围内的机器）。本品目所称的“售货”是指购买者与机器之间进行“货币”交换以获得某项商品。本品目不包括用于分发商品但不带收款装置的机器。本品目包括装有加热或制冷装置或调制所售商品装置的售货机（例如，装有榨果汁器、咖啡牛奶混合器、冰淇淋搅拌器），但这种机器的主要功能及用途必须是自动售货。

本品目也包括出售邮票、火车票、巧克力、糖果、冰淇淋、香烟、雪茄、饮料（例如，啤酒、葡萄酒、甜酒、咖啡及果子汁）、化妆品（包括香水喷雾器）、袜子、照相胶卷、报纸等的投币式自动售货机；也包括在细长金属片上压印铭牌用的机器。

本品目还包括钱币兑换机。

② 下列机械装置应视为具有“独立功能”：

Ⅰ. 可独立于其他机器设备之外执行其功能的机械装置（不论是否配有发动机或其他动力装置）。

例如：空气增湿或减湿是一种独立功能，可以由独立于其他机器设备的器具来执行。

单独报验的空气减湿机，即使准备装在臭氧发生器上，但因其具有独立功能，仍应归入本品目。

Ⅱ. 必须安装在另一台机器或器具上，或安装在一套较复杂的设备中才能执行其功能的机械装置，但其功能必须是：

Ⅰ）不同于所装机器设备的功能；以及

Ⅱ）在上述机器设备操作中并不起必不可少的和不可分割的作用。

例如：链式割线器是装在工业用缝纫机上自动割线而缝纫机无须中断操作的一种装置。这种装置在缝纫机进行缝纫操作时并不起作用，因而具有独立功能；由于没有其他列名更为具体的品目可归入，故链式割线器应归入本品目。

商品编码	商品名称
	-公共工程用机器：
	---摊铺机：
8479.1021	----沥青混凝土摊铺机
8479.1022	----稳定土摊铺机
8479.1029	----其他
8479.1090	---其他
8479.2000	-提取、加工动物油脂、植物固定油脂或微生物油脂的机器
8479.3000	-木碎料板或木纤维板的挤压机及其他木材或软木处理机
8479.4000	-绳或缆的制造机器
	-未列名工业用机器人：
	---多功能工业机器人：
8479.5011	----协作机器人
8479.5019	----其他
8479.5090	---其他
8479.6000	-蒸发式空气冷却器
	-旅客登机（船）桥：
8479.7100	--用于机场的
8479.7900	--其他
	-其他机器及机械器具：
	--处理金属的机械，包括线圈绕线机：
8479.8110	---绕线机
8479.8190	---其他
8479.8200	--混合、搅拌、轧碎、研磨、筛选、均化或乳化机器
	--冷等静压机：
8479.8310	---处理金属的
8479.8390	---其他
	--其他：
8479.8910	---船舶用舵机及陀螺稳定器
8479.8920	---空气增湿器及减湿器
8479.8940	---邮政用包裹、印刷品分拣设备
8479.8950	---放射性废物压实机
	---在印刷电路板上装配元器件的机器：
8479.8961	----自动插件机
8479.8962	----自动贴片机
8479.8969	----其他
	---其他：
8479.8992	----自动化立体仓储设备
8479.8999	----其他
	-零件：
8479.9010	---船舶用舵机及陀螺稳定器用
8479.9020	---空气增湿器及减湿器用
8479.9090	---其他
84.80	**金属铸造用型箱；型模底板；阳模；金属用型模（锭模除外）、硬质合金、玻璃、矿物材料、橡胶或塑料用型模：**
8480.1000	-金属铸造用型箱
8480.2000	-型模底板
8480.3000	-阳模
	-金属、硬质合金用型模：
	--注模或压模：
8480.4110	---压铸模
8480.4120	---粉末冶金用压模
8480.4190	---其他
8480.4900	--其他
8480.5000	-玻璃用型模
8480.6000	-矿物材料用型模
	-塑料或橡胶用型模：
	--注模或压模：
8480.7110	---硫化轮胎用囊式型模
8480.7190	---其他
8480.7900	--其他
84.81①	**用于管道、锅炉、罐、桶或类似品的龙头、旋塞、阀门及类似装置，包括减压阀及恒温控制阀：**
8481.1000	-减压阀
	-油压或气压传动阀：
8481.2010	---油压的
8481.2020	---气压的
8481.3000	-止回阀
8481.4000	-安全阀或溢流阀
	-其他器具：
	---换向阀：
8481.8021	----电磁式
8481.8029	----其他

① 本品目包括在管道、罐、桶或类似品中，用以调节流体（液体、黏滞流体或气体）或某些固体（例如，砂）流量（供应或排放等）的龙头、旋塞、阀门及类似装置。本品目也包括用以调节液体或气体的压力或流速的装置。

商品编码	商品名称
	---流量阀：
8481.8031	----电子膨胀阀
8481.8039	----其他
8481.8040	---其他阀门
8481.8090	---其他
	-零件：
8481.9010	---阀门用
8481.9090	---其他
84.82	**滚动轴承：**
	-滚珠轴承：
8482.1010	---调心球轴承
8482.1020	---深沟球轴承
8482.1030	---角接触球轴承
8482.1040	---推力球轴承
8482.1090	---其他
8482.2000	-锥形滚子轴承，包括锥形滚子组件
8482.3000	-鼓形滚子轴承
8482.4000	-滚针轴承，包括保持架和滚针组件
8482.5000	-其他圆柱形滚子轴承，包括保持架和滚子组件
8482.8000	-其他，包括球、柱混合轴承
	-零件：
8482.9100	--滚珠、滚针及滚柱
8482.9900	--其他
84.83①	**传动轴（包括凸轮轴及曲柄轴）及曲柄；轴承座及滑动轴承；齿轮及齿轮传动装置；滚珠或滚子螺杆传动装置；齿轮箱及其他变速装置，包括扭矩变换器；飞轮及滑轮，包括滑轮组；离合器及联轴器（包括万向节）：**
	-传动轴（包括凸轮轴及曲柄轴）及曲柄：
	---船舶用传动轴：
8483.1011	----柴油机曲轴
8483.1019	----其他
8483.1090	---其他
8483.2000	-装有滚珠或滚子轴承的轴承座
8483.3000	-未装有滚珠或滚子轴承的轴承座；滑动轴承
	-齿轮及齿轮传动装置，但单独报验的带齿的轮、链轮及其他传动元件除外；滚珠或滚子螺杆传动装置；齿轮箱及其他变速装置，包括扭矩变换器：
8483.4010	---滚子螺杆传动装置
8483.4020	---行星齿轮减速器
8483.4090	---其他
8483.5000	-飞轮及滑轮，包括滑轮组
8483.6000	-离合器及联轴器（包括万向节）
8483.9000②	-单独报验的带齿的轮、链轮及其他传动元件；零件
84.84	**密封垫或类似接合衬垫，用金属片与其他材料制成或用双层或多层金属片制成；成套或各种不同材料的密封垫或类似接合衬垫，装于袋、套或类似包装内；机械密封件：**
8484.1000	-密封垫或类似接合衬垫，用金属片与其他材料制成或用双层或多层金属片制成
8484.2000	-机械密封件
8484.9000	-其他
84.85	**增材制造设备：**
8485.1000	-用金属材料的
8485.2000	-用塑料或橡胶材料的
	-用石膏、水泥、陶瓷或玻璃材料的：
8485.3010	---用玻璃材料的
8485.3020	---用石膏、水泥、陶瓷材料的
	-其他：
8485.8010	---用纸或纸浆的
8485.8020	---用木材、软木的

① 本品目包括的货品主要有：Ⅰ.用以将动力从外部动力装置传送到一台或多台机器的某些机械零件；Ⅱ.在机器内部将动力传送到机器各部分的某些机械零件。

② 本子目不包括：Ⅰ.品目72.07所列的经锻压成型的粗坯件；Ⅱ.专用于或主要用于车辆或飞机的上述传动设备（变速器、传动轴、离合器、差动齿轮等）（第十七类）。但必须注意，此项规定不适用于车辆或飞机发动机的零件；这些零件仍应归入本子目。因此，曲柄轴及凸轮轴即使专用于汽车发动机，仍应归入本子目；但汽车的传动（推动）轴、变速器及差动齿轮则应归入品目87.08。还须注意，本品目所列的传动装置即使专用于船舶，仍应归入本子目；Ⅲ.钟表零件（品目91.14）。

商品编码	商品名称
8485. 8090	---其他
	-零件：
8485. 9010	---用金属材料的
8485. 9020	---用玻璃材料的
8485. 9030	---用橡胶或塑料材料的
8485. 9040	---用石膏、水泥、陶瓷材料的
8485. 9050	---用纸或纸浆的
8485. 9060	---用木材、软木的
8485. 9090	---其他
84. 86	**专用于或主要用于制造半导体单晶柱或晶圆、半导体器件、集成电路或平板显示器的机器及装置；本章注释十一（三）规定的机器及装置；零件及附件：**
	-制造单晶柱或晶圆用的机器及装置：
8486. 1010	---利用温度变化处理单晶硅的机器及装置
8486. 1020	---研磨设备
8486. 1030	---切割设备
8486. 1040	---化学机械抛光设备（CMP）
8486. 1090	---其他
	-制造半导体器件或集成电路用的机器及装置：
8486. 2010	---氧化、扩散、退火及其他热处理设备
	---薄膜沉积设备：
8486. 2021	----化学气相沉积装置（CVD）
8486. 2022	----物理气相沉积装置（PVD）
8486. 2029	----其他
	---将电路图投影或绘制到感光半导体材料上的装置：
8486. 2031	----分步重复光刻机（步进光刻机）
8486. 2039	----其他
	---刻蚀及剥离设备：
8486. 2041	----等离子体干法刻蚀机
8486. 2049	----其他
8486. 2050	---离子注入机
8486. 2090	---其他
	-制造平板显示器用的机器及装置：
8486. 3010	---扩散、氧化、退火及其他热处理设备
	---薄膜沉积设备：
8486. 3021	----化学气相沉积设备（CVD）
8486. 3022	----物理气相沉积设备（PVD）
8486. 3029	----其他
	---将电路图投影或绘制到感光半导体材料上的装置：
8486. 3031	----分步重复光刻机
8486. 3039	----其他
	---湿法蚀刻、显影、剥离、清洗装置：
8486. 3041	----超声波清洗装置
8486. 3049	----其他
8486. 3090	---其他
	-本章注释十一（三）规定的机器及装置：
8486. 4010	---主要用于或专用于制作和修复掩膜版或投影掩膜版的装置
	---主要用于或专用于装配与封装半导体器件或集成电路的设备：
8486. 4021	----塑封机
8486. 4022	----引线键合装置
8486. 4029	----其他
	---主要用于或专用于升降、装卸、搬运单晶柱、晶圆、半导体器件、集成电路或平板显示器的装置：
8486. 4031	----集成电路工厂专用的自动搬运机器人
8486. 4039	----其他
	-零件及附件：
8486. 9010	---升降、搬运、装卸机器用（自动搬运设备用除外）
8486. 9020	---引线键合装置用
	---其他：
8486. 9091	----带背板的溅射靶材组件
8486. 9099	----其他
84. 87	**本章其他品目未列名的机器零件，不具有电气接插件、绝缘体、线圈、触点或其他电气器材特征的：**
8487. 1000	-船用推进器及桨叶
8487. 9000	-其他

第八十五章　电机、电气设备及其零件；录音机及放声机、电视图像、声音的录制和重放设备及其零件、附件

注释：

一、本章不包括：

（一）电暖的毯子、褥子、足套及类似品，电暖的衣服、靴、鞋、耳套或其他供人穿戴的电暖物品；

（二）品目 70.11 的玻璃制品；

（三）品目 84.86 的机器及装置；

（四）用于医疗、外科、牙科或兽医的真空设备（品目 90.18）；或

（五）第九十四章的电热家具。

二、品目 85.01 至 85.04 不适用于品目 85.11、85.12、85.40、85.41 或 85.42 的货品。

但金属槽汞弧整流器仍归入品目 85.04。

三、品目 85.07 所称“蓄电池”，包括与其一同报验的辅助元件，这些辅助元件具有储电、供电功能，或保护蓄电池免遭损坏，例如，电路连接器、温控装置（例如，热敏电阻）及电路保护装置，也可包括蓄电池的部分保护外壳。

四、品目 85.09 仅包括通常供家用的下列电动器具：

（一）任何重量的地板打蜡机、食品研磨机及食品搅拌器，水果或蔬菜的榨汁器；

（二）重量不超过 20 千克的其他机器。

但该品目不适用于风机、风扇或装有风扇的通风罩及循环气罩（不论是否装有过滤器）（品目 84.14）、离心干衣机（品目 84.21）、洗碟机（品目 84.22）、家用洗衣机（品目 84.50）、滚筒式或其他形式的熨烫机器（品目 84.20 或 84.51）、缝纫机（品目 84.52）、电剪子（品目 84.67）或电热器具（品目 85.16）。

五、品目 85.17 所称“智能手机”是指使用蜂窝网络的电话机，其安装有移动操作系统，设计用于实现自动数据处理设备功能，例如，可下载并同时执行多个应用程序（包括第三方应用程序），并且不论是否集成了如数字照相机、辅助导航系统等其他特征。

六、品目 85.23 所称：

（一）“固态、非易失性存储器件”（例如，“闪存卡”或“电子闪存卡”）是指带有接口的存储器件，其在同一壳体内包含一个或多个闪存（FLASH E^2PROM），以集成电路的形式装配在一块印刷电路板上。它们可以包括一个集成电路形式的控制器及多个分立无源元件，例如，电容器及电阻器。

（二）所称“智能卡”，是指装有一个或多个集成电路［微处理器、随机存取存储器（RAM）或只读存储器（ROM）］芯片的卡。这些卡可带有触点、磁条或嵌入式天线，但不包含任何其他有源或无源电路元件。

七、品目 85.24 所称“平板显示模组”，是指用于显示信息的装置或器具，至少有一个显示屏，设计为在使用前安装于其他品目所列货品中。平板显示模组的显示屏包括但不限于平面、曲面、柔性、可折叠或可拉伸等类型。平板显示模组可装有附加元件，包括接收视频信号所需并将这些信号分配给显示器像素的元件。但是，品目 85.24 不包括装有转换视频信号的组件（例如，图像缩放集成电路、解码集成电路或程序处理器）的显示模组，或具有其他品目所列货品特征的显示模组。

本注释所述平板显示模组在归类时，品目 85.24 优先于其他品目。

八、品目 85.34 所称“印刷电路”，是指采用各种印制方法（例如，压印、覆镀、腐蚀）或采用“膜

电路”工艺，将导线、接点或其他印制元件（例如，电感器、电阻器、电容器）按预定的图形单独或互相连接地印制在绝缘基片上的电路，但能够产生、整流、调制或放大电信号的元件（例如，半导体元件）除外。

所称“印刷电路”，不包括装有非印制元件的电路，也不包括单个的分立式电阻器、电容器及电感器。但印刷电路可配有非经印刷的连接元件。

用同样工艺制得的无源元件及有源元件组成的薄膜电路或厚膜电路应归入品目85.42。

九、品目85.36所称“光导纤维、光导纤维束或光缆用连接器”，是指在有线数字通讯设备中，简单机械地把光纤端部相连成一线的连接器。它们不具备诸如对信号进行放大、再生或修正等其他功能。

十、品目85.37不包括电视接收机或其他电气设备用的无绳红外遥控器（品目85.43）。

十一、品目85.39所称“发光二极管（LED）光源”包括：

（一）“发光二极管（LED）模块”，是基于发光二极管的电路构成的电光源，模块中包含电气、机械、热力或者光学等其他元件。模块还装有分立的有源或无源元件，或用于提供或控制电源的品目85.36、85.42的物品。发光二极管（LED）模块没有便于在灯具中安装或更换并确保机械和电气连接的灯头设计。

（二）“发光二极管（LED）灯泡（管）”，是由一个或多个带有电气、机械、热力或者光学元件的LED模块组成的电光源。发光二极管（LED）模块与发光二极管（LED）灯泡（管）的区别在于后者有便于在灯具中安装或更换并确保机械和电气连接的灯头设计。

十二、品目85.41及85.42所称：

（一）1.“半导体器件”是指那些依靠外加电场引起电阻率的变化而进行工作的半导体器件，或半导体基换能器。

半导体器件也可以包括由多个元件组装在一起的组件，无论是否有起辅助功能的有源和无源元件。

本定义所称“半导体基换能器”是指半导体基传感器、半导体基执行器、半导体基谐振器和半导体基振荡器。这些是不同类型的半导体基分立器件，能实现固有的功能，即可以将任何物理、化学现象或活动转换为电信号，或者将电信号转换为任何物理现象或活动。

半导体基换能器内的所有元件都不可分割地组合在一起，它们也包括为实现其结构或功能而不可分割地连接在一起的必要材料。

下列名词的含义是：

（1）“半导体基”是指用半导体技术，在半导体基片上构建、制造或由半导体材料制造。半导体基片或材料在换能器的作用和性能中起到不可替代的关键作用，其工作是基于半导体的物理、电气、化学和光学等特性。

（2）“物理或化学现象”是指诸如压力、声波、加速度、振动、运动、方向、张力、磁场强度、电场强度、光、放射性、湿度、流量和化学浓度等。

（3）半导体基传感器是一种半导体器件，其由在半导体材料内部或表面制作的微电子或机械结构组成，具有探测物理量和化学量并将其转换成电信号（因电特性变化或机械结构位移而产生）的功能。

（4）半导体基执行器是一种半导体器件，其由在半导体材料内部或表面制作的微电子或机械结构组成，具有将电信号转换成物理运动的功能。

（5）半导体基谐振器是一种半导体器件，其由在半导体材料内部或表面制作的微电子或机械结构组成，具有按预先设定的频率产生机械或电振荡的功能，频率取决于响应外部输入的结构的物理参数。

（6）半导体基振荡器是一种半导体器件，其由在半导体材料内部或表面制作的微电子或机械结构组成，具有按预先设定的频率产生机械或电振荡的功能，频率取决于这些结构的物理参数。

2.“发光二极管（LED）”是半导体器件，基于可将电能变成可见光、红外线或紫外线的半导体材料，不论这些器件之间是否通过电路连接以及不论是否带有保护二极管。品目85.41的发光二极管（LED）不装有以提供或控制电源为目的的元件。

（二）“集成电路”，是指：

1. 单片集成电路，即电路元件（二极管、晶体管、电阻器、电容器、电感器等）主要整体制作在一片半导体材料或化合物半导体材料（例如，掺杂硅、砷化镓、硅锗或磷化铟）基片的表面，并不可分割地连接在一起的电路。

2. 混合集成电路，即通过薄膜或厚膜工艺制得的无源元件（电阻器、电容器、电感器等）和通过半导体工艺制得的有源元件（二极管、晶体管、单片集成电路等）用互连或连接线实际上不可分割地组合在同一绝缘基片（玻璃、陶瓷等）上的电路。这种电路也可包括分立元件。

3. 多芯片集成电路是由两个或多个单片集成电路实际上不可分割地组合在一片或多片绝缘基片上构成的电路，不论是否带有引线框架，但不带有其他有源或无源的电路元件。

4. 多元件集成电路（MCOs）：由一个或多个单片、混合或多芯片集成电路以及下列至少一个元件组成：硅基传感器、执行器、振荡器、谐振器或其组件所构成的组合体，或者具有品目 85. 32、85. 33、85. 41 所列货品功能的元件，或品目 85. 04 的电感器。其像集成电路一样实际上不可分割地组合成一体，作为一种元件，通过引脚、引线、焊球、底面触点、凸点或导电压点进行连接，组装到印刷电路板（PCB）或其他载体上。

在本定义中：

（1）元件可以是分立的，独立制造后组装到多元件（MCO）的其余部分上，或者集成到其他元件内。

（2）“硅基”是指在硅基片上制造，或由硅材料制造而成，或者制造在集成电路裸片上。

（3）①硅基传感器是由在半导体材料内部或表面制作的微电子或机械结构组成，具有探测物理或化学现象并将其转换成电信号（因电特性变化或机械结构位移而产生）的功能。“物理或化学现象”是指诸如压力、声波、加速度、振动、运动、方向、张力、磁场强度、电场强度、光、放射性、湿度、流量和化学浓度等现象。

②硅基执行器是由在半导体材料内部或表面制作的微电子或机械结构组成，具有将电信号转换成物理运动的功能。

③硅基谐振器是由在半导体材料内部或表面制作的微电子或机械结构组成，具有按预先设定的频率产生机械或电振荡的功能，频率取决于响应外部输入的结构的物理参数。

④硅基振荡器是由在半导体材料内部或表面制作的微电子或机械结构组成，具有按预先设定的频率产生机械或电振荡的功能，频率取决于这些结构的物理参数。

本注释所述物品在归类时，即使本目录其他品目涉及上述物品，尤其是物品的功能，仍应优先考虑归入品目 85. 41 及 85. 42，但涉及品目 85. 23 的情况除外。

子目注释：

一、子目 8525. 81 仅包括具有以下一项或多项特征的高速电视摄像机、数字照相机及视频摄录一体机：

——写入速度超过 0. 5 毫米/微秒；

——时间分辨率 50 纳秒或更短；

——帧速率超过 225，000 帧/秒。

二、子目 8525. 82 所称抗辐射或耐辐射电视摄像机、数字照相机及视频摄录一体机，是指经设计或防护以能在高辐射环境中工作。这些设备可承受至少 50×10^3Gy（Si）［5×10^6RAD（Si）］的总辐射剂量而不会使其操作性能退化。

三、子目 8525. 83 包括夜视电视摄像机、数字照相机及视频摄录一体机，这些设备通过光阴极将捕获的光转换为电子，再将其放大和转换以形成可见图像。本子目不包括热成像的摄像机或照相机（通常归入子目 8525. 89）。

四、子目 8527. 12 仅包括有内置放大器但无内置扬声器的盒式磁带放声机，它不需外接电源即能工作，且外形尺寸不超过170毫米×100毫米×45毫米。

五、子目8549.11至8549.19所称“废原电池、废原电池组及废蓄电池”是指因破损、拆解、耗尽或其他原因而不能再使用或不能再充电的电池。

本国子目注释：

一、本国子目8504.4014所称“功率小于1千瓦，精度低于万分之一的直流稳压电源”，是指输入端为交流输入或直流输入，输出端为经稳压电路处理的直流电，在电网电压波动或负载发生变化时保持输出电压稳定的稳压电源，其最大输出功率小于1千瓦，精度低于万分之一（数值大于万分之一）。

稳压电路的工作原理是通过检测输出端电压值，将检测的电压值反馈到控制电路，控制电路再通过调节输入端的电压值，来改变输出端的电压值，以实现输出电压的稳定。

功率是指直流稳压电源的额定输出功率。

精度是指直流稳压电源的实际输出电压与设计输出电压之间的偏差值。

二、本国子目8504.4091所称“具有变流功能的半导体模块”，是指除品目85.41和85.42所列商品以外，由两个及两个以上半导体器件组成或由半导体器件与其他器件或装置构成的模块。模块由器件相互连接后封装而成，外部引脚线（也称“金属脚”）可与其他电路连接，部分模块带有散热片。该模块属于静止式变流器的范围，具有变流功能，能够对电网的功率、电流、频率和相位等参数进行精确的控制和有效的处理。半导体器件通常包括功率二极管、绝缘栅双极晶体管（IGBT）、场效应晶体管（MOSFET）、大功率晶体管、晶闸管等；其他器件通常包括电阻、光耦等。

三、本国子目8507.8030所称“全钒液流电池”，是指一种高效电化学储能设备，由电堆单元、能量存储部分及控制部分组成。钒电解质溶液在循环泵的推动下流经电堆，实现电能的存储与释放。

四、本国子目8512.3012所称“机动车辆用防盗报警器”，包括所有机动车辆用防盗报警器，无论其是否带有视觉信号报警装置。

五、本国子目8515.2120所称“电阻焊接机器人”，是指利用电阻热进行自动焊接的工业机器人，由机器人本体、控制系统、传感器、焊钳、电阻焊机及控制器等部分组成，主要应用于汽车制造、电工电子等领域。

六、本国子目8515.3120所称“用于金属加工的电弧（包括等离子弧）焊接机器人”，是指专门用于电弧（包括等离子弧）焊接的工业机器人，由机器人本体、控制系统、传感器、焊枪、焊机、自动送丝装置等部分组成，主要应用于汽车、工程机械、摩托车、船舶、运动器材、航空、航天、锅炉等领域。

七、本国子目8515.8010所称“激光焊接机器人”，是指以激光器为焊接源的焊接机器人，由机器人本体、控制系统、传感器、激光头、激光系统等部分组成，主要应用于汽车、电子、冶金等领域。

八、本国子目8516.1010所称“储存式电热水器”，是指装有控制或限制水温的装置，并可以储存非饮用热水的固定式容器。这种热水器是配有浸入式加热元件的保温水箱，水可在其中逐渐得到加热。

九、本国子目8516.1020所称“即热式电热水器”，又称快热式电热水器，是指水流过热水器时，通过电加热方式加热水的驻立式热水器。

十、本国子目8516.2920所称“辐射式空间加热器”，由发热管、辐射板、控制部分等构成。其中，辐射板通常是抛物柱面的反射镜，发热管通常是卤素管或石英管等。

十一、本国子目8516.2931所称“风扇式空间加热器”，又称强制对流式加热器，是指利用风扇鼓动空气流经电热元件，再将暖风送出的加热器。通常分为离心式、轴流式、贯流式、涡轮式等型式，基本结构包括电热元件、风扇、温度控制器和外壳。

十二、本国子目8516.2932所称“充液式空间加热器”，又称充液式散热器、电热油汀，封闭的装置中充有导热油或导热液作为传热媒介，电气元件将传热媒介加热，然后把热量散发到周围的空气中。根据不同的功率大小，充液式加热器分为板式和多片式等结构。

十三、本国子目8516.6050所称“电烤箱”，是指用于烘烤鸡、肉、汉堡包等食物的厨房炊事器具

(家用烤面包机除外)，其结构由箱体、门、发热器（单个或上下双势)、烤盘、控制系统等组成，靠热风或电热管加热食物，根据不同容积设有一层或两层烤盘，容积分为9升、12升、16升、22升不等，功率为600瓦~1200瓦。电烤箱与多士炉、三明治炉最大的不同是，前者是将生鲜食材经加热制成熟食，内部结构更为复杂。

十四、本国子目8516.7110所称“滴液式咖啡机”，主要结构由水箱、加热器、过滤器、保温盘、咖啡壶、微电脑控制部件和附件七部分构成。其工作原理为：将咖啡粉放入过滤器内，水箱内加满水，开启咖啡机。加热器将对进入加热器内的水进行加热，并将热水从过滤器上部洒下。对过滤器内的咖啡粉进行充分浸泡，利用水的自重将咖啡粉内的咖啡精华通过过滤网滤出。滤出的咖啡液流到下部的咖啡壶内，即完成咖啡的制作。

十五、本国子目8516.7120所称“蒸馏渗滤式咖啡机”，主要结构由水罐（含加热功能)、漏斗、微电脑控制部件和附件四部分构成。其工作原理为：制作咖啡的水放入水罐内，加热后产生高温高压的水蒸汽，利用虹吸原理将高温高压的水蒸汽通过水罐中心的水管引流到装有咖啡粉的漏斗内。让水蒸汽瞬间穿过咖啡粉的细胞壁，将咖啡的内在精华萃取出来制作咖啡。

十六、本国子目8516.7130所称“泵压式咖啡机”，主要结构由水箱、水泵、加热器、漏斗、微电脑控制部件和附件六部分组成。水箱与水泵连接，通过微电脑控制部件控制水泵从水箱抽水至加热器，水通过加热器加热后，由于水泵提供的压力使热水流至加热器下部的压力过滤漏斗内，热水从而将压力过滤漏斗内的咖啡粉的精华过滤出来。同时通过过滤网内的小孔作用产生丰富的泡沫。

十七、本国子目8516.7210所称“家用自动面包机”，是指通过微电脑控制搅面、发酵、醒面和焙烤来制作各种面包、蛋糕的家电产品，将面粉、水、糖、酵母等所有配料放入面包桶后，启动机器后自动完成面包制作的全过程。

十八、本国子目8516.7220所称“片式烤面包机（多士炉）”，主要功能是烘烤面包片、面包圈、法式面包、华夫饼、酥皮馅饼等，可烤制出不同焦硬度、口感和烧色图案，有2片、3片和4片的多士炉。其主要由炉身、炉胆、发热板、滑动机构、电子板控制、电磁铁和炉底等组件构成。使用时将面包放入面包槽腔内，压下提手，滑动组件向下运动，网架将整片面包夹持归中，并沉入烘烤腔内，电子板工作，发热板开始发热，进行烘烤；电子板组件控制线圈的通断电时间，从而控制磁吸片的吸合时间，到达设定的时间后，电子板组件控制线圈断电，磁铁吸力消失，滑动组件弹起，同时发热板断电不再加热；托架将烤好的面包托至炉胆上端，方便用户取出，完成烘烤过程。

十九、本国子目8517.6237所称“有线网络接口卡”，又称有线网卡，是物理上连接自动数据处理设备或其他网络设备终端与网络的一种数字式适配器，其连接网络设备和终端设备的两个端口都是以有线形式实现的。设备端接口常见的有PCI接口和USB接口。网络端接口常见的有PJ-45接口、BNC接口和光纤接口。

二十、本国子目8517.6292所称“无线网络接口卡”，又称无线网卡，主要由主板（包括基带、射频、电源管理、外围器件、PCB板)、射频天线、MD结构件等组成。设备端接口通常以有线方式实现，常见的有PCMCIA接口和USB接口。网络端接口通常以无线方式通过天线和基站连接。

二十一、本国子目8517.6293所称“无线接入固定台”，是指采用无线通信技术体制的无线终端接入设备，这种产品具备语音通信功能，有的还可具备收发短信、手机模式上网等功能。能在无线网络覆盖的范围内，将无线网络信号转化为普通固定电话模拟信号，适用于固定电话不易布线地区，可直接代替固定电话。该设备可以是一部无线固定电话机，也可以是一部无线接入系统多用户固定台。可以为多个用户提供服务并具有内部交换功能，多个用户共用若干个无线信道。该设备一般包括天馈线、电源模块、接口单元、主控单元和模块化的射频单元。对于带传真功能的产品还会有传真模块。

二十二、本国子目8522.9091所称“车载音频转播器或发射器”，通常由液晶显示屏、控制器、输入输出终端三部分组成。多数产品可以通过调频（FM）发射和汽车的收音模块相接，通过汽车或者家中的FM立体声接收机来收听来自声音重放设备（iPod、MP3、MP4、CD唱机）中的音乐。有些产品还可以用音频线与汽车音箱直接相连。

二十三、本国子目 8536.9011 所称“工作电压不超过 36 伏的接插件”，是指连接两个器件的连接器，用于传输电流或信号（光缆用连接器除外），工作电压小于等于 36 伏。

二十四、本国子目 8537.1019 所称“用于电压不超过 1000 伏线路的其他数控装置”，是指除可编程序控制器以外的数控装置，包括数控（NC）和计算机数控（CNC）两种类型。数控装置是成套数控伺服装置的组成部分之一，成套数控伺服装置由数控装置、信息载体、伺服系统、检测装置组成。

若上述成套数控伺服装置同时报验，则不归入本子目，而应归入品目 90.32 项下。

二十五、本国子目 8539.3191 所称“紧凑型荧光灯”，又称节能灯，具有体积小、省电、发光效率高、光线柔和等特点。紧凑型荧光灯与普通荧光灯相比，最主要的特点在于灯管的结构是紧凑型的，通常被弯成 H 形、U 形、双 n 形、螺旋形等；多数紧凑型荧光灯的灯管、电子镇流器部件和灯头部件通常是有机地结合成一体的，在不损坏其中部件的情况下一般是可拆卸的。紧凑型荧光灯主要是通过节能灯管和低功耗电子镇流器实现节能。

二十六、本国子目 8539.3230 所称“钠蒸气灯”，是利用钠蒸气放电产生可见光的电光源。钠灯又分低压钠灯和高压钠灯。低压钠灯的工作蒸气压不超过几个帕。高压钠灯的工作蒸气压大于 0.01 兆帕。

二十七、本国子目 8539.3240 所称“汞蒸气灯”，是利用汞放电时产生汞蒸气获得可见光的电光源。汞灯可分为低压汞灯、高压汞灯和超高压汞灯三种。低压汞灯点燃时汞蒸气压小于一个大气压，高压汞灯的工作汞蒸气压为 0.2~1 兆帕，超高压汞灯的工作汞蒸气压为 1 兆帕以上。

二十八、本国子目 8544.3020 所称“机动车辆用点火布线组及其他布线组”，是指《中华人民共和国进出口税则》第八十七章所列机动车辆用的点火布线组及其他布线组。

布线组是指用于电气布线的成组电线或电缆。例如，连接机动车火花塞与分电器的成组电缆。

【编者注】

一、本章商品包括的范围

本章包括产生、利用和传输电能的设备、器具及其零件。某些商品即使由陶瓷或玻璃制成，仍归入本章（例如，陶瓷作的电子器件仍归入本章，这一点与第八十四章不同）。但不包括品目 70.11 所列的玻璃外壳（包括玻璃泡和玻璃管）。

二、优先归类原则

归入品目 85.11、85.12、85.40、85.41 或 85.42 的商品，即使它们具有品目 85.01~85.04 所列货品的特征或功能，也优先归入上述品目。例如：

1. 内燃机用的永磁直流发电机、启动电动机等优先归入品目 85.11，而不作为一般的发电机、电动机归入品目 85.01。

2. 用于整流的闸流管优先归入品目 85.40，而不作为整流器的零件归入品目 85.04。

三、不归入本章且容易引起归类错误的商品

1. 电暖的毯子、褥子、衣服、鞋、靴、耳套、足套及其他类似的电暖物品，应归入其他章的有关品目，而不作为电气器具归入品目 85.16。例如，电暖毯应归入子目 6301.1000。

2. 装有电热装置的床、椅子及其他电热家具归入第九十四章，而不作为家用电热器具归入本章。

3. 制灯泡、电子管及其他类似品目的玻璃外壳（例如，电视显像管玻壳）归入品目 70.01，而不作为本章商品所述零件归入本章内。

四、本章重点商品的归类原则

（一）电动机和发电机归入品目 85.01，且本品目的电动机可以配有皮带轮、齿轮或齿轮箱，用于驱动手工工具的电动机可以配有软轴；装有电动机的滚筒或滚轴，适用于带式或辊式运输机应归入品目 84.31；产震马达及电磁振动器应归入品目 84.79。未装有电子元件的太阳电池，不论是否装配成组件或太阳电池板应归入品目 85.41。

根据本章优先归类原则，内燃机用的启动电机归入品目85.11，而不归入品目85.01；自行车照明用的小型发电机归入品目85.12，而不归入品目85.01。

（二）离合器和制动器的归类，首先考虑工作原理，如是电磁原理工作的，无论用于何处均应归入品目85.05；然后再考虑用途，如用于车辆或飞机上，且非用于发动机内的零件，则应按车辆或飞机零件归类；最后如均不符合上述两种情况的，离合器应归入品目84.83，制动器应酌情按所属设备零件归类。

（三）品目85.09所列家用电动器具。

归入这个品目的电动机械器具通常是供家用的，一般来说都是小型的，故主要用重量来衡量是否为家用。但地板打蜡机、食品研磨机及搅拌器、水果或蔬菜的榨汁机，不论其重量是多少，都归入品目85.09；而其他电器具必须不超过20千克才能归入这个品目。这类物品主要包括：清洗地板的电动器具、水果或蔬菜的削皮机器、各种切片机、磨刀器、厨房废料处理器及电动牙刷等。例如，不同类型的绞肉机的归类：对于小于20千克的电动绞肉机应归入品目85.09，大于20千克的电动绞肉机则要按工业上用的食品加工机器归入品目84.38，不超过10千克的家用手摇绞肉机则应按手工工具归入品目82.10。

值得注意的是，品目85.09的器具与其零件及附件同时报验时，如果这些零件及附件是用于有关器具，而且品种及数量正常，应一并归入本品目。在确定这些器具能否按上述第二类所列条件（重量在20千克及以下的家用电动器具）归入本品目时，外加的可互换零件或可拆卸辅助装置的重量可不计在内。

（四）通信设备商品知识及归类。

1. 通信：指信息从信源到收信者的传输过程。按传输媒介可分为有线通信和无线通信；按传输的信号分为模拟信号和数字信号。

2. 有线通信：指以金属导体或光纤为传输媒介的通信。前者又称为电缆通信，后者称为光纤通信。

3. 无线通信：指无线电波在大气、空间、水、土等传输媒介中传播的通信。

4. 波分复用光传输设备：指光波分复技术（WDM）系统中除光端机和脉冲编码调制设备及光纤以外的设备，如光波放大器、光耦合器、波分复用器、光隔离和光环形器等。光波分复用技术（WDM）是指一根光纤中同时传输多波长光信号的技术。其基本原理是在发送端将不同波长的光信号组合起来，并耦合到光缆线路上的同一根光纤中进行传输，在接收端又将组合波长的光信号分开，并作进一步处理，恢复出原信号后送入不同的终端。

5. 移动通信系统的组成：

总　称	二级系统	三级系统
移动通信系统	移动台	手机
		车载机
	基站系统	基站收发器
		基站控制器
	交换系统	移动交换中心
		访问位置寄存器
		身份鉴定中心
		归属位置寄存器

信号种类	设备的传送方式	品　目
声音、图像或其他数据	发送或接收（设备）	85.17
无线电广播	发送（设备），不论是否装有接收（装置）	85.25
	接收（装置）	85.27
电　视	发送（设备），不论是否装有接收（装置）	85.25
	接收（装置）	85.28

（五）音像设备商品知识及归类。

1. 电视摄影机是一种把景物的光像转变为电视图像信号的光电转换设备。

2. 静像视频摄像机是以模拟或数字形式将图像录制在一个小磁盘上。一个“信号发送装置”可将已录制的图像直接显示在电脑屏幕上。已录制的模拟信号可通过一台模拟/数字转换器（ADC）转换成数字信号，以便自动数字处理设备进行处理。

3. 其他视频摄录一体机，一般称为便携式摄录机，由一个视频摄像机与一个视频录制或重放装置组成。这种装置以类似于电影摄影机的方式，将摄像机拍摄的连续图像连同声音记录下来。

4. “特种用途的电视摄像机”，是指用于高空、水下及不可见光拍摄或其他类似特种用途的专用电视摄像机。

5. 视频投影机指可接入视频信号的摄影机。

6. 子目8529.9090——高频调谐器：

高频调谐器是电视接收机或录影机中用来接收和处理高频电视信号的部件。一般其是由输入电路、高频放大器、本机振荡器和混频器等组成的独立装置，故称为高频头。其作用是将天线接收到的高频电视图像信号和伴音信号及同步信号经输入回路与调谐回路的选择和高频放大电路放大，与来自本机振荡电路的信号混合，从而转换成中频图像信号和伴音信号输出。在结构上，一般可分为机械转换调谐式和电调谐式两种。

7. 数字照相机，是指一种用电子方式替代传统的底片来存储拍摄的图像的照相机。当操作者释放照相机快门时，数字照相机用电荷耦合元件（CCD）捕获镜头上的图像；照相机内部电路将电荷耦合元件（CCD）捕获的图像存储在存储介质（如固态存储器或硬盘）中。图像被捕获后，用照相机配套的软体通过电缆下载到计算机，一旦图像存储到计算机，就像用扫描仪或有关设备获得的图像一样可被处理。

（六）电子元器件商品知识及归类。

1. 电子元件是电子电路中具有某种独立功能的单元，是构成电子设备的基本单元。通常分为无源元件和有源元件两种。

无源元件是靠制作元件材料本身的特性及元件的形状、大小来影响电子运动的，其内部无电场。例如，电阻、电容和电感等。

有源元件是靠外界条件变化来影响其内部电场变化的，从而控制电子运动的元件。这种元件在所考虑的信号范围内和一定的工作状态下能不断产生能量的元件、真空电子器件。例如，二极管、三极管（晶体管）、电子束和可控硅等。

2. 印刷电路指采用各种印刷方法（传统印制方法或压印、覆镀、腐蚀等方法），将导线、接点或其他印制元件（如电感器、电阻器、电容器的“无源元件”）印刷在绝缘基片上所形成的电路，但印制元件不包括能够产生、整流、检波、调制或放大电信号的二极管、三极管或其他“有源元件”。

印刷电路按层数分类，单层指仅在绝缘基材的一面有印刷导体图形，多层指3层以上的印刷导体图形、层间以绝缘材料黏合并用金属孔完成层间电气连接。

3. 压电晶体指由钛酸钡、锆酸钛酸铅或品目38.24所列的其他晶体、石英或电气石晶体制成的器件。压电晶体一般为板、棒、圆片、环等形状，并且必须装有电极或电接头。

4. 电子元器件归类要点。

(1) 常见电子元器件的归类见下表。

序号	商品描述	归类
1	固定、可变电容	85.32
2	电阻（包括变阻器及电位器）	85.33
3	印刷电路（包括膜电路）	85.34
4	热电子管、冷阴极管或光阴极管	85.40
5	半导体器件（二极管、晶体管等）	85.41
6	集成电路	85.42
7	电感	85.04
8	高压（电压>1000伏）电器（如熔断器等）	85.35
9	低压（电压≤1000伏）电器（如插座等）	85.36
10	碳电极等石墨制品	85.45
11	绝缘子	85.46
12	电气绝缘零件	85.47
13	未列名的电气零件	85.48

(2) 印刷电路板、集成电路（IC）、功能板的归类。

不带任何元件的普通印刷电路和配有非经印刷的连接元件的印刷电路归入品目85.34；印制的单个无源元件（例如，电感器、电容器及电阻器）不能视为印刷电路归类，应归入其相应品目（如品目85.04、85.16、85.32或85.33）。

集成电路归入品目85.42，并按照功能进行归类。

功能板（指装有或接有机械元件或电气元件的线路板）按其功能归类。如其功能有具体列名则按列名归类，如无具体列名则按所属设备零件归类。例如，变频交流的功能板归入品目85.04；计算机用的板卡归入品目84.73；仪器仪表中使用的线路板归入第九十章。

(七) 其他电气设备商品知识及归类。

1. 有关灯、灯具的归类见下表。

序号	名称	归类
1	各种灯泡、灯管等电光源	85.39
2	带有灯座的灯具	94.05
3	机动车辆（不含火车、飞机）的照明灯、信号灯	85.12
4	火车和飞机的前灯等	94.05
5	自供电源的灯（如手电筒、手提式应急灯）	85.13
6	交通管理用的信号灯（交叉路口的红绿灯）	85.30
7	照相机用的闪光灯及灯泡	90.06
8	非电气的汽灯、手提灯、马厮灯、防风灯	94.05
9	灭蚊灯	85.43

2. 各种“卡”的归类。

各种智能卡（无论装有几片集成电路）归入子目 8523.52 项下；各种磁卡无论是否储存信息均归入子目 8523.21 项下。各种非接触的邻近卡及牌通常是由一块带只读存储器的集成电路构成，该电路连接于印制天线上。邻近卡及牌可在天线上产生一个干扰场（其性质可由只读存储器内的编码加以确认），以影响阅读器发射的信号，并反馈给阅读器。静电邻近卡及牌通常由一个线圈、一个编码发生器及一个信号传输天线组成。线圈经阅读器发生的信号激发产生电压，向微电路供电；编码发生器从线圈接收到信号后产生数据。因此，邻近卡及牌不属于智能卡，而应按已录制的半导体媒体归入子目 8523.5920。

半导体媒体，归入子目 8523.5 项下，这类商品包括 3 类：

一是固态非易失性存储器件，归入子目 8523.51。非易失性存储器件是指内存在断电后所储存的数据依然存在，例如，使用内存芯片的 U 盘，属快速闪存的 CF 卡、SM 卡、MM 卡。

二是“智能卡”，是指装有一块及以上的集成电路卡，归入子目 8523.52。

三属其他半导体媒体，归入子目 8523.59。

例如，属固体易失性存储器件的计算机内存 RAM。易失性存储器件是指内存在断电后所存储的数据会自动消失。再如，邻近卡及牌。

固态、非易失性存储器件（例如，闪存卡或电子闪存卡）是指带有接口的存储器件，其在同一壳体内包含一个或多个闪存，以集成电路的形式装配在一块印刷电路板上。它们可以包括一个集成电路形式的控制器及多个分立无源元件，例如，电容器及电阻器。

3. 记录媒体与所用设备的归类。

当记录媒体与所用设备（指可直接读取记录媒体信息的设备）一同报验时，记录媒体与所用设备分别归类。即记录媒体仍归入品目 85.23；当记录媒体与所用设备及其物品一同报验时，如果符合归类总规则三（二）所列零售成套货品的规定的，则整套货品按此规则进行归类；不符合归类总规则三（二）所列零售成套货品规定的，则这些货品应分别归入其适当的品目。

商品编码	商品名称	商品编码	商品名称
85.01	**电动机及发电机（不包括发电机组）：**		-其他多相交流电动机：
	-输出功率不超过 37.5 瓦的电动机：	8501.5100	--输出功率不超过 750 瓦
8501.1010	---玩具用	8501.5200	--输出功率超过 750 瓦，但不超过 75 千瓦
	---其他：		
8501.1091	----微电机，机座尺寸在 20 毫米及以上，但不超过 39 毫米	8501.5300	--输出功率超过 75 千瓦
			-交流发电机，不包括光伏发电机：
8501.1099	----其他	8501.6100	--输出功率不超过 75 千伏安
8501.2000	-交直流两用电动机，输出功率超过 37.5 瓦	8501.6200	--输出功率超过 75 千伏安，但不超过 375 千伏安
	-其他直流电动机；直流发电机，不包括光伏发电机：	8501.6300	--输出功率超过 375 千伏安，但不超过 750 千伏安
8501.3100	--输出功率不超过 750 瓦		--输出功率超过 750 千伏安：
8501.3200	--输出功率超过 750 瓦，但不超过 75 千瓦	8501.6410	---输出功率超过 750 千伏安，但不超过 350 兆伏安
8501.3300	--输出功率超过 75 千瓦，但不超过 375 千瓦	8501.6420	---输出功率超过 350 兆伏安，但不超过 665 兆伏安
8501.3400	--输出功率超过 375 千瓦	8501.6430	---输出功率超过 665 兆伏安
8501.4000	-其他单相交流电动机		-光伏直流发电机：
		8501.7100	--输出功率不超过 50 瓦

商品编码	商品名称
	--输出功率超过50瓦：
8501.7210	---输出功率超过50瓦，但不超过750瓦
8501.7220	---输出功率超过750瓦，但不超过75千瓦
8501.7230	---输出功率超过75千瓦，但不超过375千瓦
8501.7240	---输出功率超过375千瓦
	-光伏交流发电机：
8501.8010	---输出功率不超过75千伏安
8501.8020	---输出功率超过75千伏安，但不超过375千伏安
8501.8030	---输出功率超过375千伏安，但不超过750千伏安
	---输出功率超过750千伏安：
8501.8041	----输出功率超过750千伏安，但不超过350兆伏安
8501.8042	----输出功率超过350兆伏安，但不超过665兆伏安
8501.8043	----输出功率超过665兆伏安
85.02	**发电机组及旋转式变流机：**
	-装有压燃式活塞内燃发动机（柴油或半柴油发动机）的发电机组：
8502.1100	--输出功率不超过75千伏安
8502.1200	--输出功率超过75千伏安，但不超过375千伏安
	--输出功率超过375千伏安：
8502.1310	---输出功率超过375千伏安，但不超过2兆伏安
8502.1320	---输出功率超过2兆伏安
8502.2000	-装有点燃式活塞内燃发动机的发电机组
	-其他发电机组：
8502.3100	--风力驱动的
8502.3900	--其他
8502.4000	-旋转式变流机
85.03	**专用于或主要用于品目85.01或85.02所列机器的零件：**
8503.0010	---子目8501.1010及8501.1091所列电动机用
8503.0020	---子目8501.6420及8501.6430所列发电机用
8503.0030	---子目8502.3100所列发电机组用
8503.0090	---其他
85.04	**变压器、静止式变流器（例如，整流器）及电感器：**
	-放电灯或放电管用镇流器：
8504.1010	---电子镇流器
8504.1090	---其他
	-液体介质变压器：
8504.2100	--额定容量不超过650千伏安
8504.2200	--额定容量超过650千伏安，但不超过10兆伏安
	--额定容量超过10兆伏安：
	---额定容量超过10兆伏安，但小于400兆伏安：
8504.2311	----额定容量超过10兆伏安，但小于220兆伏安
8504.2312	----额定容量在220兆伏安及以上，但小于330兆伏安
8504.2313	----额定容量在330兆伏安及以上，但小于400兆伏安
	---额定容量在400兆伏安及以上：
8504.2321	----额定容量在400兆伏安及以上，但小于500兆伏安
8504.2329	----其他
	-其他变压器：
	--额定容量不超过1千伏安：
8504.3110	---互感器
8504.3190	---其他
	--额定容量超过1千伏安，但不超过16千伏安：
8504.3210	---互感器
8504.3290	---其他
	--额定容量超过16千伏安，但不超过500千伏安：
8504.3310	---互感器
8504.3390	---其他
	--额定容量超过500千伏安：
8504.3410	---互感器
8504.3490	---其他
	-静止式变流器：
	--稳压电源：
8504.4013	----品目84.71所列机器用

商品编码	商品名称	商品编码	商品名称
8504.4014	----其他直流稳压电源，功率小于 1 千瓦，精度低于万分之一	8506.3000	-氧化汞的
		8506.4000	-氧化银的
8504.4015	----其他交流稳压电源，功率小于 10 千瓦，精度低于千分之一	8506.5000	-锂的
		8506.6000	-锌空气的
8504.4019	----其他	8506.8000	-其他原电池及原电池组
8504.4020	---不间断供电电源		-零件：
8504.4030	---逆变器	8506.9010	---子目 8506.10 所列电池用
	---其他：	8506.9090	---其他
8504.4091	----具有变流功能的半导体模块	**85.07**②	**蓄电池，包括隔板，不论是否矩形(包括正方形)：**
8504.4099	----其他		
8504.5000	-其他电感器	8507.1000	-铅酸蓄电池，用于启动活塞式发动机
	-零件：		
	---变压器用：	8507.2000	-其他铅酸蓄电池
8504.9011	----子目 8504.2321、8504.2329 所列变压器用	8507.3000	-镍镉蓄电池
		8507.5000	-镍氢蓄电池
8504.9019	----其他	8507.6000	-锂离子蓄电池
8504.9020	---稳压电源及不间断供电电源用		-其他蓄电池：
8504.9090	---其他	8507.8030	---全钒液流电池
85.05	**电磁铁；永磁铁及磁化后准备制永磁铁的物品；电磁铁或永磁铁卡盘、夹具及类似的工件夹具；电磁联轴节、离合器及制动器；电磁起重吸盘：**	8507.8090	---其他
			-零件：
		8507.9010	---铅酸蓄电池用
		8507.9090	---其他
	-永磁铁及磁化后准备制永磁铁的物品：	**85.08**	**真空吸尘器：**
			-电动的：
	--金属的：	8508.1100	--功率不超过 1500 瓦，且带有容积不超过 20 升的集尘袋或其他集尘容器
8505.1110	---稀土永磁体		
8505.1190	---其他		
8505.1900	--其他	8508.1900	--其他
8505.2000	-电磁联轴节、离合器及制动器	8508.6000	-其他真空吸尘器
	-其他，包括零件：		-零件：
8505.9010	---电磁起重吸盘	8508.7010	---子目 8508.1100 所列吸尘器用
8505.9090	---其他	8508.7090	---其他
85.06①	**原电池及原电池组：**	**85.09**	**家用电动器具，品目 85.08 的真空吸尘器除外：**
	-二氧化锰的：		
	---碱性锌锰的：		-食品研磨机及搅拌器；水果或蔬菜的榨汁机：
8506.1011	----扣式		
8506.1012	----圆柱式	8509.4010	---水果或蔬菜的榨汁机
8506.1019	----其他	8509.4090	---其他
8506.1090	---其他		

① 原电池的主要特点是难以有效地再充电。

② 蓄电池可具有多种用途，例如，机动车辆、高尔夫球车、叉车、手提式动力工具、移动电话、便携式自动数据处理设备、手提电灯等供电。

商品编码	商品名称	商品编码	商品名称
	-其他器具：	8511.4091	----输出功率在132.39千瓦（180马力）及以上的发动机用启动电机
8509.8010	---地板打蜡机	8511.4099	----其他
8509.8020	---厨房废物处理器		-其他发电机：
8509.8090①	---其他	8511.5010	---机车、航空器及船舶用
8509.9000	-零件	8511.5090	---其他
85.10	**电动剃须刀、电动毛发推剪及电动脱毛器：**	8511.8000	-其他装置
8510.1000	-剃须刀		-零件：
8510.2000	-毛发推剪	8511.9010	---本品目所列供机车、航空器及船舶用的各种装置的零件
8510.3000	-脱毛器	8511.9090	---其他
8510.9000②	-零件	**85.12**	**自行车或机动车辆用的电气照明或信号装置（品目85.39的物品除外）、风挡刮水器、除霜器及去雾器：**
85.11	**点燃式或压燃式内燃发动机用的电点火及电启动装置（例如，点火磁电机、永磁直流发电机、点火线圈、火花塞、电热塞及启动电机）；附属于上述内燃发动机的发电机（例如，直流发电机、交流发电机）及断流器：**	8512.1000	-自行车用照明或视觉信号装置
			-其他照明或视觉信号装置：
		8512.2010	---机动车辆用照明装置
8511.1000	-火花塞	8512.2090	---其他
	-点火磁电机；永磁直流发电机；磁飞轮：		-音响信号装置：
			---机动车辆用：
8511.2010	---机车、航空器及船舶用	8512.3011	----喇叭、蜂鸣器
8511.2090	---其他	8512.3012	----防盗报警器
	-分电器；点火线圈：	8512.3019	----其他
8511.3010	---机车、航空器及船舶用	8512.3090	---其他
8511.3090	---其他	8512.4000	-风挡刮水器、除霜器及去雾器
	-启动电机及两用启动发电机：	8512.9000	-零件
8511.4010	---机车、航空器及船舶用	**85.13③**	**自供能源（例如，使用干电池、蓄电池、永磁发电机）的手提式电灯，但品目85.12的照明装置除外：**
	---其他：		

① 本子目主要包括重量在20千克及以下的本品目物品：

Ⅰ. 地板擦洗、刮垢、冲洗器具及擦洗后吸去污水或皂泡的器具。

Ⅱ. 在擦光前往地板上喷撒上光剂的器具。这类器具通常配有加热元件，以使蜡液化。

Ⅲ. 厨房废料处理器。这种器具附在厨房洗涤槽中，用于磨碎厨房废料。

Ⅳ. 马铃薯或其他蔬菜的削皮机、切片机、切碎机。

Ⅴ. 各种切片机（例如，肉、香肠、咸肉、乳酪、面包、水果或蔬菜的各种切片机）。

Ⅵ. 磨刀器及净刀器。

Ⅶ. 电动牙刷。

Ⅷ. 空气增湿机或减湿机。

② 除零件的归类总原则另有规定的以外，电动剃须刀、电动毛发推剪或电动脱毛器的零件也归入本子目。这些零件主要包括刀架、刀片及梳形刀片。

③ 本品目所称“手提式电灯”，仅指使用时握在手中或随身携带，或附属在手提物品或物体上的电灯（即电灯及其电源）。这类电灯一般均带有把柄或紧固器件，并可从其特有的外形及较轻的重量加以确认。因此，所称“手提式电灯”，不包括机动车辆或自行车用的照明装置（品目85.12），也不包括连接于固定设施的电灯（品目94.05）。

商品编码	商品名称
	-灯：
8513.1010	---手电筒
8513.1090	---其他
	-零件：
8513.9010	---手电筒用
8513.9090	---其他
85.14	**工业或实验室用电炉及电烘箱（包括通过感应或介质损耗工作的）；工业或实验室用其他通过感应或介质损耗对材料进行热处理的设备：**
	-电阻加热的炉及烘箱：
8514.1100	--热等静压机
	--其他：
8514.1910	---可控气氛热处理炉
8514.1990	---其他
8514.2000	-通过感应或介质损耗工作的炉及烘箱
	-其他炉及烘箱：
8514.3100	--电子束炉
8514.3200	--等离子及真空电弧炉
8514.3900	--其他
8514.4000	-其他通过感应或介质损耗对材料进行热处理的设备
	-零件：
8514.9010	---炼钢电炉用
8514.9090	---其他
85.15	**电气（包括电热气体）、激光、其他光、光子束、超声波、电子束、磁脉冲或等离子弧焊接机器及装置，不论是否兼有切割功能；用于热喷金属或金属陶瓷的电气机器及装置：**
	-钎焊机器及装置：
8515.1100	--烙铁及焊枪
8515.1900	--其他
	-电阻焊接机器及装置：
	--全自动或半自动的：
8515.2120	---机器人
	---其他：
8515.2191	----直缝焊管机
8515.2199	----其他
8515.2900	--其他

商品编码	商品名称
	-用于金属加工的电弧（包括等离子弧）焊接机器及装置：
	--全自动或半自动的：
8515.3120	---机器人
	---其他：
8515.3191	----螺旋焊管机
8515.3199	----其他
8515.3900	--其他
	-其他机器及装置：
8515.8010	---激光焊接机器人
8515.8090	---其他
8515.9000	-零件
85.16	**电热的快速热水器、储存式热水器、浸入式液体加热器；电气空间加热器及土壤加热器；电热的理发器具（例如，电吹风机、电卷发器、电热发钳）及干手器；电熨斗；其他家用电热器具；加热电阻器，但品目 85.45 的货品除外：**
	-电热的快速热水器、储存式热水器、浸入式液体加热器：
8516.1010	---储存式电热水器
8516.1020	---即热式电热水器
8516.1090	---其他
	-电气空间加热器及土壤加热器：
8516.2100	--储存式散热器
	--其他：
8516.2910	---土壤加热器
8516.2920	---辐射式空间加热器
	---对流式空间加热器：
8516.2931	----风扇式
8516.2932	----充液式
8516.2939	----其他
8516.2990	---其他
	-电热的理发器具及干手器：
8516.3100	--吹风机
8516.3200	--其他理发器具
8516.3300	--干手器
8516.4000	-电熨斗
8516.5000	-微波炉
	-其他炉；电锅、电热板、加热环、烧烤炉及烘烤器：

商品编码	商品名称
8516.6010	---电磁炉
8516.6030	---电饭锅
8516.6040	---电炒锅
8516.6050	---电烤箱
8516.6090	---其他
	-其他电热器具：
	--咖啡壶或茶壶：
8516.7110	---滴液式咖啡机
8516.7120	---蒸馏渗滤式咖啡机
8516.7130	---泵压式咖啡机
8516.7190	---其他
	--烤面包器：
8516.7210	---家用自动面包机
8516.7220	---片式烤面包机（多士炉）
8516.7290	---其他
	--其他：
8516.7910	---电热饮水机
8516.7990	---其他
8516.8000	-加热电阻器
	-零件：
8516.9010	---土壤加热器及加热电阻器用
8516.9090	---其他
85.17	**电话机，包括用于蜂窝网络或其他无线网络的智能手机及其他电话机；其他发送或接收声音、图像或其他数据用的设备，包括有线或无线网络（例如，局域网或广域网）的通信设备，但品目 84.43、85.25、85.27 或 85.28 的发送或接收设备除外：**
	-电话机，包括蜂窝网络或其他无线网络用智能手机及其他电话机：
8517.1100	--无绳电话机
8517.1300	--智能手机
	--其他用于蜂窝网络或其他无线网络的电话机：
8517.1410	---手持（包括车载）式无线电话机
8517.1420	---对讲机
8517.1490	---其他
8517.1800	--其他

商品编码	商品名称
	-其他发送或接收声音、图像或其他数据用的设备，包括有线或无线网络（例如，局域网或广域网）的通信设备：
	--基站：
8517.6110	---移动通信基站
8517.6190	---其他
	--接收、转换并且发送或再生声音、图像或其他数据用的设备，包括交换及路由设备：
	---数字式程控电话或电报交换机：
8517.6211	----局用电话交换机；长途电话交换机；电报交换机
8517.6212	----移动通信交换机
8517.6219	----其他电话交换机
	---光通信设备：
8517.6221	----光端机及脉冲编码调制设备（PCM）
8517.6222	----波分复用光传输设备
8517.6229	----其他
	---其他有线数字通信设备：
8517.6231	----通信网络时钟同步设备
8517.6232	----以太网络交换机
8517.6233	----IP 电话信号转换设备
8517.6234	----调制解调器
8517.6235	----集线器
8517.6236	----路由器
8517.6237	----有线网络接口卡
8517.6239	----其他
	---其他：
8517.6292	----无线网络接口卡
8517.6293	----无线接入固定台
8517.6294	----无线耳机
8517.6299	----其他
	--其他：
8517.6910	---其他无线设备
8517.6990	---其他有线设备
	-零件：
8517.7100	--各种天线和天线反射器及其零件

商品编码	商品名称
	--其他：
8517.7910	---数字式程控电话或电报交换机用
8517.7920	---光端机及脉冲编码调制设备（PCM）用
8517.7930	---智能手机及其他手持（包括车载）式无线电话机用（天线除外）
8517.7940	---对讲机用（天线除外）
8517.7950	---光通信设备的激光收发模块
8517.7990	---其他
85.18	**传声器（麦克风）及其座架；扬声器，不论是否装成音箱；耳机及耳塞机，不论是否装有传声器，以及由传声器及一个或多个扬声器组成的组合机；音频扩大器；电气扩音机组：**
8518.1000	-传声器（麦克风）及其座架
	-扬声器，不论是否装成音箱：
8518.2100	--单喇叭音箱
8518.2200	--多喇叭音箱
8518.2900	--其他
8518.3000	-耳机及耳塞机，不论是否装有传声器，以及由传声器及一个或多个扬声器组成的组合机
8518.4000	-音频扩大器
8518.5000	-电气扩音机组
8518.9000	-零件
85.19	**声音录制或重放设备：**
8519.2000	-用硬币、钞票、银行卡、代币或其他支付方式使其工作的设备
8519.3000	-转盘（唱机唱盘）
	-其他设备：
	--使用磁性、光学或半导体媒体的：
	---使用磁性媒体的：
8519.8111	----未装有声音录制装置的盒式磁带型声音重放装置，编辑节目用放声机除外
8519.8112	----装有声音重放装置的盒式磁带型录音机
8519.8119	----其他
	---使用光学媒体的：
8519.8121	----激光唱机，未装有声音录制装置
8519.8129	----其他
	---使用半导体媒体的：
8519.8131	----装有声音重放装置的闪速存储器型声音录制设备
8519.8139	----其他
	--其他：
8519.8910	---不带录制装置的其他唱机，不论是否带有扬声器
8519.8990	---其他声音录制或重放设备
85.21	**视频信号录制或重放设备，不论是否装有高频调谐器：**
	-磁带型：
	---录像机：
8521.1011	----广播级
8521.1019	----其他
8521.1020	---放像机
	-其他：
	---激光视盘机：
8521.9011	----视频高密光盘（VCD）播放机
8521.9012	----数字化视频光盘（DVD）播放机
8521.9019	----其他
8521.9090	---其他
85.22	**专用于或主要用于品目85.19或85.21所列设备的零件、附件：**
8522.1000	-拾音头
	-其他：
8522.9010	---转盘或唱机用
	---盒式磁带录音机或放声机用：
8522.9021	----走带机构（机芯），不论是否装有磁头
8522.9022	----磁头
8522.9023	----磁头零件
8522.9029	----其他
	---视频信号录制或重放设备用：
8522.9031	----激光视盘机的机芯
8522.9039	----其他
	---其他：
8522.9091	----车载音频转播器或发射器
8522.9099	----其他
85.23	**录制声音或其他信息用的圆盘、磁带、固态非易失性数据存储器件、"智能卡"及其他媒体，不论是否已录制，包括供复制圆盘用的母片及母带，但不包括第三十七章的产品：**

商品编码	商品名称
	-磁性媒体：
	--磁条卡：
8523.2110	---未录制
8523.2120	---已录制
	--其他：
	---磁盘：
8523.2911	----未录制
8523.2919	----其他
	---磁带：
8523.2921	----未录制的宽度不超过4毫米的磁带
8523.2922	----未录制的宽度超过4毫米，但不超过6.5毫米的磁带
8523.2923	----未录制的宽度超过6.5毫米的磁带
8523.2928	----重放声音或图像信息的磁带
8523.2929	----已录制的其他磁带
8523.2990	---其他
	-光学媒体：
8523.4100	--未录制
	--其他：
8523.4910	---仅用于重放声音信息的
8523.4920	---用于重放声音、图像以外信息的，品目84.71所列机器用
8523.4990	---其他
	-半导体媒体：
	--固态非易失性存储器件（闪速存储器）：
8523.5110	---未录制
8523.5120	---已录制
	--“智能卡”：
8523.5210	---未录制
8523.5290	---其他
	--其他：
8523.5910	---未录制
8523.5920	---已录制
	-其他：
	---唱片：
8523.8011	----已录制
8523.8019	----其他
	---品目84.71所列机器用：
8523.8021	----未录制
8523.8029	----其他
	---其他：
8523.8091	----未录制
8523.8099	----其他
85.24	**平板显示模组，不论是否装有触摸屏：**
	-不含驱动器或控制电路：
8524.1100	--液晶的
8524.1200	--有机发光二极管的（OLED）
	--其他：
8524.1910	---电视机用等离子显像组件
	---发光二极管的：
8524.1921	----电视机用
8524.1929	----其他
8524.1990	---其他
	-其他：
	--液晶的：
8524.9110	---专用于或主要用于品目85.17所列装置的
8524.9120	---专用于或主要用于品目85.19、85.21、85.25、85.26或85.27所列设备的
8524.9130	---专用于或主要用于品目85.35、85.36或85.37所列装置的
8524.9140	---专用于或主要用于品目87.01至87.05所列车辆的
8524.9190	---其他
	--有机发光二极管的（OLED）：
8524.9210	---专用于或主要用于品目85.17所列装置的
8524.9220	---专用于或主要用于品目85.19、85.21、85.25、85.26或85.27所列设备的
8524.9230	---专用于或主要用于品目85.35、85.36或85.37所列装置的
8524.9240	---专用于或主要用于品目87.01至87.05所列车辆的
8524.9250	---电视接收机用
8524.9260	---专用于或主要用于品目85.28所列其他监视器的
8524.9290	---其他
	--其他：

商品编码	商品名称
8524.9910	---电视机用等离子显像组件
	---发光二极管的：
8524.9921	----电视机用
8524.9929	----其他
8524.9990	---其他
85.25	**无线电广播、电视发送设备，不论是否装有接收装置或声音的录制、重放装置；电视摄像机、数字照相机及视频摄录一体机：**
8525.5000	-发送设备
	-装有接收装置的发送设备：
8525.6010	---卫星地面站设备
8525.6090	---其他
	-电视摄像机、数字照相机及视频摄录一体机：
	--本章子目注释一所列高速设备：
8525.8110	---电视摄像机
8525.8120	---数字照相机
8525.8130	---视频摄录一体机
	--其他，本章子目注释二所列抗辐射或耐辐射设备：
8525.8210	---电视摄像机
8525.8220	---数字照相机
8525.8230	---视频摄录一体机
	--其他，本章子目注释三所列夜视设备：
8525.8310	---电视摄像机
8525.8320	---数字照相机
8525.8330	---视频摄录一体机
	--其他：
	---电视摄像机：
8525.8911	----其他，特种用途的
8525.8912	----非特种用途的广播级
8525.8919	----非特种用途的其他类型
	---数字照相机：
8525.8921	----其他，特种用途的
8525.8922	----非特种用途的单镜头反光型
8525.8923	----非特种用途的，其他可换镜头的
8525.8929	----非特种用途的其他类型
	---视频摄录一体机：
8525.8931	----其他，特种用途的
8525.8932	----非特种用途的广播级
8525.8933	----非特种用途的家用型
8525.8939	----非特种用途的其他类型
85.26	**雷达设备、无线电导航设备及无线电遥控设备：**
	-雷达设备：
8526.1010	---导航用
8526.1090	---其他
	-其他：
	--无线电导航设备：
8526.9110	---机动车辆用
8526.9190	---其他
8526.9200	--无线电遥控设备
85.27[1]	**无线电广播接收设备，不论是否与声音的录制、重放装置或时钟组合在同一机壳内：**
	-不需外接电源的无线电收音机：
8527.1200	--袖珍盒式磁带收放机
8527.1300	--其他收录（放）音组合机
8527.1900	--其他
	-需外接电源的汽车用无线电收音机：
8527.2100	--收录（放）音组合机
8527.2900	--其他
	-其他：
8527.9100	--收录（放）音组合机
8527.9200	--带时钟的收音机
8527.9900	--其他
85.28	**监视器及投影机，未装电视接收装置；电视接收装置，不论是否装有无线电收音装置或声音、图像的录制或重放装置：**
	-阴极射线管监视器：
8528.4200	--可直接连接且设计用于品目 84.71 的自动数据处理设备的
	--其他：
8528.4910	---彩色的
8528.4990	---单色的
	-其他监视器：

[1] 归入本品目的无线电播音设备必须是接收通过自由空间而不是线路所传播的电磁波信号的。

商品编码	商品名称
	--可直接连接且设计用于品目 84.71 的自动数据处理设备的：
	---液晶的：
8528.5211	----专用于或主要用于品目 84.71 的自动数据处理设备的
8528.5212	----其他，彩色的
8528.5219	----其他，单色的
	---其他：
8528.5291	----专用于或主要用于品目 84.71 的自动数据处理设备的，彩色的
8528.5292	----其他，彩色的
8528.5299	----其他，单色的
	--其他：
8528.5910	---彩色的
8528.5990	---单色的
	-投影机：
	--可直接连接且设计用于品目 84.71 的自动数据处理设备的：
8528.6210	---专用于或主要用于品目 84.71 的自动数据处理设备的
8528.6220	---其他，彩色的
8528.6290	---其他，单色的
	--其他：
8528.6910	---彩色的
8528.6990	---单色的
	-电视接收装置，不论是否装有无线电收音装置或声音、图像的录制或重放装置：
	--在设计上不带有视频显示器或屏幕的：
8528.7110	---彩色卫星电视接收机
8528.7180	---其他彩色的
8528.7190	---单色的
	--其他，彩色的：
	---阴极射线显像管的：
8528.7211	----模拟电视接收机
8528.7212	----数字电视接收机
8528.7219	----其他
	---液晶显示器的：
8528.7221	----模拟电视接收机
8528.7222	----数字电视接收机
8528.7229	----其他
	---等离子显示器的：
8528.7231	----模拟电视接收机
8528.7232	----数字电视接收机
8528.7239	----其他
	---其他：
8528.7291	----模拟电视接收机
8528.7292	----数字电视接收机
8528.7299	----其他
8528.7300	--其他，单色的
85.29	**专用于或主要用于品目 85.24 至 85.28 所列装置或设备的零件：**
	-各种天线或天线反射器及其零件：
8529.1010	---雷达设备及无线电导航设备用
8529.1020	---无线电收音机及其组合机、电视接收机用
8529.1090	---其他
	-其他：
8529.9010	---电视发送、差转设备及卫星电视地面接收转播设备用
8529.9020	---品目 85.24 所列设备用
	---电视摄像机、视频摄录一体机及数字照相机用：
8529.9041	----特种用途的
8529.9042	----非特种用途的取像模块
8529.9049	----其他
8529.9050	---雷达设备及无线电导航设备用
8529.9060	---无线电收音机及其组合机用
	---电视接收机用（高频调谐器除外）：
8529.9081	----彩色电视接收机用
8529.9089	----其他
8529.9090	---其他

商品编码	商品名称	商品编码	商品名称
85.30①	**铁道、电车道、道路或内河航道、停车场、港口或机场用的电气信号、安全或交通管理设备（品目86.08的货品除外）：**	8532.2510	---片式
8530.1000	-铁道或电车道用的设备	8532.2590	---其他
8530.8000	-其他设备	8532.2900	--其他
8530.9000	-零件	8532.3000	-可变或可调（微调）电容器
85.31②	**电气音响或视觉信号装置（例如，电铃、电笛、显示板、防盗或防火报警器），但品目85.12或85.30的货品除外：**		-零件：
8531.1000	-防盗或防火报警器及类似装置	8532.9010	---子目8532.1000所列电容器用
8531.2000	-装有液晶装置（LCD）或发光二极管（LED）的显示板	8532.9090	---其他
	-其他装置：	**85.33**	**电阻器（包括变阻器及电位器），但加热电阻器除外：**
8531.8010	---蜂鸣器	8533.1000	-固定碳质电阻器，合成或薄膜式
8531.8090	---其他		-其他固定电阻器：
	-零件：		--额定功率不超过20瓦：
8531.9010	---防盗或防火报警器及类似装置用	8533.2110	---片式
8531.9090	---其他	8533.2190	---其他
85.32	**固定、可变或可调（微调）电容器：**	8533.2900	--其他
8532.1000	-固定电容器，用于50/60赫兹电路，其额定无功功率不低于0.5千瓦（电力电容器）		-线绕可变电阻器，包括变阻器及电位器：
	-其他固定电容器：	8533.3100	--额定功率不超过20瓦
	--钽电容器：	8533.3900	--其他
8532.2110	---片式	8533.4000	-其他可变电阻器，包括变阻器及电位器
8532.2190	---其他	8533.9000	-零件
	--铝电解电容器：	**85.34**	**印刷电路：**
8532.2210	---片式	8534.0010	---4层以上的
8532.2290	---其他	8534.0090	---其他
8532.2300	--单层瓷介电容器	**85.35**	**电路的开关、保护或连接用的电气装置（例如，开关、熔断器、避雷器、电压限幅器、电涌抑制器、插头及其他连接器、接线盒），用于电压超过1000伏的线路：**
	--多层瓷介电容器：	8535.1000	-熔断器
8532.2410	---片式		-自动断路器：
8532.2490	---其他	8535.2100	--用于电压低于72.5千伏的线路
	--纸介质或塑料介质电容器：		--其他：
		8535.2910	---用于电压在72.5千伏及以上，但不高于220千伏的线路

① 本品目不包括机械操作的类似设备，即使这些设备装有辅助性的电气部件（例如，使用电气照明的机械信号设备，或用电启动的液压或气动控制设备），这类设备归入品目86.08。

静态的标志，即使使用电气照明（例如，用作方向标志的发光板），也不能被视为交通管理设备。因此，这类标志不能归入本品目，而应归入其相应品目（品目83.10、94.05等）。

② 本品目不包括道路或铁路公共地图。按动相应的按钮，地图上有关的地点、道路、路段或路线即会发光。本品目也不包括电气广告标志。静态的标志，即使是电气照明的（例如，灯、提灯、发光板等），也不作为信号设备归类。因此这种标志不归入本品目，而应归入其相应品目（品目83.10、94.05等）。

商品编码	商品名称
8535.2920	---用于电压高于220千伏，但不高于750千伏的线路
8535.2990	---其他
	-隔离开关及断续开关：
8535.3010	---用于电压在72.5千伏及以上，但不高于220千伏的线路
8535.3020	---用于电压高于220千伏，但不高于750千伏的线路
8535.3090	---其他
8535.4000	-避雷器、电压限幅器及电涌抑制器
8535.9000	-其他
85.36①	**电路的开关、保护或连接用的电器装置（例如，开关、继电器、熔断器、电涌抑制器、插头、插座、灯座及其他连接器、接线盒），用于电压不超过1000伏的线路；光导纤维、光导纤维束或光缆用连接器：**
8536.1000	-熔断器
8536.2000	-自动断路器
8536.3000	-其他电路保护装置
	-继电器：
	--用于电压不超过60伏的线路：
8536.4110	---用于电压不超过36伏的线路
8536.4190	---其他
8536.4900	--其他
8536.5000	-其他开关
	-灯座、插头及插座：
8536.6100	--灯座
8536.6900	--其他
8536.7000	-光导纤维、光导纤维束或光缆用连接器
	-其他装置：
	---接插件：
8536.9011	----工作电压不超过36伏的
8536.9019	----其他
8536.9090	---其他
85.37②	**用于电气控制或电力分配的盘、板、台、柜及其他基座，装有两个或多个品目85.35或85.36所列的装置，包括装有第九十章所列的仪器或装置，以及数控装置，但品目85.17的交换机除外：**
	-用于电压不超过1000伏的线路：
	---数控装置：
8537.1011	----可编程序控制器
8537.1019	----其他
8537.1090	---其他
	-用于电压超过1000伏的线路：
8537.2010	---全封闭组合式高压开关装置，用于电压在500千伏及以上的线路
8537.2090	---其他
85.38	**专用于或主要用于品目85.35、85.36或85.37所列装置的零件：**
	-品目85.37所列货品用的盘、板、台、柜及其他基座，但未装有关装置：
8538.1010	---子目8537.2010所列货品用
8538.1090	---其他
8538.9000	-其他
85.39	**白炽灯泡、放电灯管，包括封闭式聚光灯及紫外线灯管或红外线灯泡；弧光灯；发光二极管（LED）光源：**
8539.1000	-封闭式聚光灯
	-其他白炽灯泡，但不包括紫外线灯管或红外线灯泡：
	--卤钨灯：
8539.2110	---科研、医疗专用
8539.2120	---火车、航空器及船舶用
8539.2130	---机动车辆用
8539.2190	---其他
	--其他灯，功率不超过200瓦，但额定电压超过100伏：

① 装有一段电线或电缆的插头及插座等的货品不归入本品目（品目85.44）。

② 本品目包括前面两个品目所列装置（例如，开关及熔断器）的组合体，装在盘、板、台上面或柜子里。这类装置一般还配有仪表，有时还配有辅助装置，例如，变压器、电子管、电压调节器、变阻器或发光电路图。

商品编码	商品名称
8539. 2210	---科研、医疗专用
8539. 2290	---其他
	--其他：
8539. 2910	---科研、医疗专用
8539. 2920	---火车、航空器及船舶用
8539. 2930	---机动车辆用
	---其他：
8539. 2991	----12 伏及以下的
8539. 2999	----其他
	-放电灯管，但紫外线灯管除外：
	--热阴极荧光灯：
8539. 3110	---科研、医疗专用
8539. 3120	---火车、航空器及船舶用
	---其他：
8539. 3191	----紧凑型
8539. 3199	----其他
	--汞或钠蒸气灯；金属卤化物灯：
8539. 3230	---钠蒸气灯
8539. 3240	---汞蒸气灯
8539. 3290	---其他
	--其他：
8539. 3910	---科研、医疗专用
8539. 3920	---火车、航空器及船舶用
8539. 3990	---其他
	-紫外线灯管或红外线灯泡；弧光灯：
8539. 4100	--弧光灯
8539. 4900	--其他
	-发光二极管（LED）光源：
8539. 5100	--发光二极管（LED）模块
	--发光二极管（LED）灯泡（管）：
8539. 5210	---发光二极管（LED）灯泡
8539. 5220	---发光二极管（LED）灯管
	-零件：
8539. 9010	---发光二极管（LED）模块的
8539. 9090	---其他
85. 40	**热电子管、冷阴极管或光阴极管（例如，真空管或充气管、汞弧整流管、阴极射线管、电视摄像管）：**
	-阴极射线电视显像管，包括视频监视器用阴极射线管：
8540. 1100	--彩色的
8540. 1200	--单色的
	-电视摄像管；变像管及图像增强管；其他光阴极管：
8540. 2010	---电视摄像管
8540. 2090	---其他
	-单色的数据/图形显示管；彩色的数据/图形显示管，屏幕荧光点间距小于 0. 4 毫米：
8540. 4010	---彩色的数据/图形显示管，屏幕荧光点间距小于 0. 4 毫米
8540. 4020	---单色的数据/图形显示管
	-其他阴极射线管：
8540. 6010	---雷达显示管
8540. 6090	---其他
	-微波管（例如，磁控管、速调管、行波管、返波管），但不包括栅控管：
8540. 7100	--磁控管
	--其他：
8540. 7910	---速调管
8540. 7990	---其他
	-其他管：
8540. 8100	--接收管或放大管
8540. 8900	--其他
	-零件：
	--阴极射线管用：
8540. 9110	---电视显像管用
8540. 9120	---雷达显示管用
8540. 9190	---其他
	--其他：
8540. 9910	---电视摄像管用
8540. 9990	---其他
85. 41	**半导体器件（例如，二极管、晶体管，半导体基换能器）；光敏半导体器件，包括不论是否装在组件内或组装成块的光电池；发光二极管（LED），不论是否与其他发光二极管（LED）组装；已装配的压电晶体：**
8541. 1000	-二极管，但光敏二极管或发光二极管除外
	-晶体管，但光敏晶体管除外：
8541. 2100	--耗散功率小于 1 瓦的
8541. 2900	--其他

商品编码	商品名称
8541.3000	-半导体开关元件、两端交流开关元件及三端双向可控硅开关元件，但光敏器件除外
	-光敏半导体器件，包括不论是否装在组件内或组装成块的光电池；发光二极管：
8541.4100	--发光二极管（LED）
8541.4200	--未装在组件内或组装成块的光电池
8541.4300	--已装在组件内或组装成块的光电池
8541.4900	--其他
	-其他半导体器件：
	--半导体基换能器：
	---传感器：
8541.5111	----检测湿度、气压及其组合指标的
8541.5112	----用于检测温度、电量、理化指标的；利用光学检测其他指标的
8541.5113	----液体或气体的流量、液位、压力或其他变化量的
8541.5119	----其他
	---执行器：
8541.5121	----电动机
8541.5129	----其他
8541.5130	---振荡器
8541.5140	---谐振器
8541.5900	--其他
8541.6000	-已装配的压电晶体
8541.9000	-零件
85.42	**集成电路：**
	-集成电路：
	--处理器及控制器，不论是否带有存储器、转换器、逻辑电路、放大器、时钟及时序电路或其他电路：
	---多元件集成电路：
8542.3111	----具有变流功能的半导体模块
8542.3119	----其他
8542.3190	---其他
	--存储器：
8542.3210	---多元件集成电路
8542.3290	---其他
	--放大器：
8542.3310	---多元件集成电路
8542.3390	---其他
	--其他：
8542.3910	---多元件集成电路
8542.3990	---其他
8542.9000	-零件
85.43	**本章其他品目未列名的具有独立功能的电气设备及装置：**
8543.1000	-粒子加速器
	-信号发生器：
8543.2010	---输出信号频率在1500兆赫兹以下的通用信号发生器
8543.2090	---其他
8543.3000	-电镀、电解或电泳设备及装置
8543.4000	-电子烟及类似的个人电子雾化设备
	-其他设备及装置：
8543.7091	----金属、矿藏探测器
8543.7092	----高、中频放大器
8543.7093	----电篱网激发器
8543.7099	----其他
	-零件：
8543.9010	---粒子加速器用
	---信号发生器用：
8543.9021	----输出信号频率在1500兆赫兹以下的通用信号发生器用
8543.9029	----其他
8543.9030	---金属、矿藏探测器用
8543.9040	---高、中频放大器用
8543.9090	---其他
85.44	**绝缘（包括漆包或阳极化处理）电线、电缆（包括同轴电缆）及其他绝缘电导体，不论是否有接头；由多根具有独立保护套的光纤组成的光缆，不论是否与电导体装配或装有接头：**
	-绕组电线：
8544.1100	--铜制
8544.1900	--其他
8544.2000	-同轴电缆及其他同轴电导体
	-车辆、航空器、船舶用点火布线组及其他布线组：
8544.3020	---机动车辆用
8544.3090	---其他
	-其他电导体，额定电压不超过1000伏：

商品编码	商品名称
	--有接头:
	---额定电压不超过 80 伏:
8544.4211	----电缆
8544.4219	----其他
	---额定电压超过 80 伏，但不超过 1000 伏:
8544.4221	----电缆
8544.4229	----其他
	--其他:
	---额定电压不超过 80 伏:
8544.4911	----电缆
8544.4919	----其他
	---额定电压超过 80 伏，但不超过 1000 伏:
8544.4921	----电缆
8544.4929	----其他
	-其他电导体，额定电压超过 1000 伏:
	---电缆:
8544.6012	----额定电压不超过 35 千伏
8544.6013	----额定电压超过 35 千伏，但不超过 110 千伏
8544.6014	----额定电压超过 110 千伏，但不超过 220 千伏
8544.6019	----其他
8544.6090	---其他
8544.7000	-光缆
85.45	**碳电极、碳刷、灯碳棒、电池碳棒及电气设备用的其他石墨或碳精制品，不论是否带金属:**
	-碳电极:
8545.1100	--炉用
8545.1900	--其他
8545.2000	-碳刷
8545.9000	-其他
85.46	**各种材料制的绝缘子:**
8546.1000	-玻璃制
	-陶瓷制:
8546.2010	---输变电线路绝缘瓷套管
8546.2090	---其他
8546.9000	-其他
85.47	**电气机器、器具或设备用的绝缘零件，除了为装配需要而在模制时装入的小金属零件（例如，螺纹孔）以外，全部用绝缘材料制成，但品目 85.46 的绝缘子除外；内衬绝缘材料的贱金属制线路导管及其接头:**
8547.1000	-陶瓷制绝缘零件
8547.2000	-塑料制绝缘零件
	-其他:
8547.9010	---内衬绝缘材料的贱金属制线路导管及其接头
8547.9090	---其他
85.48	**机器或设备的本章其他品目未列名的电气零件**
8548.0000	机器或设备的本章其他品目未列名的电气零件
85.49	**电子电气废弃物及碎料:**
	-原电池、原电池组及蓄电池的废物、废料；废原电池、废原电池组及废蓄电池:
8549.1100	--铅酸蓄电池的废物、废料；废铅酸蓄电池
8549.1200	--其他，含铅、镉或汞的
8549.1300	--按化学类型分拣且不含铅、镉或汞的
8549.1400	--未分拣且不含铅、镉或汞的
8549.1900	--其他
	-主要用于回收贵金属的:
8549.2100	--含有原电池、原电池组、蓄电池、汞开关、源于阴极射线管的玻璃或其他活化玻璃，或含有镉、汞、铅或多氯联苯（PCBs）的电气或电子元件
8549.2900	--其他
	-其他电气、电子组件及印刷电路板:
8549.3100	--含有原电池、原电池组、蓄电池、汞开关、源于阴极射线管的玻璃或其他活化玻璃，或含有镉、汞、铅或多氯联苯（PCBs）的电气或电子元件
8549.3900	--其他
	-其他:

商品编码	商品名称	商品编码	商品名称
8549.9100	--含有原电池、原电池组、蓄电池、汞开关、源于阴极射线管的玻璃或其他活化玻璃，或含有镉、汞、铅或多氯联苯（PCBs）的电气或电子元件	8549.9900	--其他

第十七类　车辆、航空器、船舶及有关运输设备

注释：

一、本类不包括品目 95. 03 或 95. 08 的物品以及品目 95. 06 的长雪橇、平底雪橇及类似品。

二、本类所称“零件”及“零件、附件”，不适用于下列货品，不论其是否确定为供本类货品使用：

（一）各种材料制的接头、垫圈或类似品（按其构成材料归类或归入品目 84. 84）或硫化橡胶（硬质橡胶除外）的其他制品（品目 40. 16）；

（二）第十五类注释二所规定的贱金属制通用零件（第十五类）或塑料制的类似品（第三十九章）；

（三）第八十二章的物品（工具）；

（四）品目 83. 06 的物品；

（五）品目 84. 01 至 84. 79 的机器或装置及其零件，但供本类所列货品使用的散热器除外；品目 84. 81 或 84. 82 的物品及品目 84. 83 的物品（这些物品是构成发动机或其他动力装置所必需的）；

（六）电机或电气设备（第八十五章）；

（七）第九十章的物品；

（八）第九十一章的物品；

（九）武器（第九十三章）；

（十）品目 94. 05 的灯具或照明装置及其零件；或

（十一）作为车辆零件的刷子（品目 96. 03）。

三、第八十六章至第八十八章所称“零件”或“附件”，不适用于那些非专用于或非主要用于这几章所列物品的零件、附件。同时符合这几章内两个或两个以上品目规定的零件、附件，应按其主要用途归入相应的品目。

四、在本类中：

（一）既可在道路上，又可在轨道上行驶的特殊构造的车辆，应归入第八十七章的相应品目；

（二）水陆两用的机动车辆，应归入第八十七章的相应品目；

（三）可兼作地面车辆使用的特殊构造的航空器，应归入第八十八章的相应品目。

五、气垫运输工具应按本类最相似的运输工具归类，其规定如下：

（一）在导轨上运行的（气垫火车），归入第八十六章；

（二）在陆地行驶或水陆两用的，归入第八十七章；

（三）在水上航行的，不论能否在海滩或浮码头登陆及能否在冰上行驶，一律归入第八十九章。

气垫运输工具的零件、附件，应按照上述规定，与最相类似的运输工具的零件、附件一并归类。

气垫火车的导轨固定装置及附件应与铁道轨道固定装置及附件一并归类。气垫火车运行系统的信号、安全或交通管理设备应与铁路的信号、安全或交通管理设备一并归类。

【编者注】

一、本类商品范围

本类除包括各种铁道车辆及气垫火车（第八十六章）、其他陆上车辆，包括气垫车辆（第八十七章）、航空器及航天器（第八十八章），以及船舶、气垫船及浮动结构体（第八十九章）外，还包括与运输设备相关的某些具体列名货品。例如，经特殊设计、装备适于一种或多种运输方式的集装箱；某些铁道或电车道轨道固定装置及附件和机械（包括电动机械）信号设备（第八十六章）；降落伞、航空器发射装置，甲板停机装置或类似装置和地面飞行训练器（第八十八章）。

二、关于“专用于”或“主要用于”的标准

(一)既可归入第十七类，又可归入其他类的零件及附件

根据本类注释三的规定，非专用于或非主要用于第八十六章至第八十八章所列货品的零件及附件，不归入上述各章。

因此，注释三的规定列明，既可归入第十七类，又可归入其他各类的零件或附件，最终应根据其主要用途来确定归类。例如，许多第八十四章所列移动式机器用的转向机构、制动系统、车轮及挡泥板等货品，实际上与第八十七章所列卡车用的几乎完全相同，但因为它们主要用于卡车，所以这些零件及附件应归入本类。

(二)可归入本类中的两个或多个品目的零件及附件

某些零件及附件可适用于多种运输工具(汽车、航空器、摩托车等)，例如，制动器、转向系统、车轮、车轴等。这些零件及附件应归入其主要用于该种运输工具的零件及附件有关品目。

三、其他品目列名更为具体的零件及附件

其他品目列名更为具体的零件及附件，即使能确定为用于本类所列货品的，仍不归入本类(本类注释二)。

第八十六章　铁道及电车道机车、车辆及其零件；铁道及电车道轨道固定装置及其零件、附件；各种机械(包括电动机械)交通信号设备

注释：

一、本章不包括：

(一)木制或混凝土制的铁道或电车道轨枕及气垫火车用的混凝土导轨(品目44.06或68.10)；

(二)品目73.02的铁道及电车道铺轨用钢铁材料；或

(三)品目85.30的电气信号、安全或交通管理设备。

二、品目86.07主要适用于：

(一)轴、轮、行走机构、金属轮箍、轮圈、毂及轮子的其他零件；

(二)车架、底架、转向架；

(三)轴箱；制动装置；

(四)车辆缓冲器；钩或其他联结器及车厢走廊联结装置；

(五)车身。

三、除上述注释一另有规定的以外，品目86.08包括：

(一)已装配的轨道、转车台、站台缓冲器、量载规；

(二)铁道、电车道、道路、内河航道、停车设施、港口装置或机场用的臂板信号机、机械信号盘、平交道口控制器、信号及道岔控制器，及其他机械(包括电动机械)信号、安全或交通管理设备，不论其是否装有电力照明装置。

本国子目注释：

一、本国子目8608.0010所称“轨道自动计轴设备”，是指用于记录列车进入区段的轮轴数和驶出区段的轮轴数、判断区段内是否还有轮轴、决定区段是否被占用的设备。其工作原理是用以检测列车通过铁路上某一点(计轴点)的车轴数，以检查两个计轴点之间或轨道区段内的空间情况，或判定列车通过计轴点的时间，自动校正列车行驶里程等。自动计轴设备由传感器、计数比较器、计算机或其他电子处理系统、传输通道、电源和接口电路等部分组成(当车辆轴数的信息需要远距离传输时，计轴器还需采用传输设备)。

二、本国子目8609.0011、8609.0021所涉及的“保温式集装箱”，是指安装有制冷设备、具有隔热功

能，用于运输易腐食物或者货物的集装箱。

三、本国子目 8609.0012、8609.0022 所涉及的“罐式集装箱”，是指圆筒形罐式结构，配有支撑架使其可固定于车辆或船舶，用于运输液体、气体或其他特种货物的集装箱。

【编者注】

本章商品主要包括各种铁道或电车道（包括窄铁轨道、单轨铁道等）用的机车、车辆及其零件，以及某些轨道固定装置及附件。本章还包括经特殊设计、装备适用于一种或多种运输方式的集装箱，以及各种机械（包括电动机械）信号、安全或交通管理设备（包括停车场用的在内）。

本章所称的“铁道”及“电车道”，不仅指普通的钢制轨道，还指磁力悬浮轨道或混凝土轨道等类似导轨系统。

本章还包括在导轨上行驶的气垫车辆（气垫火车）、这类车辆的零件、气垫火车导轨的固定装置及附件，以及气垫火车运输系统的机械（包括电动机械）信号、安全或交通管理设备。

商品编码	商品名称
86.01	**铁道电力机车，由外部电力或蓄电池驱动：**
	-由外部电力驱动：
	---直流电机驱动的：
8601.1011	----微型机控制的
8601.1019	----其他
8601.1020	---交流电机驱动的
8601.1090	---其他
8601.2000	-由蓄电池驱动
86.02	**其他铁道机车；机车煤水车：**
	-柴油电力机车：
8602.1010	---微型机控制的
8602.1090	---其他
8602.9000	-其他
86.03	**铁道或电车道用的机动客车、货车、敞车，但品目 86.04 的货品除外：**
8603.1000	-由外部电力驱动
8603.9000	-其他
86.04①	**铁道或电车道用的维修或服务车，不论是否机动（例如，工场车、起重机车、道碴捣固车、轨道校正车、检验车及查道车）：**
	---检验车及查道车：
8604.0011	----隧道限界检查车
8604.0012	----钢轨在线打磨列车
8604.0019	----其他
	---其他：
8604.0091	----电气化接触网架线机（轨行式）
8604.0099	----其他
86.05	**铁道或电车道用的非机动客车；行李车、邮政车和其他铁道或电车道用的非机动特殊用途车辆（品目 86.04 的货品除外）：**
8605.0010	---铁道客车
8605.0090	---其他
86.06	**铁道或电车道用的非机动有篷及无篷货车：**
8606.1000	-油罐货车及类似车
8606.3000	-自卸货车，但子目 8606.10 的货品除外
	-其他：
8606.9100	--带篷及封闭的
8606.9200	--敞篷的，厢壁固定且高度超过 60 厘米
8606.9900	--其他
86.07②	**铁道及电车道机车或其他车辆的零件：**
	-转向架、轴、轮及其零件：

① 各种机器、检验仪器及其他设备如果仅安装在简单的轮式平台上，而不是安装在真正的铁道或电车道用的底架上（因此不构成真正的铁道或电车道用车辆），不归入本品目，而应归入其他列名更为具体的品目（品目 84.25、84.26、84.28、84.29、84.30 等）。

② 归入本品目的零件必须同时符合下列两个条件：Ⅰ. 必须能确定为专用于或主要用于上述车辆；Ⅱ. 不属于第十七类注释所列不包括的货品范围。

商品编码	商品名称	商品编码	商品名称
8607.1100	--驾驶转向架	8608.0010	---轨道自动计轴设备
8607.1200	--其他转向架	8608.0090	---其他
	--其他，包括零件：	**86.09**	**集装箱（包括运输液体的集装箱），经特殊设计、装备适用于各种运输方式：**
8607.1910	---轴		
8607.1990	---其他		
	-制动装置及其零件：		---20英尺的：
8607.2100	--空气制动器及其零件	8609.0011	----保温式
8607.2900	--其他	8609.0012	----罐式
8607.3000	-钩、其他联结器、缓冲器及其零件	8609.0019	----其他
	-其他：		---40英尺的：
8607.9100	--机车用	8609.0021	----保温式
	--其他：	8609.0022	----罐式
8607.9910	---铁道或电车道车辆用车体及端墙、侧墙、底架、车顶、脚蹬、翻板	8609.0029	----其他
		8609.0030	---45、48、53英尺的
8607.9990	---其他	8609.0090	---其他
86.08①	**铁道或电车道轨道固定装置及附件；供铁道、电车道、道路、内河航道、停车设施、港口装置或机场用的机械（包括电动机械）信号、安全或交通管理设备；上述货品的零件：**		

① 本品目不包括没有机械部分的道路、铁路等的路标（例如，限速路标、方向标志牌、坡度标志牌）；这些物品应按其构成材料归类（例如，归入品目44.21或83.10）。

第八十七章　车辆及其零件、附件，但铁道及电车道车辆除外

注释：

一、本章不包括仅可在钢轨上运行的铁道及电车道车辆。

二、本章所称“牵引车、拖拉机”，是指主要为牵引或推动其他车辆、器具或重物的车辆。除了上述主要用途以外，不论其是否还具有装运工具、种子、肥料或其他货品的辅助装置。

用于安装在品目 87.01 的牵引车或拖拉机上，作为可替换设备的机器或作业工具，即使与牵引车或拖拉机一同报验，不论其是否已安装在车（机）上，仍应归入其各自相应的品目。

三、装有驾驶室的机动车辆底盘，应归入品目 87.02 至 87.04，而不归入品目 87.06。

四、品目 87.12 包括所有儿童两轮车，其他儿童脚踏车归入品目 95.03。

子目注释：

一、子目 8708.22 包括：

（一）带框的前挡风玻璃、后窗及其他窗；以及

（二）装有加热器件或者其他电气或电子装置的前挡风玻璃、后窗及其他窗，不论是否带框。上述货品专用于或主要用于品目 87.01 至 87.05 的机动车辆。

本国子目注释：

一、本国子目 8703.1011 所称“全地形车”，是一种集娱乐、体育运动、旅游于一体的特种车辆，可在沙滩、草地、山路、旅游场所等多种复杂路面行驶。除用于驾驶外，也可以用于载送人员或运输物品。全地形车一般装备单缸或双缸小型内燃发动机，采用传动链（或传动轴）将动力传至车轮，驱动整车行驶。全地形车一般为四轮，装备摩托车式的跨骑式座位，不带乘员座，方向把操控转向，采用非公路用低压轮胎，符合阿克曼转向原理，前、后悬架均采用类似轿车用的独立悬架设计，装有电动机、变速器、离合器、传动链（或传动轴）、前后减震器等。本子目也包括用方向盘操控的带有乘员座的类似车辆（Go-Carts）。

二、本国子目 8703.2361 所称“小轿车”，是指具有如下两项技术特性之一的乘用车，但越野车除外：

1. 车身结构为三厢式车身；

2. 车身结构为两厢式车身，且同时具有以下条件：

（1）座位数不超过 5 座，座椅（含可折叠座椅）不超过两排且无侧向布置；

（2）一半以上的发动机长度位于车辆前风窗玻璃最前点以前，且转向盘的中心位于车辆总长的前四分之一部分之后；

（3）车长小于等于 4000 毫米，或车长大于 4000 毫米但小于等于 5200 毫米且车辆处于整车整备质量状态下车顶外覆盖件最大离地高度小于等于 1580 毫米。

一半以上的发动机长度，对于前横置发动机，为发动机曲轴中心线；对于前纵置发动机，为发动机第一缸和最后一缸缸心距的中心线。

两厢式车身指动力总成舱、客舱和行李舱在外形上形成两个空间形态的车身，乘用车的行李舱和客舱内部贯通（包括行李舱由一块可移动的隔板分割成上下两部分后，仅上半部分与乘客舱贯通的情形）；三厢式车身指动力总成舱、客舱和行李舱在外形上形成各自独立形态的车身。

车顶外覆盖件是指车身顶部外表面的结构件，不包括行李架、天线等附加在车顶上的附件。

其他排量的小轿车参照上述标准执行。

三、本国子目 8703.2362 所称“越野车”，是指具有如下各项技术特性的乘用车：

1. 至少有一个前轴和至少有一个后轴同时驱动（包括一个驱动轴可以脱开的车辆）。

2. 至少有一个差速锁止机构或至少有一个类似作用的机构。

3. 车辆处于整车整备质量和一位驾驶员状态下，单车计算爬坡度大于等于 30%，并至少具有如下六项技术特性中的五项：

（1）接近角大于等于25°；

（2）离去角大于等于20°；

（3）纵向通过角大于等于20°；

（4）前轴离地间隙大于等于180毫米；

（5）后轴离地间隙大于等于180毫米；

（6）前后轴间的离地间隙大于等于200毫米。

4. 车身结构为两厢式车身时，一半以上的发动机长度位于车辆前风窗玻璃最前点以前，且转向盘的中心位于车辆总长的前四分之一部分之后。

装有高度可调悬架的乘用车，有一种悬架状态具有1~4技术特性时也视为越野乘用车。

其他排量的越野车参照上述标准执行。

四、本国子目8703.2363所称“9座及以下的小客车”，是指座位在9座及以下，并具有如下两项技术特性之一的乘用车：

1. 车身结构为一厢式车身；

2. 车身结构为两厢式车身，除小轿车、越野车以外的其他非专用乘用车。专用乘用车包括旅居车、防弹车、救护车、殡仪车等，不归入本子目。

其他排量的9座及以下的小客车参照上述标准执行。

五、本国子目8712.0020所称“竞赛型自行车”，是供比赛用的自行车，可分为场地竞赛车和公路竞赛车两种。

竞赛型自行车的基本技术参数：允许载重量80千克，车轮直径大于等于610毫米，成车重量小于等于11千克。

【编者注】

一、相关商品知识

（一）车辆总重量

车辆总重量，指车辆自重、最大设计载荷、驾驶员重量及装满燃油的油箱重量的总和。

（二）汽车结构

汽车由以下8个汽车总成（系统）组成，即车身（含驾驶室）总成、发动机总成、变速器总成、驱动桥总成、非驱动桥总成、车架总成、转向系统、制动系统。

二、本章重点商品归类

（一）牵引车、拖拉机

品目87.01包括除品目87.09所列牵引车外的，主要用于牵引或推动其他车辆或重物的轮式或履带式车辆。除了上述主要用途以外，它们可配有装运工具、种子、肥料或其他货品的辅助装置，也可装有作业工具，以进行辅助性工作。

但应注意品目87.01不包括经特殊设计、制造和加固，使其成为起重、挖掘、平整土地等机器的组成部分的推进底座，尽管这些推进底座在机器工作时起牵引或推动作用。

必须注意，装在拖拉机上作为可互换工具的农业机械（犁、耙、锄等），即使在报验时已经在拖拉机上，仍应归入其相应子目，而拖拉机本身则应归入品目87.01。

当牵引车主要用于牵引或推动其他车辆或重物，并像农用拖拉机一样装有一些简单装置用于操纵工具（升降等）时，牵引车及其加工工具也应分别归类。在这种情况下，可互换的加工工具即使是与牵引车同时报验，不论其是否已装在牵引车上，均应归入其相关子目，而牵引车及其操纵装置则应归入品目87.01。至于拖带半挂车的铰接式机动卡车、拖带半挂车的牵引车及像拖带半挂车一样拖带第八十四章所列工作机器的重型牵引车，其牵引部分应归入品目87.01，而半挂车或工作机器则应归入其相应的子目。

（二）载人用机动车

品目87.02~87.03所含商品是以载人为主要目的的机动车，包括客车、轿车、越野车、高尔夫球车、某些三轮车等。

应当注意，救护车、灵车、囚车、雪地越野车（履带式）等均应视为载人机动车归入相应品目。

（三）特殊用途的机动车

品目 87.05 所列的特殊的机动车是不以载人或载货为主要目的，经过特制或改装，配有各种装置，使其具有某些非运输性功能的机动车辆。

必须注意，凡带有起重或搬运机器、土地平整、挖掘或钻探机器等的车辆，至少必须配备下列机械装置，在实质上构成一台基本完整的机动车底盘或火车，才能归入品目 87.05：推进发动机、变速器及换挡操纵装置、转向及制动装置。

装在轮式或履带式底盘上的自推式机器（例如，起重机、挖掘机），如果上述一种或多种推进或中心部件装在作业机器的驾驶室内，则不论整台机器是否可以依靠自身的动力在道路上行驶，仍应归入品目 84.26、84.29 或 84.30 等。

同样，品目 87.05 不包括带有轮子的自推进式机器，它的底盘和作业机器经特制相互构成不可分割的成套机械设备（例如，自推进式平路机）。在这种情况下，作业机器不是简单地装在一个机动车底盘上，而是完全与机动车底盘组成一个整体。机动车底盘尽管可装配有上述汽车的关键部件，但只能作为机器部件使用。

但必须注意，配有内装式设备的机动犁雪车或吹雪车一律归入品目 87.05。

（四）机动车的部件、零件、附件

所称的机动车零件、附件，必须是专用于或主要用于品目 87.01~87.05 所列车辆，且不得列入第十七类注释规定不包括的货品范围。

商品编码	商品名称
87.01	**牵引车、拖拉机（品目 87.09 的牵引车除外）：**
8701.1000	-单轴拖拉机
	-半挂车用的公路牵引车：
8701.2100	--仅装有压燃式活塞内燃发动机（柴油或半柴油发动机）的车辆
8701.2200	--同时装有压燃式活塞内燃发动机（柴油或半柴油发动机）及驱动电动机的车辆
8701.2300	--同时装有点燃式活塞内燃发动机及驱动电动机的车辆
8701.2400	--仅装有驱动电动机的车辆
8701.2900	--其他
8701.3000	-履带式牵引车、拖拉机
	-其他，其发动机功率：
	--不超过 18 千瓦：
8701.9110	---拖拉机
8701.9190	---其他
	--超过 18 千瓦，但不超过 37 千瓦：
8701.9210	---拖拉机
8701.9290	---其他
	--超过 37 千瓦，但不超过 75 千瓦：
8701.9310	---拖拉机
8701.9390	---其他
	--超过 75 千瓦，但不超过 130 千瓦：
8701.9410	---拖拉机
8701.9490	---其他
	--超过 130 千瓦：
8701.9510	---拖拉机
8701.9590	---其他
87.02	**客运机动车辆，10 座及以上（包括驾驶座）：**
	-仅装有压燃式活塞内燃发动机（柴油或半柴油发动机）的车辆：
8702.1020	---机坪客车
	---其他：
8702.1091	----30 座及以上（大型客车）
8702.1092	----20 座及以上，但不超过 29 座
8702.1093	----10 座及以上，但不超过 19 座
	-同时装有压燃式活塞内燃发动机（柴油或半柴油发动机）及驱动电动机的车辆：
8702.2010	---机坪客车
	---其他：
8702.2091	----30 座及以上（大型客车）
8702.2092	----20 座及以上，但不超过 29 座
8702.2093	----10 座及以上，但不超过 19 座

商品编码	商品名称
	-同时装有点燃式活塞内燃发动机及驱动电动机的车辆：
8702.3010	---30座及以上（大型客车）
8702.3020	---20座及以上，但不超过29座
8702.3030	---10座及以上，但不超过19座
	-仅装有驱动电动机的车辆：
8702.4010	---30座及以上（大型客车）
8702.4020	---20座及以上，但不超过29座
8702.4030	---10座及以上，但不超过19座
	-其他：
8702.9010	---30座及以上（大型客车）
8702.9020	---20座及以上，但不超过29座
8702.9030	---10座及以上，但不超过19座
87.03①	**主要用于载人的机动车辆（品目87.02的货品除外），包括旅行小客车及赛车：**
	-雪地行走专用车；高尔夫球车及类似车辆：
	---高尔夫球车及类似车辆：
8703.1011	----全地形车
8703.1019	----其他
8703.1090	---其他
	-仅装有点燃式活塞内燃发动机的其他车辆：
	--气缸容量（排气量②）不超过1000毫升：
8703.2130	---小轿车
8703.2140	---越野车（4轮驱动）
8703.2150	---9座及以下的小客车
8703.2190	---其他
	--气缸容量（排气量）超过1000毫升，但不超过1500毫升：
8703.2230	---小轿车
8703.2240	---越野车（4轮驱动）
8703.2250	---9座及以下的小客车
8703.2290	---其他
	--气缸容量（排气量）超过1500毫升，但不超过3000毫升：
	---气缸容量（排气量）超过1500毫升，但不超过2000毫升：
8703.2341	----小轿车
8703.2342	----越野车（4轮驱动）
8703.2343	----9座及以下的小客车
8703.2349	----其他
	---气缸容量（排气量）超过2000毫升，但不超过2500毫升：
8703.2351	----小轿车
8703.2352	----越野车（4轮驱动）
8703.2353	----9座及以下的小客车
8703.2359	----其他
	---气缸容量（排气量）超过2500毫升，但不超过3000毫升：
8703.2361	----小轿车
8703.2362	----越野车（4轮驱动）
8703.2363	----9座及以下的小客车
8703.2369	----其他
	--气缸容量（排气量）超过3000毫升：
	---气缸容量（排气量）超过3000毫升，但不超过4000毫升：
8703.2411	----小轿车
8703.2412	----越野车（4轮驱动）
8703.2413	----9座及以下的小客车
8703.2419	----其他
	---气缸容量（排气量）超过4000毫升：
8703.2421	----小轿车
8703.2422	----越野车（4轮驱动）
8703.2423	----9座及以下的小客车
8703.2429	----其他
	-仅装有压燃式活塞内燃发动机（柴油或半柴油发动机）的其他车辆：
	--气缸容量（排气量）不超过1500毫升：
	---气缸容量（排气量）不超过1000毫升：

① 本品目的车辆可以是轮式或履带式的，包括结构比较简单的轻型三轮车，但不包括游乐园专用的车辆（例如，“碰碰车”，应归入品目95.08）。

② 排气量是指在发动机的某一个循环运作中，能将全部空气和混合气送入所有气缸的能力，即该发动机所有气缸工作容积之和，经常用单位“毫升”表示。

商品编码	商品名称	商品编码	商品名称
8703. 3111	----小轿车		-同时装有点燃式活塞内燃发动机及驱动电动机的其他车辆，可通过接插外部电源进行充电的除外：
8703. 3119	----其他		---气缸容量（排气量）不超过 1000 毫升：
	---气缸容量（排气量）超过 1000 毫升，但不超过 1500 毫升：	8703. 4011	----小轿车
8703. 3121	----小轿车	8703. 4012	----越野车（4 轮驱动）
8703. 3122	----越野车（4 轮驱动）	8703. 4013	----9 座及以下的小客车
8703. 3123	----9 座及以下的小客车	8703. 4019	----其他
8703. 3129	----其他		---气缸容量（排气量）超过 1000 毫升，但不超过 1500 毫升：
	--气缸容量（排气量）超过 1500 毫升，但不超过 2500 毫升：	8703. 4021	----小轿车
	---气缸容量（排气量）超过 1500 毫升，但不超过 2000 毫升：	8703. 4022	----越野车（4 轮驱动）
8703. 3211	----小轿车	8703. 4023	----9 座及以下的小客车
8703. 3212	----越野车（4 轮驱动）	8703. 4029	----其他
8703. 3213	----9 座及以下的小客车		---气缸容量（排气量）超过 1500 毫升，但不超过 2000 毫升：
8703. 3219	----其他	8703. 4031	----小轿车
	---气缸容量（排气量）超过 2000 毫升，但不超过 2500 毫升：	8703. 4032	----越野车（4 轮驱动）
8703. 3221	----小轿车	8703. 4033	----9 座及以下的小客车
8703. 3222	----越野车（4 轮驱动）	8703. 4039	----其他
8703. 3223	----9 座及以下的小客车		---气缸容量（排气量）超过 2000 毫升，但不超过 2500 毫升：
8703. 3229	----其他	8703. 4041	----小轿车
	--气缸容量（排气量）超过 2500 毫升：	8703. 4042	----越野车（4 轮驱动）
	---气缸容量（排气量）超过 2500 毫升，但不超过 3000 毫升：	8703. 4043	----9 座及以下的小客车
8703. 3311	----小轿车	8703. 4049	----其他
8703. 3312	----越野车（4 轮驱动）		---气缸容量（排气量）超过 2500 毫升，但不超过 3000 毫升：
8703. 3313	----9 座及以下的小客车	8703. 4051	----小轿车
8703. 3319	----其他	8703. 4052	----越野车（4 轮驱动）
	---气缸容量（排气量）超过 3000 毫升，但不超过 4000 毫升：	8703. 4053	----9 座及以下的小客车
8703. 3321	----小轿车	8703. 4059	----其他
8703. 3322	----越野车（4 轮驱动）		---气缸容量（排气量）超过 3000 毫升，但不超过 4000 毫升：
8703. 3323	----9 座及以下的小客车	8703. 4061	----小轿车
8703. 3329	----其他	8703. 4062	----越野车（4 轮驱动）
	---气缸容量（排气量）超过 4000 毫升：	8703. 4063	----9 座及以下的小客车
8703. 3361	----小轿车	8703. 4069	----其他
8703. 3362	----越野车（4 轮驱动）		---气缸容量（排气量）超过 4000 毫升：
8703. 3363	----9 座及以下的小客车		
8703. 3369	----其他	8703. 4071	----小轿车

商品编码	商品名称	商品编码	商品名称
8703.4072	----越野车（4轮驱动）		---气缸容量（排气量）超过4000毫升：
8703.4073	----9座及以下的小客车	8703.5071	----小轿车
8703.4079	----其他	8703.5072	----越野车（4轮驱动）
	-同时装有压燃式活塞内燃发动机（柴油或半柴油发动机）及驱动电动机的其他车辆，可通过接插外部电源进行充电的除外：	8703.5073	----9座及以下的小客车
	---气缸容量（排气量）不超过1000毫升：	8703.5079	----其他
8703.5011	----小轿车		-同时装有点燃式活塞内燃发动机及驱动电动机、可通过接插外部电源进行充电的其他车辆：
8703.5019	----其他		---气缸容量（排气量）不超过1000毫升：
	---气缸容量（排气量）超过1000毫升，但不超过1500毫升：	8703.6011	----小轿车
8703.5021	----小轿车	8703.6012	----越野车（4轮驱动）
8703.5022	----越野车（4轮驱动）	8703.6013	----9座及以下的小客车
8703.5023	----9座及以下的小客车	8703.6019	----其他
8703.5029	----其他		---气缸容量（排气量）超过1000毫升，但不超过1500毫升：
	---气缸容量（排气量）超过1500毫升，但不超过2000毫升：	8703.6021	----小轿车
8703.5031	----小轿车	8703.6022	----越野车（4轮驱动）
8703.5032	----越野车（4轮驱动）	8703.6023	----9座及以下的小客车
8703.5033	----9座及以下的小客车	8703.6029	----其他
8703.5039	----其他		---气缸容量（排气量）超过1500毫升，但不超过2000毫升：
	---气缸容量（排气量）超过2000毫升，但不超过2500毫升：	8703.6031	----小轿车
8703.5041	----小轿车	8703.6032	----越野车（4轮驱动）
8703.5042	----越野车（4轮驱动）	8703.6033	----9座及以下的小客车
8703.5043	----9座及以下的小客车	8703.6039	----其他
8703.5049	----其他		---气缸容量（排气量）超过2000毫升，但不超过2500毫升：
	---气缸容量（排气量）超过2500毫升，但不超过3000毫升：	8703.6041	----小轿车
8703.5051	----小轿车	8703.6042	----越野车（4轮驱动）
8703.5052	----越野车（4轮驱动）	8703.6043	----9座及以下的小客车
8703.5053	----9座及以下的小客车	8703.6049	----其他
8703.5059	----其他		---气缸容量（排气量）超过2500毫升，但不超过3000毫升：
	---气缸容量（排气量）超过3000毫升，但不超过4000毫升：	8703.6051	----小轿车
8703.5061	----小轿车	8703.6052	----越野车（4轮驱动）
8703.5062	----越野车（4轮驱动）	8703.6053	----9座及以下的小客车
8703.5063	----9座及以下的小客车	8703.6059	----其他
8703.5069	----其他		---气缸容量（排气量）超过3000毫升，但不超过4000毫升：

商品编码	商品名称
8703.6061	----小轿车
8703.6062	----越野车（4 轮驱动）
8703.6063	----9 座及以下的小客车
8703.6069	----其他
	---气缸容量（排气量）超过 4000 毫升：
8703.6071	----小轿车
8703.6072	----越野车（4 轮驱动）
8703.6073	----9 座及以下的小客车
8703.6079	----其他
	-同时装有压燃式活塞内燃发动机（柴油或半柴油发动机）及驱动电动机、可通过接插外部电源进行充电的其他车辆：
	---气缸容量（排气量）不超过 1000 毫升：
8703.7011	----小轿车
8703.7012	----越野车（4 轮驱动）
8703.7013	----9 座及以下的小客车
8703.7019	----其他
	---气缸容量（排气量）超过 1000 毫升，但不超过 1500 毫升：
8703.7021	----小轿车
8703.7022	----越野车（4 轮驱动）
8703.7023	----9 座及以下的小客车
8703.7029	----其他
	---气缸容量（排气量）超过 1500 毫升，但不超过 2000 毫升：
8703.7031	----小轿车
8703.7032	----越野车（4 轮驱动）
8703.7033	----9 座及以下的小客车
8703.7039	----其他
	---气缸容量（排气量）超过 2000 毫升，但不超过 2500 毫升：
8703.7041	----小轿车
8703.7042	----越野车（4 轮驱动）
8703.7043	----9 座及以下的小客车
8703.7049	----其他
	---气缸容量（排气量）超过 2500 毫升，但不超过 3000 毫升：
8703.7051	----小轿车
8703.7052	----越野车（4 轮驱动）
8703.7053	----9 座及以下的小客车
8703.7059	----其他
	---气缸容量（排气量）超过 3000 毫升，但不超过 4000 毫升：
8703.7061	----小轿车
8703.7062	----越野车（4 轮驱动）
8703.7063	----9 座及以下的小客车
8703.7069	----其他
	---气缸容量（排气量）超过 4000 毫升：
8703.7071	----小轿车
8703.7072	----越野车（4 轮驱动）
8703.7073	----9 座及以下的小客车
8703.7079	----其他
	-仅装有驱动电动机的其他车辆：
8703.8010	---具有车辆识别代号（VIN 码）
8703.8090	---其他
8703.9000	-其他
	-非公路用自卸车：
87.04①	**货运机动车辆：**
8704.1030	---电动轮货运自卸车
8704.1090	---其他
	-仅装有压燃式活塞内燃发动机（柴油或半柴油发动机）的其他货车：
8704.2100	--车辆总重量不超过 5 吨
	--车辆总重量超过 5 吨，但不超过 20 吨：
8704.2230	---车辆总重量超过 5 吨，但小于 14 吨
8704.2240	---车辆总重量在 14 吨及以上，但不超过 20 吨
8704.2300	--车辆总重量超过 20 吨
	-仅装有点燃式活塞内燃发动机的其他货车：
8704.3100	--车辆总重量不超过 5 吨
	--车辆总重量超过 5 吨：
8704.3230	---车辆总重量超过 5 吨，但不超过 8 吨
8704.3240	---车辆总重量超过 8 吨
	-同时装有压燃式活塞内燃发动机（柴油或半柴油发动机）及驱动电动机的其他货车：
8704.4100	--车辆总重量不超过 5 吨

① 配有发动机及驾驶室的机动车底盘也归入本品目。

商品编码	商品名称
	--车辆总重量超过5吨，但不超过20吨：
8704.4210	---车辆总重量超过5吨，但小于14吨
8704.4220	---车辆总重量在14吨及以上，但不超过20吨
8704.4300	--车辆总重量超过20吨
	-同时装有点燃式活塞内燃发动机及驱动电动机的其他货车：
8704.5100	--车辆总重量不超过5吨
	--车辆总重量超过5吨：
8704.5210	---车辆总重量超过5吨，但不超过8吨
8704.5220	---车辆总重量超过8吨
8704.6000	-仅装有驱动电动机的其他货车
8704.9000	-其他
87.05[①]	**特殊用途的机动车辆（例如，抢修车、起重车、救火车、混凝土搅拌车、道路清洁车、喷洒车、流动工场车及流动放射线检查车），但主要用于载人或运货的车辆除外：**
	-起重车：
	---全路面起重车：
8705.1021	----最大起重重量不超过50吨
8705.1022	----最大起重重量超过50吨，但不超过100吨
8705.1023	----最大起重重量超过100吨
	---其他：
8705.1091	----最大起重重量不超过50吨
8705.1092	----最大起重重量超过50吨，但不超过100吨
8705.1093	----最大起重重量超过100吨
8705.2000	-钻探车
	-救火车：
8705.3010	---装有云梯的救火车
8705.3090	---其他
8705.4000	-混凝土搅拌车
	-其他：
8705.9010	---无线电通信车
8705.9020	---放射线检查车
8705.9030	---环境监测车
8705.9040	---医疗车
	---电源车：
8705.9051	----航空电源车（频率为400赫兹）
8705.9059	----其他
8705.9060	---飞机加油车、调温车、除冰车
8705.9070[②]	---道路（包括跑道）扫雪车
8705.9080	---石油测井车、压裂车、混砂车
	---其他：
8705.9091	----混凝土泵车
8705.9099	----其他
87.06[③]	**装有发动机的机动车辆底盘，品目87.01至87.05所列车辆用：**
8706.0010	---非公路用自卸车底盘
	---货车底盘：
8706.0021	----车辆总重量在14吨及以上的
8706.0022	----车辆总重量在14吨以下的
8706.0030	---大型客车底盘
8706.0040	---汽车起重机底盘
8706.0090	---其他
87.07	**机动车辆的车身（包括驾驶室），品目87.01至87.05所列车辆用：**
8707.1000	-品目87.03所列车辆用
	-其他：
8707.9010	---子目8702.1092、8702.1093、8702.9020及8702.9030所列车辆用
8707.9090	---其他

① 本品目也不包括：Ⅰ.机动压路机（品目84.29）；Ⅱ.农用滚压机（品目84.32）；Ⅲ.装有辅助发动机的小型流动步行操纵器具（例如，公园、花园等场所用的清洁机及在道路上画线用的器具）（品目84.79）；Ⅳ.旅宿汽车（品目87.03）。

② 可互换的扫雪或吹雪装置，不论报验时是否装在车上，均不归入本子目（品目84.30）。

③ 归入本品目的货品为不带车身的机动车辆。机动车底盘可装有发动机罩、挡风玻璃、叶子板、脚踏板及仪表板（不论是否装有仪表），也不论是否装有轮胎、化油器、蓄电池或其他电气装置。

商品编码	商品名称
87.08[①]	**机动车辆的零件、附件，品目 87.01 至 87.05 所列车辆用：**
8708.1000	-缓冲器（保险杠）及其零件
	-车身（包括驾驶室）的其他零件、附件：
8708.2100	--座椅安全带
	--本章子目注释一所列的前挡风玻璃、后窗及其他车窗：
	---天窗：
8708.2211	----电动的
8708.2212	----手动的
8708.2290	---其他
	--其他：
8708.2930	---车窗玻璃升降器
	---其他车身覆盖件：
8708.2951	----侧围
8708.2952	----车门
8708.2953	----发动机罩盖
8708.2954	----前围
8708.2955	----行李箱盖（或背门）
8708.2956	----后围
8708.2957	----翼子板（或叶子板）
8708.2959	----其他
8708.2990	---其他
	-制动器、助力制动器及其零件：
8708.3010	---装在蹄片上的制动摩擦片
	---防抱死制动系统（ABS）：
8708.3021	----品目 87.01、税号 8704.1030 及 8704.1090 所列车辆用
8708.3029	----其他
	---其他：
8708.3091	----品目 87.01 所列车辆用
8708.3092	----子目 8702.1091 及 8702.9010 所列车辆用
8708.3093	----子目 8704.1030 及 8704.1090 所列车辆用
8708.3094	----子目 8704.2100、8704.2230、8704.3100 及 8704.3230 所列车辆用
8708.3095	----子目 8704.2240、8704.2300 及 8704.3240 所列车辆用
8708.3096	----品目 87.05 所列车辆用
8708.3099	----其他
	-变速箱及其零件：
8708.4010	---品目 87.01 所列车辆用
8708.4020	---子目 8702.1091 及 8702.9010 所列车辆用
8708.4030	---子目 8704.1030 及 8704.1090 所列车辆用
8708.4040	---子目 8704.2100、8704.2230、8704.3100 及 8704.3230 所列车辆用
8708.4050	---子目 8704.2240、8704.2300 及 8704.3240 所列车辆用
8708.4060	---品目 87.05 所列车辆用
	---其他：
8708.4091	----品目 87.03 所列车辆用自动换挡变速箱及其零件
8708.4099	----其他
	-装有差速器的驱动桥及其零件，不论是否装有其他传动部件；非驱动桥及其零件：
	---装有差速器的驱动桥及其零件，不论是否装有其他传动部件：
8708.5071	----品目 87.01 所列车辆用
8708.5072	----子目 8702.1091 及 8702.9010 所列车辆用
8708.5073	----子目 8704.1030 及 8704.1090 所列车辆用
8708.5074	----子目 8704.2100、8704.2230、8704.3100 及 8704.3230 所列车辆用
8708.5075	----子目 8704.2240、8704.2300 及 8704.3240 所列车辆用
8708.5076	----品目 87.05 所列车辆用
8708.5079	----其他
	---非驱动桥及其零件：
8708.5081	----品目 87.01 所列车辆用

① 归入本品目的零件及附件必须同时符合下列两个条件：Ⅰ. 必须可确定为专用于或主要用于上述车辆；Ⅱ. 不得列入第十七类注释规定不包括的货品范围。

商品编码	商品名称
8708.5082	----子目 8702.1091 及 8702.9010 所列车辆用
8708.5083	----子目 8704.1030 及 8704.1090 所列车辆用
8708.5084	----子目 8704.2100、8704.2230、8704.3100 及 8704.3230 所列车辆用
8708.5085	----子目 8704.2240、8704.2300 及 8704.3240 所列车辆用
8708.5086	----品目 87.05 所列车辆用
8708.5089	----其他
	-车轮及其零件、附件：
8708.7010	---品目 87.01 所列车辆用
8708.7020	---子目 8702.1091 及 8702.9010 所列车辆用
8708.7030	---子目 8704.1030 及 8704.1090 所列车辆用
8708.7040	---子目 8704.2100、8704.2230、8704.3100 及 8704.3230 所列车辆用
8708.7050	---子目 8704.2240、8704.2300 及 8704.3240 所列车辆用
8708.7060	---品目 87.05 所列车辆用
	---其他：
8708.7091	----铝合金制的
8708.7099	----其他
	-悬挂系统及其零件（包括减震器）：
8708.8010	---品目 87.03 所列车辆用
8708.8090	---其他
	-其他零件、附件：
	--散热器及其零件：
8708.9110	---水箱散热器
8708.9120	---机油冷却器
8708.9190	---其他
8708.9200	--消声器（消音器）、排气管及其零件
	--离合器及其零件：
8708.9310	---品目 87.01 所列车辆用
8708.9320	---子目 8702.1091 及 8702.9010 所列车辆用
8708.9330	---子目 8704.1030 及 8704.1090 所列车辆用
8708.9340	---子目 8704.2100、8704.2230、8704.3100 及 8704.3230 所列车辆用
8708.9350	---子目 8704.2240、8704.2300 及 8704.3240 所列车辆用
8708.9360	---品目 87.05 所列车辆用
8708.9390	---其他
	--转向盘、转向柱、转向器及其零件：
8708.9410	---品目 87.01 所列车辆用
8708.9420	---子目 8702.1091 及 8702.9010 所列车辆用
8708.9430	---子目 8704.1030 及 8704.1090 所列车辆用
8708.9440	---子目 8704.2100、8704.2230、8704.3100 及 8704.3230 所列车辆用
8708.9450	---子目 8704.2240、8704.2300 及 8704.3240 所列车辆用
8708.9460	---品目 87.05 所列车辆用转向器
8708.9490	---其他
8708.9500	--带充气系统的安全气囊及其零件
	--其他：
8708.9910	---品目 87.01 所列车辆用
	---子目 8702.1091 及 8702.9010 所列车辆用：
8708.9921	----车架
8708.9929	----其他
	---子目 8704.1030 及 8704.1090 所列车辆用：
8708.9931	----车架
8708.9939	----其他
	---子目 8704.2100、8704.2230、8704.3100 及 8704.3230 所列车辆用：
8708.9941	----车架
8708.9949	----其他
	---子目 8704.2240、8704.2300 及 8704.3240 所列车辆用：
8708.9951	----车架
8708.9959	----其他
8708.9960	---品目 87.05 所列车辆用

商品编码	商品名称
	---其他：
8708.9991	----车架
8708.9992	----传动轴
8708.9999	----其他
87.09①	**短距离运输货物的机动车辆，未装有提升或搬运设备，用于工厂、仓库、码头或机场；火车站台上用的牵引车；上述车辆的零件：**
	-车辆：
	--电动的：
8709.1110	---牵引车
8709.1190	---其他
	--其他：
8709.1910	---牵引车
8709.1990	---其他
8709.9000	-零件
87.10②	**坦克及其他机动装甲战斗车辆，不论是否装有武器；上述车辆的零件：**
8710.0010	---整车
8710.0090	---零件
87.11③	**摩托车（包括机器脚踏两用车）及装有辅助发动机的脚踏车，不论有无边车；边车：**
8711.1000	-装有活塞内燃发动机，气缸容量（排气量）不超过 50 毫升
	-装有活塞内燃发动机，气缸容量（排气量）超过 50 毫升，但不超过 250 毫升：
8711.2010	---气缸容量（排气量）超过 50 毫升，但不超过 100 毫升
8711.2020	---气缸容量（排气量）超过 100 毫升，但不超过 125 毫升
8711.2030	---气缸容量（排气量）超过 125 毫升，但不超过 150 毫升
8711.2040	---气缸容量（排气量）超过 150 毫升，但不超过 200 毫升
8711.2050	---气缸容量（排气量）超过 200 毫升，但不超过 250 毫升
	-装有活塞内燃发动机，气缸容量（排气量）超过 250 毫升，但不超过 500 毫升：
8711.3010	---气缸容量（排气量）超过 250 毫升，但不超过 400 毫升
8711.3020	---气缸容量（排气量）超过 400 毫升，但不超过 500 毫升
8711.4000	-装有活塞内燃发动机，气缸容量（排气量）超过 500 毫升，但不超过 800 毫升
8711.5000	-装有活塞内燃发动机，气缸容量（排气量）超过 800 毫升
8711.6000	-装有驱动电动机的
8711.9000	-其他
87.12	**自行车及其他非机动脚踏车（包括运货三轮脚踏车）：**
8712.0020	---竞赛型自行车
8712.0030	---山地自行车
	---越野自行车：
8712.0041	----16、18 及 20 英寸
8712.0049	----其他
	---其他自行车：
8712.0081	----16 英寸及以下
8712.0089	----其他
8712.0090	---其他
87.13	**残疾人用车，不论是否机动或其他机械驱动：**
8713.1000	-非机械驱动
8713.9000	-其他
87.14	**零件、附件，供品目 87.11 至 87.13 所列车辆用：**

① 本品目的车辆区别于品目 87.01、87.03 或 87.04 所列车辆的一些共同主要特征如下：

Ⅰ. 这些车辆的结构及其主要设计特点是不适于在马路或其他公用道路上载运客货的；

Ⅱ. 满载时其最高速度一般不超过每小时 30~35 千米；

Ⅲ. 其转弯半径约等于车辆本身的长度。

② 本品目不包括仅装有轻型装甲或可拆卸的辅助装甲的普通车辆（酌情归入品目 87.02 至 87.05）。

③ 三轮车（例如，送货三轮摩托车）也归入本品目，但它们不得具有品目 87.03 所列机动车辆的特征。

商品编码	商品名称	商品编码	商品名称
8714.1000	-摩托车（包括机器脚踏两用车）用	8714.9900	--其他
8714.2000	-残疾人车辆用	**87.15**	**婴孩车及其零件：**
	-其他：	8715.0000	婴孩车及其零件
8714.9100	--车架、轮叉及其零件	**87.16**	**挂车及半挂车或其他非机械驱动车辆及其零件：**
	--轮圈及辐条：		
8714.9210	---轮圈	8716.1000	-供居住或野营用厢式挂车及半挂车
8714.9290	---辐条	8716.2000	-农用自装或自卸式挂车及半挂车
	--轮毂（倒轮制动毂及毂闸除外）；飞轮、链轮：		-其他货运挂车及半挂车：
			--罐式挂车及半挂车：
8714.9310	---轮毂	8716.3110	---油罐挂车及半挂车
8714.9320	---飞轮	8716.3190	---其他
8714.9390	---其他		--其他：
8714.9400	--制动器（包括倒轮制动毂及毂闸）及其零件	8716.3910	---货柜挂车及半挂车
		8716.3990	---其他
8714.9500	--鞍座	8716.4000	-其他挂车及半挂车
	--脚蹬、曲柄链轮及其零件：	8716.8000	-其他车辆
8714.9610	---脚蹬及其零件	8716.9000	-零件
8714.9620	---曲柄链轮及其零件		

第八十八章　航空器、航天器及其零件

注释：

一、本章所称“无人驾驶航空器”是指除品目 88.01 的航空器以外，没有飞行员驾驶的任何航空器，它们可设计用于载物或安装永久性集成的数码相机或其他能在飞行中发挥实用功能的设备。

但“无人驾驶航空器”不包括专供娱乐用的飞行玩具（品目 95.03）。

子目注释：

一、子目 8802.11 至 8802.40 所称“空载重量”，是指航空器在正常飞行状态下，除去机组人员、燃料及非永久性安装设备后的重量。

二、子目 8806.21 至 8806.24 及 8806.91 至 8806.94 所称“最大起飞重量”，是指航空器在正常飞行状态下起飞时的最大重量，包括有效载荷、设备和燃料的重量。

本国子目注释：

本国子目 8806.2110、8806.2210、8806.2310、8806.2410、8806.2910、8806.9110、8806.9210、8806.9310、8806.9410 所称“航拍无人机”，是指搭载固定的或可替换的摄影摄像载荷（无论是否装置光学镜头），具有无线电遥控和数字图传能力，设计用于在空中拍摄影像，且不具备其他与飞行相关实用性功能的无人驾驶航空器。

商品编码	商品名称
88.01[①]	**气球及飞艇；滑翔机、悬挂滑翔机及其他无动力航空器：**
8801.0010	---滑翔机及悬挂滑翔机
8801.0090	---其他
88.02	**其他航空器（例如，直升机、飞机），品目 88.06 的无人驾驶航空器除外；航天器（包括卫星）及其运载工具、亚轨道运载工具：**
	-直升机：
8802.1100	--空载重量不超过 2000 千克
	--空载重量超过 2000 千克：
8802.1210	---空载重量超过 2000 千克，但不超过 7000 千克
8802.1220	---空载重量超过 7000 千克
8802.2000	-飞机及其他航空器，空载重量不超过 2000 千克
8802.3000	-飞机及其他航空器，空载重量超过 2000 千克，但不超过 15000 千克
	-飞机及其他航空器，空载重量超过 15000 千克：
8802.4010	---空载重量超过 15000 千克，但不超过 45000 千克
8802.4020	---空载重量超过 45000 千克
8802.6000	-航天器（包括卫星）及其运载工具、亚轨道运载工具
88.04	**降落伞（包括可操纵降落伞及滑翔伞）、旋翼降落伞及其零件、附件：**
8804.0000	降落伞（包括可操纵降落伞及滑翔伞）、旋翼降落伞及其零件、附件
88.05	**航空器的发射装置、甲板停机装置或类似装置和地面飞行训练器及其零件：**
8805.1000	-航空器的发射装置及其零件；甲板停机装置或类似装置及其零件
	-地面飞行训练器及其零件：
8805.2100	--空战模拟器及其零件
8805.2900	--其他

① 儿童用的玩具气球不归入本品目（归入品目 95.03）。这种气球一般可从质量次、充气管短、表面上常印有广告或装饰等方面加以识别。

商品编码	商品名称
88.06	**无人驾驶航空器：**
8806.1000	-设计用于旅客运输的
	-其他，仅使用遥控飞行的：
	--最大起飞重量不超过250克：
8806.2110	---航拍无人机
8806.2190	---其他
	--最大起飞重量超过250克，但不超过7千克：
8806.2210	---航拍无人机
8806.2290	---其他
	--最大起飞重量超过7千克，但不超过25千克：
8806.2310	---航拍无人机
8806.2390	---其他
	--最大起飞重量超过25千克，但不超过150千克：
8806.2410	---航拍无人机
8806.2490	---其他
	--其他：
8806.2910	---航拍无人机
8806.2990	---其他
	-其他：
	--最大起飞重量不超过250克：
8806.9110	---航拍无人机
8806.9190	---其他
	--最大起飞重量超过250克，但不超过7千克：
8806.9210	---航拍无人机
8806.9290	---其他
	--最大起飞重量超过7千克，但不超过25千克：
8806.9310	---航拍无人机
8806.9390	---其他
	--最大起飞重量超过25千克，但不超过150千克：
8806.9410	---航拍无人机
8806.9490	---其他
8806.9900	--其他
88.07	**品目88.01、88.02或88.06所列货品的零件：**
8807.1000	-推进器、水平旋翼及其零件
8807.2000	-起落架及其零件
8807.3000	-飞机、直升机及无人驾驶航空器的其他零件
8807.9000	-其他

第八十九章　船舶及浮动结构体

注释：

已装配、未装配或已拆卸的船体、未完工或不完整的船舶以及未装配或已拆卸的完整船舶，如果不具有某种船舶的基本特征，应归入品目 89. 06。

【编者注】

与第十七类其他各章所列运输设备的规定相反，本章不包括单独报验的所有船舶或浮动结构体的零件（船体除外）及附件；即使它们可明显确定为船舶或浮动结构体的零件及附件，也不包括在内。这些零件及附件应归入目录其他适当的品目。

商品编码	商品名称
89. 01	**巡航船、游览船、渡船、货船、驳船及类似的客运或货运船舶：**
	-巡航船、游览船及主要用于客运的类似船舶；各式渡船：
8901. 1010	---机动船舶
8901. 1090	---非机动船舶
	-液货船：
	---成品油船：
8901. 2011	----载重量不超过 10 万吨
8901. 2012	----载重量超过 10 万吨，但不超过 30 万吨
8901. 2013	----载重量超过 30 万吨
	---原油船：
8901. 2021	----载重量不超过 15 万吨
8901. 2022	----载重量超过 15 万吨，但不超过 30 万吨
8901. 2023	----载重量超过 30 万吨
	---液化石油气船：
8901. 2031	----容积在 20000 立方米及以下
8901. 2032	----容积在 20000 立方米以上
	---液化天然气船：
8901. 2041	----容积在 20000 立方米及以下
8901. 2042	----容积在 20000 立方米以上
8901. 2090	---其他
8901. 3000	-冷藏船，但子目 8901. 20 的船舶除外
	-其他货运船舶及其他客货兼运船舶：
	---机动集装箱船：
8901. 9021	----可载标准集装箱在 6000 箱及以下
8901. 9022	----可载标准集装箱在 6000 箱以上
	---机动滚装船：
8901. 9031	----载重量在 2 万吨及以下
8901. 9032	----载重量在 2 万吨以上
	---机动散货船：
8901. 9041	----载重量不超过 15 万吨
8901. 9042	----载重量超过 15 万吨，但不超过 30 万吨
8901. 9043	----载重量超过 30 万吨
8901. 9050	---机动多用途船
8901. 9080	---其他，机动的
8901. 9090	---非机动的
89. 02	**捕鱼船；加工船及其他加工保藏鱼类产品的船舶：**
8902. 0010	---机动船舶
8902. 0090	---非机动船舶
89. 03	**娱乐或运动用快艇及其他船舶；划艇及轻舟：**
	-充气船（包括刚性外壳的）：
8903. 1100	--装有或设计装有发动机，空载（净）重量（不包括发动机）不超过 100 千克
8903. 1200	--未设计装有发动机且空载（净）重量不超过 100 千克
8903. 1900	--其他
	-帆船，充气船除外，不论是否装有辅助发动机：

商品编码	商品名称
8903.2100	--长度不超过7.5米
8903.2200	--长度超过7.5米但不超过24米
8903.2300	--长度超过24米
	-汽艇，非充气的，但装有舷外发动机的除外：
8903.3100	--长度不超过7.5米
8903.3200	--长度超过7.5米但不超过24米
8903.3300	--长度超过24米
	-其他：
8903.9300	--长度不超过7.5米
8903.9900	--其他
89.04	**拖轮及顶推船：**
8904.0000	拖轮及顶推船
89.05	**灯船、消防船、挖泥船、起重船及其他不以航行为主要功能的船舶；浮船坞；浮动或潜水式钻探或生产平台：**
8905.1000	-挖泥船
8905.2000①	-浮动或潜水式钻探或生产平台
	-其他：
8905.9010	---浮船坞
8905.9090	---其他
89.06	**其他船舶，包括军舰及救生船，但划艇除外：**
8906.1000	-军舰
	-其他：
8906.9010	---机动船舶
8906.9020	---非机动船舶
8906.9030	---未制成或不完整的船舶，包括船舶分段
89.07	**其他浮动结构体（例如，筏、柜、潜水箱、浮码头、浮筒及航标）：**
8907.1000	-充气筏
8907.9000	-其他
89.08	**供拆卸的船舶及其他浮动结构体：**
8908.0000	供拆卸的船舶及其他浮动结构体

① 勘探或开采海底石油或天然气用的非浮动式或非潜水式固定平台不归入本子目（归入品目84.30）。

第十八类　光学、照相、电影、计量、检验、医疗或外科用仪器及设备、精密仪器及设备；钟表；乐器；上述物品的零件、附件

第九十章　光学、照相、电影、计量、检验、医疗或外科用仪器及设备、精密仪器及设备；上述物品的零件、附件

注释：

一、本章不包括：

（一）机器、设备或其他专门技术用途的硫化橡胶（硬质橡胶除外）制品（品目 40.16）、皮革或再生皮革制品（品目 42.05）或纺织材料制品（品目 59.11）；

（二）纺织材料制的承托带及其他承托物品，其承托器官的作用仅依靠自身的弹性（例如，孕妇用的承托带，用于胸部、腹部、关节或肌肉的承托绷带）（第十一类）；

（三）品目 69.03 的耐火材料制品；品目 69.09 的实验室、化学或其他专门技术用途的陶瓷器；

（四）品目 70.09 的未经光学加工的玻璃镜及品目 83.06 或第七十一章的非光学元件的贱金属或贵金属制的镜子；

（五）品目 70.07、70.08、70.11、70.14、70.15 或 70.17 的货品；

（六）第十五类注释二所规定的贱金属制通用零件（第十五类）或塑料制的类似品（第三十九章）；但专用于医疗、外科、牙科或兽医的植入物应归入品目 90.21；

（七）品目 84.13 的装有计量装置的泵；计数和检验用的衡器或单独报验的天平砝码（品目 84.23）；升降、起重及搬运机械（品目 84.25 至 84.28）；纸张或纸板的各种切割机器（品目 84.41）；品目 84.66 的用于机床或水射流切割机上调整工件或工具的附件，包括具有读度用的光学装置的附件（例如，“光学”分度头），但其本身主要是光学仪器的除外（例如，校直望远镜）；计算机器（品目 84.70）；品目 84.81 的阀门及其他装置；品目 84.86 的机器及装置（包括将电路图投影或绘制到感光半导体材料上的装置）；

（八）自行车或机动车辆用探照灯或聚光灯（品目 85.12）；品目 85.13 的手提式电灯；电影录音机、还音机及转录机（品目 85.19）；拾音头或录音头（品目 85.22）；电视摄像机、数字照相机及视频摄录一体机（品目 85.25）；雷达设备、无线电导航设备或无线电遥控设备（品目 85.26）；光导纤维、光导纤维束或光缆用连接器（品目 85.36）；品目 85.37 的数字控制装置；品目 85.39 的封闭式聚光灯；品目 85.44 的光缆；

（九）品目 94.05 的探照灯及聚光灯；

（十）第九十五章的物品；

（十一）品目 96.20 的独脚架、双脚架、三脚架及类似品；

（十二）容量的计量器具（按其构成的材料归类）；或

（十三）卷轴、线轴及类似芯子（按其构成材料归类，例如，归入品目 39.23 或第十五类）。

二、除上述注释一另有规定的以外，本章各品目所列机器、设备、仪器或器具的零件、附件，应按下列规定归类：

（一）凡零件、附件本身已构成本章或第八十四章、第八十五章或第九十一章各品目（品目 84.87、85.48 或 90.33 除外）所包括的货品，应一律归入其相应的品目；

（二）其他零件、附件，如果专用于或主要用于某种或同一品目项下的多种机器、仪器或器具（包括品目90.10、90.13或90.31的机器、仪器或器具），应归入相应机器、仪器或器具的品目；

（三）所有其他零件、附件均应归入品目90.33。

三、第十六类注释三及四的规定也适用于本章。

四、品目90.05不包括武器用望远镜瞄准具、潜艇或坦克上的潜望镜式望远镜及本章或第十六类的机器、设备、仪器或器具用的望远镜；这类望远镜瞄准具及望远镜应归入品目90.13。

五、计量或检验用的光学仪器、器具或机器，如果既可归入品目90.13，又可归入品目90.31，则应归入品目90.31。

六、品目90.21所称"矫形器具"，是指下列用途的器具：

预防或矫正躯体畸变；或

生病、手术或受伤后人体部位的支撑或固定。

矫形器具包括用于矫正畸形的鞋及特种鞋垫，但需符合下列任一条件：

（一）定制的；

（二）成批生产的，单独报验，且不成双的，设计为左右两脚同样适用。

七、品目90.32仅适用于：

（一）液体或气体的流量、液位、压力或其他变化量的自动控制仪器及装置或温度自动控制装置，不论其是否依靠要被自动控制的因素所发生的不同的电现象来进行工作的，它们将要被自控的因素调到并保持在一设定值上，通过持续或定期测量实际值来保持稳定，修正任何偏差；以及

（二）电量自动调节器及自动控制非电量的仪器或装置，依靠要被控制的因素所发生的不同的电现象进行工作的，它们将要被控制的因素调到并保持在一设定值上，通过持续或定期测量实际值来保持稳定，修正任何偏差。

本国子目注释：

一、本国子目9001.9010所称"彩色滤光片"，通常是作为液晶显示器的关键部件使用，液晶显示器依靠彩色滤光片显示图像的色彩。彩色滤光片是镀有BM、R、G、B、ITO镀层的有色玻璃。彩色滤光片的制备方法有四种，包括颜料分散法、染色法、印刷法和电沉积法（该品目不包括等离子显示器用滤光片，等离子显示器用滤光片带有电磁屏蔽夹层，不属于纯粹的光学元件，应按专用零件归类）。

二、本国子目9014.2010所称"自动驾驶仪"，是指用于暂时替代驾驶员，保持稳定飞机以及使飞机按给定参数（高度、航向等）飞行的装置，主要由直接操作或伺服马达控制机构（通常为替代驾驶员动作的液压马达）以及调整仪表读数和伺服机构动作的自动感应装置（高速陀螺仪）构成。

三、本国子目9015.1010所称"激光雷达"，是指由发射系统、接收系统、信息处理系统等部分组成的一种激光测距仪（可包括测角功能）。单独报验的激光发射器，或以本国子目激光雷达为部件进一步集成的检测或导航设备不归入本子目。

四、本国子目9018.1310所称"核磁共振成像成套装置"，由磁体、梯度系统、射频系统（含多种类型接收线圈）以及数据处理和分析软硬件系统等部分组成，用于人体的解剖和生理功能的成像。该品目不包括单独进口的零部件。

五、本国子目9018.9060所称"输血设备"，是指成套的简单输血设备或成套的体外循环设备，前者由血袋、输血导管、输血针组成，直接进行静脉输血，后者由人工心肺设备、人工肾脏透析设备等组成。

六、本国子目9018.9080所称"手术机器人"，是指由机械臂、控制台、成像系统等部分组成，能以微创方式实施复杂的外科手术的一种医疗设备，包括骨科手术机器人、腔镜手术机器人、神经外科手术机器人、放射介入手术机器人。

七、本国子目9021.9011所称"血管支架"，由支架和导管输送系统组成，通过导管输送器将支架输送至病变部位，植入支架以达到支撑狭窄闭塞段血管，保持血流通畅的目的。血管支架主要分为冠脉支架、脑血管支架、肾动脉支架、大动脉支架等。支架通常由金属材料、覆膜材料或生物材料制成，部分支

架表面涂覆治疗药物。支架按照在血管内展开的方式可分为自展式和球囊扩张式两种。

八、本国子目 9023.0010 所称“教习头”，是指用胶头皮、色发等制成的供美容、美发使用的教具。

九、本国子目 9024.1010 所称“电子万能试验机”，适用于各种金属、非金属、复合材料的拉伸、压缩、弯曲、剪切、剥离撕裂及金属薄板塑性应变比 r 值，拉伸硬化指数 n 值等多项试验。其主要功能是测金属材料的性能。

十、本国子目 9024.1020 所称“硬度计”，是指使用压入法（如布氏硬度、洛氏硬度、维氏硬度、显微硬度、巴氏硬度、韦氏硬度）、划痕法（如莫氏硬度）、回跳法（如里氏硬度、肖氏硬度）等方法测量金属材料软硬程度的仪器。

十一、本国子目 9026.2010 所称“压力/差压变送器”，是指将压力、差压等工艺变量转换为统一的标准信号，作为指示记录仪、调节器或控制装置的输入信号，以实现对上述变量的显示、记录或自动控制的装置。通常由压力传感器、数据处理电子电路和仪器壳体等部分组成，可作为自动控制设备的组成部分。

压力/差压变送器中的传感器在压力/差压的作用下，产生微弱的电量变化信号（如电容变量、电阻变量、电感变量），电子电路对变化信号进行放大、运算、校正，最后输出与压力/差压成比例的标准电流信号或标准数字信号，主要用于测量气体或液体的压力或压力差等参数。

十二、本国子目 9031.4920 所称“光栅测量装置”，是指利用光栅的光学原理工作的测量装置，主要由标尺光栅、光电读数头和数显表组成，通常标尺光栅固定在机床活动部件上，光栅读数头固定在机床固定部件上，指示光栅装在光栅读数头中。光栅测量装置经常应用于机床和加工中心等方面，可用作直线位移和角位移的检测。

十三、本国子目 9031.8031 所称“超声波探伤检测仪”，是指一种运用超声检测的方法来检测的仪器。其原理是：超声波在被检测材料中传播时，材料的声学特性和内部组织的变化对超声波的传播产生一定的影响。通过对超声波受影响程度和状况的探测了解材料性能和结构变化的技术称为超声检测。超声检测方法通常有穿透法、脉冲反射法、串列法等。

十四、本国子目 9031.8032 所称“磁粉探伤检测仪”，是指一种对铁磁性材料表面及近表面缺陷进行无损检测的仪器。其原理是：有表面和近表面缺陷的工件磁化后，当缺陷方向和磁场方向成一定角度时，由于缺陷处的磁导率的变化使磁力线逸出工件表面，产生漏磁场，可以吸附磁粉而产生磁痕显示。

十五、本国子目 9031.8033 所称“涡流探伤检测仪”，是指运用涡流检测法检测的探伤仪器。涡流检测法利用的是电磁感应原理，适用于检测导电材料。检测线圈通以交变电流，线圈子内交变电流的流动将在线圈子周围产生一个交变磁场，这种磁场称为“原磁场”。把一导体置于原磁场中时，在导体内将产生感应电流，这种电流叫做涡流。导体中的电特性（如电阻、磁导率等）变化时，将引起涡流的变化。利用涡流的变化检测工件中的不连续性的方法称为涡流检测原理。

十六、本国子目 9032.8911 所称“列车自动防护系统（ATP）车载设备”，是指用于防止列车相撞，保证列车运行安全的车载设备。工作原理是自动检测列车实际运行位置，自动确定列车最大安全运行速度，连续不断地实行速度监督，实现超速防护，自动监测列车运行间隔，以保证实现规定的行车间隔。ATP 是整个 ATC 系统的基础，ATO 和 ATS 子系统都依托于 ATP 子系统的工作。

十七、本国子目 9032.8912 所称“列车自动运行系统（ATO）车载设备”，是指用于保证列车正常运行和行车调整优化的车载设备。作用是代替司机来自动驾驶，包括平滑加速、调速和车站程序定点停车。ATO 辅助 ATP 工作，接受 ATP 的信息，其中有 ATP 速度指令、列车实际速度和列车走行距离。此外还从 ATS 子系统和地面标志线圈接受列车运行等级等信息。根据以上信息，ATO 通过牵引/制动线控制列车，使其维持在一个参考速度上运行，并在设有屏蔽门的站台准确停车。

【编者注】

一、不属于本章的商品

第九十章注释一规定了本章不包括的商品。应注意的是，并不是所有具有计量、测量功能的器具均归入本章。例如，计量容量的量器，如玻璃制量筒、量杯等，应当按照材质归入第七十章的相应子目，而不归入本章的计量器具中；精度在50毫克以下的衡器和单独报验的天平砝码也不应归入本章，而归入品目84.23项下。

二、本章仪器及器具零件的归类

本章所列商品的零件归类应遵循以下原则：

（一）已构成第八十四章、第八十五章及第九十章中货品整机特征的，不能按零件、附件归类，而应归入相应的品目，如电子显微镜用的真空泵仍应作为泵归入品目84.14；

（二）主要或专用于本章已有具体列名的机器、仪器或器具的零件、附件，则应归入相应整机品目的后面；

（三）在上述规定以外的其他用于本章仪器、机器或器具的零件、附件要归入品目90.33。

三、功能机组的归类

第十六类注释四对于功能机组的规定也同样适用于本章。

四、医疗仪器及设备

仅为医疗诊断提供分析数据的生化分析仪器，例如，分析检验血液、组织液、尿液等的仪器设备不能作为医疗诊断仪器归入品目90.18，而要按理化分析仪器归入品目90.27；医疗用的各种生物显微镜应按其具体列名归入品目90.11或90.12；测试体温的体温计要归入品目90.25；品目90.22不仅包括医疗用的放射线应用设备，也包括其他行业的放射线应用设备。

商品编码	商品名称	商品编码	商品名称
90.01[①]	**光导纤维及光导纤维束；光缆，但品目85.44的货品除外；偏振材料制的片及板；未装配的各种材料制透镜（包括隐形眼镜片）、棱镜、反射镜及其他光学元件，但未经光学加工的玻璃制上述元件除外：**	9001.9090	---其他
		90.02	**已装配的各种材料制透镜、棱镜、反射镜及其他光学元件，作为仪器或装置的零件、配件，但未经光学加工的玻璃制上述元件除外：**
			-物镜：
9001.1000	-光导纤维、光导纤维束及光缆		--照相机、投影仪、照片放大机及缩片机用：
9001.2000	-偏振材料制的片及板		
9001.3000	-隐形眼镜片	9002.1110	---子目9006.3000、9006.5921、9006.5929所列照相机用
	-玻璃制眼镜片：		
9001.4010	---变色镜片	9002.1120	---缩微阅读机用
	---其他：		---其他照相机用：
9001.4091	----太阳镜片	9002.1131	----单反相机镜头
9001.4099	----其他	9002.1139	----其他
	-其他材料制眼镜片：	9002.1190	---其他
9001.5010	---变色镜片		--其他：
	---其他：	9002.1910	---摄影机或放映机用
9001.5091	----太阳镜片	9002.1990	---其他
9001.5099	----其他		-滤光镜：
	-其他：	9002.2010	---照相机用
9001.9010	---彩色滤光片	9002.2090	---其他

① 本品目不适用于仅经抛光前的一道或几道工序加工的未抛光元件，这些元件应归入第七十章。仅为运输安全而做临时装配的光学元件，仍作为未装配元件对待。

商品编码	商品名称	商品编码	商品名称
	-其他:		--其他:
9002.9010	---照相机用	9006.5910	---激光照相排版设备
9002.9090	---其他		---制版照相机:
90.03	**眼镜架及其零件:**	9006.5921	----电子分色机
	-眼镜架:	9006.5929	----其他
9003.1100	--塑料制	9006.5930	---通过镜头取景[单镜头反光式(SLR)],使用胶片宽度小于 35 毫米
	--其他材料制:		
9003.1910	---金属材料制		
9003.1920	---天然材料制		---其他,使用胶片宽度小于 35 毫米:
9003.1990	---其他	9006.5941	----缩微照相机,使用缩微胶卷、胶片或其他缩微品的
9003.9000	-零件		
90.04	**矫正视力、保护眼睛或其他用途的眼镜、挡风镜及类似品:**	9006.5949	----其他
		9006.5990	---其他
9004.1000	-太阳镜		-照相闪光灯装置及闪光灯泡:
	-其他:	9006.6100	--放电式(电子式)闪光灯装置
9004.9010	---变色镜		--其他:
9004.9090	---其他	9006.6910	---闪光灯泡
90.05	**双筒望远镜、单筒望远镜、其他光学望远镜及其座架;其他天文仪器及其座架,但不包括射电天文仪器:**	9006.6990	---其他
			-零件、附件:
			--照相机用:
9005.1000	-双筒望远镜	9006.9110	---子目 9006.3000、9006.5921、9006.5929 所列照相机用
	-其他仪器:		
9005.8010	---天文望远镜及其他天文仪器	9006.9120	---一次成像照相机用
9005.8090	---其他		---其他:
	-零件、附件(包括座架):	9006.9191	----自动调焦组件
9005.9010	---天文望远镜及其他天文仪器用	9006.9192	----快门组件
9005.9090	---其他	9006.9199	----其他
90.06①	**照相机(电影摄影机除外);照相闪光灯装置及闪光灯泡,但品目 85.39 的放电灯泡除外:**	9006.9900	--其他
		90.07	**电影摄影机、放映机,不论是否带有声音的录制或重放装置:**
9006.3000	-水下、航空测量或体内器官检查用的特种照相机;法庭或犯罪学用的比较照相机		-摄影机:
		9007.1010	---高速摄影机
		9007.1090	---其他
9006.4000	-一次成像照相机		-放映机:
	-其他照相机:	9007.2010	---数字式
	--使用胶片宽度为 35 毫米:	9007.2090	---其他
9006.5310	---通过镜头取景[单镜头反光式(SLR)]		-零件、附件:
		9007.9100	--摄影机用
9006.5390	---其他	9007.9200	--放映机用

① 以照相复印或热敏复印方法制作印版或印版滚筒的设备不归入本品目,而应归入品目 84.43。照相放大或缩小设备归入品目 90.08。

商品编码	商品名称	商品编码	商品名称
90.08①	**影像投影仪，但电影用除外；照片(电影片除外)放大机及缩片机：**	9010.5010	---负片显示器
	-投影仪、放大机及缩片机：		---其他：
9008.5010	---幻灯机	9010.5021	----电影用
9008.5020	---缩微胶卷、缩微胶片或其他缩微品的阅读机，不论是否可以进行复制	9010.5022	----特种照相用
		9010.5029	----其他
		9010.6000	-银幕及其他投影屏幕
	---其他影像投影仪：		-零件、附件：
9008.5031	----正射投影仪	9010.9010	---电影用
9008.5039	----其他	9010.9020	---特种照相用
9008.5040	---照片（电影片除外）放大机及缩片机	9010.9090	---其他
	-零件、附件：	**90.11**	**复式光学显微镜，包括用于显微照相、显微电影摄影及显微投影的：**
9008.9010	---缩微阅读机用	9011.1000	-立体显微镜
9008.9020	---照片放大机及缩片机用	9011.2000	-显微照相、显微电影摄影及显微投影用的其他显微镜
9008.9090	---其他	9011.8000	-其他显微镜
	-照相（包括电影）胶卷或成卷感光纸的自动显影装置及设备或将已冲洗胶卷自动曝光到成卷感光纸上的装置及设备：	9011.9000	-零件、附件
		90.12	**显微镜，但光学显微镜除外；衍射设备：**
		9012.1000	-显微镜，但光学显微镜除外；衍射设备
90.10	**本章其他品目未列名的照相（包括电影）洗印用装置及设备；负片显示器；银幕及其他投影屏幕：**	9012.9000	-零件、附件
		90.13	**激光器，但激光二极管除外；本章其他品目未列名的光学仪器及器具：**
9010.1010	---电影用		
9010.1020	---特种照相用	9013.1000	-武器用望远镜瞄准具；潜望镜式望远镜；作为本章或第十六类的机器、设备、仪器或器具部件的望远镜
	---其他：		
9010.1091	----彩色胶卷用		
9010.1099	----其他		
	-照相（包括电影）洗印用其他装置及设备；负片显示器：		

① 本品目的设备用于投影静止的影像，其中最常见的是幻灯机（透射幻灯机），用于投影透明物体（幻灯片或透明画片）的影像。它有两组透镜：一组聚光镜和一组投影镜，透明画片放置在两组透镜之间，聚光镜将光源成像在投影镜上，而投影镜将透明画片成像在屏幕上。幻灯机使用一个强力光源，发出的光经一个反射镜聚集；放映的幻灯片可以手工更换，也可以由操纵者控制的电磁体或电动机驱动的半自动或由定时装置控制的全自动方式进行更换。

某些类型的幻灯机（字幕片投影仪）具有屏面宽大的物镜，用于投影书写或绘制在透明正片上的内容。

反射投影仪是一种把强光照射下的不透明物体放大影像投射到屏幕上去的投影仪。光束照射在物体的表面，再由物体表面反射出来经透镜投射到屏幕上。

本品目包括：用于学校、课室等的幻灯机和其他静止影像投影仪；光谱投影仪；投影射线照片的仪器；放大缩微胶卷、缩微胶片或其他缩微品的阅读机（不论是否具有感光复制这些缩微品的辅助功能）；以及用于制作印版或印版滚筒的投影装置。

本品目还包括带有小屏幕，可将幻灯片的放大影像投射在上面的投影仪。

应注意本品目货品与品目85.28的区别。

商品编码	商品名称
9013.2000①	-激光器，但激光二极管除外
	-其他装置、仪器及器具：
9013.8010	---放大镜
9013.8020	---光学门眼
9013.8090	---其他
	-零件、附件：
9013.9010	---子目 9013.1000 及 9013.2000 所列货品用
9013.9090	---其他
90.14	**定向罗盘；其他导航仪器及装置：**
9014.1000	-定向罗盘
	-航空或航天导航仪器及装置（罗盘除外）：
9014.2010	---自动驾驶仪
9014.2090	---其他
9014.8000	-其他仪器及装置
	-零件、附件：
9014.9010	---自动驾驶仪用
9014.9090	---其他
90.15	**大地测量（包括摄影测量）、水道测量、海洋、水文、气象或地球物理用仪器及装置，不包括罗盘；测距仪：**
	-测距仪：
9015.1010	---激光雷达
9015.1090	---其他
9015.2000	-经纬仪及视距仪
9015.3000	-水平仪
9015.4000	-摄影测量用仪器及装置
9015.8000	-其他仪器及装置
9015.9000	-零件、附件
90.16	**感量为 50 毫克或更精密的天平，不论是否带有砝码：**
9016.0010	---感量为 0.1 毫克或更精密的天平
9016.0090	---其他
90.17	**绘图、划线或数学计算仪器及器具（例如，绘图机、比例缩放仪、分度规、绘图工具、计算尺及盘式计算器）；本章其他品目未列名的手用测量长度的器具（例如，量尺、量带、千分尺及卡尺）：**
9017.1000	-绘图台及绘图机，不论是否自动
9017.2000②	-其他绘图、划线或数学计算器具
9017.3000	-千分尺、卡尺及量规
9017.8000	-其他仪器及器具
9017.9000	-零件、附件
90.18③	**医疗、外科、牙科或兽医用仪器及器具，包括闪烁扫描装置、其他电气医疗装置及视力检查仪器：**
	-电气诊断装置（包括功能检查或生理参数检查用装置）：
9018.1100	--心电图记录仪
	--超声波扫描装置：
9018.1210	---B 型超声波诊断仪
	---其他：
9018.1291	----彩色超声波诊断仪
9018.1299	----其他
	--核磁共振成像装置：
9018.1310	---成套装置
9018.1390	---零件
9018.1400	--闪烁摄影装置
	--其他：
9018.1930	---病员监护仪
	---听力诊断装置：
9018.1941	----听力计
9018.1949	----其他
9018.1990	---其他
9018.2000	-紫外线及红外线装置
	-注射器、针、导管、插管及类似品：

① 本子目不仅包括供装配在机器或器具上的激光器，也包括单独使用（例如，用于科研、教学、实验检测等各种目的，如激光笔）的小型激光器或激光器系统。但是，本子目不包括已改装为具有专门功能的激光器，由于这些激光器加有特殊装置（例如，工作台、工件夹具、工件进给及定位装置、对操作进程观察和检测的装置等），因而应作为加工机器、医疗设备、控制装置、计量装置等归类。带有激光器的机器和器具也不归入本子目。这类机器和器具如果在目录中未具体列名，则应与具有类似功能的机器和器具一并归类。

② 本子目不包括计算机器或会计计算机器（品目 84.70）。

③ 本品目包括种类繁多的仪器及器械，这些仪器及器械主要是供各专科医务人员（例如，医生、牙医、兽医、助产士等）专门用于疾病的预防、诊断、医治或手术治疗等；本品目也包括解剖实验、解剖检验等用的仪器及器械，以及符合某些条件的牙科诊疗仪器及器械。本品目的仪器及器械可以用任何材料（包括贵金属）制成。

商品编码	商品名称	商品编码	商品名称
9018.3100	--注射器，不论是否装有针头	**90.20**	**其他呼吸器具及防毒面具，但不包括既无机械零件又无可互换过滤器的防护面具：**
	--管状金属针头及缝合用针：		
9018.3210	---管状金属针头		
9018.3220	---缝合用针	9020.0000	其他呼吸器具及防毒面具，但不包括既无机械零件又无可互换过滤器的防护面具
9018.3900	--其他		
	-牙科用其他仪器及器具：		
9018.4100	--牙钻机，不论是否与其他牙科设备组装在同一底座上	**90.21**	**矫形器具，包括支具、外科手术带、疝气带；夹板及其他骨折用具；人造的人体部分；助听器及为弥补生理缺陷或残疾而穿戴、携带或植入人体内的其他器具：**
	--其他：		
9018.4910[①]	---装有牙科设备的牙科用椅		
9018.4990	---其他		
9018.5000	-眼科用其他仪器及器具	9021.1000	-矫形或骨折用器具
	-其他仪器及器具：		-假牙及牙齿固定件：
9018.9010	---听诊器	9021.2100	--假牙
9018.9020	---血压测量仪器及器具	9021.2900	--其他
9018.9030	---内窥镜		-其他人造的人体部分：
9018.9040	---肾脏透析设备（人工肾）	9021.3100	--人造关节
9018.9050	---透热疗法设备	9021.3900	--其他
9018.9060	---输血设备	9021.4000	-助听器，不包括零件、附件
9018.9070	---麻醉设备	9021.5000	-心脏起搏器，不包括零件、附件
9018.9080	---手术机器人		-其他：
	---其他：		---支架：
9018.9091	----宫内节育器	9021.9011	----血管支架
9018.9099	----其他	9021.9019	----其他
90.19	**机械疗法器具；按摩器具；心理功能测验装置；臭氧治疗器；氧气治疗器、喷雾治疗器、人工呼吸器及其他治疗用呼吸器具：**	9021.9090	---其他
		90.22	**X射线或α射线、β射线、γ射线或其他离子射线的应用设备，不论是否用于医疗、外科、牙科或兽医，包括射线照相及射线治疗设备、X射线管及其他X射线发生器、高压发生器、控制板及控制台、荧光屏、检查或治疗用的桌、椅及类似品：**
	-机械疗法器具；按摩器具；心理功能测验装置：		
9019.1010	---按摩器具		
9019.1090	---其他		
	-臭氧治疗器、氧气治疗器、喷雾治疗器、人工呼吸器及其他治疗用呼吸器具：		-X射线的应用设备，不论是否用于医疗、外科、牙科或兽医，包括射线照相或射线治疗设备：
9019.2010	---有创呼吸机	9022.1200	--X射线断层检查仪
9019.2020	---无创呼吸机	9022.1300	--其他，牙科用
9019.2090	---其他	9022.1400	--其他，医疗、外科或兽医用

① 本子目不包括未带有本子目所列牙科器械的牙科椅，不论其是否带有照明器具等的装置，这类牙科椅均应归入品目94.02。

商品编码	商品名称	商品编码	商品名称
	--其他：		-温度计及高温计，未与其他仪器组合：
9022.1910	---低剂量X射线安全检查设备	9025.1100	--液体温度计，可直接读数
9022.1920	---X射线无损探伤检测仪		--其他：
9022.1990	---其他	9025.1910	---工业用
	-α射线、β射线、γ射线或其他离子射线的应用设备，不论是否用于医疗、外科、牙科或兽医，包括射线照相或射线治疗设备：	9025.1990	---其他
		9025.8000	-其他仪器
		9025.9000	-零件、附件
	--医疗、外科、牙科或兽医用：	**90.26**②	**液体或气体的流量、液位、压力或其他变化量的测量或检验仪器及装置（例如，流量计、液位计、压力表、热量计），但不包括品目90.14、90.15、90.28或90.32的仪器及装置：**
9022.2110	---应用α射线、β射线、γ射线的		
9022.2190	---其他		
	--其他：		
9022.2910	---γ射线无损探伤检测仪		
9022.2990	---其他	9026.1000	-测量、检验液体流量或液位的仪器及装置
9022.3000	-X射线管		
	-其他，包括零件、附件：		-测量、检验压力的仪器及装置：
9022.9010	---X射线影像增强器	9026.2010	---压力/差压变送器
9022.9090①	---其他	9026.2090	---其他
90.23	**专供示范（例如，教学或展览）而无其他用途的仪器、装置及模型：**		-其他仪器及装置：
		9026.8010	---测量气体流量的仪器及装置
9023.0010	---教习头	9026.8090	---其他
9023.0090	---其他	9026.9000	-零件、附件
90.24	**各种材料（例如，金属、木材、纺织材料、纸张、塑料）的硬度、强度、压缩性、弹性或其他机械性能的试验机器及器具：**	**90.27**	**理化分析仪器及装置（例如，偏振计、折光仪、分光仪、气体或烟雾分析仪）；测量或检验黏性、多孔性、膨胀性、表面张力及类似性能的仪器及装置；测量或检验热量、声量或光量的仪器及装置（包括曝光表）；检镜切片机：**
	-金属材料的试验用机器及器具：		
9024.1010	---电子万能试验机		
9024.1020	---硬度计		
9024.1090	---其他	9027.1000	-气体或烟雾分析仪
9024.8000	-其他机器及器具		-色谱仪及电泳仪：
9024.9000	-零件、附件		---色谱仪：
90.25	**记录式或非记录式的液体比重计及类似的浮子式仪器、温度计、高温计、气压计、湿度计、干湿球湿度计及其组合装置：**	9027.2011	----气相色谱仪
		9027.2012	----液相色谱仪
		9027.2019	----其他
		9027.2020	---电泳仪

① 本子目不包括操作者穿着在身上的防护装具，例如，以含铅橡胶制成的防护围裙及手套（品目40.15），或者铅玻璃制成的护目镜（品目90.04）。

② 在目录其他品目中更为具体列名的仪器或装置不应归入本品目。例如：Ⅰ.减压阀及恒温控制阀（品目84.81）；Ⅱ.风速计（风速表）及水位计（品目90.15）；Ⅲ.温度表、高温计、气压表、湿度计、干湿球湿度计（品目90.25）；Ⅳ.理化分析等仪器及装置（品目90.27）。

商品编码	商品名称
9027.3000	-使用光学射线（紫外线、可见光、红外线）的分光仪、分光光度计及摄谱仪
	-使用光学射线（紫外线、可见光、红外线）的其他仪器及装置：
9027.5010	---基因测序仪
9027.5090	---其他
	-其他仪器及装置：
	--质谱仪：
9027.8110	---集成电路生产用氦质谱检漏台
9027.8120	---质谱联用仪
9027.8190	---其他
	--其他：
9027.8910	---曝光表
9027.8990	---其他
9027.9000	-检镜切片机；零件、附件
90.28	**生产或供应气体、液体及电力用的计量仪表，包括它们的校准仪表：**
	-气量计：
9028.1010	---煤气表
9028.1090	---其他
	-液量计：
9028.2010	---水表
9028.2090	---其他
	-电量计：
	---电度表：
9028.3011	----单相感应式
9028.3012	----三相感应式
9028.3013	----单相电子式（静止式）
9028.3014	----三相电子式（静止式）
9028.3019	----其他
9028.3090	---其他
	-零件、附件：
9028.9010	---工业用
9028.9090	---其他
90.29	**转数计、产量计数器、车费计、里程计、步数计及类似仪表；速度计及转速表，品目90.14及90.15的仪表除外；频闪观测仪：**
	-转数计、产量计数器、车费计、里程计、步数计及类似仪表：
9029.1010	---转数计
9029.1020	---车费计、里程计
9029.1090	---其他
	-速度计及转速表，频闪观测仪：
9029.2010	---车辆用速度计
9029.2090	---其他
9029.9000	-零件、附件
90.30	**示波器、频谱分析仪及其他用于电量测量或检验的仪器和装置，不包括品目90.28的各种仪表；α射线、β射线、γ射线、X射线、宇宙射线或其他离子射线的测量或检验仪器及装置：**
9030.1000	-离子射线的测量或检验仪器及装置
	-示波器：
9030.2010	---测试频率在300兆赫兹以下的通用示波器
9030.2090	---其他
	-检测电压、电流、电阻或功率（用于测试或检验半导体晶圆或器件用的除外）的其他仪器及装置：
	--万用表，不带记录装置：
9030.3110	---量程在五位半及以下的数字万用表
9030.3190	---其他
9030.3200	--万用表，带记录装置
	--其他，不带记录装置：
9030.3310	---量程在五位半及以下的数字电流表、电压表
9030.3320	---电阻测试仪
9030.3390	---其他
9030.3900	--其他，带记录装置
	-通讯专用的其他仪器及装置（例如，串音测试器、增益测量仪、失真度表、噪声计）：
9030.4010	---测试频率在12.4千兆赫兹以下的数字式频率计
9030.4090	---其他
	-其他仪器及装置：
9030.8200	--测试或检验半导体晶圆或器件（包括集成电路）用
	--其他，带记录装置：
9030.8410	---电感及电容测试仪

商品编码	商品名称	商品编码	商品名称
9030. 8490	---其他	9031. 8039	----其他
	--其他：	9031. 8090	---其他
9030. 8910	---电感及电容测试仪	9031. 9000	-零件、附件
9030. 8990	---其他	**90. 32**	**自动调节或控制仪器及装置：**
9030. 9000	-零件、附件	9032. 1000	-恒温器
90. 31	**本章其他品目未列名的测量或检验仪器、器具及机器；轮廓投影仪：**	9032. 2000	-恒压器
9031. 1000	-机械零件平衡试验机		-其他仪器及装置：
9031. 2000	-试验台	9032. 8100	--液压或气压的
	-其他光学仪器及器具：		--其他：
9031. 4100	--制造半导体器件（包括集成电路）时检验半导体晶圆、器件（包括集成电路）或检测光掩模或光栅用		---列车自动控制系统（ATC）车载设备：
	--其他：	9032. 8911	----列车自动防护系统（ATP）车载设备
9031. 4910	---轮廓投影仪	9032. 8912	----列车自动运行系统（ATO）车载设备
9031. 4920	---光栅测量装置	9032. 8919	----其他
9031. 4990	---其他	9032. 8990	---其他
	-其他仪器、器具及机器：	9032. 9000	-零件、附件
9031. 8010	---光纤通信及光纤性能测试仪	**90. 33**	**第九十章所列机器、器具、仪器或装置用的本章其他品目未列名的零件、附件：**
9031. 8020	---坐标测量仪	9033. 0000	第九十章所列机器、器具、仪器或装置用的本章其他品目未列名的零件、附件
	---无损探伤检测仪器（射线探伤仪除外）：		
9031. 8031	----超声波探伤检测仪		
9031. 8032	----磁粉探伤检测仪		
9031. 8033	----涡流探伤检测仪		

第九十一章　钟表及其零件

注释：

一、本章不包括：

（一）钟表玻璃及钟锤（按其构成材料归类）；

（二）表链（根据不同情况，归入品目71.13或71.17）；

（三）第十五类注释二所规定的贱金属制通用零件（第十五类）、塑料制的类似品（第三十九章）及贵金属或包贵金属制的类似品（一般归入品目71.15）；但钟、表发条则应作为钟、表的零件归类（品目91.14）；

（四）轴承滚珠（根据不同情况，归入品目73.26或84.82）；

（五）品目84.12的物品，不需擒纵器可以工作的；

（六）滚珠轴承（品目84.82）；或

（七）第八十五章的物品，本身未组装在或未与其他零件组装在钟、表机芯内，也未组装成专用于或主要用于钟、表机芯零件的（第八十五章）。

二、品目91.01仅包括表壳完全以贵金属或包贵金属制的表，以及用贵金属或包贵金属与品目71.01至71.04的天然、养殖珍珠或宝石、半宝石（天然、合成或再造）合制的表。用贱金属上镶嵌贵金属制成表壳的表应归入品目91.02。

三、本章所称“表芯”，是指由摆轮及游丝、石英晶体或其他能确定时间间隔的装置来进行调节的机构，并带有显示器或可装机械指示器的系统。表芯的厚度不超过12毫米，长、宽或直径不超过50毫米。

四、除注释一另有规定的以外，钟、表的机芯及其他零件，既适用于钟或表，又适用于其他物品（例如，精密仪器）的，均应归入本章。

【编者注】

与某些其他物品（例如，家具、灯具、墨水台、压纸器、拍纸薄、烟草罐、香烟或雪茄烟打火机、手提包、脂粉盒、烟盒、活动铅笔、手杖等）组装在一起的钟表应按归类总规则的规定进行归类，但其内部装有照明装置的钟表仍应归入本章。

商品编码	商品名称
91.01[①]	**手表、怀表及其他表，包括秒表，表壳用贵金属或包贵金属制成的：**
	-电力驱动的手表，不论是否附有秒表装置：
9101.1100	--仅有机械指示器的
	--其他：
9101.1910	---仅有光电显示器的
9101.1990	---其他
	-其他手表，不论是否附有秒表装置：
9101.2100	--自动上弦的
9101.2900	--其他
	-其他：
9101.9100	--电力驱动的
9101.9900	--其他
91.02	**手表、怀表及其他表，包括秒表，但品目91.01的货品除外：**
	-电力驱动的手表，不论是否附有秒表装置：
9102.1100	--仅有机械指示器的
9102.1200	--仅有光电显示器的
9102.1900	--其他

① 具有贵金属或包贵金属表壳的表，如果其背面是用钢制成的，则应归入品目91.02；具有镶嵌贵金属的贱金属制表壳的表，也应归入品目91.02。

商品编码	商品名称
	-其他手表，不论是否装有秒表装置：
9102.2100	--自动上弦的
9102.2900	--其他
	-其他：
9102.9100	--电力驱动的
9102.9900	--其他
91.03	**以表芯装成的钟，但不包括品目 91.04 的钟：**
9103.1000	-电力驱动的
9103.9000	-其他
91.04	**仪表板钟及车辆、航空器、航天器或船舶用的类似钟：**
9104.0000	仪表板钟及车辆、航空器、航天器或船舶用的类似钟
91.05	**其他钟：**
	-闹钟：
9105.1100	--电力驱动的
9105.1900	--其他
	-挂钟：
9105.2100	--电力驱动的
9105.2900	--其他
	-其他：
	--电力驱动的：
9105.9110	---天文钟
9105.9190	---其他
9105.9900	--其他
91.06	**时间记录器以及测量、记录或指示时间间隔的装置，装有钟、表机芯或同步电动机的（例如，考勤钟、时刻记录器）：**
9106.1000	-考勤钟、时刻记录器
9106.9000	-其他
91.07[1]	**装有钟、表机芯或同步电动机的定时开关：**
9107.0000	装有钟、表机芯或同步电动机的定时开关
91.08[2]	**已组装的完整表芯：**
	-电力驱动的：
9108.1100	--仅有机械指示器或有可装机械指示器的装置的
9108.1200	--仅有光电显示器的
9108.1900	--其他
9108.2000	-自动上弦的
	-其他：
9108.9010	---表面尺寸在 33.8 毫米及以下
9108.9090	---其他
91.09	**已组装的完整钟芯：**
9109.1000	-电力驱动的
9109.9000	-其他
91.10	**未组装或部分组装的完整钟、表机芯（机芯套装件）；已组装的不完整钟、表机芯；未组装的不完整钟、表机芯：**
	-表的：
9110.1100	--未组装或部分组装的完整机芯（机芯套装件）
9110.1200	--已组装的不完整机芯
9110.1900	--未组装的不完整机芯
	-其他：
9110.9010	---未组装或部分组装的完整机芯
9110.9090	---其他
91.11[3]	**表壳及其零件：**
9111.1000	-贵金属表壳或包贵金属表壳
9111.2000	-贱金属表壳，不论是否镀金或镀银
9111.8000	-其他表壳
9111.9000	-零件

① 本品目包括不具备品目 91.05 所列钟的特点，但主要能在给定时间（通常根据每日或每周预先设定程序所规定的时间）自动接通或断开电源的装置。归入本品目的装置必须具有一个钟表机芯（包括子钟芯或同步电钟芯）或同步马达（不论是否有减速齿轮）。

② 本品目的表芯可以是未抛光的、已抛光的、镀镍的、镀铑的、镀银的、镀金的、涂漆的等。原电池或蓄电池驱动的表芯也应归入本品目，不论是否与原电池或蓄电池一同报验。

③ 表壳及其零件可用任何材料制成。它们主要用贱金属（抛光、镀铬、镀银或镀金的钢、镍等）、贵金属、包贵金属制成；有时也用塑料、兽牙、玛瑙、贝壳或玳瑁壳制成，还可进行装饰（车刻；雕刻；镂刻；用天然或养殖珍珠或者用天然、合成或再造宝石或半宝石等饰边）。

商品编码	商品名称	商品编码	商品名称
91.12[①]	**钟壳和本章所列其他货品的类似外壳及其零件：**	**91.14**	**钟、表的其他零件：**
		9114.3000	-钟面或表面
9112.2000	-壳	9114.4000	-夹板及横担（过桥）
9112.9000	-零件		-其他：
91.13[②]	**表带及其零件：**	9114.9010	---宝石轴承
9113.1000	-贵金属或包贵金属制	9114.9020	---发条，包括游丝
9113.2000	-贱金属制，不论是否镀金或镀银	9114.9090	---其他
9113.9000	-其他		

① 归入本品目的钟壳可制成各种各样的形式，通常用金属（包括贵金属）、木材、塑料、皮革、玳瑁壳、贝壳、大理石、雪花石膏、陶瓷、缟玛璃、玛瑙或兽牙制成。它们可以用天然或养殖珍珠或者用天然、合成或再造宝石或半宝石进行装饰或饰边，也可配上花纹图案、雕塑品、人像、动物形象等。

② 表带可用任何材料制成，例如，用贱金属、贵金属、皮革、塑料或纺织材料制成。它们还可以明显具有装饰品的特征，这并不影响其归入本品目，还包括用任何材料制成的可确定为表带的零件。

第九十二章　乐器及其零件、附件

注释：

一、本章不包括：

（一）第十五类注释二所规定的贱金属制通用零件（第十五类）或塑料制的类似品（第三十九章）；

（二）第八十五章或第九十章的传声器、扩大器、扬声器、耳机、开关、频闪观测仪及其他附属仪器、器具或设备，虽用于本章物品但未与该物品组成一体或安装在同一机壳内；

（三）玩具乐器或器具（品目95.03）；

（四）清洁乐器用的刷子（品目96.03），或独脚架、双脚架、三脚架及类似品（品目96.20）；或

（五）收藏品或古物（品目97.05或97.06）。

二、用于演奏品目92.02、92.06所列乐器的弓、槌及类似品，如果与该乐器一同报验，数量合理，用途明确，应归入有关乐器的相应品目。

品目92.09的卡片、盘或卷，即使与乐器一同报验，也不视为该乐器的组成部分，而应作为单独报验的物品对待。

【编者注】

某些乐器（钢琴、吉他等）可以带有电气拾音器及扩音器，只要它们在没有电气装置时仍可像普通的同类乐器一样演奏，则仍应归入本章的相应品目。而这类电气设备本身除非已构成乐器的不可分割部分或与乐器装于同一机壳内，否则均不应归入本品目（品目85.18）。

商品编码	商品名称
92.01	**钢琴，包括自动钢琴、拨弦古钢琴及其他键盘弦乐器：**
9201.1000	-竖式钢琴
9201.2000	-大钢琴
9201.9000	-其他
92.02	**其他弦乐器（例如，吉他、小提琴、竖琴）：**
9202.1000	-弓弦乐器
9202.9000	-其他
92.05	**管乐器（例如，键盘管风琴、手风琴、单簧管、小号、风笛），但游艺场风琴及手摇风琴除外：**
9205.1000	-铜管乐器
	-其他：
9205.9010[①]	---键盘管风琴；簧风琴及类似的游离金属簧片键盘乐器
9205.9020	---手风琴及类似乐器
9205.9030	---口琴
9205.9090	---其他
92.06	**打击乐器（例如，鼓、木琴、钹、响板、响葫芦）：**
9206.0000	打击乐器（例如，鼓、木琴、钹、响板、响葫芦）
92.07	**通过电产生或扩大声音的乐器（例如，电风琴、电吉他、电手风琴）：**
9207.1000	-键盘乐器，但手风琴除外
9207.9000	-其他

① 本子目不包括机械风琴、手摇风琴及类似管乐器，它们没有键盘，但可自动演奏或用手柄摇奏（品目92.08）。电子风琴应归入品目92.07。

商品编码	商品名称	商品编码	商品名称
92.08	百音盒、游艺场风琴、手摇风琴、机械鸣禽、乐锯及本章其他品目未列名的其他乐器；各种媒诱音响器、哨子、号角、口吹音响信号器：	9209.3000	-乐器用的弦
9208.1000[①]	-百音盒		-其他：
9208.9000	-其他	9209.9100	--钢琴的零件、附件
92.09	乐器的零件（例如，百音盒的机械装置）、附件（例如，机械乐器用的卡片、盘及带卷）；节拍器、音叉及各种定音管：	9209.9200	--品目92.02所列乐器的零件、附件
		9209.9400	--品目92.07所列乐器的零件、附件
			--其他：
		9209.9910	---节拍器、音叉及定音管
		9209.9920	---百音盒的机械装置
		9209.9990	---其他

① 虽装有音乐机械构件，但是主要具有实用价值或装饰用途的物品（例如，钟、小型木制器具、插有人造花卉的玻璃花瓶、陶瓷小塑像等）不作为本子目所称的百音盒归类，它们应按不带音乐机械构件的相同物品归入相应的品目。

第十九类　武器、弹药及其零件、附件

第九十三章　武器、弹药及其零件、附件

注释：

一、本章不包括：

（一）第三十六章的货品（例如，火帽、雷管、信号弹）；

（二）第十五类注释二所规定的贱金属制通用零件（第十五类）或塑料制的类似品（第三十九章）；

（三）装甲战斗车辆（品目87.10）；

（四）武器用的望远镜瞄准具及其他光学装置（第九十章），但安装在武器上或与武器一同报验以备安装在该武器上的除外；

（五）弓、箭、钝头击剑或玩具（第九十五章）；或

（六）收藏品或古物（品目97.05或97.06）。

二、品目93.06所称“零件”，不包括品目85.26的无线电设备及雷达设备。

本国子目注释：

本国子目9307.0010所涉及的“军用刀”，是指刺刀、多用途刀具、伞兵刀、飞行员刀等纳入军品出口管理清单的军用刀具。

【编者注】

任何运载工具，即使是军事专用的，不论是否装有武器，均不归入本章。因此，本章不包括铁路装甲车辆（第八十六章）、坦克及装甲车（品目87.10）、军用飞机（品目88.01或88.02）及军舰（品目89.06）等。但这些运载工具上使用的武器（枪炮、机枪等）如单独报验，应归入本章（参见品目93.01关于安装在铁路或陆地车辆上的某些武器的注释）。

商品编码	商品名称	商品编码	商品名称
93.01[①]	**军用武器，但左轮手枪、其他手枪及品目93.07的兵器除外：**	**93.02**	**左轮手枪及其他手枪，但品目93.03或93.04的货品除外：**
	-火炮武器（例如，大炮、榴弹炮及迫击炮）：	9302.0000	左轮手枪及其他手枪，但品目93.03或93.04的货品除外
9301.1010	---自推进的	**93.03**	**靠爆炸药发射的其他火器及类似装置（例如，运动用猎枪及步枪、前装枪、维利式信号枪及其他专为发射信号弹的装置、发射空包弹的左轮手枪和其他手枪、弩枪式无痛捕杀器、抛缆枪）：**
9301.1090	---其他		
9301.2000	-火箭发射器；火焰喷射器；手榴弹发射器；鱼雷发射管及类似的发射装置		
9301.9000	-其他		

① 本品目还包括单独报验以备作为部件安装在舰艇、装甲列车、飞机、坦克及装甲车辆上的武器及火器。

商品编码	商品名称
9303.1000	-前装枪
9303.2000	-其他运动、狩猎或打靶用猎枪，包括组合式滑膛来复枪
9303.3000	-其他运动、狩猎或打靶用步枪
9303.9000	-其他
93.04	**其他武器（例如，弹簧枪、气枪、气手枪、警棍），但不包括品目93.07的货品：**
9304.0000	其他武器（例如，弹簧枪、气枪、气手枪、警棍），但不包括品目93.07的货品
93.05	**品目93.01至93.04所列物品的零件、附件：**
9305.1000	-左轮手枪或其他手枪用
9305.2000	-品目93.03的猎枪或步枪用
	-其他：
9305.9100	--品目93.01的军用武器用
9305.9900	--其他
93.06	**炸弹、手榴弹、鱼雷、地雷、水雷、导弹及类似军用弹药及其零件；子弹、其他弹药和射弹及其零件，包括弹丸及弹垫：**
	-猎枪子弹及其零件；气枪弹丸：
9306.2100	--猎枪子弹
9306.2900	--其他
	-其他子弹及其零件：
9306.3080	---铆接机或类似工具用或弩枪式无痛捕杀器用子弹及其零件
9306.3090	---其他
9306.9000	-其他
93.07①	**剑、短弯刀、刺刀、长矛和类似的武器及其零件；刀鞘、剑鞘：**
9307.0010	---军用
9307.0090	---其他

① 本品目不包括：Ⅰ.佩挂剑、刺刀等用的挂带及类似装备，皮革制的（品目42.03）或纺织材料制的（品目62.17）；剑结（一般归入品目42.05或63.07）；Ⅱ.作为刀具的狩猎、露营及其他用途的刀（品目82.11）及其刀鞘（通常归入品目42.02）；Ⅲ.贵金属或包贵金属制的鞘和套（品目71.15）；Ⅳ.钝头击剑（品目95.06）。

第二十类　杂项制品

第九十四章　家具；寝具、褥垫、弹簧床垫、软坐垫及类似的填充制品；未列名灯具及照明装置；发光标志、发光铭牌及类似品；活动房屋

注释：

一、本章不包括：

（一）第三十九章、第四十章或第六十三章的充气或充水的褥垫、枕头及坐垫；

（二）落地镜［例如，品目 70.09 的试衣镜（旋转镜）］；

（三）第七十一章的物品；

（四）第十五类注释二所规定的贱金属制通用零件（第十五类）、塑料制的类似品（第三十九章）或品目 83.03 的保险箱；

（五）冷藏或冷冻设备专用的特制家具（品目 84.18）；缝纫机专用的特制家具（品目 84.52）；

（六）第八十五章的灯或光源及其零件；

（七）品目 85.18、85.19、85.21 或品目 85.25 至 85.28 所列装置专用的特制家具（应分别归入品目 85.18、85.22 或 85.29）；

（八）品目 87.14 的物品；

（九）装有品目 90.18 所列牙科用器具或漱口盂的牙科用椅（品目 90.18）；

（十）第九十一章的物品（例如，钟及钟壳）；

（十一）玩具家具、玩具灯具或玩具照明装置（品目 95.03）、台球桌或其他供游戏用的特制家具（品目 95.04）、魔术用的特制家具或中国灯笼及类似的装饰品（灯串除外）（品目 95.05）；或

（十二）独脚架、双脚架、三脚架及类似品（品目 96.20）。

二、品目 94.01 至 94.03 的物品（零件除外），只适用于落地式的物品。

对下列物品，即使是悬挂的、固定在墙壁上的或叠摞的，仍归入上述各品目：

（一）碗橱、书柜、其他架式家具（包括与将其固定于墙上的支撑物一同报验的单层搁架）及组合家具；

（二）坐具及床。

三、

（一）品目 94.01 至 94.03 所列货品的零件，不包括玻璃（包括镜子）、大理石或其他石料以及第六十八章及第六十九章所列任何其他材料的片、块（不论是否切割成形，但未与其他零件组装）；

（二）品目 94.04 的货品，如果单独报验，不能作为品目 94.01、94.02 或 94.03 所列货品的零件归类。

四、品目 94.06 所称“活动房屋”，是指在工厂制成成品或制成部件并一同报验，供以后在有关地点上组装的房屋，例如，工地用房、办公室、学校、店铺、工作棚、车房或类似的建筑物。

活动房屋包括钢结构“模块建筑单元”，它们通常具有标准集装箱的形状和尺寸，其内部已部分或者全部进行了预装配。这种模块建筑单元通常设计用于组装为永久的建筑物。

【编者注】

一、本章所称家具的范围

（一）任何“可移动”的物品（不包括目录中其他品目更为具体列名的货品），它们的主要特征是放置在地上，并具有实用价值。它们用于民宅、旅馆、戏院、电影院、办公室、教堂、学院、咖啡馆、饭店、实验室、医院、牙医诊所等，以及船舶、飞机、铁道车厢、机动车辆、拖挂篷车及其他运输工具。必须注意，有些用螺栓等固定在地板上的物品，例如，船用椅子，也可作为“可移动”的家具归入本章。用于庭园、广场、散步场所等地方的类似品（凳子、椅子等）也属于本类。

（二）下列物品：

1. 悬挂的、固定在墙壁上的、叠摞的或并置的碗橱、书柜、其他架式家具（包括与将其固定于墙上的支撑物一同报验的单层搁架）及组合家具，供放置各种物品（书籍、陶器、厨具、玻璃器皿、织物、药物、梳妆用具、收音机或电视机、装饰品等），以及单独报验的组合家具各件。

2. 悬挂或固定在墙壁上的坐具或床。

除上述（二）1所列的货品以外，所称“家具”，不适用于虽作家具使用，但其结构只适于放置在其他家具上或架子上，或悬挂在墙壁或天花板上的物品。

因此，本章不包括其他固定在墙上的装置，例如，衣帽架及类似品、挂匙板、衣刷挂钩及报纸架；也不包括陈设品，例如，散热器屏罩。同样，本章还不包括非落地式的以下货品：小型精细木器及小型木制装饰品（品目44.20）、塑料或贱金属制的办公室设备（例如，文件分类箱、文件格）（品目39.26或83.04）。

但应注意，如果家具中配有的贵金属或包贵金属超出小配件（例如，小标志、条纹、套圈等）范围的，该家具则不可归入本章（第七十一章）。

二、本章所列商品零件的归类

本章只包括品目94.01至94.03及94.05所列货品的零件，不论是否为坯件，根据其形状或其他特征可确定为专用于或主要用于上述品目所列家具的零件，如果没有其他更为具体列名的品目，它们应归入本章。

商品编码	商品名称	商品编码	商品名称
94.01	**坐具（包括能作床用的两用椅，但品目94.02的货品除外）及其零件：**		-藤、柳条、竹及类似材料制的坐具：
9401.1000	-飞机用坐具	9401.5200	--竹制的
	-机动车辆用坐具：	9401.5300	--藤制的
9401.2010	---皮革或再生皮革面的	9401.5900	--其他
9401.2090	---其他		-木框架的其他坐具：
	-可调高度的转动坐具：		--装软垫的：
9401.3100	--木制的	9401.6110	---皮革或再生皮革面的
9401.3900	--其他	9401.6190	---其他
	-能作床用的两用椅，但庭园坐具或野营设备除外：	9401.6900	--其他
	--木制的：		-金属框架的其他坐具：
9401.4110	---皮革或再生皮革面的		--装软垫的：
9401.4190	---其他	9401.7110	---皮革或再生皮革面的
	--其他：	9401.7190	---其他
9401.4910	---皮革或再生皮革面的	9401.7900	--其他
9401.4990	---其他		-其他坐具：

商品编码	商品名称
9401.8010	---石制的
9401.8090[1]	---其他
	-零件：
9401.9100	--木制的
	--其他：
9401.9910	---机动车辆用座椅调角器
9401.9990	---其他
94.02[2]	**医疗、外科、牙科或兽医用家具（例如，手术台、检查台、带机械装置的病床、牙科用椅）；有旋转、倾斜、升降装置的理发用椅及类似椅；上述物品的零件：**
	-牙科、理发及类似用途的椅及其零件：
9402.1010	---理发用椅及其零件
9402.1090	---其他
9402.9000	-其他
94.03	**其他家具及其零件：**
9403.1000	-办公室用金属家具
9403.2000	-其他金属家具
9403.3000	-办公室用木家具
9403.4000	-厨房用木家具
	-卧室用木家具：
9403.5010	---红木制
	---其他：
9403.5091	----天然漆（大漆）漆木家具
9403.5099	----其他
	-其他木家具：
9403.6010	---红木制
	---其他：
9403.6091	----天然漆（大漆）漆木家具
9403.6099	----其他
9403.7000	-塑料家具
	-其他材料制的家具，包括藤、柳条、竹或类似材料制的：
9403.8200	--竹制的
9403.8300	--藤制的
	--其他：
9403.8910	---柳条及类似材料制的
9403.8920	---石制的
9403.8990	---其他
	-零件：
9403.9100	--木制的
9403.9900	--其他
94.04[3]	**弹簧床垫；寝具及类似用品，装有弹簧、内部用任何材料填充、衬垫或用海绵橡胶、泡沫塑料制成，不论是否包面（例如，褥垫、被子、羽绒被、靠垫、坐垫及枕头）：**
9404.1000	-弹簧床垫
	-褥垫：
9404.2100	--海绵橡胶或泡沫塑料制，不论是否包面
9404.2900	--其他材料制
	-睡袋：
9404.3010	---羽毛或羽绒填充的
9404.3090	---其他
	-被子（包括羽绒被）、床罩：
9404.4010	---羽毛或羽绒填充的
9404.4020	---兽毛填充的
9404.4030	---丝棉填充的
9404.4040	---化纤棉填充的
9404.4090	---其他
	-其他：
9404.9010	---羽毛或羽绒填充的
9404.9020	---兽毛填充的
9404.9030	---丝棉填充的
9404.9040	---化纤棉填充的
9404.9090	---其他
94.05	**其他品目未列名的灯具及照明装置，包括探照灯、聚光灯及其零件；装有固定光源的发光标志、发光铭牌及类似品，以及其他品目未列名的这些货品的零件：**

① 本子目包括机动车或其他交通工具内用于携带婴幼儿的安全座椅。它们可以通过座椅安全带和特制系带固定在车辆座位上，但可以拆卸。

② 本品目不包括：Ⅰ.X光治疗专用的台及坐具（品目90.22）；Ⅱ.钢琴凳、机械式摇椅、转椅等（品目94.01）。

③ 本品目的寝具及类似用品不论是否电热式，均应归入本品目。

商品编码	商品名称	商品编码	商品名称
	-枝形吊灯及天花板或墙壁上的其他电气照明装置，但不包括公共露天场所或街道上的电气照明装置：	9405.4210	---探照灯和聚光灯
9405.1100	--设计为仅使用发光二极管（LED）光源的	9405.4290	---其他
9405.1900	--其他		--其他：
	-电气的台灯、床头灯或落地灯：	9405.4910	---探照灯和聚光灯
9405.2100	--设计为仅使用发光二极管（LED）光源的	9405.4990	---其他
9405.2900	--其他	9405.5000	-非电气的灯具及照明装置
	-圣诞树用的灯串：		-发光标志、发光铭牌及类似品：
9405.3100	--设计为仅使用发光二极管（LED）光源的	9405.6100	--设计为仅使用发光二极管（LED）光源的
9405.3900	--其他	9405.6900	--其他
	-其他电气灯具及照明装置：		-零件①：
9405.4100	--光伏的，且设计为仅使用发光二极管（LED）光源的	9405.9100	--玻璃制
	--其他，设计为仅使用发光二极管（LED）光源的：	9405.9200	--塑料制
		9405.9900	--其他
		94.06②	**活动房屋：**
		9406.1000	-木制的
		9406.2000	-钢结构模块建筑单元
		9406.9000	-其他

① 本子目所列物品的非电气零件，如果与电气零件组合在一起的，仍应归入本子目。单独报验的电气配件（例如，开关、灯座、花线插头、变压器、起辉器、镇流器）应归入第八十五章。

② 单独报验的活动房屋零件及设备，不论其是否明显用于活动房屋，均不能归入本品目，而应归入各自相应的品目。

第九十五章 玩具、游戏品、运动用品及其零件、附件

注释：

一、本章不包括：

（一）蜡烛（品目34.06）；

（二）品目36.04的烟花、爆竹或其他烟火制品；

（三）已切成一定长度但未制成钓鱼线的纱线、单丝、绳、肠线及类似品（第三十九章、品目42.06或第十一类）；

（四）品目42.02、43.03或43.04的运动用袋或其他容器；

（五）第六十一章或第六十二章的纺织品制的化装舞会服装；第六十一章或第六十二章的纺织品制的运动服装或特殊衣着（例如，击剑服或足球守门员球衣），无论是否附带保护配件（例如肘部、膝部或腹股沟部位的保护垫或填充物）；

（六）第六十三章的纺织品制的旗帜及帆板或滑行车用帆；

（七）第六十四章的运动鞋靴（装有冰刀或滑轮的溜冰鞋除外）或第六十五章的运动用帽；

（八）手杖、鞭子、马鞭或类似品（品目66.02）及其零件（品目66.03）；

（九）品目70.18的未装配的玩偶或其他玩具用的玻璃假眼；

（十）第十五类注释二所规定的贱金属制通用零件（第十五类）或塑料制的类似货品（第三十九章）；

（十一）品目83.06的铃、钟、锣及类似品；

（十二）液体泵（品目84.13）、液体或气体的过滤、净化机器及装置（品目84.21）、电动机（品目85.01）、变压器（品目85.04）；录制声音或其他信息用的圆盘、磁带、固态非易失性数据存储器件、“智能卡”及其他媒体，不论是否已录制（品目85.23）；无线电遥控设备（品目85.26）或无绳红外线遥控器件（品目85.43）；

（十三）第十七类的运动用车辆（长雪橇、平底雪橇及类似品除外）；

（十四）儿童两轮车（品目87.12）；

（十五）无人驾驶航空器（品目88.06）；

（十六）运动用船艇，例如，轻舟、赛艇（第八十九章）及其桨、橹和类似品（木制的归入第四十四章）；

（十七）运动及户外游戏用的眼镜、护目镜及类似品（品目90.04）；

（十八）媒诱音响器及哨子（品目92.08）；

（十九）第九十三章的武器及其他物品；

（二十）各种灯串（品目94.05）；

（二十一）独脚架、双脚架、三脚架及类似品（品目96.20）；

（二十二）球拍线、帐篷或类似的野营用品、分指手套、连指手套及露指手套（按其构成材料归类）；或

（二十三）餐具、厨房用具、盥洗用品、地毯及纺织材料制的其他铺地制品、服装、床上及餐桌用织物制品、盥洗及厨房用织物制品及具有实用功能的类似货品（按其构成材料归类）。

二、本章包括天然或养殖珍珠、宝石或半宝石（天然、合成或再造）、贵金属或包贵金属只作为小零件的物品。

三、除上述注释一另有规定的以外，凡专用于或主要用于本章各品目所列物品的零件、附件，应与有关物品一并归类。

四、除上述注释一另有规定的以外，品目95.03主要适用于该品目所列的物品与一项或多项其他货品

组合而成的物品，只要这些物品为零售包装，且组合后具有玩具的基本特征。这些组合物品不能视为归类总规则三（二）所指的成套货品，如果单独报验，应归入其他品目。

五、品目95.03不包括因其设计、形状或构成材料可确认为专供动物使用的物品，例如，“宠物玩具”（归入其适当品目）。

六、品目95.08中：

（一）“游乐场乘骑游乐设施”是指主要目的为游乐或娱乐的装置、组合装置或设备，用于运载、传送、导引一人或多人越过或穿行某一固定或限定的路径（包括水道），或者特定区域，这些设施不包括通常安装在住宅区或操场内的设备；

（二）“水上乐园娱乐设备”是指特征为特定的涉水区域且无设定路径的装置、组合装置或设备。这些设备仅包括专为水上乐园设计的设备；及

（三）“游乐场娱乐设备”是指凭借运气、力量或技巧来玩的游戏设备，通常需要操作员或服务员，可安装在永久性建筑物或独立的摊位，这些设备不包括品目95.04的设备。

本品目不包括在本目录其他品目中列名更为具体的设备。

子目注释：

子目9504.50包括：

（一）在电视机、监视器或其他外部屏幕或表面上重放图像的视频游戏控制器；或

（二）自带显示屏的视频游戏设备，不论是否便携式。

本子目不包括用硬币、钞票、银行卡、代币或任何其他支付方式使其工作的视频游戏控制器或设备（子目9504.30）。

本国子目注释：

本国子目9506.9111所称“跑步机”，是指具有单方向运动表面，在该运动面上可进行漫步或跑步，脚可以自由地离开运动表面的训练器械。一般由跑步表面、跑步板、防滑面、紧急停止装置、前把手、侧扶手、前护罩、后滚筒及护罩、脚踏平台以及显示器等组成。

【编者注】

一、本章物品所用材料

本章物品一般可用除天然或养殖珍珠、宝石或半宝石、贵金属或包贵金属以外的各种材料制成。装有上述材料制的小配件的本章所列货品，仍可归入本章。

二、专用于或主要用于本章货品的零件、附件的归类

只要是明显专用于或主要用于本章所列货品的零件、附件，且非本章注释一所列不包括的物品，也归入本章。

某些品目（如品目95.04）从品目条文和子目看，品目下未列出这些货品所属零件、附件的子目，但根据本章注释三可知，这些货品所属零件、附件与该货品一并归类。例如，专用于投币式电子游戏机的零件与该电子游戏机（整机）一并归入子目9504.3010。

三、专供动物使用的物品的归类

因其设计、形状或构成材料可确认为专供动物使用的物品不归入品目95.03，而一般按材料归类。

四、电子游戏机的归类

与电视机配套使用或自身荧光屏及带有电子显示装置的靠技巧或碰运气的电子游戏机归入品目95.04。

对于能够编辑电子游戏程序而进行类似上述游戏的机器，无论其功能如何，只要能同时符合第八十四章注释六（一）所列的条件，即：

1. 能够存储数据处理程序和源程序及运行程序所直接需要的起码的数据；

2. 可根据使用者需要随意编辑程序；

3. 可按使用者指令进行数字计算；

4. 在运行过程中，不用人为干预，通过程序运行中的逻辑判断，数据处理程序即可在其认为必要的地方修改指令的执行。

符合上述条件的机器应作为自动数据处理设备归入品目84.71。

五、其他应注意的问题

1. 不论是圣诞树蜡烛还是其他玩具或游戏用蜡烛，都应归入品目34.06项下。

2. 品目95.05所述的节日、娱乐用品是指除第九十五章注释一规定以外的不具有“实用”功能的货品，不论这些货品是否有节日设计、装饰、象征或图案。

3. 在运用章注释四归类时，应注意以下3点：

(1) 品目95.03包括组合货品；

(2) 该类组合货品的定义或范围要比归类总规则三（二）所指的成套货品宽松；

(3) 使用该规定的要件是“零售包装”且“组合后具有玩具基本特征”。

商品编码	商品名称	商品编码	商品名称
95.03①	**三轮车、踏板车、踏板汽车和类似的带轮玩具；玩偶车；玩偶；其他玩具；缩小（按比例缩小）的模型及类似的娱乐用模型，不论是否活动；各种智力玩具：**	9504.2000②	-台球用品及附件
			-用硬币、钞票、银行卡、代币或任何其他支付方式使其工作的其他游戏用品，但保龄球自动球道设备除外：
9503.0010	---供儿童乘骑的带轮玩具（例如，三轮车、踏板车、踏板汽车）；玩偶车	9504.3010	---电子游戏机
		9504.3090	---其他
		9504.4000	-游戏纸牌
	---玩偶，不论是否着装；玩具动物：		-视频游戏控制器及设备，但子目9504.30的货品除外：
9503.0021	----动物		
9503.0029	----其他	9504.5020	---自带视频显示装置的视频游戏控制器及设备
9503.0060	---智力玩具		
	---其他玩具：	9504.5030	---其他视频游戏控制器及设备
9503.0083	----带动力装置的玩具及模型	9504.5080	---零件及附件
9503.0089	----其他		-其他：
9503.0090	---零件、附件	9504.9010	---其他电子游戏机
95.04	**视频游戏控制器及设备，桌上或室内游戏，包括弹球机、台球、娱乐专用桌及保龄球自动球道设备，用硬币、钞票、银行卡、代币或任何其他支付方式使其工作的游乐机器：**		---保龄球自动球道设备及器具：
		9504.9021	----保龄球自动分瓶机
		9504.9022	----保龄球
		9504.9023	----保龄球瓶
		9504.9029	----其他

① 本品目包括与实物大小相同或放大了的模型，它们主要供娱乐之用。另外，根据设计、形状或构成材料可确认为专供动物（例如，宠物）玩赏的玩具不归入本品目，而应归入其各自的相应品目。

② 本子目不包括：机械记分器（滚筒式及类似型式的记分器）（品目90.29）、装有钟表机芯用以表示游戏时间或根据游戏时间支付费用的记录器（品目91.06），以及台球杆架（归入品目94.03或根据其构成材料归类）。

商品编码	商品名称
9504.9030	---中国象棋、国际象棋、跳棋等棋类用品
9504.9040	---麻将及类似桌上游戏用品
9504.9090	---其他
95.05	**节日（包括狂欢节）用品或其他娱乐用品，包括魔术道具及嬉戏品：**
9505.1000	-圣诞节用品
9505.9000	-其他
95.06	**一般的体育活动、体操、竞技及其他运动（包括乒乓球运动）或户外游戏用的本章其他品目未列名用品及设备；游泳池或戏水池：**
	-滑雪屐及其他滑雪用具：
9506.1100	--滑雪屐
9506.1200	--滑雪屐扣件（滑雪屐带）
9506.1900	--其他
	-滑水板、冲浪板、帆板及其他水上运动用具：
9506.2100	--帆板
9506.2900	--其他
	-高尔夫球棍及其他高尔夫球用具：
9506.3100	--棍，全套
9506.3200	--球
9506.3900	--其他
	-乒乓球运动用品及器械：
9506.4010	---乒乓球
9506.4090	---其他
	-网球拍、羽毛球拍或类似的球拍，不论是否装弦：
9506.5100	--草地网球拍，不论是否装弦
9506.5900	--其他
	-球，但高尔夫球及乒乓球除外：
9506.6100	--草地网球
	--可充气的球：
9506.6210	---篮球、足球、排球
9506.6290	---其他
9506.6900	--其他
	-溜冰鞋及旱冰鞋，包括装有冰刀的溜冰靴：
9506.7010	---溜冰鞋
9506.7020	---旱冰鞋
	-其他：
	--一般的体育活动、体操或竞技用品及设备：
	---健身及康复器械：
9506.9111	----跑步机
9506.9119	----其他
9506.9190	---其他
	--其他：
9506.9910	---滑板
9506.9990	---其他
95.07	**钓鱼竿、钓鱼钩及其他钓鱼用品；捞鱼网、捕蝶网及类似网；囮子“鸟”（品目92.08或97.05的货品除外）以及类似的狩猎用品：**
9507.1000	-钓鱼竿
9507.2000	-钓鱼钩，不论有无系钩丝
9507.3000	-钓线轮
9507.9000	-其他
95.08	**流动马戏团及流动动物园；游乐场乘骑游乐设施和水上乐园娱乐设备；游乐场娱乐设备，包括射击用靶；流动剧团：**
9508.1000	-流动马戏团及流动动物园
	-游乐场乘骑游乐设施和水上乐园娱乐设备：
9508.2100	--过山车
9508.2200	--旋转木马，秋千和旋转平台
9508.2300	--碰碰车
9508.2400	--运动模拟器和移动剧场
9508.2500	--水上乘骑游乐设施
9508.2600	--水上乐园娱乐设备
9508.2900	--其他
9508.3000	-游乐场娱乐设备
9508.4000	-流动剧团

第九十六章　杂项制品

注释：

一、本章不包括：

（一）化妆盥洗用笔（第三十三章）；

（二）第六十六章的制品（例如，伞或手杖的零件）；

（三）仿首饰（品目 71.17）；

（四）第十五类注释二所规定的贱金属制通用零件（第十五类）或塑料制的类似品（第三十九章）；

（五）第八十二章的利口器及其他物品，其柄或其他零件是雕刻或模塑材料制的，但品目 96.01 或 96.02 适用于单独报验的上述物品的柄或其他零件；

（六）第九十章的物品，例如，眼镜架（品目 90.03）、数学绘图笔（品目 90.17）、各种牙科、医疗、外科或兽医专用刷子（品目 90.18）；

（七）第九十一章的物品（例如，钟壳或表壳）；

（八）乐器及其零件、附件（第九十二章）；

（九）第九十三章的物品（武器及其零件）；

（十）第九十四章的物品（例如，家具、灯具及照明装置）；

（十一）第九十五章的物品（玩具、游戏品、运动用品）；或

（十二）艺术品、收藏品及古物（第九十七章）。

二、品目 96.02 所称“植物质或矿物质雕刻材料”，是指：

（一）用于雕刻的硬种子、硬果核、硬果壳、坚果及类似植物材料（例如，象牙果及棕榈子）；

（二）琥珀、海泡石、黏聚琥珀、黏聚海泡石、黑玉及其矿物代用品。

三、品目 96.03 所称“制帚、制刷用成束、成簇的材料”，仅指未装配的成束、成簇的兽毛、植物纤维或其他材料。这些成束、成簇的材料无须分开即可安装在帚、刷之上，或只需经过简单加工（例如，将顶端修剪成形）即可安装的。

四、除品目 96.01 至 96.06 或 96.15 的货品以外，本章的物品还包括全部或部分用贵金属、包贵金属、天然或养殖珍珠、宝石或半宝石（天然、合成或再造）制成的物品。而且，品目 96.01 至 96.06 及 96.15 包括天然或养殖珍珠、宝石或半宝石（天然、合成或再造）、贵金属或包贵金属只作为小零件的物品。

本国子目注释：

本国子目 9608.9910 所涉及的“机器、仪器”，是指《中华人民共和国进出口税则》第八十四、八十五及九十章的商品。

【编者注】

一、“已加工”动植物雕刻制品的归类

品目 96.01 的“已加工”的动物质雕刻材料制品，指超出了第五章所允许的加工范围（例如，洗涤、刮擦、简单锯切、漂白、矫平、修整、剖切等），换言之，本章所包括的动物质雕刻制品是由第五章的产品经进一步加工制得的。

品目 96.02 的“已加工”的植物质雕刻材料制品，指超出了品目 14.04、15.21 所允许的加工范围，换言之，本章所包括的植物质雕刻制品是由品目 14.04、15.21 的产品经进一步加工制得的。

品目 96.02 的“已加工”的矿物质雕刻材料制品，指超出了品目 25.30、27.14、34.04 等所允许的加

工范围，换言之，本章所包括的矿物质雕刻制品是由品目25.30、27.14、34.04等的产品经进一步加工制得的。

二、品目96.05的“成套旅行用具”的范围

本品目包括：

1. 成套梳妆箱，由模型塑料盒、刷子、梳子、剪子、镊子、指甲锉、镜子、剃刀架及修剪指甲工具组成，装于皮革、织物或塑料制的箱子内一同报验。

2. 针线盒，由剪刀、卷尺、穿针器、缝纫针、线、别针、顶针、纽扣及按扣组成，装于皮革、织物或塑料制的盒子内一同报验。

3. 擦鞋套具，由刷子、盒装或支装鞋油及擦鞋布等组成，装于皮革、织物、塑料或过塑纸或过塑纸板制的箱子内一同报验。

三、任何材料制的卫生巾（护垫）及卫生棉条、婴儿尿布及尿布衬里和类似品，均归入本章。

商品编码	商品名称	商品编码	商品名称
96.01①	**已加工的兽牙、骨、龟壳、角、鹿角、珊瑚、珍珠母及其他动物质雕刻材料及其制品（包括模塑制品）：**	9603.2100	--牙刷，包括齿板刷
9601.1000	-已加工的兽牙及其制品	9603.2900	--其他
9601.9000	-其他		-画笔、毛笔及化妆用的类似笔：
96.02②	**已加工的植物质或矿物质雕刻材料及其制品；蜡、硬脂、天然树胶、天然树脂或塑型膏制成的模塑或雕刻制品以及其他品目未列名的模塑或雕刻制品；已加工的未硬化明胶（品目35.03的明胶除外）及未硬化明胶制品：**	9603.3010	---画笔
9602.0010	---装药用胶囊	9603.3020	---毛笔
9602.0090	---其他	9603.3090	---其他
96.03	**帚、刷（包括作为机器、器具、车辆零件的刷）、非机动的手工操作地板清扫器、拖把及毛掸；供制帚、刷用的成束或成簇的材料；油漆块垫及滚筒；橡皮扫帚（橡皮辊除外）：**		-油漆刷、涂料刷、清漆刷及类似的刷（子目9603.30的货品除外）；油漆块垫及滚筒：
9603.1000	-用枝条或其他植物材料捆扎而成的帚及刷，不论是否有把		---漆刷及类似刷：
	-牙刷、剃须刷、发刷、指甲刷、睫毛刷及其他人体化妆用刷，包括作为器具零件的上述刷：	9603.4011	----猪鬃制
		9603.4019	----其他
		9603.4020	---油漆块垫及滚筒
			-其他作为机器、器具、车辆零件的刷：
			---金属丝刷：
		9603.5011	----作为机器、器具零件的刷
		9603.5019	----其他
			---其他：
		9603.5091	----作为机器、器具零件的刷
		9603.5099	----其他
			-其他：
		9603.9010	---羽毛掸
		9603.9090	---其他

① 本品目所称的“已加工”，是指其加工程度超出了某些品目所允许对有关原材料进行简单整理的范围（参见品目05.05至05.08的注释）。据此，本品目包括已切割成形（包括正方形和长方形）、抛光或用磨、钻、铣、车等方法制成板、片、棒等形状的兽牙、骨、玳瑁壳、角、鹿角、珊瑚、珍珠母等。但明显作为某些制品的零件，如果为目录的其他品目所包括，则不能归入本品目。

② 本品目所称的“模塑制品”，是指按其特定用途模塑成一定形状的物品。然而仅模制成锭块、方块、板、棒、条等形状的材料，不论在模制过程中是否压花，均不归入本品目。

商品编码	商品名称
96.04	**手用粗筛、细筛：**
9604.0000	手用粗筛、细筛
96.05①	**个人梳妆、缝纫或清洁鞋靴、衣服用的成套旅行用具：**
9605.0000	个人梳妆、缝纫或清洁鞋靴、衣服用的成套旅行用具
96.06	**纽扣、揿扣、纽扣芯及纽扣和揿扣的其他零件；纽扣坯：**
9606.1000	-揿扣及其零件
	-纽扣：
9606.2100	--塑料制，未用纺织材料包裹
9606.2200	--贱金属制，未用纺织材料包裹
9606.2900	--其他
9606.3000②	-纽扣芯及纽扣的其他零件；纽扣坯
96.07	**拉链及其零件：**
	-拉链：
9607.1100	--装有贱金属制齿的
9607.1900	--其他
9607.2000	-零件
96.08③	**圆珠笔；毡尖和其他渗水式笔尖笔及唛头笔；自来水笔、铁笔型自来水笔及其他钢笔；蜡纸铁笔；活动铅笔；钢笔杆、铅笔套及类似的笔套；上述物品的零件（包括帽、夹），但品目96.09的货品除外：**
9608.1000	-圆珠笔
9608.2000	-毡尖和其他渗水式笔尖笔及唛头笔
	-自来水笔、铁笔型自来水笔及其他钢笔：
9608.3010	---墨汁画笔
9608.3020	---自来水笔
9608.3090	---其他
9608.4000	-活动铅笔
9608.5000	-由上述两个或多个子目所列物品组成的成套货品
9608.6000	-圆珠笔芯，由圆珠笔头和墨芯构成
	-其他：
9608.9100	--钢笔头及笔尖粒
	--其他：
9608.9910	---机器、仪器用笔
9608.9920	---蜡纸铁笔；钢笔杆、铅笔杆及类似的笔杆
9608.9990	---其他
96.09④	**铅笔（品目96.08的铅笔除外）、颜色铅笔、铅笔芯、蜡笔、图画碳笔、书写或绘画用粉笔及裁缝划粉：**
	-铅笔及颜色铅笔，笔芯包裹在外壳中：
9609.1010	---铅笔
9609.1020	---颜色铅笔
9609.2000	-铅笔芯，黑的或其他颜色的
9609.9000	-其他
96.10	**具有书写或绘画面的石板、黑板及类似板，不论是否镶框：**
9610.0000	具有书写或绘画面的石板、黑板及类似板，不论是否镶框
96.11	**手用日期戳、封缄戳、编号戳及类似印戳（包括标签压印器）；手工操作的排字盘及带有排字盘的手印器：**
9611.0000	手用日期戳、封缄戳、编号戳及类似印戳（包括标签压印器）；手工操作的排字盘及带有排字盘的手印器
96.12⑤	**打字机色带或类似色带，已上油或经其他方法处理能着色的，不论是否装轴或装盒；印台，不论是否已加印油或带盒子：**
9612.1000	-色带

① 本品目的成套旅行用具由归入目录不同品目的物品或同一品目但不同品种的物品组成。

② 仅经锯、切或抛光但未进一步加工的圆片，不能视为纽扣坯，而应按其构成材料归类。

③ 本品目不包括：Ⅰ. 自来水笔的装有墨水的芯（品目32.15）；Ⅱ. 圆珠笔的笔尖钢珠（品目73.26或84.82）；Ⅲ. 数学绘图笔（品目90.17）；Ⅳ. 铅笔芯（品目96.09）。

④ 本品目包括装有橡皮擦或其他配件的铅笔、裁缝用划粉（用块滑石制成）。其不包括：Ⅰ. 天然白垩（品目25.09）；Ⅱ. 药用笔（例如，用以治疗周期性偏头痛的笔）（品目30.04）；Ⅲ. 化妆或盥洗用笔（例如，眉笔、止血笔）（品目33.04或33.07）；Ⅳ. 台球粉块（品目95.04）。

⑤ 手工操作的油墨辊不归入本品目，它们应按其构成材料归类。

商品编码	商品名称	商品编码	商品名称
9612.2000	-印台	**96.17**	**保温瓶和其他真空容器及其零件，但玻璃瓶胆除外：**
96.13①	**香烟打火机和其他打火器（不论是机械的，还是电气的）及其零件，但打火石及打火机芯除外：**		---保温瓶：
9613.1000	-袖珍气体打火机，一次性的	9617.0011	----玻璃内胆制
9613.2000	-袖珍气体打火机，可充气的	9617.0019	----其他
9613.8000	-其他打火器	9617.0090	---其他
9613.9000	-零件	**96.18**	**裁缝用人体模型及其他人体活动模型；橱窗装饰用的自动模型及其他活动陈列品：**
96.14	**烟斗（包括烟斗头）和烟嘴及其零件：**	9618.0000	裁缝用人体模型及其他人体活动模型；橱窗装饰用的自动模型及其他活动陈列品
9614.0010	---烟斗及烟斗头		
9614.0090	---其他		
96.15②	**梳子、发夹及类似品；发卡、卷发夹、卷发器或类似品及其零件，但品目85.16的货品除外：**	**96.19**③	**任何材料制的卫生巾（护垫）及卫生棉条、尿布及尿布衬里和类似品：**
	-梳子、发夹及类似品：		---尿裤及尿布：
		9619.0011	----供婴儿使用的
9615.1100	--硬质橡胶或塑料制	9619.0019	----其他
9615.1900	--其他	9619.0020	---卫生巾（护垫）及卫生棉条
9615.9000	-其他	9619.0090	---其他
96.16	**香水喷雾器或类似的化妆用喷雾器及其座架、喷头；粉扑及粉拍，施敷脂粉或化妆品用：**	**96.20**	**独脚架、双脚架、三脚架及类似品：**
		9620.0010	---专用于品目85.19、85.21，子目8525.8、9006.3、9006.5、9007.1或9007.2所列设备的独脚架、双脚架、三脚架及类似品
9616.1000	-香水喷雾器或类似的化妆用喷雾器及其座架、喷头		
9616.2000	-粉扑及粉拍，施敷脂粉或化妆品用	9620.0090	---其他

① 本品目的打火机有袖珍式或台式，也可安装于墙上或煤气炉内等。本品目也包括汽车或其他车辆用的点烟器。

② 上述物品如含有超出小配件范围的贵金属或包贵金属、天然或养殖珍珠、宝石或半宝石（天然、人造或再造），一律归入第七十一章。

③ 本品目不包括一次性外科手术铺单及病床、手术台、轮椅用的吸收垫、非吸收性的护理垫或其他非吸收性的物品（通常应按其组成材料归类）。

第二十一类　艺术品、收藏品及古物

第九十七章　艺术品、收藏品及古物

注释：

一、本章不包括：

（一）品目 49.07 的未经使用的邮票、印花税票、邮政信笺（印有邮票的纸品）及类似的票证；

（二）作舞台、摄影的布景及类似用途的已绘制画布（品目 59.07），但可归入品目 97.06 的除外；或

（三）天然或养殖珍珠、宝石或半宝石（品目 71.01 至 71.03）。

二、品目 97.01 不适用于成批生产的镶嵌画复制品、铸造品及具有商业性质的传统工艺品，即使这些物品是由艺术家设计或创造的。

三、品目 97.02 所称"雕版画、印制画、石印画的原本"，是指以艺术家完全手工制作的单块或数块印版直接印制出来的黑白或彩色原本，不论艺术家使用何种方法或材料，但不包括使用机器或照相制版方法制作的。

四、品目 97.03 不适用于成批生产的复制品及具有商业性质的传统手工艺品，即使这些物品是艺术家设计或创造的。

五、

（一）除上述注释一至四另有规定的以外，可归入本章各品目的物品，均应归入本章的相应品目而不归入本目录的其他品目；

（二）品目 97.06 不适用于可以归入本章其他各品目的物品。

六、已装框的油画、粉画及其他绘画、版画、拼贴画及类似装饰板，如果框架的种类及价值与作品相称，应与作品一并归类。如果框架的种类及价值与作品不相称，应分别归类。

【编者注】

一、品目 97.02 的"雕版画、印刷画、石印画的原本"范围

归入本品目的"雕版画、印刷画、石印画的原本"是指艺术家完全用手工制作的单块或数块印版直接印制出来的黑白或彩色原本，不论艺术家使用何种方法或材料，但不包括使用机器或照相制版方法制作的。

二、超过 100 年的古物的归类

1. 除品目 97.01~97.05 以外的物品，若超过 100 年则优先归入品目 97.06。例如，超过 100 年的乐器不按乐器归入第九十二章，而要归入品目 97.06。

2. 品目 97.01~97.05 的物品即使超过 100 年，也仍应归入原品目。

商品编码	商品名称
97.01	**油画、粉画及其他手绘画，但带有手工绘制及手工描饰的制品或品目49.06的图纸除外；拼贴画、镶嵌画及类似装饰板：**
	-超过100年的：
9701.2100	--油画、粉画及其他手绘画
9701.2200	--镶嵌画
9701.2900	--其他
	-其他：
	--油画、粉画及其他手绘画：
	---原件：
9701.9111	----唐卡
9701.9119	----其他
9701.9120	---复制品
9701.9200	--镶嵌画
9701.9900	--其他
97.02	**雕版画、印制画、石印画的原本：**
9702.1000	-超过100年的
9702.9000	-其他
97.03	**各种材料制的雕塑品原件：**
9703.1000	-超过100年的
9703.9000	-其他
97.04①	**使用过或未使用过的邮票、印花税票、邮戳印记、首日封、邮政信笺（印有邮票的纸品）及类似品，但品目49.07的货品除外：**
9704.0010	---邮票
9704.0090	---其他
97.05	**具有考古学、人种学、历史学、动物学、植物学、矿物学、解剖学、古生物学或钱币学意义的收集品及珍藏品：**
9705.1000	-具有考古学、人种学或历史学意义的收集品及珍藏品
	-具有动物学、植物学、矿物学、解剖学或古生物学意义的收集品及珍藏品：
9705.2100	--人类标本及其部分
9705.2200	--灭绝或濒危物种及其部分
9705.2900	--其他
	-具有钱币学意义的收集品及珍藏品：
9705.3100	--超过100年的
9705.3900	--其他
97.06	**超过100年的古物：**
9706.1000	-超过250年的
9706.9000	-其他

① 本品目的物品可以呈散装形式报验（零散邮票、盖有日期邮戳的信角、整张的物品），或成套报验。内装有成套上述物品的集邮簿，如其具有收藏价值的，可作为上述物品的组成部分归类。

附 表

附表 1 常用备案号字头代码表

字头代码	备案审批文件	字头代码	备案审批文件
B	加工贸易手册（来料加工）	K	保税仓库备案式电子账册
C	加工贸易手册（进料加工）	Y	原产地证书
D	加工贸易不作价进口设备	Z	征免税证明
E	加工贸易电子账册	RB	减免税货物补税通知书
H	出口加工区电子账册	RT	减免税进口货物同意退运证明
J	保税仓库记账式电子账册	RZ	减免税进出口货物结转联系函

附表 2 经济区划代码表

经济区划代码	经济区划名称	经济区划代码	经济区划名称
1	经济特区	6	保税港区/综合保税区
2	经济技术开发区	7	保税物流园区
3	高新技术开发区	9	其他
4	保税区	W	保税物流中心
5	出口加工区/珠澳跨境工业园区		

附表 3 企业经济类型代码表

代码	简称	代码	简称
1	国有企业	7	个体工商户
2	中外合作企业	8	报关企业
3	中外合资企业	9	其他
4	外商独资企业	A	国营对外加工企业（无进出口经营权）
5	集体企业	B	集体对外加工企业（无进出口经营权）
6	民营企业	C	私营对外加工企业（无进出口经营权）

附表 4 运输方式代码表

代码	中文名称	代码	中文名称
0	非保税区	G	固定设施
1	监管仓库	H	边境特殊海关作业区
2	水路运输	L	旅客携带
3	铁路运输	P	洋浦保税港区
4	公路运输	S	特殊综合保税区
5	航空运输	T	综合实验区
6	邮件运输	W	物流中心
7	保税区	X	物流园区
8	保税仓库	Y	保税港区
9	其他运输	Z	出口加工区

附表 5 监管方式代码表

监管方式代码	监管方式简称	监管方式全称
0110	一般贸易	一般贸易
0130	易货贸易	易货贸易
0139	旅游购物商品	用于旅游者 5 万美元以下的出口小批量订货
0200	料件销毁	加工贸易料件、残次品（折料）销毁
0214	来料加工	来料加工装配贸易进口料件及加工出口货物
0245	来料料件内销	来料加工料件转内销
0255	来料深加工	来料深加工结转货物
0258	来料余料结转	来料加工余料结转
0265	来料料件复出	来料加工复运出境的原进口料件
0300	来料料件退换	来料加工料件退换
0314	加工专用油	国营贸易企业代理来料加工企业进口柴油
0320	不作价设备	加工贸易外商提供的不作价进口设备
0345	来料成品减免	来料加工成品凭征免税证明转减免税
0400	边角料销毁	加工贸易边角料、副产品（按状态）销毁
0420	加工贸易设备	加工贸易项下外商提供的进口设备
0444	保区进料成品	按成品征税的保税区进料加工成品转内销货物
0445	保区来料成品	按成品征税的保税区来料加工成品转内销货物

监管方式代码	监管方式简称	监管方式全称
0446	加工设备内销	加工贸易免税进口设备转内销
0456	加工设备结转	加工贸易免税进口设备结转
0466	加工设备退运	加工贸易免税进口设备退运出境
0500	减免设备结转	用于监管年限内减免税设备的结转
0513	补偿贸易	补偿贸易
0544	保区进料料件	按料件征税的保税区进料加工成品转内销货物
0545	保区来料料件	按料件征税的保税区来料加工成品转内销货物
0615	进料对口	进料加工（对口合同）
0642	进料以产顶进	进料加工成品以产顶进
0644	进料料件内销	进料加工料件转内销
0654	进料深加工	进料深加工结转货物
0657	进料余料结转	进料加工余料结转
0664	进料料件复出	进料加工复运出境的原进口料件
0700	进料料件退换	进料加工料件退换
0715	进料非对口	进料加工（非对口合同）
0744	进料成品减免	进料加工成品凭征免税证明转减免税
0815	低值辅料	低值辅料
0844	进料边角料内销	进料加工项下边角料转内销
0845	来料边角料内销	来料加工项下边角料内销
0864	进料边角料复出	进料加工项下边角料复出口
0865	来料边角料复出	来料加工项下边角料复出口
1039	市场采购	市场采购
1139	国轮油物料	中国籍运输工具境内添加的保税油料、物料
1200	保税间货物	海关保税场所及保税区域之间往来的货物
1210	保税电商	保税跨境贸易电子商务
1215	保税工厂	保税工厂
1233	保税仓库货物	保税仓库进出境货物
1234	保税区仓储转口	保税区进出境仓储转口货物
1239	保税电商 A	保税跨境贸易电子商务 A
1300	修理物品	进出境修理物品
1371	保税维修	保税维修
1427	出料加工	出料加工
1500	租赁不满 1 年	租期不满 1 年的租赁贸易货物
1523	租赁贸易	租期在 1 年及以上的租赁贸易货物

监管方式代码	监管方式简称	监管方式全称
1616	寄售代销	寄售、代销贸易
1741	免税品	免税品
1831	外汇商品	免税外汇商品
2025	合资合作设备	合资合作企业作为投资进口设备物品
2210	对外投资	对外投资
2225	外资设备物品	外资企业作为投资进口的设备物品
2439	常驻机构公用	外国常驻机构进口办公用品
2600	暂时进出货物	暂时进出口货物
2700	展览品	进出境展览品
2939	陈列样品	驻华商业机构不复运出口的进口陈列样品
3010	货样广告品	进出口的货样广告品
3039	货样广告品 B（已废止）	无经营权单位进出口的货样广告品
3100	无代价抵偿	无代价抵偿进出口货物
3339	其他进出口免费	其他进出口免费提供货物
3410	承包工程进口	对外承包工程进口物资
3422	对外承包出口	对外承包工程出口物资
3511	援助物资	国家和国际组织无偿援助物资
3611	无偿军援	无偿军援
3612	捐赠物资	进出口捐赠物资
3910	军事装备	军事装备
4019	边境小额	边境小额贸易（边民互市贸易除外）
4039	对台小额	对台小额贸易
4139	对台小额商品交易市场	进入对台小额商品交易专用市场的货物
4200	驻外机构运回	我驻外机构运回旧公用物品
4239	驻外机构购进	我驻外机构境外购买运回国的公务用品
4400	来料成品退换	来料加工成品退换
4500	直接退运	直接退运
4539	进口溢误卸	进口溢卸、误卸货物
4561	退运货物	因质量不符、延误交货等原因退运进出境货物
4600	进料成品退换	进料成品退换
5000	料件进出区	料件进出海关特殊监管区域
5010	特殊区域研发货物	海关特殊监管区域与境外之间进出的研发货物
5014	区内来料加工	海关特殊监管区域与境外之间进出的来料加工货物
5015	区内进料加工货物	海关特殊监管区域与境外之间进出的进料加工货物

监管方式代码	监管方式简称	监管方式全称
5033	区内仓储货物	加工区内仓储企业从境外进口的货物
5034	区内物流货物	海关特殊监管区域与境外之间进出的物流货物
5072	区内保税展品	海关特殊监管区域进出境展览品
5073	区内国际中转	海关特殊监管区域国际中转货物
5100	成品进出区	成品进出海关特殊监管区域
5200	区内边角调出	用于区内外非实际进出境货物
5300	设备进出区	设备及物资进出海关特殊监管区域
5335	境外设备进区	海关特殊监管区域从境外进口的设备及物资
5361	区内设备退运	海关特殊监管区域设备及物资退运境外
6033	物流中心进出境货物	保税物流中心与境外之间进出仓储货物
6072	中心保税展品	保税物流中心进出境展览品
6073	中心国际中转	保税物流中心国际中转货物
9500	特许权使用费后续征税	特许权使用费后续征税
9600	内贸货物跨境运输	内贸货物跨境运输
9610	电子商务	跨境贸易电子商务
9639	海关处理货物	海关变卖处理的超期未报货物、走私违规货物
9700	后续补税	无原始报关单的后续补税
9710	跨境电商 B2B 直接出口	跨境电子商务企业对企业直接出口
9739	其他贸易	其他贸易
9800	租赁征税	租赁期 1 年及以上的租赁贸易货物的租金
9810	跨境电商出口海外仓	跨境电子商务出口海外仓
9839	留赠转卖物品	外交机构转售境内或国际活动留赠放弃特批货物
9900	其他	其他

附表 6 征免性质代码表

征免性质代码	征免性质简称	征免性质全称
101	一般征税	一般征税进出口货物
118	整车征税	构成整车特征的汽车零部件纳税
119	零部件征税	不构成整车特征的汽车零部件纳税
201	无偿援助	无偿援助进出口物资
299	其他法定	其他法定减免税进出口货物
301	特定区域	特定区域进口自用物资及出口货物

征免性质代码	征免性质简称	征免性质全称
307	保税区	保税区进口自用物资
399	其他地区	其他执行特殊政策地区出口货物
401	科教用品	大专院校及科研机构进口科教用品
402	示范平台用品	
403	技术改造	企业技术改造进口货物
405	科技开发用品	科学研究、技术开发机构进口科技开发用品
406	重大项目	国家重大项目进口货物
407	动漫用品	动漫开发生产用品
408	重大技术装备	生产重大技术装备进口关键零部件及原材料
409	科技重大专项	科技重大专项进口关键设备、零部件和原材料
412	基础设施	通信、港口、铁路、公路、机场建设进口设备
413	残疾人	残疾人组织和企业进出口货物
417	远洋渔业	远洋渔业自捕水产品
418	国产化	国家定点生产小轿车和摄录机企业进口散件
419	整车特征	构成整车特征的汽车零部件进口
422	集成电路	集成电路生产企业进口货物
423	新型显示器件	新型显示器件生产企业进口物资
426	集成电路和软件企业进口设备	集成电路设计、先进封装测试、集成电路生产企业和软件企业进口设备
428	集成电路产业进口货物	集成电路生产企业、先进封装测试企业和关键原材料及零配件生产企业进口货物
430	海南免税药械	海南自由贸易港免税药品、医疗器械
431	海南免税药械缴增值税	海南自由贸易港免税药品、医疗器械（缴纳进口环节增值税）
481	合作区自用设备	横琴粤澳深度合作区自用设备及维修零配件
482	合作区基建物资	横琴粤澳深度合作区基建物资
490	暂出修理货物	航空器、船舶（含相关零部件）暂时出境修理货物
491	零关税自用生产设备	海南零关税进口自用生产设备
492	零关税交通工具及游艇	海南零关税进口交通工具及游艇
493	零关税自用生产设备缴纳进口环节税	海南零关税进口自用生产设备并自愿缴纳进口环节增值税、消费税
494	零关税交通工具游艇缴纳进口环节税	海南零关税进口交通工具及游艇并自愿缴纳进口环节增值税、消费税
495	暂进修理内销货物	暂时进境修理货物转内销
496	含进口料件加工增值货物	海南自由贸易港加工增值含进口料件货物内销免征关税
497	不含进口料件加工增值货物	海南自由贸易港加工增值不含进口料件货物内销免征关税
498	加工贸易副产品	加工贸易副产品
499	ITA 产品	非全税号信息技术产品
501	加工设备	加工贸易外商提供的不作价进口设备
502	来料加工	来料加工装配和补偿贸易进口料件及出口成品

征免性质代码	征免性质简称	征免性质全称
503	进料加工	进料加工贸易进口料件及出口成品
506	边境小额	边境小额贸易进口货物
510	港澳 OPA	港澳在内地加工的纺织品获证出口
591	零关税原辅料	海南零关税原辅料进口
592	原辅料部分征税	海南零关税原辅料征收进口环节税
593	内外贸同船运输加注保税油	海南自由贸易港内外贸同船运输境内船舶加注保税油
594	内外贸同船运输加注本地生产燃料油	海南自由贸易港内外贸同船运输境内船舶加注本地生产燃料油
595	进出岛航班加注保税油全免	海南自由贸易港进出岛航班加注保税航油全免
596	进出岛航班加注保税油部分征税	海南自由贸易港进出岛航班加注保税航油自愿缴纳进口环节增值税
601	中外合资	中外合资经营企业进出口货物
602	中外合作	中外合作经营企业进出口货物
603	外资企业	外商独资企业进出口货物
605	勘探开发煤层气	勘探开发煤层气
606	海洋石油	勘探、开发海洋石油进口货物
608	陆上石油	勘探、开发陆上石油进口货物
609	贷款项目	利用贷款进口货物
610	海上应急救援	海上应急救援
611	贷款中标	国际金融组织贷款、外国政府贷款中标机电设备零部件
666	加征关税排除措施	加征关税排除措施
686	市场化组织采购排除措施	市场化组织采购排除措施
698	公益收藏	国有公益性收藏单位进口藏品
701	部分进口饲料	部分进口饲料、矿物质微量元素舔砖
702	中资“方便旗”船	回国登记中资“方便旗”船
703	航空公司进口飞机	国内航空公司进口的空载重量在 25 吨以上的飞机
704	花卉种子	花卉种子
705	科普事业	科普事业进口自用相关科普商品
706	租赁企业进口飞机	租赁企业进口空载重量在 25 吨以上的客货运飞机
707	博览会留购展品	博览会留购展品
708	替代种植农产品	替代种植进口农产品
789	鼓励项目	国家鼓励发展的内外资项目进口设备
799	自有资金	外商投资额度外利用自有资金进口设备、备件、配件
801	救灾捐赠	救灾捐赠进口物资
802	慈善捐赠	境外捐赠人无偿向我境内受赠人捐赠的直接用于慈善事业的免税进口物资
803	抗艾滋病药物	进口抗艾滋病病毒药物
811	种子种源	进口种子（苗）、种畜（禽）、鱼种（苗）和种用野生动植物种源
815	野生动植物	进口种用野生动植物和军警用工作犬

征免性质代码	征免性质简称	征免性质全称
818	中央储备粮油	中央储备粮油免征进口环节增值税政策
819	科教图书	进口科研教学用图书资料
888	航材减免	经核准的航空公司进口维修用航空器材
898	国批减免	国务院特准减免税的进出口货物
899	选择征税	选择征税
901	科研院所	科研院所进口科学研究、科技开发和教学用品
902	高等学校	高等学校进口科学研究、科技开发和教学用品
903	工程研究中心	国家工程研究中心进口科学研究、科技开发和教学用品
904	国家企业技术中心	国家企业技术中心进口科学研究、科技开发和教学用品
905	转制科研机构	转制科研机构进口科学研究、科技开发和教学用品
906	重点实验室	国家重点实验室及企业国家重点实验室进口科学研究、科技开发和教学用品
907	国家工程技术研究中心	国家工程技术研究中心进口科学研究、科技开发和教学用品
908	社会研发机构	社会研发机构进口科学研究、科技开发和教学用品
909	示范平台	国家中小企业公共服务示范平台（技术类）进口科学研究、科技开发和教学用品
910	外资研发中心	外资研发中心进口科学研究、科技开发和教学用品
911	出版物进口单位	出版物进口单位进口用于科研、教学的图书、文献、报刊及其他资料
912	国家实验室	国家实验室进口科学研究、科技开发和教学用品
913	国家产业创新中心	国家产业创新中心进口科学研究、科技开发和教学用品
915	国家制造业创新中心	国家制造业创新中心进口科学研究、科技开发和教学用品
916	国家技术创新中心	国家技术创新中心进口科学研究、科技开发和教学用品
917	公共图书馆	公共图书馆进口用于科研、教学的图书、文献、报刊及其他资料
918	国家临床医学研究中心	国家临床医学研究中心进口科学研究、科技开发和教学用品
919	党校（行政学院）	党校（行政学院）进口科学研究、科技开发和教学用品
921	大型客机研制物资	大型客机、大型客机发动机研制进口物资
922	进博会留购展品	进博会留购展品
924	消防救援装备	进口消防救援装备
926	服贸会留购展品	服贸会留购展品
927	进口钻石	自上海钻石交易所销往国内市场的毛坯钻石和成品钻石
928	三代核电	三代核电项目进口设备
930	疫情防控物资	新冠肺炎疫情防控进口物资
931	消博会留购展品	消博会留购展品
932	邮轮直供	邮轮直供
939	运动会	运动会
940	技能大赛	技能大赛
941	广交会留购展品	广交会留购展品
942	高水平医院	高水平试点医院进口科学研究、科技开发和教学用品

征免性质代码	征免性质简称	征免性质全称
943	高水平医院科教图书	出版物进口单位为高水平医院进口用于科研、教学的图书、文献、报刊及其他资料
997	自贸协定	
998	内部暂定	享受内部暂定税率的进出口货物
999	例外减免	例外减免税进出口货物

附表 7　包装种类代码表（对应原报关、报检）

代码	中文名称	代码	中文名称
00	散装	39	其他材料制桶
01	裸装	41	中型散装容器
04	球状罐类	42	便携式罐体
06	包/袋	43	可移动罐柜
22	纸制或纤维板制盒/箱	92	再生木托
23	木制或竹藤等植物性材料制盒/箱	93	天然木托
29	其他材料制盒/箱	98	植物性铺垫材料
32	纸制或纤维板制桶	99	其他包装
33	木制或竹藤等植物性材料制桶		

附表 8　主要国别（地区）代码表

代码	中文名称	英文名称	代码	中文名称	英文名称
AUS	澳大利亚	Australia	MAC	中国澳门	Macao，China
CAN	加拿大	Canada	NZL	新西兰	New Zealand
CHN	中国	China	RUS	俄罗斯联邦	Russian Federation (the)
TWN	中国台湾	Taiwan，China	SGP	新加坡	Singapore
FRA	法国	France	CHE	瑞士	Switzerland
DEU	德国	Germany	GBR	英国	United Kingdom of Great Britain and Northern Ireland (the)
HKG	中国香港	Hong Kong，China	USA	美国	United States of America (the)
ITA	意大利	Italy	ZZZ	国（地）别不详	Countries (reg.) unknow
JPN	日本	Japan	ZUN	联合国及机构和国际组织	UN and oth. int'l org
KOR	韩国	Korea (the Republic of)			

附表9 随附单证（海关）代码表

代码	随附单证（海关）名称	代码	随附单证（海关）名称
#	零关税申请单	S	农药进出口登记管理放行通知单
0	反制措施排除代码	T	提发货凭证
1	进口许可证	U	合法捕捞产品通关证明
2	两用物项和技术进口许可证	V	人类遗传资源材料出口、出境证明
3	两用物项和技术出口许可证	X	有毒化学品环境管理放行通知单
4	出口许可证	Y	原产地证明
5	纺织品临时出口许可证	Z	赴境外加工光盘进口备案证明
6	旧机电产品禁止进口	a	保税核注清单
7	自动进口许可证	b	进口广播电影电视节目带（片）提取单
8	禁止出口商品	c	内销征税联系单
9	禁止进口商品	d	援外项目任务通知函
@	准予担保通知书	e	关税配额外优惠税率进口棉花配额证
A	检验检疫	f	音像制品（成品）进口批准单
B	电子底账	g	技术出口合同登记证
D	毛坯钻石进出境检验	h	核增核扣表
E	濒危物种允许出口证明书	i	技术出口许可证
F	濒危物种允许进口证明书	k	民用爆炸物品进出口审批单
G	两用物项和技术出口许可证（定向）	m	银行调运人民币现钞进出境证明
H	港澳 OPA 纺织品证明	n	音像制品（版权引进）批准单
I	麻醉药品精神药物进出口准许证	q	国别关税配额证明
J	黄金及黄金制品进出口准许证	r	预归类标志
K	深加工结转申请表	s	适用 ITA 税率的商品用途认定证明
L	药品进出口准许证	t	关税配额证明
M	密码产品和设备进口许可证	v	自动进口许可证（加工贸易）
N	军品出口许可证	w	再生原料装运前检验证书
O	自动进口许可证（新旧机电产品）	x	出口许可证（加工贸易）
P	固体废物进口许可证	y	出口许可证（边境小额贸易）
Q	进口药品通关单	z	古生物化石出境批件
R	进口兽药通关单		

附表 10 成交方式代码表

成交方式代码	成交方式名称	成交方式代码	成交方式名称
1	CIF	5	市场价
2	C&F	6	垫仓
3	FOB	7	EXW
4	C&I		

附表 11 优惠贸易协定代码表

代码	优惠贸易协定	代码	优惠贸易协定
1	亚太贸易协定	17	中国—瑞士自贸协定
2	中国—东盟自贸协定	18	中国—澳大利亚自贸协定
3	内地与香港紧密经贸关系安排（香港 CEPA）	19	中国—韩国自贸协定
4	内地与澳门紧密经贸关系安排（澳门 CEPA）	20	中国—格鲁吉亚自贸协定
7	中国—巴基斯坦自贸协定	21	中国—毛里求斯自贸协定
8	中国—智利自贸协定	22	区域全面经济伙伴关系协定（RCEP）
10	中国—新西兰自贸协定	23	中国—柬埔寨自贸协定
11	中国—新加坡自贸协定	24	中国—尼加拉瓜自贸协定
12	中国—秘鲁自贸协定	25	中国—厄瓜多尔自贸协定
13	最不发达国家特别优惠关税待遇	26	中国—塞尔维亚自贸协定
14	海峡两岸经济合作框架协议（ECFA）	27	中国—洪都拉斯自由贸易早期收获安排
15	中国—哥斯达黎加自贸协定	28	中国—马尔代夫自贸协定
16	中国—冰岛自贸协定		

附表 12 用途代码表

代码	中文名称	代码	中文名称
11	种用或繁殖	23	食品容器
12	食用	24	食品洗涤剂
13	奶用	25	食品消毒剂
14	观赏或演艺	26	仅工业用途
15	伴侣	27	化妆品
16	实验	28	化妆品原料
17	药用	29	肥料
18	饲用	30	保健品
19	食品包装材料	31	治疗、预防、诊断
20	食品加工设备	32	科研
21	食品添加剂	33	展览展示
22	介质土	99	其他

附表 13 计量单位代码表

计量单位代码	计量单位名称	计量单位代码	计量单位名称	计量单位代码	计量单位名称
001	台	044	百片	098	美加仑
002	座	045	刀	099	立方英尺
003	辆	046	疋	101	立方尺
004	艘	047	公担	110	平方码
005	架	048	扇	111	平方英尺
006	套	049	百枝	112	平方尺
007	个	050	千只	115	英制马力
008	只	051	千块	116	公制马力
009	头	052	千盒	118	令
010	张	053	千枝	120	箱
011	件	054	千个	121	批
012	支	055	亿支	122	罐
013	枝	056	亿个	123	桶
014	根	057	万套	124	扎
015	条	058	千张	125	包
016	把	059	万张	126	箩
017	块	060	千伏安	127	打
018	卷	061	千瓦	128	筐
019	副	062	千瓦时	129	罗
020	片	063	千升	130	匹
021	组	067	英尺	131	册
022	份	070	吨	132	本
023	幅	071	长吨	133	发
025	双	072	短吨	134	枚
026	对	073	司马担	135	捆
027	棵	074	司马斤	136	袋
028	株	075	斤	139	粒
029	井	076	磅	140	盒
030	米	077	担	141	合
031	盘	078	英担	142	瓶
032	平方米	079	短担	143	千支
033	立方米	080	两	144	万双
034	筒	081	市担	145	万粒
035	千克	083	盎司	146	千粒
036	克	084	克拉	147	千米
037	盆	085	市尺	148	千英尺
038	万个	086	码	149	百万贝可
039	具	088	英寸	163	部
040	百副	089	寸	164	亿株
041	百支	095	升	170	人份
042	百把	096	毫升		
043	百个	097	英加仑		

附表 14　常用货币代码表

代码	中文名称	英文名称	代码	中文名称	英文名称
HKD	港币	Hong Kong Dollar	EUR	欧元	Euro
IDR	印度尼西亚卢比	Rupiah	DKK	丹麦克朗	Danish Krone
JPY	日本元	Yen	GBP	英镑	Pound Sterling
MOP	澳门元	Pataca	NOK	挪威克朗	Norwegian Krone
MYR	马来西亚林吉特	Malaysian Ringgit	SEK	瑞典克朗	Swedish Krona
PHP	菲律宾比索	Philippine Piso	CHF	瑞士法郎	Swiss Franc
SGD	新加坡元	Singapore Dollar	RUB	俄罗斯卢布	Russian Ruble
KRW	韩国圆	Won	CAD	加拿大元	Canadian Dollar
THB	泰国铢	Baht	USD	美元	US Dollar
CNY	人民币	Yuan Renminbi	AUD	澳大利亚元	Australian Dollar
TWD	新台币	New Taiwan Dollar	NZD	新西兰元	New Zealand Dollar

附表 15　征减免税方式代码表

征减免税方式代码	征减免税方式名称	征减免税方式代码	征减免税方式名称
1	照章征税	6	保证金
2	折半征税	7	保函
3	全免	8	折半补税
4	特案	9	全额退税
5	随征免性质		

附表 16　关联理由代码表

代码	中文名称	代码	中文名称
1	通关单超过有效期	6	登检换证
2	换证凭单/条超过有效期	7	与其他报检批拼箱
3	进口复出口	8	保税出库
4	出口复进口	9	进口车辆换证
5	出境预检		

附表 17 集装箱规格代码表

代码	中文名称	代码	中文名称
11	普通 2 * 标准箱（L）	23	罐式标准箱（S）
12	冷藏 2 * 标准箱（L）	31	其他标准箱（S）
13	罐式 2 * 标准箱（L）	32	其他 2 * 标准箱（L）
21	普通标准箱（S）	N	非集装箱
22	冷藏标准箱（S）		

附表 18 危包规格代码表

代码	中文名称	中文简称
1A1	钢制不可拆装桶顶圆桶	闭口钢桶
1A2	钢制可拆装桶顶圆桶	开口钢桶
1B1	铝制不可拆装桶顶圆桶	闭口铝桶
1B2	铝制可拆装桶顶圆桶	开口铝桶
1D	胶合板圆桶	胶板圆桶
1G	纤维圆桶	纤维圆桶
1H1	塑料不可拆装桶顶圆桶	闭口塑料圆桶
1H2	塑料可拆装桶顶圆桶	开口塑料圆桶
2C1	塞式木琵琶桶	木琵琶桶
2C2	非水密型木琵琶桶	木琵琶桶
3A1	钢制不可拆装罐顶罐	闭口钢罐
3A2	钢制可拆装罐顶罐	开口钢罐
3B1	铝制不可拆装罐顶罐	闭口铝罐
3B2	铝制可拆装罐顶罐	开口铝罐
3H1	塑料制不可拆装罐顶罐	闭口塑料罐
3H2	塑料制可拆装罐顶罐	开口塑料罐
4A	钢箱	钢箱
4B	铝箱	铝箱
4C1	大木箱	大木箱
4C2	箱壁防撒漏木箱	防漏木箱
4D	胶合板箱	胶合板箱
4F	再生木木箱	再生木木箱
4G	纤维板箱	纤维板箱
4H1	膨胀的塑料箱	塑料箱

代码	中文名称	中文简称
4H2	硬质的塑料箱	塑料箱
5H	塑料编织袋	塑料编织袋
5H1	塑料编织无内衬或涂层的袋	塑料编织袋
5H2	塑料编织防撒漏的袋	塑料编织袋
5H3	塑料编织防水的袋	塑料编织袋
5H4	塑料薄膜袋	塑料薄膜袋
5L1	无内衬或涂层的纺织品编织袋	纺织品编织袋
5L2	纺织品防撒漏的纺织品编织袋	纺织品编织袋
5L3	纺织品防水的纺织品编织袋	纺织品编织袋
5M1	多层的纸袋	纸袋
5M2	多层防水纸袋	纸袋
6HA1	塑料容器在钢桶内复合包装	钢桶塑料复包
6HA2	塑料容器在钢条或钢皮箱内复合包装	钢皮箱塑料复包
6HB	塑料容器在铝桶内复合包装	铝桶塑料复包
6HB2	塑料容器在铝条或铝皮箱内复合包装	铝皮箱塑料复包
6HC	塑料容器在木箱内复合包装	木箱塑料复包
6HD1	塑料容器在胶合板桶内复合包装	胶板桶塑料复包
6HD2	塑料容器在胶合板箱内复合包装	胶板箱塑料复包
6HG1	塑料容器在纤维桶内复合包装	纤维桶塑料复包
6HG2	塑料容器在纤维板箱内复合包装	纤维板箱塑料复包
6HH1	塑料容器在塑料桶内复合包装	塑料桶塑料复包
6HH2	塑料容器在硬塑料箱内复合包装	硬塑料箱复包
6PA1	玻璃、陶瓷、粗陶器在钢桶内复合包装	玻璃钢桶复包
6PA2	玻璃、陶瓷、粗陶器在钢条或钢皮箱内复合包装	玻璃陶瓷钢皮箱复包
6PB1	玻璃、陶瓷、粗陶器在铝桶内复合包装	玻璃陶瓷铝桶复包
6PB2	玻璃、陶瓷、粗陶器在铝条或铝皮箱内复合包装	玻璃陶瓷铝皮箱复包
6PC	玻璃、陶瓷、粗陶器在木箱内复合包装	玻璃陶瓷木箱复包
6PD1	玻璃、陶瓷、粗陶器在胶合板内复合包装	玻璃陶瓷胶板复包
6PD2	玻璃、陶瓷、粗陶器在柳条筐内复合包装	玻璃陶瓷柳条筐复包
6PG1	玻璃、陶瓷、粗陶器在纤维桶内复合包装	玻璃陶瓷纤维桶复包
6PG2	玻璃、陶瓷、粗陶器在纤维板箱内复合包装	玻璃陶瓷纤维板复包
6PH1	玻璃、陶瓷、粗陶器在膨胀塑料包装内复合包	玻璃陶瓷膨塑复包
6PH2	玻璃、陶瓷、粗陶器在硬塑料包装内复合包装	玻璃陶瓷硬塑复包

附表19　企业产品许可类别代码表

代码	中文名称	强制级别	证书类别
000	企业产品许可类别		
100	通关司类		
101	检疫处理单位审批	D	98
102	实施绿色通道制度申请	D	99
103	直通放行申请		98，99
104	检疫处理人员审批		98，99
200	卫生司类		
203	出入境特殊物品卫生检疫审批	A	19，20
300	动植司类		
301	出境水果包装厂注册登记	B	21
302	出境水果果园注册登记	B	99
303	进境水果境外果园/包装厂注册登记	C	21
304	出境水生动物养殖场/包转场检验检疫注册登记	A	99
305	出口饲料和饲料添加剂生产、加工、存放企业注册登记	C	99
306	进口饲料和饲料添加剂生产企业注册登记	C	98
307	进境非食用动物产品生产、加工、存放企业注册登记	C	98
308	出境货物木质包装除害处理标识加施资格申请	B	99
309	出境种苗花卉生产经营企业注册登记	B	99
310	出境竹木草制品生产企业注册登记	C	99
311	出口植物产品生产、加工、存放企业注册登记	C	99
312	进境植物繁殖材料隔离检疫圃申请	C	98
315	供港澳陆生动物饲养场、中转场检验检疫注册	C	12
317	进出境动物指定隔离检疫场使用申请	C	98，99
318	出境动物及其非食用动物产品生产、加工、存放企业注册登记	C	99
319	进境栽培介质使用单位注册	C	98
320	进境动物遗传物质进口代理及使用单位备案	A	98
321	进境动物及动物产品国外生产单位注册	C	98
322	饲料进口企业备案	B	98
323	饲料出口企业备案	C	99
324	出境货物木质包装除害处理合格凭证	C	99
325	进境动植物检疫许可证	A	17
326	进境粮食加工储存单位注册	C	98
400	检验司类		
401	进出口商品免验	A	98，99

代码	中文名称	强制级别	证书类别
402	进口旧机电产品备案	C	39
404	出口产品型式试验	B	32
408	汽车预审备案	C	98
409	免于强制性认证特殊用途进口汽车检测处理程序车辆	C	98
410	免于办理强制性产品认证	C	40
411	强制性产品（CCC）认证	C	40
412	进口涂料备案	C	98
413	进口可用作原料的固体废物国内收货人注册登记	D	98
414	进口可用作原料的固体废物国外供货商注册登记	D	98
415	进出境集装箱场站登记	C	98，99
416	进口棉花境外供货商登记注册	B	98
417	出口玩具质量许可（注册登记）	A	11
418	对出口食品包装生产企业和进口食品包装的进口商实行备案	B	21
419	输美日用陶瓷生产厂认证	A	99
421	进出口商品检验鉴定机构许可	B	98，99
422	进口废物原料装运前检验证书	C	33
423	进口旧机电产品装运前检验证书	C	27
500	食品局类		
501	出口肉类产品养殖场备案	A	99
502	出口蛋禽养殖场备案	B	99
503	出口蜂产品养蜂基地备案	C	99
504	出口食品原料种植场备案	C	99
505	供港澳蔬菜生产加工企业备案	C	99
506	供港澳蔬菜种植基地备案	C	99
507	出口粮谷豆类生产加工企业注册登记	C	99
508	进口食品境外出口商代理商备案	C	98
509	进口食品进口商备案	C	98
510	进口肉类收货人备案	C	98
511	进口肉类存储冷库备案	C	98
512	出口加工用水产养殖场备案	A	99
513	进口水产品存储冷库备案	C	98
514	出口化妆品生产企业备案	C	99
515	进口化妆品收货人备案	C	98
516	进口化妆品产品备案	A	98
517	进口预包装食品标签备案	A	25
518	出口食品生产企业备案	A	15
519	进口食品境外生产企业注册	A	16

代码	中文名称	强制级别	证书类别
520	出口食品生产企业境外注册	A	14
522	水果冻肉预检验证书	C	98
523	进口化妆品产品套装备案	A	25
600	综合类		18
601	进口其他证书	D	98
602	出口其他证书	A	99
700	认监委类		
800	准入肉类名单		17
900	进口肉类名录		17

附表 20　货物属性代码表

代码	中文名称	代码	中文名称
11	3C 目录内	30	市场采购
12	3C 目录外	31	散装危险化学品
13	无需办理 3C 认证	32	件装危险化学品
14	预包装	33	非危险化学品
15	非预包装	34	Ⅰ类医疗器械
16	转基因产品	35	Ⅱ类医疗器械
17	非转基因产品	36	Ⅲ类医疗器械
18	首次进出口	37	医疗器械零部件
19	正常	38	非医疗器械
20	废品	39	特种设备
21	旧品	40	非特种设备
22	成套设备	41	真空包装等货物
23	带皮木材/板材	42	办理进口登记用饲料和饲料添加剂样品
24	不带皮木材/板材	43	科研用饲料和饲料添加剂样品
25	A 级特殊物品	44	其他用途饲料和饲料添加剂样品
26	B 级特殊物品	46	检验结果采信
27	C 级特殊物品	47	再制造产品
28	D 级特殊物品	48	一般贸易出口的退运工业品
29	V/W 非特殊物品		